KB265620

신학 연구 50년

신학 연구 50년

한국문화연구원

혜안

발 간 사

이화여자대학교 총장 신 인 령

20세기 후반 이후 급속히 전개된 탈냉전시대의 도래와 글로벌 공동체의 재편은 새로운 문명의 패러다임에 적응하기 위한 단위 간의 치열한 정치, 경제, 문화적 경쟁을 발생시키고 있다. 한편으로 역사상 유례를 찾을 수 없는 광범위한 사회문화적 교류와 통합의 세기를 창출하고 있다. 이러한 시대에 한 국가의 발전의 원동력은 그 사회의 문화 패러다임의 원류를 탐색하고, 창조적 지식기반을 구축하는 학문운동에서 찾아질 수 있다.

이러한 시대 사명에 부응하여 이화여자대학교 한국문화연구원은 언어, 사회, 문화, 정치, 경제, 사상 등의 제반 분야에서 한국문화의 가치를 창출하는 활발한 학문운동을 전개하고 있다. 특히 해방 이후 한국 학계 50년을 반추하며 연구사, 이론사, 쟁점사를 포괄하여 학술활동의 결실을 점검하고 학술사의 미래를 전망하기 위해 학술사 총서를 간행하고 있다. 한국학술사총서는 일차적으로 한국학 관련 다양한 학문전통을 발굴하고 재구성하는 한편, 더 나아가 이러한 학술활동이 어떻게 세계적 함축을 가질 수 있는가를 탐구하는 것을 목적으로 한다. 서양 학문의 의존에서 벗어나 우리의 자생적인 학문을 모색하고, 한국적 학문의 세계화를 위한 노력이 활발히 전개되는 시점에서 지난 50년간의 학술 연구사를 자리매김하는 작업은 보다 새롭고 창조적인 학문제도와 방법론, 그리고 21세기적 학문활동의 지평을 개척할 것이다. 그런 점에서 한국학술사총서 제1호로 발간된 『국어학연구 50년』이

문화관광부 지정 우수학술도서로 지정된 것은 고무적인 일이며 인문사회과학 분야 전반으로 확대될 후속 작업들에 큰 기대를 갖게 한다.

이화는 지난 110여 년간 어떤 상황에서도 여성교육을 통해 한국 사회와 문화의 발전을 선도하고자 하는 역사의식, 책임의식을 견지하였다. 이화 설립 초기부터 다양한 국학 관련 분야가 설립되어 역사와 전통을 축적해 왔다. 이화는 한국학 연구의 필요성을 어느 대학보다 앞서 체감하고 1958년 한국문화연구원을 설립했다. 외국 문화 도입에 열중하던 해방 직후의 학계나 대학들의 한국에 관한 자체 연구의 필요성에 대한 자각과 한국문화를 세계에 알려야겠다는 소망을 실천한 것이다. 한국문화연구원은 본교의 학문 연구 기능의 중추적 역할을 담당하면서 그 내실과 역량을 대외적으로 공인받아 왔고, 앞으로 한국학 연구의 세계적 본산지로서 도약하고자 하는 비전을 추구하고 있다.

대학의 3대 기능은 교육과 연구와 사회봉사이다. 학문연구의 공동체로서 이화는 다양한 연구저술들을 지원해 왔다. 한국문화연구원의 학술사총서 간행은 21세기의 한국 학문운동을 선도하고자 하는 이화의 학문적 사명감의 표현이다. 이 총서에서 모아진 한국 학술 50년의 결실과 반성, 그리고 전망이 국학만이 아니라 한국적 학문을 전반적으로 진작하는 데 견인차가 될 수 있기를 기대한다. 책의 발간을 위해 수고를 아끼지 않은 연구진과 필자들의 노고에 심심한 치하를 보낸다.

신학 연구 50년 | 차 례

신학 연구 50년

신학연구사 서론

양명수

1885년 이 땅에 개신교 복음이 들어온 지 120년이 되어 간다. 그 동안 기독교인의 숫자는 엄청나게 늘었고 이제 신학자들의 수도 상당히 많아졌다. 1960년대 이후에 본격적인 신학논쟁이 생겼다고 보면, 40년이 지난 지금 신학자의 층은 상당히 두터워져서 각 분야에서 여러 가지 주제를 놓고 깊이 있는 주장과 논의가 이루어지고 있다. 물론 한국의 교회 현실을 볼 때, 신학적 논의보다는 성경의 문자적 해석과 복음전도의 차원에서 신학이 이루어지는 보수적 경향이 큰 부분을 차지하고 있지만, 대체로 그런 보수 교단에 이르기까지 어디에나 서구에서 공부한 젊은 신학자들이 학문 활동을 펼치면서 학자들 간의 활발한 교류가 이루어지고 있다.

한국의 신학의 역사는 한국 신학을 정립해 나가는 역사라고 할 수 있다. 선교사들이 초기에 성경을 한글로 번역하는 작업에서 출발해서 오늘날 적극적으로 한국의 전통문화를 주제로 삼아 신학을 하려고 하는 움직임에 이르기까지, 이 땅에서 일어나는 모든 신학 작업은 결국 한국신학을 마련해 나가는 역사라고 할 수 있다.

한국신학이라면 신학의 주체성이나 상황 적합성을 생각하게 된다. 우리 문제를 풀기 위해 서구 신학을 벗어나 우리 나름의 얘기를 만들려고 하는 신학 작업을 가리킨다. 그런 의미에서의 한국 신학은 흔히 자유주의나 진보주의라고 불리는 신학 진영에서 이루어져 왔다. 그러나 보수주의 신학도 크게 보면 한국 신학 형성에 이바지하는 것으로 볼 수 있다. 정식으로 문제를

16

제기하고 의식적으로 한국 신학 형성을 얘기하고 있지는 않지만, 이른바 복음의 토착화라고 하는 것은 불가피한 현상이며 저절로 일어나는 부분이 있다. 그런 점에서 근본주의나 복음주의에서도 한국 신학을 건축하는 데 필요한 자재들이 생산되고 있다고 봐야 한다. 물론 저절로 일어나는 토착화에는 부정적인 요소도 많다. 복음의 본질과 관련해서 비판하고 따져보아야 할 부분이 많다. 그럼에도 불구하고 역시 한국교회에서 일어나는 신앙 운동은 한국 신학 형성에 필요한 요소들을 품고 있다고 봐야 한다. 불순물을 포함하고 있는 다듬어지지 않은 건축자재와 같더라도 말이다.

여하튼 지난 120년의 개신교 신학사에 이 땅에서 추구되었던 다양한 신앙 형태가 드러났다. 기독교 신앙의 이름으로 근본주의, 민족주의, 무교적 신비주의, 성령 운동, 보수적이며 개혁적인 신학, 무교회주의, 토착화 신학, 민중 신학, 종교 신학, 통일 신학, 문화 신학, 한국 여성신학 등이 형성되었다. 그 모든 신학에서 우리는 한국 신학을 위한 풍부한 소재를 찾을 수 있다고 본다.

1. 신학의 학문성과 한국신학

한국교회에서 생산되고 있는 모든 신학은 한국신학 형성에 이바지한다고 볼 수 있다. 이 땅에서 일어나는 모든 신학의 역사는, 원하든 원치 않든, 의식적이든 무의식적이든 한국 신학 형성의 역사라고 본다. 모두 한국신학을 향해 가고 있지만, 복음의 정체를 놓고 또는 기독교 신앙의 정체를 놓고 서로 다른 신학의 흐름이 형성되고 있는 것은 사실이다. 그런 까닭은 여러 가지를 들 수 있으나, 무엇보다도 신학이라는 학문의 독특성에 기인한다고 볼 수 있다. 극단의 보수 신학이 일반 학문의 성격에서 보면 학문으로서 존립하기 어려움에도 불구하고, 학문으로서의 위상을 내세울 수 있는 것은 신학이라는 학문이 특이한 학문이기 때문이다.

신학이란 종교학과 달리 어떤 고백을 바탕으로 삼는 학문이다. 다시 말해서

신학자는 이미 신앙을 가지고 그 속에 있는데, 그 신앙이 학문의 주제가 되고 소재가 되기도 한다. 그 점에서 신학이 엄밀한 의미에서 학문인가 하는 물음이 늘 제기된다. 믿음이 바탕이 된다면 학문을 하려는 대상에 이미 학문의 주체가 귀속되어 있다는 것인데, 그렇다면 신학은 이른바 과학성이 떨어진다. 과학이란 관찰하려는 대상을 떨어 뜨려 놓고 볼 때 성립하기 때문이다. 실제로 학문다운 학문으로서의 신학을 전개하다 보면 다른 학문에서 생겨난 과학적 방법을 끌어오게 된다. 서양 신학의 역사를 보면 근대 이후에 과학이 발전하면서 자연 과학과 사회 과학이 발전하고, 거기서 생긴 방법론을 신학에 도입하면서 근대적인 신학이 성립되어 나갔다. 성서학에서 시작된 역사비평이나 사회학적 성서해석 그리고 쉴라이에르마허의 신학이나 불트만의 비신화화가 모두 과학적 방법론의 영향을 받은 것이다. 이른바 방법론의 발전이라는 것이 근대 계몽주의와 과학의 시대 이후에 전개된 것이고,[1] 그 이후로 현대 학문의 학문성이 자리잡기 시작했다고 볼 수 있다. 신학을 투철한 학문으로 만들기 위해서는 이른바 방법론적 무신론을 애기할 수도 있게 된다. 그런 문제는 특별히 성서학 쪽에서 두드러지게 나타난다. 조직신학이나 윤리 같은 분야에서는 학문의 과학성이라는 것이 신학을 인간학과 경계선에 세우는 문제와 연결되지만, 성서학 쪽은 본문의 역사적 사실성을 탐구하기 때문이다. 검증 가능한 객관적 사실이라는 것이 신학에서 매우 중요한 위치를 차지할수록 그만큼 과학성이 두드러지고, 그러한 과학성을 무시하는 쪽과는 서로 대화가 불가능한 지경에 이르게 된다. 그것은 학문하는 사람의 지적인 정직과 관련된 문제가 되기 때문이다.

우리나라 신학의 역사를 고찰하는 한 가지 관점으로 그러한 과학성의 역사를 꼽을 수 있을 것 같다. 대개 박형룡 신학으로 대표되는 극단의 보수주의 신학 또는 근본주의 신학은 신학의 학문성을 별로 중시하지 않고, 신학의 고백적 성격을 중시하는 것이라고 할 수 있다. 그리고 순복음교회를 중심으로 한 오순절 신학 역시 고백적 성격에 머물고 있다. 신약학자 박수암 교수는

---

1) 가다머 저, 이길우 외 역(2000), 『진리와 방법 I』, 문학동네, 31쪽.

18

대개 1960~70년대에 이르러 신약학의 학문성이 눈에 띄기 시작한다고 보는 데,[2] 단순히 신약학에 국한되는 것이 아니라 우리나라 신학 전반에 걸친 현상이라고 할 수 있을 것이다.[3] 이 때 학문성이란 무엇보다 먼저 성경의 문자적 해석을 벗어나는 단계를 가리키는 데, 대개 역사비평과 그 이후에 발전된 비평 방법론이 성서 해석에 도입되는 과정을 가리킨다. 물론 역사비평의 문제는 이미 1930년대에 장로교 쪽에서 발생한 오경의 모세 저작설 부인 사건과 아빙돈 단권 성경 주석과 관련되어 큰 문제로 제기 되었고, 그밖에 고등비평을 어느 정도 인정하는 태도도 있었으나, 1960년 대 이후에 활발하게 전개되었다.

역사비평이란 성서를 역사적 산물로 보는 것이기 때문에 절대적 계시의 성격이 삭감되고 상대화되는 결과를 낳는다. 그 만큼 축자영감설이나 성서 절대 무오류설과 거리가 멀고, 성서가 일반 문서처럼 분석의 대상이 된다. 성서 연구자는 신앙 고백 속에서 고백을 정당화하는 연구가 아니라 신앙 형성의 뒷면을 관찰하는 자가 된다. 그만큼 합리적 이성으로 절대적 신앙 고백의 힘을 떨어 뜨려 놓는 효과를 일으킬 수 있다. 그런 두려움은 한국 교계의 분열을 가져오고, 신학 형성에도 큰 갈림길을 이루어 놓았다. 역사비평의 문제는 그만큼 신학의 학문성을 좌우하는 시금석이 되었고, 거기서 형성된 서로 다른 신학의 갈래는 신학의 다른 분야에도 영향을 주었다. 사실 역사비평은, 윤리학에서 윤리 규범이 하늘에서 절대적으로 주어진 것이 아니라 그 사회의 관습에 지나지 않는 것임을 밝힌 것만큼이나 충격적일 수 있다. 도덕 규범이 관습에 지나지 않는다고 했을 때, 도덕의 이데올로기적인 성격이 부각되면서 도덕 규범이 상대화되고 절대 권위를 상실하게 된다. 그 같은 도덕의 비신화화는 조직신학이나 기독교 윤리나 오늘날 여성 신학 같은 분야에서 기독교의 본질을 애기하는 데 중요하게 사용할 수 있는 대목이

---

2) 박수암(2001), 「20세기 한국 신약학의 회고와 전망」, 『한국기독교신학논총』 vol. 22, 131쪽.
3) 1957년에 『기독교사상』이 창립되고, 1961년에는 한국신약학회가 창립되었다. 그리고 조직신학회와 구약학회를 비롯한 학회 활동이 1960년대에 시작되었다.

고, 그러한 작업이 한국 신학계에서 활발하게 이루어지고 있다. 그런 것도 신학의 학문적 성격이 뚜렷해지면서 제기되는 문제들이라고 볼 수 있다.

역사비평을 받아들이지 않는 보수 신학계는 대체로 도덕의 비신화화 문제에서도 보수적인 자세를 지닌다. 현대 사회에서 일어나는 여러 가지 현상을 분석하는 태도에서 기존 도덕 규범을 기준으로 삼는 경우가 많다. 신학적으로 보수 인사들이 참여하여 사회의 개혁 운동을 벌이는 '기독교윤리실천운동'의 시각을 예로 들 수 있다.4)

신학의 학문성이란 결국 기독교 신앙을 객관적으로 보는 문제이며, 신앙 밖에서 신앙을 보는 태도로 이어지게 된다. 이른바 방법론적인 무신론이다. 원래 인문학의 객관성 문제는 자연과학과 달리 한계가 있지만, 적어도 집단적인 체험의 동질성을 객관성이라 하지 않고 남들을 의식하며 자신의 정체를 애기할 때 어느 정도 객관성이 시작된다고 할 수 있다. 그래서 변증신학은 신학이 학문의 성격을 띠는 데 첫걸음이 된다고 할 수 있다. 1910년 대 최병헌이 한국의 전통 사상을 의식하며 기독교를 옹호한 것에서 변증신학5)의 출발을 찾는다면, 같은 시대의 길선주의 고백적 신학에 비해 학문성이 감리교 쪽에서 중요하게 싹트기 시작했다고 볼 수 있다.6) 1930년대 김재준의 신학 역시 초기에 변증 신학의 성격을 보이는 데, 이는 그가 신학을 본격적인

---

4) 보수 신학 쪽에서 1984년 창립한 '기독교학문연구소'는 사회의 다양한 문제를 기독교적인 시각에서 분석하고 연구하는 데, 현대의 사회 문화현상에 대해 일반적인 기존의 도덕규범을 지지하는 진단을 내놓고 있다.

5) 주재용은 최병헌의 신학을 종교적 변증신학으로 이름 붙이고 있다. 주재용(1998), 『한국 그리스도교 신학사』, 대한기독교서회, 44~47쪽. 이덕주는 최병헌의 종교간 대화 신학이 기독교 중심주의에 기초한 기독교 변증론이라고 본다. 이덕주(2000), 『한국 토착교회 형성사 연구』, 한국기독교역사연구소, 247쪽. 유동식은 최병헌이 기독교를 포함한 종교를 상대적 절대주의로 보고 그리스도의 복음의 절대주의와 구분했다고 본다. 유동식(2000), 『한국신학의 광맥』(전면개정판), 다산글방, 65~66쪽.

6) 길선주는 민족 주체의식이 있는 분이었지만 신학적인 면에서는 보수였으며, 그 뒤의 보수 신학에 큰 영향을 미쳤다. 물론 길선주 목사는 도교적인 요소를 강하게 가졌기 때문에, 그분의 신학을 가리켜 김인서는 '조선신학'이라고 하지만, 그의 사상은 주체적인 한국 신학의 정립에 영감을 주지는 않았다.

학문으로서 다루고 있음을 뜻한다. 그러나 최병헌이나 김재준의 변증 신학은 우리나라에서 신학이 학문성을 갖게 되는 첫 단계이지만, 대체로 교회 전통에 충실한 고백적 성격도 분명하게 지니고 있었다.[7]

그런데 신학의 학문성은 신학이 인간학의 성격을 띠면서 훨씬 강화된다. 원래 근대적인 과학성이라는 것은 인간 해방과 관련이 있다. 과학성이란 관찰자가 관찰 대상을 떨어뜨려 놓고 보는 것인데, 그런 과학성은 기존 권위를 비신성화 하게 되고, 새로운 권위는 어느 정도 인간주의 또는 인간중심주의와 맞물려 있다. 역사비평을 통하여 문자의 절대 계시성이 사라지면서, 계시에서 인간의 역할이 중시된다. 인간이 부각되면서, 인간 해방 또는 인간화가 복음의 핵심으로 주장되게 된다. 신학이 인간학과 경계선에 서게 되는 것을 통해서 한국 신학의 가능성이 생기고 중요한 진전의 초석이 놓이게 된다. 1968년에 쓴 「한국신학 형성의 길」이라는 글에서 이장식은 이렇게 말한다. "한국 신학의 미래를 생각하면, 내세적 신학보다는 현실적 신학이 되야 한다는 휴머니즘의 성격을 기조로 해야 할 것이다."[8] 우리나라 신학사에서 인간주의의 조류는 한국적 신학을 가능하게 하는 열쇠가 되었음을 볼 수 있다. 1950년대 김재준이 주장한 주체적 역사 참여 신학이나 1960년대의 세속화 신학 논쟁, 그리고 1970년대 민중 신학에 영향을 준 '하나님의 선교' 개념 등은 신학의 중요한 역할을 인간 해방으로 본다. 김재준은 1950년대 『십자군』이라는 잡지를 통해 한국교회의 비역사성을 비판하고 역사적 책임을 강조했는데, 그에게 하나님 나라는 이 세상에 이루어지는 것으로 이해되고 있다. 그리고 1970년대에 이르러 그는 기독교의 사명을 인간화와 민주화로 들고 있다.

역사성을 강조하거나 인간화를 강조하는 것은 신학이 결국 인간 해방에 기여해야 한다는 것으로, 그럴수록 신학의 학문성은 강화된다. 근대적 학문

---

7) 그러나 1960년대 이후에 전개되는 토착화 신학 또는 문화 신학이나 종교 신학에서는 기독교 전통이 아닌 한국의 문화 전통에서 기독교를 이해하려는 움직임이 일어나고, 이것은 변증신학과는 다른 길을 가게 된다.
8) 기독교사상 편집부(1983), 『한국의 신학사상』, 77쪽에 재수록.

방법에서 나온 모든 이론들을 자유롭게 들여오게 된다. 성서를 사회경제적인 문서로 보는 사회학적 성서 해석이나, 또는 민중신학에서 사회과학을 끌어들이는 것은 모두 자유로운 학문적 분위기 때문에 가능한 것이요, 그런 학문성은 신학에서 인간이 강조되면서 강화될 수 있었던 것이다. 다시 말해서 신학이 인간학의 성격을 띠면서 가능한 일이다. 사실, 자유주의 신학이나 진보주의 신학이 본격적인 활동을 하는 것은 우리 신학사의 초창기부터 외국에서 최근 이론을 공부하고 돌아온 학자들이 주도했는데, 당시의 최신 이론이라는 것이 근대적인 학문방법인 것이다. 근대적인 학문방법이란 휴머니즘의 인간 중심주의의 영향으로 생긴 것으로서 인간 해방을 최고의 가치로 둔다. 그것은 인간의 주체성과 목적성을 강조하면서 신학에서 인간이 객체화되는 것을 막는다. 그런 면에서 바르트 역시 역사비평을 인정하는 한 어느 정도 휴머니즘의 영향을 받았다고 할 수 있다. 신정통주의에서 시작한 김재준의 신학이 인간화를 얘기할 수 있었던 것도 우연은 아니다.

여하튼 한국 신학의 역사에는 초기 선교사 신학을 벗어나면서 신비적 초월주의나 교조적 율법주의를 벗어나려는 움직임이 있었고, 그러면서 인간 해방을 주장하는 신학적 경향이 생기기 시작했다. 그러한 인간 해방을 주장하는 신학은 학문적 성격이 크게 강화되게 된다. 1930년 대 복음교회 운동을 일으켰던 최태용은 신학은 충분히 학문적이어야 한다는 표어를 내거는데, 그가 바르트 신학을 가리켜 인간과의 접촉점이 없어 생명력을 상실했다고 비판하는 것은 우연한 일이 아니다.9) 한국의 신학사에서 인간 해방을 중요하게 생각하는 신학 사상의 흐름은 성서 연구에서나 사상에서 자유롭게 일반 학문들의 방법론을 신학에 들여와 신학을 풍부하게 하는 역할을 한다.

1960년대 한국적 신학이라는 말이 나오기 시작하면서 신학의 비서구화가 한국 신학의 주요 쟁점으로 대두되기 시작한다. 이른바 토착화 신학 논쟁이 시작되면서 일어나는 현상이다. 토착화 신학에도 신학의 학문성이 크게 두드러진다. 유동식은 주체적인 신학을 위해 비서구화를 주장하는데, 비서구

---

9) 주재용(1998), 앞의 글, 50~51쪽 참조.

화를 위해서도 먼저 비신화화가 필요했다.[10] 다시 말해서 주체적인 신학을 위해 비서구화하려면 그 이전에 비신화화를 거쳐야 한다는 얘기다. 비신화화는 근대의 과학적이고 합리적인 학문 방법을 신학에 적용한 것이다. 그래서 토착화 신학 역시 학문성과 과학성을 그 배경으로 하고 있다. 물론 민중신학 계열에서 말하는 과학성이 사회 과학적인 데 비해, 토착화 신학의 학문성은 오히려 과학을 비판하는 쪽으로 갈 가능성이 있다. 그럼에도 불구하고 과학적 방법론이 없었다면 성서 무오설이나 초월적 성령론을 벗어나기 어렵고 한국 사람을 위한 주체적인 신학을 세우기는 어려웠다. 신화(미토스)를 사실(로고스)로 받아들이기를 거부하는 비신화화 때문에, 성서나 교리의 문자에서 벗어나 우리 상황에서 계시를 해석하는 것이 가능했던 것이다.[11]

토착화 신학 또는 그 이후의 문화 신학이 지니는 자유로운 학문성은 민중신학과 달리 인문학적인 학문성이다. 그것은 말하자면 해석학적인 것이다. 원래 토착화 문제는 복음을 이 땅에 맞게 해석하는 작업으로 시작되었다. 그런데 복음을 해석한다는 것이 이미 신학의 고백적 성격보다는 학문적 성격이 강해질 가능성을 안고 있다. 해석학이라는 것이 계시와 이성, 초월자와 인간의 상호 작용을 염두에 두고 있기 때문이다. 해석학 이론은 자연과학의 인식론에 짝을 이루는 인문과학 쪽의 인식론으로서 그 자체가 근대적 주체의 탄생을 깔고 있다. 근대적 주체의 탄생이란 인간학의 탄생이요, 인간

---

10) " …… 그러므로 우리는 이 유대주의적인 껍질과 2000년이라는 시대의 거리를 계산에 넣고 성서를 해석해야 하며, 복음의 본질을 파악하도록 하지 않으면 아니 된다 …… 오늘날 논의되고 있는 비신화화론은 이러한 각도에서 진지하게 고려되어야 할 것이다. 그뿐 아니라 헬레니즘 속에서 형성된 성서인 것을 생각할 때 이곳에는 또 하나의 과제가 붙는다. 특히 이 헬레니즘이 서구 문명의 위대한 바탕이 되었다는 데서 더욱 우리들의 과제는 커진다 …… 오늘날 우리들에게 전해진 복음은 바로 이러한 서구 문화의 의장을 갖춘 것이다. 여기 우리는 비서구화라는 또 하나의 해석학적 과제가 붙는다". 유동식(1978), 『도와 로고스』, 대한기독교출판사, 59쪽. 먼저 비신화화를 통해 성서에서 떨어져야 지금까지 성서를 해석해 본 서양의 시각에서 벗어날 수 있다.

11) 그 면에서 허혁 교수의 공헌을 지적하지 않을 수 없다. 그는 『요한복음연구』(1976)와 『학문과 실존』(1980)을 비롯해서 방대한 불트만의 저서를 충실하게 번역해서 학계에 소개했다.

해방을 중시한다는 얘기다. 그래서 한국 신학사에서 토착화 신학은 자유롭게 새로운 학문 방법을 끌어오고 이용하는 신학으로 자리를 잡는다. 오늘날 예수의 그리스도됨을 부정하는 예수 세미나와 예수 운동의 연구 성과를 토착화 신학 쪽에서 적극 수용하려는 것도,[12] 토착화 신학의 자유로운 학문성의 연장선에서 이해할 수 있다.

그러나 신학에 다른 인문학이나 사회과학의 방법론을 자유롭게 끌어 들여 그 학문적 성격을 높여 갈 때, 계시가 상대화되는 데서 생기는 문제가 발생한다. 신학이 민중의 신앙 현실과 동떨어지고 목회 현장과 따로 놀게 된다. 계시가 상대화된다는 것은 두 가지 의미다. 하나는, 계시가 하나님의 일방적인 작품이 아니라 상대방을 봐가며 내려준 것이라는 의미다. 그것은 신학에 인간학이 들어오는 경향을 가져온다. 또 하나는, 기독교의 계시가 여러 가지 계시 가운데 하나에 불과하다는 것이다. 이것은 타종교와의 대화 문제로 가게된다. 민중이 그런 신학을 낯설어하는 것은 근본적으로 신학의 고백적 성격이 약화된 데 그 까닭이 있다고 봐야할 것이다. 신앙이란 하나님의 현실에 대한 고백에 바탕을 두고 있는데, 신학이 그런 신앙 현실을 제대로 수용하고 있지 않으면 민중에 대한 영향력을 상실하기 쉬운 것이다.

그런 점에서 보수주의 신학이 한국교회에 미치는 현실적 영향력을 무시할 수 없다. 교리적인 보수주의가 한국교회의 다수를 차지하고 있고, 성서 해석에서 근본주의에 가까운 해석을 보이는 오순절 운동도 큰 힘을 가지고 교계에 영향력을 미치고 있다. 어떤 면에서 보면, 한국교회의 신앙 형태가 1907년의 부흥 운동에서 결정되었다는 민경배 교수의 얘기도 무리가 아니다.[13] 그렇다

---

12) 이 부분에 관한 자료는 감리교 목사들이 주축이 되어 만든 '한국기독교연구소'에서 단행본으로 번역 출판되고 있다. 물론 민중신학 쪽에서도 관심을 보이고 '한국신학연구소'를 통해 출판하고 있다. 예수 운동이나 예수 세미나를 두고, 토착화 신학 쪽은 예수의 신성을 없애 기독교를 상대화하는 데 관심을 두고 있는 것 같고, 민중신학 쪽은 예수에게서 현실 변혁의 실천자의 모습을 보는 데 관심을 두고 있는 것 같다.

13) 민경배(1993), 『신개정판 한국교회사-한국민족교회형성과정사』, 연세대학교 출판부, 264~282쪽.

면 자유주의 신학이나 진보주의 신학은 우리나라 신학의 주류가 아니요, 학문적 보수주의가 주류라고 볼 수도 있다.[14] 다시 말해서 신학의 학문성보다는 고백적 성격을 중요하게 생각하는 세력이 아직도 교회의 큰 호응을 얻고 신학 생산의 장을 형성하고 있다. 한편으로는 신학이 학문으로서 다른 학문과 교류하고, 다른 학문의 과학적 방법론을 들여와서 토착화 신학이나 민중 신학 등이 생기고, 그래서 한국 신학의 태동을 알리고 있다. 그럼에도 불구하고, 한 쪽에서는 여전히 신학이 신앙 고백이나 교회 성장학에 머무르며 교회 현실에서 큰 영향력을 행사하고 있다. 그리고 그런 보수적 경향도 한국 신학 형성을 위한 중요한 재료가 된다는 것을 염두해 두어야 할 것이다.[15]

2. 신학의 주체성과 한국 신학

고백적 성격을 중시하는 쪽의 신학은 식민지성을 극복하기 어렵다는 문제가 있다. 박형룡의 경우로부터 오늘날 이런 저런 형태의 오순절 운동에 이르기까지 그들이 주장하는 정통이란 선교사 신학이나 서구 신학을 벗어나지 않는 것을 가리킨다. 칼뱅의 사상을 따른다거나, 종교 개혁 정신을 따른다

---

14) 한국교회사학연구소 편(1998), 『한국 기독교사상』, 연세대학교 출판부, 90쪽. 박명수 교수는 이렇게 말한다. " …… 1907년의 부흥운동은 오순절 운동이고, 이것은 곧 한국 교회 신앙의 원형이기 때문이다. 사실 한국 교회의 신앙의 주류는 교리적인 보수주의도 사회 참여적인 진보주의도 아닌 체험적인 복음주의인 것이다". 오순절파든 박 교수가 지칭하는 교리적 보수주의든 신학의 고백적 성격을 중시하고 근대적 학문성을 인정하지 않는다는 점에서 신학적 보수주의라고 할 수 있다.

15) 박명수 교수는 체험을 중시하는 오순절 운동이 교리적인 장로교회에서도 신앙의 핵심 역할을 한다고 본다. 그리고 그것을 유동식 교수의 분류를 빌어 모성적 기독교 라고 본다. 보수주의나 진보주의가 모두 가치 규범적 판단 기준을 가지고 제3자에게 규범과 윤리를 강조하는 반면 오순절 운동은 윤리보다는 체험을 중시한다. 그래서 전자를 교회의 부성적 측면, 후자를 모성적 측면으로 본다(앞의 글, 75쪽). 앞으로 교회의 모성적 측면 또는 하나님의 모성은 한국신학 형성에 중요한 역할을 할 것으로 보인다. 그런 점에서 한국신학 형성에 이바지할 한 가지 모습으로서 오순절 성령 운동을 비롯한 신학적 보수주의를 주의깊게 살펴야 할 것이다.

거나 또는 오순절 운동이 서양 오순절 운동의 역사를 따른다고 할 때, 그 모범은 모두 서양에서 산출된 것이다. 기독교 교리가 서양에서 형성되었고, 2000년 가까이 서양 문화의 핵심 요소였기 때문에. 기독교와 서양은 거의 동일시되었다. 기독교를 받아들이는 것은 서양을 받아들이는 것이었다. 초창기 기독교가 서양의 발전된 교육 제도나 의료기관과 함께 선교를 시작했으며, 윤치호를 비롯한 구한 말 지식인들이 기독교를 받아들일 때 기독교 국가들의 발전된 문물을 중시했다. 다시 말해서 복음은 서양의 근대화된 문물과 혼연일체가 되어서 이 땅에 전파된 것이다. 그러므로 신학적 반성을 하지 않으면 복음화는 곧 서구화가 될 가능성이 많다.

진정한 의미에서 한국 신학은 그런 문제에 대한 신학적 반성을 통해서 형성될 수밖에 없다. 신학적 반성을 한다는 것은 신학이 학문적 성격을 강하게 띠어야 가능한 일이다. 그러므로 신학의 주체성은 활발한 학문 활동을 펼친 감리교나 기장 쪽에서 발전되어 나올 수밖에 없다. 그들이 취한 근대적 과학 방법론이라는 것 역시 서구의 방법론이지만, 근대성이라는 것이 비판 정신을 기본으로 삼고 있기 때문에, 서구 신학을 탈피하는 데도 서구에서 나온 다양한 방법론이 큰 역할을 했던 것이다. 그러므로 신약학이나 구약학계에서 서양에서 생긴 새로운 비평방법을 꾸준하게 도입하여 성서를 해석한 것은, 자기도 모르게 한국 신학 형성에 이바지한 것이다.[16) 1910년대에 『신학

---

16) 장로교 신학대학은 그 뿌리로 보면 보수신학에 속해 있지만, 총신이나 고신과 달리 신학을 제한하지 않고 다양하고 폭넓은 학문 활동을 해 왔다. 그 결과 주체적인 한국 신학의 필요성을 강조하는 흐름들이 형성되고 있다. 20세기의 신약학을 회고하고 전망하는 글에서 박수암 교수는 다음과 같이 한국 신학의 주체성을 강조한다. "이런 엄청난 변화의 상황들 속에서 한국 신약학은 하나님의 말씀을 바르게 분별함으로 이 모든 상황에 대처하는 성숙한 신약학이 되어야 한다 …… 단지 서구 신학을 소개하는 신약학이 아닌, 주체성을 가지고 한국인의 영을 움직일 수 있는 한국적 신약학, 세계 신약학을 주도하는 세계적 신약학이 되어야 한다". 박수암 (2001), 「20세기 한국 신약학의 회고와 전망」,『한국기독교신학논총』21, 한국기독교학회, 140쪽. 과학성이 중시되는 신약학 분야에서 서구 신학을 탈피하는 주체적 신학을 얘기하게 된 것은, 장신쪽의 신학이 다른 보수 신학과 달리 고백적 성격에 머물지 않고 학문성을 중시하면서 생긴 결과라고 보여진다.

세계』를 통해 성서의 고등 비평을 도입한 양주삼은 그런 의미에서 한국 신학의 선구자라고 할 수 있다. 앞으로 한국 신학이 서양의 비판 정신에 기대지 않고 우리 나름의 얘기를 펼쳐 가는 노력을 해야겠지만, 권력 관계를 밝히고 해체하기 위해 과학성을 중시하는 학문적 태도는 여전히 한국 신학을 위해서도 필요하다고 봐야 한다.

1) 어떤 면에서 신학의 주체성은 기독교를 우리의 필요에 의해 받아들이고자 했던 초기 기독교 지식인들의 생각 속에 싹트고 있었다고 봐야 한다. 대개 민중은 개인 구원의 필요에 의해서 기독교를 받아들이는 데, 지식인은 좀더 보편적인 진리를 구하기 때문에, 기독교를 받아들인 초창기 지식인들은 민족 문제를 염두에 두었던 것이다. 우리 문제를 해결하기 위한 방편으로 기독교를 받아들이려는 의식적인 태도가 있었던 것이다. 삼일운동 이후 기독교가 내세 지향적이 되기 전까지의 부흥 운동도 천년 왕국의 측면에서 이해된다면,[17] 기독교는 민족의 문제와 밀접하게 연관되어 받아들여지고 있었다고 봐야 한다. 기독교가 나의 문제보다는 민족 문제와 연관될 때 좀더 주체적인 신앙이 나오게 된다. 1990년대 사회 구원과 개인 구원의 논쟁[18]에서 보듯이, 진보 교단 쪽이 사회 구원을 강조하는 것은 그들이 주체적 한국 신학 형성에 이바지할 것임을 암시하고 있다.

우리나라 신학사에서 신학의 주체성은 개인의 주체성보다는, 민족의 주체성 또는 민족과 연관된 민중의 주체성과 같이 발생한다. 그 점에서 서구의 주체성과 다르다. 서구 신학에서는 중세에 중요하게 생각하던 실체 개념이 현대 신학에서 주체 개념으로 바뀌면서 인간의 주체성이 중요하게 대두된다. 그리고 그 인간은 곧바로 개인으로 귀결된다.[19] 그러나 서구를 통해 기독교를 받아들인 한국에서의 신학의 주체성은 비서구화를 뜻하기 때문에 민족 문화

---

17) 주재용(1998), 앞의 글, 334~337쪽.

18) 1990년 『월간목회』 1, 2월호에서 홍근수 목사와 신성종 목사 사이에 벌인 논쟁이다.

19) 하나님의 주권에 대항해서 나온 것이 국민 주권인데, 그 때의 국민은 선험적인 개념이 아니라 개인들의 총합이다.

의 주체성 또는 민족이라는 정치 집단의 주체성을 뜻하지 않을 수 없다. 주체성 문제가 생길 때 서양에서는 대응 개념이 신과 인간이었지만, 우리에게는 서구 대 우리나라였기 때문이다. 그처럼 인간이나 개인보다는 민족의 주체성 개념이 먼저 생긴 점에서 우리나라 신학의 독특성이 있다고 할 수 있다. 이미 1930년대 최태용은 신학 혁명을 외치면서, 조선 사람을 위한 조선 신학을 외쳤고, 김교신은 순조선산 예수쟁이가 되고자 했다. 민족보다는 인간의 주체성에서 비롯된 역사비평 등의 활발한 도입은 그 다음에 이루어졌다. 김교신이나 이용도나 최태용 등의 신학에서 우리는 우리 상황에 맞는 주체적인 신학의 싹을 보지만, 신에 대한 인간의 주체성 문제는 그리 심각하게 대두되지 않았다. 그들이 철저하게 복음에 바탕을 둔 주체성을 얘기할 수 있었던 까닭도 거기에 있다. 그들은 역사비평이나 비신화화가 몰고 올 인간 중심주의와 인간의 주체성이 본격적으로 논의되기 전에 민족의 주체성을 먼저 얘기한 것이다. 신학의 주체성이라는 면에서 볼 때 그들의 공헌과 한계가 모두 거기에 있다.

어쨌든 인간화나 세속화 문제가 제기된 다음에야, 서구에 대한 한민족의 주체성과 신에 대한 인간의 주체성이 어울려 좀더 철저한 주체적인 신학이 나올 수 있었다. 한국 신학이 출현한 시기를 1960년대 이후로 잡는 주장은 그런 면에서 일리가 있다. 1960년대 윤성범의 성의 신학은 세속화를 수용했고, 1970년대 민중 신학은 하나님의 선교에서 주장하는 인간화를 수용하면서 전개되었다. 한국 신학의 역사를 보면 보수 신학 쪽에서 자유주의나 진보주의 쪽의 주체적 신학을 가리켜 주로 인본주의라고 비판하는 데, 그만큼 인간화의 문제는 신학의 주체성과 밀접히 관련되어 있는 것이다.

한편, 보수주의 쪽에서는 한국 신학이라는 말 자체를 꺼리는데, 그것은 기독교 진리의 보편성이 훼손되는 것을 우려해서다. 그리하여 박형룡은 선교사들이 전한 바로 그 복음을 주장하였다. 그래서 토착화 신학 논쟁에서 그들은 민족문화의 주체성보다는 복음의 주체성을 주장한다. 김의환은 이렇게 말한다. "기독교적 신앙을 기저로 하여 세워진 사회문화는 비록 타락한

28

요소가 많이 게재하여 있을지라도 기독교적인 종교성을 보유하고 있고 이교 문화는 그 배후에 이교적 종교성을 보유하고 있는 것이다. 그러므로 우리의 작업은 샤머니즘적인 한국 신학의 테두리 안에서나 인본주의적인 유교의 성(誠)사상의 틀 속에 기독교 진리를 받아들임으로써 토착화 신학을 꾀할 것이 아니라 오히려 한국적 문화를 기독교 진리의 심판 아래 두어서 진리가 한국 문화의 기저선까지 뚫고 들어가 마침내 기독교화 된 새로운 문화 수립을 꾀함이 지당할 것이다 …… 그러므로 진정한 복음의 토착화는 문화의 주체성에 앞서 복음의 주체성을 전제한다. 오직 이 전제가 성립될 때만이 주체 신학 수립의 작업이 가능한 것으로 본다”.[20]

보수신학 쪽에서는 또한 민중 주체보다는 하나님의 주권을 강조한다. 그러나 문제는 복음의 보편성을 주장하면 서구화를 뜻한다는 데 있다. 신학의 역사는 복음의 해석의 역사요, 해석은 문화권이 지니고 있는 세계관이나 인간관이 반영되기 마련이기 때문이다. 그러한 세계관이 전통이 되고, 따라서 신학에는 그 신학을 이룩한 민족들의 전통이 배어 있기 마련이다. 복음은 신학의 틀에 의해 모양을 갖추고 있고, 신학에는 민족의 전통이 들어 있다. 그러므로 복음이 한 민족으로부터 다른 민족으로 전해질 때는 보편성이 특수화의 틀을 거친다. 그것을 구체화라고 할 수 있다. 복음은 그것을 받아들이는 민족의 시각과 만나 구체화된 복음으로만 존재한다. 그렇지 않으면 복음은 겉도는 추상적인 말로 남아 있게 된다. 그러므로 복음의 보편성을 주장하는 신학은 잘못하면 구체화되지 않은 추상적인 복음을 얘기하는 격이 된다. 그런 점에서 토착화는 원하던 원치 않던 일어나기 마련이고, 신학은 그처럼 저절로 일어나는 토착화를 의식화하고 반성하는 것이다. 그런 반성 작업이 있을 때 주체적인 신학을 마련할 수 있다.

그러한 신학적 반성을 철저하게 하면서, 한국 신학을 위한 비서구화를 먼저 본격적으로 제기한 것은 감리교의 토착화 신학 쪽이다. 김재준은 주체적

---

20) 박형룡(1983),「성신학에 할 말 있다」,『한국의 신학사상』, 기독교사상 편집부 편, 163 · 167쪽.

역사참여를 위한 신학을 주문했지만, 그가 말하는 주체성은 비서구화는 아니었다. 비서구화 문제가 정치신학보다 문화신학 쪽에서 먼저 제기된 것은, 그만큼 서구의 정치 사상이 인간 해방을 위한 구체적인 제도를 마련했으며, 정치적으로 민중의 해방을 위해 기여할 바가 많았기 때문일 것이다. 실제로 1980년대 민중신학은 민중의 억압된 현실을 분석하고 해결책을 찾는 데 서양의 사회 과학의 도움을 많이 받았다. 그처럼 과학 언어는 인간 해방을 위한 보편 언어가 될 가능성을 안고 있다. 그러나 문화 언어까지 보편성을 띠게 되면 제국주의나 식민주의가 되게 된다. 정치적 식민주의는 겉으로 드러나서 저항을 불러일으키지만 문화적 식민주의는 은밀하게 공동체의 혼을 빼버린다. 말하자면 우리 장단이 있는데 남의 장단에 맞추어 춤을 출 필요는 없었던 것이다. 민중 신학이 '우리 문제'를 풀기 위한 상황 신학의 성격을 띤 것이라면, 토착화 신학은 '우리 것'에 걸맞는 신학을 마련하려고 한 것이다. 그리하여 1960년대에 유동식이나 윤성범 등 감리교 신학자들은 신학의 비서구화를 주장하기 시작했다.

　토착화 신학은 처음에 선교 신학의 관점에서 출발했다. 복음을 주제로 삼되, 우리의 전통을 소재로 삼아 얘기하는 것이다. 주제와 소재의 구분이 명확했다. 우리가 알아들을 방식으로 복음을 전해야 한다는 것이다. 그런 각도에서 전통 사상과 문화에 대한 언급이 이루어지기 시작했다. 유동식이 처음 토착화 문제를 제기한 글의 제목은 1962년 감신학보에 쓴 「복음의 토착화와 한국에서의 선교적 과제」였다. 거기서 그는 이렇게 말한다. "토착화는 초월적 진리가 자기를 잃는 것이 아니라, 자신의 독자성과 초월적인 진리가 일정한 역사적 상황 속에 적응하도록 자기를 변화하는 것이다 …… 그러므로 토착화는 단순한 혼합주의와 구별해야 한다. 토착화는 주체성을 잃은 신크레티즘이 아니라 주체자의 현실에 대한 적응인 것이다"[21] 여기서 주체자는 복음을 가리킨다. 유동식이 처음 이 글을 쓸 때는 아직 한국의 현실이 주체는 아니다. 복음이라는 주제가 한국 문화를 소재로 삼아 서양과는

---

21) 유동식(1978), 『도와 로고스 : 선교와 한국 신학의 과제』, 대한기독교출판사, 58쪽.

다른 신학을 이루기 바랬던 것이다. 그 작업을 위해 그는 복음의 본질적인 것과 비본질적인 것, 복음 자체와 부대 형식을 구분한다. 우리에게 전해진 서구신학은 복음이 서구의 옷을 입고 있는 것이므로, 그 옷을 벗기고 우리 옷을 입어야 한다는 것이다. 그 일을 위해 한국의 종교와 예술 그리고 한국의 사상을 파악해야 한다. 그런 점에서 초기 토착화 신학은 한국적인 것을 기독교적인 것으로 해석하는 작업이라고 볼 수도 있다.[22]

윤성범이 1963년에 「환인, 환웅, 환검은 곧 하나님이다」는 논문을 발표할 때도 윤성범의 의도는 한국 문화를 기독교적으로 재해석해 보려는 것이었다.[23] 또 다른 논문에서 박봉랑의 비판에 답하면서 그는 이렇게 말한다. "박 박사는 나의 단군 신화 해석을 기독교의 토착화와 관련시켜 논한 것이 무려 6면을 허비하고 있다. 그러나 애닯게도 나의 단군신화 해석은 기독교 토착화와는 직접적으로는 아무 관련이 없는 것이다. 왜냐하면 단군 신화를 우리나라 고유의 창조설화나 개국신화로 보지 않고 진정한 의미의 '기독교 삼위일체론의 잔해'로 보기 때문인 것이다. 물론 우리가 단군신화의 본래의 의미가 밝히어 진다는 사실은 그만큼 기독교가 한국에 있어서 잃었던 부모를 다시 찾은 형편과 마찬가지로 삼위일체 교리에 더 밝은 빛을 던져준다는 의미에서만 간접적으로 기독교 토착화 문제와는 관련이 된다고 볼 수 있는 것이다".[24] 다시 말해, 우리 문화 안에서 기독교적인 계시의 흔적을 보려고 한 것이다. 한국인은 한국의 신화에서 기독교의 삼위일체 교리의 흔적을 찾음으로써 잃었던 부모를 다시 찾는다. 그렇게 보면 윤성범의 글은 한국의 신화를 신학의 소재로 삼았다는 점에서 신선하고 충격적인 것이었지만, 한국문화가 복음과의 관련에서 주제로 등장한 것은 아니다.[25]

---

22) 유동식(1965), 『한국 종교와 기독교』, 대한기독교서회.
23) 윤성범(1963), 「환인, 환웅, 환검은 곧 하나님이다」, 『사상계』, 사상계사.
24) 윤성범(1963), 「하나님 관념의 세계사적 성격」, 『사상계』 9월호, 사상계사, 226쪽.
25) 위에서 표현한 '직접적 토착화'란 결국 한국 문화의 각도에서 기독교를 이해하려는 것이고, '간접적 토착화'란 기독교의 시각으로 한국 문화를 이해하려는 것이다. 초기 토착화 신학은 윤성범의 표현대로라면 간접적인 토착화였다. 그만큼 주체성의 강도는 떨어졌다.

그러나 토착화 신학의 견해는 여러 논쟁을 거치고 시간이 흐르면서 더 급진적이 된 것으로 보이는데, 이는 처음부터 토착화 신학 안에 들어 있었던 경향성이 드러난 것으로 보아야 할 것이다. 차츰 한국문화는 소재가 아니라 주제가 되어 간다. 다시 말해서 토착화 신학은, 한국문화를 소재로 삼는 데서부터 출발해서, 한국문화가 오히려 주제가 되는 방향으로 간다고 할 수 있다. 유동식은 『도와 로고스』에서 복음의 자기 실현이 자기 부정을 통해 일어난다고 본다. 이것은 복음과 한국문화가 만나 복음은 죽고 한국 문화를 살려주는 것으로 복음이 제 몫을 다한다는 것이다. 복음을 만나 변화되기는 하지만, 한국문화는 이제 소재가 아니라 신학의 주제로 등장하게 된다. 윤성범은 또한 한국적 신학의 가장 큰 관심사를 한국인의 마음바탕 곧 유교 전통이라고 보고, 종교적 혼합주의도 과감히 수용한다.[26] 알짜배기 복음을 우리 땅에 심는다는 식의 초창기 토착화 신학의 사고 방식은 차츰 포기되고, 오히려 우리 문화를 풍성하게 하는 것으로 기독교를 받아들이는 태도가 된다. 기독교의 눈으로 우리 문화를 보는 것이 아니라, 우리 문화의 눈으로 기독교를 보는 것이다.

토착화 신학은 그런 식으로 한국 신학의 주체성을 강화해 나갔다. 1960년대에는 우리 것을 얘기한다는 것 자체가 주체성의 표시였지만, 1977년 변선환이 「교회 밖에도 구원이 있다」는 글을 발표하면서 박아론과 벌인 논쟁[27] 이후, 1990년대 종교 다원주의 논쟁을 거치고 토착화 신학의 제2세대 학자들이 나오면서, 복음 자체가 상대화되어 가는 경향을 띤다. 여기서는 복음이나 케리그마보다 진리라는 말이 더 중요하게 쓰인다. 진리는 어느 민족이나 추구하던 것이므로 진리의 각도에서 보면 기독교의 진리는 여러 가지 진리 가운데 하나다. 또는 진리에 이르는 여러 가지 길 가운데 하나가 된다. 그런 생각은 변선환 교수의 다음 얘기에 잘 나타나 있다. " …… 생을 의미 있게

---

26) 윤성범(1972), 『한국적 신학-성의 해석학』, 선명문화사, 12쪽(이는 유동식이 처음 토착화를 제기할 때 혼합주의를 경계한 것과 대조를 이룬다).
27) 변선환(1977), 「교회 밖에도 구원이 있다」, 『월간목회』 7월, 월간 목회사.

살게 하는 여러 가지 다른 전통과 다른 주장들이 다원적으로 공존하는 오늘의 선교에서 선교의 목적을 비기독교인들의 회개에다 둘 수 없게 되었습니다. 선교의 목표가 교회확장에 있지 않고 우리들 사이에 서로 사랑과 진리를 확장하는 인간화의 과제에 있기 때문입니다. 우리는 오늘날 아무리 기독교 신앙을 상대화시켜도 모자라는 그런 새로운 시대에 살고 있습니다".28)

이런 과정을 통해 토착화 신학자들이 확보한 것은, 몇 천 년 동안 우리 민족이 가지고 있었던 사상과 문화의 독자성이다. 이제 유교나 불교나 무교는 훌륭하냐 아니냐가 문제가 아니라, 그것들이 우리의 정체성을 이루고 있기 때문에 우리 것을 버리고 기독교를 받아들인다는 것은 불가능하다. 복음은 한국의 전통을 상대해서 말하는 길밖에 없다. 우리 민족이 가지고 있었던 진리 이해의 방식이 있다. 그것을 외면하고 복음이 혼자 말할 수는 없다. 하나님에 대한 이해는 선교사들이 전해준 것이 아니라, 이미 우리가 알고 있었다. 이미 알고 있지 않으면 알 수 없다. 우리 문화 안에 있던 복음, 그것은 우리 식의 이해 방식에 따른 것이다. 서구에서 온 복음은 우리 안에 있던 복음과의 공명을 통해서만 복음의 역할을 한다. 그리고 그 공명은 서구의 복음이 우리 안의 복음을 울려 주는 것이 아니라, 우리 안의 복음이 서구의 복음을 울려 소리를 내게 하는 쪽으로 간다. 그러므로 복음의 의식화에는 우리문화 전통의 의식화가 중요하다. 도대체 우리 것을 모르고 서구에서 온 복음을 안다는 것이 불가능한 것이다. 우리 것은 이미 알고 있지만 의식화해야 하고, 복음도 이미 알고 있지만 의식화해야 한다. 지금껏 도외시되던 것을 토착화 신학자들이 정식으로 신학의 과제로 삼기 시작한 것이다.

오늘날 토착화 신학자 또는 문화 신학자들은 무교와 동학이나 유교와 불교에 대한 연구를 활발하게 진행중이다. 무교는 『한국무교의 역사와 구조』 (연세대학교 출판부, 1975) 이후, 유동식의 주요 연구 대상이 되었는데, 민중 신학자 서광선도 무교를 민중의 종교로 이해했다. 불교는 변선환 박사 이후에

---

28) 변선환(1999), 「기독교 밖에도 구원이 있다」, 『현대문화와 기독교 신앙』, 변선환 아키브 편집, 한국신학연구소, 371쪽.

김승철[29]이나 송성진[30] 같은 젊은 학자들이 기독교와 대화의 상대로 삼고 있다.[31] 유교는 윤성범이 한국인의 대표적인 종교 심성으로 삼은 후 이정배[32]나 박종천[33]이 대를 잇고 있다.[34] 그리고 동학은 김지하의 글들이 발표된 이후 신학계에 많은 영향을 미쳤는데, 김경재를 비롯한 많은 학자들이 동학에서 우리신학을 위한 영감을 얻으려고 하고 있다. 그리고 최근에 다석 류영모 선생에 대한 관심도 증가하고 있다. 그의 제자 함석헌과 김흥호에 대한 연구도 활발하다.

토착화 신학이 신학의 다른 분야에 준 영향은 아직 그리 크지 않은 것 같다. 그러나 교회사나 성서학 그리고 목회 상담학과 기독교 교육 같은 분야에서도 우리 전통을 신학의 소재로 삼는 움직임이 보인다.[35] 앞으로 여러 분야에서 우리 것이 신학의 소재가 아닌 주제가 될 수 있다면 문화 신학은 더욱 발전할 것이다. 교육학이나 비교적 최근에 서양의 학문 체계를 따라 도입된 목회상담학이나 예배학 등이 토착화 신학의 영감을 따라 우리 전통을 살려가며 어우러진다면 조직신학에서 시작한 토착화 신학과 문화 신학 자체의 발전에 큰 영향을 줄 것이다.

---

29) 김승철(1994), 『대지와 바람 : 동양신학의 조형을 위한 해석학적 시도』, 다산글방.
30) 송성진(2000), 『사랑의 하나님과 본래적 실존』, 한들출판사.
31) 길희성(1999), 『일본의 정토사상』, 민음사.
32) 이정배(1991), 『토착화와 생명문화』, 종로서적.
33) 박종천(1991), 『상생의 신학』, 한국신학연구소.
34) 유교 연구는 천주교 쪽에서 활발하게 이루어지고 있다. 김승혜(2001), 『유교의 뿌리를 찾아서』, 지식의 풍경 ; 금장태(1999), 『한국유학의 탐구』, 서울대학교 출판부.
35) 이덕주는 한국의 초기 기독교인들의 체험 속에 토착 종교의 요소가 들어 있음을 보여주는 관점에서 초기 한국 교회사를 썼는데, 그런 관점을 가리켜 스스로 '토착교회사관'이라고 부르고 있다. 이덕주(2000), 『한국 토착교회 형성사 연구』, 한국기독교역사연구소, 23쪽. 구약학자 박종수는 한국인의 심성으로 구약성서를 이해하는 노력을 하고 있다. 박종수(1995), 『히브리 설화 연구 : 한국인의 문화 통전적 성서 이해』, 도서출판 글터. 그리고, 목회 상담학자 김성민은 우리나라 신화나 설화를 소재로 융의 심층심리학을 전개하려는 노력을 하고 있다. 김성민(2001), 「악의 문제와 그 극복에 관한 고찰-융의 그림자 이론과 흥부전에 대한 분석심리학적 해석을 중심으로」, 『한국기독교신학논총』 22, 373~403쪽.

2) 한국에서 신학을 주체적으로 하려는 움직임은 정치신학 쪽으로 민중신학을 낳기도 했다. 강력한 민중 주체 선언이 신학의 주체성을 확보하게 된 것이다. 말하자면 약자의 신학이 우리 신학을 만든 셈이다. 이른바 민족 중흥을 내세우며 박정희 정권이 개발 독재를 통해 산업화를 꾀하면서 발생한 사회 모순은 도시산업 선교 등 기독교 쪽의 사회 참여를 불러 일으켰다. 그리고 1970년대 그러한 사회 참여의 경험을 신학적으로 반성하면서 민중신학의 기초가 이루어지기 시작했다.

민중신학이 대표적인 한국신학으로 자리를 잡아간 것은 그것이 상황신학이기 때문이다.36) 물론 단순히 정치적인 상황을 바탕으로 우리 신학이 될 수는 없다. 민중신학의 상황은 해석학적인 상황이다. 민중 신학은 억압적인 현장에서 해석학적인 원리를 도출했고, 그 때문에 독특한 신학이 될 수 있었다. 토착화 신학이 진리를 이해하고 수용하는 우리 나름의 사고 방식을 중시해서 신학을 하려는 것이요, 따라서 민족 문화의 해석학적인 전이해와 관련된 것이라면, 민중신학은 억압당하는 민중의 눈으로 세계를 해석하는 신학을 마련하려고 한 것이다. 토착화 신학이 문화적인 의미에서 민족 주체와 관련된다면, 민중신학은 민중 주체인 것이다. 안병무가 민중을 민족에서 분리하려고 한 것은, 토착화 신학과 민중신학이 일으킬 갈등을 어느 정도 예견한 것이라 할 수 있다.

여하튼 민중신학은 우리 문제를 해결할 열쇠를 성서에서 구하려고 한 것이다. 구체적인 우리 문제가 성서로 하여금 말을 하게 한 것이다. 그리하여 철저하게 한국 상황 속의 민중이 물음의 주체로서 신학의 주체가 된다. 민중이 '답의 주체'가 아니라 '물음의 주체'라는 점에서 민중 신학은 인간학이 아닌 신학으로 남지만, 이미 인간학과 경계선 상에 선 신학이다. 다시 말해서 비인간화를 극복하고 인간 해방을 복음의 핵심으로 보면서 민중신학이 성립할 수 있었다. 인식론적으로 보면 먼저 인간 해방이요, 그 다음에 민중 해방이

---

36) 물론 토착화 신학도 어떤 면에서 상황신학이라고 할 수 있다. 진리와 상황의 대화라고 할 때 상황은 해석학적 상황이기 때문이다.

다. 다시 말해서 신의 예속으로부터 벗어난 인간의 주체성이 확보된 이후에 민중이라는 계급 개념이 가능했다. 신학에서는 사람이 하나님의 수단이 되는 것을 막고, 인간의 존엄성을 주장하면서 다시 약자들의 존엄성을 주장할 수 있었던 것이다. 그래서 민중신학은 인간 해방을 내세운 1970년대 '하나님의 선교'와 밀접하게 연관되어 있다. 1975년 『기독교사상』에 발표한 세 편의 논문에서37) 서남동은 예수의 출현이 인간 해방을 위한 것임을 주장하고, 특별히 민중의 해방자임을 강조한다.

물론 민중 신학은 갈수록 당파성을 띠게 되고, 그 때문에 급진적인 성격을 갖게 되는데, 그러한 당파적이고 급진적인 성격이 서구의 신학과 대조를 이루면서 신학의 주체성을 더욱 뚜렷하게 했다. 서남동은 콘텍스트가 텍스트가 되고, 텍스트가 콘텍스트가 되어야 한다고 주장하는데, 이는 신학의 주제가 예수가 아니라 민중이라는 것이다. 마치 토착화 신학에서 처음에는 우리 문화를 소재로 삼았다가 나중에는 우리 문화를 주제로 삼는 것과 같다. 민중이 주체요, 신학의 주제다. 그런 면에서 관념적인 서구 신학은 지배자의 신학이요, 민중신학은 제3세계의 신학이고 탈식민 신학으로서의 위상을 갖추게 된다. '민중의 사회 전기'를 말한 김용복의 말대로라면38) 민중은 라인홀드 니이버의 기독교 현실주의보다 더 급진적인 현실 변혁의 담지자이며, 예수가 선포한 복음은 그러한 급진성을 띤 점에서 민중의 복음이라는 것이다. 복음에서 사회 윤리가 곧바로 나오게 되지 못한 까닭은 당연하다는 것이다. 기존 질서의 틀 안에서 유지되는 이 세상에서 통할 수 있는 사회 윤리가 예수의 복음에서 나올 수 없었다는 것이다. 서구 신학은 예수의 급진적인 요청을 얼버무리는 쪽으로 가서 기독교 현실주의 정치학을 만들었는데, 그것은 민중의 현실을 외면하고 결국 복음을 외면한 것이라는 얘기다.

---

37) 서남동(1975), 「예수, 교회사, 한국교회」(2월호), 「민중의 신학」(4월호), 「성령의 제삼시대」(10월호), 『기독교 사상』, 대한기독교서회.

38) 김용복(1987), 『한국민중의 사회전기 ; 민중의 현실과 기독교운동』, 한길사 ; Kim Yong-bock, *Messiah and Minjung : Christ's Solidarity with the People for New Life*, Hong Kong, 1992.

그러나 다른 한편으로 보면 보편적인 인류의 구원을 지향하지 않는 신학은 신학이 되기 어렵다. 민중신학이 민중을 위한 신학에서 그치지 않고 민중에 의한 신학이 되고자 할수록 민중 해방이 곧 만인의 해방임을 분명히 할 것이다. 민중은 복음으로 하여금 말하게 하는 물음의 주체로서 구원의 주체다. 그 점에서 민중은 단순히 계급이 아니라 세상 짐을 지고 가는 어린 양이 되고 민중 메시아론이 가능하게 된다. 그러므로 민중신학의 당파성은 보편성을 위한 전략으로 이해되어야 한다. 약자를 살리는 것이 모든 사람을 살리는 길이라는 것이다. 사람이라고 하는 유(類)개념보다 먼저 민중이라고 하는 계층 개념을 내세움으로써 인간 해방의 정치적인 구체성을 확보하려고 한 것이요, 그러한 구체성에서 나가는 투쟁이 보편적인 인간 해방을 이룩하리라는 것이다. 그런 점에서 민중신학은 한편으로는 투쟁이요 실천이지만, 다른 한편으로는 만인을 설득하는 말로서 역시 학문이요 신학이다.

물론 서남동은 반(反)신학을 말한다. 그는 이렇게 말한다. "전통적인 신학의 매체는 논리적인 사변, 추상적 관념이며 그 방법은 연역적이고 그 담고 있는 내용은 초월하신 신의 존재다. 전통적인 신학은 초월적인 신 존재에서 출발하든지 씌어진 성서나 주어진 교리에서 출발하여 이어받은 전통을 굳혀 간다 …… 하나님의 계시의 참다운 매체는 실제적, 구체적인 경험과 사례에서 귀납적인 방법으로 얻어낸 이야기이다. 추상적인 초월을 찾는 것이 아니라, 구체적인 성육신을 찾는다. 전통적인 신학이 초월적, 연역적이라면 이야기 신학은 귀납적 신학, 아니 반 신학이다"39) 안병무는 더 나아가 사건의 신학을 주장하며, 이렇게 반(反)학문을 얘기한다. "서남동 선생이 신학은 반(反)신학이 되어야 한다고 갈파하셨는데, 사실은 반(反)학문으로 나아가야 해요. 서구적인 의미의 학문은 깨져야 해요. 일상적인 것, 보통 사람의 생활 속에 널려 있는 것, 별것 아닌 것까지도 그들은 민중이 모르는 저들만의 소위 학문적인 언어로 바꾸어 이상한 아성을 구축해 놓고 그 속에서 특권적 지위와 명성을 향유하는 것 아닙니까? 그게 소위 학자들이 하는 짓 아닙니까? 난

---

39) 서남동(1986), 『민중신학의 탐구』, 한길사, 305쪽.

신학도 마찬가지라고 생각해요. 학문이나 신학은 우리만이 할 수 있다. 저들은 그렇게 생각해요".[40] 예수를 사건으로 이해하거나 또는 민중이라는 집단으로 이해한다. 그와 같은 관점은 민중의 고통의 소리에서 신학을 출발하기 때문에 의미가 있다. 고통의 소리는 말이라기 보다는 소리이고, 소리는 학문으로 담을 수 없는 몸의 정황을 구현한다. 정신이라기 보다는 몸이요, 그래서 민중의 소리는 몸소리다. 그것은 학문 이전이요, 학문 이상으로서, 점잖고 논리 정연한 학문을 흔들어 깨운다. 그런 점에서 우리는 민중신학이 이야기신학으로 가는 것을 이해할 수 있다.[41] 민중의 고난에서 나오는 소리는 학문으로 표현되지 않고, 이야기로 밖에는 말할 수 없는 면이 있기 때문이다. 그런 문제들은 앞으로 계속 생각하고 발전시켜야 할 부분으로 남아 있다.

그런 독특한 이해 뒤에는 독특한 구원관이 자리잡고 있다고 할 수 있는데, 우선 용어부터 구원이라고 하는 전통적 교리 개념보다는 해방이라는 개념이 더 자주 사용된다. 해방으로 이해된 구원은 결국 사는 것처럼 사는 것이라고 할 수 있다. 다시 말해서 민중신학이 준 영감으로 이제 한국신학에서 구원이란 단순히 죽은 이후의 영생이 아니라, 삶의 구원이다. 이 땅의 삶을 중요시하는 것이다. 그런 점에서 서남동이 세속화 신학을 중요시하는 까닭을 알 수 있다. 민중신학 이후 이제 한국 신학에서 구원은 무엇보다도 사는 것처럼 사는 것이다. 하나님의 구원의 역사란 우리가 사는 것처럼 살게 하시는 역사다. 영혼 구원이 아니라 삶의 구원이다. 죄보다 한을 말하고, 원죄를 구조악으로 본다.[42]

신학의 내용이 이 땅의 삶을 다루는 것일 때, 물질 문제가 중요해진다. 물질이 넉넉한 사람에게는 물질이 중요하지 않고 영혼 구원을 얘기할 수 있지만, 먹고 살 것이 넉넉지 않은 민중에게는 물질이 중요하다. 그래서 약자의 신학으로서의 민중 신학은 물질의 분배와 정의를 중요시한다. 사회

---

40) 안병무(1987), 『민중신학 이야기』, 한국신학연구소, 29쪽.
41) 김용복(1987), 『한국민중의 사회전기』, 16쪽.
42) 안병무(1987), 『민중신학 이야기』, 199쪽.

정의 문제는 몫을 계산하고 따지는 과학성을 필요로 하고, 민중 신학은 사회 과학을 끌어들이게 된다. 강원돈은 마르크스주의 사회과학 이론을 가지고 민중의 현실을 분석하는『물의 신학-실천과 유물론에 굳게 선 신학의 모색』(한울, 1992)을 쓴다. 성서 신학에서는 사회학적 성서 해석을 사용한다. 이는 개인의 삶을 결정하는 사회 구조에 초점을 맞추어 현실을 이해하는 성서 해석방법이다.

한국신학의 역사에서 개인 구원과 사회 구원의 문제는 중요한 논쟁거리 가운데 하나다. 민중신학은 사회가 개인을 만든다는 사회학적 원리를 받아들이는 신학이다. 사회는 개인의 축적이 아니기 때문에 개인을 변화시켜 사회를 바꿀 수는 없으며, 사회 문제는 구조로 접근해야 한다는 사회학의 명제는 민중신학에 큰 영향을 준 셈이다. 우리나라에서 보수주의 쪽의 신학이 사회 참여에 소극적이었던 것은, 한 사람 한 사람을 착하게 만들면 사회가 선하게 될 것이라는 논리가 뒤에 있었기 때문이다. 그처럼 개인이 사회를 만드는 측면이 있고, 사람이 바뀌지 않으면 사회가 바뀔 수 없는 것이 사실이지만, 사회가 사람을 만드는 측면이 있기 때문에 민중신학의 명제는 강한 설득력을 지닌다. 특히 선하게 되는 쪽에서는 사람이 사회를 선하게 만들지만, 악하게 되는 쪽에서는 사회가 사람을 악하게 만든다. 민중신학이 관심을 가지는 민중의 해방은 말하자면 악을 최소화하려는 움직임인데,[43] 그 문제는 사회 구조의 변화를 통해서 이루어질 부분이 큰 것이다. 그러나 여하튼 앞으로 민중신학이 보수신학 쪽의 인간 변화의 영성을 수용하는 것도 한국신학의 미래를 위해 중요한 과제다. 그런 면에서 박재순[44]이나 권진관[45] 같은 2세대

---

43) 선을 극대화하는 것은 민중의 역할이 아니다. 민중은 정치적 억압을 없애는 주체로서 역사의 주체이지만, 선을 극대화하는 것은 민중의 영감에 의해 새로 난 모든 인간의 몫이다. 민중이라는 개념이 계속 있을 필요는 없고 인류 역사에서 언젠가는 사라질 것으로 보는 서남동의 시각(서남동, 위의 책, 185쪽)도 그런 뜻을 품고 있는 것 같다.

44) 박재순(1990),「민중신학, 무엇이 과제인가」,『기독교사상』 373호, 대한기독교서회 ;『민중신학과 씨알 사상』, 천지.

45) 권진관(1993),『성령과 민중』, 한국신학연구소.

학자들의 노력이 공헌할 것이라고 본다.

민중신학은 신학의 다른 분야에 큰 영향을 주었다. 민중신학 쪽의 학자로는 이례적으로 감리교 대학에서 가르치다가 정년퇴임한 송기득 교수는 조직신학 분야에서 많은 책을 내었으며,46) 2001년 여름호를 시작으로『신학비평』이라는 잡지를 계간으로 발행하고 있다. 김창락,47) 김명수48) 같은 신약학자가 민중신학의 각도에서 연구 업적을 내고 있다. 구약학자인 임태수는 1999년 창립한 민중신학연구소의 소장으로 활동하며『민중과 신학』이라는 계간지를 내고 있다. 그리고 주재용과 김홍수는 민중 사관에서 역사를 정리하는 글들을 발표하였다. 기독교교육에서는 문동환49)과 김성재50)가 민중신학의 시각에서 새로운 교육방법론을 시도하였다. 여러 분야에서 각기 민중신학의 영감을 받은 학문적 업적이 산출되었다. 그런 점 때문에 민중신학은 대표적인 한국신학으로 자리 잡을 수 있었던 것 같다. 물론 그렇게 된 데에는 민중신학이 이데올로기 비판에 바탕을 둔 정치신학으로서 과학성을 띠고 있기 때문일 것이다. 이데올로기 비판은 과학의 이름으로 어느 학문 분야에서나 행해지는 것이 현대 학문의 추세이기 때문이다.

3. 한국 신학의 미래를 위하여

위에서 우리는, 신학의 학문성을 시금석으로 삼아 진보적인 신학과 보수신학의 차이를 이해하려고 했다. 그리고, 학문성을 중시하는 쪽의 신학에서 주체적인 한국신학이 발전되어 왔음을 보았다. 대체로 토착화 신학과 민중신학을 살펴보면서 한국신학의 전개 방향을 가늠해 볼 수 있었다. 한편 주체적인

---

46) 그는 인간화, 민중, 마르크시즘에 관심을 가지고, 송기득(1990),『끝내 사람이고자 : 그리스도교 신학과 민중 구원』, 한길책방 등의 저서를 냈다.
47) 김창락(1990),『새로운 성서해석과 해방의 실천』, 한국신학연구소.
48) 김명수(2002),『초대기독교의 민중생명신학담론』, 한국신학연구소.
49) 문동환(1985),『아리랑고개 교육 : 민중신학적 이해』, 한국신학연구소.
50) 김성재(1988),『분단현실과 기독교민중교육』, 한국신학연구소.

한국신학이라고 할 수 있는 두 흐름을 종합하려는 시도가 문화신학 또는 종교문화신학이라는 이름으로 이루어지고 있다. 김경재 교수[51]를 비롯해서 토착화 신학자들 그리고 젊은 민중신학자들이 그런 작업에 동참하고 있다. 이것은 결국 해석학과 이데올로기 비판을 종합하는 과제가 될 것이다. 거기서 어떤 이론이 도출되면, 한국의 전통에 들어 있는 종교 심성과 해방의 지성이 결합되어 이 땅의 사람들을 자유의 길로 인도하는 신학이 탄생할 것이다. 그 면에서는 '한국문화신학회'가 1994년 창립되어 활발하게 활동하고 있다.

그런 작업은 서구의 근대성을 비판하는 작업과 맞물려 돌아가고 있다. 근대화라는 이름으로 지난 일이 백 년 동안 세계 문명을 주도한 서구 문명의 한계는 곧 기술 과학 문명의 한계가 되면서, 자연과 생태계와의 관계를 회복하는 사상적 움직임이 활발하게 이루어지고 있다, 그 면에서는 동양사상이 공헌할 바가 많으므로 서양도 동양에 눈을 돌리고 있다. 그것은 주체적인 한국신학을 시대가 요청하고 있다는 얘기도 된다. 생태계 문제야말로 서구신학을 벗어나는 데 결정적인 역할을 하고 있는 셈이다. 그런 문제의식을 염두에 두고 생명신학이라는 이름으로 우리신학을 정립하려는 노력도 진행 중인데, 특별히 민중신학의 연장선에서 진행 중인 생명신학이 주목할 만하다.[52] 김지하나 함석헌 그리고 민중신학에서 영감을 받은 이들의 노력은 앞으로 '생명'이라는 낱말이 주체적인 한국신학이 세계신학에 기여할 수 있는 화두로 될 가능성을 보여주고 있다. 생명 그 자체는 주객의 분리 그 이전이요, 그 이후로서, 불이(不二)의 세계이기 때문에 서양의 대자적인 주체성이 가져온 인간 해방 이후의 인간 해방의 원리로 떠오를 수 있기 때문이다. 박재순의 말대로라면 서구의 '바라봄의 횡포'[53]를 막는 데 한국신

---

51) 김경재(1994), 『문화신학담론』, 대한기독교서회 ; 『해석학과 종교신학』, 한국신학연구소.

52) 박재순(2000), 『한국 생명신학의 모색』, 한국신학연구소 ; 문동환(1997), 『생명공동체와 기화교육 : 민중 신학적 관점에서』, 한국신학연구소 ; 여성신학의 관점에서 쓴 선순화의 유고집(1999), 『공명하는 생명신학』, 다산글방.

53) 박재순, 앞의 글, 339쪽.

학의 미래가 있다. 그는 이렇게 말한다. "들풀은 자살을 모른다. 밟혀도 밟혀도 짙푸르게 일어선다. 거짓 관념이나 인위적인 제도와 체제에 매이지 않고 몸으로 생명을 사는 민중은 무조건 산다. 억눌리고 짓밟히어 밀려난 민중은 거짓 관념이나 제도에 매이지 않고 삶의 본능과 의지에 충실하게 산다. 민중은 직접 삶에 몰두된다. 생명은 살라는 명령이다".54) '무조건' 살고, '본능'에 충실하고, '직접' 사는 것은 서구의 반성 철학과 다른 길을 가는 것으로서, 동양적이고 한국적인 사유 방식이 새로운 해방의 길을 제시할 수 있음을 암시하고 있다.

한편, 그동안 한국의 신학계에서는 한국 기독교가 샤머니즘화 되었다는 비판이 많았다. 그러나 종교 진화론적 관점이 서구적인 시각에서 나온 것임이 지적되면서, 무교를 적극적으로 보고 연구하는 움직임이 많이 있다.55) 이미 유동식은 풍류도를 말하면서『한국 무교의 역사와 구조』(연세대학교 출판부, 1975) 이후 무교를 우리 심성의 원형으로 보고, 이용도 목사를 무교적인 신비주의에서 비롯된 사랑의 열광주의로 파악했다. 그는 순복음 쪽의 성령운 동을 무교를 배경으로 한 모성적인 교회 모습으로 인정하기도 했다. 민중 신학자 서광선 박사도 무교를 민중의 종교로 보았으며,56) 종교학자 최준식은 무교적인 파격과 자유분방함이 한민족의 근본적인 특성으로 삶의 양태와 예술에 녹아들어 있음을 주장하고 있다.57) 유교, 불교, 도교가 들어오기 전부터 우리에게 있었고, 외래 종교가 들어온 이후에도 끈질기게 남아 있는 무교에 대한 연구가 신학 분야에서도 적극적으로 이루어지면, 주체적인

---

54) 박재순, 앞의 글, 247쪽.

55) 기독교와 어느 정도 연관이 있으면서 무교를 연구하는 학자로 한일장신대의 차옥 숭, 서강대의 김성례 등이 있다(차옥숭(1997),『무교』, 서광사 ; 김성례(1995),『한국 무속의 인격 이해』, 사목, 참조).

56) David Kwang-sun Suh(1991), *The Korean Minjung in Christ*, Chiang Mai, 108쪽. 그는 이미 1979년 10월 아세아 기독교협의회 주관으로 서울에서 개최된 신학자 모임에서 발표한 글에서 무속적인 성령운동에 기독교를 활성화시킬 수 있는 요소가 있음을 지적하고 있다(서광선(1982),『민중과 한국신학』, 한국신학연구소, 310쪽).

57) 최준식(2002),『한국인은 왜 틀을 거부하는가』, 소나무.

한국 신학 형성에 큰 도움을 줄 것이다.

한편 여성신학은 크게 보면 근대 이후에 추진된 인간 해방의 문제의 연장에 있지만, 여성의 경험을 바탕으로 성서와 교회 전통을 전반적으로 재구성할 수 있다는 점에서 상당히 혁명적인 신학이 될 가능성이 크다. 1980년에 한국여신학자협의회가 창립되고, 1984년에 여성신학회가 창립된 후, 1986년에는 공동학회에 가입함으로써 한국의 여성신학자들은 활발한 연구 활동을 벌이고 있다. 『한국여성신학』을 계간으로 발행하고 있다. 여성신학은 서구여성신학의 영향으로 시작되었지만, 민중신학처럼 이 땅의 독특한 억압 상황을 출발점으로 작업한다면, 주체적인 한국신학을 형성하는 데 큰 공헌을 할 여지가 많이 있다. 그런 정치적인 측면뿐 아니라 최근에는 생태계 문제와 연결되어 에코페미니즘 쪽으로 많은 연구 업적이 나오고 있는데, 이는 여성신학이 동양 전통과 연결되어 서구 신학과 다른 한국 신학이 될 여지가 있음을 암시하고 있다. 앞서 말한 대로 생태계 문제를 위해서는 동양 사상으로 신학을 전개할 가능성이 크기 때문이다. 그리고 토착화 신학 쪽에서 미국의 과정신학을 중시하는 데, 과정신학에서는 하나님의 모성이 두드러진다는 점에서, 앞으로 한국의 전통을 중시하는 신학 작업과 여성신학이 만나서 새로운 한국신학을 형성할 가능성이 크다. 그처럼 여성신학은 주체적인 한국신학이라고 할 수 있는 민중신학이나[58] 토착화 신학의 영감과 비판적으로 연결되어 한국신학을 형성할 수 있을 것이다. 박순경 교수는 특별히 여성신학을 민족 통일 문제를 관련해서 전개하고 있다.[59]

위에서 대략 살펴본 대로 한국의 신학 풍토는 서구에서 받아들인 학문 방법론을 사용하여, 기독교를 탈종교화하면서 인간 해방의 길을 찾고 주체적인 한국신학의 길을 마련하고 있다. 비신화화, 세속화, 인간화 같은 주제는 주체적인 한국신학의 형성에 필수 불가결한 것들이다. 그런데 신학의 주체성

---

58) 박경미(1993), 「민중신학과 여성신학」, 『여성 평화 생명』(이후정 선생고희기념논문집), 경세원.
59) 박순경(1983), 『한국민족과 여성신학의 과제』, 대한기독교서회 ; 박순경(1988), 『민족통일과 여성의 과제』, 대한기독교서회.

은 이제 다시 그러한 인간주의적인 주제들을 탈피할 것을 요구하고 있다. 비신화화나 인간화라고 하는 것은 가장 서구적인 것들이기 때문이다. 신 중심주의의 종교 속에 있는 억압적인 요소들을 밝혀내는 작업을 수행한 것이 서구의 근대 인간주의이고, 거기서 역사비평과 비신화화나 사회학적 해석같은 방법론이 나왔던 것이다. 사실은 해석학이라는 것도 그런 근대 정신 없이는 불가능했던 것이다. 어떤 면에서, 주체적인 한국신학을 형성한 쪽이 보수적인 쪽과 갈라지는 것도 그러한 근대의 과학적이고 합리적인 방법론을 채용하느냐의 문제였다.

그러므로 앞으로 한국신학의 과제는 분명하다. 한편으로는 비서구화의 요청이 있다. 그러나 다른 한편으로는 비신화화 없이는 비서구화도 없다. 한국신학의 역사를 보면 그렇다. 그리고 비신화화는 과학정신에서 나온 것으로서 서구 사상사 중에서도 가장 서구적인 것이다. 오늘날 서구에서 말하는 포스트모더니즘도 근대의 비판 정신이 없었으면 나올 수 없는 것이다. 결국 한국 신학은 서구 근대의 학문 방법론의 혜택을 입으면서 그것을 넘어설 길을 찾고 있는 셈이다. 앞으로 서구의 학문 방법을 얼마만큼이나 쓰고 버릴 것인지, 아니면 서구 근대가 내세웠던 인간 해방을 생명의 해방으로 완성할 방법을 찾을 수 있는지가 중요한 문제일 것이다. 그것은 정의를 사랑으로 완성하는 문제이기도 하다. 과학이나 비신화화 또는 비판정신은 사물과 떨어지면서 이룩된 것이다. 정의도 그렇다. 그러나 생명은 붙어 있는 것이다. 사랑도 붙는 것이다. 떨어지면서 비판정신을 수립했던 서구의 근대는 이제 다시 붙을 줄 알아야 한다. 그 면에서 우리는 우리 문화를 다시 소중하게 보고 신학의 주제로 삼아야 한다. 떨어지는 데 서구신학이 이바지했다면 다시 붙는 데는 한국전통을 살린 한국의 신학이 이바지할 면이 크다. 세계의 신학계에 한국신학이 중요한 역할을 할 것이다.

물론 떨어졌다가 붙는 것이 아니라, 아예 처음부터 떨어지지 않는 것을 주장할 수도 있다. 그것은 이데올로기 비판을 통해 권력관계를 노출시키는 데 크게 기여한 근대의 비판정신 없이 순전히 우리 전통을 가지고 신학을 하려는 모습으로 나타날 것이다. 말하자면 비신화화 없이 비서구화를 지향하는 것이다. 서구의 방법론을 염두에 둘 필요도 없이 그냥 우리 것을 찾는 것이다. 권력 관계를 노출시킬 수만 있다면 그런 식의 연구는 한국신학 형성에 크게 이바지할 것이다.

| 참고문헌 |

강원돈(1992), 『물의 신학-실천과 유물론에 굳게 선 신학의 모색』, 한울.
가다머 저, 이길우 외 역(2000), 『진리와 방법 I』, 문학동네.
권진관(1993), 『성령과 민중』, 한국신학연구소.
금장태(1999), 『한국유학의 탐구』, 서울대학교 출판부.
기독교사상 편집부(1983), 『한국의 신학사상』, 대한기독교서회.
길희성(1999), 『일본의 정토사상』, 민음사.
김경재(1997), 『문화신학담론』, 대한기독교서회.
김경재(1994), 『해석학과 종교신학』, 한국신학연구소.
김명수(2002), 『초대기독교의 민중생명신학담론』, 한국신학연구소.
김성례(1995), 『한국무속의 인격 이해』, 사목.
김성민(2001), 「악의 문제와 그 극복에 관한 고찰-융의 그림자 이론과 흥부전에 대한 분석심리학적 해석을 중심으로」, 『한국기독교신학논총』, vol. 22.
김성재(1988), 『분단현실과 기독교민중교육』, 한국신학연구소.
김승철(1994), 『대지와 바람 : 동양신학의 조형을 위한 해석학적 시도』, 다산글방.
김승혜(2001), 『유교의 뿌리를 찾아서』, 지식의 풍경.
김용복(1987), 『한국민중의 사회전기 ; 민중의 현실과 기독교운동』, 한길사.
김의환(1983), 「성신학에 할 말 있다」, 『한국의 신학사상』, 기독교사상 편집부 편, 대한기독교서회.
김창락(1990), 『새로운 성서해석과 해방의 실천』, 한국신학연구소.
문동환(1997), 『생명공동체와 기화교육 : 민중 신학적 관점에서』, 한국신학연구소.
문동환(1985), 『아리랑고개 교육 : 민중신학적 이해』, 한국신학연구소.
민경배(1993), 『신개정판 한국교회사-한국민족교회형성과정사』, 연세대학교 출판부.
박경미(1993), 「민중신학과 여성신학」, 『여성 평화 생명』, 경세원.
박수암(2001), 「20세기 한국 신약학의 회고와 전망」, 『한국기독교신학논총』, 한국기독교학회, vol. 21.
박순경(1998), 『민족통일과 여성의 과제』, 대한기독교서회.
박순경(1983), 『한국민족과 여성신학의 과제』, 대한기독교서회.

박재순(1990),「민중신학, 무엇이 과제인가」,『기독교사상』(통권 373호), 대한기독교서회.
박재순(1990),『민중신학과 씨알 사상』, 천지.
박재순(2000),『한국 생명신학의 모색』, 한국신학연구소.
박종수(1995),『히브리 설화 연구 : 한국인의 문화 통전적 성서 이해』, 도서출판 글터.
박종천(1991),『상생의 신학』, 한국신학연구소.
변선환(1999),「기독교 밖에도 구원이 있다」,『현대문화와 기독교 신앙』, 변선환 아키브
　　　　편집, 한국신학연구소.
불트만 저, 허혁 역(1976),『요한복음연구』, 성광문화사.
불트만 저, 허혁 역(1980),『학문과 실존』, 성광문화사.
서광선(1982),『민중과 한국신학』, 한국신학연구소.
서남동(1975),「민중의 신학」,『기독교사상』(4월호), 대한기독교서회.
서남동(1975),「성령의 제삼시대」,『기독교사상』(10월호), 대한기독교서회.
서남동(1975),「예수, 교회사, 한국교회」,『기독교사상』(2월호), 대한기독교서회.
서남동(1986),『민중신학의 탐구』, 한길사.
선순화(1999),『공명하는 생명신학』, 다산글방.
송기득(1990),『끝내 사람이고자 : 그리스도교 신학과 민중 구원』, 한길책방.
송성진(2000),『사랑의 하나님과 본래적 실존』, 한들출판사.
안병무(1987),『민중신학 이야기』, 한국신학연구소.
유동식(2000),『한국신학의 광맥』(전면개정판), 다산글방.
유동식(1978),『도와 로고스』, 대한기독교출판사.
윤성범(1963),「하나님 관념의 세계사적 성격」,『사상계』9월호.
이덕주(2000),『한국 토착교회 형성사 연구』, 한국기독교역사연구소.
이정배(1991),『토착화와 생명문화』, 종로서적.
주재용(1998),『한국 그리스도교 신학사』, 대한기독교서회.
차옥숭(1997),『무교』, 서광사.
최준식(2002),『한국인은 왜 틀을 거부하는가』, 소나무.
한국교회사학연구소 편(1998),『한국 기독교사상』, 연세대학교 출판부.
Kim Yong-bock, *Messiah and Munjung : Christ's Solidarity with the People for New
　　　　Life*, Hong Kong, 1992.
Suh, David Kwang-sun, *The Korean Minjung in Christ*, Chiang Mai, 1991.

한국 구약학의 회고와 진단과 전망

왕대일

1. 회고와 재론의 방식

한국교회 초창기이래 구약학이 이 땅에서 어떻게 형성되어 왔는지를 파악하는 방식에는 여러 갈래가 있다. 한국 구약학의 흐름을 역사적으로 파악하면서 쟁점 분야들을 연도별로 정리할 수도 있고,[1] 구약학에 관련된 여러 전공들을 유형별로 세분한 다음 그에 따른 저술이나 업적 등을 시대적으로 평가할

---

1) 김정우(1999), 「20세기 한국의 구약학 연구사와 역사비평학」, 『목회와 신학』 126 12월호, 208~219쪽 ; 김정우(2000), 『목회와 신학』 127 1월호, 186~197쪽 ; 유동식(1982), 「1970년대 한국신학」, 『신학사상』 36 3월호, 80~112쪽 ; 문희석(1978), 『한국교회 구약성서 해석사 : 1900~1977』, 대한 기독교서회, 41~113쪽 ; 황성숙(1977), 「한국 구약학의 역사-구약의 관한 자료를 통해서 고찰함」, 『신학연구』 18, 195~224쪽. 김정우의 글은 한국의 구약학 연구사를 정리한 가장 최근의 글이다. 이 글은 1900~1999년까지 한국 구약학의 흐름을 발아기(1900~1927)→착근기(1928~1956)→분지기(1957~1972)→개화기(1973~1989)→결실기(1990~1999)로 구분하여 소개한다. 유동식은 1970년대의 한국신학을 정리하면서 한국 개신교의 신학사를 주요 신학잡지의 창간이나 영향력을 시대 구분의 근거로 삼는다. 그래서 태동기(1900~1915, 『신학월보』)→발아기(1916~1927, 『신생명』)→정초기(1928~1939, 『신학세계』와 『신학지남』)→시련기(1940~1956, 『십자군』)→개화기(1957~1972, 『기독교 사상』)→결실기(1973~1981, 『신학사상』)라고 구분한다. 문희석은 1900~1977년까지의 구약해석사를 초창기(1900~1929)→근본주의 성서관의 확립기(1930~1940)→해방 전후와 6·25동란기(1941~1956)→성서학적 성서관의 확립기(1957~1977)로 구분하였다. 황성숙은 1930~1976년까지 한국 구약학에 관련된 자료(논문, 저서, 번역서)들을 해설을 생략한 채 연도별로 정리하였다.

50

수도 있으며,2) 한국 구약학계의 흐름과 활동을 전체적으로 파악한 다음 그것을 다시 몇 개의 테제로 총괄하여 진단할 수도 있다.3) 지금까지 시도된 한국 구약학에 대한 평가들이 대개 이런 방식으로 한국 구약학의 어제와 오늘과 내일을 분석하고 확인하며 전망하였다.

이 세 시각은 각각 나름대로 장점과 한계를 가지고 있다. 첫째로, 한국교회의 구약성서 해석사는 한국 구약학의 자취를 역사별로, 시대별로 조망할 수 있는 기회를 제공한다. 하지만 그 긍정적인 기여에도 불구하고, 기본적으로는 오늘을 역사의 정점으로 삼아 정리하는 연혁의 틀에서 벗어나지 않고 있다.4) 둘째로, 한국의 학자들이 지금까지 다뤄 온 구약 연구의 자취를 구약학의 여러 전공분야에 따라 세분해서 파악하는 작업은 구약학이라는 이름으로 누가, 무엇을, 어떻게, 왜 다루었는지를 비교적 소상하게 확인할 수 있는 기회를 제공한다. 하지만 이렇게 해서는 100년을 거치면서 형성되는 한국 구약학사의 "맥"을 갈무리하기는 어렵다.5) 셋째로 한국의 구약학자들이

---

2) 민영진(1982), 「1970년대 구약신학」, 『신학사상』 36, 5~36쪽. 민영진의 글은 1970년대에 발표된 여러 구약학 관계 문헌을 수집 분류하여 1970년대의 한국 구약학계가 무엇을, 어떻게 다루었는지를 크게 "구약학의 기본도구"에 대한 연구와 "구약성서 권별 연구"로 구별하여 소개하고 있다. 전자에서는 구약 원전과 번역, 성서 히브리어, 사전, 고대 근동 문헌, 주석, 성서지도와 성서지리, 구약성서개론, 성서비평학, 이스라엘 역사와 고고학, 구약신학으로 세분된 항목들이 검토되고, 후자에는 오경, 전기 예언서, 후기 예언서, 성문서 등에 속한 연구 결과들이 정리되고 있다.

3) 임태수(2001), 「한국 구약학의 회고와 전망」, 『한국기독교신학논총』 22, 한국기독교학회 간행, 99~117쪽. 임태수의 글은 역사적 통찰이기보다는 한국 구약학의 과제를 제시하는 글에 가깝다. 즉, "세계적 수준의 구약신학 수립", "신학학파, 신학운동의 활성화", "한국적 동양적 신학의 수립", "아시아 아프리카 신학과의 교류", "신학강단과 설교강단의 거리 좁히기", "실천을 위한 구약신학", "성서해석 방법론 : 경전적 해석방법"이라는 7개 테제를 다루고 있다. 비교, 김의원(1989), 「한국 구약신학의 진단」, 『개혁사상』 가을호, 한국기독교사상연구소, 48~71쪽.

4) 이 점에서 김정우의 작업은 예외적이다. 그가 최근 『목회와 신학』(126호·127호)에 연재한 「20세기 한국의 구약학 연구사와 역사비평학」은 연혁이나 연대기보다는 쟁점사에 속한다. 이점에서 그의 글은 필자와 같은 맥락에 서 있다. 아쉬운 것은 그가 한국 구약학사를 "역사비평학"이라는 한 관점에서만 파악하고 말았다는 점이다. 역사비평학이 한국 구약학사에서 차지하는 비중을 감안하더라도, 한국 구약학사 100년 간의 쟁점을 그것 하나로만 측정한다는 것은 상당히 단편적이다.

남긴 업적을 몇 가지 테제로 정리하는 일은 앞의 두 방식보다는 실효성을 지닌다. 무엇을 다루어야 하는지를 비교적 명료하게 제시할 수 있기 때문이다. 하지만, 이런 식으로는 한국 구약학의 흐름을 다 소화하지 못한 채 자칫 필자에 따라 특정한 (또는 지엽적인) 문제만을 거론하다가 그치고 말 우려가 있다.

필자의 작업은 다음 몇 가지 점에서 이런 노력들과는 구별된다. 우선, 한국 구약학의 흐름을 연대기적으로 정리하면서도 대략 20~30년을 주기로 부각된 학문적 요철을 부각시키려고 한다. 이 때 어제의 일은 모두 오늘보다 못하다는 자세를 지니지 않는다. 최근 10년 사이에 이루어진 학문적 작업이 아무리 그 이전 90년 간에 걸쳐 형성되었던 업적을 양적으로, 질적으로 훌쩍 뛰어넘는다고 해도, 그 엄청난 오늘의 업적이란 것도 시대가 흐르면 평가받아야 할 어제의 작업으로 묻히고 만다.

한국교회는 그 초창기부터 오늘에 이르기까지 특정 기간마다 한국의 구약 학자들에게 특정 쟁점들을 제시하였다. 아니, 그 반대일 수도 있다. 비록 한국 구약학자들 모두가 그런 논쟁에 동참하지는 않았다고 해도, 한국교회와 사회라는 신학의 장(場)에 쟁점으로 부각되었던 과제에 대해서 한국 구약학 은 학문적 사유로 대응하기를 게을리 하지 않았다. 물론 어떤 시대, 어떤 세대에 부각되었던 쟁점이 그 다음 시대, 세대에 가서 완전히 사라지거나 시효를 잃게 되는 것은 아니다. 한국 신학사의 시대적 쟁점들은 오늘도 여전히 한국교회의 문제로 남아 있다. 하지만, 한국 구약학사에서 각 구간별 로 부각되었던 특정 쟁점들에 대한 추적은 한국 구약학사를 일종의 논쟁사적 으로 진단해 보는 시금석이 된다. 그런 시도를 통해서 100년이 넘어가는 한국 구약학의 자취를 통시적(通時的)으로 섭렵해보면서도, 각 시대적 쟁점 에 주목함으로써 한국 구약학사의 어떤 맥(脈)을 짚어보려고 한다. 거기에

---

5) 이런 작업을 위해서는 한국신학정보 연구원 간행이 간행한 시디롬 「한국신학자료
   색인」(1999)을 참조할 수 있다. 여기에는 한국 교회 초창기의 『신학세계』(1916년),
   『신학지남』(1918년)으로부터 오늘에 이르는 총 162종의 정간물에 게재된 논문
   약 80,000건이 데이터로 수록되어 있다.

한국적 구약 연구의 온고지신(溫故知新)이 이루어질 수 있으리라.

학문은 "더불어서" 한다. 이 말은 학풍을 의미할 수도 있고, 학문적 동아리를 지칭할 수도 있다. 그러나 여기에는 "간(間)학문적"(inter-disciplinary) 대화가 포함되어야 한다. 나아가 한반도라는 토양에 자리잡은 어제의 학자들과 오늘의 학자들과 내일의 학자들 사이에 "간(間)세대"적인 배움과 나눔도 포함되어야 한다. 그래야 신학은 신학대로, 성서학은 성서학대로 더 풍요로워지고 깊어질 수 있다. 그래야 100년에 달하는 역사를 지닌 한국 구약학은 한국교회와 한국사회를 당차게 깨울 수 있다. 이 글에서 필자의 논의는 한국 개신교회의 구약학자들로 국한한다. 신약과는 달리 구약학에서 학문적 동반자 역할을 하고 있는 한국 가톨릭 학자들의 작업은 여기에서 다루지 않는다.6)

2. 한국 구약학의 회고와 진단

1) 1916년의 「구신약전서총론」(舊新約全書總論)
- 성서의 권위와 모세 오경

한국교회의 태동기는 1884년부터 대략 1920년대에 이른다. 이 기간은 복음의 수용기이다. 한국교회는 본래 미국형 교파주의 선교에 따른 신학적 다양성을 지닌 교회로 출발하였다. 그러나 얼마가지 않아 복음적인 신학, 청교도적인 전통, 근본주의적인 성향을 한국교회의 공통 이미지(image)로 구축하게 된다.7) 이 태동기에 한국 구약학의 초석이 놓여진다. 그것이 바로

---

6) 구약학 연구에서는 가톨릭 교회와 개신교회가 학문적 동아리를 형성한다. 그러나 여기에서는 개신교회 학자들만을 다룬다. 그것도 가급적 에큐메니칼(Ecumenical) 진영에 속한 학자들을 중심으로 다룬다. 물론 필요한 경우, 복음주의(Evangelical) 진영의 학자들도 언급하게 될 것이다. 하지만 기본적으로는 "한국 기독교학회"와 "한국 구약학회"라는 울타리 안에서 활동하는 학자들의 구약학 연구에 주안점을 두려고 한다. 한국에서 구약을 가르치는 모든 학자들을 여기에 다 망라하는 것은 필자의 능력 밖이다. 한국 기독교학회에 관해서는 한국기독교학회편(2001), 『한국 기독교학회 30년사』, 대한기독교서회 참고.

7) 한국기독교학회편(2001), 『한국기독교학회 30년사』, 37~39쪽.

1916년 양주삼(梁柱三)의 「구신약전서총론」(舊新約全書總論)이다. 협성신학교(현 감리교신학대학교)가 창간했던 『신학세계』의 1~4호(1916년)에 연재되었던 양주삼의 「구신약전서총론」은 한국인이 이 땅에서 우리말로 쓴 최초의 구약학 문헌이다.8)

한국교회는 처음부터 성서적인 교회이었다. 최병헌의 종교신학, 길선주의 부흥사경회, 전덕기의 사회참여가 한국교회에 뿌리내리기 이전에 한국교회는 성경이 어떤 책인지를 깊이 사색하고 있었다. 교리적인 용어로 말하면 성서의 영감설에 기초한 성서의 권위가 막중한 과제로 취급되었고, 성서학적인 용어로 말하면 오경의 저작권 문제가 중요하게 거론되었다. 한국교회는 그 초창기에 속하는 1920년대에 이미 그 쟁점의 중심에 성서의 권위, 곧 성서관의 문제를 자리잡게 했다.9) 이런 흐름에서 두 사람의 글을 파악해야 한다. 하나는 양주삼의 「구신약전서총론」(1916)이고, 다른 하나는 평양신학교(현 장로회신학대학교)가 창간(1918년)하였던 『신학지남』에 선교사 어도만(W. C. Eerdman)이 기고하였던 「고등비평」(1920)과 「모세 오경의 진위(眞僞)」(1924)이다.10)

양주삼의 글은 구약개요에 속한다. 성서의 원문과 번역, 히브리어 마소라 본문에 따른 구약의 구조와 배열, 구약 연구 방법론, 오경(律法)과 예언서(預言書)와 문학(文學)으로 분류되는 구약 각 책의 저술과 내용 등 구약 개론에

---

8) 양주삼(1916), 「구신약전서총론」, 『신학세계』 I, 1월, 69~88쪽 ; 양주삼(1916), I, 2월, 61~75쪽 ; 양주삼(1916), I, 3월, 43~68쪽 ; 양주삼(1916) I, 4월, 18~29쪽. 양주삼(1879년 1월 25일생)은 1913년에 미국의 밴더빌트(Vanderbilt) 대학에서 신학 수업을 한 후, 1914년에는 예일(Yale) 대학 신학부를 졸업한 후 귀국하여 1916년 협성신학교의 교수로 재직하면서 『신학세계』를 창간하였다. 그는 1931년 미국의 메이콘(Macon) 대학에서, 1932년 개렛(Garret) 신학교에서 명예신학박사(D.D.) 학위를 받았다.

9) 비교, 이덕주(1998), 「한국 교회와 근본주의 : 한국 교회사적 입장」, 한국교회사학연구원, 『한국기독교사상』, 연세대학교 출판부, 29~41쪽 ; 서정민(1998), 「한국 교회와 자유주의 : 한국 교회사적 입장」, 『한국기독교사상』, 한국교회사학연구원, 연세대학교 출판부, 161~184쪽.

10) 어도만(1920), 『신학지남』 III, 4, 423~431쪽 ; 어도만(1924), 『신학지남』 VI, 2, 13~40쪽.

해당되는 자세한 해설들이 망라되어 있다. 여기서 주목을 끄는 것은 오경의
저술에 대한 양주삼의 해설이다.

> 전래(傳來)하는 말은 모세가 오경의 저술자라 하는지라. 고(故)로 그 다섯
> 권의 책을 모세 5경이라 칭(稱)하되, 근일(近日)에 와서는 학자들이 오경을
> 비평하여 말하기를 오늘 우리에게 있는 오경은 모세가 설립(設立)한 율법강령
> (律法綱領)과 그 밖의 여러 역사(歷史)를 가지고 후인(後人)이 다시 편집(編輯)
> 한 것이오 모세가 친필(親筆)로 저술한 것은 아니라 하는지라. 가부편(可否便)
> 의 이론(理論)을 보면 모두 그럴 듯하니 숙시숙비(孰是孰非)를 단언(斷言)하기
> 는 불가능하거니와 우리에게 크게 관계(關係)되는 것은 이 책이 누가 저술한
> 것이 아니오 그 중에 포함된 바 신령(神靈)한 교훈(敎訓)을 학득(學得)하는
> 것이라. 고(故)로 우리는 열심히 그 내용을 연구하여 신령한 교훈을 다득(多得)
> 할지어다.[11]

양주삼은 오경의 저자를 모세로 단언한다. 하지만, 모세가 단편적으로
쓴 것을 후대의 편집자가 다시 편집함으로 오경이 이루어졌다는 의견도
더불어 소개하고 있다. 양주삼의 「구신약전서총론」에는 이른바 "고등비
평"(Higher Criticism)이란 용어는 나오지 않는다. 그러나 양주삼은 "성경이
하루 동안에 한두 사람의 의견으로 저작편성(著作編成)된 것이 아니라 ……
그 기록된 기한이 1500년이고 그 저술자의 수도 대략 49명이며," 그들이
"각자 자기들의 정황과 경력에 따라서 하나님의 뜻을 번역편찬(繙譯編纂)하
였다"라고 말하고 있는 것에 주목해야 한다.[12] 그것이 바로 "히브리서 1 : 1에
서 하나님께서 여러 부분과 여러 모양으로 말씀하셨다는 뜻"이라는 것이다.

---

11) 양주삼(1916), 「구신약총론」, 『신학세계』 I, 2, 63쪽. 당시 우리말은 국한문혼용
　　 옛 맞춤법을 따른 것으로 일체 띄어쓰기가 없고, 오늘날 사용하지 않는 말투를
　　 다분히 지니고 있어서 읽기 쉽지 않다. 여기 인용구는 그것을 오늘의 맞춤법에
　　 맞춰 풀어본 것이다. 양주삼의 「구신약총론」에 대해서는 김중은(1996), 「고등비평
　　 을 한국에 소개한 것은 누구인가?」, 『구약의 말씀과 현실』, 한국성서학연구소,
　　 353~370쪽, 특히 353~364쪽에도 거론된다.
12) 양주삼(1916), 「구신약전서총론」, 『신학세계』 I, 1, 71쪽. 양주삼의 용어 "번역편찬"
　　 (繙譯編纂)은 번역(飜譯)이 아닌 "번역"(繙譯)으로 기재되어 있다.

그러면서도 그는 "오경의 저자가 누구인지를 밝히는 일보다 오경의 신령한 내용을 깨닫는 것이 더 중요하다"고 주장한다. 양주삼의 「구신약전서총론」은, 비록 성서비평이라는 용어를 사용하지는 않았지만, 조심스럽게 해설한 비평적 구약개요의 효시가 된다.[13]

한국교회의 초창기에 "고등비평"(higher criticism), 곧 역사비평적 성서해석을 구체적으로 소개한 사람은 장로교 선교사 어도만이다. 어도만의 글 「고등비평」은 저술이 아닌 번역이지만, 고등비평의 유래와 의미, 고등비평의 예, 신약의 고등비평 문제, 고등비평의 주관적 특성 등을 상세히 소개하고 있다.[14] 어도만은 왜 고등비평을 한국교회에 소개하였을까? 아쉽게도 지금 우리는 그것을 확인할 길이 없다. 어도만의 「고등비평」을 읽다보면 그가 오경의 비판적 이해를 상당 부분 그대로 수용하는 듯한 착각을 불러일으킨다. 그러나 어도만의 의도는 어디까지나 당시 세계 성서학계에서 뜨겁게 논의되던 문서설에 경각심을 불어넣어 주려는 데 있었다. 이것은 그의 「모세 오경의 진위(眞僞)」(1924년)에서 잘 드러난다.[15] 어도만은 "모세 오경이 사실대로 기록한 책인지를 알기 위해서는 그 저술 시기를 알아야 하며 그 시기가 과연 모세 때인지를 상고해야 할 것"이라고 지적한다.

> 창세기와 출애굽기를 기록한 사람이 당시 애굽에 거(居)한 사람이면 제반 사건에 세세(細微)한 것이라도 정확하게 기록하려니와 수백 년 후에 가나안이든지 바벨론에 거한 사람들이 애굽과 상관(相關)된 사유를 실수 없이 기록하기 어려우니 만일 모세 오경에 기록된 언사(言辭)가 당시 사기(史記)와 풍속(風俗)과 언어법(言語法)과 적당(適當)하면 동시대에 기록한 책으로 인증(認證)할 수 있느니라.[16]

---

13) 비교, 김중은(1996), 『구약의 말씀과 현실』, 354쪽.
14) 우리말로 번역된 고등비평에 대한 글은 이보다 앞서 나왔다. 「고등비평의 부패」 (The Decay of Higher Criticism), *The Korea Mission Field*, 1911, 5월, 140~141쪽. 하지만 이 글에는 글쓴이(번역한 이)가 누구인지 명시되어 있지 않다.
15) 어도만(1924), 『신학지남』 VI, 2, 13~40쪽.
16) 어도만, 「모세 오경의 진위(眞僞)」, 30쪽(어도만의 글도 국한문체의 옛 맞춤법에 따라 기록되었다. 여기에서는 그것을 오늘날의 맞춤법에 맞추어서 소개한다).

어도만은 오경의 저작 시기가 출애굽 때요, 오경의 저작자가 모세라는 것을 입증하기 위해서 오경에 나오는 애굽 방언, 용어, 풍속, 율법의 조목, 율법의 문법 등을 조목조목 다룬다. 양주삼과 어도만이 당면했던 문제는 똑같이 구약성서의 권위 문제이다. 그 문제는 오경의 저작권 문제와 곧장 관련된다. 이 문제를 놓고 감리교회의 양주삼은 개방적인 해답을 취했고, 장로교의 어도만은 보수적인 해결을 택했다. 성서적인 교회로 출발했던 한국교회는 바로 그 성서에 대한 이해를 놓고 초창기부터 진보와 보수라는 양 진영으로 구분되었던 것이다.17) 특히 어도만의 해결은 한국 장로교회의 모범 답안으로 굳어진다. 그 이후 한국 장로교회는 오경의 저작권 문제를 성서의 권위 문제로, 성경 말씀 모두가 영감으로 기록되었다는 축자영감설에 대한 도전으로 간주하게 된다. 이 문제가 한국교회의 갈등기(1930~40년대)에는 소위 "김영주 목사, 모세의 창세기 저작 부인 사건"(1934년)으로 나타났다.18)

신학의 진보와 보수를 가름하는 잣대에는 여러 가지가 있다. 예수의 신성과 인성에 대한 이해를 필두로, 계시의 본성, 성서의 무오설과 성서의 권위, 하나님의 섭리와 역사에 대한 이해, 교회의 사회참여 등이 신학과 교회를 보수적인 쪽과 진보적인 쪽으로 판가름하는 기재로 작용한다.19) 이 가운데서

---

17) 한국 신학계를 보수와 진보, 둘로 나누지 않을 수도 있다. 김정우는 유동식을 따라서 역사비평학의 수용 여부와 관련하여 한국교회를 셋으로 가른다. "1973년 이후 1989년까지 한국신학과 구약신학은 만개하게 되었는데, 특히 역사비평학은 비평학을 가르치는 학교와 교단을 중심으로 완전한 자리를 잡아갔고, 한국신학의 세 축을 이루는 자유주의 신학, 신정통주의, 보수주의는 각자의 신학적인 꽃을 피우게 되었다"(김정우, 「20세기 한국의 구약학의 연구사와 역사비평학」, 210쪽).

18) 일본에서 신학을 공부했던 남대문교회 김영주 목사는 『만국주일공과』(장년부)에서 창세기는 모세의 글이 아니라 "히브리인의 오랜 신화를 근본으로 삼아 후대에 편집된 것"이라고 주장하였다. 이 문제로 장로교 안에 커다란 소용돌이가 일었다. 1935년 예수교장로회총회(제24회)는 공과의 부분별 집필자가 명기되어 있지 않고, 그 발행처가 장로교와 감리교의 연합기관인 주일학교연합회였다는 점 등 때문에 징계조치를 내리지는 않았다. 「창세기 저작자 문제와 김춘배 목사 성경해석 문제 연구위원 보고서」, 『조선예수교장로회총회 제 24회 회록』, 1935, 83~85쪽 ; 한국기독교역사연구소 편(1990), 『한국 기독교의 역사』 II, 기독교문사, 158~159쪽.

한국교회는 성경 말씀의 영감(inspiration)과 무오(inerrancy)에 대한 인정 여부에서 교회의 성서적 상태를 판단하는 척도로 삼았다. 그런 근본주의적 신앙 풍토에 대한 반감은 1930년대 중반부터 일게 된다.

1930년대는 한국교회의 역사가 50년을 넘기는 시점이다. 이 시기에 한국교회는 초기 선교사들의 신학적 지배로부터 벗어나려는 자기 반성을 하게 된다. 한국 장로교회의 경우 그런 대열에 김재준, 송창근, 채필근 등 미국과 일본에서 진보적 신학을 공부하고 돌아온 학자들이 서 있었고, 그 반대편에는 박형룡이 서 있었다. 마침 신사참배 문제로 평양신학교가 폐쇄되자 김재준 등은 1939년 서울에 조선신학교를 세우게 되고, 한국인에 의한 신학교를 표방하면서 진보주의 신학을 적극 가르쳤다. 그것이 빌미가 되어 1947년 조선신학교 학생 51명이 "신학교육을 받으면서 초자연적 성경관이 근본적으로 뒤집어지는 혼란에 빠져들게 되었다"고 토로하는 청원서를 장로교 총회에 제출하게 된다.[20] 이 파문의 결과 한국 장로교회는 김재준을 중심으로 한 진보적 신앙 집단과 박형룡, 박윤선을 중심한 보수적 신앙 집단으로 분열되고 말았다. 그것이 바로 한국교회의 분열기(1940~50년대)를 특징짓는 첫 번째 분열이었던 "예수교장로회"와 "기독교장로회"의 분열(1947년)이다.

김재준은 당시 자신의 이단성 여부를 심사하던 심사위원회 앞으로 자신의 신학적 입장을 변증하는 편지 하나를 공개적으로 보내게 된다. 그것이 바로 1948년 『조선신학보』 제5호(1948. 4)에 개재된 「편지를 대신하여」라는 선언적 문서이다.

> 내가 성경연구에 있어서 비판적 방법을 채용하였다는 것은 사실입니다. 나는 현대 비판학의 정당한 결론으로 공인된 몇 가지는 이를 시인합니다. 그러나 그것은 구약성경의 서론에 있어 어느 책은 누가 언제 어디서 어떻게 쓴 것이며 어떤 경로로 성경에 편입되었는가 하는 문제를 논한 것이니 이는

---

19) Richard J. Coleman, *Issues of Theological Conflict : Evangelicals and Liberals, Grand Rapids*, Michigan : Eerdmans, 1972, 59~252쪽.
20) 이덕주 · 조이제 엮음(1997), 『한국 그리스도인들의 신앙고백』, 182~183쪽.

성경연구의 준비지식으로 필요한 '지식'의 문제요 결코 신앙의 문제가 아닙니다. 누가 어디서 언제 썼든지 간에 하나님의 감동으로 쓰여지고 또 하나님의 특별하신 섭리로 성경에 편입된 한 하나님 말씀되는 데는 틀림이 없는 까닭입니다.21)

김재준은 신학 지식과 신앙의 문제를 서로 구별해서 이해한다. 그의 성서관은 한 마디로 성경이 하나님의 계시이지만, 그것은 사람의 글로 기록되었다는 것으로 요약된다. 성서를 "하나님의 말씀으로" 부르지 않고 "성서가 하나님의 말씀이 된다"고 강조하고 있다. 이런 성서관을 놓고 그것이 성서 해석의 학문적 개방성을 강조하는 것이냐, 아니면 성경의 축자영감설을 부정하는 자유주의적인 것이냐는 논란이 일어났다.22)

성서관은 한국교회의 구약성서 해석사에서 중요한 이정표를 제공한다. 성서를 축자영감설, 무오설이라는 측면에서 수용하느냐, 아니면 특정 시대, 특정 사람들의 기록과 편집으로 보느냐에 따라서 한국교회는 크게 갈등하는 역학구조를 지녔다. 오경의 저자가 모세이냐, 아니면 후대의 편집이냐를 놓고 서로 대립하고 있다. 한국교회는 전자를 근본주의적인 성서관으로, 후자를 자유주의적인 성서관으로 규정한다.23) 성경을 하나님의 계시로 보느냐, 아니면 하나님의 계시가 수록된 책으로 보느냐는 갈등은 오늘도 여전히 한국교회 안에 남아 있다. 다만 그것이 잠잠한 것은 각 교단별로 자기들의 신학적 입장을 오늘날 확실하게 고정해 놓았기 때문이다. 지금도 한국교회의 한편에서는 성서의 무오설을 받아들이지 않는 자들을 이단으로 규정한다. 그러나 다른 한편에서는 성서에 대한 비평적 이해를 학문적 자유라고 주장한다. 한국교회는 한국의 성서학자들에게 이 두 길 중 어느 하나를 선택하지

---

21) 이덕주·조이제 엮음(1997), 『한국 그리스도인들의 신앙고백』, 한들출판사, 185·188~198쪽.
22) 김중은(1996), 「복음주의 구약학은 무엇인가?」, 『성경과 신학』 19, 69~94쪽 ; 문희석, 『한국교회 구약성서 해석사』, 51쪽.
23) 한국교회사학 연구원 편(1998), 『한국 기독교 사상』, 연세대학교 출판부, 21~44쪽·145~204쪽·595~282쪽·307~336쪽.

않으면 안 되는 유산을 남겨 놓았다. 이 갈림길에서 오늘의 구약학자들은 어디에 설 것인가?

필자는 여기에서 성서관에 얽힌 입장의 차이를 근본주의나 자유주의라는 용어로 파악하지 않으려고 한다. 그런 용어는 학문의 본질을 왜곡시킬 수 있다. 보수적 신앙이나 진보적 신앙은 모두 성서를 "신앙의 제일 기준"(*sola fidei regula*)으로 삼는 프로테스탄트 교회의 원칙에서는 서로 다르지 않다.[24] 문제는 두 개의 극단에서 발생한다. 성서이해에서 영감(inspiration)의 요소를 최소화시킨 채 인간적인 기록을 극대화하거나, 아니면 반대로 인간의 역할을 무(無)로 돌린 채 영감의 요소를 극대화시키는 양극단이 문제이다. 후자는 하나님의 말씀이 사람의 말로 기록되었다는 사실에 다시금 귀를 기울어야 한다. 전자는 사람의 말이 어떻게 하나님의 말씀일 수 있는지를 진지하게 되새겨보아야 한다. 21세기 한국 구약학은 이 과제를 풀어야 한다.

2) 1935년의 『아빙돈 단권주석』 사건-갈등과 분열을 낳은 역사비평

성서관의 차이는 성서해석 방법론의 차이로 이어진다. 구약성서를 어떻게 이해하느냐에 따라서 구약성서를 어떻게 해석할 것인가의 문제가 대두된다. 성서 이해는 성서 개론을 낳고, 성서 해석은 주석을 낳는다. 이해와 해석은 서로 독립적으로 존재하지 않는다. 그것은 서로 인과응보적인 관계를 지니고 있다. 하지만, 구약이해가 구약성서의 권위에 보다 관련된다면, 구약해석은 해석 방법론 문제에 보다 직접적으로 연관된다. 이해와 해석, 이 화두(話頭)는 한국의 구약학자들이 해명하지 않으면 안 되는 학문적 요철이다. 이 요철로 인한 파장이 한국의 교회를 갈등과 대립의 시기(1930~40년대)로 몰아갔고, 그 와중에 터졌던 소동 중 하나가 이른바 1935년의 "아빙돈(Abingdon) 단권주석 사건"이다.

---

24) "신앙의 제일 기준"(*sola fidei regula*)이라는 말은 "신앙의 유일 기준"(*prima fidei regula*)이라는 말과 구별해서 사용해야 한다. 문희석, 『한국교회구약성서해석사』, 12쪽.

『아빙돈 단권주석』은 미국 감리교회의 아빙돈 출판사가 발간한『성서주해』(*The Abingdon Bible Commentary*, 1930)를 우리말로 번역 출간한(신생사, 1934) 단 권 코멘터리(commentary)이다. 이 책을 감리교 유형기 목사가 번역, 편집하면서 감리교의 양주삼, 정경옥, 김창준, 전영택, 변홍규 등을 비롯해서 장로교의 송창근, 채필근, 한경직, 김관식, 김재준, 조희렴, 윤인구 등 53명에 달하는 당대의 신학자, 목회자들에게 번역 집필을 의뢰하였다. 이 작업은 두 가지 점에서 고무적이다. 하나는 한국교회의 역사 반세기에 비록 번역서이긴 하지만, 우리말로 된 성경 코멘터리가 간행되었다는 점이다. 이것은 성서학의 궁극적 사명이 무엇인지를 확인시켜 준다. 성서학은 교회의, 교회에 의한, 교회를 위한 학문으로 존재해야 한다는 것이다. 다른 하나는 이『아빙돈 단권주석』으로 인해서 당시 감리교회와 장로교회의 목회자들이 교회의 일치와 화해를 추구하는 삶을 가시적으로 일구어냈다는 점이다. 서로 다른 교단의 목회자들이 하나님의 말씀을 해석하고 펴내는 일에 동역(同役)하는 보람을 얻은 것이다. 사실『아빙돈 단권주석』이래 오늘날에 이르기까지 한국의 여러 교단에 속한 학자들, 목회자들이 공동으로 협력하여 이룬 코멘터리가 몇 종 되지 않는다는 현실은『아빙돈 단권주석』의 성서학적, 교회사적 가치를 다시 평가하게 만든다.25)

『아빙돈 단권주석』은 역사비평학의 성과를 수용하여 구약과 신약의 66권을 주석해 놓은 코멘터리이다. 가령 구약의 각 책에 대한 주석과 주해를 다루기 전에 이 책에는 "구약의 형성", "구약의 전승", "구약과 비평", "오경의 기원과 성장" 등에 걸친 15편의 해설문이 등장하는데, 바로 그 해설문의 시각과 방향이 역사비평적이었다. 문제는 바로 여기에서 일어났다. 한국 장로교회 제24회 총회(1935년)가 이 책을 자유주의 신학의 산물로 규정하고,

---

25) 국내 여러 교단의 구약학자들이 자문위원, 번역자, 집필자 등으로 참여하여 출간한 주석류 가운데 학문적으로 꼽히는 것은 1960~70년대에 출간된 대한기독교서회의 『평신도 주석 총서』(구약), 한국신학연구소에서 1980~90년대에 출간한『국제 성서 주석 시리즈』, 그리고 1990년대부터 대한기독교서회에서 간행되고 있는『100 주년 기념 주석 시리즈』정도이다.

당시 번역 작업에 참여했던 장로교 목사들을 이단으로 정죄하고 나섰던 것이다. 이 사건은 우여곡절 끝에 번역진에 동참했던 장로교회의 신진 학자 송창근, 김재준, 한경직 세 사람이 자기들을 심사한 평양노회에 "본인들이 집필한 부분은 장로교 신경에 위반되는 것이 없고, 다른 사람들이 집필한 부분이나 책 전체의 편집에 대해서는 간여하지 않았으며, 이 주석의 내용에 대하여는 집필자의 일원으로 유감의 뜻을 표시한다"는 성명서를 제출함으로써 일단락 되게 된다.26)

돌이켜보면 성경을 비평적으로 파악해야 한다는 주장은 장로교회 쪽에서 일찍부터 거론되었다. 장로교 선교사 라부열(R. L. Robert)이 『신학지남』 2호(1919)에 투고한 글이 그 한 예이다.

> 성경이 불착무오(不錯無誤 : 아무 착오나 흠이 없다)하다는 것은 오늘날의 성경을 지칭함이 아니라 선지자와 사도가 하나님의 지도를 받아 첫번 저술한 원본을 지칭하는 것이라. 옛날에는 인쇄술이 발명되지 못하여 다만 각 사람이 손으로 등서(謄書)하여 수천 년 간 유전(流傳)하였으니 등사자(謄寫者)가 아무리 조심하였다할지라도 다소간 오서(誤書) 또는 낙자(落字) 없지 못할지라 …… 이는 히브리 숫자가 자형(字形)은 비슷하나 지수(指數)는 크게 다른 고로 등사인(謄寫人)이 오서(誤書)하기 용이(容易)하였음이라 이로 볼지라도 오늘날의 성경에 오서(誤書)가 없다고 못할지니 그 해석이 어찌 용이(容易)하리오 ……. 27)

라부열이 지적한 문제는 본문비평(textual criticism)의 과제에 속한다. 성서 원문의 회복을 문제삼는 본문비평은 역사비평적 해석의 첫 관문이다. 본문비평을 거치지 않고서는 누구도 그 다음 단계의 비평적 사고를 하지 못한다. 한국 장로교회는 성서 사본과 역본에 담긴 본문상의 이독(textual variants)을 판독하는 비평적 작업에는 시비를 걸지 않았다. 그렇지만 본문비평에서

---

26) 『신학지남』 XVII, 6, 1935, 신학지남사, 53쪽.
27) 라부열(1919), 「성서의 난제론」, 『신학지남』 II, 2, 21~22쪽. 여기 인용문은 국한문 혼용의 옛 맞춤법을 오늘날의 맞춤법에 맞춰서 쉽게 풀어 쓴 글이다.

출발하는 성서의 역사비평적 해석에 대해서는 배타적인 입장을 강하게 견지했다. 이런 까닭에 한국의 장로교회는 성서의 비평적 해석에 부정적이었지만, 한국의 감리교회는 성서의 비평적 해석에 개방적이었다는 소리를 듣는다. 그러나 한국 감리교회 안에서도 진통은 있었다. 신학교육의 흐름 속에 그런 진통이 여실히 드러난다. 바로 김인영과 변홍규의 차이이다. 다만 그 차이가 교단 분열로까지 이어지지 않았을 뿐이다.

협성신학교의 1925~34년 교수진에는 "성서해석"(Interpretation)을 담당하던 교수로 하리영(R. A. Hardie)과 김인영(金仁泳)이 있었다.[28] 하리영은 선교사이다. 그는 1920~34년 『신학세계』를 통해 발표한 여러 논문을 통해서 비평적 성서 해석의 기틀을 마련하였다.[29] 김인영은 한국인 교수이다. 그는 하리영을 계승하여 당시 종교교육을 맡았던 변성옥(邊成玉), 비교종교학을 담당했던 최병헌(崔炳憲)과 함께 비평적 구약 해석을 감리교 신학의 전통으로 구축하는 일에 일익을 감당하였다. 김인영의 「성경의 진화」(1927~28),[30] 「오경의 전설과 비평」(1929) 등이 그것을 보여준다.

상술한 J, E, D에 오경의 나머지 부분은 곧 P기록이니 이 기록이 오경에 최대 부분을 차지하고 또한 새로운 부분이라고 할 수 있으니 많은 이야기와

---

28) 협성신학교의 1925~1929년 당시 재학생수는 본과와 영문과를 합쳐 121명이었고, 교수진은 전임교수 8명, 시간강사 7명, 특별강사 14명이었다. 이성삼(1977), 『감리교와 신학대학사』, 서울교육도서출판사, 143~146쪽.

29) 하리영(R. A. Hardie)은 1920~1934년에 걸쳐 간행된 『신학세계』에 구약성서의 해석과 관련된 수십 편의 글을 게재하였다. 그 중에서도 주목할 것은 하리영(1937), 「신명기 법전」, 『신학세계』 XV, 6, 33~37쪽 ; 「제사법전」, 『신학세계』 XVI, 2, 1931, 15~20쪽.

30) 『신학세계』 XII, 6, 1927, 21~25쪽 ; XIII, 1, 1928, 19~23쪽 ; XIII, 3, 1928, 14~17쪽 ; XIII, 4, 1928, 23~25쪽. 김인영의 "진화"(進化)라는 용어는 성서의 "형성사"를 가리킨다. 김인영은 이 연재에서 구약성서가 히브리어 마소라 본문에서부터 어떻게 편집되어 정경으로 자리잡게 되었고, 유대인의 성서가 어떻게 해서 칠십인역 성서를 거쳐 영어를 비롯한 여러 나라 말로 번역되게 되었으며, 사본은 어떻게 해서 생겨났는지를 설명하고 있다. 거기에는 성서가 단 번에 기록된 계시라기보다는 오랜 세월을 거쳐서 기록된 말씀으로 본다는 입장이 반영되어 있다.

율법과 계도(系圖)와 또는 인명표(人名表)와 성전에 관한 상세한 기록이 기재(記載)되어 있는데, 출애굽기, 레위기, 민수기 대부분을 포함하여 있음으로 일찍이 생각하기는 오경 중에 최고(最高)한 것이라고 하였으나 이제는 그와 반대로 가장 새로운 것으로 보아 포로기 전후에 된 것으로 시인하는 것이다 …… P의 교의(敎義)의 입장은 오늘날 우리들에게도 배울 것이 많이 있으니 …… 이 기록도 또한 서술(敍述)의 방법과 사실이 다 시대의 특징을 띠고 있으니 곧 포로시대의 흔적(痕迹)을 가리울 수가 없다 …… 당연히 이 기록도 역시 한 사람의 손으로 된 것이 아니라 바벨론에 포로 전후에 있던 제사장 된 학자들의 것을 기록한 것이 분명하다 …… 이 P 기록이 세상에 나온 때에는 이미 J, E, D가 통용 되었나니 그래서 어떠한 편찬자(編纂者)의 손으로 이 기록도 그 중에 포함함에 이른 것이다.[31]

김인영의 해석은 오경의 저자가 모세가 아니라 여러 문서들이 오랜 단계를 거쳐 편집된 것이라는 주장으로 요약된다. 김인영은 오경의 본문이 JEDP의 편집으로 완성되게 된 때는 이스라엘 역사의 포로기를 전후한 시대(주전 400년 경)라고 주장한다.[32] 이처럼 김인영은 오경의 역사비평적 해석에 철저하다. 그만큼 김인영은 이 땅에서 비평학적 시각으로 구약성서를 해석했던 최초의 본격적인 한국인이었다고 평가할 수 있다.

감리교 협성신학교에서 김인영의 뒤를 이은 구약학자는 변홍규(卞鴻圭)이다. 변홍규의 구약 해석은 김인영과 달랐다. 변홍규는 교회의 전통을 파기하지 않는 차원에서 성서연구를 적극 시도하였다. 변홍규는 유학파에 속한다.[33] 그러나 그의 글에는 학문과 이성의 수단을 동원한 성서본문의 비평적

---

31) 김인영(1929), 「오경의 전설과 비평」, 『신학세계』 XIV, 4, 3~21쪽 · 11~16쪽 · 18~21쪽. 김인영 당시에는 우리말 표기에 띄어쓰기와 구두점이 사용되었다. 그래서 읽기에 보다 수월하다. 하지만 여전히 남아 있는 어려운 한자어 표기는 쉬운 우리말로 고쳐서 게재하였다.

32) 앞의 글, 21쪽.

33) 변홍규는 1919년 고등학교 과정인 중국청도덕화서원(中國靑島德華書院)을 졸업한 후, 미국 햄린(Hamline) 대학교를 거쳐서 드류(Drew) 신학대학원에서 신학박사 학위를 받았다. 그리고 1933년부터 감리교 협성신학교의 교수로 취임하여 교장을 두 차례 역임하고 감리회의 10대 감독으로 피선될 때(1967년 3월 4일)까지 구약교육에 종사하였다.

이해가 쉽사리 눈에 띄지 않는다. 이것은 그가 교회의 신앙을 지키는 신학자로 살았음을 반증하는 증거이기도하다. 그렇다고 해서 그가 당대의 비평정신을 전혀 무시했던 것은 아니다. 비평적인 학설을 소개하되, 그것을 비판적으로 판단하였다. 그가 남긴「모세의 신학 사상」(1937년)이 그런 입장을 표방하고 있다.

> …… 창세기, 출애굽기, 레위기, 민수기, 신명기는 다 모세가 저술했다. 그래서 모세 오경이라고 한다. 모세가 이 오경의 저술자인 것을 증거하면 아래와 같다 …… 고등비평이란 성경 각 책의 저술자, 연대, 목적, 방식에 대하여 말하는 억설인데 고등비평가들은 율법을 모세가 쓰지 않았다한다. 주후 1753년에 프랑스 의사 아스트룩도 그렇게 말하였으나 좀더 자세히 말했다. 저는 창세기에 두 가지 창세에 대한 기사가 있다는 것을 주창했다. 제1기사는 엘로힘, 곧 하나님 신관을 가진 사람이 쓰고(창 1 : 1~2 : 3), 제2기사는 여호와 신관을 가진 사람이 썼는데(창 2 : 4~25) 모세는 이 두 기사를 보고 창세기를 썼다고 했다 …… 이 고등비평에 하나님(E), 여호와(J), 제사기(P), 신명기(D)의 저술자가 누구인줄 알지 못할 뿐 아니라 그 저술 년대에 대하여도 의견이 각각 다르다 …… 고등비평가들이 모세오경이 모세가 쓴 것이 아니라는 이유는 상당치 못하다 ……. 34)

김인영과 변홍규의 차이는 감리교회 내부뿐만 아니라 한국교회 전체에 걸쳐 진행되었던 역사비평학에 대한 상반된 두 지평을 대변하는 창구가 된다. 한 쪽에서는 역사비평적 구약해석을 세계교회의 에큐메니칼적인 학문으로 수용하려고 했고, 그 반대쪽에서는 성서비평학의 도입과 적용을 성서의 권위를 무시하고 신신학을 무분별하게 도입하는 자유주의적인 발상으로 여겼다. 이런 두 지평의 대립은 1960~70년대에도 있었다. 한국교회가 분열기를 지나 교단별 정지 작업에 들어가던 때 발생한 김기수(Keith R. Crim) 선교사의 요나서 해석 문제(1966)나,35) 문희석 교수의『하나님의 구속역사』

---

34) 변홍규(1937),「모세의 신학사상」,『신학세계』XXII, 3, 25~26쪽.

35) 1966년 대한 예수교 장로회 제51회 총회는 김기수(Keith R. Crim)가 "요나의 기적은 역사적인 기록이 아니라 비유이다"라고 가르쳤다고 해서 문제 삼았다. 김기수는

(서울 : 보이스사, 1973)가 야기한 소동이 바로 그런 것들이다. 두 사람은 모두 장로회신학대학에서 구약을 가르치던 교수들이었다. 김기수의 경우 요나서를 역사적 사실이 아닌 비유로 해석했다는 것이 문제가 되었고,『하나님의 구속 역사』인 경우 역사비평적 해석을 용인하였다는 것이 문제가 되었다.

성서해석사의 지평 융합은 1970년 이후부터 일기 시작하였다. 특히 1980년대에 들어서면서 한국 구약학계는 성서비평이라는 도구에 관한 찬반 토론을 역사비평학 안팎에서 활발하게 전개하였다. 역사비평적 해석을 수용하면서도 그 한계를 극복하려고 하는 자들은 성서에 대한 비평적 연구와 신학적 해석의 종합을 위한 노력에 귀를 기울였다. 성서를 비평적으로 읽으면서도 신앙적으로 파악할 수 있는 구약 연구를 통해서 성서해석의 역사주의적 도구를 극복하는 가능성을 모색했다.[36) 복음주의 진영의 학자들은 역사비평이 실증주의적 증거 위에 말씀의 신빙성을 세우려고 했던 역사주의를 극복한다면, "참된 신앙에 봉사하며 환상을 제거하는 역사비평의 성과"를 감추거나 중화시킬 필요가 없다고 보았다.[37) 그런 노력들이 역사비평 이후의 성서해석이라는 이름으로 활발히 대두되었다. 정경비평, 구조주의 해석, 수사학적 해석, 문예비평 등 "통시적"(diachronic) 해석에서 "공시(共時)적"(synchronic) 해석으로의 전환, "통시적" 연구에서 "무시적"(無時的, *acronici*, 시간 밖의), "반시적"(反時的, *anacronica*, 시간을 거슬러) 해석으로의 탈출이 구약해석사의 무대에 진지하게 펼쳐졌다.[38) 그 결과 역사비평학자들은 성경 계시의

 The Royal Psalm(Richmond, John Knox, 1962)의 저자로 이 일로 결국 한국교회를 떠나게 된다. 김기수(1967), 「한국을 떠나면서 : 요나서 해석에 대한 나의 견해」, 『기독교 사상』 2월호, 62~65쪽.

36) 장일선(1988), 「공시적 성서 연구 방법 구약 경전 비평」,『기독교사상』 11월호, 127~141쪽 ; 장일선(1981), 「성서 구조비평 연구」,『기독교사상』 1월호, 70~88쪽 ; 김이곤(1980), 「B.S. Childs의 성서해석 방법론」,『신학연구』 22, 49~90쪽 ; 김이곤(1975), 「전승비평적 구약연구」,『신학사상』 10, 638~668쪽.

37) 김지철(1979), 「복음주의적 성서해석을 위한 역사비평의 가능성」,『교회와 신학』 11, 164~211쪽 ; 비교, 김의원(1989), 「한국 구약신학 진단」,『개혁사상』 2월호, 48~71쪽.

초월성을 상실하고 역사주의에 함몰되었음을 반성하였고, 보수적인 학자들은 성경의 역사성과 권위에 대한 자신의 신학적 전통 안에서 비평학의 긍정적인 점들을 순화시켜 사용할 방법을 사색하였다.[39]

비평학은 성서해석의 도구이다. 성서 비평이 하나님의 말씀에 대한 해부와 분해로 그쳐서는 안 된다. 성서해석이 성서의 "신성"(heavenliness)을 부수어 놓고 만다면, 그래서 과거 그들에게 주셨던 하나님의 말씀에서 오늘 우리에게 주시는 하나님의 말씀을 듣지 못한다면 이는 문제이다. 하지만, 그렇다고 해서 성서해석이 비평학 이전의 단순 독서나, 교리 서술을 위한 증빙서류(*dicta probantia*)식 성구 인용, 영적인 "의미" 파악에 기초한 알레고리에만 머물러서는 안 된다. 이제는 역사비평적 성서 해석의 유산을 창조적으로 갈무리해야할 시점이다. 그 한계를 비평적으로 수렴하며 그 대안을 제시해야할 기점이다. 비평적 성서해석의 공헌을 무시하지 않으면서도, 구약성서를 오늘 우리에게 주시는 역동적인 하나님의 말씀으로 들으려면 어떻게 해야 할까? 한국교회를 위한 구약학에 관심을 갖는 구약학자들 모두가 씨름해야 할 성서학의 과제가 바로 여기에 도사리고 있다.

3) 1967년 김정준의 『이스라엘 신앙과 신학』 － 복음과 상황, 구약학적 대응

신학은 "하나님에 관한 학문"(Theos-logia)이자 "신앙의 학문"(Glaubenslehre)이다. 성서신학은 한편으로는 하나님의 말씀에 관한 학문이지만 다른 한편으로는 신앙 공동체의 학문이다. 구약과 신약의 말씀이 그때 그 백성에게 주셨던 말씀으로 그치지 아니하고 오늘 여기에 있는 우리에게 주시는 하나님의 말씀으로 읽혀지기 때문이다. 하지만, 엄밀히 말해 우리는 성서 본문의 최초 수신자는 아니다. 구약의 어느 부분도 오늘날의 독자나 해석자를 향해서 직접 선포되지

---

38) 왕대일 엮음(2001), 『구약성서 읽기와 해석하기』, 감신대성서학연구소, 6~15쪽.
39) 김정우(2000), 「20세기 한국의 구약학 연구사와 역사비평학(1900~1999)」, 『목회와 신학』 127, 193쪽.

않았다. 오늘날 우리는 성경 본문의 말씀을 처음으로 듣거나 그것을 최초로 읽었던 사람들과는 상관없는 제3자의 위치에 놓여 있다.

1960년대는 한국 신학계에게 복음이 해석되어야 할 자리로 "한국적 콘텍스트(context)"를 꼽게 한다. 이런 각성의 이면에는 크게 두 요인이 있다. 첫째, 1934년을 전후해서 한국교회사에 나타났던 신학적 갈등은 연이어 밀어닥친 일제 말기의 극한 교회탄압으로 수면 아래로 가라앉게 된다. 교회 자체가 생존을 염려해야 하는 암울한 상황을 맞이하였기 때문이다. 해방 이후, 그리고 한국 전쟁이 끝난 다음 다시 찾은 "한국 땅"은 한국의 신학자들에게 한국의 정치 경제 사회 교육 문화의 각 부문에 그리스도의 정신이 한국적 "혼"으로 뿌리내려야 된다는 신학적 각성을 갖게 하였다. 둘째, 기독교장로회와 예수교장로회의 분열(1947)에 이어 세계교회협의회(World Council of Churches, 1948년 창립)와의 연대문제로 예수교장로회가 "합동총회"(1959)와 "통합총회"(1960)로 분열된 후 한국교회는 1960년대에 들어가면서 몇 개의 큰 교파들로 정리되었다. 이런 상황에서 교단 분열의 쓰라림을 맛 본 한국의 진보적 신학자들은 복음이 해석되어야 할 자리가 다름 아닌 한국이라는 신학적 교훈을 얻게 되었다. 김재준의 선언―"우리는 이제 한국을 우리의 소재로 받았다. 우리는 한국역사 안에 그리스도의 속량 역사를 조성하며 한국역사를 그리스도의 천국역사로 변화시키는 업무를 하나님께로부터 받은 것이다"[40]― 이 바로 그런 신학적인 새 시대의 여명을 천명하고 있다. 1960년대의 세속화 신학과 토착화 신학, 1970년대의 민중신학은 모두 이 땅에 현존(現存)하시는 예수 그리스도를 해석하고자 했던 신학적 사유에서 비롯되었다.

이런 맥락에서 한국 신학사에서 중요한 두 개의 신학 정기간행물이 창간된다. 하나는 『기독교사상』(1957)이고, 다른 하나는 『신학사상』(1973)이다.[41]

---

40) 유동식(1995), 「한국 교회의 신학운동사 개관」, 『한국기독교역사강좌자료집』, 한국기독교역사연구소, 6쪽.

41) 1957～1973년에는 여러 신학 정기간행물이 등장한다. 그 중에서도 『기독교사상』, 『신학사상』은 범교회적, 범교단적 간행물로서 진보적인 성향을 지녔던 학자들과

68

이 시기는 "한국 신학의 개화기"(유동식), "성서학적 성서관의 확립기"(문희
석)일 수 있다.42) 이와 다르게 김정우는 이 기간을 성서이해에 따른 신학적
노선에 따라 한국 신학계가 각자 자기 길로 걸어갔던 "분지기"라고 평가한
다.43) 한국교회의 주요 교단의 형성과 발전이라는 측면에서는 김정우의
평가가 보다 객관적이다. 그러나 1960년대에 들어 한국 신학계가 그 이전과는
비교가 되지 않을 만큼 적극 성장하였다는 사실을 감안하면 유동식의 평가가
보다 신학적 사유에 걸맞는다. 한국구약학회의 창립(1961년), 전국신학대학협의
회(Korea Association of Accredited Theological Schools, 약칭 KAATS)의 발족(1965
년), 한국기독교학회의 출범(1973년)이 모두 이 기간에 이루어진 신학적 성장을
반영하고 있다.44)『기독교사상』이나『신학사상』등의 창간은 이런 한국적
콘텍스트의 성장과 맞물려서 이해될 수 있다. 한국구약학회(1961년 창립)의
초대 회장을 맡았던 김정준의『이스라엘의 신앙과 신학』(1967년)도 바로
이런 시대적 도전에 대한 구약학적 응전에 해당된다.

1960~70년대에 들어서면서 한국 구약학계는 이 땅에 구약성서학의 기둥
을 세우는 학자들을 맞게 된다. 김정준, 박대선, 문익환, 김찬국, 김철현,

목회자들의 사유를 적극 소개하였다. 특히『신학사상』은 민중 지향적이며 한국적
신학을 추구하는 진보계층의 목소리를 담는다. 복음주의 진영의 목소리는『목회와
신학』(1988)이 창간된 이후에야 비로소 활발히 개진된다.

42) 유동식(1982),「1970년대의 한국신학」,『신학사상』, 한국신학연구소, 81쪽 ; 문희
석(1978),『한국교회구약성서해석사』, 83쪽.

43) 김정우(1999),「20세기 한국의 구약학 연구사와 역사비평학(1)」,『목회와 신학』,
210쪽.

44) 전국신학대학협의회(KAATS)는 1965년 5월, 9개 신학대학이 모여 창립총회를
개최함으로 시작되었다. KAATS 창립에 참여한 대학은 감리교신학대학, 성미가엘
신학원, 대전감리교신학대학(현 목원대학교), 삼육신학대학, 서울신학대학, 연세
대학교 신과대학, 연세대학교 연합신학대학원, 장로회신학대학, 한국신학대학이
었다. 1973년 8월에 창립된 한국기독교학회는 1961년부터 1972년 사이에 창립되어
학술활동을 벌이던 7개의 회원 학회(한국구약학회, 한국신약학회, 한국기독교육학
회, 한국조직신학회, 한국교회사학회, 한국기독교윤리학회, 한국실천신학회)의
공동모임으로 시작되었다. 이 7개 학회 가운데 한국구약학회는 신약학회, 기독교교
육학회와 함께 1961년에 창립되었다. 한국기독교학회편(2001),『한국기독교학회
30년사』, 대한기독교서회, 57~166 · 169~183쪽.

함성국, 선우남, 구덕관, 김이곤, 민영진, 이군호, 곽노순, 문희석, 박준서, 임태수, 김중은, 장일선 등이 바로 그들이다. 구약학 방법론의 측면에서 이들의 성격을 분석하면, 대략 성서본문과 성서번역(문익환, 민영진, 김중은), 고고학과 성서해석(문희석, 함성국), 지혜전승과 토라(구덕관), 전승비평과 구약신학(김정준, 김이곤, 김찬국), 예언서와 계약신학(박준서), 역대기 역사서의 해석(장일선, 임태수) 등으로 구별된다.[45] 이들은 양주삼, 어도만, 하리영, 김인영, 김재준으로 이어지던 비평적 구약이해의 총론을 한 단계 끌어올려 구약성서학의 여러 각론, 여러 분야에 걸쳐 구약의 언어와 본문, 전승과 신앙 등을 비평학적으로 구축하는 일에 공헌하였다.

특히 1970년대는 한국의 구약학이 학문적으로 도약하게 되는 기반을 다진 것으로 평가된다. 첫째, 구약학의 기본도구(원전, 성서히브리어, 성서사전, 고대 근동문헌, 주석류, 성서지리, 구약개론, 성서비평학, 이스라엘 역사와 고고학, 구약신학, 해석학)가 비로소 한국적 토양에 소개되었으며, 구약성서의 권별 연구가 그 기틀을 잡았다. 둘째, 이 시기에 신학교육 교재들이 본격적으로 번역 집필되기 시작했다. 구약학을 배우고 익히는 데 디딤돌이 되는 외국의 저명 서적들이 분야별, 장르별, 소재별로 고루 번역되어 소개되었다. 셋째, 그 가운데서도 문희석과 장일선은 구약학 연구의 전 방면에 걸쳐 신학교육 교재로 활용될 수 있는 소중한 저작들을 번역, 편역, 저술 등의 방식으로 우리에게 남겼다.

필자가 여기에서 김정준의 『이스라엘의 신앙과 신학』(1967년)을 1960~70년대의 한국 구약학의 모델로 파악하는 것은 그가 당시의 시대정신을 구약해석에 투영하는 데 철저하였기 때문이다. 그는 구약해석의 과제가 수천 년 전 옛 이스라엘에게 주셨던 하나님의 말씀을 오늘 이 땅의 우리에게 주시는 하나님의 말씀으로 듣게 하는 데 있음을 일깨워준다. 문헌, 양식, 전승, 삶의 자리 등을 통해서 파악된 비평적 구약해석이 어떻게 하나님이 하신 말씀의

---

45) 이들의 구약학적 성과에 대한 자세한 평가는 민영진(1982), 「1970년대 구약신학」, 『신학사상』 36, 5~36쪽에 자세히 거론되고 있다.

‘현실화’를 가능하게 하는지를 실감나게 전해 주고 있다.

구약 신앙인들의 입을 통하여 하나님께서 “나는 너희 하나님이 되고 너희는 내 백성이 된다”(신 7 : 9, 32 : 6, 15 ; 렘 31 : 33)하는 표현과 “그는 우리 하나님이요, 우리는 그의 백성이라”(시 103 : 3)한 고백을 구약성서는 이론적 결론인 학문의 사실보다 경험의 결론인 신앙의 사실로 증거하고 있다. 하나님과 나와의 관계를 신앙적으로 승인한 사실에서 하나님 자체의 사실이 압도적으로 사람에게 육박하여 인간의 하나님의 간섭에서 피할 수 없음을 이스라엘 시인은 이렇게 노래했다. “주께서 나의 앉고 일어섬을 아시고 멀리서도 나의 생각을 통촉하시오며 나의 길과 눕는 것을 감찰하시며 나의 모든 행위를 익히 아시오니 …… 내가 주의 신을 떠나 어디로 가오며 주의 앞에서 어디로 피하오리까(시 139 : 2ff)?” 하나님을 떠나서는 아무 곳에도 갈 수 없고 피할 수 없으나 오직 하나님 안에서만 참된 피난을 할 수 있는(시 46 : 1) 신원감(神遠感 God’s farness)에서 신근감(神近感 God’s nearness)을 가지는 신앙적인 실존이 구약성서가 보여주는 현실이다. 하나님은 기어이 무엇을 하지 않고는 견디지 못하고 사람은 그 행동과 관련을 맺지 않을 수 없는 실상이 구약성서의 관심이다. 이 관심을 라이트(G. E. Wright)는 행동하시는 하나님(*God Who Acts*, 1952)이란 책에서 성서신학의 주제로 찾아보려 했다 …….46)

김정준의 『이스라엘의 신앙과 신학』은 성서 본문에 대한 비평적 해석에서 시작한다. 그러면서 그 본문에 기재된 사건에는 그 “제1원인”으로 하나님의 행동이 자리잡고 있음을 파악한다. 그리고 나서 그 하나님의 행동이 “구속사”라는 하나님의 경륜이라는 것을 열정적으로 제시한다. 이처럼 1960~70년대 한국의 구약학계를 이끌던 성서해석의 흐름은 역사비평적 해석이었다. 본문이 무엇을 증언하고 있는지를 본문의 언어, 문체, 문법, 양식, 전승, 편집, 삶의 자리 등을 통해서 듣고자 했다. 성서의 언어란 시공을 초월한 “기호”가 아니라 시간적, 공간적으로 제약을 받았던 특정 시대, 역사, 문화에 의해서

---

46) 김정준(1989), 「구약신학의 중심 문제」,『구약신학의 주제와 방법』, 만수 김정준 전집 IV, 한국신학연구소, 189~190쪽. 김정준의 『이스라엘의 신앙과 신학』(1967)에 수록된 대부분의 논문이 그의 전집 4권 제2부, 169~382쪽에 다시 실려 있다.

배출된 "문서"(literary documents)라고 보면서 성서 본문을 형성하는 양식, 전승, 편집을 역사적으로 판단할 때 특정한 상황 속에서 형성된, 또는 특정한 상황을 향해서 말하고 있는 본문의 원뜻을 파악할 수 있다고 보았다.[47] 다시 말해 성서의 본문을 시간과 공간의 제약을 받지 않는 신학적인 문서로 보기를 거부하고 그것을 구체적인 역사의 산물, 문화의 현상으로 보고자 하였다.[48] 이런 비평적 해석의 결과를 김정준의 구약성서 해석은 신학적 사유로 듣게 만들었다는 데서 크게 돋보인다. 그래서 교회가 성서를 해석하는 것이 아니라 성서가 교회를 해석해야 된다는 종교개혁의 전통을 구약해석의 열매로 우리에게 제시하였다. 성서비평학의 학문적 도구화와 구약성서 말씀의 현재화라는 결실이 1960~70년대의 구약학자들의 노력에서 다양하게 나타났음을 깨닫게 된다.

구약 신앙의 현장성 문제는 한국의 구약학자들이 1970년대 민중신학과 그 궤를 같이 하면서 두드러지게 거론된다. 김정준이 1979년에 쓴 「민중신학의 구약성서적 근거」는 이런 맥락에서 돋보이는 논문이다.[49] 구약성서에는 민중이란 단어가 나오지 않는다. 민중을 체계적으로 다루고 있는 본문도 없다. 민중을 다루기보다는 이스라엘 백성들의 신앙경험과 그들의 역사적 흥망성쇠를 다루고 있다. 그러나 민중이란 개념이 본래 소외당하고 가난한

---

47) 1960~70년대 한국구약학회의 학술발표회는 당시 구약해석이 본문의 양식, 전승, 삶의 자리, 편집 등을 집중적으로 살피고 있음을 보여준다. 김정준의 "시편에 나타난 원수의 문제"(1961), 김찬국의 "구약에 나타난 기억과 전승"(1964), 김철현의 "제2이사야의 저자 문제"(1965), 김이곤의 "탄식시 연구"(1967), 문희석의 "근대 문서 비평과 고고학적 연구에 의한 에돔의 정치사"(1972), 임태수의 "시내산 전승 연구"(1976), 박준서의 "예언자의 희망의 메시지와 계약 신학"(1977), 장일선의 "역대기사가의 경향"(1978) 등이 그러하다. 『한국기독교학회 30년사』, 170~171쪽을 보라.

48) E. V. McKnight, *Post-Modern Use of the Bible : The Emergence of Reader-Oriented Criticism,* Nashville : Abongdon, 1990, 45~47 ; S. McEvenue, *Interpreting the Pentateuch,* OTS 4, Minneapolis : The Liturgical Press, 1990.

49) 『신학사상』 24집(1979)에 실렸던 이 논문은 한국기독교교회협의회신학연구위원회(1982), 『민중과 한국신학』, 한국신학연구소, 29~57쪽에 「성서와 민중」이라는 제목으로 개재되었다.

사람을 가리킨다든지, 예수의 일생이 그런 민중을 위한 것이었다는 전제에서 보면, 구약에서도 민중신학을 사상적으로 뒷받침하는 근거를 찾을 수 있다고 보았다.

> 구약성서 전체가 이스라엘 백성의 민족사로 형성되어 있지만, 그 내용에는 일반 민중, 곧 하나님의 백성의 경험과 갈망, 그들의 고민과 기쁨, 그들의 좌절과 희망, 그들의 심판과 구원을 소상하게 보여주고 있다 …… 전체적으로 지배층 엘리트들보다 지배를 받고, 풍요보다는 가난, 대접보다는 천대, 영광보다는 수치, 번영과 성공보다는 억압과 압제를 받아 온 민중에 대한 관심을 짙게 하고 있음을 본다.[50]

김정준은 신·구약성서가 민중을 말하고 있지만, 지금까지 서구의 구약신학자들은 이런 민중을 잊고 있었다고 지적한다. 폰 라드(G. von Rad)마저도 하나님의 "구속사 신학"을 주창하면서도, 그 신학 안에서 하나님의 백성에 대한 언급은 지극히 절제되어 있다고 꼬집는다. 하나님의 위대한 구원 사역은 부각하면서도, 억압받고 천대받는 사람들(민중)의 존재와 그들을 위한 하나님의 구원 행동은 부각시키지 않았다고 비판하였던 것이다. 그러면서도 김정준은 구약성서의 민중을 "암 하아레츠"와 연결시키려는 시도에는 제동을 건다. 구약의 "암 하아레츠"가 땅의 백성(가난한 사람, 비천한 사람)이기는 하지만, 그것이 신약의 "오클로스"처럼 "소외되고 천대받는 백성들"이라는 의미로 사용되지는 않았기 때문이다.

구약에는 사회학적으로 볼 때 천민에 속하는 사람들이 등장한다(왕상 17:12~16 ; 21:1~20). 가령 애굽에서 노예살이를 하던 이스라엘은 성격상 "민중적 민족"이었다. 그렇다고 보면 출애굽의 구원에 대한 신앙고백은 "민중신학의 사건"이 될 수 있다.[51] 시편의 탄식시도 민중의 고민과 호소를 반영하고 있다. 시편에서 탄식하는 사람들은 부요와 권세를 누리는 사람들이

---

50) 김정준(1989), 「민중신학의 구약성서적 근거」, 『만수 김정준 전집』 IV, 한국신학연구소, 254쪽.

51) 앞의 글, 261쪽.

아니고 각종 이유로 억울하게 수난 받던 일반 대중이거나 역사적 현실에서 소외당하고 천대받으며 가난과 멸시를 당하던 하층계급의 사람들이라고 확신한다.52) 이런 김정준의 고찰은 "인간 역사에 동참하시는 하나님의 고통"에서 "희망"을 보았고,53) "인간의 투쟁 속에 있는 하나님의 고통"에서 "희망"을 보았다. 그래서 하나님은 오늘날에도 고통 당하는 노동자, 농민, 난민, 억압자들의 호소를 듣고 그들의 고통에 동참한다고 보면서, 기독교는 이 시대의 "한"을 풀어주는 "한의 사제"가 되어야 한다고 역설하고 있다.

우리는 여기에서 구약신앙이 일구어 낸 사회 참여의 이론과 그 실천의 한 전형을 보게 된다. 구약의 하나님은 초월적인 하나님이 아니다. 구약의 하나님은 이 세상의 구원과 정의, 복지와 샬롬에 깊은 관심을 기울이시는 하나님이다. 이런 점에서 암울했던 1970년대의 이 땅 위에 진보적 구약신학자들이 이룬 큰 공헌이 있다. 그들은 성서적 신앙을 1970년대말 한반도의 억압적인 정치 사회적 구조 속에서 과감하게 고백하고 몸으로 실천했던 것이다.

그러나 신학적으로 말할 때 억압받았던 이스라엘이 가나안 땅에 들어가서는 그 땅의 사람들을 억압하는 자로 돌변하는 것을 구속사의 이름으로 정당화할 수는 없다(출 3 : 7~8). 그렇지 않을 경우 이스라엘의 고통에 동참하시는 하나님의 역사가 모든 사람들에게 복음이 된다고 단정짓지 못한다.54) 구약의 하나님이 이스라엘만의 하나님이시라면, 그래서 이스라엘의 고통을 들으면서도 가나안 사람들의 한(恨)을 외면해버리시는 하나님이라면, 하나님의 보편적인 정의와 우주적인 구원은 이 하나님의 땅에 결코 실현될 수가 없다.

하나님이 주신 언약은 과거 조상들과 세운 것으로 그치지 않는다. 그

---

52) 앞의 글, 273쪽.

53) 김정준(1989), 「희망, 인간 역사에 동참하시는 하나님의 고통」, 『만수 김정준 전집』 VIII, 한국신학연구소, 214~226쪽.

54) 김원일(2001), 「민중신학의 성서해석학-민중신학의 출애굽기 이해에 대한 검토」 ; 왕대일 엮음(2001), 『구약성서 읽기와 해석하기』, 감신대성서학연구소, 186~208쪽.

언약은 오늘 여기 살아 있는 우리 모두와 세운 것으로 재해석되어야 한다. 1960~70년대 구약학자들이 우리를 일깨워주는 가르침이 여기에 있다. 구약 신앙의 현재화(actualization), 또는 구약신앙의 현재적 구현(contemporization) 에 대한 각성이 오늘의 우리에게도 있어야 된다는 것이다.

4) 1987년, 김찬국의 「제3세계와 성서해석」
―제3세계 신학의 도전과 한국 구약신학의 대응

1980년대는 한국의 신학자들에게 제3세계와의 연대를 신학의 과제로 진지하게 검토하게 하던 시기이다. 1970년대 중반 이후 한국 신학계의 화두(話頭)였던 하나님의 선교(missio Dei)에서 구약과 신약의 해방전통은 제3세계 민중의 인권과 민주화투쟁과 합류한다고 판단하던 때이다. 하나님의 구원 사건을 지나간 역사적 사건이 아니라 지금 여기 민중의 삶에서 구체적으로 다시 반복되는 사건으로 파악했던 것이다. 그래서 구미 신학 중심의 관점이나 해석학적 방법론의 한계를 극복하고 아시아와 남미, 아프리카라는 제3세계의 상황에서 성서가 무엇을, 어떻게, 왜 증언하고 있는지를 다시 듣고자 했던 시도가 이 시기를 뜨겁게 달군다. 또 신학의 제3세계적인 접근이라고도 부를 수 있는 평화신학, 여성신학, 생태계 신학, 생명신학 등이 이때부터 구약학적 토론에 깊이 관여하게 된다.

한국기독교학회의 역사에서 1987년은 하나의 전기를 이룬 해이다. 한국기독교학회가 그 회원들의 학술 활동을 학술지로 발간하기 시작했던 것이다. 한국기독교학회의 학술지『신앙과 신학』(현『한국기독교신학논총』) 제1집 (1987년 11월)의 출판은 이런 점에서 한국기독교학회 활동의 진일보에 해당된다. 바로 이 창간호의 주제가 "제3세계와 신학"이었다. 그 때 구약 분야에는 김찬국의 논문 「제3세계와 성서해석」이 발표되었다. 이 글은 두 가지 점에서 주목을 끈다. 하나는 1980년대에 본격적으로 개진된 제3세계의 상황―빈곤과 억압―에 대한 신학적 반성을 우리 상황에서 시도하였다는 것이고, 다른 하나는 역사비평적 성서해석의 한계를 넘어서는 대안으로 사회학적 성서해석을 제시하고 있다는 점이다.

> 과거의 성서해석 방법은 …… '뒤로 거슬러 올라가는 맥락'(context backward), 다시 말하면 과거 지향적 맥락을 찾아 그 역사적 상황을 찾아보려고 하는 것으로, 제3세계 신학에서는 지나간 옛날의 역사적 상황만을 들추어내는 것으로 만족해서는 안 되고, '미래지향적인 맥락'(context forward)을 가지고 성서를 보아야 한다고 했습니다. 이 말은 다른 말로 하면 성서 본문은 누가, 어디서, 어떻게 말했는가에 대한 기록입니다. 그러나 독자는 그 말씀을 가지고 현재뿐만 아니라 미래를 위해서 새로운 의미있는 교훈과 말씀을 찾으려고 하는 것입니다 …… 그래서 제3세계 신학의 성서해석학 문제에서는 마지막으로 '상황의 재현화'(recontextualization)가 중요합니다 …….55)

김찬국은 모세 때 일어난 출애굽 사건이 바벨론 포로기라는 새로운 상황에서 새롭게 재현되었듯이 출애굽의 원래의 뜻은 자유와 인권이 박탈, 유린되고 있는 오늘의 상황에서도 재현되고 재해석되어야 한다고 주창한다. 해방을 창조하는 야훼 하나님이라는 성서적 진리를 관념이 아닌 삶의 구체적인 현장에서 드러나게 해야 한다는 것이다. 1970~80년대 하나님을 믿는 정통신앙의 실천(ortho-praxis)에 투신했던 한국의 구약학자들은 어제의 구원이 오늘의 해방으로 구현되는 사건을 성서적 하나님의 궁극적 관심으로 파악하였다. 그 해석 방법론은 제3세계의 해방신학과 1970년대 민중신학의 연장선에서 발생된 사회학적 해석이다. 그러나 그 본질은 여전히 한국적 구약신학의 얼개인 구속사 신학이다. 같은 선상에서 김이곤도 "떨기나무 한복판"으로 내려오신 하나님을 읽으면서 이스라엘의 울부짖음에 귀를 기울이시는 하나님의 모성적 긍휼(자궁, 레헴)을 보았고, 그러면서 떨기나무라는 실체에서

---

55) 김찬국(1986), 「제3세계와 성서해석」, 『기독교사상』 XXX, 5, 9월호, 116~117쪽. 김찬국의 글은 한국기독교공동학회(현 한국기독교학회) 춘계공개강좌(1986년 5월 7일, YMCA 강단)에서 발표한 글로, 이때 발표된 다른 4개의 논문과 함께 단행본으로 묶여 한국기독교학회 편(1987), 『신앙과 신학』 창간호, 11월호, 9~29쪽에 다시 게재되었다.

76

고난 당하는 민중의 고통스런 현장을 깨우쳤다.56)

당시 구속사 신학을 전개하는 방법론에서는 학자들 사이에 많은 이견(異
見)이 있었다. 그럼에도 불구하고 구속사 신학의 내용만큼은 한국의 구약학
자들 대부분에게 큰 무리 없이 수용되었다. 사실 구속사적 구약이해는 그
뿌리가『신학세계』나『신학지남』에 소개되었던 글들로 거슬러 올라간다.
구속사적 구약이해가 한국적 구약신학의 얼개로 뿌리내린 데에는 첫째,
구원과 속죄를 지향하는 한국교회의 정서가 작용하고 있었다. 하나님의
구속사에서 구약의 기독론적, 속죄론적 해석이 모형론적으로 수용될 수
있었다. 둘째, 이 땅의 구약학자들은 이미 1960년대부터 역사와 전승의 문제에
깊은 관심을 기울이고 있었다.57) 역사(歷史) 안에서 역사(役事)하신 하나님
과 그 하나님의 역사에 대한 인간의 응답을 신학적으로 다루어 보는 것에
주안점을 두고자 했다. 하나님에 관한 사상 체계를 역사적으로 기술하려고
했던 것이 아니라, 역사(歷史) 안에서 역사(役事)하신 하나님의 일을 하나님
의 구속사로 파악했던 것이다. 셋째, 구약과 신약 사이의 통일성과 관계성을
확립하는 궁극적 고리인 예수 그리스도의 십자가 사건에서 하나님의 구속사
가 성취되었다고 판단하였다.

구약성서는 이스라엘 인근 국가들이 갖고 있는 것과 비슷한 민족 종교의
문서와는 다르다. 구약성서의 세계주의는 그 "특유의 구원사적 구조" 안에서
민족주의의 울타리를 헐어버리고 있다(암 9 : 7~10 ; 사 19 : 23~25). 여기에
구약성서 해석학이 감히 구약성서로부터 케리그마를 발굴해낼 수 있는 한
패러다임(paradigm)이 발견되는 것이다 …… 구약성서 안에 증언된 이러한
"구원사적 구조"는 신약의 예수 그리스도의 사건까지 그 역사적 연속성을
구축하고 있으며 구약과 신약 사이의 역사적 단절이나 케리그마적 단절을

---

56) 김이곤(1990),「구약성서에 나타난 유형물질적 사유」, 한국신학연구소 편,『1980년
대 한국민중신학의 전개』, 한국신학연구소, 335쪽.

57) 이점은 1960년대에 등장한 구약학 논문에서 지적되고 있다. 가령, 김정준(1960 ·
1961),「구약학의 최근 동향」,『신학연구』 7, 142쪽 이하 ; 김찬국(1962),「현대
구약신학의 동향」,『기독교사상』 5월호, 8쪽 이하.

막아준다. 역사비평학은 이러한 성서의 역사적 유비의 단절을 막아주고 구약과 신약을 "한 분" 하나님의 구원사를 증언하는 케리그마의 책으로서 읽도록 도와줄 때 비로소 그 본래적 사명을 다한다고 할 수 있을 것이다.[58]

한국의 토양에서 숙성된 구속사 신학은 출애굽 해방사건을 구약신학의 중심점으로 삼는 경향을 보인다. 출애굽 사건이 이스라엘 신앙의 출발점이고, 출애굽 사건에 대한 신앙고백은 이스라엘이 세대를 거쳐가면서 하나님의 백성으로 사는 중추신경이 된다고 보게 된다. 출애굽적인 구원의 역사(役事)가 오늘도 고통당하는 역사(歷史)의 현장에서 재현되는 하나님의 일이라는 것이다. 눌림받는 자의 해방을 신학의 주제로 삼는 현장에서 출애굽 사건은 오늘의 구원과 해방을 일구는 성서적 전거(biblical reference)가 된다는 것이다.[59]

구약성서학이라는 범주에서 볼 때 구약신학에 대한 논의 자체는 이 땅에서 그리 활발하지 않다.[60] 한국의 구약신학은 1970년대에는 폰 라드(G. von Rad)의 영향을 받아 전승사적 해석을 하였고, 1980년대에는 제3세계의 해방과 연대하면서 사회학적, 사회사적, 사회과학적 구약 해석의 궤도를 밟았다. 이런 변화에는 약자와 강자, 가난한 자와 있는 자, 낮은 자와 높은 자의 대립에서 약자, 가난한 자, 천한 자의 소리를 들으시는 하나님을 사회학적으로 파헤쳤던 구약학자 부르기만(W. Brueggemann)의 영향이 컸다. 그 결과 한국의 구속사 신학은 한편으로는 출애굽기를 정경 중의 정경으로 읽게

---

58) 김이곤(1999), 『구약성서의 신앙과 신학』, 한신대학교 출판부, 102쪽.

59) 앞의 글, 227~251쪽.

60) 우리 나라에 소개된 구약신학은 옷토 바압(Otto Baab)의 『구약성서 신학』(1864), 침멀리(W. Zimmerli)의 『구약신학』(1976), 폰라드(G. von Rad)의 『구약신학』(1976), 클레멘츠(R. E. Clements)의 『구약신학』(1989), 베스터만(C. Westermann)의 『구약신학의 요소』(1999) 등이다. 이에 비해 국내 학자의 구약신학 저술은 그리 많지 않다. 김정준의 『구약신학의 이해』(1973), 장일선의 『구약신학의 주제』(1982 · 1989), 김이곤의 『구약성서의 고난신학』(1989), 구덕관의 『구약신학』(1991)에 이어 최근 김이곤의 『구약성서의 신앙과 신학』(1999), 왕대일의 『구약신학』(2002) 등이 출간되었다.

만들었고, 다른 한편으로는 구약의 고난 신학을 비롯한 민중신학적 사유를 한국적 구약신학의 대들보로 구축하게 하였다.

문제는 이 같은 이 땅의 구약신학이 지나치게 구속사 중심이었다는 데 있다. 역사 중심적이었다는 데 있다. 전승사이든, 사회학적 해석이든, 하나님의 정의와 공평을 역사라는 틀에서 읽었기 때문이다. 그러나 구약신학의 방법론은 하나가 아니다.[61] 올렌버거(B. C. Ollenburger)가 제시한 "21세기 구약신학의 모델"만 해도 게제(Harmut Gese), 부르기만(Walther Brueggemann), 트리블(Phyllis Trible), 레벤슨(Jon D. Levenson), 크니림(Rolf P. Knierim) 등 모두 다섯이나 된다. 구약신학의 주제도 해방과 구원만 존재하지 않는다. 하나님의 구원 외에도 창조, 계약, 하나님의 주권, 하나님의 통치, 하나님의 나라, 이스라엘의 선택, 하나님 앞에서의 삶, 율법과 약속, 정경, 예배, 신앙공동체 등 이루 다 헤아릴 수 없이 다양하고 광범위하다. 엘마 마텐스(Elmer Martens)가 지적했듯이 그것은 차라리 "여러 색깔을 지닌 구약신학의 풍경"(Multicolored Landscape of Old Testament Theology)이라고 불러야 된다.[62] 물론 구약신학의 얼개에 대해서는 논란이 있을 수 있다. 구약신학이 이스라엘의 전승사에서 전달, 계승, 변천되어 간 하나님의 일을 재서술(re-telling)하는 것이냐, 아니면 구약종교의 사상적 진전을 단계별로 묘사하는 것이냐, 그것도 아니면 구약 본문의 진리성을 조직적으로 탐구하는 것이냐, 그마저도 아니면, 구약 텍스트의 메시지가 현대 공동체에게 타당하도록 다리를 놓는 것이어야 하느냐 등을 놓고 심한 논쟁이 존재한다. 필자는 이런 논쟁을 구약신학의 다중성이라는 범주로 수용하려고 한다.[63] 오늘날 구약신학은 하나님의 구속사부터 하나님의 창조사로 전환되고 있다.[64] 생태계의 신음이라는 환경문제

---

61) B. C. Ollenburger, E. A. Martens, G. F. Hasel, eds., *The Flowering of Old Testament Theology*, Sources For Biblical and Theological Study I, Winona Lake, Indiana : Eisenbrauns, 1992, pp. 43~372.

62) E. Martens, "The Multicolored Landscape of Old Testament Theology", in *The Flowering of Old Testament Theology*, pp. 43~57.

63) 왕대일(2002), 『구약신학』, 감신대성서학연구소, 56~133쪽.

64) L. G. Perdue, *The Collapse of History : Reconstructing Old Testament Theology*,

가 하나님의 창조사건에 대한 관심을 불러일으켰다기보다는 최종형태의 구약본문을 해석하는 일이 구약공부의 시작이라는 해석학적 관심이 더 크게 작용하였다. 가령 창세기 1~11장이 12~50장보다 앞서서 나온다는 정경적 모양새(canonical shape)를 신학적으로 소담스럽게 갈무리하고자 했다. 그래서 창조신학을 구속사의 결과로 보지 않고, 구속사를 창조신학의 연장으로 읽으려고 한다.

1980년대 당시 한국의 구약학자 모두가 사회 참여적인 입장을 지니지는 않았다. 아니 숫자적으로는 제3세계적인 현장을 구약신학적으로 사유하려는 학자들보다 구약이라는 텍스트 자체를 파고드는 순수 구약성서학을 견지하려는 학자들이 더 많았다. 사실 이 땅 위에 구약성서학의 다변화라는 새로운 지평을 연 자들은 바로 이들이다. 1980년이래 오늘에 이르기까지 한국 구약학계에 연차적으로 등장한 구약학자들을 한국구약학회 학술발표순으로 꼽아 보면, 이경숙, 방석종, 강사문, 최종진, 장춘식, 김영일, 장영일, 이동수, 박철우, 왕대일, 박동현, 노희원, 노세영, 박종수, 정중호, 천사무엘, 차준희, 한동구, 이종근, 강성렬, 장석정, 채홍식, 서명수, 김영진, 우택주, 임상국, 권혁승, 이종록, 김은규, 유윤종, 이희학, 배철현, 박경철 등이다. 그들의 관심사만 해도 고대 근동과 고고학(강사문, 박종수, 이종근, 김영진), 고대 근동의 언어(유윤종, 배철현), 오경(이경숙, 왕대일, 노세영, 한동구, 서명수), 역사서(정중호, 노희원, 장석정, 김은규), 예언서(방석종, 이동수, 박동현, 차준희, 채홍식, 우택주, 임상국, 이종록, 박경철), 성문서(김영일, 장영일), 외경(천사무엘), 사마리아(장춘식) 등으로 두루 다양하다.[65] 이제 한국 구약학계는 이들과

Minneapolis : Fortress, 1994.

65) 1980~90년대에 한국구약학회 학술발표회에 소개된 논문들이 그런 경향을 보여준다. 구덕관의 「신명기학파와 지혜학파와의 관계」(1980), 선우남의 「구약의 인간에 대한 생물학적 접근」(1981), 방석종의 「렘 46 : 1~49 : 27에 나타난 이방예언 신학 연구」(1981), 강사문의 「근동 세계와 구약에서의 하느님 전쟁」(1984), 김이곤의 「시편의 탄원시에 나타난 분위기 급전의 동기에 관한 연구」(1984), 임태수의 「역대기의 다윗상」(1985), 김갑동의 「지혜문학에 나타난 두운법과 유운법 고찰」(1985), 김영일의 「구약성서의 억압에 대한 신학적 이해 동향」(1986), 박철우의 「이사야

80

함께 새로운 도약을 하게 되리라. 한국구약학회의 학술지 『구약논단』(창간호, 1996)도 한국의 구약학자들이 세계 신학 속의 한국 구약학, 한국 구약학 속의 세계적인 신학을 구현하는 것을 돕는 일에 힘찬 기폭제 역할을 할 것이다.

5) 1993년의 『성경전서 표준새번역』
― 구약 본문의 번역과 구약학적 토론

신학은 모국어로 해야 한다. 하나님의 말씀을 바로, 온전히, 깊게 알기 위해서는 성서원어에 대한 지식이 반드시 필요하다. 그렇지만 신학은, 성서학은 모국어로 해야 한다. 언어란 진리를 체험하는 수단이다. 동시에 진리를 표현하는 수단이다. 한국사람은 한국말이라는 언어를 통해서 진리를 경험하게 되고 살아 계신 하나님의 실체에 닿게 된다. 언어야말로 하나님을 인식하게 하는 환경을 제공하고, 그 하나님께 대한 반응이 일어나게 하는 통로가 된다. 우리말로 된 성서는 "…… 하느님께서 하신 큰일들을 우리말로 듣게 하는"(행 2 : 11)일을 가능하게 한다. 그래서 다른 말이나 다른 방식으로는

40~48장의 구조에 관한 연구」(1987), 손석태의 「성서의 결혼 은유」(1988), 강성구의 「호프만 이후 구약 구속사 이해의 동향」, 장춘식의 「사마리아의 기원과 정체성 연구」(1990), 왕대일의 「레위기 11~15장, 양식비평적 연구」(1991), 노희원의 「십계명과 계약」(1993), 박종수의 「제사장의 신탁」(1994), 정중호의 「유다의 종교개혁과 왕」(1994), 천사무엘의 「솔로몬의 지혜서에 나타난 출애굽 전승 해석에 관한 연구」(1994), 차준희의 「예레미야의 성전 설교와 미가 전승」(1995), 한동구의 「왕하 16 : 10~16의 형성사, 피와 관련된 정결 속죄 사상의 형성사를 위한 예비적 고찰」(1995), 이종근의 「토지 신본주의」(1995), 장석정의 「이스라엘 종교의 야웨숭배」(1997), 채홍식의 「언약법전과 8세기 예언자의 사회비판」(1998), 서명수의 「성막과 약속의 성취」(1998), 우택주의 「마르제악 제도와 죽은 자를 위한 제의 비교」(1999), 임상국의 「북왕국 이스라엘의 지배 체재와 예언자의 사회비판」(1999) 등이 그러하다. 여기에 기독교학회 구약분야 연구발표로 개재된 노세영의 「제사신학에 나타난 창조와 구속」(1992), 이형원의 「나훔서에 나타난 비유적 언어의 기능」(1993), 권혁승의 「하나님 왕권의 관점에서 본 시온신학 연구」(1999) 등이 첨부될 수 있다. 이 시기 구약학회의 연구발표나 학술발표회에 소개되는 논문은 대부분 각 발표자들의 박사학위논문과 관련된 글이다(『한국기독교학회 30년사』, 171~175쪽).

도저히 깨달을 수 없는 울림과 느낌을 창조한다. 우리말로 된 성서는, 그런 점에서, 신학의 탄생에 있어서 다른 어떤 것과도 대체할 수 없는 주요 요소이다. 성서번역이 구약학 연구의 결실이 되어야 할 이유가 여기에 있다. 오래 전 남미의 신학자 구티에레즈(Gustavo Gutierrez)가 말했던 대로, "자기 샘에서 물을 길어 마시는"(Drink From [Their] Own Wells) 체험을 가능하게 한다.66) 이런 점에서 1993년에 간행된 성경전서 표준새번역은, 그리고 그 뒤 수년간 이어진 표준새번역에 대한 찬반 논쟁은, 1990년대 한국의 구약학자들에게 성경본문과 성경번역, 성경해석의 삼위일체를 진지하게 확인시켜 준 소중한 기회가 되었다.

성서의 우리말 번역을 회고할 때 두 사람의 외국인을 거론하지 않으면 안 된다. 바로 존 로스(John Ross)와 알렉산더 피터스(彼得, Alexander A. Peters)이다. 우리말 성경번역의 선구자들이기 때문이다. 우리말 성서 번역의 역사는 초창기의 발췌 번역을 거쳐 낱권 번역으로, 다시 낱권 번역에서 완역본에 이르는 단계로 진행되었다.67) 성서 66권 가운데 낱권들이 우리말로 번역되기 시작한 것은 1882년부터인데, 바로 이 일을 스코틀랜드 성서공회의 지원을 받은 로스 목사가 감당하였다. 로스 목사는 1882년 이응찬(李應贊), 백홍준(白鴻俊), 서상륜(徐相崙), 이성하(李成夏) 등과 함께 중국의 심양(瀋陽)에서 누가복음, 요한복음 등 신약의 여러 책을 낱권으로 번역해서 출판했고 그 결과가 1887년 최초의 완역 신약성경인 『예수성교전서』로 정리되게 된다. 이것은 일본에서 이루어졌던 이수정(李樹廷)의 신약 낱권 번역과 함께 성서의 우리말 번역사의 첫 단추에 해당된다.68)

---

66) Gustavo Gutierrez, *We Drink from Our Own Wells : The Spiritual Journey of a People*, Engl. trans., Nashville : Abingdon, 1979.

67) 우리말 번역성서의 역사에 대한 개요로는 『개역개정판 굿뉴스 스터디 바이블』, 대한성서공회, 2000, 23~30쪽을 보라.

68) 국내에서도 낱권번역은 이루어졌다. 상설성경실행위원회(The Permanent Executive Bible Committee) 산하 공인성경번역자회(The Board of Official Translators)가 1887년 마가복음을 필두로 낱권번역을 시도하여 1900년에 신약전서 완역본을 냈다. 신약과 달리 구약은 낱권 출판보다는 합본 구약전서 출판을 우선적으로 고려하였기에,

82

로스 목사의 작업이 신약 번역에 치중했다면, 구약의 번역은 피터스 선교사의 시편 번역에서 시작된다. 피터스가 1898년에 펴낸 『시편촬요(詩篇撮要)』는, 그것이 비록 시편 150편 가운데서 62편을 골라서 번역한 발췌번역이었다고 해도, 1906년 형성된 공인번역위원회의 창세기 낱권이 출판되기 전까지 우리말로 된 최초의 구약성경이었다. 오늘 이 땅의 구약학자들은 알렉산더 피터스를 잊고 있다. 그러나 그래서는 안 된다. 우리는 그를 기려야 한다. 피터스의 시편 번역에 주목해야할 이유가 몇 가지 있다.[69] 첫째, 그는 러시아계 유대인으로서 기독교로 개종한 사람이었다. 둘째, 그는 1895년 5월 16일 미국성서공회에서 파송한 성경 매서인(Colporteur) 자격으로 한국 땅을 밟은 지 3년 후인 그의 나이 26세 때 시편을 우리말로 번역하는 귀중한 업적을 남겼다. 셋째, 그 후 그는 약 47년이라는 짧지 않은 세월 동안 구약의 말씀을 우리말로 번역하는 일에 깊이 관여하였다.

기록에 의하면 알렉산더 피터스는 히브리어로 시편을 암송할 정도로 구약 원전 히브리어 실력을 갖추고 있었다. 뿐만 아니라 그는 우리말에도 탁월한 식견을 지녔던 것으로 보인다. 선교사들이 피터스에게 붙여준 별명이 "번역자"(The Translator)였다는 것은 결코 예사롭지 않다. 그가 『시편촬요』를 펴낸 후 미국에서 신학공부를 하고 미북장로교 목사 안수를 받은 후 다시 한국으로 돌아와 1906년 말부터 공인번역위원회에서 구약의 우리말 번역 작업에 헌신했다는 사실은 아주 중요한 것을 시사하고 있다. 바로 피터스가 주도했던 구약 번역이 히브리어를 우리말로 곧장 옮기는 직접 번역이었을 가능성이다.

하지만, 대한성서공회가 공식적으로 공표한 성서번역사는 1882년부터 1911년까지를 성서 중역(重譯) 시대로 간주한다.[70] 성서를 원문에서 직접

1911년 미국성서공회가 우리말 구약전서를 상권(창세기-역대하), 하권(에스라-말라기) 둘로 출판하였다. 이때 성서 원문을 비롯한 영미 성서를 번역하는 일은 선교사들이, 중국어 성서나 일본어 성서를 우리말로 번역하던 일은 우리말을 모국어로 사용하던 우리나라 학자들이 맡았다.

69) 김중은(1996), 『구약의 말씀과 현실』, 한국성서학연구소, 61~76쪽.

70) 앞의 글, 25쪽.

번역하지 않고 다른 번역에서 거듭 번역하던 때란 뜻이다. 예컨대 1901년에 나온 미국표준역(American Standard Version), 한문 성서 등이 번역의 대본으로 활용되었다고 본다. 이렇게 해서 1900년에 신약이, 1911년에 구약이 완간되었다고 보고 있다. 이 두 본문을 한글맞춤법 통일안에 맞춰 표기를 고쳐 출판한 책이 우리나라 개신교에서 널리 사용하고 있는 1956년판 『성경전서 개역 한글판』이다. 그 후 번역내용과 표기법을 더 손질해서 1961년에는 개역 결정판(표제지 연도 1957년)이 나오고, 1998년에 와서는 그것이 『성경전서 개역 개정판』으로 다시 개정되었다.[71]

한국의 구약학자들이 히브리어 성서의 우리말 번역에 직접 영향을 끼치기는 『공동번역성서』(1977)부터이다. 우리나라 학자들이 성서 원전에서 직접 우리말로 성서를 번역하기 시작함으로 이 땅의 성서 번역사에 새 기원을 이룬 작업의 본격적 결실은 공동번역 성서이다. 구약의 경우 문익환이 이 작업의 중심에 있었다.[72]

한국 구약학의 역사에서 공동번역은 가톨릭 교회와 개신교가 공동으로 추진하여 결실을 맺은 사업이라는 점 외에도 몇 가지 의의를 지닌다. 하나는 (비록 가톨릭에 국한된 것이기는 하지만) 구약, 신약과 더불어 외경이 우리말로 번역되어 출판되었다는 점이다. 다른 하나는 공동번역이 의미의 동등성 (dynamic correspondence) 번역을 번역 원칙으로 삼은 우리말 번역의 효시라는 점이다. 이것은 한국의 구약학이 세계를 주도하던 구약학의 조류를 한국적으로 소화하고 그것을 성서의 우리말 번역에 정립시킨 한 예에 속한다. 마지막으

---

71) 앞의 글, 32~33쪽. 개역 개정판은 성경전서 개역 한글판의 번역을 최대한 존중한다. 그래서 개역의 옛 문체("하느니라")를 그대로 사용한다. 그러면서도 1)시대와 언어의 변화를 고려하여 꼭 고쳐야 될 부분, 2)개역 성경 본문의 번역이 명확하지 않은 경우, 3)인명과 지명 기타 외래어 음역은 원칙적으로는 개역의 것을 따르지만 개역에 문제가 있다고 판명된 경우, 4)국어 맞춤법이 달라진 곳, 5)문법에 맞지 않거나 어색한 문장, 6)오늘의 독자들이 이해하기 어려운 고어나 한자어, 7)장애인을 차별하는 용어, 8)개역의 번역에 문제가 있다고 판단되는 곳에서 개역을 보완, 개정, 수정하였다.

72) 공동번역이 나오기 전에는 1967년에 우리나라 학자들로 구성된 성서 번역위원들이 원문에서 직접 번역하여 출간한 『신약전서 새번역』(1967)이 있었다.

로 공동번역은 1960년대 이후 영미계통의 성경들이 종래 사용해오던 성경 (1611년의 KJB, 1901년의 ASV, 1946년의 RSV)에 대한 수정이나 개정이 아닌, 새영어성서(NEB), 새국제역(NIV)처럼 성서 원어에서 우리말로 새롭게 번역한 새로운 번역이었다는 점이다.

한국 구약학이 성서번역이라는 실천 현장에서 그 호흡을 가다듬어야 했던 작업은 1993년에 간행된『성경전서 표준 새번역』이다. 성서 원어에서 현재 우리 사회 대다수의 언어 인구가 널리 쓰고 있는 표준말로 성서를 번역하고자 시도했던 역본이 바로『표준새번역』이다. 이 역본의 대본은 구약의 경우에는 독일성서공회에서 출판한『히브리어 구약전서』(Biblia Hebraica Stuttgartensia, 1966/77년)에 실린 히브리어 마소라 본문(Masoretic Text)이고 신약의 경우에는 세계성서공회연합회에서 출판한『그리스어 신약전서』(제3판, 1983년)이다. 표준 새번역을 파악하기 위해서는 그 번역지침을 들여다보아야 한다.『표준새번역』은『개역』성경의 수정이나 교정이 아닌, 전적인 새 번역이었으면서도『개역』의 보수적인 정신과 한국교회의 전통을 존중한다는 원칙아래 몇 가지 지침을 마련하였다.

1) 현재 우리나라에서 가장 많은 비중을 차지하는 10대와 20대, 그리고 우리말을 아는 사람이면 누구나 이해할 수 있는 쉬운 현대어로 번역한다.
2) 원어의 뜻을 분명하게 파악한 다음에, 그것을 우리의 어법에 맞게 표현한다.
3) 교회에서 드리는 예배와 교회학교 교육에 사용할 수 있는 번역이 되도록 한다.
4) 고유명사의 음역은 개역을 따른다.
5) 우리나라 개신교에서 특별히 중요하게 여기는 용어는 할 수 있는 대로 바꾸지 않는다.[73]

무엇보다 두드러지게 나타나는『표준새번역』의 성격은 고어체인『개역』

---

73)「머리말」,『성경전서 표준 새번역』, 대한성서공회, 1993.

과는 다르게 원문의 뜻을 자연스런 우리말로 전달해 보려고 노력한 역본이라는 점이다. 그리고 하나님의 이름을 "주"로 번역해 놓았다는 점이다. 개역이 하나님의 이름을 여호와로, 공동번역이 야훼로 번역했던 것을 유대 마소라 본문을 읽는 유대인들의 전통이나 그리스역 구약(LXX, 퀴리오스)을 따라서 "주"로 옮겨놓았다. 사실 제롬의 불가타(도미누스)나, 루터의 독일어역(헤르), 대다수의 영어번역(로드)이 하나님의 이름을 모두 "주"로 번역하였던 것을 참조해야 한다. 그러나 무엇보다도『표준새번역』이 한국의 구약학의 역사에서 간과할 수 없는 자취는『공동번역』에 이어 "의미의 동등성"(dynamic correspondence)이라는 번역 이론에 맞춰 이루어진 작업이라는 점이다. 이 번역 원칙은 다음과 같이 요약된다.

> 원어의 뜻을 분명하게 파악한 다음에, 그것을 우리의 어법에 맞게 표현한다. 이것은 번역 원칙을 요약한 것으로서, 번역본문에서 번역어투를 없애고, 우리말 관용구를 활용하여 원문이 뜻하는 바를 우리말로 분명하고 정확하게 번역하며, 더 나아가서, 우리말을 쓰는 신도들이나 독자들이 쉽게 성격을 읽을 수 있도록 번역한다는 것이다. 원문을 읽는 독자의 이해와 번역문을 읽는 독자의 이해가 같도록 한다는 의지가 여기에 들어 있다.[74]

번역은 풀어쓰거나 해석하는 것이 아니다. 번역은 원어/원천언어(성서 히브리어나 그리스어)를 수용언어(우리말)로 옮기는 작업이다. 이 과정에서 원문에 충실하면서도 누구나 읽어서 원문의 뜻을 알 수 있도록 우리말로 번역하려는 노력이『표준새번역』이 세워놓은 지침이었다. 즉 기계적인 축자역(逐字譯)이나 자유스러운 풀이역 둘 다를 삼가려고 했다는 것이다. 이 사실이 바로 의미의 동등성 원칙에 같이 서 있었으면서도『표준새번역』이 『공동번역』과 차이 나는 점이다. 성서 번역의 원칙에는 여러 갈래가 있다. 원문의 형식을 번역문에 그대로 반영시키는 형식 일치 번역이 있고, 원문의

---

74) 앞 글, i쪽. "의미의 동등성" 번역과 관련해서는『표준 새번역』번역작업을 이끌었던 민영진(1996),『히브리어에서 우리말로』, 도서출판 두란노, 153~166 · 197~208 쪽.

문법 형식보다는 원문의 뜻을 옮기는 내용 일치 번역이 있다.『표준새번역』의 번역자들은 이 두 가지 번역방법을 고루 사용하면서 각각의 장점을 취하고 단점을 버리고자 했던 것으로 여겨진다. 하지만 실제로는 형식 일치보다는 원문과 똑같은 뜻이 우리말로 전달되는 뜻 살리기에 더 주안점을 두었다.

　『표준새번역』은 본문비평의 영역을 학문의 세계에서 교회로 확장시켜놓는 성과를 올렸다. 또한 성서번역이란 성서원어를 아는 것만 가지고서는 덤벼서는 안 된다는 각성을 갖게 하였다. 성서번역 작업에 번역의 이론과 실천이 중요하다는 것을 깨우쳐주었다. 나아가 원천언어인 히브리어뿐만 아니라 수용언어인 우리말도 온전히 습득하지 못했음을 뉘우치게 하는 계기가 되었다. 민영진이 지적했듯이 가령 오역이라는 지적을 받았던 내용들은 대개 원문이 지닌 의미를 가급적 원문에 가깝게 번역했지만, 원문의 일부가 삭제되었거나, 원문에 없는 단어가 첨가되었거나, 원문이 변경되었으므로 일어나게 된 시비들이다.[75] 다시 말해 뜻은 전달되지만, 원전에 충실하지 못한 번역이라고 비판을 받았던 것이다. 그러나 그 대부분은 의미의 동등성이라는 번역의 원칙을 따른 데서 파생된 현상들이다.

　아쉬운 것은 1990년대『표준새번역』을 놓고 벌어진 비판과 제언이『표준새번역』이 번역원칙으로 세워놓았던 지침 위에서 진행되지 않았다는 점이다. 번역은 번역원칙에 따라서 그 결과를 달리한다. 번역은 어차피 반역이다. 그렇다면 어떤 번역이 얼마나 잘 되었는지를 평가하려면 그 번역이 번역원칙대로 잘 이루어졌는지를 검토해보는 것이 정당하다. 1990년대 이 땅의

---

75) 한국기독교학술원과 한국성서학연구소가 공동으로 주최한 "「성경전서 새 번역에 대한 평가」 공개 강연회"(1993년 9월 13일)에서 김중은 교수가 제기한 오역 시비가 이런 경우에 속한다. 창세기 25 : 10의 히브리어 "쿱바르"를 합장되었다고 번역한 것, 창세기 45 : 22의 "셀로쉬 메오트 케쎄프"를 은돈 삼백 세겔로 번역한 것, 출애굽기 8 : 1의 "코 아마르 아도나이"를 "나 주가 이렇게 말한다"로 번역한 것, 창세기 44 : 2의 "학카톤"을 "어린 아이"라고 번역한 것, 민수기 21 : 9의 "넥하쉬 넥호셋"을 "구리뱀"이라고 번역한 것들을 놓고 오역시비가 일었다. 김중은의 글은(1993)「표준새번역 성경 구약번역에 관한 비평적 고찰」,『그말씀』, 8, 221~236쪽을 보라. 여기에 대한 민영진의 반박은 민영진(1996),『히브리어에서 우리말로』, 134~142쪽을 보라.

구약학자들 사이에 전개되었던 구약의 본문과 번역에 관한 논쟁이 이런 궤도를 따랐더라면, 그것은 보다 창조적이고 보다 건설적인 대안이 될 수 있었으리라. 『표준새번역 : 개정판』은 2001년 11월에 출간되었다.

성서번역은 앞으로도 계속해서 진행되어야 한다. 시대를 따라서, 계층이나 대상에 따라서, 그들의 말로, 그들을 위한 말로, 그들에 의한 말로 계속 번역되어야 한다. 성서는 신학의 텍스트이다. 그러나 성서는 신학의 콘텍스트가 되기도 한다. 다양한 문화적 배경을 가진 사람들이 들어가서 참여하고 거기에서 자기들의 고유한 문화적인 용어로 의미를 이끌어내기도 한다. 성서 본문의 뜻은 성서 원어인 히브리어나 아람어, 그리스어로 확립된 의미를 파악할 때 완성되는 것이 아니다. 성서의 진리는 성서적 신앙이 모국어로 수용되고, 중개되며 표현될 때 힘차게 표출된다. 이 땅에서 기독교적 사유를 형성하는 일에 결정적인 영향을 끼치는 요소는 다름 아닌 모국어인 우리말이다. 우리말로 이룬 문화 속에서 그리스도인의 정체성을 어떻게 세워갈 수 있을까? 이 땅에 사는 사람은 누구든지 예수 그리스도를 우리말로 "번역해서" 이해하고 있다. 이 점을 간파해야 한다.

3. 한국 구약학의 과제와 비전

구약 해석에는 크게 세 범주가 있다. 주석과 신학과 해석학이다.[76] 마치 삼각형의 세 꼭지점처럼 이 셋은 구약성서의 말씀을 해석하는 일에서 서로 구분되는 셋이다. 그러면서도 하나로 연결되는 셋이다. 하나 속에 셋이 있고, 셋이 모여 하나가 되는 해석을 한국의 구약학계는 지금까지 성실하게, 다양하게 추구해 왔다. 그러나 논쟁사의 측면에서 볼 때 한국 구약학은 구약의 텍스트에서 오늘 우리에게 주시는 하나님의 말씀을 듣는 해석학에 더 적극적이었다. 신앙은 하나님과 인간의 만남에서 형성되는 특수한 관계의식이다.

---

76) 주석, 신학, 해석학의 차이와 관계에 대해서는 왕대일(2002), 『구약신학』, 감신대성 서학연구소, 111~117쪽을 보라.

이 의식은 객관적인 것이 아니다. 인간의 하나님 체험은 주관적이며 인격적이며 역사적이다. 객관적인 해석이란 있을 수 없다. 바로 이런 까닭에 지금까지 회고하고 진단한 한국의 구약학은 구약성서라는 텍스트를 해석하는 작업에 충실하면서도, 한반도라는 콘텍스트가 야기한 구약해석의 현장성, 즉 한국의 교회라는 콘텍스트가 요청하는 구약해석의 상황성에 대한 검토에 보다 적극성을 띠었다고 말할 수 있다.

100년이 되는 한국 구약학의 자취를 더듬어 볼 때 한국교회는 하나님의 말씀을 신앙의 제일 원리로 보는 점에서 공통적이었고, 어제의 계시를 오늘의 계시로 체험하는 구속사적 해석에서 커다란 연대를 이루어 왔다. 초창기 한국교회가 안아야 했던 성서의 권위와 비평의 수용여부 문제를 제외한다면, 한국의 교회는 구약의 말씀에서 한편으로는 그리스도 예수의 사역을 일깨워 주는 모형을 보았고, 다른 한 편에서는 인간의 권리와 존엄성이 침해당하는 곳에 하나님이 함께 하시는 역사를 보았던 것이다. 둘 다 구원과 해방에 관심한다는 점에서는 비슷하지만, 각각 토로하는 구원과 해방의 내용은 서로 상이하였다. 가령 이사야서 40~55장을 읽을 때에도 한 편에서는 대속의 종으로 오신 예수 그리스도의 사역을 전하는 모형을 깨달았고, 다른 한 편에서는 하나님의 종이 당하는 고통에서 아벨의 호소를 들으시고 탄식시의 울부짖음에 응답하시는 하나님을 발견하였다.

구약학의 장(場)이 되는 "오늘", "여기"에는 크게 두 개가 있다. 하나는 한반도라는 정치·사회·경제적 토양이고, 다른 하나는 한국의 교회라는 신앙공동체이다. 바로 이 두 현장 속에서 구약의 말씀은 그들(이스라엘)에게 주신 말씀으로만 머물지 않고, 오늘 여기에 있는 우리(한국사회, 한국교회)에게 주시는 말씀이 되어야 한다. 우리는 이런 말씀의 속성을 하나님의 말씀의 초시간성, 역동성, 또는 동시대성으로 규정한다. 가령 그때 시내산에서 전수되었던 십계명을 오늘 호렙산의 사건으로 현재화하고 있는 신명기의 가르침이 이런 구약적 신앙의 표본이 된다.

모세가 온 이스라엘을 불러 모으고 그들에게 말하였다. 이스라엘아, 내가 오늘 너희에게 말하는 규례와 법도를 귀담아 듣고, 그것을 익히고 지켜라. 주 우리의 하나님은 호렙 산에서 우리와 언약을 세우셨다. 주께서 이 언약을 우리 조상과 세우신 것이 아니라, 오늘 여기 살아 있는 우리 모두와 세우신 것이다(신 5 : 1~3).

하나님은 그 언약을 "오늘 여기 살아 있는 우리 모두와 세우셨다!" 논쟁사의 측면에서 드러난 한국 구약학은 이런 구약 신앙의 현장("오늘, 여기")을 한국사회로, 제3세계와의 연대로, 하나님의 선교의 현장으로 펼쳐 가는 데 적극적이었다. 그러나 그 논쟁사의 이면에는 한국 구약학이 간과하거나 무시하거나 소외시켰던 신앙공동체라는 컨텍스트가 웅크리고 있다!

100년의 역사를 지닌 한국 구약학은 이제 그 뿌리를 교회라는 신앙공동체에 깊이 내려야 한다. 물론 고통받는 창조세계, 신음하는 피조물들은 여전히 구약학이 안고 가야할 해석의 자리이다. 그러나 이제부터 구약성서학은 교회의 학문이 되는 일에 좀더 적극 나서야 한다. 신학은 교회의 학문이다. 신학이 있기에 교회가 존재하는 것이 아니라 교회가 존재하기에 신학이 존립한다. 신학은 교회에 의해서 시작되었다. 신학은 교회를 위해서 존재한다. 신학의 봉사가 여기에 있다. 비록 한국교회 초창기 목회자들이 구약을 기독교 신앙을 예시하는 모형이나 유비(analogy)로 해석하였다고 해도, 그들의 강단에서는 구약의 말씀이 자주 해석되고 인용되었다는 사실에 유념해야 한다.[77]

역설적인 것은 구약의 비평적 연구가 학문이라는 이름으로 그 기치를 발하게 되면서부터, 구약성서학은 교회라는 신앙공동체와 소원한 관계를 맞게 되었다는 사실이다. 성서학이 교회와 상관없는 그들만의 학문이라는 이름을 듣게 된 것이다. 신학과 목회, 특히 성서학과 목회는 동전의 양면과도

---

77) 이용도 · 박종수(2001), 「한국교회 초기 선교사에 나타난 성서이해―이용도 목사를 중심으로」, 한국기독교학회편, 『한국기독교신학논총』 22, 77~97쪽 ; 박동현(2000), 「선교 제1세기 한국 교역자들과 구약성서」, 『구약논단』 9, 한국구약학회, 383~404쪽.

같은 관계를 지녀야 하지만, 실제로는 이 둘 사이의 거리가 참으로 멀다. 이제 구약성서학은 "말씀이 육신이 되어 우리 가운데 계시듯이"(요 1 : 14) 그 열매가 한국의 교회 속에 머물게 해야 한다. 성서학이 성서학자들만의 잔치로 남아서는 안 된다. 신학자의 강단과 설교자의 강단 사이의 거리가 좁혀져야 한다.

> 성서를 주석하고 선포하는 일에 이처럼 정경과 신앙공동체가 (서로) 그 콘텍스트가 됨을 새롭게 인식해야 한다. 성서는 살아있는 책이다. 신앙공동체의 책이다. 정경이다. 그런데 왜 이런 정경을 주석하고 설교하는 일에 주석자와 설교자가 서로 반목하게 되는가? 무엇이 이런 정경의 주석과 설교에서 주석 없는 설교, 설교 없는 주석을 쏟아놓게 하는가? 오늘날 주석과 설교를 진지하게 대하려는 사람들 모두가 헤쳐 나가야 할 위기가 바로 여기에 있다.[78]

신학과 교회의 별거는 신앙공동체의 아픔으로 남아 있다. 신학하는 사람들이나 증인공동체나 모두 신구약성서를 하나님의 말씀으로 믿고 정경으로 고백한다는 점에서는 마찬가지이다. 교회는 "알기를 탐구하는 믿음"(*fides quaerens intellectum*)을 존재의 기반으로 삼는다. 신학은 "믿음을 탐구하는 지성"(*intellectus quarens fidem*)에 기초하여 자기 자리를 지키고 있다. 그럼에도 불구하고 이 두 공동체는 오늘 여기에 현존하시는 하나님을 체험하고 고백하는 신앙 공동체 안의 두 도우(道友)이다.

그런데도 지금 교회는 교회대로, 신학교는 신학교대로 서로 비난하고 배척하는 데 열중한다. 교회는 성서학자들이 가르치는 말씀의 세계가 신앙 습득에 도움이 되지 않는다고 비난한다. 신학은 교회가 선포하고 전수하는 하나님의 말씀이 검증 받지 않은 미숙한 것이라고 비난한다. 이런 비난의 악순환은 결국 기독교 신앙공동체 안의 두 동반자가 서로 별거하게 되는 가슴 아픈 현실을 자아내고 있다. 이런 가슴 아픈 현실을 타파하는 일에 누가 먼저 나서야 되는가? 필자의 생각으로는 신학이 먼저 나서야 한다.

---

78) 왕대일(1996), 『새로운 구약주석-이론과 실제』, 성서연구사, 44쪽.

신학의 틀이 달라져야 한다. 신학의 과정이 달라져야 한다. 성서학은 이제 성서로부터 하나님의 말씀을 들을 수 있어야 한다. 학문이라는 이름으로 이성과 지성의 탑 안에서 벌이는 성서학자들만의 씨름에 머물지 않고, 성서가 계시하고 증언하는 하나님의 실재(reality)를 온전히 깨달을 수 있어야 한다. 하나님의 말씀을 분석하려고만 덤비지 말고 하나님의 말씀을 인식해야 한다. 구약 교육 과정이 목회사역을 창조적으로 건설하며 구성할 수 있도록 세워져야 한다.[79] 그러기 위해서는 새삼 "참여의 해석학"(A Hermeneutic of Engagement)에 뛰어들어야 한다.[80]

| 참고문헌 |

구덕관(1982), 『지혜와 율법』, 대한기독교출판사.
김원일(2001), 「민중신학의 성서해석학-민중신학의 출애굽기 이해에 대한 검토」, 왕대일 엮음, 『구약성서, 읽기와 해석하기』, 감신대성서학연구소.
김의원(1989), 「한국 구약신학의 진단」, 『개혁사상』 가을호, 한국기독교사상연구소.
김이곤(1999), 『구약성서의 신앙과 신학』, 한신대학교 출판부.
김인영(1927~1928), 「성경의 진화」, 『신학세계』 XII, 6 ; XIII, 1 ; XIII, 3 ; XIII, 4, 신학세계편집부.
김인영(1929), 「오경의 전설과 비평」, 『신학세계』 XIV, 4, 신학세계편집부.
김정우(1999), 「20세기 한국의 구약학 연구사와 역사비평학」, 『목회와 신학』 126, 12.
김정우(2000), 『목회와 신학』 127, 1, 두란노서원.
김정준(1989), 「이스라엘의 신앙과 신학」, 『구약신학의 주제와 방법』, 만수 김정준 전집 IV, 한국신학연구소.
김정준(1982), 「성서와 민중」, 한국기독교교회협의회신학연구위원회 편, 『민중과 한국신학』, 한국신학연구소.
김중은(1996), 『구약의 말씀과 현실』, 한국성서학연구소.

---

79) 여기서 각 신학대학의 구약학 교육과정에 주목해보자. 한정건(1996), 「고려신학대학원 구약학의 어제와 오늘, 그리고 전망」, 『하나님 앞에서』, 고려신학대학원 출판부 ; 방석종 · 왕대일 · 구덕관(1993), 「21세기 감신대 구약신학 교육의 방향」, 『21세기 감신대 신학교육』, 감리교신학대학교출판부 ; 김중은(1992), 「2000년대를 향한 장신대의 구약학과 교육」, 장신대 출판부 편, 『2000년대를 향한 신학과 교육 : 장신대 교수 세미나 자료집』, 장로회신학대학 출판부.

80) Paul D. Hanson, *Dynamic Transcendence*, Philadelphia : Fortress, 1978, p. 76ff.

김찬국(1986),「제 3 세계와 성서해석」,『기독교사상』XXX, 5, 9월호, 대한기독교서회.
문희석(1978),『한국교회 구약성서 해석사, 1900∼1977』, 대한기독교서회.
민영진(1982),「1970년대 구약신학」,『신학사상』, 36, 한국신학연구소.
민영진(1996),『히브리어에서 우리말로』, 도서출판 두란노.
박준서(2001),『구약세계의 이해』, 한들출판사.
변홍규(1937),「모세의 신학사상」,『신학세계』XXII, 3, 한국신학연구소.
서정민, 허호익(2001),「한국기독교학회 30년사」, 한국기독교학회편,『한국기독교학회
　　　　30년사』, 대한기독교서회.
송길섭(1991),『한국신학사상사』, 대한기독교출판사.
양주삼(1916),「구신약전서총론」,『신학세계』I, 신학세계편집부.
어도만(1920),「고등비평」,『신학지남』III, 4, 신학지남사.
어도만(1924),「모세 오경의 참과 거짓」,『신학지남』VI, 2, 신학지남사.
왕대일(2002),『구약신학』, 감신대성서학연구소.
왕대일(1996),『새로운 구약주석-이론과 실제』, 성서연구사.
이경숙(2000),『구약성서의 하나님, 역사, 여성』, 대한기독교서회.
이덕주, 조이제 엮음(1997),『한국 그리스도인들의 신앙고백』, 한들출판사.
임태수(2001),「한국 구약학의 회고와 전망」,『한국기독교신학논총』22, 대한기독교서회.
장영일(2000),『이스라엘 경건과 학문』, 장로회신학대학교 출판부.
장일선(1992),『구약신학의 주제』, 개정증보판, 대한기독교서회.
하리영(1930),「신명기 법전」,『신학세계』XV, 6, 신학세계편집부.
하리영(1931),「제사법전」,『신학세계』XVI, 2, 신학세계편집부.
한국교회사학 연구원 편(1998),『한국 기독교 사상』, 연세대학교 출판부.
황성숙(1977),「한국 구약학의 역사-구약의 관한 자료를 통해서 고찰함」,『신학연구』
　　　　18.

한국의 신약성서 연구에 관한 소고

유승원

1. 시작하는 말

기독교는 '책의 종교'를 표방한다. 그 예전(禮典)과 가르침과 삶의 실천을 '성서'에 두고 있기 때문이다. 따라서 모든 분야 기독교 교의의 최종적 권위는 성서에 있다. 기독교 내 모든 교단은 다 자신들의 공동체가 성서의 가르침에 근거하고 있다고 주장한다. 그러나 이러한 표방과는 달리 기독교 역사 속에서 항상 성서가 신앙 공동체의 교의를 산출하는 진정한 원천(源泉)이 되지는 못했다. 오히려 특정 시대의 특정 공동체가 자신들의 교의를 주장하는 데 있어서 이용하는 이데올로기적 수단(proof-text)으로 기능한 바 없지 않았다.

그래서 일찍이 필립 가블러(Johann Philipp Gabler)는 교의학(敎義學)에서 독립한 별개의 학문으로 성서학의 필요성을 역설했다.[1] 성서가 말하는 바를 현재의 교의적 편견에 좌우되지 않고 있는 그대로 확인하기 위해서는 객관적이고 과학적인 관찰과 해석을 특성으로 하는 성서 연구가 요구되었던 것이다. 한국의 신약성서 연구도 그러한 독립성을 확보해 나가는 데 있어 적당한 역사적 과정을 거쳐야 했다. 본 논문은 해방 이후 현금에 이르기까지 신약성서 연구가 국내 신학계에서 자신의 위치를 자리매김해 나가는 과정의 궤적을

---

1) 가블러는 1787년에 있었던 그의 알트도르프 대학교 취임 강연인 Oratio de iusto discrimine theologiae biblicae et dogmaticae regundisque recte utriusque finibus(성서신학과 교의신학의 적절한 구분과 각 영역의 올바른 결정에 대한 강연)에서 이점을 밝혔고 이것은 엄밀한 의미의 성서신학 개념의 출발점이 되었다.

확인하면서 그로 인해 생겨난 결과들을 정리해 보고자 한다.

이를 위해 우선 신약성서 연구의 흐름과 경향을 구획하는 시대적 구분을 짓고 각 시대별 특성을 서술하고자 한다. 그리고 나서 신약 연구의 각 분야로 범위를 좁혀 개별적으로 어떠한 연구 결과와 쟁점들이 지난 반세기에 표면에 드러났는지를 개괄하는 시도를 할 것이다. 분야별로 전문화된 주요 논의가 본격화된 것이 1980년대에서부터인 것을 감안하여, 1970년대까지는 시대별 구분으로 개략하고 1980년 이후부터는 쟁점과 분야별로 정리하는 것이 유익하리라 생각한다. 본 연구의 특성과 지면의 한계를 감안할 때 그간 이루어진 모든 연구 결과를 빠짐없이 나열하는 작업이 될 수는 없음을 미리 밝혀둔다. 연구사의 획을 긋는 주요 결과들과 쟁점들을 위해서 취사선택을 피할 수 없었다는 점을 안타깝게 생각한다.[2]

2. 국내 신약 연구사의 시대 구분

신약성서를 연구하는 신약학은 다른 신학 분야와 마찬가지로 서구에서 시작되어 국내에 들어온 학문 분과이다. 그러면서도, 연구 현지(現地)의 신앙 공동체의 특수한 문화와 역사에 크게 영향을 받는 다른 신학 분야와는 달리, 공통의 자료이며 지표인 '텍스트'가 객관적으로 존재하기 때문에 역사·문화적 차별성이 상대적으로 약한 것이 신약학이다. 그래서 국내의 신약연구가 세계의 신약연구 추세의 전개 과정과 같은 방향을 타고 자기 발전을 이루어왔다는 것이 흠이 될 이유는 없다.

---

2) 본 연구가 진행되는 동안에 유사한 성격을 갖는 국내 신약학 연구사가 몇 가지 발표되었다. 2001년도 기독교공동학회가 그 동안의 한국신학을 점검하는 내용을 목적으로 모였고 그 곳에서 박수암 교수가 한국 신약학의 지난 역사와 현황을 정리했다. 또한 2002년 3월에 출판된 『신약성서개론 : 한국인을 위한 최신 연구』의 제5부가 이와 동일한 목적에 할애되었다. 이 책에서는 조태연(복음서), 유승원(바울), 김동수(요한문헌), 송순열(신약연구 일반)이 각 분야의 역사와 현황을 정리했다. 필자의 본고가 이들의 연구에 크게 도움을 받았음을 밝힌다.

1) 역사비평 이전의 시대(~1945년)

가블러 이전에 별도의 성서학을 말하기 힘들었던 것처럼 국내의 신약연구
도 별도 학문으로서의 의미를 갖지 않던 시절이 오랫동안 지속되었다. 한국에
기독교가 전파되고 신학교가 세워졌지만 신학교육은 주로 서구의 보수적
경건주의 신학에 기초하여 성경의 내용을 있는 그대로 설명하여 숙지하는
정도의 수준에 머물렀다.

그래서 "이 시기의 신약학은 '학'이란 말을 붙이기 어려운 정도의 무비평
(pre-critical)의 시대였다"[3] 비평적 학문의 모양은 거의 보이지 않았고 전도와
목회의 실용적 차원에서의 글들이 간헐적으로 출판되었다. 저자는 대부분
선교사역으로 국내에 들어와 있던 선교사들이었고 그들을 통해 소개, 번역된
문서들이 주종을 이루었다.[4] 서구에서 19세기말부터 본격적으로 적용되던
역사비평의 방법이 20세기 전반기의 한국 기독교에 전혀 알려지지 않았던
것은 아니었다. 한글로 번역된 신약성서 개론서들은 기본적으로 역사적
방법에 입각한 것들이었다. 또한 '고등비평'이라는 표현으로 역사비평적
성서연구에 대한 경계의 언급들이 전혀 없지 않았다.[5] 하지만 방법론적
엄격함이 국내 기독교 신앙의 기조인 "경건주의, 복음주의, 구속사학파"[6]의
한계에 묶여있어 성격상 역사적 연구의 과학성에는 이르지 못한 상태였다.
선교 50주년을 기념하여 아빙돈 주석이 번역되었지만 장로교회 총회에서
문제의 책으로 지적되어 구독이 금지되고 관련된 목회자들이 어려움을 겪는
해프닝도 있었다.[7]

---

3) 박수암(2002), 「20세기 한국 신약학의 회고와 전망」, 『한국기독교신학논총』 22,
   10월, 한국기독교학회, 대한기독교서회 127쪽. 물론 박수암은 이 시기를 1950년까지
   로 본다. 하지만 필자는 조선신학교가 성서관 문제로 분리되는 것이 해방 직후임을
   감안할 때 1945년을 분기점으로 잡는 것이 더 적절하다고 보았다.
4) 이 시기의 주요 출판물을 위해서는 앞의 글, 128~129쪽을 보라.
5) 어도만(1920), 「고등비평」, 앞의 글, 130쪽에서 인용함. 이와 관련에서 아래에 나오
   는 조선신학교 분열 사건을 참고하라.
6) 어도만, 앞의 글, 130 · 139쪽.
7) 그러나 이 시기에 방법론상의 갈등은 이미 발아하고 있었다. 송순열은 이 시기의

2) 비평적 성서연구의 발아(發芽)와 한국교회의 논쟁(1945~1960)

해방된 교회의 역사는 분열로 시작되었고 이 분열의 한 가운데 신학교의 신학방법론의 차이가 놓여있었다. 여기서 이슈가 된 신학방법론의 핵심이 바로 성경의 고등 비평 문제였다. 조선신학교 재건 과정에서 김재준 교수의 입장이 학생들에 의해 '고등비판'이라 명명, 거부되었다. 이어서 박형룡 박사가 "성경의 권위를 파괴하는 고등 비판"으로는 성서의 권위를 보전할 수 없다고 해석하면서 분리의 길을 열었다.8) 이른바 교회의 보수와 진보를 가르는 기준이 성서관과 '고등비평'이라 이름한 역사비평의 허용 여부에 있었던 것이다.

신약연구에 역사비평이 적용되면서 마틴 디벨리우스(M. Dibelius)의『바울』(1956, 전경연 역),『예수』(1957) 등이 번역, 소개되었고, 김정준 교수는『예수전』(1951~1955)을 저술했다. 장로회신학대학의 권세열 교수가 펴낸『요한복음주석』(1958)도 상당한 정도의 역사비평적 안목을 보여준 것으로 평가된다.9) 전경연, 지동식, 김철손, 김용옥의 공저로 1958년에 출간된『신약성서 개론』은 최초의 한국인 학자들에 의한 개론서라는 중요한 의미를 갖는다. 그러나 아직까지 신약성서 연구에 있어 이러한 역사비평의 적용은 예외적이고 부분적인 상태를 벗어나지 못했다. 그런 의미에서 학문으로서의 본격적인 신약연구는 신약학회의 조직을 기다린다.

성서학 조류를 대표한 3인을 이렇게 설명한다. "성서의 완전 영감설과 교리적 성서 이해를 주장한 박형룡(1897~1978), 문학적, 역사적 연구를 통해 성서를 자유주의적・실존적으로 이해하려 했던 정경옥(1903~1945), 진보주의적・역사적 성서 이해를 주장한 김재준(1901~1987) ……" 송순열(2002),「한국 신약성서 연구의 흐름과 전망」,『신약성서개론 : 한국인을 위한 최신 연구』, 대한기독교서회, 601쪽 ; 주재용(1998),『한국 그리스도교 신학사』, 대한기독교서회, 174~220쪽.

8) 민경배(1996),『한국기독교회사』(신개정판), 연세대학교 출판부, 523쪽.

9) 박수암(2001),「장신대 신약학의 어제와 오늘과 내일」,『교회와 신학』40, 대한예수교장로회신학대학, 36~37쪽. 박수암은, 요한복음 3 : 16~21을 저자 요한 자신의 해설이라 본 점과, 4 : 35의 "넉 달이 지나야 추수할 때가 이르겠다"는 예수의 말씀을 당시 팔레스틴의 격언으로 설명한 것 등을 지적한다.

3) 신약학회의 출범과 발전(1960년대)

한때 신학교의 분열을 가져왔던 진보적인 신학방법론이 보편적으로 수용이 되기 시작하면서 신학 전 분야에 '학문성'이 고양되기 시작했다. 물론 이러한 학문적 발전은 각 교단과 신학교마다 전통적으로 보수하던 교의 및 성서관과의 마찰을 일으키기도 했다.[10] 그리고 이러한 추세는 구미 각국에서 비평적 방법론을 익히고 돌아온 여러 학자들이 국내에서 저술과 번역에 그러한 연구들을 반영하기 시작하면서 박차를 가하게 된다.

이러한 학문적 발전에 동력을 제공한 것은 1961년 5월 29일에 창립된 한국신약학회였다. 첫 총회에는, 전경연(한신대), 지동식(연세대), 박창환(장신대), 유동식(연세대), 유시욱, 구두인(성 미가엘 신학교), 김용옥(감신대), 문상희(연세대), 이여진(한신대), 이상호(연세대), 김철손(감신대) 등 11명이 참석을 했고 전경연 박사가 초대 회장으로 추대되었다.[11] 한국신약학회는 "한국에 있어서 신약성서학의 모든 분야에 철저한 연구를 조장하여 한국교회에 기여하는 것"[12]을 목적으로 창립되어 매년 3~4회 모임을 가지면서 연구 논문을 발표하고 토론을 이어갔다. 또한 제임스 로빈슨(James Robinson), 에드워드 슈바이처(Edward Schweitzer), 헤이(Hay) 등의 외국의 저명한 학자들을 초청하여 학문적 교류를 갖기도 했다. 이 시기 신약학회의 학문적 연구와 토론은, 아직은 신약학의 불모지였던 한국교회에 서구의 연구 방법론을 이식시키는 산파의 역할을 했다고 볼 수 있다.

이렇게 신약학회가 활동을 시작한 1960년대에 있어 중요한 의미를 갖는 몇 권의 저서들이 있다. 전경연(바울), 문상희(복음서), 이상호(원시기독교), 박창환(요한), 김철손(일반서신과 계시록)이 함께 저술한 『신약성서신학』(대한기독교서회)은 1963년에 발행되어 그 초판이 약 40회 가량 중쇄되었고 개정 신판은 현재까지 이어오고 있다. 원어연구에 있어 중요한 도구도 이때

---

10) 박창환(1989), 『교회와 신학』, 홍성사, 81쪽.
11) 한국신약학회 홈페이지(www. ntsk. org)의 「한국신약학회 역사」.
12) 한국신약학회 홈페이지의 같은 글에서 인용.

만들어진다. 메이첸(J. G. Machen)의 *New Testament Greek for Beginners*에 기초하여 편저(編著)한 박창환의『신약성서 희랍어 교본』이 1962년에 출간되어 1990년대까지 많은 신학교에서 헬라어 교재로 사용되었다.『성서 희랍어 사전』도 1965년에 발행되어 한국 신약학도 원어 연구의 기초 도구가 된다.

4) 한국교회의 급성장과 신약학자들의 고민(1970년대)

창립 이후 활발하던 신약학회의 활동은 1970년대 중반을 넘어서면서 약 10년 가까이 정체(停滯)의 시기를 갖는다. 신약학회는 이 시기를 이렇게 기록하고 있다.

> 이 시기의 신약학회 기록을 보면, 1976, 1980, 1981, 1984년의 학회 기록이 없다. 뿐만 아니라, 국내 학자들의 연구 발표는 별로 없었고, 주로 외국인 학자가 방문했을 때 함께 모이는 정도에 그쳤다. 이 시기에 신약학회와 만남을 가졌던 외국의 신학자들은 Otto W. Betz, William R. Farmer, Ernest Best, G. Strecker, Bruce Metzger, James Charlesworth 등이다. 신약학회 회원들은 이들이 한국을 방문해 있는 동안에 연락하여 급히 공개 강좌를 하고 모임을 가지곤 했다.[13]

사실 이 시기는 신약학회 차원에서 정의하는 것처럼 그저 '침체'의 시간은 아니었다.[14] 학회활동 차원에서는 침체였겠지만 신약연구사 측면에서 보면 도약을 위한 내적 에너지의 축적으로 이해하는 것이 더 적절하다. 잘 알려진 바와 같이 7~80년대는 한국교회 전체가 양적으로 급팽창을 이루던 기간이었다. 교회의 성장과 더불어 신학에 입문하는 신학생들의 수가 증가하면서 신약학회 회원들이 각자가 속한 신학교에서 후학 양성에 많은 시간을 쏟아야

---

13) 앞의 글에서 인용.

14) 김득중은 1970년대 한국 신약학의 상황을 구약학 연구와 비교하면서 '겨울'로 보았다. "지난 10년 간의 구약학계를 여름에 비한다면 신약학계는 겨울에나 비교할 수 있을까?". 김득중(1982),「1970년대 신약신학」,『신학사상』36, 한국신학연구소, 57쪽.

했다. 그 결과 상당수의 신약 학도들이 배출되어 유학의 길에 올랐다. 이런 역량의 축적은 1980년대 이후 이루어질 도약을 기대하게 만들었다.

앞에서 언급한 상황적 요인으로 말미암아 학회 활동은 위축될 수밖에 없었고, 이 시기 내에서 의미 있게 활동할 수 있던 신진학자의 배출은 상대적으로 미약했다.[15] 하지만 이런 현실과 별도로 학회에 속한 기성 학자들이 개별적 연구물을 양산해내는 데는 소홀하지 않았다. 신학도의 증가에 따라 적지 않은 신약학 교재들이 저술 내지 번역되어 출간되었던 것도 이 시기였다.[16] 이 시기에 가장 많은 저서를 남긴 신약학자는 전경연, 가장 많은 글을 쓴 신약학자는 안병무로 기억되고 있다.[17]

신약학 연구의 경향성을 나름대로 지니고 있던 시기가 1970년대였다.[18] 당시의 지식인들은 급격한 경제성장과 맞물린 유신체제의 개발독재와 이러한 체제가 만들어내는 각종 사회문제들로부터 사유(思惟)의 자유를 누릴 수 없었다. 이런 환경 속에서 민중신학이 태동하게 되었고 신약학 또한 신약성서의 텍스트와 신약을 탄생시킨 고대세계에 대한 지적 탐구에만 몰두할 수 있는 상황을 환경으로 갖지 못했음은 자명했다. 당시의 신약학자들은 텍스트 자체보다 해석자의 콘텍스트인 한국사회에 현실적합성을 갖는 연구를 부담하지 않을 수 없었다.

그래서 교회와 국가의 관계를 신약성서의 입장에서 조명하는 논문이 여럿 쏟아져 나왔다.[19] 당시 유신헌법과 긴급조치에 기초한 억압의 국가 권력에 무작정 굴종할 수 없는 교회의 고민이 담겨있는 글들이었다.[20] 신약성서에서

---

15) 앞의 글, 40쪽을 보라.

16) 저술, 번역된 개론서는 앞의 글, 52쪽 ; 번역된 주석은 53쪽 ; 번역된 주요 연구서적들은 51쪽에 각각 정리되어 있다.

17) 앞의 글, 41쪽.

18) 김득중은 1970년대의 한국 신약학이 관심을 가졌던 주제를 세 가지로 지적하고 있다. 첫째, '교회와 국가의 관계'에 대한 신약성서의 입장을 조명하는 논문들이 많이 쏟아져 나왔다. 둘째, 1971년도에 처음 나온 공동번역 성서에 대한 활발한 토론이 진행되었다. 셋째, 신약학의 시대적 동향을 정리하는 논문이 여럿 나왔다(앞의 글, 44~45쪽).

19) 발표된 논문들의 목록을 위해서는 김득중, 앞의 글, 44·46쪽 참조.

는 전혀 중심 주제가 아님에도 불구하고 신약학자들의 논문의 상당수가 국가와 권력에 대한 것이었다는 사실은 이 시대 한국사회의 정황을 반영한 특수한 현상이었다.

또한 1970년대는 한국적 신학을 하려는 신학계의 고민에 신약학자들도 동참한 시기이기도 했다. 1960년대 학회가 조직되고 활발한 활동이 이어지면서 한국 신약학계의 아카데미아는 자기 정체성을 찾기 위한 이론적 점검의 작업에 들어가는 듯한 모양을 보여주었다. 이것은 학문으로서의 신약학의 조류를 점검하여 현재의 위치를 파악하려는 논문이 다수 등장한 것을 보아서도 알 수 있다. 안병무의 「역사적 예수와 신앙상의 그리스도-현대 성서학의 동향」(1971), 황성규의 「신약학의 최근 연구 동향」(1975), 김용옥의 「신약학의 최근 동향」(1976), 이상호의 「요한 신학 연구의 최근 동향」(1976), 박형용의 「바울 연구의 역사적 고찰」(1980) 등이 이 시기에 연이어 발표되었다. 신약학회의 활동이 다소 위축되고 신진 연구자들의 활동이 부각되지 않아 염려하는 분위기 속에서 상당수의 기존 학자들이 '최근의 신약학 동향'에 대한 글을 발표했다는 것은 정체성을 찾기 위한 노력에 다름 아니었을 것이다.

이러한 정체성 확보의 부담은 한국적 신학을 향한 토착화의 시도를 통해서도 자신을 표현했다. 특히 이런 주제에 관심을 보인 신약학자는 김용옥과 안병무, 문상희였다. 김용옥은 「세계교회와 한국교회」(1971)를 통해 세계 교회의 이슈들을 한국적 상황에서 재해석, 재평가하여 한국적 신학을 정립하고 세계 교회가 당면한 문제에 대해서도 적극적으로 같이 고민해야 할 것을 권했다.[21] 동일한 관심의 차원에서 「아시아 신학 속의 한국 신학」(1971),

---

20) 민중신학자 안병무는 국가권력이 자주 악용하는 로마서 13 : 1~7을 주석하면서, 기본적으로 교회가 국가의 권위를 인정해야 하지만 통치자가 악을 행할 때는 저항해야함을 밝히고 있다. 교회와 정권은 무조건적인 복종이나 저항의 관계로 규정되지 않으며, 핵심 가치인 정의와 사랑의 공동체 추구의 방향성에 따라 교회의 역할이 달라진다고 보고 있다(안병무(1971), 「권력과 교회」, 『기독교사상』 15-7, 7월호, 42~45쪽). 이 시기 다른 논문들도 대동소이한 주장을 보이고 있다.

21) 김용옥(1971), 「세계교회와 한국교회」, 『기독교사상』 15-7, 7월호, 대한기독교서회, 68~71쪽.

「신학 교육의 한국적 문제 상황」(1773), 「기독교와 민족주의-예수와 바울을 중심으로」(1976), 「한국교회의 설교유형에 대한 성서해석학적 고찰」(1977) 등이 발표되었다. 김용옥은 이러한 한국적 신학의 형성을 위해 불트만의 '전이해'(前理解) 개념에 대한 논의를 제의하기도 했다.22)

안병무는 「한국교회의 예수 이해」(1977)에서 축자영감설에 기초한 극단적 성서주의를 비판하며 한국교회 지도자들과 신학자들의 다양한 예수 이해를 분석 평가했다.23) 안병무에 따르면 그때까지 한국교회는 '이상적 인간 예수' (박형룡, 이용도의 비역사적 예수 이해), '혁명가 예수'(유경상), '역사의 예수'(김재준), '세속인 예수'(유동식, 홍현설), '해방자 예수'(문동환, 박형규), '민중의 친구 예수'(서남동) 등 다양한 예수관을 가지고 있었다. 이러한 안병무의 분류는 한국교회가 갖고 있는 '역사의 예수'와 '역사적 예수 이해'에 대한 혼동을 풀려는 신약학적 노력이었다. 문상희의 경우 주로 한국의 전래 신앙과 신흥종교의 연구에 주의를 기울였다. 「한국 민간 신앙의 자연관」 (1972), 「신흥 종교의 묵시 사상」(1973), 「샤마니즘과 기독교」(1974) 등, 그의 논문들은 꼭 신약학적 정의에 부합하는 것들은 아니었다. 하지만 신약연구자의 시각으로 한국의 종교 현상을 관찰했다는 데서 이 시대 신약학 연구의 자세를 가늠하는 한 지표가 되어준다.

이 시대의 독특성과 상관없이 신약학 본래의 주제에 대한 연구들도 계속 진행되었다. 김철손은 묵시 문학과 계시록에 대한 연구물을, 전경연은 성서의 언어와 해석학에 대한 논문과 저서들을, 그리고 이상훈은 예수, 장상은 바울, 김득중은 마가복음과 관련된 다양한 글들을 써냈다. 허혁은 불트만의 저서를 충실하게 번역해 소개함으로써 다음 세대의 연구를 위한 기초를 든든하게 세워주었다.

---

22) 김용옥(1971), 「한국적 신학형성의 재시도」, 『기독교사상』 15-3, 3월호, 110~120 쪽 ; 김용옥(1973), 「한국적 신학의 결산-한국에서의 신학의 오늘과 내일」, 『신학사 상』 1, 한국신학연구소, 61~67쪽.
23) 안병무(1977), 「한국 교회의 예수 이해」, 『기독교사상』 21-12, 12월호, 대한기독교서 회, 65~79쪽.

하지만 앞에서 살펴본 바와 같이 신약학자들의 국내 교계와 학계에서의 활동이 두드러지기는 했지만 아직까지 '순수하게' 학문적인 신약연구의 결과물들을 직접 생산해내는 데는 한계가 있었던 것으로 보인다. 김득중이 잘 지적해주었듯이, 그나마 연구 분야가 복음서에 너무 치중해 있었고 방법론에 대한 주체적 토론이 빈약하여 서구의 것을 번역하는 수준을 넘어서지 못했다.[24] 그리고 신약학자들이 직접 저술한 주석이 단 한 권도 나오지 않았다는 것은 1970년대 연구사의 아쉬움이었다.[25]

5) 세계의 신약학사 속으로(1980~현재)

(1) 전문화된 신약 연구의 시대

역량 축적을 위한 한시적 정체의 시기를 벗어난 신약연구는 1980년대 중반을 넘어서면서 독자적 학문으로서의 성숙기를 맞이한다. 한국교회의 급격한 성장과 더불어 산출된 다수의 신학도들이 신약학계에 문을 두드리면서 그들 중 상당수가 1970년대 말에서 1980년대 중반에 걸쳐 서구로 유학의 길에 올랐다. 이들이 학업을 마치고 대거 귀국했을 뿐 아니라, 1990년대에 들어가면서 국내 주요 신학계 대학원들이 자체 박사 학위 소지자들을 배출할 수 있게 되면서 신약연구의 지식인층이 무척이나 두터워졌다. 신약학회의 학술대회에 150명 이상이 한 자리에 모일 수 있을 만큼 오늘날 신약학계는 인적 자원이 넉넉해졌다.

70년대에 기독교학회가 발족하면서 신약학회만의 별도 모임이 한동안 뜸했으나 1995년부터 매년 "춘계 학술 발표회"가 마련되고 가을에 기독교 공동학회가 열리는 때에 맞추어 신약 분과 모임 외에 "신진학자 논문발표회"를 별도로 가짐으로써 토론의 장이 확대되었다. 1998년부터 춘계 발표회는 그 해의 대주제를 정하고 그에 맞는 각 분야의 발표 논문을 모집하여 발표케

---

24) 김득중(1982), 「1970년대 신약신학」, 54~55쪽.
25) 김득중, 앞의 글, 53쪽.

하고 이를 출판해 왔다.[26] 이어 2001년부터는 월례 학술 발표회를 통해 논문 발표의 기회를 더 늘려가고 있다.

신약학 전문 학술지로서『신약논단』이 1995년부터 매년 발행된 것도 주목할 만한 점이다. 그러나 회원들이 발표하고자 하는 논문을 다 수용하지 못하자 2000년부터는 연 2회로, 다시 2001년부터는 연 4회로 발행을 늘리고 있다. 아울러 1999년 총회 이후 특정 방법론이나 주제를 같이 하는 회원들이 팀을 이루어 공동의 연구와 토론을 거친 뒤 신약학회의 이름으로 연구서를 출판하는 "신약연구시리즈" 제도가 시행되고 있다.

이런 여건 속에서 과거의 신약학자들이 자신의 전공성을 넘어 교계와 신학계의 모든 분야에 관여하며 폭넓은 저술과 집필 활동을 하던 시대는 마감을 고하게 된다. 따라서 연구의 주제도 신약학 분야의 세계적 추세에 병행해 나가게 되었고 그와 더불어 개별 학자들이 자신의 전문분야에 있어 뚜렷한 소신을 정리할 수 있을 만큼 학문적 성숙의 잠재력을 갖추게 되었다. 이것은 세계 신약학계에서 다루어지는 모든 주요 이슈들의 논의에 거의 빠짐없이 동참할 만한 역량을 국내 학계가 갖추었다는 것을 의미한다. 이에 대해 박수암은 "적어도 그 방법론에 있어서만은 세계 신학계와 어깨를 겨눌 수 있을 만한 경지에 도달한 시기"라고 표현했다.[27]

(2) 방법론적 다양성이 확보된 시기

해방 이후 한때 한국교회는 성서 연구에 있어 역사비평의 수용과 적용 여부를 놓고 교회의 분열에까지 이르렀다. 하지만 이 시기에 이르러서는 보수와 진보를 막론하고 역사비평은 성서연구의 당연한 전제가 되어 버렸다. 물론 그 적용의 범위와 결과 수용의 정도에는 진영마다 차이를 보였다.

---

26) 춘계학술대회에 기초한『신약논단』은 주제를 가진 별도의 신약연구서 형태로 출판되어 시중에 보급되었다. 이에 따라『신약성서의 경제윤리』(1998),『밀레니움과 신약성서의 종말론』(1999),『새로운 세계 안에서의 교회의 자리 찾기』(2000),『신약성서의 화해 신학』(2001) 등의 시리즈 출판이 이어졌다.

27) 박수암(2001),「21세기 한국 신약학의 회고와 전망」, 133쪽.

역사비평의 결과가 하나님의 말씀과 교회의 책으로서의 성서의 권위에 미치는 영향을 놓고 고심이 많았기 때문이다.

흥미로운 것은 불트만의 해석학적 방법과 연구의 기술을 어느 정도 수용하는가가 보수와 진보의 입장을 가늠하는 기준으로 자주 활용되었다는 점이다. 지난 시대를 통해 번역 소개되면서 쏟아져 나온 불트만의 저서와 그에 대한 해설과 비평의 글들은 신약학계를 열병처럼 휩쓸었고 불트만주의의 수용과 이해의 정도에 따라 교단과 신학의 노선이 갈라졌다. 서구, 특히 미국에서와 마찬가지로 한때 한국 학계에서도 불트만은 금기(禁忌)와 이상(理想) 사이를 오가는 시금석으로 인식되었다.[28]

그러나 1980년대 이후 세계 신약학계는 불트만에 매인 채 그 역사를 종료시키지 않았다. 본문비평, 자료비평, 전승사비평, 양식비평, 편집비평이 전통적인 역사비평의 방법으로 골간을 유지하면서도 전통적 역사비평을 확장시킨 사회과학적 연구방법, 수사학적 비평, 정경비평 등이 새롭게 등장하는가 하면 역사주의에 회의를 품은 구조주의, 문학비평, 독자반응비평, 해체주의, 여성해방신학비평 등이 등장하면서 역사비평의 전통을 아예 전복(顚覆)시키는 경향까지 보이고 있다.[29] 아직까지 국내 신약 연구의 다수는 전통적인 방법론으로서 역사비평에 기초하고 있다. 그러나 아직 소수를 구성하지만 전통적 방법을 확대하거나 극복하려는 시도가 움트고 있다.

---

28) 해방 후 역사비평의 문제로 한국신학대학과 분리된 후 다시 WCC 소속의 문제로 합동 측의 총회신학대학과 차별성을 갖게 된 장로회신학대학의 박수암 교수는 자신의 성서학적 입장을 고백하면서 주요 신학대학을 불트만의 수용 정도를 기준 삼아 구분하고 있다. "…… 장신대 신약학은 종교개혁 이후의 복음주의─경건주의의 맥을 이으면서(본교 초창기), 역사적·구속사적 연구와 온건한 역사비평적 연구를 합한 노선을 취한다고 할 수 있다. 그것은 복음주의─경건주의 노선만을 취하는 고신(高神)의 노선도, 수정적인 불트만 노선을 취하는 감신(監神)의 노선도, 과격한 불트만 노선을 취하는 한신(韓神)의 노선도 아니다. 그것은 좌로도 극우로도 치우치지 않는, 중도적인 입장이다. 그것은 성서적이며, 개혁적이며, 복음적이며, 보수적인 입장이다"(「장신대 신약학의 어제와 오늘과 내일」, 41쪽).

29) Stephen R. Haynes와 Steven L. McKenzie, *To Each Its Own Meaning : An Introduction to Biblical Criticism and Their Application,* Louisville : Westminster/John Knox Press, 1993(현대의 해석 방법론을 분류한 방식에 입각한 언급이다).

한국 현대사 속에서 증폭된 사회적 이슈에 대한 학문적 관심은, 그 호칭이 가져다주는 매력과 호기심에 자극되어 사회학적 연구방법을 신약학계에 끌어들였다.30) 게르트 타이쎈(Gerd Theissen)의 사회학적 연구의 결과물을 담은 『원시 그리스도교에 대한 사회학적 연구』(김명수 역, 1986)가 번역 소개되었다. 사회학적 모델을 원용하는 타이쎈과는 달리 다소 고전적인 사회사(社會史)에 가깝기는 하지만 바울 공동체와 그 환경의 사회적 배경을 탐구한 웨인 믹스(Wayne A. Meeks)의 『바울의 목회와 도시 사회 : 1세기의 기독교인들』(1992)도 번역 출판되었다. 또한 타이쎈이 기초한 '기능주의'(functionalism)와 대립각을 세우는 '갈등이론'(conflict theory)에 바탕한 리처드 홀슬리(Richard Horsley)의 『예수 운동의 사회학의 사회학적 접근』(이준모 역, 1986)도 국내에 선을 보였다.

학부에서 사회학을 전공했던 민중신학자 안병무는 사회학적 연구를 소개, 실험하기 위해 『사회학적 성서해석』을 펴냈다. 이런 가운데 사회학적 해석을 나름대로 하나의 학파적 전통으로 정립한 경우가 연세대학교의 서중석이다. 서중석은 보스톤 대학교의 하워드 클락 키(Howard Clark Kee)의 문하생으로 사회학적 방법을 다양한 신약 문헌에 적용하면서 국내에서 일맥(一脈)의 제자군을 형성해가고 있다.

최근 들어 역사비평의 한계에 회의를 품으면서 넓은 의미의 현대 문학비평(literary criticism)이 우리 학자들의 손에 의해 실험적으로 소개되고 있다. 다니엘 페티(Daniel Patte)의 『구조주의적 성서해석이란 무엇인가?』(이승신 역, 1987)가 번역 소개되었고 서인석은 『성서의 언어과학 : 구조분석의 이론과 실천』(1984)과 기타 관련 논문들을 발표하였다.31) 김덕기도 연구논문 「후기 구조주의의 지적 도전과 21세기의 신학을 위한 성서해석 : 상징적

---

30) 사회학적 성서 연구에 대한 서구의 전통과 방법을 정리하고 비평한 필자의 졸고가 있다. 유승원(1999), 「신약연구에 있어서 사회학적 방법론이 갖는 의미와 그 한계」, 『나사렛논총』 4, 나사렛대학교 출판사, 147~174쪽을 참조.

31) 서인석(1983), 「구조분석과 성서해석」, 『기독교사상』 27-2, 2월호, 대한기독교서회, 104~122쪽.

질서의 생성과정과 기원을 중심으로」(『신학논총』 3, 1997)를 통해 그 의미를 상술해주었다.

복음서를 하나의 완성된 이야기(story)로 보아 문학적 분석을 시도하는 '서사비평'에 대한 관심도 만만치 않다. 파웰(A. Powell)의 『서사비평이란 무엇인가?』(이종록 역, 1993)가 번역되었고 심상법은 '내러티브 비평'(＝서사비평)에 입각하여 다양한 석의상의 실험을 하고 있다.[32] 미국 버지니아의 유니온 신학교에서 킹스베리(Jack Dean Kingsbury)의 문하에서 수업한 오덕호는 서사비평이 안고있는 몰역사성의 위험을 극복하면서 '문학－역사비평'이란 명제로 나름대로 변형된 독자반응비평의 장을 실험하며 호응을 얻고 있다.[33]

역사적 체험과 현실이 해석의 주체가 되는 '해방신학적 해석학'이 서구에서는 쉬슬러 피오렌자(Schüssler Fiorenza)의 '여성해방 비평 해석학'(feminist critical hermeneutics)으로 그 특성화의 결실을 맺었다면 국내에서는 민중신학의 해석학이 그 과제를 떠맡았다. 민중신학의 해석학이 전복적(顚覆的, subversive)인 것은 성경의 텍스트보다 민중의 경험에 입각한 '민중의 눈'이 해석의 전면에 배치되기 때문이다.[34] 이러한 관점은 다분히 불트만 해석학의 '선이해'(Vorverstandnis)의 체취를 느끼게 한다. 그렇지 않아도 민중신학자 안병무는 상당한 시간을 불트만에 몰두하는 데 투자했다. 그러나 불트만의 비역사적 '인간의 실존적 자기 이해'는 안병무에 의해 역사적 '민중 경험'으로 대체된다.

그렇기 때문에 여성해방의 비평적 해석학이 성서에 내재한 가부장적 권위

---

32) 심상법은 1997년에서 1998년에 걸쳐 『그말씀』에 「마가복음의 내러티브적 주해와 설교」라는 제목으로 마가복음의 본문을 서사비평에 기초하여 주해한 글을 연재했다.

33) 오덕호(2000), 『문학-역사비평이란 무엇인가 : 설교자를 위한 독자반응비평 해설』, 대한기독교서회 ; 오덕호(1998), 『하나님이냐 돈이냐? 누가복음 16장의 문학-역사비평적 연구』, 한국신학연구소 ; 오덕효(1999), 『산상설교를 읽읍시다 : 산상설교의 문학-역사비평적 연구』, 한국신학연구소.

34) 안병무(1986), 「한국적 그리스도인 상의 모색」, 『신학사상』 52, 한국신학연구소, 48쪽.

질서를 극복의 대상으로 보는 것처럼 민중신학의 해석학은 경전으로서의 성경에 내재한 지배 이데올로기를 벗겨내는 일을 해석의 과제로 삼는다. 그래서 안병무는 성서의 경전성을 비판하고 서남동은 성서를 '전거'(point of reference), 또는 '참고서'라 부르기를 주저 않았다.35) 성서의 지배 이데올로기는 기독교의 경전에 담긴 것이라 하더라도 거부된다. 그리고 민중신학적 해석학의 과제는 성서에서 추적하는 기독교의 민중 전통과 한국의 민중전통을 겹치게 하는 "두 이야기의 합류"에 있다.36) 이러한 "민중 당파적 해석"은 우리의 신약학이 해방신학적 해석학을 한국적 특수 상황에 접맥해 꽃 피운 특성화였다. 김명수는 그의 「민중신학의 해석학」(1992년)에서 이러한 입장의 등장과 전개를 잘 정리해 놓았다.37)

(3) 신약 연구를 위한 기초 작업

초기의 국내 신약학이 사회적 관심과 사상의 논의에 기울었기 때문에 텍스트에 대한 치밀한 분석에는 상대적으로 소홀했다. 신약 연구가 학문적 본 궤도에 오르기 위해서는 텍스트의 과학적 분석을 위한 관찰 차원의 기초 작업들이 이루어져야 했다. 앞의 6~70년대에도 이를 위한 도구들을 만들어 내는 작업이 없지는 않았다. 하지만 1980년대 이후 아직 미흡하기는 하지만 신약 연구를 위한 기초 작업의 일환으로서 이러한 도구들이 본격적으로 제공되기 시작했다.

성경을 정확하면서도 시의에 적절하게 번역하기 위한 노력들이 이어졌다. '한글 맞춤법 통일안'에 입각한 『성경전서 개역 한글판』이 1952년에 나와 지금까지 한국교회의 언어와 개념을 지배했다. 이후 좀더 현대적인 감각의

---

35) 안병무(1987), 『민중신학 이야기』, 한국신학연구소, 55·73~74·166·184쪽 ; 임태수(2000), 「안병무 박사의 서거와 민중신학의 과제」, 『민중과 신학』 4, 11~14쪽 (안병무의 성서관에 대한 민중신학 내부의 비판을 위해서는 위 논문을 참조).
36) 안병무(1987), 『민중신학 이야기』, 78쪽.
37) 김명수(1992), 「민중신학의 해석학(1)」, 『기독교사상』 36-3, 3월호, 대한기독교서회, 89~101쪽 ; 김명수, 「민중신학의 해석학(2)」, 『기독교사상』 36-4, 4월호, 대한기독교서회, 185~194쪽.

언어를 사용한『신약전서 새번역』이 1966년 12월에 발행이 되었고 개신교와 가톨릭이 연합하여 번역한『공동번역 신약성서』가 1971년에, 그리고 다시 1977년 부활절에『공동번역 성서』라는 이름으로 출판되었다. 이후 1980년대에 들어와 시대가 바뀌면서 개역 성경의 표현들이 시대에 너무 뒤떨어졌다는 분위기가 젊은 세대에서 확산되어 가면서 좀더 현대인들에게 친근한 성경에 대한 요구가 거세졌다. 이에 부응하여 원어의 뜻에 충실하면서도 새 시대의 국어를 사용하는, 그러나 개역 성경의 보수적 정신과 한국교회의 전통을 존중한다는 취지로 1993년 1월『성경전서 표준새번역』이 나오게 되었고 이후 지적된 문제점들과 여러 방면의 의견을 반영하여 2001년 11월에『성경전서 표준새번역 개정판』이 만들어졌다. 이런 가운데 한국교회의 성경으로 대표되던 개역성경도 오랜 독회와 논의를 거쳐 1995년에『신약전서 개역 개정판』, 2000년에는『성경전서 개역개정판』으로 각각 개정되었다.

원어 연구를 위한 사전류는 아직도 외국 서적에 의존해야 하는 실정이다. 고영민의『신약성서 헬라어 사전』과『성서원어대사전』(1973년)은 국내에서 헬라어를 공부하는 학생들에게 오랫동안 유익하게 사용되었다. 하지만 월터 바우어(Walter Bauer)의 신약 헬라어 사전과 리델·스콧(Liddell & Scott)의 방대한 헬라어 사전, 그리고 총 10권으로 된 키텔의 신약성서 신학사전은 여전히 영어나 독일어판으로만 활용이 가능한 상태이다. 성경의 대조연구를 위한 시놉시스(synopsis)는 일부 마련되어 있다. 성종현의『공관복음서 대조 연구』(1991)와 정양모, 배은주, 노혜정의『네 복음서 공관』(1993)은 공관복음 연구자를 위한 유용한 도구가 되어주고 있다. 바울 연구자들을 위한 프란시스 와 샘플리(Fred O. Francis and J. Paul Sampley)의『바울서신 대조연구』(1998년) 도 번역 출판되었다.

신약성서의 배경을 이해하기 위한 1차 사료(史料) 중 요세푸스의 전집이 김지찬(1987)과 서영철(1991)에 의해 번역되어 적지 않은 도움이 되고 있다. 필로의 전집에 대한 번역 작업은 이루어지지 않았고 대신 2차 문헌인 사무엘 샌드멜(Samuel Sandmel)의『알렉산드리아의 필로 : 유대의 종교철학자』

(1989)가 번역되었을 뿐이다. 사해문서에 대해서는 오병세의『사해문서연구』
(1989)가 개론적 소개를 해주고 있다. 그러나 미드라쉼과 미쉬나, 탈무드
등의 방대한 유대 문헌들은 국내에 제대로 소개가 되지 못하고 있는 실정이다.
신약시대의 배경을 정리한 개설 차원의 2차 문헌들은 비교적 넉넉하게 번역
소개되어 있어 신학도들에게 도움이 되고 있다.

여러 학자들에 의해 다양한 개론서들이 번역되고 저술되어 오던 중, 최근
여러 신학적 전통과 전문분야를 대표, 포괄하는 13인의 신약학자가 모여
방대한 분량의『신약성서개론 : 한국인을 위한 최신 연구』(2002)를 대한기독
교서회를 통해 펴냈다. 이 책은 각 분야마다 최근의 세계 신약계의 연구와
국내 연구까지 반영한 한국인을 위한 한국인의 신약개론서라는 데 의미가
크다.[38]

3. 분야별 쟁점과 논쟁사[39]

1) 공관복음서[40]

국내 신약학의 연구 결과물은 다분히 공관복음서에 대한 것이 압도적이다.
금세기까지 이어진 연구 결과에 대한 정확한 통계 수치는 없다. 하지만
1970년대의 신약학 연구논문 중 바울의 주요 서신에 대한 것이 8%일 때
40%가 공관복음에 대한 것이었다는 점만으로도 그 선호도의 편향성은 여실
하게 드러나고 있다.[41]

---

38) 이에 참여하여 1~2장씩 저술한 학자는 김경희, 김동수, 김득중, 김창락, 김판임,
　　나요섭, 박두환, 소기천, 송순열, 유승원, 장동수, 조태연, 차정식 등이다.

39) 이 부분은 앞에서 밝힌 바와 같이 다양화된 논의가 활발했던 1980년대 이후를
　　중심으로 한다.

40) 이어지는 국내의 공관복음 연구에 대한 정리는 최근에 13인의 국내 신약학자의
　　공저로 출판된『신약성서개론 : 한국인을 위한 최신 연구』(대한기독교서회, 2002)
　　의 5부,『한국에서의 신약성서 연구』중 조태연의「공관복음 연구」(제16장)의
　　자료 조사에 많이 의존했다.

41) 김득중,「70년대 신약신학」, 41쪽. 김득중의 조사에 따르면 1970년대의 일반논문과

(1) 마가복음

그 중에서도 가장 많이 다루어지고 언급된 것이 마가복음이라는 점은 19세기 말 이후 서구 신약학계와 크게 다를 바가 없다. 마가복음에 대한 국내의 관심은 안병무의 민중신학적 접근에 의해 크게 촉발되었다. 안병무는 민중으로서의 역사적 예수를 마가에서 찾으려 했고 마가복음의 예수를 따르는 무리인 '오클로스'에서 억압받고 소외된 민중의 실체를 확인하려 했다.[42] 이러한 마가복음 이해가 독특한 민중신학적 해석학으로는 의미가 있었지만 마가복음 본문(text)의 역사적 의미를 중시하는 주류 신약학계에서 객관적 설득력을 갖는 연구가 되지는 못했다.

전통적인 역사비평을 방법으로 하는 마가복음 연구는 1970년대부터 적극적인 활동을 이어온 김득중과 박수암이 떠맡았다. 두 사람은 모두 편집비평과 구성비평에 입각한 마가복음 읽기를 주도했다. 김득중은 『복음서 신학』(1985년)과 『마가복음 연구』(1989년)에서 편집비평적인 입장에서 마가복음에 대한 해석을 정리했다. 하지만 그의 연구의 치밀함과 독자성을 잘 부각시킨 책은 본래 그의 박사학위논문이었던 『마가복음의 부활신학』(1993년)이었다. 그는 마가복음의 말미를 구성하는 부활 이야기인 16 : 1~8에서 여러 편집의 흔적을 추적하여 마가의 부활신학을 추출한 뒤 그것으로 마가복음 전체를 해석해 냈다. 마가복음의 중심을 '수난 설화'로 보는 마틴 캘러(Martin Kähler)의 주장을 극복하려는 시도였다. 박수암도 김득중과 같은 전략으로 마가복음을 읽었다. 그러나 박수암에게 있어 핵심 장은 16장이 아니라, 소묵시록이라 불리는 13장이었다. 그는 『마가복음 13장과 마가복음』(1993)에서 13장을 편집비평의 방법으로 정밀하게 분석하여 마가의 공동체가 성전 멸망 이후

석사논문들의 연구 영역 배분 비율은 다음과 같다. 공관복음 40%, 요한복음 5%, 사도행전 3%, 바울의 주요 서신 8%, 옥중서신 2%, 목회서신 0%, 히브리서 0.8%, 공동서신 2%, 계시록 0.8%, 기타 37%.

42) 안병무(1979), 「예수와 민중, 마가복음을 중심으로」, 『현존』 106, 한국신학연구소, 3~18쪽 ; 안병무(1981), 「민중신학, 마가복음을 중심으로」, 『신학사상』 34, 한국신학연구소, 504~536쪽.

맞닥뜨린 경고의 상황을 읽어낸다. 그리고 이와 같은 분석을 통해 확인된 언어, 구조, 주제를 마가복음 전체와 연결시켰다.[43]

　서중석은 마가복음의 뒤에 놓인 공동체의 성격을 지식사회학적 분석으로 확인하고자 했다. 그의『복음서 해석』(1991)은 베드로를 중심으로 한 '그 열둘'과 긴장관계를 유지하면서 대안적인 제자 그룹으로 암시되어 있는 마가의 공동체를 읽어내고자 했다. 대안 제자들을 암시하는 등장인물들은 소경 바디매오(10 : 46~52), 어린이(9 : 33~37 ; 10 : 13~16), 여인(7 : 24 ; 16 : 1~8 등) 들이다. 이들은 예루살렘 중심의 사도계 공동체와 부분적 대립을 이루면서 초기 교회의 일부를 구성하는 갈릴리 공동체로 읽힌다. 안병무의 사회학적 접근이 현재의 민중 상황에 중심을 두고 있어 좀더 '신학적'이라면 서중석의 방법은 마가 본문이 기초한 역사적 공동체에 초점을 맞춤으로써 진정으로 '성서학적'이었다.

　앞에서 언급한 바 있는 문학비평은 1990년대에 들어서면서 공관복음 연구에서 상당한 세를 형성해가고 있다. 민중신학의 후예인 강요섭은『복음의 시작―길의 건설 : 마르코복음서에 대한 문학적, 사회학적 해석』(1991)에서 본질적으로 복음서의 문학적 특성에 주의를 기울여 텍스트 내의 문학적 구성 요소들을 연관시키면서 사회적 메시지를 읽어내려 했다. 송순열은 내포저자(implied author)와 내포독자(implied author)의 설정으로 내러티브를 읽어내는 설화비평[44]의 기법을 적용하여 수로보니게 여인의 이야기(막 7 : 24~30)를 해석하는 시도를 했다.[45] 이미 언급한 바와 같이 심상법은『그말씀』에서 설교자를 위해 마가의 이야기를 서사비평에 입각하여 읽어주었다.

---

43) 박수암(1993)의 마가복음 주석서『성서주석 마가복음』, 대한기독교서회도 기본적으로 같은 구상을 갖고 있다. 그래서 마가복음이 케리그마일 뿐 아니라 공동체를 위한 권면의 글로 좀더 기울어지게 했다.

44) 영어권의 narrative criticism에 대한 번역은 역자에 따라 꽤나 다양하다. 설화비평, 서사비평, 내러티브 비평, 이야기체 비평 등은 모든 동일한 'narrative criticism'에 대한 다양한 표현이다.

45) 송순열(1997),「설화비평으로 읽는 신약성서」,『지구화 시대의 한국신학 : 고운 김달수 박사 회갑 기념 논문집』, 도서출판 한빛.

114

권종선도 같은 방법으로 마가복음의 기독론을 추적하는 작업을 했다.[46]

조태연의 도발적인 마가복음 해석인 『태의 소생 : 여성지도자들을 위한 마가 읽기』(1998)도 문학비평에 근거한다. 이 책은 여성해방신학의 비평적 안목을 지닌 남성 저자의 산물이다. 그러나 조태연은 피오렌자의 여성해방비평 해석학에서와 같이 가부장적 질서와 충돌하는 방식을 취하지는 않는다. 오히려 마가를 여성을 위한 글로 읽으려는 신학·문학적 주관이 텍스트의 객관적 단서들을 취합하여 연결, 정리하는 독특한 기법을 사용하고 있다. 다분히 독자반응 비평쪽으로 경사된 마가복음 읽기라 평가해도 크게 무리가 아닌 듯싶다. 저자가 마가 자신의 플롯이라고 정의하는 여성과 빵 모티브의 흐름은 사실 독자가 마가복음 속에 들어가 개입시킨 자신의 플롯일 수 있기 때문이다.[47]

(2) 마태복음

마태복음 연구에서는, 두 자료설에 입각할 때 마가복음과의 비교를 통해 편집비평의 역할이 더 분명하게 부각된다. 김득중의 『복음서신학』(1985), 정양모의 『마태오 복음서』(1990), 조경철의 『성서주석 마태복음 I』(1999) 등은 모두 기본적으로 편집비평에 입각하여 마태의 독특한 구성적 특징을 서술한다. 대체적으로 기원 후 70년의 예루살렘 성전의 소멸 이후 등장하는

---

46) 권종선(2000), 「마가복음의 서사적 기독론」, 『복음과 실천』 27, 침례교신학대학, 65~102쪽.

47) 조태연은, 야이로의 딸이 일어나서 먹은 음식(6 : 43), 수로보니게 여인과 예수의 대화 속에 들어있는 '자녀의 빵'(7 : 24~30), 베다니 여인의 향유 이야기에서 언급되는 '예수의 몸'(14 : 8), 그리고 유월절 만찬의 '빵과 몸'(14 : 12~25)이 모두 한데 연결되어 '빵의 상징'과 '몸의 신학'으로 정제되어 있다고 믿는다(『태의 소생』, 6~7쪽). "마가는 대단히 정교한 상징체계로서 자기의 심오한 신학적 의미를 기호화하였다"(『태의 소생』, 6쪽). 그는 이런 정교한 체계의 발견을 스스로 "개안"(開眼)이라 표현하고 있다. 하지만 이 "개안"이 저자 마가 안에 있던 것에 대한 객관적 발견이었는지 아니면 저자 마가를 떠나 독립된 텍스트로 존재하던 현재의 마가복음서에 대한 해석자 조태연의 내면적 "개안"인지 판별해 볼 필요가 있다. 현대의 주관적 독법인 독자반응비평에서 후자는 별 문제가 없다.

랍비 유대교와의 갈등관계 속에서 형성되는 독특한 기독론과 공동체론, 그리고 이방인 선교의 상황 등이 부각되어 있다.

서중석은 마태복음 연구에도 역시 사회학적 방법의 전략을 취한다. 그는 「마태 공동체의 내부 대립과 공존」(『복음서 해석』, 1991)을 통해 마태 공동체 내부에 상호간에 대립하면서 공존하는 두 개의 집단을 재구성해낸다. 이들은 선교의 범위, 율법의 해석, 종교적 기적에 있어 긴장 관계를 형성한다. 마태복음의 저자는 주제에 따라 다르게 이 양자 사이의 적절한 공존과 대립을 배치시키고 있다.[48) 서중석의 제자인 구제홍도 같은 방법론에 입각하여 마태 공동체의 리더십에 주목하는 연구를 이어가고 있다.[49)

마태복음을 좀더 신학적 차원에서 읽어내는 작업도 있다. 김영봉은 『성서주석 마태복음 II』(1999)에서 문학적 분석에 치중하면서 마태의 메시지를 추출해내는 데 충실했고 양용의는 『예수와 안식일, 그리고 주일 : 마태복음을 중심으로』(2000)에서 예수가 안식일의 종말론적, 영적 의미의 성취로 제시되는 마태복음서를 그려냈다. 이러한 신학적 마태 읽기는 나요섭의 『천국의 서기관 마태』(2001)에서도 독특한 연구 결과를 냈다. 나요섭은 '아담 그리스도론', '에덴동산 천국론', '아담 제자론' 등의 용어들을 사용하면서 창세기의 여러 이미지와 마태의 주요 신학적 주제와의 연관성을 집중적으로 분석한다. 조태연의 표현을 빌자면, "기존의 연구가 편집사 및 전승사에 입각한 연구였거나 사회학적 해석이었다면, 그는 '글사이끼침' (intertextuality)에 입각한 유형론적 연상법에 편집적 및 서사적 접근법을 활용하되 신학적 설명을 사회적 및 사회학적 지평 위에서 시도한 것이다".[50)

---

48) 서중석(1991), 「마태공동체의 내부대립과 공존」, 『복음서 해석』, 대한기독교서회, 133~165쪽. 물론 이러한 사회학적 결론은 편집비평의 경우와 마찬가지로 본문 분석에서 이루어지는 추정에 기초하기 때문에 사실의 검증이 가능한 것은 아니다.
49) 구제홍(1991), 「마태복음서의 유대인 지도자들 : 바리새인을 중심으로」, 『대한기독교신학교교수논문집』 2, 61~78쪽 ; 「마태의 제자상과 사회적 정황」, 『대한기독교신학교교수논문집』 4, 1995, 89~105쪽 ; 「마태복음서 연구동향과 마태공동체 리더십 연구의 의의」, 『대한기독교신학교교수논문집』 5, 1997, 51~70쪽.
50) 조태연(2002), 「공관복음 연구」, 『신약성서 개론』, 522쪽.

나요섭은 그의 산상설교 연구인『산, 예수, 그리고 하늘나라』(2000)에서도 창세기의 에덴동산 이미지를 많이 활용하여 본문을 분석하는 '본문연관성'의 독창성을 과시했다. 산상수훈에 대한 집중적 연구에는 박수암(『산상보훈』, 1990), 김희성(「산상보훈의 Imitatio Dei : 기독교 신앙과 삶의 전형에 대한 고찰」, 1994),[51] 오덕호(『산상설교를 읽읍시다 : 산상설교의 문학-역사비평적 연구』, 1999) 등이 기여한 바 크다.

(3) 누가복음

국내의 누가복음서 연구는 '소외된 자', '가난한 자'에 대한 관심을 부각시키는 데 집중되었다. 김득중의『누가의 신학』(1991)은 세리와 죄인, 사마리아인, 여성, 가난한 자들에 대한 누가의 관심을 잘 설명해주었다. 그의『성서주석 누가복음』(1993)은 총 1,100여 쪽에 이르는데, "누가복음에 관하여 한국인이 저술한 가장 방대한 주석서라 할 수 있다"[52] 민중신학적 접근을 하는 안병무가, 누가복음의 청중이 가진 자들이지만 그들에게 제시되는 구원의 길로서 주체가 되는 가난한 자들의 존재를 인식하고자 했던 것은 너무 당연한 일이었다(「가난한 자, 루가의 민중 이해」,『민중과 성서』, 1993). 김경진도『누가신학의 제자도와 청지기도』(1996)에서 누가복음의 제자도와 청지기도가 기본적으로 가난한 자들을 돌보는 가운데서 이슈가 되는 소유와 소유권의 문제임을 밝히는 데 주력했다. 오덕호는 '문학·역사비평'을 활용하여『하나님이냐 돈이냐? 누가복음 16장의 문학·역사비평적 연구』(1998)를 썼다. 학위논문에 기초한 이 책은 제목이 말해주고 있듯이 역시 '소유'와 가난한 자들의 문제로 하나님을 향한 신실함의 척도를 삼는 누가의 신학을 깊이 있게 천착했다.[53]

국내의 누가복음 연구에 있어 이루어진 최근의 의미있는 업적은 신약학회

---

51) 한국기독교학회(1994),『한국기독교신학논총』11권, 83~116쪽.
52) 조태연(2002), 앞의 글, 523쪽.
53) 사실 오덕호의 이 책은 누가복음 본문 연구에 활용된 방법론의 특성 때문에 더 큰 의미를 갖는다. 앞에서 다룬 문학비평 부분을 참고하라.

연구 시리즈 1호로 탄생한 『누가복음 새로 읽기 : 문학적 읽기의 이론과 실제』(한들, 2001)이다. 이 책은 심상법, 김영봉, 이달, 오덕호, 정종성, 윤철원, 양재훈, 허주가 한 팀이 되어 '문학비평'의 방법으로 누가복음의 여러 본문 해석을 실험한 결과물이다. 문학비평 방법에 대한 심상법의 심도 있는 설명과 더불어, 바흐친(M. Bakhtin)의 이론인 '영역 확장성'(liminality)을 활용하여 독자반응비평으로 본문을 해독한 정종성의 「예수님의 비유(눅 15~16장)와 바흐친 독자」는 주목할만한 개성을 드러내고 있다.

(4) Q연구

이른바 Q에 대한 관심은 1990년대 복음서 연구자들의 특성으로 부각되었다. 이전까지 Q는 공관복음서의 문헌관계를 설명하는 자료 비평 차원에서 '두 문서 가설'(Two-Document Theory)을 설명하기 위한 일부분으로만 다루어져왔다. 하지만 1990년대의 일부 국내학자들은 구미, 특히 미국을 중심으로 한 새로운 차원의 관심을 반영하여 '복음서로서의 Q 이론'과 그에 따른 'Q 공동체'에 대한 토론에 불을 당겼다.[54]

유럽에서 시작된 Q연구의 역사에 대해서는 성종현이 「예수 어록(Q 자료)의 연구 동향」(1992)에서 자세하게 정리했고 조태연도 1995년 『기독교사상』에서 연재한 「예수운동의 거룩한 탐구」에서 부분적으로 최신의 경향을 소개해 주었다. 본격적으로 Q에 집중된 연구는 김형동이 2000년을 전후하여 『신약논단』을 비롯하여 여러 지면에 발표하는 논문들을 통하여 이루어지고

---

54) 문서상으로는 공관복음서, 특히 마태복음과 누가복음의 전승층을 통해서 가정(假定)되던 Q를 실제로 존재했었으나 보전이 되지 못한 '잃어버린 문서'로 기정사실화하고 이를 복원하려는 작업이 인기를 끌고 있다. 이러한 작업의 대표적인 예로는, John S. Kloppenborg 외 4인이 공저한 *Q Thomas Reader* (Sonoma : Polebridge Press, 1990), Burton L. Mack의 *The Lost Gospel : The Book of Q and Christian Origins*(New York : Harper San Francisco, 1993) 등이 있다. 클레어몬트 대학교에서 Q 복원을 위해 설립한 IQP(International Q Project, '국제 Q 프로젝트')에 대한 설명과 그 연구 결과를 위해서는 소기천(2000), 『예수말씀의 전승궤도』, 대한기독교서회, 205~218쪽을 보라.

있다. 김형동의 주된 연구 방향은 Q의 독특한 관심과 동기로서 묵시적 종말사상에 기초한 Q 자체의 신학을 규명하는 데 있다. 반면 클로펜보그의 이론에 기초한 소기천의『예수말씀의 전승궤도』(2000)는 예루살렘 공동체에서 마태 공동체까지의 변천 과정에 어떻게 Q 공동체가 여과 기능을 하는지를 연구하여 초기 그리스도교의 사회사를 재구성하는 시도였다. 이어서 나요섭은 『예수에 관한 첫 글 Q』(2002)에서 Q를 네 개의 편집층으로 구분하고 이를 통해 그 공동체의 신학과 사회상의 변화를 정밀하게 추적했다. 민중신학적 관점에서 1990년대 초부터 Q를 연구해 온 김명수는『그리스도교와 탈현대성』(2000)에서 역사적 예수와의 연속성을 가장 잘 보전한 전승을 Q로 정의하며 거기서 민중의 신학과의 접점을 찾았다.

2) 역사적 예수

신약 연구에서 가장 많은 관심을 끄는 주제는 역시 예수이다. 그러면서도 신약학자들이 직접적으로 대면하기를 가장 꺼리는 부분 또한 예수의 문제이다. 그리스도교 교의의 중추를 구성하는 '기독론'에 손상을 가져온다 하여 필화(筆禍)를 입을 수도 있기 때문이다. 이른바 '역사적 예수'(Historical Jesus)는 교회의 주(主)인 '신앙의 그리스도'(Christ of Faith)에 의해 채색된 복음서의 예수와 구분하여 학자들이 그려내는 역사 속의 실제 예수의 그림이다.

(1) 국내 학자들의 예수

이 역사적 예수는 학자들의 숫자만큼이나 다양하지만 대략 세 가지 유형으로 나타난다.

최근에 주목을 받고 있는 '예수 세미나' 멤버들이 그리고 있는 현자(賢者) 예수가 그 첫째이다. 지혜 전승에 입각한 방랑 철학자의 모습이다. 둘째는 슈바이처 이후 많은 신약학자들의 공감을 얻고 있는 종말론적 소망의 예수이다. 유대의 묵시사상에 기초한 새 세계를 기대했던바 현대인이 보기에 '낯설은 예수'의 그림이다. 셋째로 사회개혁가 내지는 혁명가로서의 예수를 그리는 리처드 호슬리, 또는 도미닉 크로싼 등의 시도가 있다. 이들에게 예수는 이상적 평등사회를 지향하는 운동가였다.[55]

국내 학자들 중에서 일찍부터 역사적 예수의 연구에 혼신을 다했던 안병무를 굳이 이 중의 하나에 맞추자면 말할 것도 없이 세 번째 범주에 속할 것이다. 그의 저서 제목이 증거 하듯이 안병무는 '해방자 예수'를 재구성하는 학자군에 포함된다. 안병무는,『역사의 증언』(1972),『해방자 예수』(1975),『역사의 예수』(1983),『갈릴래아의 예수』(1990)로 이어지는 지속적인 저술을 통해, 초월적인 '하나님의 나라'를 주권 확립의 정치적 개념인 현실의 사회 실재로 민중에게 베풀고자 했던 예수를 구성해냈다. 김명수의 Q 연구에 입각한 역사적 예수의 재구성도 민중신학의 기본구도에 따른다. "예수의 죽음은 이스라엘 주변부 민중을 위한 당파적 실천과 그로 인한 이스라엘 지배계층과의 충돌 결과이다"[56] 김명수에 따르면, 예수는 헬레니즘적 그리스도교가 해석하듯이 인류를 위한 유일한 구원사건을 위해 죽은 것이 아니다. 예수는 신명기적 예언자 전통에 입각하여 사회의 불의를 고발하던 운동의 주인공이었다.

---

55) 유승원(2001),「탄성을 불러일으키는 또 하나의 예수 이야기」,『기독교사상』509, 5월, 대한기독교서회, 235쪽. 이와 같은 구미 학자들의 책은 국내에서 활발하게 번역이 되었다. Marcus Borg 저, 구자명 역(1995),『미팅 지저스』, 홍성사 ; Marcus Borg 저, 김기석 역(1997),『예수 새로 보기 : 영, 문화 그리고 제자 됨』, 한국신학연구소 ; Marcus Borg 저, 한인철 역(2001),『새로 만난 하나님』, 한국기독교연구소 ; E. P. Sanders 저, 이정희 역(1997),『예수운동과 하나님 나라』, 한국신학연구소 ; John Dominic Crossan 저, 한인철 역(1998),『예수는 누구인가』, 한국기독교연구소 ; Marcus Borg 저, 김준우 역(2001),『역사적 예수 : 지중해 지역의 한 유대 농부의 생애』, 한국기독교연구소 ; Marcus Borg 저, 김기철 역(2001),『예수 : 사회적 혁명가의 전기』, 한국기독교연구소 ; Robert W. Funk 저, 김중우 역(1999),『예수에게 솔직히』, 한국기독교연구소 ; Gerd Theissen 저, 손성현 역(2001),『역사적 예수』, 다산글방.
56) 김명수(2000),『그리스도교와 탈현대성』, 대한기독교서회.

같은 민중신학의 권역 내에 있으면서도 김창락은 안병무와 차별성을 유지하면서, 슈바이처의 경계(警戒)를 받아들여 예수가 선포한 하나님의 나라에서 묵시사상적 종말론의 급진적 성격을 놓치지 않고 있다.57) 반면에 차정식은 『묵시의 하늘과 지혜의 땅 : 예수 신학 비평』(2001)에서 복음서의 텍스트를 주요 양식별로 구분하여 '주관적 독법'으로 읽으면서 사실상 예수의 묵시주의적 특성에 소원(疏遠)하게 거리를 두어, '지혜의 땅'에 굳게 선 현자 예수를 전면에 부각시켰다. 결과적으로 예수 세미나의 예수에 다가간 셈이다. 복음서의 예수를 역사의 예수로 수용하기를 꺼려하지 않는 복음주의자들을 대표하는 연구결과도 있다. 최갑종은 『나사렛 예수』(1996)에서 방대한 연구자료를 제공하면서 역사의 예수를 재구성했는데 그 예수는 교회의 전통적 예수와 다르지 않아 신앙의 그리스도와 역사적 예수 사이의 긴장과 괴리감을 해소시켰다. 물론 최갑종은 복음서 예수의 사건과 선포를 신학적일 뿐 아니라 객관적 역사로 간주했다.

(2) 예수운동의 개념

역사적 예수 연구의 한 축으로 국내에서 부각된 독특한 분야는 이른바 '예수 운동'에 대한 관심이다. '예수 운동'이란 개념은 신약성서가 제시하고 있는 케리그마적인 그리스도교에는 아직 다다르지 않은 상태에서 역사적 예수 직후 그의 추종자들이 갈릴리와 시리아를 중심으로 형성했던 공동체적 신념과 움직임에 대한 가설적 구성이다. 즉, 신앙의 그리스도를 경배하는 헬라적·그리스도교와 대별되어 역사적 예수의 가르침에 더 친밀함을 보전한 공동체의 사상과 삶에 대한 탐구의 한 방향이다. 안병무의 민중신학을 이어받은 황성규의 『예수운동과 갈릴리』(1995)는 갈릴리 민중에게 있어서 예수운동이 갖는 의미를 조명하면서 원시 그리스도교의 역사를 재구성한다.

일찍이 헬무트 쾨스터(Helmut Köster)는 예수 이후의 원시 그리스도교가

---

57) 김창락(2000), 「'하나님의 나라' : 그 기원과 해석의 역사」, 『하나님 나라 : 그 해석과 실천』, 한국신학연구소.

단일 공동체가 아닌 다양한 궤적(軌跡, trajectories)의 여러 다른 공동체로 발전해 나갔다고 보았다.[58] 이에 기초하여 예수운동의 개념을 국내에서 정교화한 조태연은 『기독교사상』에 연재했던 논문들을 모아 『예수운동 : 그리스도교 기원의 탐구』(1996)를 펴냈다. 이 책에서 조태연은, "예수 사후(기원후 30) 마가복음(기원후 70)이 등장하기까지 '잊혀진 40년'동안 팔레스틴과 시리아에 존재하던 예수의 계승자들로서"의 예수운동을 상정하였다. "헬레니즘적 그리스도교(그 전형은 바울이다)가 케리그마 신앙으로서 죽음과 부활의 그리스도를 예배하였다면, 이들은 예수의 가르침과 행위(예수전승)에 호소함으로써 역사적 예수의 정신을 계승하였다"[59] 물론 이러한 예수운동이 역사적 예수 자신의 활동과 가르침에 가장 가까웠을 것으로 가정했다.

(3) 예수의 사역과 메시지, 비유 연구

예수의 활동과 선포, 그리고 가르침 중 한 부분을 조명함으로써 예수를 이해하려는 연구들도 있었다. 김지철은 「예수의 치유」(『교회와 신학』 28, 1996)를 통해 예수의 치유 활동을 전인격적 인간회복의 하나님 나라 성취로 보았다. 김광수는 예수의 축귀(逐鬼)와 치유를 사회적 이데올로기의 차원에서 해석했다. 그에 따르자면 예수의 축귀 사역은, 비인간화를 유발시키고 불의로 억압하는 사회·정치적 체제의 고발과 그에 대한 하나님의 의로운 심판의 의미를 갖는다.[60] 그는 축귀뿐 아니라 병자 치유에 대해서도 비슷한 사회·문화적 이해를 펼쳤다.[61]

복음서가 제시하는 예수의 모습 중 그 독특함 때문에 그가 베푼 가르침의

---

58) Helmut Köster, *Trajectories through Early Christianity,* Philadelphia : Fortress Press, 1971, pp.114~157.

59) 조태연(2002), 「공관복음 연구」, 541쪽.

60) 김광수(1988), 「예수의 귀신 축출 사역의 사회 정치적 이해」, 『성경과신학』 23, 15~84쪽. 또한 『복음과실천』 19권(1996), 23권(1999), 25권(2000), 침례교신학대학에 연속하여 발표한 동일 제목의 논문들을 참고하라.

61) 김광수(2000), 「예수의 병자치유 사역의 사회-문화적 배경」, 『복음과실천』 27, 침례교신학대학, 35~64쪽.

실재에 가장 가깝게 다가가는 것으로 이해되는 것이 그의 비유이다. 따라서 역사적 예수의 연구에서 비유가 차지하는 비중은 가볍지 않다. 역사적 예수의 비유 연구는 알레고리의 요소가 전혀 없는 단일 포인트의 간단한 이야기였을 것이라는 아돌프 율리허(Adolf Jülicher)의 고전적 이론에서부터 출발한다. 일찍이 전경연이 낸『예수의 비유』(1962)는 율리허의 이러한 단일성의 원칙에 충실한 비유 해석이었다. 그러고 나서 허혁이 번역한 예레미야스의『예수의 비유』(1974)는 국내 역사적 비유 해석의 길잡이가 되었다. 이후 비유 연구는 역사적 예수의 선포와 가르침을 재구성하려는 역사적·객관적 탐구에서부터 시작하여 현대 독자의 반응이 역사적 재구성에 동참하게 하는 다분히 주관적 독법에 이르기까지 다양한 스펙트럼을 보였다.

비유의 목적과 메시지의 파악은 예수의 활동과 가르침을 이해하는 초석이 되기 때문에 이에 대한 연구들이 줄을 이었다. 김득중은『복음서의 비유들』(1988)을 통해, 예수의 비유가 적대자들과의 갈등관계, 그리고 그들과의 논쟁 중에 도입되어 종말론적 희망을 견고하게 붙잡는 수사학적 도구가 되고 있다는 점을 밝혔다. 이와 같이 갈등구조와 종말론적 낙관을 비유의 목적으로 보아 기본적으로 같은 구도를 취한 것이 몇 년 뒤에 나온 최갑종의『예수님의 비유 연구』(1993)였다. 하지만 최갑종은 예수의 비유의 주인공이 예수 자신이었다는 기독론적 입장에 충실하고자 했다. 가톨릭의 정태현도『놀라운 발견』(1996)에서 이와 같은 기본 시각에 동조하면서, 비유가 청중에게 희망을 주기 위한 독특한 설득의 기법이었다는 점을 부각시켰다. 김창락의『귀로 듣는 비유의 세계』(1999)도 마찬가지로 청자와의 관계를 주목했다. 하지만 김창락은 예수의 하나님 나라 운동의 맥락에서 비유를 조명하여 현대 독자와의 접촉점을 창조하려는 노력을 했다.

비유 해석에서 '역사적 예수'에 대한 질문을 도외시하려는 경향도 있다. '문학—역사비평'을 복음서 연구의 도구로 사용하여 독자성을 확보한 오덕호는 역사적 예수 차원의 비유보다는 성서의 최종 본문이 의도했던 독자(authorial reader)의 입장을 위한 비유의 해석에 초점을 두었다. 이 경우 율리허

의 경우와는 반대로 복음서의 비유에 첨가된 알레고리적 해설들이 더 중요하
게 여겨질 수도 있다. 조태연의 비유해석은 역사적 예수의 환경인 갈릴리
농촌 마을의 사회－경제적 구조 속으로 들어가되, "시간의 경과를 볼 때
비유(재건된 원형)가 제시하는 장면의 이전과 이후로 확장함으로써 개별적
비유보다는 온전한 '서사성'을 확보"하려 한다. 즉 역사적 예수의 시점으로
진입해 들어가는가 하면 동시에 해석자의 사유의 틀에서 재건된 비유들이
상호연관 속에서 하나의 구조로 종합되기도 한다. 조태연은 스스로 이에
대해 '동양적 사유의 틀 안에서 발전시키는 해석학적 대화'라 명명했다.[62]
비유 해석과 관련해 김덕기는, 『예수 비유의 새로운 지평 : 프랑스 구조주의
와 문학사회학 방법에 근거한 예수 비유의 정치적·윤리적 해석』(2001)을
통해 20세기 말의 다양한 첨단 비유 해석 이론들을 자세히 소개, 비판하기도
했다.

3) 바울

개신교에 있어 핵심적 교리를 제공하여 정경 내의 정경이 되고 있는 것이
바울이다.[63] 그래서 교의적 목적으로 바울을 해설한 국내 저서들은 적지

---

62) 조태연(2002), 「공관복음연구」, 536~537쪽. 그의 비유 해석을 위해서는 다음의
   글들을 참고하라. 「잘해야 본전, 아니면 손해 : 씨 뿌리는 자의 비유」, 『세계의신학』
   46, 2000, 70~97쪽 ; 「대지에 귀를 가만히 대어보라! : 씨를 살리는 땅의 비유(막
   4 : 26~29)」, 『세계의신학』 47, 한국기독교연구소, 51~74쪽 ; 「아하, 땅 속에 하늘
   이 있었네!」, 『세계의신학』 48, 한국기독교연구소, 55~88쪽.

63) 일찍이 루터는 바울의 이신칭의론을 일컬어 "기독교 교리의 요약"이며 "하나님의
   거룩한 교회를 비추는 태양"이라 했다. 그것은 유일하게 기독교만이 소유하고
   있는 가르침이며 기독교를 다른 기타 종교와 구분해 주는 교리였다. "하늘이 무너지
   고 땅이 꺼지며 그 안에 있는 모든 것이 사라진다 해도, 이 신조에 담겨진 그
   어떤 것도 포기하거나 타협을 할 수 없다"는 것이 루터의 생각이었다(Martin Luthers
   Werke 50 : 199). 이신칭의의 교리가 "다른 모든 교리, 사역, 예배의 형식, 그리고
   모든 인간의 의례에 대해 확실하고 자유롭게 판단을 내릴 수 있게 해 주는 시금석"을
   우리에게 제공해 준다고도 했다(Werke 27 : 9). 이후 보수적 그리스도교 진영에서는
   바울의 생각이 성서의 다른 부분을 읽는 잣대가 되고 있다.

않다. 그러나 여기서는 쟁점이 있는 내용들을 중심으로 국내의 연구들을
정리해보고자 한다.

(1) 바울 사상의 기원과 배경

바울 사상의 문화적 배경에 대한 논의는 서구에서 꽤나 활발하게 진행되었
다. 한때 라이첸슈타인(R. Reitzenstein), 부세트(W. Bousset), 불트만으로 이어
지는 종교사학파의 영향으로 바울의 배경은 철저하게 헬레니즘으로 평가되었
다. 하지만 케제만(E. Käsemann), 베커(Christiaan Beker), 데이비스(D. Davies),
샌더스(E. P. Sanders) 등의 연구가 진행되면서 자연스럽게 바울은 초기 유대교
의 맥락에서 이해하는 방향으로 움직여갔다.

국내의 장상은 베커의 제자로서『바울의 역사의식과 복음』에서 바울이
유대 묵시사상의 특성 아래 있다는 것을 전제하고 논의에 들어간다. 이
점은『바울해석』(1994)을 펴낸 김연태의 경우도 마찬가지다. 바울에 대해
글을 쓰는 대부분의 국내 신약학자들은 일반적으로 바울의 유대적 배경을
당연하게 여기고 있다. 하지만 조태연은 종교사학파의 전통을 이어 일관성
있게 바울을 헬레니즘의 산물로 본다. 조태연은 바울의 종교를, 팔레스틴의
예수 운동과 질적으로 다르게 개념의 변용과 내용의 변환을 꾀한 전략적
혼합주의(syncretism)로 부르기를 주저하지 않는다.64) 그는 좀더 구체적으로
바울의 종교가 밀의종교의 영향으로 탄생한 것으로 정의한다.65)

서구에서는 바울의 신학을 주관적 체험의 결과로 돌리기를 꺼려하는 경향
을 갖는다. 하지만 국내에는 바울 사상의 기원을 그의 체험에 돌리는 영향력
있는 학자들이 있다. 우선 오우성은 로마서 7 : 14~25의 해석사와 자신의
견해를 담은『바울의 갈등과 회심』(1992)에서, 로마서 7장의 서술을 "성령의
강한 영향력 아래 열린 그의 영적인 눈으로 바라본 (바울)자신의 실존"의

---

64) 조태연(1998),「성스러운 상징변이 : 한국문화신학을 위한 신약성서적 토대」,『한
   국종교문화와 문화신학』, 한들출판사, 38~71쪽.
65) 조태연(2000),「신을 먹고 신처럼 되어 : 문화의 수용과 변용에 대한 원시 그리스도
   교의 예」,『문화의 수용과 그 변용』, 이화여대인문학논총 2, 94~95쪽.

반영으로 보았다.

바울 사상의 기원을 체험에 두는 주장으로서 가장 체계가 잡혀있고 전 세계적인 영향을 미친 사람은 김세윤이다. 맨체스터 대학에서의 박사학위 논문이었던 The Origin of Paul's Gospel(1977)은 홍성희에 의해『바울 복음의 기원』(1994)이란 제목으로 번역 출판되었다. 김세윤은 복음을 '예수 그리스도의 계시'를 통하여 받았다는 바울 자신의 체험 증언(갈 1 : 12)을 진지하게 받아들여 그 증거들을 바울의 편지들 속에서 확인하고 이 회심·소명의 체험이 어떻게 바울의 중요한 신학적 주장으로 형성되어 갔는지를 역사적으로 규명하려는 시도를 했다. 김세윤의 연구는 전 세계 바울 학자들에게 인용되면서 회심의 경험 하나에 바울의 모든 신학을 환원시킨다는 지적을 적지 않게 받았다. 그러나 김세윤은 그 모든 비평에 굴하지 않고 자신의 입장을 변호했고, 최근에 그간의 비평에 대한 답변과 샌더스(E. P. Sanders) 이후 형성된 바울 연구의 '새로운 관점'(New Perspective)에 대한 반론을 모아 Paul and the New Perspective : Second Thoughts on the Origin of Paul's Gospel(바울과 새로운 관점 : 바울 복음의 기원에 대한 재고, 2002)을 펴냈다.

바울 사상의 기원과 관련해서 빼 놓을 수 없는 중요한 이슈 하나는 예수와 바울의 연속성과 불연속성 문제이다. 불트만의 입장을 따르는 대다수의 학자들은 바울이 제창하는 신앙의 그리스도가 역사의 예수와 판이하게 다르다는 생각을 갖고 있다. 국내의 조태연도 앞에서 밝힌 바와 같이 이 점에 있어 분명하게 불연속성을 천명했다. 하지만 바울의 그리스도가 분명히 '예수' 그리스도이며 또한 그가 바울의 퀴리오스라는 점을 감안할 때 양자 사이에는 어떤 모양으로라도 연속성이 있게 마련이다.

안병무는 바울의 주가 역사의 예수보다는 신앙의 그리스도였다는 불트만의 기본 구도를 받아들이면서도 바울의 회심을 '전향'(轉向)의 개념으로 봄으로써 그와 예수의 연속성을 이어준다. 신분상으로 월등하게 상류 계층에 속하는 한 엘리트가 갈릴리 천민의 생각과 실천에 자신을 굴복시킨 '민중으로의 전향'을 바울의 회심으로 이해한 것이다.[66] 그래서 바울은, 율법의 억압적 요소에 대한 부정, 하나님의 종말론적 승리, 예수의 고난에 동참하려는 의지 등에서 예수와의 연속성을 보여준다는 주장이다. 안병무가 독특하게 한국적 신학으로 바울과 예수의 연속성을 설명했다면, 김세윤과 장종현, 최갑종 등은 바울 서신에 나타난 예수 전승을 확인하거나 기독론적 선포 내용의 기원 추적을 통해 양자의 연속성을 확인하는 서구 학계의 시도에 궤적을 같이했다.[67]

(2) 율법주의와 칭의론의 이슈

바울 논의의 핵심은 역시 그의 칭의론과 그 배경으로 논란이 되고 있는 율법주의에 있다고 보아야 할 것이다. 지난 세기 바울 논의에 가장 큰 영향을 준 것은 E. P. 샌더스의 Paul and Palestinian Judaism(1977)이었다. 그는 현존의 당대 유대 문헌을 샅샅이 뒤져 탐구한 뒤 바울 당시의 유대교가 이른바 '공로주의'(legalism), 즉 행위의 업적으로 구원을 따낼 수 있다는 주장의 율법주의가 전혀 아니었다는 결론을 이끌어 냈다. 이후 신약학자들은 바울의 칭의론과 그 배경을 근본적으로 다시 생각해야만 되었다.[68] 국내의 바울 학자들도 샌더스 이후의 부담을 안고 논의에 뛰어들었다.

가. 바울의 논적

우선은 바울이 격렬하게 저항하고 있는 그의 논적(論敵)이 누구냐 하는 문제가 있었다. 홍인규와 이한수는 기본적으로 샌더스의 연구 결과를 수용하면서 답을 찾았다. 홍인규는, 바울과 그의 논적이 둘 다 함께 샌더스가 말하는

---

66) 안병무(2000), 「바울의 전향과 소명」, 『바울 새로 보기』, 김재성 편, 한국신학연구소, 147쪽.
67) 김세윤(1995), 「바울서신들에 있는 예수전승」, 『예수와 바울』, 도서출판 제자, 319~386쪽 ; 장종현・최갑종(1999), 『사도 바울』, 천안대학교, 12장을 보라. 물론 김세윤의 작업은 바울의 예수 전승 지식의 정도를 극대화시키는 '극대주의자'(maximalist)로 분류된다. 하지만 그의 연구는 진지한 석의와 논의 없이 무작정 '극소주의자'(minimalist)를 자처하는 일에 좋은 경계가 된다.
68) 샌더스는 이를 '언약의 신율주의'(covenantal nomism)라는 용어로 설명했다.

'언약의 신율주의'에 기초하고 있다고 생각했다. 단지 바울의 논적들이 이방인 신자들에게 할례와 율법을 추가적 가입 조건으로 제시하는 시대착오적 자세를 보여서 문제가 되었다는 주장이다.[69] 이한수에 따르면 바울이 격렬하게 반대한 것은 언약의 신율주의에 기초한 유대의 선민적 배타주의였다. 이한수는, 이른바 '안디옥 사건'(갈 2 : 11~21)에서 그리스도인을 유대인처럼 살게 하려는 주장이 있었다고 추리함으로써 이와 같은 주장을 폈다.[70]

한편 서중석과 최갑종은, 당시의 유대교가 우리가 생각하고 있는 것보다 훨씬 복잡하게 다양한 종파를 구성하고 있었다는 뉴스너(Jacob Neusner)의 이론에 기초하여 샌더스의 연구결론에 이의를 제기하면서 전통적인 바울의 칭의론 배경인 공로주의적 율법주의의 존재를 다시 확인하려는 주장을 폈다. 서중석은 바울이 싫어했던 '율법 행위 구원파'가 있었고 이런 사조에 동조하던 예루살렘 사도들 또는 유대 그리스도인들이 실제로 있었다고 보았다. 물론 서중석은 사회학적 관심에 초점을 맞추어, 이러한 율법행위 구원파의 주장이 유대인과 이방인을 가르는 "장벽 설치의 방편"이 되었기 때문에 바울이 비판의 메스를 가했다고 보았다.[71]

최갑종은 같은 맥락에서 바울의 판단에 신뢰를 부여하는 차원에서 이 문제에 접근했다. 그는, "우리 중에 그 누가 감히 바울보다 주후 1세기의 유대교와 율법을 더 잘 알고 있었다고 말할 수 있겠는가" 반문하며 바울의 일차적 경험에 입각한 당대의 판단을 존중하여 당시에 공로주의적 율법주의가 있었을 것이라고 단정한다.[72]

---

69) 홍인규(1994), 「바울은 율법을 잘못 전하고 있는가」, 『목회와신학』 66, 12월, 288~301쪽.

70) 이한수(1993), 『바울 신학 연구』, 총신대 출판부, 99~187쪽.

71) 서중석(1998), 『바울서신해석』, 대한기독교서회, 173쪽. 바울이 반대했던 율법주의의 존재에 대해서는 그의 「바울의 율법 행위 비판」, 『현대와 신학』 22, 연세대학교 연합신학대학원, 74~75쪽을 보라.

72) 최갑종(1997), 『바울연구 Ⅱ』, 기독교문서선교회, 96쪽.

나. 칭의론의 상황성

이러한 논의는 자연히 바울이 갈라디아서와 로마서에서 펴고 있는 이신칭의 주장이 지닌 상황성의 문제로 넘어갔다. 루터는 이신칭의를 바울 사상의 핵심일 뿐 아니라 성서 전체의 중심으로 보았지만, 지난 세기 초(1907)에 브레데(William Wrede)는 그것을 돌출 상황에서 발생한 투쟁 교의(polemical doctrine)라 주장했다. 그리고 1961년에 스텐달(Krister Stendahl)이 "The Apostle Paul and the Introspective Conscience of the West"를 써서 어떻게 바울에 대한 이해가 서구인들의 양심의 고통과 죄책감의 시각으로 왜곡되었는지를 밝히면서 학계는 이신칭의를 상황적 교의로 받아들이는 경향을 보였다.

그러나 메이첸(J. G. Machen), 바레트(C. K. Barrett), 로버트 펑(Robert Y. K. Fung) 등의 학자들은 선교 초기부터 바울 사상의 중심이 이신칭의라는 전통적인 주장을 계속했고 한국 내에서도 이 점에 대해서는 심각한 도전이 없었다. 이러한 국내 전통에 입각하여 최갑종은 "이방선교가 이신칭의 교리를 낳은 것이 아니라 오히려 이신칭의 교리가 그의 이방선교를 낳았다"고 역설했다.[73] 반면 김창락은 민중신학 전통의 연장선상에서 이신칭의 교의의 상황성을 지적해냈다. 김창락은, 바울이 말하는 '하나님의 의'가 강자의 억압 속에 놓인 약자의 한을 푸는 하나님의 정의로운 행위라는 차원의 사회적 해석에 입각하여[74] 이신칭의가 약자 위치에 놓인 이방인을 구출하려는 하나님의 의로운 행위라고 주장했다.[75]

유승원은 이신칭의 교의의 상황성을 받아들이되 초대교회의 교의 형성 과정에서 발생할 수밖에 없었던 필연성을 지적한다. 그는 이 교의가 바울의 선교 활동 초기에는 구체화되지 않았다고 본다. 하지만 갈라디아서와 사도행전 15장에 반영된 이방 그리스도인의 정체성 문제가 유대주의자들에 의해 제기되면서 이방 그리스도인들이 할례와 유대 율법의 의무에 매일 필요가

---

73) 최갑종(1997), 『사도 바울』, 379~380쪽.
74) 김창락(1997), 「바울의 성의론/칭의론 이해」, 『종교신학연구』 10, 31쪽.
75) 김창락(2001), 「바울의 칭의론, 무엇이 문제인가?」, 김재성 편, 『바울 새로 보기』, 한국신학연구소, 214쪽.

없다는 주장을 편 것이 이신칭의 교의로 표출되었다는 것이다. 당시 유대 그리스도인들은 예수의 복음이 유대인들만을 위한 것으로 이해하고 있었으나 사도행전의 스토리 전개가 보여주듯이 초기 그리스도교의 운동은 오히려 비유대권에서 더 성공적이었다. 따라서 유승원의 지적에 따르면, 이방 그리스도인들이 예수 복음의 진원지인 유대의 할례와 율법 문제에 대해 한번은 이념적 논쟁을 거치지 않을 수 없었다는 것이다. 이렇게 볼 때, 바울의 이신칭의 주장이 꼭 믿음에 반대된다 하여 '행위'를 배제하는 것이 아니었다는 결론도 가능해진다.[76)]

(3) 바울과 여성

바울은 여성 문제에 있어 큰 고민거리를 안겨준다. 고린도전서 14 : 34~36과 디모데전서 2 : 11~15 같은 내용이 치명적일 정도로 반(反)여성적이기 때문이다. 더구나 대부분의 현대 교회들이 여성의 사역을 당연시하고 있는 현실에서 교회 내 여성의 역할을 금지시키는 것으로 해석될 수 있는 몇몇 바울서신의 문구들은 항상 바울 연구의 뜨거운 감자가 되었다. 국내에서도 이에 대한 논의가 이어졌다.

서중석은 바울이 의도했던 바에 대한 오해를 푸는 방식의 접근을 취했다. 고린도전서 14장을 이른바 '반박설'로 설명한다. 이 구절의 침묵 요구는 바울의 주장이 아니고 고린도 교회 남성들의 것이며 바울은 오히려 이에 대해 반박을 하고 있다는 요지이다.[77)] 서중석은 갈라디아서 3 : 28의 해방 선언이 바울의 생각이라 보아 그가 교회 내의 여성 사역을 금하지 않았다고

---

76) 유승원(2001), 「믿음으로만 의롭게 될 수 있는가? : 이신칭의 교의의 기원과 그 의미에 대한 오해와 이해」, 『현대와 신학』 26, 연세대학교 연합신학대학원, 284~323쪽. 샌더스 문하에서 수학한 유승원은 바울 당대의 유대교가 일반적으로 공로주의를 표방하지 않았다는 그의 주장에 동의한다. 하지만 바울이 유대교를 공로주의의 종교로 몰아붙이고 있다고 생각하지는 않는다. 단지 이방 그리스도인들에게 할례와 율법준수를 강요할 경우, 유대 그리스도인들과는 달리 이것이 구원에 '들어가기'(getting in)의 수단이 되기 때문에 바울이 그에 결사적으로 반대했다고 본다.

77) 서중석(1998), 『바울서신 해석』, 대한기독교서회, 219~234쪽.

주장한다. 남편이 아내의 머리가 되는 창조질서의 적용은 가정 내의 규범이며 교회에서의 사역과 직접적 연관이 없다는 것이 서중석의 생각이다.[78] 실제로 바울이 여성의 사역을 금하지 않았다는 점을 확인하기 위해 바울이 언급하는 여성 사역자들을 분석하는 작업도 종종 이루어졌다. 김지철은 로마서 16장의 문안(問安)에 등장하는 여성사역자들의 면모를 분석 정리하여 초기 그리스도교의 가정교회에서 "남녀 역할 차이가 실제로 거의 드러나지 않았던 것"을 거증했다.[79]

확실히 바울은 여성문제에 있어 어느 한쪽으로만 해석될 수 있을 만큼 단순한 인물은 아니다. 그는 복음의 해방적 입장과 사역 현장의 가부장적 질서 사이에서 선교적 균형을 유지했던 것으로 보인다. 이런 애매성 때문에 피오렌자(Schüssler Fiorenza)의 '여성해방 비평 해석학'(feminist critical hermeneutics)이 등장했다. 그리스-로마 세계와 유대의 가부장적 억압의 굴레를 완전히 벗어나지 못한 바울의 글을 여성해방의 역사적 관점에서 비평적으로 수용해야 한다는 해석학적 입장이다. 국내의 여성신학자들은 약간의 편차를 보이면서 피오렌자의 해석학적 방법을 취하여 바울의 본문을 풀었다. 김경희는 갈라디아서 3 : 28의 선언을 유대 남성으로서의 바울의 한계적 발언보다 우위에 두어야 한다는 입장을 취했다.[80] 최영실도 바울의 양면성을 인식하면서, 당시의 정황을 통해 바울의 반여성적 발언을 이해하려는 시도와 동시에 여성차별의 뿌리를 제공한 바울의 한계를 지적한다.[81] 이런 입장은 박경미에게서도 마찬가지다. 바울과 바울 계열의 글들은, 복음의 종말론적 구원 선포와 로마제국 질서의 바탕이 되는 가부장제 사이에서 애매함을 보이고 있기 때문에 비평적으로 읽어야만 여성을 위한 해방의

---

78) 서중석(1998), 『바울신학연구』, 대한기독교서회, 370~413쪽.
79) 김지철(1997), 「바울과 여성 선교 동역자들 : 로마서 16장을 중심으로」, 『장신논단』 13, 장로회신학대학교 출판부, 27~48쪽.
80) 김경희(2000), 「갈라디아 3장 27~28절을 통해 본 원시 기독교의 평등의 비전」, 『신약논단』 7, 한국신약학회, 48~82쪽.
81) 최영실(1997), 『신약성서의 여성들』, 대한기독교서회, 223~224쪽.

메시지를 추려낼 수 있다고 본다.[82]

4) 요한 문헌

국내의 요한 문헌 연구는 복음서나 바울 연구에 비해 상대적으로 미약한 편이다. 그것은 요한 문헌을 자신의 전공으로 삼는 학자들이 극히 소수였기 때문이기도 했다. 그래서 신약의 전 분야에 책임을 느껴 섭렵하는 일부 석학들의 연구가 요한문헌 연구에서도 주를 이루고 있는 것이 우리의 현실이다. 요한문헌 연구는 요한복음과 요한서신이 지닌 메시지와 스타일의 독특성 때문에 그 공동체와 신학에 관심이 모아졌다.

(1) 요한 공동체

일찍이 김득중은 「요한 공동체의 종파적 성격에 대한 연구」(『신학과 세계』, 1983)에서 요한공동체의 종파(sect)적 특성을 지적했다. 세례요한, 사도, 교회, 성례(聖禮), 유대교 등을 반대하면서 편협하고 열등한 사랑을 주창하는 배타성 때문이었다. 이어서 서중석은, 요한 공동체가 상이한 여러 집단으로 구성되어 내적 갈등을 겪고 있었음을 서술하는 사회학적 분석을 시도했다. 서중석에 따르면 요한문헌에는 긴장관계 속에서 대립하는 '비공개적 그리스도인들', '사도계 그리스도인들', '세례요한의 제자들', '세상과 유대인들'이 상호작용을 보이고 있다.[83]

이러한 섹트적 성격을 가져온, 또는 섹트적 성격 때문에 생겨난 '공동체의

---

82) 박경미(1990), 「바울 공동체와 여성들 : 갈 3 : 28과 고전 11 : 2~16을 중심으로」, 『한국여성신학』 1, 한국여신학자협의회, 7~12쪽 ; 박경미(1995), 「교회의 가부장주의화 과정과 에베소서의 가정규율」, 『한국여성신학』 21, 9~19쪽.

83) 서중석(1989), 「요한 공동체의 기원과 성장」, 『신학논단』 18, 연세대학교 신과대학 신학회, 109~127쪽 ; 요한공동체가 사도계열과 보이는 긴장관계에 대해서는, 「제일 고별 설교에 반영된 요한 공동체의 정황」, 『신학사상』 72, 1991, 35~66쪽 ; 베드로계와의 연합과 반연합의 이념적 대립에 대해서는, 서중석(1991), 「요한복음서의 베드로와 애제자」, 『신학논단』 10, 25~44쪽을 참고.

132

자의식'에 대한 연구도 여럿 선을 보였다. 서중석은 요한문헌에 강하게 드러나는 '상향 지향적 영광 사상'이 자신들을 박해하는 유대교에 대응하면서 형성된 자의식으로 보았다.[84] 박경미는 두 차례에 걸쳐『신약논단』에 발표한「요한 15, 1~16, 4a에 나타난 요한 공동체의 자의식」을 통해, 요한 공동체가 교회로서의 자의식을 갖고 있다는 것을 전제하면서 그 교회론을 규명하려 했다. 박경미도 역시 요한 공동체의 상황을 유대교의 박해로 인한 자기정체감의 확립 차원에서 이해하면서, "예수 그리스도가 곧 교회 공동체"라는 "과격한 자인식"으로 "예수의 선포인 공동체의 선포"를 세상 한 가운데서 계시로 내어놓아야 한다는 사명감을 품고 있는 신앙집단을 그려냈다.[85] 김동수는 요한 공동체가 '예수의 사랑하는 제자'를 중심으로 하면서 독특한 성격을 지녔다는 점은 인정하지만 '섹트'로 분류될 수는 없다는 입장을 취한다. 비록 '애제자'에 대한 강조는 있지만 베드로가 제자 무리의 대표성이 됨을 처음부터 끝까지 부인하지 않고 인정하고 있다는 연유에서이다.[86]

(2) 요한의 신학

요한문헌의 다양한 신학적 주제에 대해서는 비교적 많은 연구물이 쏟아져 나왔다. 요한의 신학 전체를 다룬 김득중의『요한의 신학』(1994), 김춘기의『요한복음 연구 : 신학과 주석』(1998) 등이 있지만 적지 않은 학자들이 개별적인 단위 주제들에 대한 연구논문들을 내어놓았다. 김동수가 유용하게 정리한 내용을 여기에 그대로 인용한다.

요한 문헌의 신학에 대한 보다 상세한 논의로서는 성령론(김희성, 이한수,

---

84) 서중석(1991),「예수의 영광과 요한 공동체의 영광」,『기독교사상』35-3, 대한기독교서회, 82~97쪽.
85) 박경미(1997),「요한 15, 1~16, 4a에 나타난 요한 공동체의 자의식(II)」,『신약논단』3, 한국신약학회 46~67쪽.
86) 김동수(2002),「요한문헌 연구」,『신약성서개론 : 한국인을 위한 최신 연구』, 대한기독교서회, 579쪽.

최문홍, 박경미), 교회론(이건승, 박경미, 최홍진, 김동수), 종말론(현경식, 최홍진), 여성론(장상, 조태연, 김호경) 등을 들 수 있다. 그 밖의 주요 주제적 연구로는 '사랑과 증오'(임진수), '보편주의와 탈 지역주의'(김득중), '예수의 평화'(최영실) 등을 들 수 있다. 요한복음의 개별 본문에 대한 주석적 연구는 비교적 적었으나, '요한복음 프롤로그'에 대한 연구(배종수, 나채운, 김덕기)는 비교적 왕성했다.[87]

5) 기타

신약학 연구가 복음서와 바울서신에 집중되어 있는 것은 세계 신약학계의 현실이다. 서구의 주요 대학교에서도 일반서신이나 계시록에 대한 강좌를 들을 기회조차 없을 정도로 전공자가 없는 편이다. 대개는 개론을 공부할 때 약간의 언급을 들을 수 있는 것이 고작이고 중견학자들이 전 분야에 조금씩 손을 대면서 이루어지는 일부 연구가 있을 뿐이다. 이 점은 국내에서도 마찬가지였다.

하지만 계시록에 있어서는 김철손이 1970년대부터 꾸준하게 묵시문학과 함께 연구 결과를 발표해 전문가로서의 위치를 굳혔고 최근에 독일에서 계시록을 전공하고 돌아와 적극적인 연구활동을 하고 있는 박두환도 앞으로 주목할 필요가 있을 것이다. 현재 계시록에 대한 주석과 연구서로는 김철손의 『요한계시록 신학』(1991)과 『성서주석 요한계시록』(1993), 박수암의 『요한계시록』(1995)이 있다.

히브리서에 관한 단행본과 주석으로는, 박수암(1994), 류호준(1998), 김달수(1999), 전경연(1999) 등에 의한 출판이 있었다. 야고보서 연구로는 대한기독교서회에서 기획한 70주년과 100주년 기념 주석의 책임자로서 김철손(1967)과 김명수(1994)의 주석이 있을 뿐이다. 마찬가지로 박창환과 김경희 공저로 『베드로전후서 · 유다서』(1996)가 100주년 기념주석의 일환으로 출판되었다.

---

87) 앞의 글, 580~581쪽.

4. 맺는 말

성서는 종종 기독론에 유추된다. 예수 그리스도가 신성(神性)과 인성(人性)을 동시에 지녔음을 받아들이는 것이 건강한 기독론이듯이 건강한 성서관도 이 양자를 균형 있게 수용한다. 즉, 성서가 '하나님의 말씀'이면서 동시에 '인간의 책'이라는 양면성을 적절하게 인식하고 그에 부합하는 활용과 적용이 필요하다는 말이다. 교회의 교의를 위한 '하나님 말씀'으로서의 신약성서는 위로부터 무조건 부과되는 규범으로 기능한다. 반면 '인간의 책'으로서의 신약성서는 각종 탐구의 대상이 되어왔다. 그리고 신약성서가 지닌 '인간의 책'으로서의 측면이 우리의 신약학을 가능하게 했다.

이 말은, 혹자들이 생각하듯이 신약학이 하나님 말씀으로서의 신약성서의 권위를 훼손한다는 의미는 아니다. 신약학은 '인간의 책'으로서의 신약성서를 깊이 관찰하여 그 책이 의도했던 바를 여실히 드러나게 하며, 그렇게 함으로써 하나님께서 이 책을 통해 인간에게 전하고자 하신 바를 좀더 심도 있게 파악할 수 있게 만들어준다. 신약성서가 하나님의 말씀으로만 부과될 때는, 오히려 불순한 교권주의자들에 의해 왜곡되고 고착된 기성 교의의 이데올로기적 수단으로 전락하는 경우가 적지 않았다. 그래서 신약학은 신약성서를 통해 하나님께서 인간에게 하시고자 하는 말씀이 역동성과 실체성을 지닌 생생한 육성(肉聲)이 되도록 돕는 탐구의 작업이라고 말할 수 있다.

위에서 정리된 지난 50년의 한국 신약학 연구사는 이러한 말씀의 역동성을 향한 발전의 궤적이라 할 수 있다. 충분한 섭렵이 되지 못했음은 이미 시작할 때 밝힌 바 있다. 하지만 기본적인 흐름과 방향을 잡으려고 노력했다. 그동안 부분적으로 시도된 연구사를 전체적으로 종합 정리했다는 의미에서 본 연구는 자기 가치를 지니고 있다고 믿는다. 필자의 졸고가 차후 더 정밀한 연구사를 위한 골격으로 활용될 수 있기를 희망한다. 그래서 '인간의 책'으로서의 신약성서가 한국 땅에서 더욱 생생하게 '하나님 말씀'으로서의 능력을 행사해 나가는 앞날을 가슴 벅차게 기대해 본다.

| 참고문헌 |

구제홍(1991), 「마태복음서의 유대인 지도자들 : 바리새인을 중심으로」,『대한기독교신학교교수논문집』 2.
구제홍(1995), 「마태의 제자상과 사회적 정황」,『대한기독교신학교교수논문집』 4.
구제홍(1997), 「마태복음서 연구동향과 마태 공동체 리더십 연구의 의의」,『대한기독교신학교교수논문집』 5.
권종선(2000), 「마가복음의 서사적 기독론」,『복음과 실천』 27.
김경희(2000), 「갈라디아 3장 27~28절을 통해 본 원시 기독교의 평등의 비전」,『신약논단』 7.
김광수(1998), 「예수의 귀신 축출 사역의 사회 정치적 이해」,『성경과 신학』 23.
김광수,『복음과 실천』 19권(1996), 23권(1999), 25권(2000).
김광수(2000), 「예수의 병자치유 사역의 사회-문화적 배경」,『복음과실천』 27.
김동수(2002), 「요한문헌 연구」,『신약성서개론 : 한국인을 위한 최신 연구』, 대한기독교서회.
김득중(1982), 「1970년대 신약신학」,『신학사상』 36, 한국신학연구소.
김명수(1992), 「민중신학의 해석학(1)」,『기독교사상』 36-3, 대한기독교서회.
김명수(1992), 「민중신학의 해석학(2)」,『기독교사상』 36-4, 4월, 대한기독교서회.
김명수(2000),『그리스도교와 탈현대성』, 대한기독교서회.
김용옥(1971), 「세계교회와 한국교회」,『기독교사상』 15-7, 대한기독교서회.
김용옥(1971), 「한국적 신학형성의 재시도」,『기독교사상』 15-3, 대한기독교서회.
김용옥(1998), 「한국적 신학의 결산-한국에서의 신학의 오늘과 내일」,『신약성서의 경제윤리』, 한들출판사.
김용옥(1999),『밀레니움과 신약성서의 종말론』, 한들출판사.
김용옥(2000),『새로운 세계 안에서의 교회의 자리 찾기』, 한들출판사.
김용옥(2001),『신약성서의 화해 신학』, 한들출판사.
김용옥(1973), 「신학의 오늘과 내일」,『신학사상』 1, 한국신학연구소.
김지철(1997), 「바울과 여성 선교 동역자들 : 로마서 16장을 중심으로」,『장신논단』 13, 장로회신학대학교 출판부.
김창락(1997), 「바울의 성의론/칭의론 이해」,『종교신학연구』 10, 서강대학교 종교신학연구소.
김창락(2000), 「바울의 칭의론, 무엇이 문제인가?」, 김재성 편,『바울 새로 보기』, 한국신학연구소.
김창락(2000), 「'하나님의 나라' : 그 기원과 해석의 역사」,『하나님 나라 : 그 해석과 실천』, 한국신학연구소.
마커스 보그 저, 구자명 역(1995),『미팅 지저스』, 홍성사.
마커스 보그 저, 김기석 역(1997),『예수 새로 보기 : 영, 문화 그리고 제자 됨』, 한국신학

연구소.

마커스 보그 저, 한인철 역(2001), 『새로 만난 하느님』, 한국기독교연구소.

민경배(1996), 『한국기독교회사』(신개정판), 연세대학교 출판부.

박경미(1990), 「바울 공동체와 여성들 : 갈 3 : 28과 고전 11 : 2~16을 중심으로」, 『한국 여성신학』 1.

박경미(1990), 「교회의 가부장주의화 과정과 에베소서의 가정규율」, 『한국여성신학』

박경미(1997), 「요한 15, 1~16, 4a에 나타난 요한 공동체의 자의식(II)」, 『신약논단』 3, 한국신약학회.

박수암(1993), 『성서주석 마가복음』, 대한기독교서회.

박수암(2001), 「장신대 신약학의 어제와 오늘과 내일」, 『교회와 신학』 40.

박수암(2002), 「20세기 한국 신약학의 회고와 전망」, 『한국기독교신학논총』 22, 10.

박창환(1989), 『교회와 신학』, 홍성사.

서인석(1983), 「구조분석과 성서해석」, 『기독교사상』 27-2, 2.

서중석(1989), 「요한 공동체의 기원과 성장」, 『신학논단』 18, 한국신약학회.

서중석(1991), 「제일 고별 설교에 반영된 요한 공동체의 정황」, 『신학사상』 72, 한국신학 연구소.

서중석(1991), 「예수의 영광과 요한 공동체의 영광」, 『기독교사상』 35-3, 대한기독교서회.

서중석(1991), 「마태공동체의 내부대립과 공존」, 『복음서 해석』, 대한기독교서회.

서중석(1991), 「요한복음서의 베드로와 애제자」, 『신학논단』 10, 1991.

서중석(1997), 「바울의 율법 행위 비판」, 『현대와 신학』 22, 연세대학교 연합신학원.

서중석(1998), 『바울신학연구』, 대한기독교서회.

서중석(1998), 『바울서신해석』, 대한기독교서회.

E. P.샌더스 저, 이정희 역(1997), 『예수운동과 하나님 나라』, 한국신학연구소.

소기천(2000), 『예수말씀의 전승궤도』, 대한기독교서회.

송순열(1997), 「설화비평으로 읽는 신약성서」, 『지구화 시대의 한국신학 : 고운 김달수 박사 회갑 기념 논문집』, 도서출판 한빛.

송순열(2002), 「한국 신약성서 연구의 흐름과 전망」, 『신약성서개론 : 한국인을 위한 최신 연구』, 대한기독교서회.

안병무(1971), 「권력과 교회」, 『기독교사상』 15-7, 대한기독교서회.

안병무(1979), 「예수와 민중, 마가복음을 중심으로」, 『현존』 106, 한국신학연구소.

안병무(1981), 「민중신학, 마가복음을 중심으로」, 『신학사상』 34, 한국신학연구소.

안병무(1986), 「한국적 그리스도인 상의 모색」, 『신학사상』 52, 한국신학연구소.

안병무(1987), 『민중신학 이야기』, 한국신학연구소.

안병무(2000), 「바울의 전향과 소명」, 『바울 새로 보기』, 김재성 편, 한국신학연구소.

어도만(1920), 「고등비평」, 『한국기독교신학논총』 22, 2002. 10.

오덕호(2000), 『문학-역사비평이란 무엇인가 : 설교자를 위한 독자반응비평 해설』, 대한

기독교서회.

오덕호(1998),『하나님이냐 돈이냐? 누가복음 16장의 문학-역사비평적 연구』, 한국신학연구소.

오덕호(1999),『산상설교를 읽읍시다 : 산상설교의 문학-역사비평적 연구』, 한국신학연구소.

유승원(1999),「신약연구에 있어서 사회학적 방법론이 갖는 의미와 그 한계」,『나사렛논총』 4, 나사렛대학교 출판사.

유승원(2001),「탄성을 불러일으키는 또 하나의 예수 이야기」,『기독교사상』 509, 5월호, 대한기독교서회.

유승원(2001),「믿음으로만 의롭게 될 수 있는가? : 이신칭의 교의의 기원과 그 의미에 대한 오해와 이해」,『현대와 신학』 26.

이한수(1993),『바울 신학 연구』, 총신대 출판부.

임태수(2000),「안병무 박사의 서거와 민중신학의 과제」,『민중과 신학』 4, 민중신학연구소.

조태연(1988),「성스러운 상징변이 : 한국문화신학을 위한 신약성서적 토대」,『한국종교문화와 문화신학』, 한들출판사.

조태연(1988),『태의 소생』, 한들출판사.

조태연(2000),「잘해야 본전, 아니면 손해 : 씨 뿌리는 자의 비유」,『세계의 신학』 46, 한국기독교연구소.

조태연(2000),「대지에 귀를 가만히 대어보라! : 씨를 살리는 땅의 비유(막 4 : 26~29)」,『세계의신학』 47, 한국기독교연구소.

조태연(2000),「아하, 땅 속에 하늘이 있었네!」,『세계의 신학』 48, 한국기독교연구소.

조태연(2000),「신을 먹고 신처럼 되어 : 문화의 수용과 변용에 대한 원시 그리스도교의 예」,『문화의 수용과 그 변용』, 이화여대인문학논총 2.

주재용(1998),『한국 그리스도교 신학사』, 대한기독교서회.

최갑종(1997),『바울연구 II』, 기독교문서선교회.

최영실(1997),『신약성서의 여성들』, 대한기독교서회.

최영실(2000),『신약논단』 7, 한국신약학회.

크로산 저, 한인철 역(1998),『예수는 누구인가』, 한국기독교연구소.

크로산 저, 김준우 역(2001),『역사적 예수 : 지중해 지역의 한 유대 농부의 생애』, 한국기독교연구소.

크로산 저, 김기철 역(2001),『예수 : 사회적 혁명가의 전기』, 한국기독교연구소.

타이쎈 저, 손성현 역(2001),『역사적 예수』, 다산글방.

펑크 저, 김준우 역(1999),『예수에게 솔직히』, 한국기독교연구소.

홍인규(1994),「바울은 율법을 잘못 전하고 있는가」,『목회와신학』 66, 두란노.

Mack, Burton L, *The Lost Gospel : The Book of Q and Christian Origins*, New York : Harper SanFrancisco, 1993.

Kloppenborg, John S., *Q Thomas Reader*, Sonoma : Polebridge Press, 1990.

Stephen R. Haynes, Steven L. McKenzie., ed. *To Each Its Own Meaning : An Introduction to Biblical Criticism and Their Application.* Louisville : Westminster/John Knox Press, 1993.

한국신약학회 홈페이지(www.ntsk.org)

한국 조직신학 50년

간문화적 고찰

김 �흡 영

1. 시작하는 글

한국의 개신교 조직신학은 지금 어떤 모습을 하고 있을까?[1] 1980년대 말기에 박봉랑은 해방 후 40년 동안의 한국 개신교신학의 흐름을 회상하면서, 그 당시의 모습을 "마치 제법 어른 행세를 하려고 덤벼드는 더벅머리 총각"으로 표현했다.[2] 그는 "고아처럼" 전통을 찾아다니던 해방 후 제1세대 신학자들의 고충을 다음과 같이 술회하고 있다.

우리는 신학의 유산을 많이 받지도 못하고, 말하자면 선배 없이 고아처럼 신학의 연구를 찾아 헤매었고 그 대가로서 우리는 가족을 희생시키고, 또는 사랑하는 우리의 국토를 떠나서 연구의 자리를 찾아 동서양의 타향을 두루 헤매야 했던 것이다. 또한 세계의 신학의 상황, 특히 20세기 후반의 지난 30여 년 동안의 신학의 과정은 우리를 신학의 회오리바람 속에 몰아 넣었다. 우리는 한 곳에 자리를 잡고 안주할 수가 없었다. 오늘은 이것을 말하고 내일은 저것을 말했다. 새로운 신학의 사조를 만날 때마다 우리는 그 정체를 찾아내야 했다. 사람들은 '지조 없는 신학자들'이라고 하기도 했지만 이런 말을 우리는 피할 수가 없었다. 또 핑계를 댈 수도 없었다. 우리의 신학의 전통이 없기에 우리는 칼 바르트에서 폴 틸리히로, 니버, 불트만으로 그리고 본회퍼, 몰트만으로, 구라파, 남미, 세계의 신학이 움직이는 곳에 우리도 있어야

---

1) 이 글은 한국 개신교 조직신학만을 다루고 있음을 미리 밝혀둔다.
2) 박봉랑(1991), 『신학의 해방』, 대한기독교출판사, 27쪽.

142

했다. 지난 40년 동안 한국교회에서 우리의 신학은 사람이 가보지 못한 숲 속을 헤쳐 간 개척자적 나그네와도 같았다.[3)]

이 "개척자적 나그네들"을 우리는 아직 신학 식민주의적 사고에서 벗어나지 못한 "지조 없는 신학자들"이라고 가볍게 폄하할 수는 없을 것이다. 그들은 적어도 종교개혁 이후 400년의 서양 기독교신학사를 해방 후 40년 동안에 "압축"할 수 있는 열정과 능력을 가지고 있었다. 그 후 이 "더벅머리 총각"의 후예들은, 천오백여 년 전 중국과 인도의 불교 성지들을 찾아 헤매던 그 옛날 신라시대의 불제자들과도 같이, 열심히 전 세계를 누비며 신학전통의 순례를 계속했다. 지난 20년 동안 한국 신학생들은 미국 및 유럽 각지에 있는 명문 신학교들의 고급학위 과정에 그야말로 가득 차 있었다. 각 신학교들의 조직신학 교수들은 그 학맥에 따라 최고의 교육과정을 수료한 이들로 정예화 되어 있으며, 이제 고급인력의 수가 넘쳐 나서 연구소 등 이들을 위한 대책 마련이 시급한 실정이다.[4)] 오늘날 한국의 조직신학자들은 더 이상 '더벅머리 총각'이 아니며, 세계 어디에 내놓아도 부끄럽지 않게 말끔히 단장을 한 신사·숙녀들이다.[5)] 한국 조직신학자들은 이제 그들의 활동범위를 모국으로 제한하지 않는다. 그들은 세계의 유수한 신학 교육기관에 단지 '학생'의 신분으로서가 아니고 당당한 '선생'들로 자리를 잡아가고 있다.[6)]

---

3) 박봉랑, 앞의 글, 26~28쪽.

4) 1964년 설립된 한국조직신학회가 1997년에 작성한 회원명부를 보면 박사학위 취득자가 이미 100명을 넘어서고 있다(한국조직신학회 편, 「한국조직신학회의 역사」, 한국기독교학회 편, 『한국기독교학회 30년사』, 대한기독교서회, 2001, 235쪽). 2000년 8월에 작성된 한국조직신학회 회원 명부에 의하면 총회원수 129명 중에 교수요원만 120여 명에 이르고 있다(은퇴교수 포함).

5) 2001년 가을 20세기 독일의 마지막 개신교 조직신학자라고 할 수 있는 판넨베르그(W. Pannenberg)가 한국을 방문하였을 때, 그가 한국에 와서 가장 인상적이었던 것은 이미 세계적 수준에 이른 많은 조직신학자들이 활발하게 일하고 있는 모습이고, 그에 비해 계속 쇠퇴해가기만 하는 독일신학의 현실과 장래가 걱정된다고 내게 고백한 적이 있다.

6) Drew University의 故이정용, Princeton Theological Seminary의 이상현, Claremont Graduate School의 민경석, St. Paul School of Theology의 전영호, United Theological

이러한 한국신학자들의 세계화 추세는 특히 세계에 흩어져 있는 재외교포 한민족 2~3세들의 신학인구 증대에 따라 더욱 가속화되고 있다. 이 '디아스포라 한국신학자들'의 등장은 한국신학계가 앞으로 주목해야 할 중요한 사항이며, 한국신학의 지형적 범위에 대한 재고를 요청하고 있다.

이 글의 목적은 해방 후 50년 간 한국 개신교 조직신학 분야의 학문성과를 평가하는 일이다. 본론에 앞서 이 작업에 관한 (1) 필자의 한계 및 입장, (2) 조직신학의 정의, 그리고 (3) 이 글의 연구범위에 관하여 언급하고자 한다.

(1) 필자의 한계 및 입장

이 글은 한국신학계의 특정 조류나 학파들과는 되도록 객관적 거리를 유지하려는 노력 하에 진행되었다. 에큐메니칼리즘을 지향하면서, 동시에 "해석학적 거리"를 유지하려는 필자의 입장은, 서구신학의 한복판에서 한국신학도로서 겪었던 "경계적 상황(boundary situation)"이라는 실존적 고투와도 무관하지 않다.[7]

서구신학과 한국신학간의 상호비판과 소통이라는 간 문화적 시각(a cross-cultural perspective), 역시 필자가 고수하려던 입장이다. 이러한 관점에서 진솔하게 한국조직신학의 지난 50년 간을 평가해보고자 한다. 다시 말하면, 여러 한계에도 불구하고 가능한 만큼 넓은 세계신학의 지평에서 한국신학이 걸어온 궤적을 점검해보겠다는 것이다. 한국개신교 신학사상에 대한 기본적인 연구는 이미 이루어져 있다.[8] 이들이 잘 정리해준 내용을 반복하는 것보다

Seminary의 박승호, Union Theological의 정현경 등 소위 "디아스포라 신학자"들이 그 대표적인 예이다. 그리고 세계 최대의 규모를 자랑하는 미국종교학회(American Academy of Religion)에 참석하는 한국학자들의 수는 지난 10년 간 급속도로 증가하고 있으며, 이미 소수 민족들 중에는 참석자의 수가 최대에 달했을 가능성이 크다.

7) Southern Baptist Theological Seminary ; Princeton Theological Seminary, M.Div, Th.M ; Graduate Theological Union, Ph.D ; Harvard University Center for the Study of World Religions(Senior Fellow) 등 필자는 보수와 진보가 두루 망라된 여러 학교에서 에큐메니칼한 신학교육을 받았다.

위에 언급한 입장에서 한국신학을 재조명하고 정리하는 것이 의미 있으리라는 판단에서이다.

(2) 조직신학의 정의

기독교는 오랫동안 끊임없는 모형전환(paradigm shift)을 거듭하며 발전해 온 다양한 신학 전통들이 축적되어 이루어진 복합체이다.[9] 이 전통들을 대변하는 조직신학도 다양해서, 그 정의를 내리기가 쉽지 않다. 그러나 대략적으로 조직신학을 세 유형으로 나눌 수 있다. 첫째 유형은 전통적인 교의학(dogmatics)이고, 둘째는 계몽주의 혁명과 근대성(modernity)에 대응하고자 발생한 조직신학(systematic theology)이고, 셋째는 탈근대적(postmodern) 성찰과 함께 부각된 구성신학(constructive theology)이다. 교의학은 성경해석에 의거한 명제적 교의진술이 시공을 초월하여 객관성과 보편성을 갖는다고 전제하며, 전통의 보존과 교의에 대한 변증을 그 목적으로 한다. 조직신학의 방법론은 상황(콘텍스트)이 제기하는 질문을 분석하고, 이에 대한 대답을 기독교의 텍스트(성서와 전통)에서 탐구하는, 이른바 질문과 대답간의 상관관계의 해석학이다(P. Tillich). 조직신학은 교의의 명제적 보편성은 부인하지만 신학 진술의 합리적 객관성을 강조하고, 상관관계에 있어서는 텍스트가 우선적인 것으로 신학내용을 결정하고, 콘텍스트는 단지 수동적인 해석학적 조건에 불과하다. 구성신학은 주어진 환경과 맥락 안에서 기독교 신앙을 올바르게 이해하는 것을 그 목표로 한다. 신학은 어디까지나 인간이 구성한 작품이며, 그 신학이 처한 종교문화적, 사회경제적 맥락 안에서 이해되어야 한다. 그러

---

8) 유동식(1982),『한국신학의 광맥』, 전망사 ; 주재용(1998),『한국그리스도교 신학사』, 대한기독교출판사 ; 송길섭(1987),『한국신학사상사』, 대한기독교출판사 등이 있지만 해방전까지 시대가 한정되어 있다.

9) 그리스도교 신학의 모형전환에 관하여서는 Hans Küng, "Paradigm Change in Theology and Science", in *Theology for the Third Millennium : An Ecumenical View*, tr. by Peter Heinegg, New York : Doubleday, 1988, 122~170 ; idem, *Christianity : Essence, History, and Future*, New York, Continuum, tr. by John Bowden, 1995를 보라.

므로 신학을 구성하는 상징들과 비유체계들에 대해 의심의 해석학 (hermeneutics of suspicion)을 통한 철저한 분석과 비판이 요구된다. 조직신학 은 텍스트에게 일방적인 우선권을 주지만(텍스트→콘텍스트), 구성신학에 서 텍스트와 콘텍스트는 서로 상호적인 관계에 있다(텍스트↔콘텍스트). 세계신학의 흐름에서 볼 때, 조직신학(광의)은 교의학에서 조직신학(협의)을 거쳐 구성신학으로 모형전환 되어가고 있다고 할 수 있다. 나는 이 세 모형들 중에서는 콘텍스트의 종교문화적 매트릭스도 신학적 자원으로 간주하는 구성신학 모델이 한국신학의 모형으로 가장 적절하다고 평가한다.[10)]

한국 조직신학사에서도 이 세 유형들이 비교적 선명하게 드러난다. 교의학 은 박형룡에 의해 확립되었으며, 조직신학은 대체로 정치신학(김재준)과 문화신학(정경옥)으로 나누어져 전개되어 왔으며, 구성신학(류영모)은 숨겨 져 있는 편이지만 그 흔적을 찾기는 그리 어렵지 않다. 일반적으로 한국신학 논쟁사를 보수와 진보간의 갈등으로 해석하지만, 보다 심층적인 이유는 서로 견지하는 신학적 유형이 근본적으로 다르고 그에 따라 신학적 방법론이 상이했기 때문이다. 성서영감논쟁(1952), 토착화논쟁(1963), 그리고 종교다 원주의논쟁(1977)은 본질적으로 교의학(오직 텍스트만)과 조직신학(콘텍스 트와 더불어) 그리고 구성신학(콘텍스트도 텍스트처럼) 사이에 놓여진 상이 한 방법론에서 기인하는 유형론적 갈등이었다고 볼 수 있다. 이런 점에서 한국의 조직신학도 세계적 신학사조와 같이 교의학에서 조직신학을 거쳐 구성신학으로 서서히 모형전환 되어가고 있다고 할 수 있다.

(3) 이 글의 범위

첫째, 이 글이 취급하는 분야는 조직신학으로 한정되어 있다. 조직신학과 깊은 연관이 있지만, 민중신학, 여성신학, 교회사, 또한 기독교윤리는 각기 독립분야로서 취급된다. 그러므로 이 분야들에서 취급될 인물들과 주제들은

---

10) 구성신학에 대한 더 자세한 평가는 김흡영(2000), 「최근 미국 포스트-모던 구성신학 의 한국신학적 평가」, 『도의 신학』, 59∼103쪽을 보라.

중복을 피하기 위하여 가능한대로 생략하기로 했다. 둘째, 이 짧은 글에 모든 조직신학자들을 다 망라할 수가 없어서, 한국신학으로서의 독창성과 관련성을 우선적으로 고려하여 이 글의 성격상 언급할 필요가 있다고 여겨지는 인물들만으로 그 범위를 한정했다. 그러므로 인물 선정은 성취한 업적의 중요성보다도 필자의 관심 정도에 의한 것이다. 셋째, 이 글에서 전개할 유형론도 결코 완벽한 것이 아니고, 모든 유형론이 그렇듯이 그것도 한국신학이 발전해 온 궤적을 발굴하기 위한 자기발견적(heuristic) 목적을 가진 것이다. 몇몇 신학자들에게는 이 유형론이 적합하지 않음에도 불구하고, 맞춰보려고 지나치게 무리한 경향이 없지 않다. 넷째, 지면관계상 꼭 명시할 필요가 있다고 여겨지는 참고문헌들만 수록했다. 자세한 목록을 원하는 독자들은 다음 자료들을 참고하기 바란다. 유동식이 각 인물별로 중요한 참고자료 목록을『한국신학의 광맥』(1982)에 잘 정리해 놓았고, 주재용이『한국그리스도 신학사』(1999)에 논쟁사를 중심으로 최근에 나온 문헌들까지 포함시켰고, 그리고 이덕주가「신학연구의 다양성」(1998)에 한국 개신교 신학사 전반에 관해 자세한 참고문헌 목록을 수록했다.11) 다섯째, 앞에 언급한 자료들이 비교적 자세히 한국신학 논쟁사를 기술하고 있으므로, 이 글은 논쟁사보다는 한국 조직신학의 유형론과 각 유형에 속한 주요 신학자들이 어떻게 한국 조직신학을 구성하여 왔는가를 탐구하는 데 주안점을 두고 있다.

2. 한국신학의 광맥 : 박형룡, 김재준, 정경옥, 류영모

한국 개신교 신학사상사에 대한 가장 고전적 연구는 한국 개신교 100주년을 기념하면서 유동식이 집필한『한국신학의 광맥』이고, 개신교 전래 초기부터 1970년대까지를 시대와 유형별로 구분하여 기술하고 있다. 그리고 주재용의『한국그리스도교 신학사』(1998)가 신학논쟁사를 중심으로 1990년대 중반

---

11) 이덕주(1997),「신학연구의 다양성-성공하는 토착화 신학」, 한국종교학회편,『해방
   후 50년 한국종교연구사』, 종교학술총서, 도서출판 창, 109~116쪽.

까지를 포함하고 있어 전자를 보완하고 있다.

유동식과 주재용은 서로 다른 신학적 입장을 가지고 있다. 유동식은 자유주의 신학전통을 대변하는 토착화 신학의 입장에서, 주재용은 진보주의 신학전통을 계승하는 민중신학의 입장에서 한국신학사상사를 서술했다. 그러나 이들이 서로 공유하는 입장이 있다. 이들은 선교사에 의하여 주입된 바벨론 포로기와 같은 식민신학의 올무에서 벗어나 주체적인 "한국적 신학" 또는 "한국신학"이 형성되어 가는 과정에 초점을 맞추고 있다. 그래서 유동식은 한국 개신교 신학사를 "한국신학의 태동시대"(1885~1930), "한국신학의 정초시대"(1930~1960), 그리고 "한국신학의 전개시대"(1960~1980)로 크게 삼분한다.[12]

유동식은 박형룡의 보수적 근본주의 신학, 김재준의 진보적 사회참여 신학, 그리고 정경옥의 문화적 자유주의 신학을 한국신학의 "삼대초석"으로 규정한다. 그러나 이들은 모두 그 당시 서구식 신학교육을 가장 많이 받은 대표적인 해외유학파들이다. 이들이 미국에서 신학교육을 받고 있었던 시기에 세 신학적 흐름이 풍미하고 있었다. 첫째는 계몽주의 혁명과 더불어 서구에 불어닥친 모더니티에 대응하기 위해 쉴라이에르마허(F. Schleiermacher), 하르낙(A. von Harnack), 리츨(A. Ritschl), 트뢸취(E. Troeltsch) 등의 의하여 형성된 19세기 자유주의 신학이다. 둘째는 이 자유주의 신학이 종교학 또는 인간학으로 전락하자 이를 교정하기 위하여 20세기 초 바르트(Karl Barth), 부르너(E. Brunner), 불트만(R. Bultmann), 틸리히(P. Tillich) 등에 의해 제기된 위기의 신학, 변증법적 신학이라고도 명명되는 신정통주의(Neo-Orthodoxy)이다. 셋째, 그러나 유럽보다 모더니티의 영향을 비교적 적게 받은 미국에서는 소위 구프린스톤

---

12) 주재용은 한국신학사를 다음과 같이 다섯 시대로 구분한다 :
　　제1기(1784~1900), 한국의 전통 사상에서 그리스도교 사상을 수용, 해석하는 시기.
　　제2기(1901~1933), 선교사들에 의해 지배받던 한국신학의 바벨론 포로기.
　　제3기(1934~1959), 보수신학과 진보주의 신학의 갈등과 투쟁기간.
　　제4기(1960~1972), 한국토양에서 주체적 한국신학을 형성하려는 해산의 고통을
　　　　　　하는 시기.
　　제5기(1973~), 한국의 문화 · 역사 현실에서 한국신학을 전개하는 시기.

148

신학이라는 알렉산더(A. Alexander), 핫지(C. Hodge), 와필드(B. Warfield) 등에 의해 설립된 철저한 칼뱅주의 신학이 지배하고 있었다. 이들은 자유주의 신학을 배척하기 위해 더욱 근본주의화 하였고, 신정통주의조차도 자유주의 신학이라고 몰아붙였다. 프린스턴신학원이 신전통주의를 받아들이자, 메이첸(G. Machen)은 일부 교수들과 함께 프린스턴을 이탈하여 웨스트민스터 신학원을 설립했다(1929).

바로 이런 시기에 이들은 미국에서 공부하게 되었고, 이 신학사조들에 결정적인 영향을 받고, 귀국하여 각기 다른 모형의 신학전통을 수립하여 한국신학의 선구자들이 된다. 자유주의 신학을 개척한 정경옥은 가레트신학원과 노스웨스턴대학교에서, 보수주의 신학전통을 수립한 박형룡은 프린스턴신학원과 남침례교신학원에서, 그리고 진보주의 신학을 정착시킨 김재준 또한 프린스턴신학원에서 신학교육을 받았다. 그러나 미국에서 신학교육을 받기 위해 이들이 체류한 기간은 그리 길지 않았고, 더욱이 이들 중에서 정식으로 박사학위를 취득한 이는 오직 박형룡뿐이다.[13]

정경옥(鄭景玉, 1903~1945)은 이들 중에서 가장 자유주의 신학에 익숙할 뿐 아니라 한국에 최초로 바르트 신학을 소개한 "혜성과 같은 신학자"이었다.[14] 그의 『기독교신학개론』(1939)은 그의 스승 롤(H. F. Roll)의 해석을 기초로 칸트 윤리학을 강조하는 리츨의 문화적 개신교주의를 중심으로 자유주의 신학을 소개한 한국 최초의 조직신학개론서이다.[15] 이 저서는 자유주의 신학의 일반적인 구조에 따라 "죄악 된 인간론"으로부터 시작하여 "신의

---

13) 박형룡도 Southern Baptist Theological Seminary에서 1년 만에 박사학위를 받았으며, 학위논문은 그 곳 심사위원들조차도 보수적이라고 평할 만큼 보수적인 내용을 가진 것이었다(송길섭, 『한국신학사상사』, 326쪽, n.23). 한국 장로교 보수신학의 대명사격인 박형룡이 최종학위를 받은 곳은 장로교신학교가 아닌 침례교신학교라는 사실이 흥미롭다.

14) 유동식(1982), 『한국신학의 광맥』, 176쪽.

15) 정경옥(1939), 『기독교신학개론』, 감리교회신학교, 3~5쪽 ; 『기독교의 원리』, 감리교회신학교, 1934. 그의 신학에 관해서는 유동식, 『한국신학의 광맥』, 175~185쪽 (참고문헌 포함) ; 주재용, 위의 책, 212~220쪽 ; 송길섭, 위의 책, 330~343쪽.

구원론"을 거쳐 기독론을 취급했고, 특별계시를 강조하는 바르트의 변증법적 신학을 약간 첨가했다. 그러나 그는 "모든 것이 다 하느님이요 사람은 아무 것도 아니라"는 초기 바르트의 입장에는 반대하고 오히려 일반계시를 선호하는 입장에 있다. 그는 조직신학을 리츨과 같이 "종교적 진리를 조직적으로 이해하려는 학문"이라고 정의하고, 그의 신학방법론은 아직 틸리히의 상관관계 방법론에 이르지는 못했지만 그런 대로 상황의 중요성을 강조하고 있다.[16) 결론적으로, 윤성범은 그를 "자유주의 신학사상을 주체로 하고 발트 신학을 피상적으로 핥아 본 '신학적 휴머니스트'"라고 평한다.[17)

"한국 보수주의 신학의 집대성" 박형룡(朴亨龍, 1897~1978)의 교의학은 정서적으로는 구프린스톤 신학, 이론적으로는 카이퍼(A. Kuyper)−바빙크(H. Bavinek)−벌코프(L. Berkof) 계통의 화란 칼뱅주의 신학에 의존한다.[18) 그러나 "박형룡은 이전까지 그가 배우고 가르쳐 왔던 미국신학의 영향이 너무 컸기 때문에 화란 신학의 책을 번역하여 그의 교의신학을 전개하기는 하였지만 그 책의 내용을 자신의 신학과 실천에 옮기지 못하였다".[19) 구프린스턴 변증학(C. Van Til)과 화란의 개혁주의를 '조합'하려고 한 것에 그의 신학적 창의성이 있었다고 할지라도, 그의 신학은 그 전통들을 번역하여 해설한 정도의 수준에 머물고 있다.[20) 화란 개혁주의는 그에게 아직 이론적인

---

16) 정경옥, 『기독교신학개론』, 3쪽·17쪽(그는 그의 방법론을 "내성성찰"과 "외적형성"의 변증법이라고 말했다).

17) 윤성범(1964), 『기독교와 한국신학』, 기독교서회, 134쪽.

18) 주재용, 위의 책, 209쪽. 한국기독교교육연구원 편, 『박형룡 박사 저작 전집』은 20권에 이르는 방대한 분량이며, 교의학으로는 서론, 신론, 인죄론, 기독론, 구원론, 교회론, 말세론이 있고, 비교종교학, 변증학, 험증학, 신학난재선평이 포함된다. 주재용은 이 전집을 "한국 보수신학의 가장 높은 봉우리이며, 원천지"라고 평하고, "과거의 모든 한국 보수주의 신학뿐만 아니라, 금후의 한국 보수주의 신학도 이 책으로부터 그 근원을 찾아야 할 것이며, 금후 한국의 모든 보수주의 신학은 박형룡 신학의 사본 내지 해설에 불과할 것이다"라고 평했다.

19) 장동민(1998), 『박형룡의 신학연구』, 한국기독교역사연구소, 341~342쪽.

20) 장동민(1979), 위의 책, 337쪽. 이종성도 이에 동의한다 : "그의 교의신학의 구체적 내용은 벌코프의 조직신학을 거의 그대로 옮겨 놨다"(「박형룡과 한국 장로교회」, 『신학사상』 제24집, 여름, 251쪽).

것이었고, 자타가 공인하는 "한국의 메이첸"인 그는 극단적인 근본주의자였다. 그에게 있어서 신학의 목적은 "한국교회신학의 수립"이었으며, 그것은 "결코 우리가 어떤 신학체계를 창작함이 아니라 사도적 전통의 정신앙을 그대로 보수하는 신학, 우리 교회가 70년 전 창립되던 당시에 받은 그 신학을 우리 교회의 영구한 소유로 확보"하는 것이었다.[21] 그의 서구신학에 대한 이해는 단편적이었으며, 그는 신정통주의도 자유주의 신학으로 오해하고 있었다. 신정통주의의 입장에서 이종성은 박형룡을 다음과 같이 평가한다.[22] (1) 그는 "너무나도 이론적이며, 사변적이고, 주의주의적인" 칼뱅주의적 정통주의 신학을 추종하고 있다. (2) "박형룡은 성서를 통해서 하나님이 오늘의 우리에게 주시는 메시지를 추구하는 주석신학보다 변증학에 더 많은 관심을 기울였다". (3) 극단적으로 배타적이고 독선적인 메이첸의 "근본주의적 사고방식이 그의 신학 전체를 지배하고 있다". (4) "그는 칼뱅주의자이기는 했으나 칼뱅학자는 아니었다". (5) "그의 신학하는 태도는 철저한 수구주의였다. 무엇이든지 새 것에 대해서는 일단 거부반응을 일으켰다. 그와 반비례해서 전통적인 것은 그것이 전통적인 것인지 아닌지를 확인하기도 전에 그것을 고수하려는 태도를 취했다".

김재준(金在俊, 1901~1987)은 전문적인 조직신학자는 아니었지만, 정경옥과 박형룡의 조직신학이 관념과 교리의 한계에서 벗어나지 못한 것에 비해서는 보다 실질적으로 조직신학적인 사고를 했던 한국신학의 선각자이었다.[23] 그는 자유주의 신학과 정통주의 신학 모두가 "막다른 골목"에 도달한

---

21) 김양선(1956), 『한국기독교해방십년사』, 대한예수교장로회총회, 263쪽.
22) 이종성, 「박형룡과 한국 장로교회」, 251~253쪽.
23) 김경재는 김재준을 본래 구약성서학자이며 그의 신학은 "교의학적 접근이라기보다는 사뭇 자신의 신앙체험적 접근"이라고 규정하고, 그 신학의 구성요소를 다음과 같이 분석한다(「장공의 신학적 인간학」, 『신학연구』 42호, 2001. 12).
   "몸의 현실성을 중요시하는 유교적 인간이해, 자연과의 조화를 강조하는 풍류도적 도가사상, 비움과 묘공(妙空)으로서의 충만이 결국 역설적으로 같은 것이라고 경험하는 화엄사상, 떼이야르 샤르뎅의 창조적 진화사상에 근거한 우주적 그리스도론, 그 모든 것들을 포용적으로 수렴하면서도 완성하는 그리스도의 성령으로 말미

것을 인식하고, 신정통주의의 길을 선택했다.24) 그는 세계신학의 흐름을 비교적 정확하게 읽고 있었으며, 주체적 역사 참여를 통하여 한국신학이 나아갈 길을 제시했다. 그리고 그는 선교사가 지배하던 신학교육으로부터 해방을 시도했고, "조선 교회를 위한 조선 교역자 양성"라는 기치를 내걸고 조선신학교를 창설했다. 그는 한국적 상황("조선 역사와 조선 교회의 토양")과의 상관관계를 가진 신학을 구상했으며, 바른 한국신학이 형성되기 위해서는 학문적－신앙적 자유가 보장되어야 한다고 역설했다.25) 그는 보수적 한국 장로교회 풍토 속에 한국적 신학의 틈새를 열었고, 그 틈새로 "세속화 신학", "하나님의 선교신학", "종말론적 신학" 등 새로운 신학사상들이 흘러 들어 왔고, 그것은 결과적으로 한국 최초의 수출신학인 "민중신학"을 발아하게 했다.

박형룡, 김재준, 그리고 정경옥을 한국신학의 삼대 광맥으로 간주하는 이 유동식의 지론은 한국신학계의 큰 물줄기를 이루고 있는 주요 교단신학(총신－예수교장로회[합동], 한신－기독교장로회, 감신－감리교)의 학맥을 잘 규명해 주고 있다. 그러나 이 유명한 지론은 두 가지의 문제점을 지니고 있다. 첫째, 한국신학의 스펙트럼이 너무 협소하게 설정 되었다. 예컨대, 한국신학계에 지대한 영향을 준 신정통주의를 대변하는 조직신학자는 김재준보다는 이종성이다. 신정통주의를 공식 노선으로 채택하고 있는 한국 최대의 교단 예수교장로회(통합)를 대변하는 장신(광나루)의 학맥이 무시되고 있다. 둘째, 박형룡, 김재준, 정경옥 세 사람만을 한국신학의 원형 또는 광맥이라고 간주할 수 있을까? 이것은 훨씬 더 근본적인 문제이다. 대표적

    암는 중생체험, 그리고 마지막으로 개혁파 신학전통의 핵심주류로서 철저한 유일신 사상에 근원을 두고 오직 하나님께 영광을 돌리는 칼뱅신학의 유산 등이 장공의 신학적 인간학을 구성하는 요소들로서 감지된다".

24) 김재준(1992), 「대전전후 신학사조의 변천」, 『김재준전집』 제1권, 한신대학 출판부, 382~383쪽 ; 김재준(1992), 「신학의 갈길」, 『김재준전집』 제5권, 한신대학 출판부, 339쪽. 김재준은 칼 바르트, 폴 틸리히, 라이홀드 니버 등 대표적 신정통주의자들의 사상에 주로 의존하고 있다(김경재, 「장공의 신학적 인간학」).

25) 김재준(1985), 「나의 생애와 신학」, 『크리스챤신문』, 7. 13.

해외유학파인 그들의 신학이란 독창적인 것이라고 하기보다는 대체로 그들이 배워온 서구 신학사상들을 소개하여주고, 그들을 한국적 정황에 이식시켜가는 수준의 것들이다. 그런데 이들만을 한국신학의 원형이라고 한다면, 이것은 한국신학의 모체가 전적으로 서구신학이고, 한국신학이 발생론적으로 서구신학의 종속신학이라는 점을 인정하는 꼴이 된다. 이 결과는 한국적 신학의 맥을 찾고자 한 본래의 목적과는 모순이 된다. 결국 이 지론은 한국신학의 주체적 광맥을 발굴하기보다는 오히려 한국신학사를 본의 아니게 '서구신학의 전래사'로 전락시키는 결과를 초래했다.

김경재는 이 단점을 보완하기 위하여 두 가지의 한국신학적 흐름을 덧붙여 추가한다 : "그 한 가지는 길선주에서 꽃피고 이용도에서 극치에 오른 성령론적 교회부흥신학의 흐름이요, 또 다른 한 가지는 교단 밖에서 피어난 들꽃같은 주체적 토종신학의 흐름, 즉 류영모, 함석헌, 김교신, 최태용 등으로 대표되는 한국적이며 생명론적인 토착신학의 흐름이다."26) 이용도(李龍道, 1901~1933)는 독창적으로 한국 영성신학을 개척한 한국교회사의 매우 중요한 인물이지만, 너무나도 짧은 생애를 살았고, 그를 조직신학자로 보기는 어렵다. 그러나 한국조직신학사의 광맥에 "주체적 토종신학"은 반드시 포함되어야 한다. 특히 류영모(柳永模, 아호 : 多夕, 1891~1981)는 한국신학의 초석을 놓은 선구자의 명단에 필히 추가되어야 한다.27) 정경옥, 박형룡, 그리고 김재준이 황무지와 같은 신학부재의 한국 땅에 서구신학을 이식함으로써 신학교육의 초석을 놓은 공헌은 충분히 인정된다. 그러나 간문화적 시각에서 볼 때, 그들의 신학에는 서구신학에 비해 특별히 다른 '그 무엇', 즉 한국적인 '그 무엇'이 별로 없다(김재준은 좀 예외지만). 오히려 류영모의 사상으로부터 우리는 아주 한국적인 신학의 단초들, 그야말로 독창적인 한국신학의 광맥을 발견하게 된다. 류영모의 토종신학마저도 광맥의 하나로 포함되지 않는다면, 한국신학은 한국 땅에 있지만 서구신학의 복사품(copy) 또는 아류일 뿐,

---

26) 김경재(2002), 「한국신학의 태동과 흐름」, 『기독교사상』 518, 2월호, 130쪽.
27) 함석헌 신학의 뿌리는 물론 류영모이고, 김교신도 류영모의 제자라고 할 수 있다.

세계적 가치를 보유한 독자적 신학으로 받아들이기 어려울 것이다.

물론 류영모는 서구적 신학교육을 전혀 받은 적이 없고, 전문적인 신학 저술을 한 적도 없다. 그가 쓴 단지 몇 점의 신학 수상들과, 제자들이 수집한 그의 강의록들, 그리고 그의 일기장 다석일지(多夕日誌)가 있을 뿐이다. 그러나 서구적 신학교육의 부재가 오히려 그로 하여금 가장 독창적인 한국신학을 구성하게 하였다. 아직 그의 신학이 신학적 단상들을 수집한 단계에 머물고 있지만, 그들은 장래 한국 조직신학이 세계신학으로 도약할 때 승부수를 던질 수 있는 최대의 보고이다. 마치 서구신학이 19세기의 키에르케고르(S. Kierkegaard)를 20세기에 발견하고 자유신학을 극복하였듯이, 한국신학계가 1990년대에 들어서서야 류영모의 가치를 발견했지만 그의 신학은 앞으로 한국신학이 서구신학의 올무에서 벗어나는 데 큰 도움을 줄 것이다.

조직신학은 우선적으로 어떻게 신앙 공동체가 주어진 상황에서 적절하게 성경을 읽느냐하는 성경읽기와 관련된 것이다. 박형룡과 정경옥이 교의학 및 조직신학을 학술적 수준에서 다루었지만, 그것은 전혀 다른 상황에서 성경읽기에서 발전된 남들의 신학을 번역해서 소개한 것일 뿐, 그들의 주어진 상황에서의 그들 나름대로의 성경읽기를 기초로 한 것이 아니었다. 그들은 공식적인 조직신학자들이었으나 관념적이었을 뿐 한국인으로서 실질적인 조직신학 작업을 한 것은 아니었다. 이들보다 학술적으로 정교하게 발전된 서구신학을 토대로 한 기술적 표현에는 미숙하지만, 류영모는 성경을 있는 그대로 그의 주어진 콘텍스트에서 읽으려고 하였다. 성경이 들어오기 전부터 한국인에게는 이미 강력한 문화적 텍스트들이 존재하고 있었다. 사서오경과 같은 동양경전들은 한국인의 골수에 젖어서 삶의 영성적, 사상적 바탕을 형성해 왔다. 이러한 텍스트들을 무시하고 성경을 읽는다는 것은 한국인이 처해있는 콘텍스트를 무시하는 것이다. 그에게 있어서 한국인의 성경읽기는 바로 이 경전들과 더불어 성경을 읽어 가는 것이다. 아시아 신학이 이 점을 인식하고 간경전적 해석(intertextual interpretation) 또는 다종교해석학 (multifaith hermeneutics)을 논의하기 시작한 것도 아주 최근의 일이다.28)

154

또한 『베단타』와 『도덕경』 등 동양의 경전들과 종교전통들로부터 큰 감명을 받은 미국 신학자들이 비교신학(comparative theology)을 논의하기 시작한 것도 최근이다.[29] 그러나 류영모는 이미 오래 전에 이러한 해석학을 방법론만으로 제시한 것이 아니라 몸소 실천했던 것이다. 그는 유교, 불교, 도교 등의 "모든 동양경전들을 구약"이라고 간주하고 그 전통 속에서 살아온 동양인의 솔직한 입장("동양문화의 뼈대")에서 성경("서양문화의 골수")을 해석하려했던 것이다.[30] 이와 같이 류영모는 벌써부터 성경을 간문화적 입장에서 접근했고, 이 입장에서 한국인의 독특한 신학을 구성하려 했다. 그러므로 류영모는 한국 구성신학의 효시이다. 류영모의 사상으로부터 어거스틴, 루터, 칼뱅, 바르트 등 기라성 같은 서구신학의 광맥들을 능가할 만한 세계적인 신학적 단초들이 발굴될 수 있을 것이다.

결론적으로, 박형룡, 김재준, 정경옥, 그리고 류영모는 이 땅에 신학의 광맥을 놓았고, 그 광맥으로부터 보수적 근본주의, 진보적 사회참여주의, 문화적 자유주의, 그리고 종교적 구성주의로 이루어진 네 가지의 신학적 흐름이 태동한다. 조직신학의 유형론으로 평가하면, 박형룡은 근본주의 신학을 한국교회에 심은 철저한 교의학자이며, 정경옥은 문화적 상황의 이해에 초점을 맞추었던 관념적 조직신학자이며, 김재준은 역사적 상황의 변혁을 중시했던 실천적 조직신학자이고, 그리고 류영모는 동양종교의 맥락 안에서 독창적인 한국 토종신학을 탄생시킨 창의적 구성신학자이다. 다시 말해서, 한국신학의 네 선구자들—박형룡, 김재준, 정경옥, 그리고 류영모—로부터 한국신학의 네 모형들, 곧 교의학(총신, 장신), 문화신학(감신), 정치신학(한신), 그리고 구성신학(토종)이 태동한다.[31]

---

28) 다종교해석학에 대해서는 Kwok Pui-lan, *Discovering the Bible in the Non-Biblical World*, Maryknoll, Orbis, 1995, 특히 57~70쪽을 보라.

29) 비교신학에 대해서는 Francis X Clooney, *Theology after Vedanta : an Exercise in Comparative Theology*, Albany, State University of New York Press, 1993을 보라.

30) 박영호 편(1993), 『다석어록(씨올의 메아리) : 죽음에 생명을 절망에 희망을』, 홍익제, 82쪽 ; 김흥호 편(2001), 『다석일지』 제2권, 솔출판사, 176쪽.

31) 시대별, 논쟁별 연관성은 다음 도표와 같다.

3. 교회교의학 모형(Dogmatics) : 교회의 분열

선교사들로부터 보수 신학의 정통성을 확보한 박형룡은, 한국전쟁이 세계 이념전쟁의 대리전이고 한반도의 남북분단을 고착화시켰듯이, 미국 근본주의 신학의 행태에 발맞추어 한국교회 안에서 그 대리전을 감행하고, 한국교회의 내부 균열을 고착시킨다. 그는 한국신학논쟁사의 두 교리논쟁들, 즉 성서영감론 논쟁과 에큐메니칼 신학 논쟁을 주도한다. 이로 말미암아 1950년대에 한국 개신교단의 최대 교회인 한국 장로교회는 크게 두 번 분열하게 된다. 그리고 이 교회분열적 속성은 박형룡류의 근본주의 교의학이 보유한 특징으로 한국교회사에 각인된다.

1) 성서영감론 논쟁. 박형룡은 메이첸이 신정통주의를 채택한 프린스턴신학원을 신근대주의라고 비판하고 이탈하여 웨스트민스터신학원을 설립하였던 역사를 한국 땅에 반복시킨다. 박형룡과 그를 추종하는 보수 진영은 바르트와 같이 성서고등비판을 수용하고 "제한 무오 사상"을 주장한 김재준을 맹렬히 비판하며 조선신학교를 떠나 장로회신학교를 새로 설립한다 (1948).[32] 이 싸움에서 '한국의 메이첸' 박형룡은 미국의 메이첸보다 훨씬 성공적으로 완전한 교권적 승리를 쟁취한다. 그는 총회가 조선신학교의 인준을 취하하고(1951), 김재준의 면직을 가결하는 데(1952) 결정적인 역할을

시대	논쟁 및 주제	유형	신학자
50년대	교회의 분열	교의학	
	성서영감론 논쟁		박형룡/김재준
	에큐메니칼신학 논쟁		박형룡/이종성
60년대	토착화신학 논쟁	문화신학	
	삼위일체론 논쟁		윤성범/박봉랑
	토착화방법론 논쟁		유동식/전경련
70년대	민중신학 논쟁	정치신학	서남동/김용복
80년대	종교다원주의 논쟁	종교신학	변선환/박아론
90년대	다원적 한국신학의 모색	구성신학	
	해방, 여성, 통일(박순경), 환경, 포스트 모던 (홍정수), 생명, 상생, 도(道)		

32) 주재용, 위의 책, 167~168쪽.

한다. 그리하여 김재준을 따르는 진보 진영은 조선신학교를 한국신학대학으로 개명하고(1952), 총회를 이탈하여 한국기독교장로교(기장)를 새로 설립한다(1953). 이것이 첫 번째 한국 장로교회의 분열이다.

2) 에큐메니칼 신학 논쟁은 미국의 근본주의를 주도하는 칼 메킨타이어와 메이첸 등이 세계교회협의회(World Council of Church, WCC)에 저항하기 위하여 국제기독교연합회(International Council of Christian Church, ICCC)를 창설하고 근본주의적 칼뱅주의와 반공 이데올로기를 확산시키려던 시도와 관련된다. 미국 복음주의연합회(National Association of Evangelicals, NAE)는 메킨타이어의 비타협원리와 분열주의를 극복하기 위해 온건파 보수주의를 표방하였으나, 이를 본 따 창설된 한국복음주의연합회는 오히려 진보적 에큐메니칼 진영 비판에 초점을 맞추어 러시아정교회의 세계교회협의회 가입을 빌미로 에큐메니칼 신학의 용공 시비를 전개한다. 결국 한국 장로교회(예장)는 에큐메니칼 운동을 지지하는 통합측(연동측)과 이를 반대하는 합동측(숭동측)으로 또다시 총회가 분열된다(1959).

이로 말미암아 칼뱅신학을 뿌리로 하는 한국의 개혁신학은 근본주의를 표방하는 총신계열(예장 합동), 역사참여주의를 주창하는 한신계열(기장), 그리고 신정통주의를 계승하는 장신계열(예장 통합)로 크게 삼분된다. 신학적으로 보면, 이 분열은 칼뱅신학에 대한 해석의 차이(칼뱅주의와 신정통주의의 대립)에서 기인한다. 총신계열은 근본주의적 칼뱅주의(구프린스톤, 화란개혁교회), 한신계열은 정치신학적 칼뱅주의(캐나다 장로교회), 그리고 장신계열은 신정통주의적 칼뱅주의(프린스턴, 미국장로교회)를 표방한다. 총신계열과 장신계열은 한국교회 성장과 관련된 교의학을 주도하게 되고, 장신계열에서는 그 대변인 이종성이 등장한다.

이종성(李鍾聲, 1922~)은 서론, 인간론, 신론, 그리스도론, 성령론, 삼위일체론, 교회론, 윤리학, 종말론이 포함된 전 12권으로 구성된『조직신학 대계』를 저술하여 박형룡에 필적할 만한 한국 개혁신학의 토대를 구축한다.33)

---

33) 이종성(1993),『조직신학 대계』, 대한기독교출판사. 이종성은 일본 동경신학대학

이종성을 기점으로 장신계열에는 "모든 것을 통합하여 온전함에 이르고자 하는" 소위 "통전적 신학" 전통이 형성된다.34) 이것은 서구의 개혁신학 전통들을 한국적 상황에서 통전적으로 종합해보자는 의도인 것 같은데, 소위 무색, 무미, 무취, 무향의 절묘한 묘합을 이루고 있다.35) 통전적 신학은 보수와 진보, 에큐메니칼 운동과 복음주의 운동, 서구신학과 아세아 신학 등등 모든 것을 다 포함할 수 있는 대단한 포용력을 가지고 있는 동시에 이와 같이 아무런 특징이 없다는 묘한 신학적 특징을 가지고 있다.

박형룡과 이종성으로부터 총신계열과 장신계열이라는 칼뱅신학을 주축

을 비롯하여 미국 풀러, 루이빌, 프린스턴, 샌프란시스코 신학원 등 비교적 폭넓은 신학교육의 배경을 가지고 있다.

34) 김명룡(2002), 「통전적 신학이란 무엇인가?」, 4월호, 장신대. 이종성은 통전적 신학의 방법론적 특징을 (1) 연역법과 귀납법의 통합(그리스도의 하강＋상승), (2) 계시의 단일성과 다양성의 통합(바르트＋브루너), (3) 과정적 상관관계(틸리히＋하이트헤드)로 설명한다. 이종성(1993), 『신학서론』, 대한기독교출판사, 66∼69쪽.

35) 이종성은 저작의 목적을 "신앙이 매우 편협하며 신학이 미개한 상태에" 있는 한국교회에 다음과 같은 봉사를 제공하는 것이라고 말했다 : "첫째, 신학 연구의 자료를 많이 제공할 것, 둘째, 나의 모든 신학 작품을 알기 쉽게 쓸 것, 셋째, 서양의 교회가 2000년 동안 연구하고 다듬고 체계화한 신학의 모습(total picture)을 제공해 줄 것"(1995), 『이야기로 푸는 조직신학』, 대한기독교서회, 4쪽). 그는 이 계몽적 목적을 충분히 달성하고도 남을 만한 방대한 양의 저술을 완성하였으나, 아직까지 한국신학사상사에서는 그가 이룬 업적이 충분히 평가되지 못하고 있다. 그 이유는 대체적으로 총신계열(박형룡)과 한신계열(김재준)의 강렬한 신학적 색깔들 사이에서 비교적 온건한 장신계열(이종성)이 내세우는 소위 "중심에 서는 신학"의 애매한 신학적 색깔이 숨겨져 버렸기 때문이다. 둘째, 박형룡의 '교의신학' 이 미국과 화란의 근본주의적 칼뱅주의의 번역신학의 한계를 벗어나지 못하였듯이, 이종성의 '조직신학'도 미국의 신정통주의를 비롯한 서구의 개혁신학을 포괄적으로 총망라하여 정리한 것 이상의 어떤 조직신학적 창의성을 발견하기 어렵다. 셋째, 그의 신학은 서구신학들과 그들의 콘텍스트인 서구종교문화에 있어서는 "통전적"일지 모르지만, 이와 대칭적인 중요성을 갖는 우리의 콘텍스트인 한국종교문화에 대해서는 "비통전적"이다. 다시 말하면 그는 조직신학을 관념적으로 이해하고 설명했지만, 한국인으로서 그의 상황인 한국종교문화의 콘텍스트와의 "통전적" 상관관계를 주제화시키는 진정한 의미의 조직신학을 실천하지는 못했다. 이것이 한국신학으로서 이종성 및 장신계열의 신학자들이 가진 결정적 약점이다. 그들의 신학적 스승이라고 할 수 있는 바르트와 틸리히조차도 사망 전에 이구동성으로 세계종교의 맥락 안에서 교의학과 조직신학을 다시 써야한다고 한탄했음을 상기해 볼 필요가 있다.

으로 하는 한국교회교의학의 양대 산맥이 구축되었고, 다른 유형의 신학
광맥들과는 다르게 이들은 한국 장로교회를 세계 최대의 교회로 성장시키기
위한 교회신학으로서 결정적인 역할을 한다.36) 이들을 계승하여 세계적인
수준의 신학교육을 받은 신학자들이 배출된다. 총신계열에서는 워낙 박형룡
의 산이 높아서 그런지 그를 능가할 신학이 아직까지 나타나지 않았고,
그 지류로서 한철하(버지니아 유니온), 차영배(캄펜), 김영한(하이델버그)
등이 대표적으로 보수적 개혁신학 노선을 고수한다.37) 장신계열에서는 김명
룡(튜빙겐), 윤철호(노스웨스턴), 현요한(프린스턴)과 그 지류로서 황승룡(현
호신대 총장)이 통전적 개혁신학을 발전시키고 있다.38) 그러나 우수한 신학
교육적 배경에도 불구하고 그들의 신학은 보수적인 교회를 의식해서인지

---

36) 한국장로교회는 선교 100년 만에 세계개혁교회 연맹국들 중에서 가장 큰 교회로
    성장하는 20세기 선교의 기적이라고 할 만한 놀라운 기록을 보유하고 있다.

37) 한철하와 김영한을 총신계열로 보는 것은 무리가 있는 것을 인정하나, 유형론적
    유사성을 고려한 것이다. 웨스트민스터 신학원을 거쳐 미국 남장로교회의 전통적
    신학교 버지니아의 유니온 신학원에서 박사학위를 수여받은 한철하는 정통적
    칼뱅주의자이며, 그 입장에서 신정통주의 사상과 그 영향을 받은 미국 연합장로교
    회의 1967년 신앙고백서를 위험한 세속화신학이라고 맹렬히 비판한다(「우리가
    처한 신학적 과제」,『교회와 신학』제2집, 1967). 화란 개혁신학의 본산인 캄펜신학
    원에서 박사학위를 수여받은 차영배는 아브라함 카이퍼-헤르만 바빙크의 신학에
    의존하고 있다. 1996년 김영한을 중심으로 한국개혁신학회가 창설되었고, 이 학회
    는 현재 약 130명의 회원을 가지고 활발한 활동을 하고 있다(조직신학자만 35명이
    며, 이들의 대부분이 세계 각국에 있는 신학명문들의 박사학위를 소지하고 있다).
    이들은 "열린 보수주의"를 표방하며, 대체적으로 총신계열과 장신계열 사이의
    노선을 추구하고 있는 듯하다(한국개혁신학회 편(2001),『열린 보수주의』, 이레서
    원). 특히 김영한은 이 개혁신학 노선의 사령탑 역할을 하고 있으며, 활발한 저술활동
    을 하고 있다(『21세기와 개혁신학』상·하, 한국장로교출판사, 1998). 그러나 맥락
    성에 대한 그의 접근은 해석학적이기 보다는 인식론적이고 교리적이며, 기본적으
    로 그는 조직신학적 구성보다는 교의적 비판 또는 철학적 분석에 치중하고 있다.

38) 몰트만의 지도 아래 바르트에 관한 박사논문을 쓴 김명룡은 조직신학을 교의신학과
    사회신학으로 구분한다(김명룡(1997),『현대의 도전과 오늘의 조직신학』, 장로회
    신학대학). 윤철호는 통전적 그리스도론을(윤철호(1998),『예수 그리스도』상·하,
    한국장로교출판사), 현요한은 통전적 성령론을(현요한(1998),『성령 그 다양한
    얼굴 : 하나의 통전적 패러다임을 향하여』, 장로교신학대학) 모색한다. 황승룡
    (1999),『성령론 : 신학의 새 패러다임』, 한국장로교출판사.

대체적으로 실존적 교의학 또는 관념적 조직신학의 수준에 머무르고 있다.

그러나 한국 개혁신학은 한국 장로교회의 성장과 번영의 배후에 감추어져 있는 한 중요한 요인을 간과하고 있다. 이것은 칼뱅의 개혁신학은 한국인의 사상 형성에 결정적인 역할을 한 이퇴계(李退溪)를 정점으로 하는 한국의 신유학과 매우 유사하고(*pietas*－敬, *imago Dei*－天命, *fides quaerens intellectum*－居敬窮理 등), 이 유사성이 한국장로교회가 성장할 수 있는 신학적 기틀을 마련해 주었다는 사실이다.[39] 그렇기 때문에 한국 개혁신학은 한국유학의 전철을 밟지 않기 위하여 매우 조심해야 한다. 한국유학은 한국을 그 출생지인 중국보다도 더욱 유교적인 사회로 만드는 데 성공하였으나, 그 지나치게 보수적이고 배타적인 주자학적 사대주의로 말미암아 결국 조선 유교사회를 멸망시키고 말았다. 한국 개혁신학도 한국에 세계 최대의 장로교회를 설립하는데 성공하였다. 그러나 그 안에 보수적이고 배타적인 사대주의가 이미 전횡을 휘두르는 듯한 인상이다. 한국유학은 그래도 조선을 500년 유지할 수 있는 사상적, 도덕적 기조를 마련해 주었지만, 한국 개혁신학이 지금까지 한국사회에 그러한 역할을 감당해 왔는지 자문해 보아야할 것이다. 개혁신학의 기본 강령은 "누가 원조냐?"하는 보수정통 시비를 따지는 것보다 말씀에 의해 끊임없이 개혁하는 데(*reformata ecclesia semper reformanda*) 있다.

4. 정치신학 모형(Political Theology)
: 민중신학의 출현

교회와 교리로부터 "신학의 해방"을 실현한 김재준이 이끄는 한신계열은 비교적 자유스럽게 세계신학의 흐름을 섭렵하며 새로운 신학적 탐구를 계속

---

39) 김흡영 · 금장태(1999), 「존 칼빈과 이퇴계의 인간론에 관한 비교연구」, 『한국조직신학논총』 제4권, 80~128쪽 ; 또한 Heup Young Kim, "*Imago Dei and T'ien-ming : John Calvin and Yi T'oegye on Humanity*", *Ching Feng 41* : 3-4, 1998, 275~308.

160

한다. 이와 더불어 한신계열은 걸출한 '제1세대' 조직신학자 박봉랑과 서남동
을 배출한다.

"현대신학의 안테나" 서남동(徐南同, 1918~1984)은 한신계열이 배출한
가장 창의적인 조직신학자이며, 각종의 서구신학의 사조를 탐닉하여, 틸리히,
베르자예프, 엘리아데, 떼야르 드 샤르뎅을 거쳐 한국 최초로 생태신학과
과학신학을 소개했던 최첨단의 번역신학자이기도 했다.40) 그는 이종성보다
도 먼저 케리마그적 그리스도(불트만), 세속적 그리스도(콕스), 우주적 그리
스도(테일하드)를 "통전"한 "현재적 그리스도론"을 제시했다. 이 현재적
그리스도론은 "서구교회의 안경"을 통하지 않고 보편사(곧 우리의 역사와
문화사) 속에서 직접 그리스도를 직면하게 함으로써 한국신학의 지평을
열어놓았다.41) 그러나 그는 전태일의 분신자살을 목격하고 김지하의 한과
민중사상으로부터 큰 감명을 받고 변신하여 "한의 사제론"과 "민중 이야기
신학"을 발전시킨다.42) 이 이야기 신학 방법론은 유명한 아세아 신학자
송천성(宋泉盛, C. S. Song) 등을 통하여 세계적으로 알려지고, 아세아 신학의
형성에 큰 영향을 준다. 그리고 서남동 및 민중신학자들(안병무, 현영학,
김용복 등)은 한국신학사상사에서 최초로 세계신학의 형성에 기여를 하게
된다.43) 1970년대의 민주항쟁과 더불어 민중신학은 한국역사상 신학이 사회
변혁에 결정적 영향을 준 최고의 정치신학적 기록을 남긴다. 서남동의 민중신
학에 관해서는 별도로 민중신학 분야에서 더 자세히 다룰 것이기에 아쉽지만
이만 줄인다. 비록 기장신학자는 아니지만 예장이 배출한 가장 세계적인

---

40) 서남동(1976), 『전환시대의 신학』, 한국신학연구소.
41) 서남동(1976), 앞의 글, 65~84쪽 ; 유동식, 『한국신학의 광맥』, 235쪽.
42) 민중 이야기 신학은 대체적으로 우리 민중의 이야기(민담)와 기독교의 민중 이야기
    (성서와 교회사의 사회경제사적 연구), 그 두 이야기들이 서로 "합류"하는 것을
    말한다. 서남동(1983), 『민중신학의 탐구』, 한길사 ; 서남동(1984), 『한-신학, 문학,
    미술의 만남』, 분도출판사.
43) Kim Yong-Bock, ed., *Minjung Theology : People as the Subjects of History*, Singapore,
    Commission on Theological Concerns, Christian Conference of Asia, 1981. 이것이
    아마도 세계적으로 가장 많이 알려진 한국신학에 관한 저서일 것이다.

"시련의 신학자" 김용복(金容福, 1938~)을 여기서 언급해 둘 필요가 있다. 그는 전통신학이 가진 자들의 시녀역할을 했던 전철을 극복하기 위해서 신학은 성서와 같이 억눌린 자들의 이야기들을 그 중심주제로 택해야 한다고 주장하며, "민중의 사회전기"(the social biography of the minjung)를 그 방법론으로 제안한다.44) 그리고 그는 민중이 역사의 주체라고 규정하고, 정치적 메시아니즘(political messianism)을 타파하고 메시아적 정치(messianic politics)의 변혁적 주체로서 민중 운동을 역설한다. 이러한 신학적 통찰은 세계에 있는 많은 해방신학자들에게 신선한 충격을 주었고, 민중신학을 세계신학으로 부상시키는 데 결정적인 공헌을 했다. 그리고 그를 "세계 에큐메니칼 신학의 촉각", 또한 아세아에서 가장 영향력이 있는 신학자들 중의 하나로 떠오르게 한다.45) 한신계열의 신학이 주도하여 이룩한 또 하나의 빼놓을 수 없는 조직신학적 업적은 나치체제의 적그리스도성에 저항하기 위하여 독일 고백교회가 선포했던 「바르멘 선언」의 정신을 계승하여 유신체제의 독재에 저항하기 위하여 그리스도인의 사회적 책임을 강조한 「1973년 한국그리스도인 선언」이다.46)

"잊혀진 선비 신학자" 박봉랑(朴鳳琅, 1918~2001)은 그 시대의 신학자들 중에서는 가장 철저하게 조직신학 교육을 받은 분으로 바르트의 성서영감론에 대한 논문으로 하바드 대학에서 박사학위를 마친 후 귀국하여 바르트 신학을 체계적으로 소개하여 한국에 '바르트 우파'의 법통을 정립한다. 비록 발티안의 틀에서 벗어나지는 못했지만, 본회퍼(D. Bonhoeffer), 세속화 신학(콕스), 사신신학(알타이저), 종말론 신학(몰트만, 판넨베르크), 바르트 좌파(골비처)와 우파(융겔)의 논쟁 등 세계신학의 조류를 소개한 그의 저서들은 한국 조직신학의 수준을 한층 높이는 데 공헌을 하였다.47) 비록 한신계열은

---

44) Kim Yong-Bock, *Messiah and Minjung : Christ's Solidarity with the People for New Life*, Hong Kong, Christian Conference of Asia, 1992.
45) 김용복은 아세아기독교협의회의 협조를 받아 아세아신학자협의회(The Congress of Asian Theologians)를 설립하고 초대 회장을 역임했다.
46) 이덕주·조이제 편(1997), 『한국 그리스도인의 신앙고백』, 한들출판사, 275~276쪽.
47) 조직신학적으로, 그의 저서들은 그의 시대에 다른 신학자들에 비해 월등한 수준에

아니지만, 바르트 신학에 관해서 박봉랑과 더불어 쌍벽을 이룬 한국 최초의 여성신학자 박순경(朴淳敬, 1923~)을 빼놓을 수가 없다. 초기 바르트의 종교사회주의에 대한 골비쩌(H. Gollwitzer)의 연구와 그의 제자 마르쿠바르트(F. Marquardt)의 바르트 좌파 해석에 큰 영향을 받은 박순경은 그 추종자가 소수에 불과하지만 한국 땅에 '바르트 좌파'의 맥을 심었다. 박순경은 마침내 신학적 관심을 서구신학에서부터 한민족으로 전환하고 민족통일 운동을 위한 "통일신학"을 제안한다.[48] 그러나 한국 바르트 신학의 문제점은 우파이건 좌파이건 모두 이들의 영향으로 너무 초기 바르트에 얽매어 있다는 점이다. 한신계열에서는 박봉랑에 이어 오영석(吳永錫, 1943~)과 김균진(金均鎭, 1946~)이 배출된다. 오영석(바젤-한신, 현 한신대 총장)은 바르트 우파의 맥을 이어가고, 김균진(튜빙겐-연신, 현 한국조직신학회장)은 그의 스승인 독일의 마지막 개혁신학자 몰트만의 저서들의 대부분을 번역하는 과업을 달성한다.

이로 말미암아 한신계열의 조직신학은 이원화된다. 한편으로 비록 소수이지만 바르트 우파 신학으로 더욱 교의학화 되는 반면, 다른 한편으로 극단적인 정치신학(민중신학)으로 운동적 성향을 띠게 된다. 민중신학은 한국 최초로 해외에 신학을 수출하는 성과를 거두었으나, 그 운동 지향적이고 신학불가지론적인 성향 때문에 신학자 양성을 소홀히 하는 폐단을 초래한다. 이러한 중에 한신계열에 새로운 모형의 조직신학자 김경재(金敬宰, 1940~)가 등장한다. 김경재는 문화신학(틸리히)과 과정신학(화이트헤드)의 틀 안에서 민중신학과 토착화 신학의 종합을 모색한다.[49] 그는 다른 한국 종교들과의 대화를

있는 우수작들이다. 그가 목회자나 평신도를 위한 쉬운 글보다는 신학자들을 위한 전문적인 글을 썼기 때문에 많이 알려지지 않았다. 그런 점에서 그는 외골수의 "잊혀진" 신학자가 되었으나, 선비정신을 이어받은 조직신학자로서 귀중한 사표를 남겼다. 박봉랑(1976), 『기독교의 비종교화』, 법문사 ; 박봉랑(1976), 『신의 세속화』, 대한기독교출판사 ; 박봉랑(1986~1987), 『교의학방법론』 vol. 2, 대한기독교출판사 ; 박봉랑(1991), 『신학의 해방』.

48) 박순경(1984), 『하나님나라와 민족의 미래』, 대한기독교출판사 ; 박순경(1992), 『통일신학의 여정』, 한울.

적극적으로 추진하며 종교다원주의 신학을 주장하는 데 앞장을 선다. 그는 한국 개신교 종교문화신학을 파종모델(씨뿌리는 비유[막 4 : 1~32], 박형룡), 발효모델(밀가루 반죽의 비유[마 13 : 33 ; 눅 13 : 20~21], 김재준), 접목모델 (돌감람나무의 비유[롬 11 : 16~18], 유동식), 합류모델("두 이야기의 합류", 서남동)의 네 모형으로 분류하고, 교의학적이거나 종교사적인 접근보다 지평 융합적인 해석학적 접근방법(틸리히, 하인리히 오토, 죤 힉, 파니카, 사마르타 등)의 종교신학을 제안한다.[50] 그리고 한신계열에서는 또한 박재순이 민중신학과 토종신학 간의 접목을 통한 생명신학("생명의 님" 예수)을 시도하고 있다.[51]

5. 문화신학 모형(Theology of Culture)
: 토착화 논쟁

최병헌(崔柄憲, 1858~1927)의 종교신학과 정경옥의 자유주의 신학을 계승한 감신계열은 한국신학사상사를 우뚝 세운 세 신학자들, 곧 윤성범, 유동식, 그리고 그들을 이어 변선환을 배출한다. 이들은 기독교의 전통적 울타리를 넘어 재래종교들과의 적극적인 종교간의 대화를 시도한다. 그들 사이에 일종의 분업이 실행되어, 윤성범은 유교, 유동식은 무교, 그리고 변선환은 불교에 집중적인 관심을 가지고 각자 나름대로의 종교문화신학을 펼쳐간다.

한국인 최초로 유럽에서 신학박사 학위를 취득한 윤성범(尹聖範, 1916~1980)은 바젤 대학에서 바르트의 강의를 직접들은 제자로 더욱 잘 알려져

---

49) 김경재(1979), 『폴 틸리히의 생애와 사상』, 대한기독교출판사 ; 김경재(1987), 『폴 틸리히 신학연구』, 대한기독교출판사.

50) 김경재(1994), 『해석학과 종교신학 : 복음과 한국종교의 만남』, 한국신학연구소 ; 김경재(1983), 『한국문화신학』, 한국신학연구소. 또한 『해석학과 종교신학』을 발전시킨 그의 박사학위 논문 *Christianity and the encounter of Asian Religions : Method of correlation, fusion of horizons, and paradigm shifts in the Korean grafting process*, Zoetermeer, Uitgeverij Boekencentrum, 1994.

51) 박재순(2000), 『한국생명신학의 모색』, 한국신학연구소.

164

있다. 윤성범과 더불어 한국신학자들의 독일 유학이 활발해지고 미국신학의
영향을 받던 조직신학계는 독일신학의 영향권 아래로 진입한다. 윤성범은
한국적 상황과 복음간의 상관관계를 신학적 언어로 주제화하려 하였던 한국
최초의 조직신학자이며, 감신계열이 배출한 가장 창의적인 조직신학자이
다.52) 그의 탁월한 신학적 "직관"과 통찰에도 불구하고 그의 신학이 성공하지
못했던 까닭은 독일신학의 틀 안에 그가 머물러 있었기 때문이다. 이러한
점에서 윤성범의 신학은 재조명되어야 한다. 윤성범을 독일신학의 연장선상
에서, 불트만적 방법론과 바르트적 신학내용 사이의 혼돈, 하이데커의 해석학
에 대한 오해 등, 그가 얼마나 독일신학을 제대로 이해했느냐고 따지는
것은 초점에 어긋나는 것이고, 그것은 오히려 한국신학의 정체성에 대한
비판자들의 혼돈에서 오는 오류이다. 윤성범이 추구했던 것은 한국적 신학의
모형개발이며, 그의 모호한 "직관적 변증법"(예컨대, 감-솜씨-멋, 道心-
人心-誠, 理-氣-誠)은 이원론을 기조로 한 서구의 개념적 변증법(헤겔,
키에르케고르)을 극복하고자 고안해낸 한 동양 신학적 방법론이었던 것이다.
그 이름이 "문화적 아프리오리"("자리")가 되었든, "전이해"(불트만)가 되었
든, "상황"(틸리히)이든 간에 그는 한국적인 자원들을 신학의 소재로 사용하
고자 했고, 서구적인 상징과 비유를 한국적인 것으로 대체하고자 하였다.
그야말로 한국적 구성신학을 시도하였으나, 불행하게도 그는 독일신학의
올무에서 벗어나지 못했다. 그가 만약 기독교 신학의 역사적 흐름도 계속적인
모형전환(paradigm change)에 의한 것이라는 쿤(T. Kuhn)에 의존한 한스 큉의
주장이나, 신학도 결국 "인간의 한 작품"(theology as a human construction)에
불과하다는 카프만의 구성신학이나, 신학의 가장 큰 주제는 그 상징 비유체계

---

52) 출판위원회 편(1998), 『윤성범 전집』, 총7권, 도서출판 감신 ; 윤성범(1964), 『기독
    교와 한국사상』, 대한기독교서회 ; 윤성범(1972), 『한국적신학 : 誠의 해석학』, 선
    명문화사 ; 윤성범(1973), 『孝 : 서양윤리, 기독교윤리, 유교윤리의 비교연구』, 서
    울문화사(내가 미국에서 공부할 때 그의 『효』를 Michael Kalton이 번역한 *Ethics
    East and West*, Seoul, Christian Literature Society, 1977을 프린스턴 대학 도서관에서
    발견해서 읽고 깊은 감명을 받았던 적이 있다).

에 대한 분석과 그에 따른 모형건축이라는 멕훼그의 비유신학(metaphorical theology)을 알았더라면, 그의 신학은 크게 달라졌을 것이다.53) 윤성범의 신학은 한국의 상징비유("감")를 가지고 서구신학으로부터 모형전환을 이룬 한국신학("멋")의 새로운 패러다임("솜씨")을 구성하려 하였으나, 독일신학에 대한 그의 끈질긴 강박관념 때문에 중도에 하차한 격이기 때문이다. "도전적이요 직감적인 판단 등 많은 개발점을 발견"하게 되지만 "충분한 설명이 결여"된 "한국 신학계의 풍운아 윤성범"의 글들은 유동식이 언급한 대로 한국신학의 한 "서설"일 뿐 후학들에게 "본문은 앞으로의 과제로 남아있다".54)

윤성범의 구성신학적 감각은 제일 먼저 한국인의 토착적 신상징인 하느님을 분석할 수밖에 없었고, 그와 관련된 토착적 내러티브로서 단군신화를 거론한 것은 한국 조직신학자로서 그가 밟아야 할 당연한 수순이었다. 그러므로 그의 "환인, 환웅, 환검은 곧 하나님이다"는 한국 조직신학 사상사에서 매우 중요한 논문이다.55) 또한 삼위일체의 비유적 흔적(vestigium Trinitatis)을 명시적으로 내포하고 있는 단군신화 내러티브에 기초한 하느님의 상징체계가 원래 복수형인 히브리어의 엘로힘(Elohim), 다신론적 어원을 가진 독일어와 영어의 'Gott'와 'God' 등 기존의 상징체계들보다 월등하게 우월한 삼위일체적 메타포라고 주장한 것도 한국 조직신학자로서 그가 충분히 한번 해볼 만한 일이었다.56) 그에 대한 박봉랑의 비판은 초기 바르트 교의학에

---

53) Küng, "Paradigm Change", Gordon Kaufman, *The Theological Imagination : Constructing the Concept of God*, Philadelphia, Westminster Press, 1981. Sallie McFague, *Metaphorical Theology : Models of God in Religious Language*, Philadelphia, Fortress Press, 1982.

54) 유동식, 『한국신학의 광맥』, 298쪽.

55) 윤성범(1963), 『사상계』 5, 258~271쪽 ; 윤성범(1963), 「단군신화는 Vestigium Trinitatis이다」, 『기독교사상』 10, 14~18쪽. 단군신화 논쟁에 관한 글들은 『윤성범 전집 1 : 한국종교문화와 한국적 기독교』, 346~483쪽에 모두 수록되어 있다.

56) 사실 몰트만의 삼위일체에 대한 세속적인 사회학적 비유(social analogy)는 쉽게 받아들이면서(*The Trinity and the Kingdom : the Doctrine of God*, New York, Harper & Row, 1981) 윤성범의 삼위일체의 흔적으로서 단군신화에 대한 착상은 용납하지

대한 해석으로는 옳았겠지만, 주어진 토착적 언어, 상징, 내러티브를 과감하게 판독해서 신학에 응용해 보려했던 윤성범의 기획에 대한 정당한 조직신학적 비판은 아니었다.57) 그런 의미에서 박봉랑은 조직신학자라기보다는 훌륭한 바르트 학자이었고, 윤성범은 바르트 학자라기보다는 창의적(때로는 "돈키호테적인") 조직신학자이었다. 한국신학이 이때 신명칭에 대하여 어느 정도 결론을 내리지 못하고 "단군신화" 토착화 논쟁으로 끝나고만 것은 매우 아쉬운 일이다. 한국 그리스도교회가 하나님인지 하느님인지 신의 이름조차도 아직 통일하지 못한 것은 매우 수치스러운 일이요, 한국 조직신학자들은 그들이 가장 먼저 수행해야 할 임무를 직무유기하고 있는 것이다.

윤성범의 성(誠)의 신학도 마찬가지다. 그는 직관적으로 계시라는 비유체계가 한국인의 정서에는 적합지 않다고 간파한다("계시라는 낯설은 개념 대신에 성이라는 개념을 대치하여 신학적 제 문제를 해석해 나간다면").58) 그리고 신학의 근본비유를 성이라는 율곡의 메타포로 대체하여, 계시를 전제한 "독단적"이고 유일신적인 서구신학의 모형에서부터 "조화를 전제한 종합적"이고 삼위일체적인 한국신학의 모형으로 패러다임 전환을 시도했다(誠＝言＋成＝말이 이루어짐＝로고스의 성육신). 그는 서구철학의 실존적 해석학(하이데커, 불트만, 가다마)보다는 한국의 구성신학적 해석학("토착화의 과정", 곧 한국인들의 특수한 종교문화적 매트릭스에서의 성서이해를 위한 "공작")을 추구했던 것이다.59) 그러므로 성의 신학에 대한 "혼합주의"(이종성), "신영지주의"(김의환), "민족주의"(박아론)와 같은 비판들은 신학방법론적 상이성에서 비롯되는 문제의 핵심에서 벗어나 있는 것들이다.60)

못하는 것은 신학사대주의의 한 실례가 아닐까.

57) 박봉랑(1963), 「기독교토착화와 단군신화」, 『사상계』 7 ; 윤성범(1963), 「성서는 기독교 계시의 유일한 쏘스」, 『사상계』 10/『윤성범전집 1』에 재수록, 370~392 · 424~446쪽.

58) 윤성범(1971), 「한국적 신학-성의 신학」, 『기독교 사상』 15, 3월호, 132쪽.

59) 윤성범(1973), 「성의 신학이란 무엇인가?-특히 한국 '오지그릇'을 중심으로 하여」, 『기독교사상』, 2월호, 83~91쪽.

60) 이종성(1972), 『복된 말씀』 12 ; 김의환(1973), 「성신학에 할 말 있다」, 『기독교사상』

그러나 윤성범의 신학적 해석학에도 결정적인 약점이 있다. 그의 해석학에는 로맨틱하게 한국전통을 재건축하는 '멋'진 복고의 해석학(hermeneutics of retrieval)은 포함되어 있지만, 그가 서구의 것들에 대해 비판한 것처럼, 한국 재래종교의 상징비유가 지닌 억압적 요소(족보)들을 해체하고 정화하는 의심의 해석학(hermeneutics of suspicion)이 결여되어있다. 충(忠), 효(孝), 성(誠), 이(理)와 같은 한국유교의 근본비유들도 완전하고 순수한 것들이 아니고, 오히려 지배 이데올로기로 악용되는 등 역사적으로 많은 해석학적 오류를 남긴 것들이다. 서구전통의 지배를 너무 의식해서 재래전통을 무비판적으로 받아들인 바로 이 국수주의가 윤성범 신학의 취약점이다. 더욱이 그는 민중신학이 그토록 강렬하게 외쳐 되는 신학의 사회경제적 책임을 무시하고 오히려 우익적으로 흘러, 제자인 변선환으로부터 "삼위일체의 신에게만 도취되어 '하늘에서의 독백'만 되풀이하였다고" 신랄한 비판을 받게 된다.61)

사실 토착화 신학 논쟁의 불씨를 먼저 댕긴 이는 유동식(柳東植, 1922~)이었고, 그는 이미 오래 전에 파격적인 구성신학적 제안을 했던 신학자이다.62)

"로고스"는 당시 헬레니스들의 복음이해를 위해서는 절대적인 의미를 가지고 있었다. 그러나 오늘의 우리 동양사람에게는 이미 그 의미를 잃고 있다. 그러므로 우리로서의 복음이해를 위한 새로운 지평이 있지 않으면 아니 된다. 그러면 복음의 동양적 이해의 새로운 지평을 제공할 우리의 개념은 무엇이어야 하겠는가? 그것은 "도(道)"라는 말이다(1959).

비교적 교의학에서 자유롭고 보다 종교학적 감각을 가지고 있는 유동식은

3월호, 108~114쪽 ; 박아론(1973),「한국적신학에 대한 이론」,『기독교사상』8월호, 87쪽.
61) 변선환(1992),「한국개신교의 토착화 : 과거, 현재, 미래」,『변선환 전집 3 : 한국적 신학의 모색』, 한국신학연구소, 95쪽.
62) 유동식의 저서, 역서 및 논문 목록은 고희기념논문집『한국종교와 한국신학』(한국신학연구소, 1993, i~v)에 수록되어 있다. 이하 인용, 유동식(1978),『도와 로고스』, 대한기독교출판사, 23쪽에 재수록(「도와 로고스-복음의 동양적 이해를 위한 소고」,『기독교사상』, 1959. 3, 56~57쪽).

168

한국신학의 "복음이해의 새로운 지평[패러다임]"을 위해 그 근본상징을 로고스(Logos)에서 도(道)로 대체할 것을 주장한 것이다. 그러나 그는 이 탁견을 방향으로만 제시하였을 뿐 실천하지는 못했다. 그 당시 그의 발목을 잡은 것도 역시 독일신학이었다. 그가 고백한 것처럼 그의 신학도 아직까지 불트만의 실존론적 해석학과 클레머의 "성서적 실재주의"를 벗어나지 못하고 있었다.63) 그러나 이 당시 그에게 가장 결정적인 영향을 준 것은 나일즈(D. T. Niles)의 토착화론이었다. 나일즈는 아시아의 기독교를 서양 선교사들이 '화분'에 심어놓은 '화초'로 비유하며, 이제 아시아의 기독교인들은 이 화분을 깨뜨리고 "우리들의 옥토" 속에 이 화초를 심어 힘차게 자라나도록 해야 한다고 역설했다.64) 유동식은 이 도전에 "선교신학적 반성"을 하게 되고, 이에 따라 한국종교사를 섭렵한『한국종교와 기독교』를 저술한다.65) 그러므로 그의 입장은 변선환이 지적한 대로 "성취설"에 입각한 선교신학에 머물게 된다.66) 그러나 사실 그가 먼저 발표했던『도와 로고스』가 선교신학적인『한국종교와 기독교』보다 구성신학적으로 훨씬 앞서 있었던 것이다. 이와 같이 유동식이 선교신학으로 뒷걸음 친 것은, 기독교의 원래 명칭조차도 한국어 성경에 도(道)로 이미 제대로 번역되어 있는 희랍어 호도스(hodos)였다는 것을 고려할 때(행 16 : 17, 18 : 25 · 26), 애석한 일이다.

유동식 신학의 또 다른 문제는 그가 너무 실체론(substantialism, essentialism)에 매달렸다는 것이다.『한국종교와 기독교』이후 유동식은 '한국적인 것'의 본질("우리의 영성과 종교문화에 대한 구조적 파악")을 규명하기 위한 오랜

---

63) 유동식,『한국신학의 광맥』, 238쪽.

64) D. T. Niles(1962),「성서연구와 토착화 문제」,『기독교 사상』10월호, 67쪽. 그러나 나는 유동식의 도와 로고스에 관한 착상은 나일즈의 화분과 옥토론보다도 구성신학적으로 앞서 있었다고 평가한다.

65) 유동식(1965),『한국종교와 기독교』, 대한기독교서회. 이 저서는 윤성범,『기독교와 한국종교』와 대비된다. 변선환은 이것을 그들의 신학적 틀의 차이, 즉 불트만적인 것과 바르트적인 것과의 차이라고 본다(다음 각주).

66) 변선환(1991),「특집좌담 : 한국토착화신학 논쟁의 평가와 전망」,『기독교사상』, 6~7 · 94쪽.

연구를 시작한다. 한국 샤머니즘에서, 화랑 또는 군자와 같은 한국인의 '전형적 이상인(理想人)'에서, 그리고 결국 최치원의 유교(克己復禮)-불교(歸一心源)-도교(無爲自然)를 포괄하는 포함삼교의 풍류도에서 그 본질을 발견하고, 그는 풍류신학을 전개한다.[67] 그는 삼태극의 3·1적 도식 안에서 "한 멋진 삶"을 지향하는 한국인의 통전적 영성을 풍류도라고 정의한다.[68] 그리고 다음과 같이 풍류신학을 제안한다.

> 한국의 기독교 사상은 점차 신인통합에 기초한 "멋의 신학"[풍류객의 복음 이해]과 초월적인 "한의 신학"[풍류객의 세계관], 그리고 인간화를 향한 "삶의 신학"[풍류객의 선교적 사명]을 형성하면서 전개되어 가고 있다. 그러나 이 세 유형의 사상은 서로 유기적 관계를 가진 것이며 결국 하나의 민족적 이념으로 수렴되어야 할 것이다. 그것은 풍류도의 논리적 귀결인 동시에 삼위일체 하느님께 대한 신앙의 논리적 귀결이기도 하다. 이와 같이 하나로 수렴된 통전신학, 또는 삼태극적 관계에 있는 세 신학의 통합에서 우리는 풍류신학의 참 모습을 보게 될 것이다.[69]

이것은 분명 풍류도에 대한 '멋진' 복고의 해석학이다. 그러나 의심의 해석학적 분석과 오늘날 삶의 콘텍스트에서 풍류신학이 구체적으로 무슨 의미를 가지고 있는지에 대한 해석학적 재구성이 결여되어 있다. 기독교의 본질에 대한 추구는 19세기 자유신학자 하르낙이 이미 실험해본 것이다 (*Wesen Des Christentums*). 하르낙은 교리사학을 창설하며 공관복음에서 큐 자료(Q Source)를 찾아내고 윤리적 내용을 중심으로 기독교의 본질(희랍사상이라는 가라지에 묻혀있는 복음의 알곡을 분리)을 규명하려 노력했으나

---

67) 유동식(1992), 『풍류도와 한국신학』, 전망사.
68) 유동식은 "풍류도의 기본 구조는 초월적인 '한'과 현실적인 '삶'의 창조적 긴장 관계인 태극적 관계에서 나오는 '멋'의 길이다. 멋을 풍류도의 체(體)라고 한다면, 한은 그 상(相)이요, 삶은 그 용(用)이 된다. 이 관계는 그 위치를 바꿀 수 있는 것이어서 '한'을 체라고 한다면 '멋'이 상을 이루게 되는 것이다"(『풍류도와 한국신학』, 21~22쪽)라고 말한다.
69) 유동식(1992), 앞의 글, 35쪽.

그리 성공하지 못했다. 현대과학이 원자를 깨드려 그 속을 들여다보고 희랍철학을 계승한 과학적 실체론의 허구를 증명하였듯이, 끊임없는 모형전환을 통해 흘러내리는 내러티브들의 거대한 강물들과 같은 신학사상의 흐름을 실체론적으로 분리하여 문화적 가라지를 골라내고 보편적 알곡을 채취하려 했던 하르낙의 방법론은 근대 이상주의의 한 오류이었다. 물론 유동식의 풍류신학이 하르낙의 교리신학처럼 극단적인 실체론을 적용한 것보다는, 보다 구체적인 한국신학의 근본상징 또는 근원－메타포를 찾고자 했다고 보아야 할 것이다.[70] 그렇다고 하더라도 조직신학적으로 중요한 것은 그 다음의 단계, 곧 그 찾아낸 메타포를 사용하여 오늘날의 맥락에서 새로운 패러다임으로 재건축하는 구성의 단계이다. 이 역사적·실천적 단계가 유동식의 풍류신학에는 충분히 표출되어 있지 않다. 그래서 변선환은 "유동식의 풍류신학은 엘리아데의 비역사적인 우주종교의 영향 때문인지 낙관적인 현실긍정의 종교인 무교의 풍류도의 영향 때문인지도 몰라도 마음 속에 열리는 비역사적인 신화의 세계만 알았지 땅 위에서 절규하는 민중의 한을 정치 사회적인 차원에서 알려고 하지 않았다"라고 비판한다.[71] 그러나 이것은 아마도 유동식의 주된 관심이 조직신학보다는 종교학에 있기 때문일 것이다. 그의 말대로 한 사람에게서 모든 것을 다 바랄 수는 없는 것이다.

변선환(邊鮮煥, 1927~1996)은 그 세대의 조직신학자들 중에서 가장 박식했던 신학에 관하여 백과사전적 지식을 가진 인물이었다.[72] 그는 가장 많은 책을 읽었고 그토록 해박함에도 불구하고 본인 스스로는 책 한권도 써내지 않았다는 특징을 아울러 가지고 있다("책이란 읽으면 되는 거지, 허허허……").[73] 감신계열에서는 그만이 미국(뜨루)과 독일(바젤) 양쪽에서 다 교육

---

70) 송천성은 한자용어이며 따라서 중국적 개념인 풍류(風流)가 어떻게 한국적인 것이냐고 내게 심각하게 반문한 적이 있다. "풍류가 과연 한국적인 것인가?" 이 질문에 대해서 풍류신학은 대답해주어야 할 것이다.

71) 변선환(1992), 「한국 개신교의 토착화」, 95쪽.

72) 변선환의 저서, 역서 및 논문 목록은 은퇴기념논문집 『종교다원주의와 아시아 신학』(한국신학연구소, 1992, 1~9)에 수록되어있다.

73) 이현주(1989), 「우리의 스승 변선환」, 『종교다원주의와 신학의 미래』(변선환박사

을 받을 수 있었고, 그러므로 독일신학과 미국신학을 꿰뚫어 엮을 수 있는 세계적인 안목을 가진 신학자였다. 그가 걸어 온 신학의 여정은 20세기 신학 흐름의 한 축소판을 보는 것 같이 화려하다. 한신대학원에서 박봉랑을 통하여 바르트를 만나고 잠시 신정통주의에 빠졌다가, 뜨루대학교에서 당시 미국신학의 희망이었던 칼 마이켈슨을 통해 불트만적 실존신학에 심취하게 되고, 바젤대학에서 후릿츠 부리와 칼 야스퍼스를 통하여 동양사상 특히 선불교와 만남으로 그의 신학적 아이덴티티에 대한 도전을 받고, 부리의 비케리그마화와 오그덴의 '신화없는 그리스도'의 작업을 동양사상과 만나는 상황에서 더욱 확장시켜 포괄적인 '실존적 그리스도'(인간실존의 자기이해)론 전개한다.74) 그리고 1980년대에 들어서서 변선환은 아직도 서구신학의 틀 속에 사로잡혀 있는 자신을 발견하고 실존론적 해석학에서 아세아 종교와의 대화를 통한 종교해방신학(Aloysius Pieris)으로, 성취론적 포괄주의에서 과감하게 종교다원주의(Paul Knitter)로 나아간다. 더욱이 그는 이러한 신학적 통찰을 학술신학(academic theology)의 담론으로 그치지 않고 교회개혁을 위해 예언자적 선언을 하고 이에 따른 소위 종교다원주의 논쟁을 하게 된다. 그는 "교회 밖에도 구원이 있다"는 폭탄선언을 하고, 나아가서 기독론적 절대성을 넘어서는 종교다원주의를 주창한다.75) 이로 말미암아 변선환은 보수적인 한국교회 목회자들의 대부분을 적으로 삼게 되고, 온갖 모진 고초를 다 겪다가 종국에는 자기가 소속된 감리교회로부터 출교당하는 감신계열에서는 가장 화려하고 아픈 경험을 한 비련의 신학자, 종교다원주의의 "순교자"가 된다.

변선환이 한국신학에 끼친 공헌은 그야말로 지대하다. 그는 기독교와 불교간의 대화를 중심으로 모든 종교간의 대화를 촉진시킨 기수가 되었고,

---

회갑기념논문집간행위원회편), 종로서적, 13쪽.

74) 변선환, 「나의 신학수업」, 『종교다원주의와 한국적 신학』, 15∼30쪽을 보라. 그리고 실존적 그리스도론이 그의 박사학위논문의 결론이다.

75) 『월간목회』, 1977. 7, 72∼78쪽. 종교다원주의 논쟁에 관해서는 주재용, 『한국그리스도교신학사』, 356∼380쪽을 보라.

신학의 폭을 넓혀 다방면의 학문들과 학제간의 연구를 활성화하는 데 큰 역할을 했다. 무엇보다도 그의 가장 큰 공헌은 종교신학과 정치신학으로 분리된 한국신학의 이원화를 극복하려했다는 점이다.

서구신학의 바벨론 포수에서 벗어나기 위하여 한국의 종교마당과 정치마당을 신학의 마당으로 삼았던 두 신학, 토착화신학과 민중신학은 이처럼 "종교의 그리스도"신학으로 대립하고 대결하는 양극화의 함정에서 벗어나지 못하였다. 양극화의 함정에서 벗어 나오지 못하는 한 민중신학은 배타적인 "선교사의 그리스도"신학의 위장하고 재등장한 가증스러운 것이 되겠다. 정치에 대한 무감각증에 빠진 토착화신학은 종교 실증주의의 길을 달리면서 불교의 암자 그리스도, 유교의 서당 그리스도나 효자 그리스도, 무교의 성황당 그리스도를 말하는 잎만 무성한 열매 없는 무화과나무가 된 격이다. 비선교 정책화나 비서구화의 길을 찾고 있으면서도 종교와 정치 사이에서 양자택일한 두 신학은 어쩌면 서구의 이원론적인 사고의 희생물이 되고 있는지 모르겠다 …… 그러므로 종교와 민중해방을 일방적으로 양자택일의 선택이라고 보았던 편협한 토착화 신학과 민중신학은 서로의 열려진 만남에서 넓은 지평을 열어야한다. 스리랑카의 신학자 Aloysius Pieris S. J.가 아시아 종교 속에 나타난 민중구원론의 맥락에서 살아있는 신학작업을 하라고 권하며, 다음과 같이 말하였을 때 문제의 정곡을 찌른 주장이라고 보겠다. 살아있는 종교신학은 "타종교 속에 그리스도가 계시는가 안 계시는가를 논하는 그리스도론도 아니고 타종교가 어떻게 신을 알고 있는가를 밝히려는 God-Talk로서의 신학도 아니며 새로운 휴머니티의 회복을 위한 아시아인의 민중 해방을 촉발시키는 '구원의 신비'와 '해방의 신비를 밝히는 구원론에 근거한 신학"이다.76)

그러나 그의 독자적인 신학방법론은 모호하고, 그가 걸어온 신학의 여정에 따라 수시로 바뀐 듯 하다(바르트적 교의학, 마이켈슨/부리적 실존적 해석학, 파니카적 아세아 종교신학, 피에리스적 아세아 종교해방신학, 니터적 종교다원주의신학 등). 단지 그가 제자들에게 자주 했다는 말―"신학함에 있어서 아시아 종교들이 텍스트가 되고 서구신학적 견해들이 각주로 사용되어져야

---

76) 변선환(1997), 「한국 개신교의 토착화」, 『한국적신학의 모색』, 95~97쪽.

한다”-이 함축적이다. 이점에서 이덕주의 평가는 일리가 있다 : “이들이 동양인이면서 서구신학에서 출발하여 동양종교와 문화로 접근해 들어가는 역 순환구도로 토착화신학을 추구한 데서 오는 피할 수 없는 결과였다. 그러므로 엄밀한 의미에서 이들의 토착화 신학은 동양의 전통종교와 문화를 서구 기독교적 언어로 ‘번역’을 시도한 것이라 할 수 있다”.[77] 변선환은 서구기독교중심으로부터 아시아종교중심으로 힘찬 신학의 추이동을 시도했지만, 서구신학의 각주의 정원을 벗어나지 못하고 그 풀(니터) 속에 그만 포류하고 말았던 것이다. 변선환이 피에리스의 아세아 신학적 프로젝트를 한국적 상황(토착화＋민중)에서 발전시키기보다는, 논쟁에 휘말려 니터의 종교다원주의 신학에 더욱 의존한 것은 매우 불행한 일이다. 니터의 신학은 하나의 조직신학이라기보다는 타종교에 대한 신학의 입장을 유형론으로 정리한 일종의 신학현상학에 가깝고, 그것도 아시아적 종교상황이 아닌, 다원종교의 실재를 경험하지 못한 획일적 종교바탕에 있던 서구인의 입장에서 고찰한 데 불과한 것이다.[78]

그가 한국 땅에서 “교회밖에도 구원이 있다”고 폭탄선언을 하고, 나아가서 기독론적 절대성을 부인하고 종교다원주의를 제창한 것은 물론 예언자적이고 “순교자적”인 것으로 다원종교적 상황에 있는 우리에게는 꼭 필요한 선언이었다. 그러나 변선환의 신학기획에도 맥락적 오류가 전혀 없었다고 볼 수 없다. 종교의 다원성이 역사적으로 불가능했던 서구적 콘텍스트에서 여러 종교들이 공존하는 지구촌적 현실을 목격한 니터와 같은 급진적 서구신학자들이 종교다원주의와 같은 인식론을 제기하는 것은 당연하고, 그 모형전환을 위한 결연한 신학적 싸움을 하는 것도 필요하다. 그러나 우리는 전혀 다른 콘텍스트에 놓여있다. 천 년이 넘는 재래종교들이 한국인의 심성과 문화에 굳게 뿌리를 내리고 있는 반면, 이제 겨우 일 이백 년의 짧은 역사를

---

77) 이덕주, 앞의 글, 84쪽.
78) 폴 F. 니터 저, 변선환 역(1986), 『오직 예수 이름으로만?』, 한국신학연구소(Paul F. Knitter, *No Other Name?*, Maryknoll, Orbis, 1985).

가진 기독교는 이 사이에서 한국종교의 하나로 자리매김을 하기에 급급한 실정이다. 다양한 종교들이 역사적인 실체이고 다원종교성이 존재론적인 실재인 한국 땅에서 종교다원주의와 같은 서구 중심적 인식론을 추종하는 것에는 한국의 종교상황을 한국인의 입장에서 보기보다는 서구적 상황의 연장선상에서 보려는 타성에 의한 맥락적 자가당착이 무의식적으로 깔려져 있다고 볼 수 있다. 그러므로 변선환에 의해서 종교다원주의 논쟁이라는 또 다른 하나의 세계신학 대리전이 한국 땅에 벌어지게 된 셈이다. 한국 땅에서 기독교 조직신학이 해야 될 급선무는 그것보다는 오히려 다양한 한국종교들 사이를 헤치고 뿌리를 내리고 있는 한국종교로서 기독교의 정체성, 당위성, 메시지 내용을 규명해 주는 일이다. 기독교가 패권적 지위를 지속해 온 서구적 맥락에서 종교다원주의는 서구신학이 열린 신학으로 한층 진일보한 것이다. 그러나 오랜 역사를 가진 동양종교들이 존속하는 한국 풍토에서 기독교의 내용에 대한 새롭고 분명한 해설을 내놓지도 못한 단계에서 모든 종교들이 선험적으로 동일하다는 식의 기독교 외의 종교경험이 전혀 없는 서구인이 내놓은 증명 불가능한 가설을 도그마로 받아들이고 추종하는 것은 신학의 개방보다는 아직 정체성이 확인되지 않은 기독교 신학의 완전 해체가 될 수 있고, 맡겨진 어려운 숙제를 풀기보다는 구실 삼아 기피하려는 신학적 기만이 될 수 있다.

변선환의 등장과 함께 감신계열의 신학이 윤성범과 유동식에 의해 개발된 창의적인 구성신학적 성향에서 벗어나 종교철학 또는 종교현상학 쪽으로 기울어져서 스콜라주의화 해가는 경향이 나타난다. 변선환은 화려한 신학적 배경을 가지고 폭넓게 많은 제자들을 양성하였고, 그의 제자들은 세계 각국으로 유학하여 박사학위를 취득하고 감신은 물론 한국신학의 전체적 수준을 높이는 데 큰 공헌을 하였다. 이런 점에서 변선환은 무엇보다도 탁월한 신학선생이었다. 변선환 신학을 계승한 대표적인 제자는 이정배이고, 그는 종교철학적인 경향을 가지고 시대가 던져주는 이슈들(특히 환경, 뉴에이지 영성, 신과학, 생명)에 대한 신학적 변증을 시도하는 문화신학에 주된 관심을

보이고 있다.[79] 홍정수는 아직 논의단계에 있는 포스트모던 신학을 소개하면
서 한국 기독교가 물려받은 정복주의, 제국주의, 배타주의를 수정하려 하였으
나 오히려 보수주의자들의 강력한 반발에 부딪쳐 변선환과 같이 목사직을
박탈당하는 고초를 당하고 만다(1992). 현재 감신계열을 대표하는 조직신학
자는 박종천이고, 그는 한국신학의 모색을 위해 여러 가지 토착적 상징비유들
(상생, 포월, 황색 예수)을 실험하고 있다. 그러나 감신계열의 신학에서 아쉬운
점은 그 축적된 학술성에 비해 세계화 작업이 매우 취약하다는 점이다.[80]

6. 구성신학 모형(Constructive Theology)

지금까지 총신, 장신, 한신, 감신 등 4대 교단 신학교를 중심으로 조직신학의
흐름을 살펴보았다. 서울신학대학, 침례교신학대학, 성결대학, 나자렛대학
등 그 외의 교단 신학교들도 각기 나름대로 조직신학전통을 가지고 있으나,
교단신학교의 특성상 교의학이나 교회신학(Church theology)의 입장에서 교
의를 변증하거나, 또는 서구의 조직신학을 소개하는 수준에서 벗어나지
못하고 있다.[81] 최근에 들어 괄목할 만한 현상은 교회로부터 비교적 자유로운
강남대학, 호서대학, 전주대학, 평택대학 등 초교파 종합대학형 신학교육
기관들이 교회신학을 넘어선 학술신학을 모색하고 있고, 교단신학교들의

---

79) 이정배(1991), 『토착화와 생명문화』, 종로서적 ; 이정배(1996), 『(조직신학으로서)
한국적 생명신학』, 감신. 이하 홍정수(1991), 『베짜는 하나님』, 조명문화사 ; 홍정수
(1992), 『포스트모던 예수-감리교회 종교재판의 실상』, 조명문화사 ; 박종천(1991),
『상생의 신학』, 한국신학연구소 ; 박종철(1998), 『하느님과 함께 기어라, 성령 안에
춤추라』, 대한기독교서회. 한국문화신학회(현회장 이계준)가 1994년 창설되어,
현재 정회원이 약 100명에 달하고 있으며, 학회지를 총 5권 발행하는 등 활발한
학술활동을 전개하고 있다.
80) 해외에서 박사학위를 수여받은 학자들의 수에 비하여 국내에서 일하고 있는 감신계
열 신학자들의 해외 출판저서는 매우 희귀하다. 최근에 출판된 저서로는 학위논문
들을 제외하고 박종천의 *Crawl with God, dance in the Spirit : a creative formulation
of Korean theology of the spirit*, Nashville : Abingdon Press, 1998이 거의 유일하다.
81) 서울신대의 최인식이 문화신학에 관심을 가지고 있고, 성공회대학은 예외적으로
민중신학을 특성화하고 있다.

배타적 독점에 반기를 들고 목회자 양성을 위해 일종의 연합전선을 구축하였다는 점이다. 교회에 의한 교회신학이 지배하고 있고, 학술신학의 기반이 연약한 한국 조직신학계에 이것은 매우 고무적인 현상이다. 이화여대는 박순경의 민족신학, 현영학과 서광선의 민중신학, 정현경의 여성신학으로 이어지는 조직신학 학맥이 형성되었으나, 이제는 맥이 끊어졌다. 연세대는 김하태, 지동식, 서남동, 유동식으로 이어지는 주체적 역사의식을 가진 열린 신학의 맥이 있었으나, 김광식은 토착화신학을 독일철학의 해석학적 틀로 구성한 결과 오히려 기독교 외의 종교경험이 부재한 독일신학의 아류가 되게 하였고, 김균진의 「하나님 나라의 신학」은 독일신학을 벗어나지 못하고 있는 듯한 것은 안타까운 일이다.[82]

그러나 고무적인 일은 최근 신학계가 류영모 신학을 재발견하고 많은 관심을 쏟고 있다는 점이다. 더욱이 김흥호의 노력으로 난해한 다석일지의 해석이 가능해졌다.[83] 지금 신학계에는 일종의 류영모 붐이 조성되고 있고, 그 안에 바람직하지 못한 경향들도 다소 눈에 띈다. 우선 류영모 사상을 자신이 속한 서구신학 전통 안에 억지로 끌어넣어 색칠하려고 한다. 류영모의 사상에는 그가 개발한 매우 독특하고 고유한 어휘들과 문법들이 있고, 그의 신학은 우선적으로 이 독창적인 문화 언어적 매트릭스 안에서 이해되어야 한다. 그의 신학을 어떤 기존의 신학 틀 안에 끼어 맞추는 것은 부적절하고 이제는 불필요한 일이다. 그렇다고 해서 그의 신학을 현재의 맥락에서 재해석하여 새로운 패러다임으로 재구성하지 않고, 문자적으로 답습하려고만 한다면 그것 또한 류영모 신학의 존재가치인 간문화적이고 구성신학적인 창의성에 위배되는 일이다. 류영모 신학의 독창성은 그의 기독론에서 돋보인다. 그는 예수 그리스도를 유교의 부자유친(父子有親)을 이룬 효자(孝子), 우주적 성례를 성취한 "밥", 영생의 열매(부활)를 맺기 위해 흘러내린 "꽃피"(십자가), 생명의 본성("씨올"), 신−인간−우주적 도(道), 우주의 근원인 비존재적

---

82) 김광식(1987), 『토착화와 해석학』, 대한기독교출판사.
83) 김흥호 편(2001), 『다석일지공부』 총7권, 솔출판사.

존재(無極而太極)라는 독특하면서도 심오한 전혀 새로운 패러다임의 기독론을 제시한다.[84] 류영모에 의해 한국 조직신학의 발전을 위한 홍미진진한 광맥이 발굴되었으며, 이것을 제대로 파헤쳐 들어 갈 때, 한국신학은 앞으로 세계신학의 "꽃피"가 되고 "씨올"이 될 수 있으리라. 그러나 또한 류영모의 사상이 종교화되고 지나치게 도그마화 되는 경향도 바람직하지 못하다. 그의 사상도 어디까지나 그 시대의 한 역사적 산물로서 그 한계를 가지고 있다. 우선 그것은 지나치게 금욕주의적이며 이상주의적이어서 현실감각이 부족하고, 경전해석에 있어서도 형이상학적 복고주의에 치중하여 전통을 비판적으로 재해석하는 "의심의 해석학"이 불충분하다. 이 단점을 고려하여 류영모의 신학을 현재의 맥락에서 재해석하고 재구성해야 할 것이다.

지금까지 무시되어 왔지만, 미국에서 활동했던 대표적 디아스포라의 한국신학자 이정용(Lee Jung Young, 1935~1996)을 한국신학사상사에서 빼놓을 수 없다. 그의 신학적 공헌은 두 가지로 압축할 수 있다. 첫째, 그는 서구신학의 아성 속에서 소외된 동양인의 신학적 당위성을 정립하기 위한 고독한 싸움을 감행한 집념의 신학자이었다. 특히 서양신학의 근본적인 두 사유양식, 전통적인 철학적 실체론 그리고 그것의 엄연한 약점에 대한 대안으로서 과정철학, 그 모두를 비판하고 주역에 입각한 역(易)의 신학을 주창한 것은 괄목할 만한 신학적 공헌이다.[85] 이러한 관점에서 그는 사실 몰트만보다도 먼저 신의 불변성을 주장하는 전통신학의 문제점을 지적하였다.[86] 그리고 뿌리깊이 박혀 있는 "이것이냐, 저것이냐(either-or)"식의 양자택일적인 이원론이 서구신학의 근본적 문제점이라고 지적하고 이를 극복하기 위해 "이것도,

---

84) Heup Young Kim, "The Word Made Flesh : Ryo Young-mo's Christotao, A Korean Perspective", *One Gospel and Many Cultures*(forthcoming).

85) 이정용 · 이세형 역(1998), 『역의 신학 : 동양의 관점에서 본 하느님에 대한 기독교적 개념』, 기독교서회(Lee Jung Young, *The Theology of Change : A Christian Concept of God in an Eastern Perspective*, New York, Orbis, 1979) ; 또한 그의 *Trinity in Asian Perspective*, Nashville, Abingdon Press, 1996을 보라.

86) Lee Jung Young, *God suffers for us : A systematic Inquiry into a Concept of Divine Passibility*, the Hague, Martinus Nijhoff, 1974.

저것도" 동시에 되는(both-and) 동양적인 포괄적 사유를 신학에 적용한 것은 (예컨대, 음양적 기독론) 그가 기여한 매우 중요한 신학적 진일보이다. 그러나 그가 여성신학자들로부터 비판을 받은 바와 같이 그의 복고의 해석학은 동양전통을 지나치게 미화하고 그에 대한 충분한 비판을 결여하고 있다. 둘째, 후기에 그는 아시안－아메리칸이라는 이민의 실존적 현실에서 자서전적 이야기신학을 발표한다. 자신을 서구인의 "잔디밭"에 잡초와 같이 자란 뽑혀져야 할 운명에 있는 "민들레"로 비유한 그의 민들레 신학은 소외된 소수 인종계 미국인들에게 많은 감명을 주고 있다.[87] 한국신학계도 이제는 세계 각지에 퍼져 이민의 현장에 있는 한국인들의 디아스포라 신학에 대해서도 관심을 갖기 시작해야 할 때이다. 바벨론에 포로로 있을 때 유대인들이 그들의 신학적 정체성을 확립하기 위해 구약성서를 편집하였듯이, 간문화적 상황에 있는 디아스포라의 한국신학자들이 한국신학의 정체성 규명에 대한 필요성을 더욱 절감하는 실존적 현장에 있다고 볼 수도 있다.

그리고 감신계열은 아니지만 종교간의 대화와 종교신학에 관심을 가지고 연구한 이들 중에서 길희승은 불교와의 대화를 통한 보살 기독론을 제시하였고, 필자는 유교와의 대화를 통한 도(道)의 기독론(Christo-tao)을 제안하였다.[88] 이들은 모두 간문화적이고 구성신학적인 특성을 가지고 있다.

20세기에 기독교 신학이 사회과학(사회학)으로부터 가장 큰 영향을 받았다면, 21세기에는 자연과학, 특별히 생명과학(생물학)으로부터 가장 큰 영향을 받게 될 것이다. 신학과 자연과학에 관한 대화가 서구에서는 지난 20년간 활발히 전개되어왔으나, 국내에서는 간헐적으로 소개되었을 뿐이다. 그에 대한 본격적인 연구를 촉진하기 위하여, 필자는 이 분야에 세계적인 권위를

---

87) Lee Jung Young, *Marginality : the Key to Multicultural Theology*, Minneapolis, Fortress Press, 1995를 보라.

88) 길희성(1994), 『포스트모던 사회와 열린종교』, 민음사. Heup Young Kim, "Toward a Christotao : Christ as the Theanthropocosmic Tao", *Studies in Interreligious Dialogue* 10 : 1, 2000, 1~25쪽 ; *Wang Yang-ming and Karl Barl Barth : A Confucian-Christian Dialogue*, Durham, University Press of America, 1996.

가지고 있는 버클리 자연과학과 신학연구소(Center for Theology and the Natural Sciences)의 워크숍 프로그램을 유치하여 지난 2002년 1월 동북아 최초로 서울에서 개최한 적이 있다. 그러나 서구 기독교 문화권에서 성장한 자연과학과 신학은 그 기본적인 구조가 유사하여 포스트모던적 정황에 있는 오늘날의 문제들을 해결하기에는 한계가 있다. 생태계의 위기에 대한 인식과 함께, 그 대안으로 전혀 다른 패러다임을 가지고 있는 동양종교들에 대한 관심이 고조되고 있다. 종교간의 대화도 자연과학이 초래하는 현실적 문제를 가지고 실행될 때, 그 실천적인 가치가 뚜렷해진다. 그러므로 자연과학, 신학, 그리고 동양종교 사이의 대화는 인류의 미래를 위해 매우 중요한 과제이다. 우수한 과학자들, 신학자들, 그리고 동양종교학자들 모두를 골고루 다 갖추고 있는 한국은 이 과학, 신학, 동양종교의 삼중적 대화에 많은 공헌을 할 수 있는 잠재력을 가지고 있다.

7. 맺는 글

끝으로 지금까지의 논의를 기반으로 하여 한국 조직신학의 정체성, 정의, 그리고 과제에 관하여 고찰해보고자 한다. 첫째, 서구신학과 한국신학 간의 관계를 어떻게 볼 것인가? 이것은 한국신학의 정체성 그리고 신학의 구체성과 보편성간의 관계설정에 관련된 문제이다. 지금까지 한국신학사상사의 대주제는 선교사에 의하여 주입된 식민신학에서 벗어나 어떻게 '한국신학'을 형성하여 왔느냐 하는 질문에 관련된 것이다. 이와 관련된 대부분의 논의들은 "한국신학"과 "서구신학" 사이에 구분이 있다는 이원론을 전제로 한다. 그러나 과연 그럴까? 조직신학에서 이러한 명확한 구분이 실질적으로 가능한가? 기독교 신학은 본래부터 구체적(local)이면서도 보편적(universal)인 것이다. 특히 오늘날 같은 지구촌적 정황에서 어떤 신학도 세계적인 신학의 조류와 별개로 존재할 수 없다. 동시에 "어떤" 신학이 되기 위해서는 지구촌적 보편성의 맥락에서 또 다른 "어떤"을 담보할 수 있는 구체성을 가지고 있어야 한다. 다시 말하면 진정한 한국신학이 되려면 참으로 한국적이면서 동시에 세계적인 어떤 "더 하나"를 추가할 수 있는 구체-보편성을 갖추어야 한다.

지금까지 살펴 본 한국신학의 모형들 중에 이 문제와 관련된 두 극단적 형태들이 있다. 먼저, 교의학 모형은 보편성만을 주장하고, 구체성을 부정하는 오류를 범하고 있다. 이 태도는 그들이 보편적이라고 믿고 추종하는 신학 자체가 구체적인 역사적 상황(종교개혁, 청교도, 칼뱅주의)에서 형성된 것이라는 엄연한 사실을 망각하고 있다. 더욱이 그들 자신의 맥락적 구체성을 부인하는 태도는 매우 위험하다. 오랫동안 한 민족의 정신적 토대가 되어왔던 재래 종교문화 전통들이 외면적으로 부인한다고 해서 그렇게 쉽게 완전히 소멸되어버릴 수 있겠는가? 오히려 이러한 피상적인 배척은 무비판성을 초래하고, 이 무비판적 태도는 내면적으로 축적되어있는 낡은 습성들을 기독교의 이름으로 부활시켜주는 신학적 혼돈을 유발하게 한다. 특히 한국유교와 한국장로교의 경우, 이것은 더욱 심각한 사태를 초래할 수 있다. 칼뱅신학과 한국유학 사이에 있는 두터운 유사성이 한국 장로교회를 크게 성장시켜주는 요인이 되었지만, 동시에 신학적 혼돈의 동인이 될 수 있기 때문이다. 한국 장로교회 안에 여러 곳에서 현저하게 나타나는 많은 유교적 요소들은 "한국 장로교가 실제로 유교의 기독교화가 아닌가?"하는 질문을 촉발하게 한다.

다음으로, 문화신학 모형은 열정적으로 신학의 토착화 및 한국화를 주장했지만, 그 내용이 온통 서구적인 어휘, 개념, 사유체계로 가득 차있다. 이것은 이율배반적인 모순이다. 그래서 이 모형은 신학의 한국화보다는 한국종교의 서구화에 더욱 기여한 꼴이 되었다는 비판을 받게 된다. 이러한 모순이 발생하게 된 근본적 이유는 서구신학과 한국신학 간에 실체론적 구분이 가능하다는 이원론적 전제가 허구이기 때문이다. 한국신학은 어떤 실체가 이미 정해져 있는 그 무엇이 아니고, 아직 형성 중에 있는 유동적인 것이다. 더욱이 박형룡, 김재준, 정경옥이 서구신학을 수입하여 그 초석을 놓았던 것이다. 이와 같이 한국신학 안에 서구신학은 이미 구성적 요소로 내재하고 있기 때문에, 그것을 단순하게 분리할 수 있다고 믿는 것은 이상주의에 불과하다. 무의식적으로 이러한 이상주의에 빠져있었던 대표적인 예가 변선환이다. 그의 경우, 신학적 출발점과 모태가 확실히 서구신학이고, 그렇기 때문에 그에게 서구신학의 완전한 해체는 불가능한 꿈이었다. "서구신학이냐 한국신학이냐", "이것이냐 저것이냐"하는 식의 단순논리가 그로 하여금 자기도 모르는 사이에 맥락적 혼돈을 초래하게 한 것이다. 불교와의 관계에서 그가 묵시적으로 보여줬던 "이것도 저것도"의 열린 태도가 이 경우에는 적용되지 않고 오히려 그가 그토록 증오하던 서구적 이원론에 스스로 빠져버린 격이다. 이와 같이 이상주의적 단순분리에서 정체성을 찾기보다는, 한국신학이 가야할 길은 클래식과 재즈의 크로스오버(crossover)와 같이 서양과 동양이 만나는 탈서구 및 탈한국의 퓨전(fusion)적 상황을 인식하고 그 맥락에서 기독교의 정체성을 해설하기 위해 신학을 전체적으로 재구성하는 데 있다. 이것을 위해서는 간문화적, 간주체적 시각이 필요하다. 우리는 기독교인이지만 동시에 한국인이다. 기독교의 배경이 지금까지 서구문화이었기 때문에, 이 실존적 상황은 우리에게 어쩔 수 없이 이중적 정체성을 부여하며, 이 정체성 위에 새로운 신학이 정립될 그때까지, 우리에게 간문화적이고 간주체적인 입장을 요청한다.

둘째, 어떻게 조직신학을 정의해야 하는가? 한국인 조직신학자들이 해야 할 역할은 무엇인가? 그것은 '남'의 '조직신학'을 번역하여 소개하는 것뿐인가? 아니면 우리식대로 '우리'의 신학을 '조직'하는 것인가? 나는 전자의 경우를 관념적 조직신학, 후자를 실천적 조직신학이라고 이미 구분하여 언급했다. 한국신학논쟁사의 많은 부분이 보수와 진보 간의 논쟁으로 간주된다. 그러나 좀더 살펴보면 대부분의 논쟁들이 '남'의 신학들의 대리전에 불과했고, 그리고 소위 조직신학자들은 자기가 맡은 대리전을 성전시하였다. 박형룡은 자랑스럽게 "한국의 메이첸"이라고 불려졌고, 그 뒤를 이어 "한국의 카이퍼", "한국의 바르트", "한국의 불트만", "한국의 몰트만", "한국의 니터",

"한국의 판넨베르그" 등이 속출했다. 해방 이후 지금까지 한국은 "신학 중개상"들이 만연하는 "수입신학"과 "번역신학"의 천국이었다. 보수계열이나 진보계열이나 할 것 없이 이들이 해외에 있는 그들의 신학 스승들에게 보여준 충성심은 굉장한 것이었다. 지금까지 한국의 조직신학은 대체로 우리의 상황에서 복음의 참된 의미를 모색하는 창의적 실천보다는, 다른 상황에서 복음을 해석한 남의 것들을 암송하는 관념적 신학놀이로 머물러 있었다.

유럽에 있는 신학교들이 동양적 배경을 가진 조직신학자들을 교수로 채용한다는 것은 아직도 요원한 일이고, 이들보다는 훨씬 개방적인 미국 신학교들조차도 이들을 채용하기는 시작했지만 '조직신학 교수'라는 직함을 주기는 아직 꺼리고 있다. 그 대신 그들은 이들에게 '신학과 문화 교수(Professor of Theology and Culture)' 또는 '세계기독교 교수(Professor of World Christianity)'라는 호칭을 붙여준다. 이러한 호칭들에는 조직신학이 어디까지나 서구문화 안에서 이루어지는 담론이어야 한다는 무언의 서구중심주의적 전제가 깔려있다. 서구문화의 맥락 안에서 이것은 어느 정도 이해할 만하다. 그러나 동양문화의 맥락 안에 있으면서도 서양문화의 맥락 안에서 남들이 한 담론은 조직신학으로 불리어지고, 우리의 고유한 것을 가지고 만들어가는 신학담론은 무슨, 무슨 신학이라고 그 앞에 접두사를 부치는 피식민주의적 근성은 도무지 이해할 수가 없다. 한국 땅에서 진정한 의미의 조직신학은 우리 상황에서 기독교 복음이 우리에게 가진 의미를 창의적으로 해설하는 구성신학이지 결코 남의 조직신학을 번역하여 베끼는 번역신학이 아니다. 이제 우리는 우리 문제를 우리가 분석하여 질문하고, 우리 스스로 그 대답을 찾아내야 한다. 더욱이 조직신학(광의)의 세계적 조류는 교의학에서 조직신학(협의)을 거쳐 구성신학으로 모형전환 되어가고 있다. 그 모형전환은 또한 그동안 기독교 신학이 보유하고 있었던 서구－이성－남성중심적 경향의 해체를 내포한다. 새 천년을 맞이하여 기독교 신학은 명제적 보편성(교의학)의 허구와 서구중심적 사고(조직신학)의 늪에서 빠져나오고자 몸부림을 치고 있는 것이다.

셋째, 그렇다면 앞으로 한국신학을 어떻게 구성해 갈 것인가? 우리는 이미 여러 한국신학의 모형들이 기획한 실험들을 살펴보았다. 정치신학 모형은 맥락의 사회경제적 분석에만 치중하여 종교 문화적 측면을 간과하고 신학 불가지론적 경향을 띠게 되었고, 문화신학 모형은 종교문화적 측면만 강조하고 역사적 현실을 도외시하고 주지주의적 성향을 갖게 되었다. 이러한 이원화를 극복하고자 시도한 변선환의 종교해방신학은 매우 적절한 기획이었으나, 그 맥락 인식의 단순성 때문에 애석하게도 또 다른 한 세계신학의 대리전을 치루는 결과에 머물고 말았다. 남의 신학 대리전을 치루기 위해 더 이상 우리의 아까운 신학 에너지가 소비되어서는 안 된다. 오히려 우리는 그 시간에 우리의 것을 '공작'하고, 제조해야 한다. 그렇다고 해서 그것은 어느 제한된 지역의 신학으로 환원하는 국수주의에 빠져서도 안 된다. 한국신학은 세계신학의 흐름이라는 큰 맥락 속에 조명되어야 하며, 세계신학의 모형전환이라는 큰 테두리 속에서 주체적 신학으로서 확실한 자리매김을 해야 된다. 그러므로 한국의 조직신학은 우선적으로 구성신학이 되어야 한다. 우리에게 필요한 것은 이미 남들에 의해 해석된 것들을 무조건 답습하는 근본주의적 교의학이나 다른 상황에서 주고받는 질문과 대답의 상관관계를 우리 것으로 모방하는 사대적 조직신학이 아니라, 성서가 우리에게 지금 이곳에서 주는 의미가 무엇인가를 우리가 직접 묻고 직접 대답하는 구성신학적 성서해석학이다.[89]

한 걸음 더 나아가서 한국의 조직신학은 삼천 년대에 들어서서 탈 서구적 패러다임으로 모형전환하고 있는 세계신학을 이끌어 나갈 선봉장이 되어야 할 사명을 가지고 있다. 그 동안 기독교가 서양이라는 대양에서의 오랜 항해를 끝내고, 드디어 고향인 동양으로 돌아 왔다. 한국은 가장 동양적이며 (東), 가장 기독교적이며(西), 가장 자본주의적이고(南), 가장 사회주의적인

---

89) 대체적으로 교의학은 본문에 대한 성서기자의 의도(behind the text), 조직신학은 성서 본문이 작성된 맥락에서 본래적 의미(in the text), 구성신학은 본문이 독자에게 주는 의미(in front of the text)에 성서해석학의 초점을 맞춘다.

(北) 사회이다. 세계적으로 가장 거센 분열(상극)들이 서로 만나고 충돌하고 합류하는 힘찬 소용돌이가 한국 땅에서 일어나고 있다. 한국은 지구상에 마지막 분단국이요, 여러 종교가 공존하는 세계종교의 실험실(a laboratory of World Religions)이요, 따라서 지구촌 전체가 겪는 여러 유형의 만남들(충돌과 융합)을 총괄하여 대변하는 소우주적 특성(microcosm)을 보유하고 있다. 이러한 소우주성은 한국이 삼천 년대를 위한 기독교 신학의 새로운 패러다임을 제조하고 실험하기에 가장 완벽한 여건을 갖춘 현장, 세계신학의 실험실－종속적이 아닌 건설적 의미에서－이라는 것을 암시해준다. 그러므로 한국의 조직신학은 이제 그 눈을 세계로 돌려야 한다. 그리고 세계신학으로서 한국신학이 가지는 가장 중요한 테제는 동과 서(종교문화－로고스), 남과 북(사회경제－프랙시스)으로 분리된 이원화를 극복하는 상생과 공존이라는 화두일 것이다.

필자는 해방(정치)신학을 프랙시스 신학(theo-praxis) 패러다임으로 문화신학을 로고스 신학(theo-logy) 패러다임으로 규정하고, 그 두 모형들 간의 분리는 로고스와 프랙시스 간의 희랍적 이원론에 기인하고, 그 이원화를 극복하기 위해서는 전혀 새로운 종합적 패러다임으로 신학이 모형전환되어야 한다고 주장해왔다.[90] 필자는 이 종합적 패러다임을 도(道)의 신학(theo-tao)이라고 명명하고, 21세기의 아시아 신학은 그 방향으로 나아가야 한다고 주장해왔다. 그리고 필자는 류영모의 구성신학 모형이 앞으로 풍부한 한국신학으로서 도의 신학의 가능성을 열어줄 것이라고 기대하고 있다. 류영모는 비교신학, 간경전해석학, 다종교해석학의 토종적 효시라고 할 수 있고, 이 분야는 앞으로 한국 구성신학의 황금어장이 될 것이다. 장차 한국신학이 세계적으로 각광을 받을 수 있는 다른 한 분야는 생명과학, 신학, 동양종교들이 서로 만나 함께 온 생명의 미래를 걱정하는 자리일 것이다. 바로 한국은 이들 삼자에 관한 많은 자원들을 보유하고 있다. 더욱이 우리의 고유한 천지인(天地人) 삼재(三才)가 아우러지는 삼태극(三太極)적 영성은

---

90) 김흡영, 「아시아 신학의 21세기적 비전 : 도의 신학」,『도의 신학』, 336~360쪽.

충분히 신학(天), 생명과학(地), 동양종교(人)를 한꺼번에 아우르게 하는 새로운 신−인간−우주적 비전을 밝혀 줄 것이다.[91] 이 신−인간−우주적 비전이 고통 속에서 온 생명이 고대하는 성령의 임재, 온 생명이 온 우주의 기(氣)와 함께 아우러지는 우주적 율려(律呂), 곧 이 때를 겨냥한 도의 현시일 것이다.

한국신학이 세계신학으로 우뚝 서서 이러한 역할을 감당하기 위해서는 하루바삐 이 땅에도 학술신학으로서 조직신학의 풍토가 조성되어야 할 것이다. 조직신학은 우선적으로 교회를 섬겨야 하지만 또한 교회로부터 학문적 자유를 보장받아야만 그 창조적인 기능을 제대로 발휘할 수 있는 것이다. 지금은 한국의 조직신학자들이 넓은 세계로 나아가서 세계적인 지평에서 한국신학을 거론해야 할 때이다. 우리들은 더 이상 서구신학을 수입하여 파는 중개상이나 또는 그들의 대리전이나 치르는 용병이 되어서는 안 될 것이다. 우리들은 스스로의 참신한 한국신학을 제작하여 세계무대에 진출시키고, 궁지에 몰려 있는 세계신학을 바로잡고 혁신하는 지구촌적 지평에서 이 시대를 위한 신학자의 사명을 감당해야 할 것이다.

| 참고문헌 |

길희성(1994), 『포스트모던 사회와 열린종교』, 민음사.
김광식(1987), 『토착화와 해석학』, 대한기독교출판사.
김경재(1979), 『폴 틸리히의 생애와 사상』, 대한기독교출판사.
김경재(1983), 『한국문화신학』, 한국신학연구소.
김경재(1987), 『폴 틸리히 신학연구』, 대한기독교출판사
김경재(1994), 『해석학과 종교신학 : 복음과 한국종교의 만남』, 한국신학연구소.
김경재(2002), 「한국신학의 태동과 흐름」, 『기독교사상』 2월호, 대한기독교서회.
김균진(1999), 『기독교조직신학』 총5권, 연세대학교출판부.
김명룡(1997), 『현대의 도전과 오늘의 조직신학』, 장로회신학대학.
김양선(1956), 『한국기독교해방십년사』, 대한예수교장로회 총회.
김영한(1998), 『21세기와 개혁신학』 총2권, 한국장로교출판사.

---

91) 김흡영, 「신·인간·우주(天地人) : 신학, 유학, 그리고 생태학」, 『도의 신학』, 292~335쪽.

김흡영(2000), 『도의 신학』, 다산글방.

김흥호 편(2001), 『다석일지』 총7권, 솔출판사.

나일즈, D. T.(1962), 「성서연구와 토착화 문제」, 『기독교 사상』 10월호, 대한기독교서회.

니터, 폴 F. 저, 변선환 역(1986), 『오직 예수 이름으로만?』, 한국신학연구소/Knitter, Paul F. No Other Name? Maryknoll, Orbis, 1985.

박봉랑(1976), 『기독교의 비종교화』, 법문사.

박봉랑(1983), 『신의 세속화』, 대한기독교출판사.

박봉랑(1986-7), 『교의학방법론』 총2권, 대한기독교출판사.

박봉랑(1991), 『신학의 해방』, 대한기독교출판사.

박순경(1984), 『하나님나라와 민족의 미래』, 대한기독교출판사.

박순경(1992), 『통일신학의 여정』, 한울.

박영호 편(1993), 『다석어록(씨올의 메아리) : 죽음에 생명을 절망에 희망을』, 홍익제.

박재순(2000), 『한국생명신학의 모색』, 한국신학연구소.

박종천(1991), 『상생의 신학』, 한국신학연구소.

박종천(1998), 『하느님과 함께 기어라, 성령 안에 춤추라』, 대한기독교서회.

변선환 아키브 편(1996-9), 『변선환 전집』 총7권, 한국신학연구소.

변선환 은퇴기념논문집 간행위원회 편(1992), 『종교다원주의와 아시아 신학』, 한국신학 연구소.

변선환 박사회갑기념논문집 간행위원회 편(1989), 『종교다원주의와 신학의 미래』, 종로 서적.

서남동(1976), 『전환시대의 신학』, 한국신학연구소.

서남동(1983), 『민중신학의 탐구』, 한길사.

서남동(1984), 『한-신학, 문학, 미술의 만남』, 분도출판사.

송길섭(1987), 『한국신학사상사』, 대한기독교출판사.

유동식(1965), 『한국종교와 기독교』, 대한기독교서회.

유동식(1978), 『도와 로고스』, 대한기독교출판사.

유동식(1982), 『한국신학의 광맥 : 한국신학사상사 서설』, 전망사.

유동식(1992), 『풍류도와 한국신학』, 전망사.

유동식 고희기념논문집 간행위원회 편(1993), 『한국종교와 한국신학』, 한국신학연구소

윤성범 출판위원회 편(1998), 『윤성범 전집』 총7권, 도서출판 감신.

윤철호(1998), 『예수 그리스도』 총2권, 한국장로교 출판사.

이덕주(1997), 「신학연구의 다양성-성공하는 토착화 신학」, 한국종교학회편, 『해방후 50년 한국종교연구사』, 한국종교학회.

이덕주·조이제 편(1997), 『한국 그리스도인의 신앙고백』, 한들출판사.

이정배(1991), 『토착화와 생명문화』, 종로서적.

이정배(1996), 『(조직신학으로서)한국적생명신학』, 감신.

이정용 저, 이세형 역(1998), 『역의 신학 : 동양의 관점에서 본 하느님에 대한 기독교적 개념』, 기독교서회.

이종성(1993), 『조직신학 대계』 총12권, 대한기독교출판사.

이종성(1995), 『이야기로 푸는 조직신학』, 대한기독교서회.

장동민(1998), 『박형룡의 신학연구』, 한국기독교역사연구소.

정경옥(1934), 『기독교의 원리』, 감리교회신학교.

정경옥(1939), 『기독교신학개론』, 감리교회신학교.

한국개혁신학회 편(2001), 『열린 보수주의』, 이레서원.

한국조직신학회 편(2001), 「한국조직신학회의 역사」, 『한국기독교학회 30년사』, 대한기독교서회.

한신대학신학부교수단 편(1992), 『김재준전집』 총18권, 한신대학 출판부.

한철하(1967), 「우리가 처한 신학적 과제」, 『교회와 신학』 제2집, 장로회신학대학교 출판부.

현요한(1998), 『성령 그 다양한 얼굴 : 하나의 통전적 패러다임을 향하여』, 장로교신학대학.

홍정수(1991), 『베짜는 하나님』, 조명문화사.

홍정수(1992), 『포스트모던 예수-감리교회 종교재판의 실상』, 조명문화사.

황승룡(1999), 『성령론 : 신학의 새 패러다임』, 한국장로교출판사.

Clooney, Francis X., *Theology after Vedanta : an Exercise in Comparative Theology*, Albany : State University of New York Press, 1993.

Kaufman, Gordon, *The Theological Imagination : Constructing the Concept of God*, Philadelphia : Westminster Press, 1981.

Kim Heup Young, *Wang Yang-ming and Karl Barl Barth : A Confucian-Christian Dialogue*, Durham : University Press of America, 1996.

Kim Heup Young, "Imago Dei and T'ien-ming : John Calvin and Yi T'oegye on Humanity", *Ching Feng 41* : 3-4, 1998.

Kim Heup Young, "Toward a Christotao : Christ as the Theanthropocosmic Tao", *Studies in Interreligious Dialogue 10* : 1, 2000.

Kim Heup Young, "The Word Made Flesh : Ryo Young-mo's Christotao, A Korean Perspective", in *One Gospel and Many Cultures,* Mercy Amba Oduyoye and Hendrik M. Vroom, ed. Forthcoming.

Kim Kyong Je, *Christianity and the encounter of Asian Religions : Method of correlation, fusion of horizons, and paradigm shifts in the Korean grafting process.* Zoetermeer, Uitgeverij Boekencentrum, 1994.

Kim Yong-Bock, *Messiah and Minjung : Christ's Solidarity with the People for New*

Life, Hong Kong, Christian Conference of Asia, 1992.

Kim Yong-Bock, ed. *Minjung Theology : People as the Subjects of History,* Singapore: Commission on Theological Concerns, Christian Conference of Asia, 1981.

Küng, Han, *Theology for the Third Millennium : An Ecumenical View*, New York, Doubleday, 1988.

Küng, Han, *Christianity : Essence, History, and Future*, New York: Continuum, 1995.

Kwok Pui-lan, Discovering the Bible in the Non-Biblical World, Maryknoll, Orbis, 1995.

Lee, Jung Young, *The Theology of Change : A Christian Concept of God in an Eastern Perspective*, New York: Orbis, 1979.

Lee, Jung Young, *God suffers for us : a systematic inquiry into a concept of divine passibility*, The Hague, Martinus Nijhoff, 1974.

Lee, Jung Young, *Marginality : The Key to Multicultural Theology*, Minneapolis : Minneapolis, Fortress Press, 1995

Lee, Jung Young, *Trinity in Asian Perspective*, Nashville : Abingdon Press, 1996.

McFague, Sallie, *Metaphorical Theology : Models of God in Religious Language*, Philadelphia : Fortress Press, 1982.

Moltman, Jürgen, *The Trinity and the Kingdom : the Doctrine of God*, New York : Harper & Row, 1981.

Park Jong Chun, *Crawl with God, Dance in the Spirit : A Creative Formulation of Korean Theology of the Spirit*, Nashivill : Abingdon Press, 1998.

한국교회사 연구 방법과 쟁점

김흥수

1. 서론

기독교의 한국 전래와 한국인들의 기독교 수용은 2세기를 넘었다. 한국의 개신교 전래와 수용을 다루는 역사는 한국교회사, 한국기독교회사, 한국기독교사 등으로 불리면서 신학을 공부한 교회사가들과 역사학을 공부한 기독교인 역사가들에 의해서 연구되어왔다. 이 글은 먼저 한국인 최초의 교회사가 백낙준 박사, 백낙준 이후 개신교회의 역사 연구를 주도해 온 민경배 교수와 한국기독교역사연구소의 교회사 연구 방법을 비교한 다음 한국교회사 연구에서 가장 큰 쟁점으로 떠오르고 있는 한국교회의 민족운동 연구경향을 분석할 것이다. 교회사가들은 교회의 민족운동에서 한국교회의 특성을 발견하고 있지만, 이 민족운동의 소극적 또는 부정적 측면을 부각시키는 연구자들도 있다.

교회사 연구 방법과 경향은 아주 최근만 해도 한국기독교역사연구소의 심포지엄(이만열, 이덕주, 한규무)에서 그리고 이상규, 박용규, 박정신 등에 의해서 논의되었다.[1] 최근 한국기독교에 대한 연구는 신학이나 역사학 분야

---

1) 한국기독교역사연구소는 '한국기독교 역사 연구의 동향과 과제'라는 주제로 1999년 10월 심포지엄을 가졌다. 이 때 발표된 이만열(「한국기독교사 연구의 어제와 오늘」), 이덕주(「한국교회사 입장에서 본 한국신학사상사 서술문제」), 한규무(「한국기독교민족운동사 연구의 현황과 과제」)의 글은 『한국기독교와 역사』 제12호 (200년 3월)에 실렸으며, 이만열의 글은 그의 책 『한국기독교와 민족통일운동』,

외에도 종교학, 사회학 전공자들에 의해서도 활발히 이루어지고 있으나 여기서는 논의에서 제외한다.

2. 연구 방법

1) 백낙준의 『한국개신교사 1832~1910』

한국인으로서 맨 처음 한국교회사를 연구하여 책으로 펴낸이는 백낙준이 였다. 그는 1929년 평양의 숭실대학출판부를 통해『The History of Protestant Missions in Korea』, 1832~1910을 간행했다. 이 책 한 권의 업적으로 그는 한국 기독교 역사를 일정한 사관을 갖고 전체적으로 정리한 최초의 학자요 한국 기독교사 연구의 태두라는 평가를 받고 있기 때문에 이 책의 방법론과 연구내용을 정밀히 검토해 볼 필요가 있다.

『한국개신교사』로 번역된 이 책은 1927년 예일대학교 대학원에 제출한 박사학위 논문으로 교회사가 라뚜렛(K. S. Latourette)의 지도를 받은 것이었다. 이 책에서 저자는 방법론과 관련하여 몇 가지 언급을 하고 있다. 첫째는 기존의 한국기독교 발달사에 대한 선교사들의 몇몇 연구에 대한 언급이다. 그는 그것들의 특징으로 손수 겪은 경험기록이기는 하나 현지에서 선교사업에 몰두하여 있는 선교사들이 그 사업의 발전상 중에서 파송교회의 관심을 끌 수 있는 단면을 추려서 본국에 연락하기 위하여 만든 글월이므로 "제한되고 윤색한 점"이 있다는 것 그리고 "역사적 연구를 시도한 것은 아니었다"고 평가한다. 이런 문헌과는 달리 자신의 연구는 한국개신교의 기원과 발전사에 역사학적 연구방식을 응용하는 첫 시도라고 천명하였다. 방법론에 대한

한국기독교역사연구소, 2001에도 들어 있다. 그 밖에도 이상규(2000),「한국교회사 연구의 반성」,『성경과 신학』제28권 ; 박용규(2000),「한국교회사 이해와 연구방법론」,『신학지남』제270호, 봄호 ; 박정신(2001),「백낙준과 김양선의 한국기독교사 인식-이른바 선교사관과 수용사관의 꼴과 결」,『열린 보수주의』, 한국개혁신학회 논문집 제10권 ; 이찬수(1999),「한국 그리스도교 연구 100년」, 김성례 외(1999), 『한국종교문화 100년』, 청년사.

또 하나의 언급은 선교사(history of missions)의 서술 내용에 관한 것이다. 이 책의 서문과 서론에서 저자는 라뚜렛의 논문 "The Study of the History of Missions"로부터 이 연구의 좀더 구체적인 방법을 채용했다고 말하고 있다.

이 논문에서 라뚜렛은 교리의 발달과 형성, 공의회와 교회분쟁 같은 주제들에 대해서는 많은 연구가 있으나 기독교 신앙의 팽창 과정, 방법, 결과에 대해서는 상대적으로 적은 노력을 기울였다면서 선교운동의 공정하고도 철저한 연구 방법 여섯 가지를 다음과 같이 제시하였다. 요약하면 다음과 같다.[2] 1) 전래하여 온 기독교는 어떤 기독교인가? 기독교는 시대에 따라 또는 사람에 따라 교리와 조직에 대한 강조점에서 달랐으며, 프로테스탄티즘도 국가, 교파, 시기에 따라 다르다. 그래서 예수와 사도들 시기의 기독교뿐만 아니라 새로운 나라로 전파된 때의 기독교가 어떤 것인가를 알아야 한다. 2) 역사가는 전래된 기독교의 선교과정, 선교기관, 그리고 선교방법을 기술해야 한다. 초기 선교사들과 개종자들의 삶과 마찬가지로 사용한 수단, 선교 대행자와 단체, 선교동기, 후원자들을 아는 것이 중요하다. 3) 역사가는 또한 어떤 운동들이 선교사업과 관련되었는가를 질문해야 한다. 16세기와 17세기의 가톨릭 선교는 스페인과 포르투갈의 급속한 팽창의 일부였다. 19세기와 20세기 전반 개신교 선교가 두드러진 것은 영국과 미국의 상업적 산업적 팽창, 그리고 종교적 각성의 덕택이다. 종교적 각성이 자극과 비전을 제공했다면, 전자는 기회와 수단을 제공했다. 19세기와 20세기의 개신교 및 가톨릭 선교사들은 모두 서양의 동양에 대한 상업적 정치적 침략과 불가피하게 결합되어 있었다. 4) 기독교가 피선교지 사람들에게 어떤 영향을 끼쳤는가? 예컨대, 노예제도가 사라진 것은 기독교에 기인하는 것인가 또는 경제적 정치적 원인들에 기인하는가 아니면 세 가지 모두에 기인하는 것인가? 세

---

2) L. George Paik, *The History of Protestant Missions in Korea 1832~1910*, Pyengyang, Union Christian College Press, 1929, 1~2쪽. 전문은 Kenneth Scott Latourette, "The Study of The History of Missions", ·*The International Review of Missions, Vol. 14*, 1925, 108~115쪽.

가지 모두라면 기독교는 얼마나 중요했는가? 아시아 국가 및 지역에 등장하고 있는 새로운 문화는 선교사들이 없었더라면 존재하지 않았을 흔적들을 지니고 있는가? 만약 그렇다면 그 흔적들은 얼마나 중요한가? 5) 기독교는 환경에 의해서 얼마나 바뀌었는가? 우리는 교회의 구조에 대한 봉건주의의 영향에 대해서는 다소의 자료를 가지고 있으나 그것이 신학에 미친 영향에 대한 자료는 별로 없다. 아직 누구도 일본, 중국, 인도에 있는 기독교의 경향들을 명료하게 평가하지 못했다. 6) 위의 마지막 두 문제는 선교의 역사와는 다소 관계가 먼 것으로 보일지도 모르겠다. 그러나 위의 마지막 두 문제는 다음 문제와 매우 밀접한 관련을 가지고 있다 : 기독교 전파 당시의 사회정황과 특히 이용된 선교방법이 기독교의 환경에 대한 영향 그리고 환경의 기독교에 대한 영향, 양자에 어느 정도 영향을 미쳤는가?

이 방법을 통하여 백낙준은 역사가 겨우 "4반세기"밖에 안 되는 한국선교 사업의 놀라운 성과가 왜 그리고 어떻게 가능하였으며 그 변혁의 원인과 과정이 무엇인가를 연구의 과제로 삼았다.

한국선교사업의 성과는 크게 드러나서 "근대사에 놀라우리 만치 훌륭한 업적의 하나이다"라고 논평되었다. 기독교인의 사회가 빨리 자라난 것과, 한국의 새 환경에서 일찌기 동화된 것과, 이 종교가 국민의 생활과 사상에 깊은 영향을 준 것은 가리우지 못할 사실이다. 역사가 오랜 이 나라는 재건되는데, "오늘의 한국은 서양문화와 기독교적 민주주의의 주요 원리 아래서 깨어나고 있다"고 하였다. 1910년 에딘버러(Edinburgh)에서 열렸던 세계선교대회에 행하여진 대 세계비기독교지역 복음전파위원회(The Commission on Carrying the Gospel to All the Non-Christian World)의 보고에, "한국에서는 기독교 선교사업이 평화적 혁명을 이룩하였다"고 하였다. 그러하다면, 역사가 겨우 4반세기밖에 되지 아니하는 동안에 이렇게 넓은 범위의 변혁이 왜 그리고 어떻게 가능하였던가? 또한 그 변혁의 원인이 무엇이며, 그 과정이 어떠하였던가를 알아보는 것이 이 연구에서 다루려는 과제이다.3)

---

3) 백낙준(1973), 『한국개신교사』, 연세대학교 출판부, 2쪽.

그런데 백낙준은 복음을 전해 받는 자를 주체로 하기보다는 "선교자측에서 능동적으로 선교를 선행한 사실에 치중하여" 위에서 말한 점들을 밝히려고 노력하였다.4) 그의 표현을 빌리면 초기 전래사를 "傳授者측이 주동이 되는 宣敎史"로 서술한 것이었다. 그러나 선교사는 "광의적으로 교회사를 의미하는 것이 아닌 동시에, 협의적으로 어느 특정지역에서 선교하는 한 선교회사"만을 말하는 것은 아니라는 점을 밝히고 있다. 이상을 정리하면, 백낙준이 한국교회사를 서술하는 방법은 역사학적 접근이면서도 선교자 측의 활동에 중점을 둔 선교사적 접근을 하고 있음을 알 수 있다. 이러한 방법으로 이 책은 1832년부터 1910년까지의 한국선교의 역사를 다음과 같이 정리하였다 : I 서론, II 기독교와 조기접촉, III 한국의 문호개방, IV 여러 선교회의 설치, V 선교단체의 지방분거, VI 교회의 발흥, VII 교회의 부흥과 성장, VIII 결론.

백낙준은 1973년 The History of Protestant Missions in Korea를 한글로 옮겨 『한국개신교사 1832~1910』라는 서명으로 다시 간행했다. 이 번역본에서 그는 연구사, 한국의 지리적 환경과 종교를 다루는 서론 부분에서 1960년대까지 간행된 문헌을 참고하여 일부 내용을 수정했으며, "경교의 고대한 토전래설에 관한 부언"을 첨가하였다. 조기 접촉기 부분에서도 교정과 증보를 첨가하였다. 그 밖에도 4쪽 분량의 "自序"를 첨가하면서 먼저 교회의 사명은 복음선포이고 교회의 흥쇠는 전도활동에 달려있음을 강조하였다. 그는 이런 입장을 역사서술에 적용하여 "기독교사는 그 본질에서 선교사"이고, 또한 "반드시 선교사가 되어야"하며, "우리 한국개신교사도 선교사가 되어야 한다"고 말하였다. 이 말은, 신도들의 신앙과 교회의 전도가 교회사 서술의 핵심이며 전도의 주체를 부각시켜야 한다는 말로 볼 수 있다. 이것은 The History of Protestant Missions in Korea에서 "傳授者측이 주동이 되는 宣敎史"를 쓰겠다는 말을 반복한 것으로 볼 수 있다.5)

---

4) 백낙준(1973), 앞의 글.

5) 라투렛(K. S. Latourette) 교수의 지도를 받은 논문으로는 Charles D. Stokes의 History

그런데 흥미로운 것은 그럼에도 불구하고 저자가 이 연구를 한글 번역본에서는 "국사의 한 분류사"요 "한국문화사의 일면"이라고 주장하고 있는 점이다. 다시 말해 이 연구는 개신교의 전파를 종교의 전파뿐만 아니라 "신문화 전개의 일면"에서 고찰했다는 것인데, 그 예로 종교문제 외에도 그 전개기에 관련되었던 국내정치·사회·문화운동과 신교육의 도입과 새 종교가 사회에 끼친 영향력에 착안한 점을 들었다.6) 이 말은 그의 "선교사"가 종교영역에 속하는 기독교 전래사, 교회 확장사 서술에 머물지 않고 사회와 문화에 끼친 영향까지도 서술하려 했다는 것을 뜻한다. 그런데 이러한 서술의도는

---

of Methodist Missions, 1885～1930이 있다. 이것은 1947년 미국 예일대학교 대학원에 제출한 박사학위논문이다. 백낙준의 논문과 마찬가지로 Stokes의 논문도 선교사관에 의해서 쓰여졌다. 저자가 이 논문의 서문에서 밝히고 있듯이, 저자는 논문 제목에서 일부러 "Missions"이란 용어를 사용하였다. 이 논문은 토착교회의 역사를 서술하는 데 목표를 둔 것이 아니었기 때문이다. 따라서 이 논문의 관점은 한국 기독교인들의 관점이라기보다는 선교사들의 관점이며, 주로 한국 감리교의 발전에 대한 미국교회와 선교사들의 공헌과 선교정책의 특징이 강조되고 있다.

이 논문의 선교사적 관점은 이 논문이 취급하는 시기와도 관련된다. 이 논문이 다루는 시기는 미국북감리교의 선교활동 시작부터 1930년까지이다. 1930년까지로 시기를 제한한 것은 자의적인 것이 아니라 토착적인 한국감리교회의 조직이 1930년에 일어나기 때문이다. 이 해에 "기독교조선감리회"가 설립되고 한국인 목회자가 처음으로 한국 감리교의 최고 지도력 지위에 올랐으며, 교리와 교회법이 제정됨으로써 감리교회는 비로소 독자적인 교리와 교회법을 가진, 한국인들이 주체가 되는 교회가 될 수 있었다. 물론 이 시기 이후에도 감리교 선교부는 선교활동을 계속했지만, 1930년 이후로는 한국에서의 감리교 이야기는 점점 더 선교의 역사에서 토착교회의 역사로 전환되어 갔다.

이 논문의 범위는 논문 제목, History of Methodist Missions in Korea, 1885～1930에 드러나 있다. 이 논문은 주로 한국 선교부에 의해서 대표되는 미국북감리교와 미국남감리교의 활동들을 다루고 있으며, 관점과 균형을 얻기 위해서 필요에 따라서는 미북감리교의 선교활동과 미북장로교의 선교활동이 비교되기도 한다. 이 두 선교부의 활동을 비교하는 것은 두 선교부가 같은 시기에 한국에서 설립되었고, 선교활동 지역이 인접해 있는 등 선교조건이 비슷하였기 때문이다. 한국에 있는 두 감리교 선교부의 활동을 다루기 때문에 이 논문은 자료에 있어서도 선교사들의 편지와 각종 원고, 선교부, 교회, 선교본부, 성서공회 그리고 기타 선교기관들의 간행물들을 주로 이용하고 있다.

6) 백낙준(1973), 『한국개신교사』, vi～vii쪽.

한글번역본이 나오기 전 이미 일본인 야마구치(山口正之)에 의해서 "개국사와 신교발달사, 환언하면 정치사와 종교사를 상이한 궤도를 달리는 동원체로서 구문화가 종합적으로 작용한 한 무브먼트로서 이해하려했다"고 분석된 바 있다. 저자는 신교 각파의 교구신장과 문화시설의 정황을 서술하되 늘 "사회와의 관계에 관점을 두고 근대서구문화의 전달자로서 선교사의 활동이 반도의 정치, 경제, 교육, 사상에 여하한 변이를 일으켰는가? 하는 문화현상으로서의 기독교의 가치에 주의를 돌리고 있다"고 보았다.[7]

한글 번역본의 '국사'나 '한국문화사' 언급에 주목한 이는 민경배 교수였다. 그는 백낙준의 교회사 연구는 일제시기의 시대와 조건에 얽혀 선택한 '통로'에 불과하며, "근본적인 관심, 그것은 필경 기독교회사가 아니라 국사, 곧 국학이었다"고까지 말했다. 민경배에 의하면, 국사의 한 분야사로서 한국의 기독교사를 연구한다고 하는 말은 한국의 기독교를 세계 기독교회사의 한 지역사로 보는 것과는 상반되며, 백낙준은 전자를 목표로 했다는 것이다.[8] 이것은 백낙준의 저술이 선교사로서의 한국개신교사를 표방하지만, 그 연구의 근본동기는 세계교회사의 한 지류로서의 한국교회사에 있다기보다는 한국사의 한 분류사로서의 종교 연구에 있었다는 것을 의미한다.

백낙준의 저술이 한국 개신교 활동의 시작 이야기를 말하는 '첫 번째 진지한 시도'로서 이 부분의 역사에 관해서는 다시 연구에 착수할 필요가 없는 '아주 뛰어난' 연구라는 것은 부인할 연구자가 없을 것이다.[9] 문제는 국사나 문화사를 표방하면서도 야마구치의 지적처럼 '조선측의 사료가 일체 묵살된 것'에 있었다. 이 점은 한글 번역본에서 저자가 부언한 바와 같이 한국문헌 입수가 불가능했기 때문이었지만, 후대의 한국교회사 연구자들에게는 극복의 대상이 될 수밖에 없었다. 백낙준의 '전수권측의 사료'에 의거한

---

7) 홍이섭(1981), 『한국사의 방법』, 탐구당, 435~436쪽에서 재인용.

8) 민경배(1990), 「용재 백낙준과 한국교회사학」, 『한국교회사학회지』 제4호, 79~80쪽.

9) K. S. Latourette, "Foreword", *The History of Protestant Missions in Korea,* 1832~1910, II쪽.

연구는 한국교회가 주체가 되는 교회사 서술에 관심을 가진 이들에게는 가능한 한 피해야 할 연구로 보였다.

2) 민경배의 『한국기독교회사』

한국교회사 서술에서 맨 먼저 '전수권측의 사료' 이용에 이의를 제기한 이는 민경배 교수였다. 그는 『한국기독교사』(1972)에서 한국교회사가 아직까지 '민족교회사(民族敎會史)의 입장'에서 주목되어 오지 않았다면서 선교사적 역사연구의 특징과 문제점을 지적하였다. 선교사로서의 교회사는 관점과 사료의 대부분을 선교사를 파송한 나라의 교회로부터 수집하기 때문에 그 역사는 선교사를 파견한 나라 교회의 연장으로서 그 성장을 측정하는 데 그친다는 것이다. 거기서 "한국교회는 한 대상이지 주체는 아니다". 따라서 한국교회사의 주체적인 서술을 시도하는 이 책에서는 '한국교회 쪽의 고백과 증언'을 고려하지 않는 '선교사적(宣敎史的)인 역사 방법론'은 가능한 한 피했다고 밝혔다. 이 말들을 종합하면 그가 말하는 '민족교회사의 입장'이란 '한국교회를 주체로 해서 취급하는' 그리고 자료로서는 '한국교회 쪽의 고백과 증언'을 중시하는 입장이었다.

이 입장에서 한국기독교의 발전을 보면, '1885년과 같은 선교착수의 시간'이 중요한 것이 아니라 '일제의 침략적 본체가 노출되고 거기 따라서 민족의 무력감이 통감되던 1895년을 전환점'으로 삼게 된다. 1895년을 경과하면서 한국교회는 '국민적 자각을 촉구하고 개화의 진행을 촉성하기 시작'했으며, 이 해에 비로소 선교사들보다 앞장 선 '한국 기독자의 주체적 신앙활동'도 가능하게 되었다. 1919년 기독교인들의 3·1운동이야말로 '겨레의 틀과 혈맥'이었던 교회의 '최종적인 민족사에의 공헌'이었으며,[10] 그 이후 1945년까지 한국교회 신앙의 체질과 발전은 반일이라는 상황 아래서 진행될 수밖에

---

10) 민경배(1981), 『교회와 민족』, 대한기독교출판사, 15~22쪽 ; 민경배(1973), 『한국기독교회사-한국민족교회형성 과정사』(증보판), 대한기독교서회, 498쪽.

없었다. 그렇다면 일제치하 한국교회 이해 역시 불가피하게 '민족사관'에서 수행될 수밖에 없다는 것이다.

민경배는 백낙준의 저서뿐만 아니라 김양선의『한국 기독교 해방 십년사』(1956)에도 이 같은 "민족교회사의 의식이 바탕처럼 깔려있지는 않았다"고 보았다. 이 저작들보다는 오히려 유홍렬의『한국천주교회사』에 "한국교회라는 압도적인 관심"이 드러나고 있으며, 이능화의『조선기독교교급외교사』(1928)에 기독교의 한국도입을 한국이라는 역사적 배경에서 관찰하는 "한국교회사의 독특한 방법론적 시도"가 들어있다고 보았다. 즉 이능화의 방법론적 시도에는 "한국 쪽의 자료" 이용과 "민족교회로서의 발자취를 더듬는 투시력"이 들어있다는 것이었다.11)

민족교회로서의 발자취를 더듬으려면 '교회와 민족' 또는 '교회와 나라'의 관계에 주목해야 한다. 민경배는『한국기독교회사』에서 먼저 로마 가톨릭과 프로테스탄트 교회의 우리나라에 대한 태도를 구별한다. 로마 가톨릭이 복음 전파를 기도하면서 세계 열강의 식민지 확장적인 동기에 편승, 조선의 안정을 위협하는 태도로 임했고 그 결과 조선사회가 가톨릭에 대해서 적대감을 가지고 대했다면, 프로테스탄트 교회는 침략적인 일본에 항거해서 이 나라의 동맹혈연으로써 맞서 싸웠으며 한국인들은 선교사들이 전한 기독교 복음에서 긍지와 나라의 위신, 그 의식에 대한 강한 호소를 들을 수 있었다는 것이다. 한국인들의 일본에 대한 뼈아픈 항거과정에서 교회가 여기에 '박력과 조직력'을 줄 수 있었고 이것이 한국기독교의 특수성이라는 것이다. 이처럼 일제에 대한 정치적 항거 속에서 한국기독교의 특수성을 발견하고, 긍지와 나라의 위신, 그 의식에 대한 강한 호소에서 한국인의 기독교 수용을 관찰하는 이 연구는 신앙·신학이나 교회제도 등 교회 내적인 영역에 머물지 않고 그것과 민족사회, 즉 '교회와 나라'의 영역에까지 확장되었다. 그 결과 그의 민족교회사 연구는 교회와 외세와의 정치적 대결에 초점을 맞출 수밖에 없었으며, 우리 민족 내부의 문제, 특히 그 중에서도 교회와 한국문화 같은

---

11) 민경배(1973),「머리말·서문」,『한국기독교회사』, 대한기독교서회.

주제들은 일차적인 관심사가 될 수 없었다. 이 때문에 그의 '민족교회사의 입장'이 반영된『한국기독교회사』가 정치상황에는 큰 관심을 가지나 한국인의 사유가 들어있는 한국의 (전통)문화에 관해서는 별다른 관심을 갖지 않았던 것으로 보인다. 말하자면, 민족교회사 서술에서 그의 관심은 민족생활의 한 부분을 구성하는 문화영역보다는 당장 한국인들에게 고통을 주는 정치영역에 있었다고 할 수 있다. 이 점에서 보면, 민경배가 역사서술에서 '민족적인 감정을 너무 앞세우는 것'처럼 보일 수는 있지만, 그의『한국기독교회사』가 '토착화신학에 부응하는 교회사 저서'라는 비평은 적절하지 않다.12) 교회사가들 중에는 민경배의 교회사 연구가 교회와 민족의 관계에 지나치게 치중한 나머지 교회사가 "교회의 대민족적 책임의 구현을 위한 도구로 전락할 위험을 안고 있다"고 비판하는 이도 있다.13)

민족교회사에 대한 관심은 세계 제2차대전 후 아시아나 아프리카의 교회들에서도 일어났으며 그 관심을 직접 자극한 것은 민족해방운동이었다. 2차대전 이후 식민주의의 지배 하에 있던 국가들의 독립과 민족주의의 확산은 그 국가의 교회들로 하여금 서구교회 중심적 역사서술에 대한 비판적 성찰을 하도록 해주었다. 그 결과 이 지역의 교회형성과 발전은 외국교회나 선교사들의 노력만으로 이루어진 것이 아니라 바로 피선교지 기독교인들의 헌신과 활동을 통하여 이루어졌다는 사실이 발견되기 시작했다. 여기서부터 기독교의 역사를 '밖으로부터' 접근했던 선교사적 접근을 피하면서 '안으로부터' 교회사를 연구하는 소위 민족교회사 서술이 등장했다. 이들 교회들의 교회사 서술과 관련하여 제안된 주요한 지침들 가운데는 누가 역사를 쓰며, 어떤 자료를 사용하며, 그리고 누가 이들 교회들의 주체인가 하는 문제들을 포함하고 있다. 첫째 문제에서 선교사관에 의한 교회사가 주로 선교사들의 기록에 기초해서 서구교회의 확장을 연구한다면, 민족교회사는 토착민 기독교인들이 남긴 기록을 중시하며, 선교사들의 자료를 보조자료로서 사용한다.

---

12) 김영재(1992),『한국교회사』, 개혁주의신행협회, 17쪽.
13) 박용규(2002), 「한국교회사 이해와 연구방법론」, 197쪽.

둘째 이러한 교회사는 피선교지 교회의 현실을 알고 경험한 제3세계 교회사가들에 의해서 서술되어야 하며, 셋째 아시아, 아프리카의 교회가 주체가 되는 역사를 기술해야 한다는 것이다.14) 민경배 교수의 『한국기독교회사』는 이러한 방법론이 적용된 연구로서는 선구적인 것이었다.

모든 시대에 교회사가의 주요한 과제는 새로운 사료를 발견하고 과거 사실에 대해 새롭게 생각하는 방식을 찾아내어 그 방식에 따라 역사를 기록하는 것이라고 할 수 있다. 1970년대 후반 이후 민중신학에 관심을 가진 연구자들 가운데서 민중적 관점에서 한국교회사를 검토하려는 관점이 제기되었는데, 민중의 시각은 1970년대 후반 이후 한국에서 기독교와 그것의 역사에 대해서 생각하는 새로운 방식이었다. 그러나 이 발상도 서구교회 중심적 역사서술에 대해 이의를 제기하면서 교회의 주체가 누구인가를 묻는 민족교회사적 역사 연구가 선행되지 않았더라면 가능한 것이 아니었다. 그런데 민중적 시각의 교회사 연구도 한국의 문화적 상황보다는 한말, 일제 식민지 시기, 해방 후 권위주의 정부 시기의 정치 상황에 더 주목함으로써 민족교회사적 연구와 마찬가지로 정치 중심의 교회사 서술을 제안할 수밖에 없었다.15) 교회사가는 아니었지만, 민중의 시각에 의해서 특히 사회경제사적 접근에 의해서 교회의 역사가 재고되어야 할 것을 촉구한 이는 서남동 교수였다. 서남동에 의하면, "현상유지"를 특징으로 하는 신국 상징이 "새 질서"를 특징으로 하는 천년왕

---

14) 손규태(1987), 「한국 민족교회사 서술의 제문제」, 『신학사상』 겨울호, 798∼818 쪽 ; Horace O. Russell, "The Rewriting of Church History in the Third World", Review and Expositor, Spring, 1985, 247∼255쪽 ; Cyril H. Powles, "Christianity in the Third World : How do we study its history?", Studies in Religion, Vol. 13, No. 2, 1984 ; 김홍수 (1989), 「교회사 서술방법의 새로운 시각」, 『한국기독교사연구』 제24호, 6쪽.

15) 예컨대 민중사관을 교회사 연구에 적용한 주재용 교수는 한국교회사를 "기독교 수용기(1876∼1896)", "민중의 교회 형성기(1896∼1919)", "비정치화기(1919∼ 1932)", "한국교회 바벨론 포로기(1932∼1960)", "각성기(1960∼)"로 구분했다. 「한 국기독교 백년사-민중사관의 입장에서의 그 분석과 비판」, 『신학연구』 제21집, 1979년 가을, 199∼216쪽. 주재용은 이 연구를 한국 기독교 역사에 대한 "민중의 퍼스펙티브, 즉 민중사관에 의한 접근의 시도"라고 불렀다. 교회사 연구에서 민중시 각의 구체적 적용에 대한 논의는 김홍수(1989), 「교회사 서술방법의 새로운 시각」, 『한국기독교사연구』 제24호, 2, 4∼11쪽 참조.

국 상징을 좌절시킨 이유를 설명하는 데는 "아마도 사회경제사적 연구가 가장 설득력이 있는 것으로 보인다"고 주장했다.[16) 지배자와 가진 자들은 천년왕국의 도래를 원하지 않고 무서워하는데, 그것은 소유와 지위에 대한 위협과 전복을 의미하기 때문이라는 것이다. 사회경제사적으로 보아야 이런 점들이 보인다는 것이다. 역사를 보는 새로운 관점으로서 민중의 시각이 등장하자 교회사가 박대인(Edward E. Poitras)은 그것이 "여러 면에서 역사적인 과정에 중요한 역할을 했음에도 불구하고 이전에는 역사가 별로 관심을 기울이지 않았던 대다수인 평민들의 삶에 많은 관심을 둔다"면서 이를 '부적합한 역사적 취급을 바로 잡고자 하는 시도'로 보았다.[17)

3) 한국기독교역사연구소의 『한국기독교의 역사』

민중신학이 교회사 연구에까지 영향을 미치고 있던 시기에 적지 않은 수의 교회사 연구자들이 활동했지만, 이 시기의 연구자나 연구단체 가운데 1982년 창립된 한국기독교사연구회만큼 한국교회사 연구에 큰 영향을 준 인물이나 단체는 없었다고 해도 과언이 아니다. 이 연구회가 모태가 되어 1990년에는 한국기독교역사연구소가 설립되었고, 1998년에는 한국기독교 역사학회를 결성하였다. 이 연구소는 개별연구 단계에 머물렀던 한국교회사 연구를 공동연구의 차원으로 끌어올렸고, 새로운 자료의 수집과 복간에 힘썼으며, 역사과학적인 연구방법을 강조하였다. 기독교역사연구소는 '역사학적인 문헌비판과 고증'을 중시하면서 월례발표회, 심포지엄, 저서와 자료집, 학술지 『한국기독교와 역사』 발간 등 다양한 연구활동을 계속해 왔다.[18) "역사학적인 문헌비판과 고증"을 중시하는 연구 분위기는 국사학을 공부한

---

16) 서남동(1983), 『민중신학의 탐구』, 한길사, 14~19 · 55~63쪽.
17) 박대인(1985), 「한국교회사의 새로운 역사편찬을 위한 제언」, 『동방학지』 46 · 47 · 48 합본, 620쪽.
18) 이만열(2001), 『한국기독교와 민족통일운동』, 한국기독교역사연구소, 468~469쪽.

연구자들이 한국교회사 연구에 가담하면서 조성되었다.

이 연구소의 가장 중요한 업적 가운데 하나는 공동으로 쓴『한국기독교의 역사』I, II(1989, 1990)의 간행이었다. 앞에서 살펴본 백낙준의『한국개신교사』와 민경배의『한국기독교회사』는 분명한 사관, 방대한 사료의 이용, 그리고 분량에서 볼 때 더 이상 한국개신교의 역사서술이 필요할 것 같지 않은 인상마저 준다. 그러나 역사는 새로운 시대의 역사가들에 의해서 새로 쓰여질 수밖에 없기 때문에 1980년대 이후만 해도 한국교회사의 새로운 역사편찬에 과한 논의가 끊이질 않았다. 새로운 역사편찬에 관한 논의는 이상규의「한국기독교사 연구의 현황과 과제」(『고신대학논문집』제10집, 1982), 이장식의「한국교회사학의 제 문제」(『기독교사상』1983. 7), 박대인의「한국교회사의 새로운 역사편찬을 위한 제언」(『동방학지』46 · 47 · 48 합본, 1985), 민경배의「제2의 한국교회사학」(『기독교사상』1986. 6), 손규태의「한국 민족교회사 서술의 제 문제」(『신학사상』1987. 겨울), 김흥수의「교회사 서술방법의 새로운 시각」(『한국기독교사 연구』1989. 2), 김영재의「한국 기독교사 이해에 대한 소고」(『신학정론』제16집, 1990) 등에서 활발히 전개되어왔다. 1945년까지의 한국교회사를 서술하고 있는『한국기독교의 역사』는 그 동안의 연구성과와 새로운 역사편찬 논의를 잘 반영함으로써 교회사에 대한 학계의 인식을 한 차원 높였다는 평을 얻었다. 이 책 머리글에서 저자들은 "한국 기독교사의 제3세대"로 자처하고 이 세대의 특징으로 자료의 발굴, 역사해석 등에서 "개인보다는 공동 작업에 의한 연구"를 들었다. 그리고 다음 몇 가지로 자신들의 연구방향을 밝혔다.[19] 첫째, 한국 기독교사 연구의 폐쇄성을 극복한다. 종래의 저술들은 대부분 호교론적이고 종파 · 교파 우월의식을 극복하지 못해 역사 서술의 편협성을 드러냈다. 둘째, 한국기독교사를 기독교만의 역사로 볼 것이 아니라 민족사라는 큰 틀에서 조명할 필요가 있다. 기독교의 2천 년 역사뿐 아니라 우리 민족의 5천 년 역사도 중요한 전통이다. 셋째, 자료의 취급은 실증적이고 과학적이어야 한다. 넷째, 민족의 현실 문제나

---

19) 한국기독교사연구회(1990),『한국기독교의 역사』I, 기독교문사, 9~10쪽.

장래에 도움이 될 수 있는 연구가 되어야 한다.

이 명제는 기존의 교회사 연구에 대한 비판이자 한국기독교역사연구소의 연구방향이기도 하였다. 집필 원칙 중 편협한 교파주의적 역사서술의 극복은 한국교회사가들이 뛰어 넘어야 할 최대의 문제로 비판받아 왔다. 교파주의적 역사접근은 본질적으로 보편적인 한국교회사가 아니라 특정교파 중심의 교파사일 뿐이고 특정집단을 찬양하기 위해서 타집단을 부록이나 들러리로 기술할 수밖에 없게 한다. 따라서 이것은 역사를 왜곡시킬 뿐만 아니라 교회일치라는 과제에도 도움이 되지 않는다. 그 다음 주목할 것은 한국기독교의 역사를 2천 년 "기독교만의 역사로 볼 것이 아니라" 5천 년 "민족사라는 큰 틀에서 조명할 필요가 있다"는 발언이다. 이미 기존의 연구들이 교회와 민족의 관계를 염두에 두고 진행되고 있는 상황에서 나온 이 발언은 그 관계를 다시 강조하기 위한 것으로 보이지는 않는다. 이 말은 세계교회사라는 흐름에서 한국교회사를 관찰하기보다는 한국사의 오랜 전통 속에서 한국교회사를 보는 것이 좋겠다는 의중을 표현하고 있는 것이 아닌가 생각된다. 조광 교수의 관찰에 의하면, "저자들은 한국사회와 기독교와의 관계를 주목하고 한국사의 일환으로서 한국기독교사를 이해하려 했다".[20] 그렇다면 한국 기독교 역사 연구소의 역사연구는 세계교회사 속의 지역교회사로서 세계교회 전통과 연관시켜 한국교회사를 연구하기보다는 한국사의 일부로서 한국개신교사를 연구하려 했던 백낙준과 같은 방향에서 연구하고 있다고 말할 수 있다.

셋째 발언, 즉 자료의 취급은 실증적이고 과학적이어야 한다는 발언도 이 연구소의 연구방법을 명료하게 보여주고 있다. 실증적이고 과학적인 자료의 취급에 대한 강조는, 역사학과 신학적 의미를 포함하고 있는 교회사 연구에서 이 연구소가 무엇보다도 먼저 근거 있는 역사의 서술, 즉 과거에 어떠한 일이 발생하였는가를 찾아내는 데 중점을 두고 있다는 것을 보여주는 것이라 하겠다. 더 구체적으로 말하면, 한국기독교역사연구소는 '어떤 사관

---

20) 조광 교수의 『한국기독교의 역사』 I에 대한 서평, 『한겨레신문』, 1989. 8. 2.

을 설정하는 일보다 우선 한국기독교사의 사실에 대한 과학적이고 객관적인 분석, 정리작업' 그리고 '기존의 교회사에서 잘못 서술되고 있는 사실을 교정하는 작업'이 필요하다는 것이다.[21] 교회사 연구의 이러한 실증 위주의 태도는 일부 교회사가들로부터 '교회사 사료를 풍부하게 제공'해 주는 점에서는 유익하나 한국의 문화와 역사 속에서 성장해 온 기독교 역사를 '뚜렷한 신학적인 주관이 없이 역사 연구가의 입장에서 기술'하는 것으로 보였다. 또 한국기독교역사연구소의 실증 강조를 '계몽주의와 더불어 발흥한 실증주의 사관'과 동일시하면서 초자연적 영역들을 거부하는 실증주의 방법론을 가지고 교회 역사에 접근하는 것을 '이상한 시도'로 보는 이도 있다.[22] 그러나 뚜렷한 신학적 주관 없이 교회사를 서술하고 있다는 비판은 가능하겠지만, 교회사 연구에서 문헌비판과 사실고증을 강조하는 것을 초자연적 영역들을 다 제거하려 했다는 근세 서구의 실증주의 역사방법론과 동일시하는 것은 적절한 비평으로 보이지는 않는다. 구태여 따지자면,『한국기독교의 역사』가 내세우는 실증적 연구란 계몽기의 역사방법론에 토대를 두었다기보다는 문헌고증과 철저한 사료비판을 강조하는 한국역사학의 전통에 토대를 두고 있다고 볼 수 있다.『한국기독교의 역사』가 교회사 연구에서 실증을 강조하는 것은 한국교회사 연구자들의 실정이 이 점을 소홀히 여기고 있다고 본 때문이었다. 다시 말해 "사실의 정확한 추출과 인식에 앞서 역사적인 해석을 먼저 구사했던 기존의 신학적인 연구경향"에 대한 방향전환을 제시하려는 것이었다.[23] 문헌에 대한 실증과 고증을 강조하면서도 초자연적 영역을 거부하는 것이 아니라『한국기독교의 역사』의 저자들은 머리글에서 "이 작업에 참여한 사람들은 모두가 고백적 기독교 신앙인들로서 한국 기독교의 역사가 이 땅과 민족을 향하신 하나님의 섭리의 역사였다고 믿고 있다"고 밝힘으로써

---

21) 한국기독교역사연구회(1990),『한국기독교의 역사』I, 9쪽, 각주 8.
22) 김영재(1992),『한국기독교회사』, 개혁주의신행협회, 14쪽 ; 박용규(2002),「한국 교회사 이해와 연구방법론」, 209~210쪽.
23) 이만열,「추천의 글」, 신기영(1995),『한국기독교의 민족주의 1885~1945』, 도서출 판 동혁, 3쪽.

오히려 섭리사적 접근을 암시하고 있다.24)

그러나 자료에 대한 실증적이고 과학적인 접근은 모든 역사 연구에 공통적으로 요구되는 기술로 한국기독교역사연구소만의 방법론이라고 주장할 수는 없는 것이다. 중요한 점은, 백낙준이나 민경배의 교회사 연구에서 볼 수 있는 역사해석의 규범이 한국기독교역사연구소에게는 무엇인가 하는 점이다. 다시 말해 백낙준은 '선교', 민경배가 '교회와 나라' 같은 기본개념이나 틀로 역사를 들여다본다면, 한국기독교역사연구소의『한국기독교의 역사』에서 발견되는 역사서술의 기본개념은 무엇인가 하는 질문이다.『한국기독교의 역사』는 그것이 무엇인지 명백하게 언급하지 않지만, 1989년 출간되자마자 "교회사의 주역이 한민족임을 확인했고, 교회사에 있어서 민중의 존재를 주목하고자 했다"고 평가받았다.25) 이 책이 민중의 존재를 주목했다는 말은 머리글에서 소위 민족교회사관과 민중교회사관의 갈등을 "한국 기독교사의 사관정립을 위한 창조적 노력"으로 보면서 민중의 시각에 의한 역사접근을 긍정적으로 언급한 것을 두고 한 말일 것이다. 그러나 이 책이 민중의 시각을 다소 긍정적으로 본다고 할지라도 그 시각이 전체 교회사 서술에까지 적용되었다고 보기는 어렵다. 민중시각보다는 교회사는 "과거 역사 속에서 민족의 문제에 책임 있게 대응한 신앙인들의 역사를 정리해냄으로써 한국 기독교의 민족운동 전통의 맥을 발굴할 뿐 아니라 민주화와 민족통일이라는 미래의 민족적 과제에 도움이 될 수 있는 연구"가 되어야 한다는 말에서 어느 정도 힌트를 얻을 수 있다.26) 이 말에서 보면,『한국기독교의 역사』가 기술하려고 하는 대상은 "민족의 문제에 책임 있게 대응한 신앙인들의 역사"이며, 그렇다면 이 책에서 드러나는 한국교회사 정리의 주요한 틀 역시 민경배의 그것과 유사하게 "민족의식" 또는 "민족과 신앙"이라는 것을 알 수 있다.『한국기독교의 역사』는 민경배의 민족교회사 서술이 대체로 민족의

---

24) 한국기독교사연구회(1990),『한국기독교의 역사』I, 1쪽.
25) 조광 교수의『한국 기독교의 역사』I에 대한 서평,『한겨레신문』, 1989. 8. 2.
26) 한국기독교사연구회,『한국기독교의 역사』I, 10쪽.

식을 지닌 "엘리트·지식계층" 중심으로 서술되고 있다고 평하고 있지만, "민족의 문제에 책임 있게 대응한 신앙인들의 역사"를 서술하면서『한국기독교의 역사』가 다른 계층을 얼마나 역사의 무대에 등장시키고 있는지는 검토해 볼 필요가 있다.[27]

한국기독교역사연구소는 공동 작업을 표방하기는 했지만, 오랫동안 이 연구소를 이끌어 온 이만열 교수의 업적이 연구소의 성과로 알려진 면도 있다. 그는『한국기독교와 역사의식』(1981),『한국기독교와 민족의식』(1991)에 이어,『한국기독교 수용사』(1998),『한국기독교와 민족통일운동』(2001) 등의 권위 있는 저서를 펴냈다. 이 책들은 "모두 한국 기독교 신앙을 중심으로 역사와 민족을 함께 생각하는 것 이었다".[28] 이러한 관심이 가장 먼저 나타난 책은『한국기독교와 역사의식』(1981)에서 이었다. 저자는 이 책이 선교사의 입장이나 교회사의 관점보다는 한국기독교사라는 기반 위에서 한국교회에 대한 역사적 접근을 시도했다면서, 그 이유로 "선교사가 피선교 상황을 강조하며, 교회사가 교회의 제도와 교리의 발전을 중시하여 기독교인의 사회적 역할을 무시하는 경향"이 있었기 때문이라고 말했다.[29] 이처럼 이만열은 기존의 역사서들에서 흔히 볼 수 있는 교회 내적인 문제들을 중심으로 한 서술을 비판하면서 기독교인들의 사회적 역할을 부각시키기 위해 교회와 사회 또는 교회와 민족 관계에 연구의 초점을 맞추어 왔다. 기존의 한국교회사 서술에 대한 이만열의 또 하나의 비판은 "한국교회사가 역사신학의 일부로서 연구될 때는 때때로 사실을 구명함에 역사학적인 방법이 소홀하거나 무시된 적이 있었다"는 것이다. 그러나 한국교회사 연구에 국사학자들이 가담함으로써 문헌비판과 사실 고증이 한층 탄탄하게 되었다고 본다. 이 두 가지가 이만열의 한국기독교 역사연구의 방법이라고 할 수 있을 것이다.

그런데 이만열은 어떤 사관도 표방하지 않고 교회사를 연구해 왔다. 그가

---

27) 앞의 글, 7쪽 ; 이찬수,「한국 그리스도교 연구 100년」,『한국종교문화100년』, 청년사, 285~286쪽.
28) 이만열(2001),『한국기독교와 민족통일운동』, 한국기독교역사연구소, 5쪽.
29) 이만열(1981),『한국기독교와 역사의식』, 지식산업사, 267쪽.

참여한『한국기독교의 역사』에서 백낙준의 사관은 선교사관으로, 민경배의 것을 민족교회사관으로 그리고 그것을 비판하고 나선 것을 민중사관으로 정리하고 있기는 하지만, 자신은 "이 사관들의 확실한 개념이 어떤 것이며, 과연 이러한 도식이 타당하고 필요한 것인가" 질문하고 있다. 더 나아가 그는 하나의 일관된 사관으로 한국기독교사 전체를 조명하고 설명하는 것이 불가능하다고 주장하기도 한다. 또한 그는 구태여 사관이라는 것이 필요하다면, 선교초기는 민족사관보다는 선교사관으로, 일제 하는 민족사관으로, 1960~70년대는 민중사관으로, 그리고 1980년대 이후는 통일사관으로 그 시대를 설명하는 것이 한국기독교사를 더 잘 설명하는 방법이 될 수 있지 않을까 하고 묻는다.

> 따라서 필자는 한국교회사를 연구함에 사관이 꼭 필요하다면, 예수 그리스도를 통해 구원받은 인간이 하나님의 나라 확장을 전제로, 여러 가지 사관을 적절하게 활용하여 역사를 풀어나가든지 아니면, 사관들을 상위개념과 하위개념으로 분류하여 역사 전체를 통관해 보는 한(상위개념) 사관 아래에 하위개념에 속하는 다른 사관을 조합하여 시대 시대의 역사를 조명하는 것이 타당하지 않을까 생각한다. 그럴 때 가령 전체는 선교사관으로 보지만, 시대에 따라서는 상위개념인 선교사관이 하위개념인 민족사관의 도움을 받아 그 시대를 조명하는 방법으로 될 것이다.[30]

그가 사관을 탐탁하게 생각하지 않는 이유는, "사관이란 역사를 조명하는 틀이기 때문에 어느 한쪽에서 조명하는 것이 전체를 다 본다고는 할 수 없고, 그 때문에 사관을 고집하는 것은 역사적인 편견을 갖게 할 수도 있다"는 것이다. 지금 이 시점에서 더 시급한 것은 선교사관, 민족사관, 민중사관에 입각해 한국교회사를 정리하는 것이 아니라 사실규명이 우선되어야 한다는 것이다. 실증을 강조하는 한국기독교역사연구소도『한국기독교와 역사』에서 특정사관을 내세우지는 않았는데, 이는 역사의 체계적인 이해보다는

---

30) 이만열(2001),『한국기독교와 민족통일운동』, 480쪽.

개별적인 사실의 확정이 더 시급하다는 공동저자들의 인식이 반영된 결과일 것이다.

이처럼 사관을 대하는 태도에 있어서는 민경배와 한국기독교역사연구소가 다른 입장을 가지고 있지만, 둘은 모두 교회와 민족을 연관시켜 교회사를 서술해 왔으며, 따라서 교회 안팎에서 한국교회의 민족운동 문제가 자연스럽게 한국교회사 연구의 중심이나 쟁점으로 떠올랐다. 다음 장에서는 이 문제를 다룬다.

3. 연구 내용과 쟁점

한국교회사의 쟁점은 멀리는 한국교회의 기원에서부터 최근의 북한교회의 진정성 문제에 이르기까지 다양하지만, 가장 큰 쟁점은 한국교회와 민족운동의 관계에서 찾을 수 있다. 교회사가들이나 기독교인 역사가들이 한국기독교인들과 기독교회의 민족운동에 주목하면서 또는 그것을 "기독교 민족운동"이라 부르면서 본격적으로 기독교의 역사를 서술하기 시작한 것은 대체로 1970년대 이후였다.[31] 이들은 한국 "기독교는 이 침략 일본에 대한 저항적 민족 에너지와 결탁하는 양상으로 전개되었다는 특수성"을 지니고 있다고 보는가 하면,[32] 기독교가 반봉건·반외세의 민족운동을 효과적으로 전개하여 민족종교로서의 지위를 굳혀왔다면서 기독교의 정체성 중의 하나로 "민족·민중적 성격"을 들기도 한다.[33] 민족운동을 한국기독교의 한 특성으로 보는 이 주장들은 먼저 기독교와 민족주의의 연계 과정에 주목하고 우리나라의 경우 기독교 선교가 식민주의와 관계없이 진행되었다는 점을

---

31) 기독교 민족운동에 대한 정의에 대해서 한규무는 우선 기독교인으로서 벌인 민족운동이어야 하며 그 다음 그 운동에 기독교적인 신념이 작용했는가 하는 점이 중요하다고 본다. 한규무(2000), 「한국기독교민족운동사 연구의 현황과 과제」, 75~107쪽.
32) 민경배(1983), 「한국의 기독교와 그 민족교회의 성립」, 『한국의 근대화와 기독교』, 숭전대학교 출판부, 247쪽.
33) 이만열(1991), 『한국기독교와 민족의식』, 지식산업사, 402~403쪽.

내세우거나 기독교민족운동의 내용이 무엇인가를 밝히려고 노력하였다. 그러나 이런 입장에 대한 비판과 반론도 기독교회 안과 밖에서 제기되어 왔고, 교회와 민족운동의 합류를 강조하는 사람들도 기독교 민족운동의 부정적인 측면들을 간과하지 않고 있다. 다만 양편에 차이가 있다면, 비판자들이 한국에서의 선교도 서구 식민주의와 결합된 형태로 진행되었다는 것을 지적하면서 기독교 민족운동의 소극적 또는 부정적 측면들을 강조하려 한다면, 옹호자들은 선교와 식민주의의 분리를 주장하면서 기독교 민족운동의 적극적 또는 긍정적인 측면들을 부각시키고 이로써 한국민족운동사에서 기독교의 정당한 위치를 인식시키려 하는 점이다.

기독교 민족운동에 대한 이 같은 상이한 이해는 아직까지 우리 사회에서, 심지어는 교회 안에서조차도 그것에 대한 합의가 이루어지고 있지 않다는 것을 보여주는 것인데, 그 원인은 주로 식민주의와 선교의 관계에 대한 이해의 차이 그리고 민족 독립운동 및 사회변혁의 방법론에 대한 이견 때문이라고 말할 수 있다. 이 점에서 우리는 일제 식민지 하에서의 기독교 민족운동은 물론 분단시대의 민족문제에 대한 교회의 반응, 그리고 한국교회사 연구자들의 기독교와 민족의 관계에 대한 성찰을 살펴볼 필요가 있다.

1) 한말·일제하 기독교인들의 민족운동

한말·일제 강점하의 민족운동은 주로 근대화운동과 일제로부터 국가의 독립을 유지·확보하기 위한 운동이었다고 할 수 있다. 구미의 제국주의 국가들로부터 전래된 기독교회가 교회 설립 초기부터 이 같은 민족운동에 참여했다는 주장은 서구 교회들의 해외선교의 역사에서 보면 쉽사리 수긍하기 힘들다. 왜냐하면 해외선교는 서구 제국주의적 기독교 국가들의 아시아 및 아프리카 침략과 밀접하게 관련되어 있기 때문이다. 16세기에서 18세기에 걸쳐 기독교는 대부분 스페인과 포르투갈 왕의 대리인이었던 로마 가톨릭 선교사들에 의해서 전파되었다. 그 후 서구 제국주의의 파고가 드높던 19세기의 선교는 프로테스탄트 교회들이 주도했다. 이 시기는 로마제국의 콘스탄틴 대제 이후로 그 어느 때보다도 선교사들과 그들이 속한 정부들과의 관계가 약화된 시기였지만, 식민주의와 선교의 관계가 단절되지는 못했다.[34) 이것은 19세기 중반 전후에 독일인 귀츨라프(Karl F. A. Gutzlaff)나 영국인 토마스(Robert Jermain Thomas) 같은 프로테스탄트 선교사들이 상선이나 군함을 타고 내한을 시도했던 데서도 잘 드러난다.

귀츨라프나 토마스의 선교 시도는 성공하지 못했다. 그 후 우리나라는 서구 기독교 국가가 아니며 기독교 국가로서의 정체성을 갖지 않은 일제에 의해서 식민지화되었고, 이 무렵 기독교는 주로 우리나라의 식민화 과정에 직접적으로 관계하지 않았던 미국이나 영국, 캐나다, 호주 출신의 선교사들에 의해 선교되었다. 따라서 한국의 기독교회는 식민국가의 정치적 침략의 한 부분으로 인식되지 않았으며 오히려 항일운동에 나설 수 있는 여건을 갖춘 셈이었다. 기독교 선교의 이러한 특수성에다가, 기독교는 한말 개화파 지식인들에 의해서 근대사회로 이행하기 위한 이념적 바탕으로 간주됨으로써 한국교회는 초창기부터 쉽사리 민족운동에 나설 수 있는 배경을 갖고 있었다. 교회와 민족운동의 결합 이유에 대해 민경배는 그 주요한 원인을 선교와 식민주의의 분리에서 찾고 있다.

한말 기독교인들의 민족의식 형성과정과 초기 한국교회의 민족교회적 성격을 보여주는 계몽운동, 독립협회, 신민회, 상동파, 의열투쟁 등은 최근의 교회사 연구들에서 중요한 주제들이었다. 최근의 한 연구는, 기독교 전래 이후 기독교인들이 단순한 신앙집단으로서뿐만 아니라 독립협회 활동을 거치면서 정치, 사회세력으로 등장하고, 대한제국 말기 "종교입국"을 내걸고 민족운동에도 참여하며, 105인 사건을 거쳐 3·1운동으로 기독교 민족주의가 성립되는 과정을 밝히고 있다.[35) 이 연구들은 적어도 1919년까지는 일제와

---

34) Kenneth Scott Latourette, "Colonialism and Missions : Progressive Separation", in *Readings on Church and State*, ed. James E. Wood, Waco, Texas : J. M. Dawson Institute of Church-State Studies, 1989, 195~212쪽.

35) 3·1운동 이전의 계몽운동, 독립협회, 신민회, 전덕기와 상동파, 의열투쟁 등에

일부 선교사들의 방해에도 불구하고 기독교가 개화와 항일 투쟁에서 크게 기여했다는 점을 강조하고 있다. 이 시기 민족운동은 교회의 이름으로 전개되기보다는 기독교인들이 개별적으로 행동하거나 정치단체에 가담함으로써 이루어지는 경우가 대부분이었다. 이것은 당시까지만 해도 단체로서의 교회가 아직도 허술한 조직을 가지고 있었다는 것을 반영하기도 하지만, 교회가 정치의 격랑에 말려드는 것을 막으려 했던 선교사들의 의도와도 관련될 수 있을 것이다. 기독교인들의 민족운동은 개화파적 민족주의, 즉 갑신정변, 독립협회, 애국계몽운동으로 이어지는 민족주의 운동과 밀접한 관련 하에서 이루어져 갔다.

기독교인들의 항일 민족운동은 1905년 강제로 을사조약이 체결된 이후 소극적 저항운동에서부터 무장투쟁 형태에 이르기까지 다양한 형태로 전개되었다. 그들의 민족운동을 긍정적으로 바라보는 사람들은 대표적인 기독교 민족운동으로 105인 사건, 3·1운동, 농촌 및 사회운동, 신사참배반대투쟁 등을 보기로 든다. 105인 사건은 일제가 한국을 병탄한 직후 애국인사들을 제거할 목적으로 날조한 대규모의 항일세력에 대한 탄압사건이었다. 이 사건으로 탄압 받은 사람들은 국내에 남아있던 신민회 세력들로 기소자 123명 중 90여 명이 기독교인이었는데, 이 점이 기독교인들의 민족운동 참여의 유력한 증거로 제시되고 있다. 이 점은 일제의 다음 기록에 의해서도 밝혀지고 있다. "본 사건의 음모는 신민회의 간부에 의하여 행하여졌지만 그들은 동시에 조선에 있어서 야소교 신자의 유력자였으니 만큼 동지로서 가담한 야소교계 학교의 교사와 학생들이 다수 있었다".36) 윤경로의 연구를 통하여 상동파와 서북지역 기독교인들이 신민회의 모체였다는 것은 잘 입증되었다.37)

대한 연구동향에 대해서는 한규무, 「한국기독교민족운동사 연구의 현황과 과제」, 89~95쪽 참조 ; 장규식(2001), 『일제하 한국 기독교민족주의 연구』, 혜안.

36) 한국기독교역사연구회(1990), 『한국기독교의 역사』 I, 315쪽. 105인 사건으로 인한 기독교인의 수난에 관해서는 윤경로(1990), 『105인 사건과 신민회 연구』, 일지사 참조.

기독교인들이 항일 민족운동에 참여한 가장 좋은 예는 1919년의 3·1운동이었다. 이 점을 밝히기 위해 김양선의 「3·1운동과 기독교계」가 발표된 이후 김형석, 김승태, 이만열 등 다수의 연구자들이 이 주제에 관심을 보였다.[38] 최근의 연구에서 상세히 밝혀진 대로, 3·1운동에서의 기독교의 참여는 그 운동의 준비과정에서뿐만 아니라 전개과정에서 매우 활발하게 나타난다. 당시 기독교인은 20만 명을 약간 상회하는 숫자로 이것은 당시 인구 1,600만 명에 비하면 1.3%에 불과하였다. 1.3%에 불과한 기독교인들이 주동 세력의 25%에서 30%, 피체·투옥자의 17%에서 22%를 차지하였다.[39] 이 통계는 3·1운동 당시 기독교인들의 항일투쟁이 매우 광범위하게 그리고 깊이 있게 전개되었다는 것을 보여준다. 물론 3·1운동을 점화시킨 교회 지도자들의 일부에서 나타난 나약성과 타협적인 태도 그리고 변절 등은 부끄러운 점들이며, 그 점들 때문에 3·1운동 전개 과정에서 기독인들의 역할이 과소평가 되는 경우도 있다.[40] 전자가 이만열의 관점이라면 후자는 민경배의 입장이다. 3·1운동과 기독교의 관계는 이처럼 기독교인들이 그 운동에 어떤 방식으로 그리고 어느 정도 참여했는가 하는 문제를 중심으로 논의되면서 이견이 있기는 하나, 민경배 역시 3·1운동에서 한국교회의 민족교회로서의 성격이 가장 잘 발휘되었다고 본다.

간략히 살펴본 대로, 기독교인들의 민족운동에의 참여는 1919년까지 끊임없이 지속되었고, 이 점에서 한국교회 초기의 민족운동과 그것이 항일 민족운동사에서 차지하는 위치를 부각시키는 연구들이 다수를 차지한다. 그러나 일제하의 기독교 민족운동의 공헌을 말하기보다는 그것을 이끈 지도자들의 운동 이념과 방법에 대해 비판적인 태도를 취하는 사람들도 있다. 전자의

---

37) 윤경로(1990), 앞의 글.

38) 동아일보사편(1969), 『3·1운동 50주년 기념논집』, 동아일보사 ; 김형석(1985), 「한국기독교와 3·1운동」, 『한국기독교와 민족운동』, 보성 ; 김승태(1994), 「종교인의 3·1운동 참여와 기독교의 역할」, 『한국기독교의 역사적 반성』, 다산글방.

39) 이만열(1990), 『한국기독교와 민족의식』, 지식산업사, 349~350쪽.

40) 민경배는, 교회가 "주도(主導)로서보다는 통로(通路)로서 공헌했다"고 본다. 민경배(1982), 『한국기독교회사』(개정판), 대한기독교출판사, 315~316쪽.

입장이 전문적인 교회사 연구자들로부터 나온다면 후자의 입장은 진보적인 한국사가들이나 신학자들의 입장이다. 비판자들은 초기 기독교 민족주의자들의 서구 지향적 경향과 선교사들의 교회 비정치화 정책 그리고 미국과 일본의 우호적인 관계 때문에 민족운동에 나서기는 했으나 소극적이면서도 현실 순응적인 민족운동을 전개할 수밖에 없었다는 점을 지적한다.[41)]

윤치호, 이승만, 안창호, 서재필 등은 초기 기독교 지식인이자 한말의 부르주아 근대화운동의 선구자들이었다. 이들은 대부분 민족운동의 일환으로 기독교에 입교했고 서양, 특히 미국의 제도와 문명에 대한 선망 때문에 개화→서구화→기독교화의 과정을 상정했다. 그 과정에서 윤치호 같은 지도자는 근대화 단계에 있었던 일본사회에 부러운 시선을 보내기도 하였다. 이러한 견해는 그들로 하여금 자주적인 독립국가 건설 운동에 적극적으로 나서는 것을 방해했을 뿐만 아니라 급기야는 일제의 한국통치에 저항하는 것을 못마땅한 눈으로 바라보게 하였다. 일부 민족운동 참여자들의 소극적인 성격은 선교사들에게서도 찾아볼 수 있다. 일제의 침략이 노골화되던 시기는 선교사들이 한국교회를 지배하고 있었으며, 이들은 대부분 자신들의 신학적 경향과 선교 본부의 선교 방침 때문에 한국의 정치적 상황을 무시하면서 한국 기독교인들이 교회에서 또는 교회의 이름으로 민족문제에 관여하는 것을 허용하지 않았다. 이미 1901년 장로교 선교사들의 모임인 장로교 공의회에서 교회는 나랏일을 의논하는 집이 아니라면서 조직 교회의 정치 참여 금지를 요청한 것이 그 증거이다. 이러한 정교 관계에 대한 지침에 이어 1907년대 부흥운동 시기에는 기독교인들의 종교적 관심을 "주님과의 개인적인 관계"로만 축소시키도록 했으며, 그 예로 선교사 블레어(W. M. Blair)는 일본인을 미워하는 생각을 회개하고 나라 일로 상심한 사람들이 마음을

---

41) 교회의 민족운동에 대한 비판적인 연구는 박순경(1986), 『민족통일과 기독교』, 한길사, 26~52쪽 ; 서중석(1989), 『한국근현대의 민족문제 연구』, 지식산업사, 77~225쪽 ; 강돈구(1992), 『한국 근대종교와 민족주의』, 집문당, 175~198쪽 ; 주진오(2001), 「한국기독교사 연구에 대한 한국사학계의 이해와 제언」, 『한국기독교와 역사』, 제15집, 8월, 기독교문사, 171~185쪽.

돌이켜서 주님과의 개인적인 관계에 성의를 두어야 한다고 말하기도 했다. 이러한 비정치화 현상이나 항일운동의 약화 시도는 한국 기독교인들에게도 영향을 미쳐, 당시의 유력한 교회 지도자인 길선주는 을사조약 체결 이후 전국 각지에서 의병전쟁이 일어나는 상황에서 신약성서의 로마서를 인용해 모든 권세는 하나님이 정하신 바라면서 일제의 지배를 신의 뜻으로 받아들이는 듯한 발언을 하였다. 한말의 반침략 자주독립운동과 일제 하 민족운동에서 찾아볼 수 있는 이 같은 문제점들은 기독교인들에게는 자기 성찰과 반성의 계기를 마련해 주고 있으며, 일부 연구자들에게는 기독교 민족운동을 평가절하 하는 근거가 되고 있다.

대부흥 운동과 백만 명 구령운동이 종교적 열정을 강조하는 과정에서 기독교 대중들로 하여금 항일운동의 전선에서 한 걸음 뒤로 물러서게 하는 역할을 맡았다는 비판은 3·1운동 이후의 교회에까지 연장된다. 비판자들은 정치적 민족운동에 초점을 맞추고서 3·1운동을 기점으로 교회는 민족운동으로부터 멀어지게 되었다는 점을 역설해 왔다. 기독교 민족운동의 에너지가 3·1운동 이후 소멸되었다는 주장에 대해서는 반론도 제기되고 있다. 노치준은 그의『일제하 한국기독교 민족운동 연구』에서 민족운동의 에너지가 소멸된 것이 아니라 정치의 영역에서 경제, 사회, 문화의 영역으로 그 에너지가 넘어갔을 뿐이라고 주장한다. 그러나 그도 역시 정치적인 민족운동에만 초점을 맞춘다면, 3·1운동을 기점으로 기독교회가 민족운동으로부터 멀어지기 시작했다는 주장에 동의한다.[42] 3·1운동 이후 1930년대까지 교회가 주력한 운동은 농촌운동과 절제운동이었다. 민경배와 한규무, 장규식은 기독교 농촌운동을 연구하였다. 농촌운동은 실력양성운동이었지만, 일부 한국사 연구자들은 그 운동의 개량적 성격을 비판해 왔다.[43]

---

42) 노치준(1995),『일제하 한국기독교 민족운동 연구』, 한국기독교 역사연구소.

43) 민경배(1983),「한국기독교와 농촌사회운동」,『동방학지』38 ; 한규무(1997),『일제하 한국기독교 농촌운동』, 한국기독교역사연구소 ; 장규식(1995),「1920~30년대 YMCA 농촌사업의 전개와 그 성격」,『한국기독교와 역사』4집 ; 한규무(2000),「한국기독교민족운동사 연구의 현황과 과제」, 102~103쪽.

2) 분단시대의 민족운동

1945년 일제로부터의 해방과 함께 한국사회는 남의 자본주의와 북의 사회주의 체제로 국토와 민족이 분단되는 비운을 겪게 되었다. 따라서 20세기 전반의 민족사가 식민지 통치에서 벗어나는 일을 최고의 목적으로 삼아야 한 시대라면, 20세기 후반기, 곧 해방후의 시대는 민족 분단의 역사를 청산하고 통일국가를 수립하는 것을 민족운동의 일차적 과제로 삼을 수밖에 없었다. 교회의 역사가들은 아주 최근에 와서야 통일 지향적인 민족주의가 요구되는 분단시대에 그 과제와 관련하여 교회가 어떤 활동을 해왔는가 하는 점에 주목하기 시작하였을 뿐 실제 연구는 거의 없는 형편이다.

1948년 남한에서 대한민국 정부가 수립되고 북한에서는 조선민주주의인민공화국이 선포됨으로써 분단은 공식화되었다. 더구나 1950년에 일어난 6·25전쟁은 남과 북의 적대감을 극도로 심화시켜 주었다. 전쟁 중에 남한교회는 6·25전쟁을 "세계 민주주의 자유국가들과 공산독재 국가들과의 양진영 사이에 필연적으로 일어날 최후결전의 전초전"으로 단정하고, 공산주의를 "설복 될 수 없는 마귀" "영구히 회개할 수 없는 마귀"로 표현하는 것을 서슴지 않았다. 이처럼 남한교회가 "마귀"라는 말로 공산주의자들에 대한 적대감을 나타내고 있을 때, 북한의 교역자들 역시 "만고역적 이승만 도당과 침략자—미제국주의 악마들"에게 준엄한 하나님의 저주가 내리기를 기원하는 궐기대회를 개최하고, 전쟁의 승리를 위하여 인민군대에게 비행기, 탱크, 함선을 더 많이 헌납하기 위한 기금 모집 운동을 전개하였다. 이것은 당시 남북한교회 모두 동족간의 싸움을 말리는 일에 나서기보다는 적대감을 고취시키는 일에 열중하고 있었다는 것을 보여준다. 이 시기의 연구자로는 김양선과 김홍수가 있다.44)

---

44) 김양선(1956), 『한국기독교 해방 십년사』, 대한예수교장로회총회 종교교육부, 89쪽 ; 김홍수(1999), 『한국전쟁과 기복신앙 확산연구』, 한국기독교역사연구소, ; 김홍수(2001), 「한국전쟁과 세계교회협의회, 1950~1953」, 『한국기독교와 역사』 제14호, 2월호. 그 밖에도 「특집 : 한국전쟁과 기독교」, 『한국기독교와 역사』 제15호, 2001년 8월호 참조.

이처럼 분단 직후부터 시작되어 전쟁을 통해 더욱 강화된 남과 북의 극단적인 적대감은, 일제로부터 해방되었는데도 민족주의나 민족문제가 우리 사회에서 자유롭게 논의될 여지를 극도로 제한시킬 수밖에 없었다. 그 결과 반공 세력만이 민족의 정당한 구성원으로 인정되는 "반공민족주의"의 불꽃이 교회와 사회에서 꺼질 줄 모르고 타올랐으며, 이 불꽃의 열기 속에서 교회와 이승만 정권은 어려움 없이 유착 관계를 형성하는 데 성공하였다. 이런 상황에서 교회사가들 중에는 교회의 반공의식이 가장 투철했던 1950년대 전후 기독교인들의 반공활동을 교회의 국가에 대한 중요한 봉사로 인식하는 이들도 있었다.[45] 그러나 이런 평가는, 1980년대에 와서 교회가 분단상황을 굳히는 데 이바지했다거나 통일의 길을 차단시켜 왔다고 주장하는 일부 신학자들과 교회 지도자들, 그리고 한국사가들의 비판에 직면해야 했다.[46]

남한교회의 반공노선은 박정희 정부가 들어선 1960년대에도 지속되었지만, 1960년대 초반부터 평화공존에 대한 주장과 함께 공산주의와의 대결의 새로운 차원이 논의되기 시작하였다. 그것은 남한사회의 자유와 사회정의의 구현을 새로운 대안으로 제시하는 주장들이었다. 이 주장들은 4·19혁명에서 비로소 자기 모습을 발견한 당시 진보적인 기독교인들의 입장을 대변하는 것이었다. 통일을 위한 기독교인의 과제는 "공산주의와 대결하는 동시에 우익독재나 독점 자본주의와도 대결"하는 것으로 제시되었다. 통일된 나라를 내다보면서 교회가 종래의 반공 일변도의 입장에서 벗어나 자유와 정의의 구현뿐만 아니라 교회 자체의 개혁도 중요하다는 주장은 1970년대에는 더욱 확산되어 갔다. 이상과 같은 논의들은, 북한 공산주의자들과의 대화나 공존은 불가능하며 북진통일을 하든지 무력으로 남한사회를 지키는 것이 더 낫다는

---

45) 김양선(1956), 앞의 글, 130~135쪽 ; 김광수(1981),『한국기독교재건사』, 기독교문사, 187~189쪽.

46) 박순경(1986),『민족통일과 기독교』, 한길사 ; 홍근수(1988),『기독교와 정치』, 한울 ; 한국기독교교회협의회(1988), 한국기독교교회협의회 편, 한국기독교사회문제 연구원, 1988년의「민족의 통일과 평화에 관한 한국기독교회 선언」; 주진오(2001),「한국기독교사 연구에 대한 한국사학계의 이해와 제언」, 175쪽.

전쟁 이후의 전투적 대결논리에서 벗어난 것이라는 점에서 그리고 비판의 화살이 남한사회의 독재체제와 교회 내부의 모순에도 돌려졌다는 점에서 기독교 민족운동의 전환점을 마련해 준 것이었다. 평화적 대결에서 승리하려면 우선 남한사회의 자유와 인권의 보장, 그리고 사회정의가 이루어져야 한다고 보았기 때문에 기독교 사회운동 세력들은 민주화와 인권 수호에 여념이 없었다.

반독재 민주화운동과 함께, 1970년대에는 급속한 경제성장에 따른 사회적 부작용이 점차 심화되어 가면서 교회는 노동자들의 인권과 사회정의에도 관심을 갖기 시작하였다. 1970년 11월의 전태일 분신자살 사건은 노동자뿐만 아니라 지식인과 종교계가 노동운동에 적극 참가하는 계기가 되었다. 이 시기 개신교의 도시산업선교회와 가톨릭 노동청년회가 중심이 된 기독교 노동운동은 근대화와 개발의 굉음에 짓눌려버린 노동자들의 신음 소리 앞에서 인권과 사회정의 같은 개념들을 숙고하기 시작하였다. 경제개발과 민족중흥이 최고의 가치로 선전되고 있을 때 교회가, 인권이나 사회정의가 그것보다 더 우선하는 가치관임을 내세운 것은 당연한 일이었다.

그러나 1970년대 한국교회는 당시의 정치, 경제적 상황을 두고 서로 견해를 달리하는 이원화 현상을 뚜렷이 나타내었다. 이 현상은 신학적으로는 사회구조의 변혁과 개인구원, 진보주의와 보수주의의 형태를 띤다. 한편이 사회정의를 위해 싸우면서 교회의 정치비판을 선교의 과제로 간주했다면, 일부 보수적인 교회 지도자들은 인권보다는 안정과 질서, 정의보다도 경제발전이 대중에게 더 중요하다고 보았고, 따라서 정치와 종교의 분리를 내세우면서도 독재정부와의 협력이나 정부지지를 정상적인 일로 여기고 있었다. 사회문제에 대한 이 같은 태도로 말미암아 1970년대의 보수적 기독교는 독재정권과 공존하거나 침묵을 지켰고, 그래서 교회사가들로부터 하나님의 주권사상을 강조하면서도 그 사상에서 추론할 수 있는 사회와 문화에 대한 관심에 소홀하였다는 비판을 받고 있다.[47]

---

47) 김영재(1992), 『한국교회사』, 개혁주의신행협회, 311쪽.

1979년 10월 대통령 박정희의 살해사건 이후 전두환을 중심으로 하는 "신군부" 세력이 정권을 장악해 나가자 마침내 1980년 5월에는 광주에서 무장한 시민들과 정부군이 교전하는 민중항쟁으로 이어졌다. 기독교와 광주항쟁 관계는 김홍수와 윤선자의 연구에서 잘 드러난다.[48]

1987년은 한국정치사에서 뿐만 아니라 한국교회사에서도 길이 기억되어야 할 해이다. 1960년대에 들어서면서 한국교회의 일부가 정치비판 세력으로 등장한 후 그 비판과 주장의 가장 중요한 목표 가운데 하나는 정치질서의 민주화였다. 1987년 한 해는 이러한 목표를 달성하기 위해 한국교회 대다수가 분연히 일어섰던 해로 특징지을 수 있다. 특히 정부가 "4·13호헌조치"를 발표한 후 6월 민주화투쟁까지 기도회, 성명발표, 시위, 농성 등을 통한 교회의 민주화운동 참여는 크게 늘어났다. 1987년이 한국교회가 민주화운동에 가장 깊숙이 참여한 해였다면, 1988년은 민족통일운동이 두드러진 해였다. 1988년 2월 한국기독교교회협의회 제37차 총회는 "민족의 통일과 평화에 대한 한국기독교회 선언"을 채택하였으며, 그 해 11월에는 남북한 교회 대표들이 스위스에 모여 "한반도의 평화와 통일을 위한 글리온 선언"을 채택하고 1995년을 희년으로 선포하였다. 이 시기의 한국기독교회 선언이나 남북 종교간의 통일대화에 대한 대표적인 연구로는 이만열의 『한국기독교와 민족통일운동』(2001), 김홍수와 류대영의 『북한종교의 새로운 이해』(2002)가 있다.

80년대에 와서는 남한사회의 변혁이 민족통일의 과업과 불가분리의 관계에 있다는 인식과 함께 민주화와 민족통일을 추진하는 주체가 누구냐 하는 문제가 본격적으로 제기되었다. 이 문제가 제기된 것은 분단 이후 통일에 대한 모든 논의를 정부가 독점해 왔고 이를 정략으로 이용해왔던 것에 대한 반발과 관련된 것이었다. 몇몇 신학자들은 통일논의의 민주화를 주장하면서

---

48) 김홍수(1996), 「5월 광주항쟁에 대한 기독교인들의 종교적 반응」, 『한국기독교와 역사』 제5호 ; 윤선자(2001), 「5·18 광주 민주화운동과 종교계의 역할」, 『한국근현대사 연구』 제19집, 겨울호.

민중을 통일운동의 주체로 보았다. 민중을 통일운동의 주체로 파악하는 이러한 관점은 한국교회에서 "민중적 민족주의"가 싹트고 있음을 알리는 것이었으며, 그것은 1980년대 초반부터 남한 기독교의 진보세력 속에 널리 확산되어 갔다. 앞서 언급한 대로 남한사회의 변혁과 통일의 성취가 별개의 것이 아니라는 인식 그리고 통일운동의 주체로서의 민간 또는 민중에 대한 인식의 확산은 1980년대에 진행된 통일 논의의 새로운 차원일 뿐만 아니라 남한교회가 산출해낸 통일 논의의 귀중한 결실이었다. 통일운동의 이러한 변화에 대해, 1980년대 이전시기 남한 종교인들의 투쟁은 "반독재민주화와 인권옹호운동"을 기본으로 하고 조국통일운동은 남북대화가 성사되기를 비는 통일기도회가 고작이었으나 1980년대부터 통일운동이 "자주적 조국통 일운동"으로 전환되었다고 관찰되는가 하면, 사회적으로는 인권운동을 비롯 한 민주화운동을 통해, 민족적으로는 통일운동을 통해 남한교회가 자신의 이미지를 새롭게 했다고 평가받았다.[49]

한국기독교교회협의회와 여기에 가맹한 교회들의 통일에 대한 관심은 마침내 1988년 2월 "민족의 통일과 평화에 대한 한국기독교회 선언"을 산출해 냈다. 교회협의회 제37차 총회에서 선택된 이 선언은, 분단체제 안에서 상대 방에 대하여 증오와 적개심을 품었던 일이 죄악임을 고백하고서, "통일은 민족이나 국가의 공동선과 이익을 실현하는 것일 뿐 아니라 인간의 자유와 존엄성을 최대한 보장하는 것이어야"하며, 통일논의에는 "민족구성원 전체 의 민족적인 참여"가 보장되어야 한다는 기본원칙을 설정하였다.[50] 이 원칙 은 지난 1960년대 이후 남한교회의 진보세력이 주장해 온 통일의 기본원칙을 수용, 집약한 것이었다. 과거의 논의와 다른 것이 있다면 이 선언이 평화체제 의 수립이라는 전제하에서 미군철수와 군비축소를 주장한 점이었다. 이

---

49) 배명희(1996), 「1980년대 새로운 단계에로 발전한 남조선종교인들의 조국통일운 동」, 『력사과학』 제1호, 24쪽 ; 이만열(2001), 『한국기독교와 민족통일운동』, 한국 기독교역사연구소, 352쪽.

50) 한국기독교교회협의회(1988), 「민족의 통일과 평화에 관한 한국기독교회 선언」, 『남북교회의 만남과 평화통일신학』, 한국기독교사회문제연구원, 32~39쪽.

선언은 남한 기독교의 다수 세력이 분단 이후 처음으로 이끌어낸 통일 지향적 민족운동의 결실로 기독교의 민족주의가 반공적 민족주의에서 통일지향적 민족주의로 나아가고 있음을 보여주는 징표였다. 그러나 전도, 즉 "하나님 나라 확장의 선교적 과업"을 교회의 "궁극적인 목적과 염원"으로 이해하는 일부 보수주의 기독교인들과 교회사가들은 이 선언에 대하여 심각한 이의를 제기하였다.[51] 통일문제에서 기독교인들간의 이 같은 대립은 1970년대 이후 두드러지게 나타난 선교론의 양극화 현상에 그 뿌리를 내리고 있지만, 북한사회에 대한 입장 차이에서 비롯되는 대립이기도 하였다.

3) 기독교와 민족의 관계

19세기 후반 이후 한국의 역사 속에서 기독교인들 개개인이 또는 교회가 전개한 민족운동과 그것의 공헌은 저서나 논문의 형태로 누누이 강조되고 당연시되어 왔지만, 기독교와 민족(주의)의 바람직한 관계가 무엇인가에 대한 이론적 성찰은 매우 빈약한 편이다.

한국교회사에서 기독교와 민족(주의)의 관계를 숙고하고 그것을 주요한 연구 과제로 삼은 사람 중의 하나로 교회사가 민경배를 들 수 있다. 그는 한국기독교의 민족교회적 성격을 말하면서 기독교와 민족의 바람직한 관계를 시사하는데, 그 관계는 신앙을 민족 위에 둔 인상을 주는 조선 후기 천주교도 황사영의 울트라몬타니즘(Ultramontanism)으로 전개되어서도 그 반대로 민족을 신앙 위에 두었던 히틀러 치하의 독일적 그리스도인들의 나치즘 형태로 나아가서도 안 된다는 점을 분명히 한다.[52] 그가 배격하는 기독교와 민족주의간의 관계는 그것이 역사 속에서 구체화될 때, 전자는 종교국가의 형태로 후자는 국가종교의 형태로 나타났으며, 그것들은 헌법에서 종교와 정치의 분리를 명시함으로써 세속국가를 추구하고 있는 우리로서는 여전히

---

51) 김명혁(1989), 「통일운동과 개신교 입장에 대한 역사적 고찰」, 한국종교사회연구소 편, 『1945년 이후 한국종교의 성찰과 전망』, 민족문화사, 248~251쪽.
52) 민경배(1982), 『한국기독교회사』(개정판), 대한기독교출판사, 25 · 77쪽.

경계해야 할 관계들이다.53)

신앙을 민족이나 국가 위에 두려는 관점은 종종 일부 기독교인들 가운데서 그리고 기독교에서 파생된 일부 신종파 등에서 선호되고 있지만, 과거 독일과 일본에서와 같은 침략·배타적인, 기독교와 민족주의의 결합 형태는 단호히 거부되고 있다. 한국사가 이만열에 의하면, 분명히 과거의 저 민족(지상)주의는 거부되어야 할 이념이지만, 그 민족주의의 실체인 민족은 거부될 수 없다. 왜냐하면 기독교 신앙은 민족을 초월한 보편적 이념에 입각한 것이지만, 기독교인에게는 하나님이 주신 민족의 범주 안에서 살도록 하였기 때문이다. 그는 자신의 기독교적 민족관을 피력하면서 신약성서의 다음 말씀에서 그 근거를 찾는다. "그 분은 인류의 모든 족속을 한 혈통으로 만드셔서, 온 땅 위에 살게 하시며, 그들이 사는 시대와 거주의 경계를 정하셨습니다. 이렇게 하신 것은, 사람으로 하여금 하나님을 찾게 하시려는 것입니다"(사도행전 17 : 26~27). 민족이 하나님의 창조의 산물이라면, 하나님 이 부여한 자질과 개성을 살려야 하는데, "창조의 질서 속에서 부여받은 그 개성을 계속 살려 나가려면, 민족적 개성을 말살하려는 침략세력에 대항해야 할 뿐만 아니라 약소민족을 자기민족에게 동화시키려는 세계의 강대민족(국가)의 질서에 대하여 굴종할 수 없는 것이다" 민족적 개성에는 민족문화가 포함되며, 하나님은 각 민족에게 그 민족이 개성을 따라 풍부하고도 질 좋은 삶을 영위하도록 문화적 은사를 주었다. 민족과 민족문화를 하나님의 은총으로 이해할 수 있다면, 그리고 그것들이 궁극적으로는 하나님을 영화롭게 하는 데 있다면, 결국 기독교와 민족주의는 서로 이해하고 공존할 수 있다는 것이 이 교수의 입장이다.54)

민경배 교수나 이만열 교수가 말하는 기독교 민족주의의 성립 가능성과 그것이 나아가야 할 방향은 대체로 한국교회의 입장을 대변한다고 볼 수

---

53) 서정민은 한국교회사에서 기독교와 민족의 관계를 국가적응 신앙유형(정하상형)과 국가배타 신앙유형(황사영형)으로 분류한다. 서정민(2000), 『일본기독교의 한국인식』, 한울아카데미, 61~63쪽.

54) 이만열(1991), 『한국기독교와 민족의식』, 3~7쪽.

있지만, 민중이 배제된 민족주의의 위험성을 지적하는 목소리도 있어 왔다. 이미 1975년 신학자 안병무는 우리 역사에서 민족은 있어도 민중은 없었다면서, "정말 실재하는 것은 민중이고 민족이란 대외관계에서 형성되는 상대적 개념인데 언제나 내세운 것은 민족이었고 민족을 형성한 민중은 계속 민족을 위한다는 이름 밑에 수탈상태에 방치되어 왔다"고 주장하였다. 안병무에 의하면, 해방후의 한국교회의 안중에도 민족은 있어도 민중은 없었다면서 이승만 정권하의 교회를 그 예로 든다. 당시 교회는 "이승만 정권이 민중을 짓밟은 것을 볼 눈이 없고 단지 그가 내세운 민족이라는 구호에 현혹되어 그 정권에 무조건 아부하고 민족이라는 구호 밑에 깔린 민중의 신음소리에 귀를 기울이려고 하지 않았다"[55] 그가 주장하는 것은 외세의 저항에 맞서기 위해 민족통합을 강조하다가 고난받는 민중을 은연중에 무시하기 쉬운 형태의 민족주의가 아니라 민중의 고난을 배제하지 않는 민족주의이다.[56]

기독교 민족주의를 말하는 이들은 기독교와 민족주의의 상호 연관을 긍정적으로 보면서 몇몇 조건과 제한을 말하기는 하지만, 민중이 배제된 민족주의의 위험성을 지적하지는 않았다. 민중을 염두에 두지 않고 교회와 민족(국가)을 관련시킬 때, 교회는 민중이나 소수파의 신음소리를 듣지 못한 채 국가의 지배 권력과 유착하게 된다는 것은 역사의 교훈이다.

이 점과 관련하여, 오랫동안 민족과 기독교 관계를 숙고해 온 박순경 박사는 기독교 민족주의의 진로를 제시한다. 그에 따르면, 교회의 과제는

---

55) 안병무(1982), 「민족·민중·교회」, 『민중과 한국신학』, NCC신학위원회 편, 한국신학연구소, 19~26쪽.

56) 민족의 통합을 강조함으로써 민중을 배제하게 되는 지배자 중심의 민족주의는 민족교회의 형성 과정을 서술하는 한국교회사에서도 그 모습이 발견된다. 민경배 교수는 민중적 민족주의에 근거한 교회사 서술에 대한 반응에서 일제 식민지하의 민중들이 부르주아의 착취 아래 놓여있었다는 것을 인정한다. 그러나 민중이란 상층집단을 전제하기 때문에 역사 서술에서 그 개념의 도입은 민족을 양분시킬 수밖에 없으며, 그것은 결국 일제의 포악에 대한 저항을 약화시킬 뿐만 아니라 내부 분열까지도 초래한다고 주장한다. 이러한 견해는 민족교회론을 말하는 역사가들이 식민지라는 특수한 상황을 얼마나 많이 염두에 두고 있는지를 보여준다. 민경배(1986), 「제2세기의 한국교회사학」, 『기독교사상』 6월호, 54쪽.

하나님의 궁극적 종말적 구원을 세계에 선포하고 증거하는 행위이며 그 종말적 구원은 역사의 변혁 없이는 도래하지 않는다. 교회가 종말적 새 나라를 역사 밖의 추상적 하늘나라로 상상하고 선포한다면 그 나라는 역사변혁의 동력을 상실하게 되고, 교회는 주어져 있는 기존체제와 동화되어 그 체제 이데올로기로 둔갑한다. 여기서 벗어나려면 교회는 새 나라, 새 인간의 도래를 역사의 최전방에서 선포하면서 동시에 역사의 변혁운동에 참여해야 한다. 이런 자세로 교회는 식민주의와 같은 불의한 정치적 지배 세력들, 약소민족을 침탈하고 노동을 착취하는 수단으로서의 경제구조를 비판·변혁해야 하고 또 민족교회로서 조국통일의 과제에 동참해야 한다. 분단의 극복과 통일운동에 참여하지 않고는 교회는 민족의 교회일 수 없다. 하나의 특수 과제로서 조국·민족통일을 역설하는 점에서 보면 그가 제시하는 민족주의는 무엇보다도 '통일 지향적인 민족주의'이다. 그런데 역사 변혁의 동력은 정치 경제적으로 억압당하는 민족·민중에 의해서 대표될 수밖에 없음으로 교회는 역사의 밑바닥에서, 즉 민족과 민중에 의해서 제기되는 변혁의 소리를 듣고 이 변혁 과정에 동참해야 한다.[57] 이 말은 오늘날 우리가 민족교회론을 즐겨 이야기하지만, 교회가 민중적 교회가 되지 않는다면 우리 교회도 지배권력과의 유착관계에서 벗어나기 어렵다는 점을 상기시켜 준다.

4. 결론

이 글은 먼저 지난 세기 한국교회사 연구를 주도해왔던 백낙준, 민경배, 그리고 한국기독교역사연구소의 연구방법을 살펴보았다. 여기서 발견한 것은 새로운 자료가 발견되고 그 자료를 해석하는 새로운 관점이 등장함에 따라 역사서술의 새로운 방식이 나타났다는 점이다. 제2차 대전 이후 제국주의 국가들로부터 해방과 민족적 자각은 피선교지의 교회사가들로 하여금

---

57) 박순경(1992), 『통일신학의 여정』, 한울에 실린 「통일신학-조국통일과 하나님 나라」에 그의 입장이 잘 나타나 있다.

기독교를 전달해주는 자들을 중심으로 한 연구로부터 한국교회를 주체로 삼는 교회사 연구로 방향과 관점을 전환하도록 해주었는데, 한국교회사의 경우도 마찬가지라고 할 수 있다. 한국기독교역사연구소를 통한 한국사가들의 교회사 연구활동은 교회사 서술의 실증적인 면을 강화시켜 주었다.

한국교회사 연구의 가장 큰 쟁점으로 대두된 기독교 민족운동에 대해서는 연구가 많이 이루어졌다. 교회사가들이 기독교 민족운동의 구형과 전개과정을 강조하려 한다면 일부 비판자들은 기독교 민족운동의 소극적 또는 부정적인 면을 부각시켜 왔다. 이 주제에 비하면 기독교민족운동의 가장 큰 과제인 분단 극복과 통일 노력에 대해서는 연구가 거의 없는 셈이다.

| 참고문헌 |

강돈구(1992), 『한국근대종교와 민족주의』, 집문사.

김명혁(1989), 「통일운동과 개신교 입장에 대한 역사적 고찰」, 한국종교사회연구소편, 『1945년 이후 한국종교의 성찰과 전망』, 민족문화사.

김성례 외(1999), 『한국종교문화 100년』, 청년사.

김양선(1956), 『한국기독교 해방 십년사』, 대한예수교장로회총회 종교교육부.

김영재(1992), 『한국교회사』, 개혁주의신행협회.

김흥수(1989), 「교회사 서술방법의 새로운 시각」, 『한국기독교사연구』 제24호.

김흥수(1996), 「5월 광주항쟁에 대한 기독교인들의 종교적 반응」, 『한국기독교와 역사』 제5호, 한국기독교역사연구소편, 기독교문사.

김흥수(1999), 『한국전쟁과 기복신앙 확산연구』, 한국기독교역사연구소.

김흥수(2001), 「한국전쟁과 세계교회협의회, 1950~1953」, 『한국기독교와 역사』 제14호, 한국기독교역사연구소, 기독교문사.

노치준(1995), 『일제하 한국기독교민족운동연구』, 한국기독교역사연구소.

동아일보사편(1969), 『3·1운동 50주년 기념논집』, 동아일보사.

민경배(1973), 『한국기독교회사-한국민족교회형성 과정사』(증보판), 대한기독교서회.

민경배(1981), 『교회와 민족』, 대한기독교출판사.

민경배(1982), 『한국기독교회사』(개정판), 대한기독교출판사.

민경배(1983), 「한국의 기독교와 그 민족교회의 성립」, 『한국의 근대화와 기독교』, 숭전대학교출판부.

민경배(1983), 「한국기독교와 농촌사회운동」, 『동방학지』 38호, 연세대학교 동방학연구소.

민경배(1986), 「제2세기의 한국교회사학」, 『기독교사상』 6월호, 대한기독교서회.

민경배(1990), 「용재 백낙준과 한국교회사학」, 『한국교회사학회지』 제4호.

박대인(1985), 「한국교회사의 새로운 역사편찬을 위한 제언」, 『동방학지』 46·47·48 합본, 연세대학교 동방학연구소.

박순경(1986), 『민족통일과 기독교』, 한길사.

박순경(1992), 「통일신학-조국통일과 하나님 나라」, 『통일신학의 여정』, 한울.

박용규(2002), 「한국교회사 이해와 연구방법론」, 『신학지남』 270호, 신학지남사.

박정신(2001), 「백낙준과 김양선의 한국기독교사 인식-이른바 선교사관과 수용사관의 꼴과 결」, 『열린보수주의』, 한국개혁신학회 논문집 제10권.

배명희(1996), 「1980년대 새로운 단계에로 발전한 남조선종교인들의 조국통일운동」, 『력사과학』 제1호.

백낙준(1973), 『한국개신교사』, 연세대학교 출판부.

서남동(1983), 『민중신학의 탐구』, 한길사.

서중석(1989), 『한국근현대의 민족문제연구』, 지식산업사.

서정민(2000), 『일본기독교의한국인식』, 한울아카데미.

손규태(1987), 「한국 민족교회사 서술의 제문제」, 『신학사상』 겨울호, 한국신학연구소.

신기영(1995), 『한국기독교의 민족주의 1885~1945』, 도서출판 동혁.

이덕주(2000), 「한국교회사 입장에서 본 한국신학사상사 서술문제」, 『한국 기독교와 역사』 제12호, 한국기독교역사연구소, 기독교문사.

안병무(1982), 『민족·민중·교회, 민중과 한국신학』, NCC신학위원회 편, 한국신학 연구소.

윤경로(1990), 『105인 사건과 신민회연구』, 일지사

윤선자(2001), 「5·18 광주민주화운동과 종교개혁의 역할」, 『한국근현대사 연구』 제19 집, 겨울호.

이만열(1991), 『한국기독교와 민족의식』, 지식산업사.

이만열(2001), 『한국기독교와 민족통일운동』, 한국기독교역사연구소.

이만열(2002), 「한국기독교사 연구의 어제와 오늘」, 『한국기독교와 역사』 12호, 한국기독 교역사연구소, 기독교문사.

이상규(2000), 「한국교회사 연구의 반성」, 『성경과 신학』 28권, 한국신학연구소.

이찬수(1999), 「한국그리스도교연구」, 『한국종교문화 100년』, 청년사.

장규식(2001), 『일제하 기독교민족주의 연구』, 혜안.

주진오(2001), 「한국기독교사연구에 대한 한국사학계의 이해와 제언」, 『한국기독교와 역사』 15집, 한국기독교역사연구소 편, 기독교문사.

한규무(2000), 「한국기독교민족운동사 연구의 현황과 과제」, 『한국기독교와 역사』 제12 호, 한국기독교역사연구소 편, 기독교문사.

한국기독교사연구회(1990), 『한국기독교의 역사』, 한국기독교사 연구회, 기독교문사.

한국기독교교회협의회(1988), 「민족의 통일과 평화에 관한 한국기독교회 선언」, 한국기
　　독교회 협의회편, 한국기독교사회문제연구원.
한국기독교교회협의회(1988), 『남북교회의 만남과 평화통일신학』, 한국기독교교회협의
　　회 편, 한국기독교사회문제연구원.
홍근수(1988), 『기독교와 정치』, 한울.
홍이섭(1981), 『한국사의 방법』, 탐구당.

Latourette, Kenneth Scott, "Foreword", *The History of Protestant Missions in Korea
　　1832-1910 I.*
Latourette, Kenneth Scott, "The Study of The History of Missions", *The International
　　Review of Missions, Vol. 14*, 1925.
Latourette, Kenneth Scott, "Colonialism and Mission : Progressive Separation", in *Reading
　　of Church and State*, ed. James E Wood, Waco, Texas : J. M. dawson Institute
　　of Church-State Studies, 1989.
Powles,Cyril H., "Christianity in the Third World: How do we study its history?", *Studies
　　in Religion, Vol. 13*, No.2, 1984.
Paik, L. George, *The History of Protestant Missions in Korea 1832-1910*, Pyengyang :
　　Union Christian College Press, 1929.
Russell, Horace O., "The Rewriting of Church History in the Third World", *Review
　　and Expositor*(Spring 1985).

한국 기독교교육학 연구사

오인탁

1. 들어가는 말

100년을 긴 세월이라고 한다면, 한국에서 기독교교육이 시작된 역사는 길다. 1885년에 언더우드와 아펜젤러가 한국에 들어오면서 시작된 선교와 교육은 1888년 스크렌톤과 아펜젤러에 의한 여성과 남성 주일학교의 시작, 1905년 장·감 선교사들이 공동으로 "재한복음주의 신교선교사통합공의회" 조직 안에 설치한 "주일학교 위원회"와 이 위원회가 발행한 통일공과 "주일학교 공부",[1] 1912년 "한국주일학교실행회" 결성 및 만국통일공과 발행,[2] 1912년 "조선선교연합교육부" 설치, 1918년 "남감리교회 한국연회 주일학교국" 설치, 1922년 제1회 전국 주일학교 대회 개최, 1912년 "조선 예수교장로회 총회 교육부" 설치, 1922년 "조선 주일학교연합회" 조직, 1926년 "조선 예수교 종교교육연구회" 창설, 1930년 "감리교회 총리원 교육국" 설치, 등으로 활발하게 전개되었다. 그리하여 이미 1913년에 조선선교연합교육부는『예수교 내학교과정급 교과용 도서일람표』를, 1925년에 조선주일학교 연합회는『모범덕 생활니야기』를, 조선예수교장로회 총회교육부는 1926년에『주일학교 조직』과 1936년에『하기성경학교 교과서』를, 1932년에 기독교조선감리회

---

1) 엄요섭(1959),『한국 기독교교육사 소고』, 대한기독교교육협회, 8쪽.
2) 이재훈(1986),「한국초기 장로교회 교회교육에 관한 연구-1886년~1939년간의 장로교회 주일학교 교육을 중심으로-」, 연세대학교 교육대학원 석사학위논문, 56쪽.

총리원 교육국은 『주일학교 예배 지도방법』을 출판하고 있다.

이렇게 조직된 교회교육단체들은 열심히 모여서 회의하고 그 기록을 남겼으며 크고 작은 교육활동을 벌였다. 예를 들면, 1924년 조선예수교장로회 총회는 주일학교 교사 양성반을 개설하고 72시간의 교사교육과정을 개설하고 이수한 사람에게 교사자격증을 수여하였다.3) 그리고 한국 남감리교연회 주일학교부는 1925년에 무려 14일간에 걸친 주일학교 교사수양회를 개최하였다.4) 1926년에 조선주일학교연합회는 「조선주일학교연합회 제5회 회록」을 남겼으며, 1934년에 조선기독교교육연맹은 '조선기독교교육연맹사무소'의 이름으로 「조선기독교교육연맹총회 회의록」을 출판하고 있다.

그러나 이러한 교육활동은 한국에서 기독교가 열정적인 교육선교를 통하여 전파되었음을 증명하기는 하나, 기독교교육이 학문으로 연구되고 교수되며 실천되었다는 역사로 보긴 어렵다. 기독교교육이 학문으로 연구되고 교수되기 위하여선 다음과 같은 내적 전제조건들과 외적 전제조건들이 갖추어져야 한다. 내적 전제조건이란 기독교교육학이 하나의 독자적인 학문으로 탄생하고 성장할 수 있는 조건들을 말한다. 기독교교육학이 독자적 학문영역으로 인정받을 수 있으려면, 첫째로 기독교교육학은 신학이나 정치학이나 심리학 같은 인접과학들이 연구의 대상으로 삼고 있지 않은, 기독교교육학만이 연구의 대상으로 삼고 있는 고유한 대상을 갖고 있어야 한다. 둘째로, 기독교교육학은 이 연구의 대상을 연구하고 이론적으로 정립하는 논리와 방법을 갖고 있어야 한다. 일반적으로 논리와 방법은 인문과학과 사회과학들이 폭넓게 공유하고 있으며, 방법론적 다수주의의 입장을 취하고 있다. 그리고 셋째로, 기독교교육학은 연구의 대상을 학문연구의 논리와 방법으로 연구한 결과로 획득한 이론을 가지고 있어야 하며, 이 이론이 인접과학들에 의하여 또 하나의 고유하고 독자적인 학문으로 인정받아야 한다. 이러한

---

3) 조선예수교장로회총회편(1928), 『조선예수교장로회 사기』 하, 조선예수교장로회 총회, 18쪽.
4) 장종철(1999), 「한국 감리교회의 기독교교육사」, 『한국 교단의 기독교교육사』, 56쪽 이하.

조건들이 갖추어져 가는 과정에서 기독교교육학은 고유한 교육의 장소, 과학적 인식의 방법, 이론과 실천의 원리와 내용을 소유하게 되며, 인접과학들 및 삶의 현상들과 상대적 자율의 관계를 구축하게 된다.

이러한 내적 전제조건이 그러나 외적 전제조건들에 의하여 뒷받침됨으로써 비로소 기독교교육학은 하나의 독자적 학문으로 존재할 수 있게 된다. 외적 전제조건은 기독교교육학을 연구하고 교수할 수 있는 학제적 조건을 말한다. 이는 다음과 같다. 첫째로, 기독교교육학만을 연구하고 교수하기 위한 교수자리가 대학에 마련되어야 한다. 둘째로, 기독교교육학을 전공하기 위한 독립된 학과가 설립되어야 한다. 그리고 셋째로, 기독교교육학을 연구하는 목적을 가진 연구소가 대학교 내에 설립되어야 한다. 기독교교육학과가 없는 대학교도 신학대학원에서 보듯이, 기독교교육학만을 전담하는 전임교수를 둘 수 있다. 그러나 전공학과와 연구소가 갖추어짐으로써 기독교교육학은 학자에 의하여 연구·교수될 뿐 아니라, 학생들이 교회교육현장의 기독교교육전문가, 미래의 기독교교육학자로 성장할 수 있다. 그 결과 기독교교육학은 비로소 하나의 독립과학으로 온전히 서게 되었다고 하겠다.

이렇게 볼 때에, 한국에서 기독교교육학이 하나의 독립된 학문으로 탄생하고 연구·교수되기 시작한 연대는 1960년이다. 이 해에 한국에서 최초로 숭실대학교는 기독교교육학과를 독립된 전공학과로 설립하였다. 그리고 1960년을 전후하여 반피득, 이성화, 주선애, 문동환, 김형태, 김득룡, 김득렬, 장윤철, 정의숙 같은 학자들이 미국에서 석사 또는 박사학위를 받고 귀국하였으며, 반피득, 이성화, 김득렬, 김형태는 연세대에서, 주선애와 장윤철은 숭실대에서, 문동환은 한신대에서, 김득룡은 총신대, 정의숙은 이화여대 등에서 기독교교육학을 강의하기 시작하였다. 이들이 1961년도에 "한국기독교교육학회"를 설립하였다.[5) 위에서 언급한 학자들 가운데 누가 최초로 한국에서 기독교교육학만을 담당하는 전임교수로 채용되었는지 아직 밝혀

---

5) 오인탁(2001), 「한국기독교교육학회 약사」, 『한국 기독교학회 30년사』, 한국기독교학회, 265쪽.

지지 않았다.

　기독교교육연구소도 1960년대 초부터 꾸준히 대학에 부설되기 시작하였다. 1962년에 문동환이 한신대학에 "기독교교육문제연구소"를 한국에서 처음으로 설립하였으며, 1969년에 은준관이 감신대학에 "기독교교육연구소"를, 1978년에 주선애가 장신대에 "기독교교육연구원"을, 1988년에 총신대가 "기독교교육연구소"를 설립하였다. 2001년 현재 한국에 있는 모든 주요 신학대학교가 기독교교육학과와 기독교교육연구소를 두고 있다. 연구소 가운데선 장신, 감신, 한신, 총신이 비교적 활발한 연구활동을 벌이고 있다. 장신대의 기독교교육연구원은 월간지『교육교회』의 발행, 정기적 정책간담회를 비롯한 총회교육부와의 협력사업추진, 다양한 강습회와 학술발표회의 개최, 학부 학생들의 기독교교육실습지도 및 지원 등으로 가장 활발한 기독교교육연구소로 기능하고 있다. 그러나 총신대의 기독교교육연구소도 늦게 출발하였으나 1988년부터 2000년까지 해마다 학술 심포지움을 개최하고 있으며 비정기 학술지『기독교교육연구』를 발행하고 다양한 기독교교육 워크숍을 개최하는 등 활발하게 활동하고있다.

　기독교교육학과의 설립물결은 그러나 숭실대학에서 기독교교육학과가 1960년도에 설립된 후에도 상당한 세월을 더 기다린 후에야 왔다. 한국의 주요 교단신학교는 이미 1960년대 초에 신학과 안에 기독교교육전공과정을 두었으나, 전공학과로 독립시키는 작업은 1970년대로 들어와서 이루어지기 시작하였다. 그리하여 1965년에 장로회신학대학교에,6) 1973년에 총신대학

---

6) 장신대는 1965년에 기독교교육학과를 독립학과로 개설하고, 교수를 채용하고, 학생을 모집하였다. 필자도 1977년에 장신대 기독교교육학과 교수로 부임하였다. 그러나 교육부로부터 1980년에야 비로소 서류상 독립학과로 인가받았다. 이 글에서는 실제적으로 독립학과의 편제가 시작된 해를 수용하였다. 다음과 같은 세 가지 경우들, 신학과 안에서 기독교교육학 전공으로 학생을 선발하였을 경우, 학제상 기독교교육학과가 독립학과로 편성되어 있으나 교육부로부터 전공인가만 받았을 경우, 그리고 교육부로부터 독립된 전공학과로 인가받은 경우, 이 가운데서 두 번째 경우를 수용하였다. 두 번째 경우에 실제적으로 학부와 대학원에서 기독교교육학과는 독립학과로서의 기능을 갖고 있었으며, 학생의 모집, 교수의 채용, 학부와 대학원에서 학위의 수여를 기독교교육학과의 이름으로 하였다.

교에, 1977년에 고신대학교에, 1978년에 서울신학대학교와 침례교신학대학교에, 1980년에 감리교신학대학교에, 1982년에 한신대학교에 기독교교육학과가 설립되었다.[7] 이러한 전개과정을 개관해보면, 한국에서 기독교교육학이 본격적으로 연구·교수되기 시작한 시점은 1960년, 연구와 교수의 기능을 활발하게 전개할 수 있는 내외적 조건을 갖춘 시점은 1980년이라고 할 수 있다.

이상의 간략한 논의로부터 나는 한국에서 기독교교육학의 학문적 전개과정을 전학문기(1885~1960), 형성기(1960~1980), 발전기(1980~2000)로 정리할 수 있다고 본다. 학사적 정리는 시간의 흐름과 더불어 다시 정리되고 또 새롭게 진단되어져서, 적어도 100년의 역사가 축적된 후에야 어느 정도로 간주관적으로 수용 가능한 학사적 시대구분의 정리가 이루어질 것이다.

한국 기독교교육학의 역사를 전학문기, 형성기, 발전기로 정리한 이유는 아래와 같다. 한국에서 기독교교육은 선교와 더불어 시작되어 일제의 식민통치 아래서 활발하게 전개되었으며, 해방과 분단 그리고 한국전쟁의 소용돌이 속에서 끈질기게 계속되었다. 이렇게 교회주일학교를 중심으로 활발한 기독교교육을 전개하여, 기독교교육학의 도입과 전공학과의 설립이라는 열매를 맺기까지의 기간은 한국 기독교교육의 전학문기(1885~1960)에 해당한다. 1960년부터 시작된 전공학과와 연구소의 설립, 학회의 창립과 성장, 대학원 석사 및 박사과정의 개설, 교단의 교육부·교육국과 대학의 기독교교육연구소·연구원 그리고 기독교교육학회 간의 크고 작은 공동연구 및 교육활동의 전개 등이 1970년대에 활발하게 이루어졌다. 이 기간을 우리는 기독교교육학의 형성기(1960~1980)로 볼 수 있다. 그 후에 오늘에 이르기까지 기독교교육학은 지속적으로 발전하여 왔다. 1970년도까지 해마다 5편을 넘지 않던 기독교교육학 영역의 학술논문이 1970년대로 접어들면서 해마다 15편에서 20편으로 늘어났으며, 1990년대로 접어들어선 해마다 30편을 넘어서고 있

---

7) 감신대와 한신대도 장신대처럼 학제상 기독교교육학과는 이미 1960년대 말에 독립학과로 운영되었으나, 교육부의 인가는 1980년대로 접어들어서 이루어졌다.

236

다.8) 단행본의 출판도 1970년대까지 연평균 10권을 넘지 못하던 것이 1980년대에는 15권 내외가, 1990년대에는 30권 내외가 되었으며, 2000년도에는 51권으로 크게 증가하였다. 학위논문의 수도 1980년대로 접어들면서 해마다 지속적으로 증가하였다. 그리하여 1980년도에 32편, 85년도에 46편, 1990년도에 82편, 1992년도에 101편, 1993년도에 234편으로 폭증하고 있다. 이상을 종합해 볼 때에 한국 기독교교육학은 연구·교수·양성·출판의 모든 영역에서 형성의 단계에서 발전의 단계로 접어들었다고 보고, 이 시기를 기독교교육학의 발전기(1980~2000)로 구분하였다.

역사적 발전단계의 구분이란, 언제나 그러하듯이, 엄격하고 치밀한 조사와 분석을 통하여 설정한다고 하더라도, 객관적일 수는 없고, 연구자의 주관에 의한 설정일 수밖에 없다. 따라서 동료 학자들의 간주관적 뒷받침을 통하여 비로소 학사적으로 의미있는 구분이 될 수 있다. 앞에서 시도한 필자의 구분도 한국에서 기독교교육학이 실천과 이론으로 흘러온 물결을 넓게 읽고 크게 나누어 본 결과이므로, 다만 개연적이고 발견적인 의미를 가지고 있을 뿐이다.

2001년 현재 한국에는 기독교교육과, 기독교교육학과, 기독교학과, 기독교학부 등의 명칭으로 전공학과가 23개 대학에 설치되어 있고, 120여 명의 학자가 한국기독교교육학회의 회원으로 활동하고 있다. 학회의 연륜도 40년이 되었다. 40이면 不惑이라 했으니, 이제 우리의 기독교교육학은 독일이나 미국이 기침을 한다고 해서 감기에 걸리거나 폐병을 앓는 시대를 서서히 넘어서고 있다. 오히려 그곳에서 전개되고 있는 학문적 경향과 연구결과들을 주관을 가지고 비판적으로 읽고 수용하여 우리의 이론으로 새롭게 재구성하는 시대로 접어들고 있다. 학회가 현재 추진하고 있는 "기독교교육학 기본교재총서"와 "기독교교육학 전문도서 시리즈"는 이러한 의미에서 한국의 기독교교육학의 연구현황과 학문성을 종합적으로 점검하고 재구성하는 작업이

---

8) 권태인(2001), 「한국 기독교교육학의 학사적 서지학적 고찰, 1945~2000」, 연세대학교대학원 석사학위논문, 90쪽 참조.

라고 하겠다. 이러한 의미에서 2001년부터 앞으로 전개될 우리의 기독교교육학의 역사를 어떤 시기로 정리하고 규정할 수 있겠는지를 한국의 기독교교육학도 모두가 지켜보며 숙고하였으면 좋겠다.

학위논문을 비롯하여 단행본과 학술논문의 양이 엄청나서, 한국에서 지나간 40년간 이루어진 기독교교육학의 연구현황에 대한 역사적 지도를 그리는 일은 결코 용이하지 않다. 그래서 이 글에서는 주로 연구의 경향을 살피고, 학위논문의 양적 성장을 분석하고, 학계의 중진 학자들의 연구관심과 업적을 확인해보며, 국내에 소개된 서양학자들을 점검하는 형식을 취하려고 한다. 이러한 접근 가운데서 학위논문도 함께 소개하려고 한다.

2. 기독교교육학의 전학문기 1885~1960

해방 이전에도 기독교교육의 영역에 속하는 문헌들이 상당히 있었다. 아래에 제시한 일별할 의미가 있는 문헌들의 예에서 보듯이, 1920년대까지는 Hamil, Moffet, Baird 같은 한국교회 초기의 대표적 선교사들이 펴낸 교사양성, 신입교인지도, 성경공부에 관한 기초적 교재들처럼, 주로 선교사에 의하여 당시에 주일학교 교육에 꼭 필요한 초보적 책들이 소개되었다. 이와 함께 강운림(1927)의 『기독교 종교와 교육』과 Luther A. Weigle, 최상현 역(1923)의 『교사와 학생』 같은 전문성을 띤 책도 출판되었다.

H. Hamil(1909), 『교사량성주일학당 교과서』; 조선선교연합교육부(1913), 『예수교 내학교 과정급 교과용 도서일람표』; S. A. Moffett(1913), 『원입교인규도』; W. M. Baird(1917), 『성경연구요목』; J. G. Holdcroft 저, 허대전 역(1921), 『쥬일학교 션생 양성공과』; 남궁혁 편역(1922), 『유년주일학교 교수법』; 강운림(1927), 『기독교 종교와 교육』; Luther A. Weigle 저, 최상현 역(1923), 『교사와 학생』.

그러나 1930년대로 접어들어서면서 기독교교육 분야의 단행본 출판은

238

좀더 다양해진다. 이 시기에 William Clayon Bower 저, 유형기 역(1932)의 『현대사회와 종교교육』, Wilfred Evans Powell 저, 이재완 역(1936), 『주일학교 학생심리』 등과 같은 초보적 수준이기는 하나 비교적 전문성을 띤 책의 번역·출판과 함께 다음과 같은 한국인 기독교교육전문가에 의한 저서가 나타나기 시작하였다. 종교교육협회 편(1930), 『장년부 조직과 관리』; 김준옥(1932), 『주일학교 조직과 관리』; 김준옥(1932), 『주일학교 예배지도방법』; 김준옥(1935), 『주일학교 교수원칙』; 배덕영(1938), 『주일학교 청년사업지침』; 배덕영(1939), 『주일학교 교수법』 등.9) 그리고 주일학교 교재도 이미 1911년에 주일학교위원회가 『세계통일공과』를 출판한 것을 시작으로, 1919년에 『계단공과』를 출판하였으며, 1940년에는 조선기독교서회가 『만국통일주일공과』를 출판하였다. 이렇게 한국에서 공과교육은 교회주일학교의 시작과 맥을 함께 하고 있다. 한국에 복음이 들어오고 교회가 설립된 후부터 일제의 식민통치로부터 해방된 1945년까지 한국교회의 기독교교육은 감리교에 의하여 주도되었다. 이 시기에 출판된 서적들은 교수법, 조직과 관리, 예배지도방법, 교사양성, 원입교인지도, 교안작성, 예화와 동화 등, 주일학교의 교육을 위한 지극히 기초적이고 실용적인 내용을 다룬 것들이었다. 그러나 이러한 기초와 실용을 다진 책들은 이 땅에 교회의 기독교교육이 건실하게 뿌리내리고 오늘날의 큰 나무로 성장하는 밑거름이 되었다.

해방 후에는 군정기와 새로운 정부의 수립이라는 복잡한 시대를 거쳐서 사회가 정치적 안정을 찾을 틈도 없이 한국전쟁의 소용돌이 속으로 빠져들었다. 그리하여 교회주일학교 교육에 관한 서적의 출판도 휴전과 더불어 1953년도부터 새로 시작되었다. 비록 경제적으로는 대단히 어려운 시기였으나,

---

9) 장종철(1999), 「한국 감리교회의 기독교교육사」, 「한국 교단의 기독교교육사」, 한국기독교교육학회, 59쪽 이하(김준옥은 1930년에 설립된 감리교 총리원교육국의 초대 국장으로, "양보다 질을 위주로 하자"와 "표준적 주일학교를 만들자"는 두 표어 아래, 종교지식과 종교감정과 종교의지를 3대 교육강령으로 세우고, 주일학교의 확장과 내용강화, 각부 공과편찬, 교사양성, 청년 신앙지도를 중요한 교육활동 지침으로 내걸고, 교회주일학교교육의 기초를 다졌던 인물이다).

정치적으로는 정쟁의 폭풍들을 제외하곤 비교적 안정되어 있었던 1960년도까지 출판된 단행본들 가운데서 의미있는 것들로 다음과 같은 책들이 있다.

　　포운 H. 버어드저, 신재원 역(1953),『교회학교 교수법』; M. G 마틴 저, 송홍국·로안리 공역(1953),『유년부 교육』; 곽안련(1954),『주일학교 교수법』; 곽안련(1954),『주일학교 조직』; Harner, Navine 저, 김정준 역(1954),『청년과 신앙』; 김주병(1954),『교회청년운동지침』; 채필근(1954),『아동과 기독교』; 곽안련(1955),『예수교 종교교육심리학』; 기독교감리원 교육국(1956),『기독교지도자 강습교본』; Ermelinda Quiambao 저, 기독교서회 편역(1956),『가정생활과 어린이 교육』; Mary Grace Martin 저, 대한기독교교육협회 편역(1956),『유년부 교육』; 대한기독교교육협회 편(1956),『아동의 종교적 성장』; 송홍국(1956),『현대기독교교육의 동향』; 대한기독교교육협회 편(1957),『그리스도와 기독교교육』; 대한기독교교육협회 편(1957),『소창교본』; D. R. Wychof 저, 전택부 역(1957),『현대 기독교 교육론』; A. 빅토머리 저, 이호운 역(1957),『기독교 교육원리』; Lucile Desjardins 저, 양홍모 역(1957),『중등부 교육』; 대한기독교교육협회 편(1957),『그리스도와 기독교교육』; Elizabeth Gardner 저, 고영춘 역(1958),『유치부 교육』; 김주병(1958),『기독교교육 입문』; 김주병(1958),『청년운동지침』; 김건호(1959),『신약성경 문답서』; Florence Nortor 저, 마경일 역(1959),『초등부 교육』; 엘렌 G. 화잇 저, 김이열 역(1960),『교육』; 김주병(1960),『감리교청년운동지침』; 김주병(1960),『장년운동지침』; J. D. Smart 저, 장윤철 역(1960·1998),『교회의 교육적 사명』.

　　이상의 문헌들을 살펴보면 당시에 뜻 있는 신학자와 교역자라면 누구나 기독교교육에 관심을 갖고 있었으며, 번역과 저술 활동으로 교회 중심의 기독교교육활동을 도왔음을 알 수 있다. 그래서 김정준, 채필근 같은 뛰어난 신학자들과 전택부, 마경일 같은 능력 있는 목회지도자들, 김주병, 장윤철

같은 유능한 행정가들이 모두 교회교육과 기독교교육의 주요한 저자와 역자
들이었다. 특히 장윤철이 번역한 스마트의『교회의 교육적 사명』은 오늘에
이르기까지 기독교교육의 현대적 고전으로 널리 읽혀지고 있다.

3. 기독교교육학의 형성과 전개 40년

1960년에서 2000년까지 한국의 기독교교육학은 교회와 학교의 기독교적
종교교육이 성숙한 모습으로 이루어지도록 이끌면서 신학과 교육학 사이에
서 하나의 독립학문으로 성장하였을 뿐만 아니라, 우리나라의 학교와 사회의
교육을 바르게 실현하기 위한 노력에 큰 역할을 담당하여왔다. 기독교교육학
은 오늘날 기독교학계 안에서 뚜렷한 위치를 갖게되었다. 뿐만 아니라 유교,
불교, 원불교, 천도교, 대종교, 대순진리회 등 우리나라에 있는 주요 종교들의
교육학자들이 그들의 종교교육이론을 정립하고 실천방법과 형식을 개발하
는 일에 귀감이 되어왔다.[10]

기독교교육학은 교단의 신학과 신앙 안에서 존재할 수밖에 없기 때문에,
학자들도 각자가 속해 있는 교단에 따라서 그리고 각자의 주체적 신앙과
관심에 따라서 기독교교육학을 천착하여왔다. 그리하여 학문의 형성과 전개
의 과정에서 처음부터 하나의 기독교교육학이 아니라, 여러 기독교교육학들
이 함께 존재하여왔다. 그리하여 학회도 1961년에 한국기독교교육학회가
이성화, 주선애, 김득렬, 정의숙, 문동환, 반피득, 장윤철 등에 의하여 조직되
고, 1964년에 보수교단을 중심으로 김득룡, 명신홍, 차남진 등에 의하여
한국기독교교육연구회가 조직됨으로써,[11] 진보와 ecumenism을 표방하는

---

10) 이들 종단은 성균관, 동국, 원광, 대진 등, 종단에 속하거나 유관한 대학들을 소유하
   고 있으며, 각 대학의 교육학과와 종단의 종교지도자 양성학과에는 종교교육학자
   들이 재직하고 있다. 1995년도에 창립된 "한국종교교육학회"에 이들이 모두 가입하
   여 활동하고 있으며, 현재 불교교육학자 박선영 동국대교수가 회장으로 있다.

11) 한춘기(1999), 「대한예수교장로회(합동)의 기독교교육사」,『한국 교단의 기독교교
   육사』, 한국기독교교육학회, 121쪽.

교단들에 속하는 학자들로 구성된 학회와 보수와 evangelism을 강조하는 교단들에 속하는 학자들로 구성된 학회가 병립되었다. 그러나 기독교교육학은 그 학문적 성격에 있어서 본질적으로 '교육적'이기 때문에, 기독교교육학계는 기독교학회의 다른 영역들에서 확인하게 되는 날카롭고 좁은 몰이해와 논쟁의 장들을 만들어오지 않았다. 오늘날 성령의 역사로 기독교교육학회는 이해와 존중과 포용이 조화를 이룬, 한국의 모든 교단들과 신학대학들에서 재직하고 있는 기독교교육학자들이 회원으로 함께 참여하고 있는 하나의 큰 학회로 성장하였다.

<표 1> 기독교교육학 연구문헌의 연대별 문헌형태별 통계[12]

연대 \ 형태	단행본	학위논문	학술논문	계
1953~1960	30	3	16	49
1961~1970	58	33	34	125
1971~1980	103	176	118	397
1981~1990	171	568	180	919
1991~2000	305	1777	338	2420
합계	667	2557	686	3910

<표 1>에서 확인하게 되듯이, 기독교교육학 분야에서 저서, 역서, 편집서 같은 단행본과 석사 및 박사학위논문, 그리고 학술논문의 수가1960년대를 기점으로 폭발적으로 증가하여왔다.

1) 기독교교육학의 학문적 성격과 정체

기독교교육학의 학문적 성격과 정체에 관한 연구는 '교육신학', '기독교교육철학', 또는 '기독교교육학'이라는 명칭 아래서 활발하게 전개되었다.

'교육신학'이라는 개념은 은준관의 『교육신학 : 기독교교육의 이론적 근거』(1976)가 출판되면서 학계에 소개되었다. 그 후에 교육신학은 기독교교육

---

12) 권태인(2001), 「한국 기독교교육학의 학사적 서지학적 고찰(1945~2000)」, 연세대학교대학원 석사학위논문, 90쪽을 재구성한 것이다.

242

학에 대한 또 하나의 명칭으로 자리잡았다. 교육신학은, 은준관의 책에서 확인되듯이, 미국을 중심으로 한 현대의 기독교교육사상 전반, 교단의 기독교 교육의 이념, 내용, 방법, 그리고 학자 개인의 기독교 교육사상과 이론을 담아내는 개념언어이다.

교육신학은 오늘에 이르기까지 기독교교육학을 전반적으로 다룬 저서와 번역서의 명칭으로, 교단 또는 개인의 기독교교육 이념, 목적, 사상, 내용 전반에 대한 서술의 명칭으로, 학술논문과 학위논문의 표제어로 아래와 같이 다양하게 사용되어왔다.

[단행본] Nels F. S. Ferre 저, 이정기 역(1979), 『기독교교육신학』, 보이스 사 ; 로런스 O. 뤼처즈 저, 문창수 역(1981), 『교육신학과 실제』, 정경사 ; 장 종철(1997), 『존 웨슬리의 교육신학』, 감리교신학대학교출판부.
[학술논문] 정웅섭(1977), 「어린이의 신학-어린이에 대한 교육신학적인 한 이해」, 『신학연구』 19집, 125~148쪽 ; 황성철(1980), 「기독교강요에 나타난 칼빈의 교육신학 연구」, 『신학지남』 188, 여름호, 37~58쪽 ; 임영 택(1997), 「감리교 커리큘럼을 위한 교육신학적 기초 연구 : 신학적 진술과 연령층별교육적 의미」, 『협성논총』 7, 10월호, 29~56쪽.
[학위논문] 정정숙(1972), 「교육신학에서 본 한국교회학교 공과에 관한 연구」, 이화여자대학교대학원 석사학위논문 외 22개.

교육신학이 미국의 현대 기독교교사상을 주연구영역으로 삼고있는 학자 들이 즐겨 사용하고 있는 개념임에 비하여 '기독교교육철학'은 독일을 중심 으로 한 서구 유럽의 현대 기독교교육사상을 주연구영역으로 삼고있는 학자 들이 선호하고 있는 개념이다. 이 두 용어에 담겨있는 차이를 살펴보면, 교육신학은 주로 교회를 중심으로 한 기독교교육을 연구의 장으로 삼고있는 사상과 이론을, 기독교교육철학은 보다 넓은 개념으로 기독교교육을 수용하 여 학교와 사회의 기독교적 종교교육 전반을 연구의 장으로 삼고있는 사상과 이론을 총칭하는 표현으로 사용되고 있다는 점이다.

[단행본] 베버슬 루이스(1979), 『기독교 교육철학』, 한국개혁주의 신행협회 ; 노만 디종 저, 신청기 역(1983), 『기독교교육철학의 원리와 실제』, 성광문화사 ; Connelius Jaarsma 저, 정정숙 역(1983), 『헤르만 바빙크의 기독교교육철학』, 총신대학 출판부 ; 한숭홍(1991), 『기독교 교육철학사상』, 장로회신학대학 출판부 ; Michael L. Peterson 저, 김도일 역(1998), 『기독교교육을 위한 교육철학』, 한국장로교 출판사 ; 황성철(2000), 『기독교교육철학』, 대한예수교장로회총회 ; Daniel J. Adams 저, 이기문 역(1985), 『기독교 교육 철학』, 대한예수교장로회총회교육부 ; 로렌스 콜버그 저, 이동훈 · 이기문 공역(1985), 『도덕 교육 철학』, 대한예수교장로회총회교육부 ; 송정근(1995), 『기독교교육과 철학』, 성광문화사.
[학술논문] 김득룡(1965), 「기독교 교육철학의 원천」, 『신학지남』 32-1, 봄호, 31~45쪽 ; 김득룡(1965), 32-2, 여름호, 68~91쪽 ; 김득룡(1965), 32-3, 가을호, 18~35쪽 ; 한춘기(1992), 「교사와 기독교교육 철학」, 『신학지남』 232, 여름호, 186~222쪽 ; 차풍로(1976), 「Martin Buber의 Neo-Hassidism이 기독교교육철학 형성에 미치는 영향」, 『신학과 세계』, 9월호, 69~90쪽 ; 오인탁(1978), 「슐라이허마허의 교육철학」, 『신학사상』 20집, 봄호, 106~140쪽 ; 오인탁(1979), 「현대 교육과학의 철학적 기초」, 『교회와 신학』, 11집, 232~268쪽 ; 한숭홍(1982), 「기독교 교육학의 철학적 이론 형성」, 『교회와 신학』 14집, 253~276쪽 ; 오인탁(1982), 「평생교육의 철학적 기초」, 『교회와 신학』 14집, 227~252쪽 ; 한숭홍(1982), 「기독교교육철학이란 무엇인가」, 『신학사상』 38집, 가을호, 565~595쪽 ; 오인탁(1985), 「현상학적 교육철학 : 서술, 조직, 이해」, 『신학사상』 48집, 봄호, 148~171쪽 ; 오인탁(1990), 「독일의 종교과목 수업이론의 철학적 패러다임 변천에 관한 연구」, 『연세논총』 37, 49~65쪽 ; 한춘(1991), 「교사와 철학」, 『신학지남』 229, 가을호, 219~232쪽 ; 노윤백(1996), 「21세기 침례

244

신학대학교 Curriculum을 위한 철학적인 기초 자원 연구」,『복음과 실천』19집, 9월호, 130~151쪽 ; 한상진(1998), 「볼르노의 교육 사상에 대한 실존 철학적 관계」,『총신대논총』17, 12월호, 142~160쪽 ; 이준모(1998), 「생태적 교육학의 철학적 기초」,「한신논문집」15-1, 11월호, 185~224쪽 ; 이향명(2000), 「칼 에른스코 닢코의 기독교교육철학 연구」,『신학연구』41집, 553~582쪽

[학위논문] 고용수(1970), 「I and Thou와 I and You 관계철학의 구조비교연구와 기독교교육의 가능성」, 연세대학교 연합신학대학원 석사학위논문 ; 이향명(1999), 「칼 에른스트 닢코의 기독교교육철학 연구」, 한신대학교 대학원 박사학위논문 외 11개.

2) 학교별 연대별 학위논문

기독교교육학 석사학위논문은 1967년을 기점으로 급속하게 증가하고 있다. 1950년대에도 학위논문이 있었다. 그러나 1950년대에는 신학대학원이나 교육대학원 같은 전문대학원과 특수대학원이 아직 없었기 때문에 대학원에서 기독교교육학적 주제로 연구된 학위논문이 4편 있을 뿐이다.

이치원(1954), 「한국개신교 종교교육의 전망」, 연세대학교 대학원 석사학위논문 ; 김혜경(1956), 「교육자 루터에 관한 연구」, 서울대학교 대학원 석사학위논문 ; 정재식(1957), 「에밀부르너의 교육관」, 연세대학교 대학원 석사학위논문 ; 이영숙(1958), 「기독교 청년기 교육교사론」, 한국신학대학 대학원 석사학위논문.

그러나 1960년대 후반으로 접어들면서 학위논문은 눈에 띄게 증가하고 있다. 이는 연세대학교 연합신학대학원을 비롯하여 교육대학원이 설립된 것과 맥을 같이하고 있다. 그리하여 1970년까지 44편, 1980년까지 177편,

1990년까지 569편, 그리고 2000년까지 박사학위논문 15편을 포함하여 1,759편의 학위논문이 쏟아져 나왔다.

이러한 추세가 시사하는 바는 많다. 연구자는 우선 기독교교육학에 관한 넓은 관심을 확인할 수 있다. 비단 기독교교육학자뿐만 아니라 신학도와 목회자도 학위논문의 주제로 기독교교육학적 테마를 많이 선택하고 있다. 그리하여 1980년대로 접어들면서 대학원 기독교교육학과 외에도 신학대학원에서 기독교교육학적 주제의 학위논문이 점증하고 있다. 또한 교육대학원을 비롯하여 기독교대학원, 선교신학대학원, 사회복지대학원, 사회개발대학원, 행정대학원, 정보통신대학원, 언론대학원 등에서도 기독교교육학적 주제의 학위논문들이 있다.

몇 편을 예로 들면, 서유석(1997), 「敎會學校에서의 미디어교육 實踐方案 연구 : 수련회용 미디어교육 curriculum 개발을 중심으로」, 서강대학교 언론대학원 석사학위논문 ; 이복희(2001), 「시뮬레이션을 응용한 교회교육 프로그램 개발 연구」, 서강대학교 언론대학원 석사학위논문 ; 전형태(2000), 「교회교육 활성화를 위한 인터넷과 멀티미디어 활용에 관한 연구」, 인천대학교 정보통신대학원 석사학위논문 ; 임은숙(2000), 「교회의 노인교육프로그램 활성화 방안에 관한 연구 : M교회의 사례를 중심으로」, 중앙대학교 사회개발대학원 석사학위논문 ; 심창근(1987), 「敎會行政에 관한 연구」, 경희대학교 행정대학원 석사학위논문 ; 한영숙(1996), 「가나안농군학교의 사회교육적 활동과 과제 : 제2가나안농군학교 특별과정 프로그램을 중심으로」, 이화여자대학교 사회복지대학원 석사학위논문 ; 전용숙(1998), 「교회의 노인그룹홈의 활성화 방안」, 서울신학대학교 사회복지대학원 석사학위논문.

박사학위논문은 23편이 나왔다. 이를 대학별로 보면, 한신대 6편, 아세아연합신대 5편, 연세대 6편, 장신대 2편, 이화여대 2편, 서울신대 2편, 총신대 1편, 서울여대 1편, 충남대 1편, 숭실대 1편이다. 아세아연합신대와 한신대가 박사학위를 여럿 배출한 것은 목회학 박사학위과정을 운영하기 때문이다. 전체적으로 보아서 박사학위과정은 이미 궤도에 올라있다. 2000년도에 5명, 2001년도에 3명이 학위를 받았다. 이로 미루어보건대, 해마다 배출되는 박사학위소지자의 수가 몇 년 안 되어 10명을 넘어설 것이다. 이는 후학의 양산과 더불어 오는 질적 관리의 문제와 학위수준에 적절한 일자리의 문제를 야기하고 있다.

손승희(1977), 「한국기독교교육의 사회윤리적 목적에 관한 한 가치론적 연구」, 이화여자대학교 대학원 박사학위논문 ; 이수연(1983), 「아동의 인지발달에 비추어 본 한국어린이 교회학교 교육현황에 대한 고찰-설교 공부를 중심하여-」, 서울신학대학교 대학원 박사학위논문 ; 박재천(1986), 「기독교교육에 있어서 교리교육과 교화에 관한 연구」, 아세아연합신학대학원 박사학위논문 ; 김천수(1986), 「Mission school에 있어서의 기독교교육의 신학적 이념과 교육 Program에 대한 연구」, 아세아연합신학대학원 박사학위논문 ; 김찬종(1986), 「노인선교를 위한 노인복지사업으로서의 노인교육 프로그램에 관한 연구」, 아세아연합신학대학원 박사학위논문 ; 김치홍(1993), 「한국족보를 통한 성서족보 교육연구」, 한신대학교 목회학박사원 박사학위논문 ; 김수근(1994), 「광주경신여자 중·고등학교에서의 신앙 교육 강화를 통한 목사의(牧師) 효과적인 목회사역」, 아세아연합신학대학원 박사학위논문 ; 박봉수(1994), 「기독교교육의 새로운 파라다임 형성을 위한 한 연구 : 최근의 실천신학 논의를 중심으로」, 장로회신학대학교 대학원박사학위논문 ; 김용우(1994), 「한국교회의 평화통일 교육방안과 성인 교재개발 연구」, 한신대학교 목회학박사원 박사학위논문 ; 김광집(1994), 「장로직에 대한 신학적 이해와 장로교육교재 개발 연구」, 한신대학교 목회학박사원 박사학위논문 ; 박이석(1994), 「창조적인 교역 형성을 위한 교역 현장과 실천신학 교육의 영향에 관한 연구」, 한신대학교 목회학박사원 박사학위논문 ; 이혜상(1994), 「기독교 유아교육과정 모형 개발 연구」, 서울여자대학교 대학원 박사학위논문 ;

박문옥(1995), 「교회갱신을 위한 교회교육의 방향과 방법론」, 아세아연합신학대학교 대학원 박사학위논문 ; 신현광(1996), 「敎育을 通한 牧會와 敎會成長에 關한 硏究」, 총신대학교 신학대학원 박사학위논문 ; 김청봉(1998), 「인간경험과 그리스도교전통의 통합을 위한 종교교육 연구 : 가브리엘 모런(Gabriel Moran)의 종교교육 이론을 중심으로」, 한국신학대학교 대학원 박사학위논문 ; 오춘희(1998), 「요한 아모스 코메니우스에 관한 전기적 연구」, 연세대학교 대학원 박사학위논문 ; 이필은(1999), 「종교교육으로서 성례와 성례전적 의례에 관한 연구 : 현상학적(Phenomenological) 접근을 중심으로」, 연세대학교 대학원 박사학위논문 ; 손원영(1999), 「기독교 교육과정론에 대한 테오프락시스 접근」, 연세대학교 대학원 박사학위논문 ; 이향명(1999), 「칼 에른스크 닢코의 기독교교육철학 연구」, 한신대학교 대학원 박사학위논문 ; 김난예(2000), 「기독교 신앙행동의 측정과 분석」, 충남대학교 대학원 박사학위논문 ; 윤정란(2000), 「일제시대 한국 기독교 여성운동 연구」, 숭실대학교 대학원 박사학위논문 ; 이원일(2000), 「기독교 교육과정론에 대한 현상학적 접근 연구 : 담화적 상상력을 중심으로」, 연세대학교 대학원 박사학위논문 ; 박종석(2000), 「한국에서의 기독교교육학의 학문성에 대한 연구」, 서울신학대학교 대학원 박사학위논문 ; 김국환(2001), 「Fritz K. Oser의 종교적 판단 발달이론에 관한 연구 : 한국 청소년의 종교적 성향에 관하여」, 연세대학교 대학원 박사학위논문 ; 조은하(2001), 「통전적 영성교육 연구 : 일상생활 영성(everyday life spirituality)을 중심으로」, 연세대학교 대학원 박사학위논문 ; 박화경(2001), 「하나님 나라 구현을 위한 기독교교육 : 20세기 기독교교육의 문제진단과 새 방향 모색을 위한 한 연구」, 장로회신학대 대학원 박사학위논문.

이상의 서술에서 그리고 아래에 첨부한 '주요 신학대학교의 학교별 연대별 학위논문'에서 보듯이, 한국에서 기독교교육학으로 또는 기독교교육학적 테마로 석사학위를 받는 수는 참으로 엄청나다 하겠다. 여기서 우리는 한편으

<표 2> 주요 신학대학교의 학교별 연대별 학위논문

학 교	연 대	석 사	박 사	합 계
감리교신학대	~1980년	22	0	22
	1981년~1990년	44	0	66
	1991년~2000년	112(16)	0	172
고신대	~1980년	3	0	3
	1981년~1990년	22	0	25
	1991년~2000년	104(8)	0	127
서울신대	~1980년	8	0	8
	1981년~1990년	39	1	48
	1991년~2000년	94(8)	1	141
순신대 (한세대)	~1980년	0	0	0
	1981년~1990년	0	0	0
	1991년~2000년	60(10)	0	60
연세대	~1980년	81	0	81
	1981년~1990년	67	0	148
	1991년~2000년	113(816	6(2)	259
이화여대	~1980년	30	1	31
	1981년~1990년	66	0	97
	1991년~2000년	79(9)	1	172
장신대	~1980년	34	0	34
	1981년~1990년	120	0	154
	1991년~2000년	226(29)	2(1)	379
총신대	~1980년	0	0	0
	1981년~1990년	66	0	66
	1991년~2000년	197(9)	1	263
침신대	~1980년	0	0	0
	1981년~1990년	49	0	49
	1991년~2000년	120(18)	0	163
한신대	~1980년	17	0	17
	1981년~1990년	35	0	52
	1991년~2000년	113(16)	6	152

* ( )안의 숫자는 2001년도 학위논문의 수이며, 해당 대학교의 전체학위논문 수에 포함되어있음.

** 주요 신학대학교의 학위논문 총수는 석사학위 1909편, 박사학위 19편, 합계 1928편임.

로는 많은 후학들이 기독교교육학에 이렇게 큰 관심을 기울이고 있는 사실에 고무되면서도, 다른 한편으로는 학위의 양산으로 인한 불가피한 학문하는 수준의 질적 하향을 염려하지 않을 수 없다. 한국의 기독교 교단을 대표하는 전통적인 신학대학교들인 감신, 고신, 서울신, 한신, 침신과 연세대가 1990년대에 100명 내외의 석사학위를 배출하였으며, 장신대와 총신대는 200명 내외의 석사학위를 쏟아내었다. 이화여대는 79명에게 학위를 주었으며, 95년부터 석사학위를 수여하기 시작한 한세대[순신대]도 2000년까지 60명에게 학위를 주었다.

대학마다 신학적 학풍과 색깔이 달라서, 선호하는 석사학위 주제들이 어느 정도로 확인되고 있다. 연세대는 Martin Buber, Calvin, James Fowler, Erich Fromm, Martin Luther, Randolph Miller, Juergen Moltmann, Lewis Sherill 같은 학자들에 관한 논문과 Praxis, 여성, 영성, 재개념주의, 해석학적 접근 같은 개념들이, 장신대는 Horace Bushnell, Calvin, James Fowler, Thomas Groome, Martin Luther, Nelson, Letty M. Rusell 같은 학자들과 만남, 신앙발달, 여성, 영성, 제자훈련, 해석학적 접근 같은 개념들이 학위논문으로 많이 다루어졌다. 두 대학이 테마의 선호에서 공통성도 보여주고 있으나, Praxis와 재개념주의처럼 연세대에서 여럿이 다루고 있는 주제나 만남이나 제자훈련처럼 장신대에서 여럿이 다루고 있는 주제가 다른 대학에선 전혀 선호되지 않는 면도 있다.

이에 비하여 총신대는 성경공부, 교육목회, 교회성장이 선호되고 있으며, 흥미롭게도 Comenius에 관한 학위논문이 13편이나 된다. 한신대는 민중, 생태, 평화교육 같은 다른 신학교에서 거의 다루어지지 않은 테마들이 학위논문으로 다루어졌다. 이러한 특색은 어떤 교수들이 가르치고 있는가에 따라서 또한 교단의 신학적 색깔에 따라서 결정되고 있는 것으로, 학파를 이루어가는 자연스러운 현상이다.

3) 한국 기독교교육학의 기초를 다지는 연구들

한국 기독교교육학의 기초를 다지는 연구들을 우리는 다양하게 살펴볼 수 있다. 그러나 이 글에서는 한국기독교교육학회의 이름으로 한국에서 기독교교육학을 연구하고 교수하는 학자들이 함께 기획하고 펴낸 일련의 연구서들만을 언급하려고 한다. 이 연구서들은 한국의 기독교교육학의 전개를 이론과 실천에 있어서 연구하고 정리한 의미있는 문헌들이다. 한국기독교교육학회는 1997년에 『21세기 기독교교육의 과제와 전망』, 1998년에 『한국 기독교교육학의 개척자』, 1999년에 『한국 교단의 기독교교육사』 그리고 2000년에 『새 밀레니엄과 기독교교육의 패러다임 변화』를 펴냈다.[13)]

기독교교육학회가 기독교교육논총 제2집으로 펴낸 『21세기 기독교교육의 과제와 전망』에서 오인탁이 총론으로 「21세기 교회교육의 전망」을 다루었고, 기독교교육의 과제와 전망을 교육목회, 평생교육, 기독교교육으로 나누어, 교육목회에서 정웅섭이 「다원화 사회에서의 종교교육과 교육목회」를 고용수가 「21세기와 교회의 교육과정」을, 김태원이 「공동체를 통한 기독교교육」을 한춘기가 「교회학교 교사교육론」을, 장대현이 「미래를 향한 기독교학교 교육의 방향」을 다루고 있다. 평생교육의 과제와 전망에서는 장화선, 김국환, 임창복, 김광율, 최성찬, 김성은이 각각 유아, 어린이, 청소년, 대학생, 성인 그리고 노인을 위한 21세기 교회교육을 전망하였다. 그리고 기독교교육의 과제와 전망에서는 양금희가 「21세기 한국교회교육의 과제로서의 기독교적 환경교육」을, 윤응진이 「기독교교육의 정치적 기능과 과제」를, 이금만이 「생명교육으로서의 민중교육론 전망」을, 김희자가 「기독교교육과 뉴미디어」를, 장종철이 "A Study of the Healthy Family for Korean Christians in Cultural Transition"를 다루고 있다.

기독교교육논총 제3집으로 기획된 『한국 기독교교육학의 개척자들』은

---

13) 오인탁 편(1997), 『21세기 기독교교육의 과제와 전망』, 기독교교육논총 제2집 ; 오인탁 · 한춘기 편(1998), 『한국 기독교교육학의 개척자』, 기독교교육논총 제3집 ; 오인탁 · 한춘기 편(1999), 『한국 교단의 기독교교육사』, 기독교교육논총 제5집.

한국의 기독교학계에서 유일한 시도로 한국 기독교교육학의 학사적 정리요 한국적 기독교교육학의 기초를 다지고 미래를 전망하는 대단히 의미있는 연구이다. 한국기독교교육학회 기획위원회(위원장 오인탁)는 한국 기독교교육학의 개척자들로 김득룡, 김형태, 김활란, 문동환, 백낙준, 은준관, 정웅섭, 주선애를 선정하였다. 선정의 근거로는 1998년 시점으로 은퇴한 기독교교육학 교수와 기독교교육계의 큰 교육자들 가운데서 학문적이고 교육적인 공헌이 한국에서 기독교교육학이 뿌리내리고 성장하도록 하는 기초를 닦았다고 확인되는 사람이었다. 학회는 선정된 개척자들의 생애와 사상을 그들의 대표적인 제자로 확인된 학자를 선정하여 집필을 의뢰하였다. 필자와 제목은 다음과 같다 : 한춘기, 「김득룡의 기독교교육관」; 권용근, 「김형태의 기독교교육사상」; 정소영, 「김활란 : 한국여성교육의 선구자」; 이금만, 「문동환의 삶과 교육론」; 김성은, 「백낙준의 기독교교육사상과 교육생애」; 임영택, 「은준관의 교육신학사상 이해」; 윤응진, 「정웅섭의 삶과 학문세계」; 오인탁, 「주선애의 생애와 사상」.

기독교교육논총 제5집으로 기획된 『한국 교단의 기독교교육사』(1999)는 오인탁의 총론으로 「한국 교단의 기독교교육사」를 집필하였으며, 기독교교육의 관점에서 집필의미가 있는 교단으로 선정된 교단에 속한 기독교교육학자들 가운데서 대표적인 학자들을 선정하여 집필을 의뢰하였다. 교단과 필자는 다음과 같다 : 한국 감리교회/ 장종철, 대한예수교장로회(통합)/ 고용수, 대한예수교장로회(합동)/ 한춘기, 한국기독교장로회/ 윤응진, 대한예수교장로회(고신)/ 강용원, 기독교대한성결교회/ 이정효, 기독교한국침례교회/ 이석철, 기독교 대한 하나님의 성회/ 박문옥.

이상과 같은 기독교교육학의 학사적 전개과정과 학문적 기초를 다지는 연구는 앞으로도 꾸준히 이루어져야 할 것이다. 현재 학회는 초·중·고·대학 등 기독교학교의 기독교교육사, 초교파적 기독교교육기관의 기독교교육활동사, 대학과 교단에 속해있는 기독교교육연구소(원)의 기독교교육연구사, 개화기에서 식민지 시기를 거쳐서 독립할 때까지의 한국교회의 기독교교육사를 학회원 가운데서 해당분야를 전문적 연구분야로 삼고 있는 회원에게 의뢰하여 「기독교교육 논총」으로 출판하는 계획을 세워놓고 추진하고 있다. 뿐만 아니라 학회는 「기독교교육학 기본교재총서」와 학자들의 전문적 연구서를 편찬하는 「기독교교육학 전문도서 시리즈」를 기획하였으며, 출판하고 있다.14) 이외에도 학회는 현재 기독교교육학의 기본개념 Lexicon을 기획하고 있다. 앞으로 학회는 위대한 기독교교육사상가들의 생애와 사상을 권위있게 소개하는 총서의 출판을 비롯하여 학회의 차원에서 기독교교육학의 학문적 기초를 다지는 연구와 출판활동이 지속적으로 추진하여야 할 것이다. 한국 기독교교육학회는 이러한 학술적으로 의미있는 활동을 벌이기에 충분하게 성장하였다. 학회를 중심으로 이미 작업하고 출판한, 위에서 언급한 문헌들이 기독교교육학 연구사를 집필함에 있어서도 중요한 참고문헌으로 사용되었다.

---

14) <기독교교육학 기본교재총서>는 아래와 같이 기획되었으며, 제13권과 제21권이 출판되었다. 공동집필/편집-오인탁,『제1권 ,기독교교육학 개론』; 한춘기,『제2권, 교육신학(1)』; 윤응진,『제3권, 교육신학(2)』; 오인탁,『제4권, 기독교교육사』; 양금희,『제5권, 기독교교육철학』; 고용수,『제6권, 기독교교육과정』; 강용원, 『제7권, 교수방법 및 평가』; 박문옥,『제8권, 기독교 교수학습』; 김성은,『제9권, 기독교 사회교육』; 송순재,『제10권, 기독교 학교교육』; 한미라,『제11권, 기독교 교육행정』; 장종철,『제12권, 리더쉽』; 정소영,『제13권, 상담과 기독교교육』; 이석철,『제14권, 교육목회』; 사미자,『제15권, 성장발달과 기독교교육』; 박신경, 『제16권, 기독교 유아교육』; 장화선,『제17권, 기독교 어린이교육』; 김희자,『제18권, 기독교 청소년교육』; 이금만,『제19권, 기독교 청년교육』; 김재은,『제20권, 기독교 성인교육』; 이정효,『제21권, 기독교 노인교육』; 미정,『제22권, 기독교 특수교육』; 김영래,『제23권, 멀티미디어와 기독교교육』; 오인탁,『제24권, 기독교교육학 문헌목록』; 공동집필/편집-한춘기,『제25권, 기독교교육학, 어떻게 공부할 것인가?』.
　<기독교교육학 전문도서 시리즈>는 학회의 회원이 저술하거나 번역한, 기독교교육학의 전문적 연구업적으로 인정받는 도서로, 현재 7권까지 발행되었다. Randolpf C. Miller 저(1988), 고용수·박봉수 역,『제1권, 기독교 종교교육과 신학』; 김도일(1988),『제2권, '교육'인가 '신앙공동체'인가?』; 양금희(1999),『제3권, 종교교육과 교육사상』; Mary C. Boys 편, 김도일 역(2000),『제4권, 제자직과 시민직을 위한 교육』; 정소영(2000),『제5권, 상담과 기독교교육』; Thomas Groome/김도일 역(2001),『제6권, 생명을 위한 교육』; 손원영(2001),『제7권, 기독교교육과 프락시스』.

4. 기독교교육학의 주요연구주제와 대상

기독교교육학의 연구주제들은 다양하다. 이 연구에서는 한국의 기독교교육학계에서 양적으로 가장 많이 연구되었으며, 연구주제로 관심의 대상이 되었다고 인정되는 주제들을 선정하여 살펴보았다.

1) 주일학교와 교회학교

"주일학교"는 한국의 기독교교육학이 거기서 태어난 모태요 성장을 위한 영양소를 공급받는 원천이요 실천의 마당이며 연구의 대상이다. 그래서 주일학교를 주제로 한 연구는 많다. 1960년대까지만 해도 주일학교였다. 교회학교란 말은 생소하였다. 그러나 김형태가 1970년에 '교회학교'란 표현을 처음으로 사용하였으며, 그 후에 점차적으로 교회학교가 통용되기 시작하였다. 그러다가 은준관이 1986년에 "주일교회학교가 바람직하다"는 주장을 폈다. 이에 대하여 고용수가 1988년에 "교회학교가 되어야 마땅하다"는 주장을, 김득룡은 같은 해에 "주일학교가 올바른 명칭이다"는 주장을 폈다. 그러나 이러한 주장들은 논쟁으로 이어지지는 않았다. 그리하여 정웅섭은 은준관의 견해에 동조하고, 연세대와 한신대의 학위논문과 학술논문에서 주일교회학교라는 표현이 사용되곤 하였다. 예장통합 측에 속한 학자들은 주로 교회학교라는 명칭을, 예장합동 측에 속한 학자들은 주로 주일학교라는 명칭을 사용하였다. 주일교회학교라는 명칭은 한시적으로 사용되었다.

오늘날 우리는 여전히 주일학교와 교회학교가 함께 두 큰 교단적 흐름을 사이에 두고 사용되고 있음을 본다. 그리하여 주일학교라는 명칭은 보다 보수적 색깔이 강한 교단과 신학교에서, 교회학교라는 명칭은 보다 진보적 색깔이 강한 교단과 신학교에서 사용되고 있다. 그러나 교회학교라는 명칭이 1990년대로 들어오면서 점차로 일반화되어 가는 경향을 보이고 있다. 예를 들면, 월간지에 게재된 글들의 제목에서 확인되듯이, 『교사의 벗』, 『월간 고신』, 『어린이 교육』, 『신학지남』은 1990년대 이전까지만 해도 한결같이

254

주일학교를,『교육교회』와『기독교교육』은 교회학교를 제목으로 사용하였다. 그런데 이러한 분명한 명칭의 선호 내지 수용이 1990년대로 접어들면서 점차로 흐려지고 있다. 어쨌든지 학위논문에서 주일학교라는 명칭을 수용하고 있는 학교는 고신, 총신, 아세아연합신, 합신 등이며, 교회학교라는 명칭은 장신, 연신, 한신에서 주로 사용하고 있다. 학자들 가운데선 성기호와 김득용은 '주일학교'를, 고용수와 주선애, 오인탁은 '교회학교'를, 은준관과 정웅섭은 '주일교회학교'를 사용하고 있다.

주일학교는 1950년대부터 1970년대까지 교회의 기독교교육기관에 대한 보편 타당한 명칭으로 사용되어져 왔으며, 이에 걸맞게 가장 많은 연구의 대상이요 관심으로 수용되었다. 주일학교에 관한 연구는 다음과 같다.

[단행본] 곽안련(1954),『주일학교 교수법』, 예장총회종교교육부 ; 곽안련(1954),『주일학교 조직』, 예장총회종교교육부 ; 로안리(1961),『주일학교 조직과 운영』, 대한기독교교육협회 ; 박재훈(1961),『주일학교 음악지도법』, 총회교육부 ; McKibben, F. M. 저, 김관석 역(1965),『주일학교교사가이드』, 대한기독교교육협회 ; 성기호(1979),『주일학교운영관리』, 성광문화사 ; 정웅섭·박영신(1981),『주일학교 200년의 의미』, 기독교선교교육원 ; 기독교선교교육원 편(1981),『주일학교 200년의 의미』, 애향숙출판부 ; 김득용(1985),『한국 주일학교사 연구』, 대한예수교장로회 전국 주일학교연합회 ; 황신기(1994),『주일학교 교회학교 교육방법론』, 영문 ; 강성구(1997),『주일학교 O. K 이런 교사가 성장시킨다』, 크리스천 하우스 ; 크리스천 유스비전 편(1997),『훈련된 교사 쑥쑥 크는 주일학교』, 한국문서선교회 ; 박홍철(1998),『변화하는 교사 새로워지는 주일학교』, 도서출판 영문 ; 톰 & 조아니 슐츠 저, 마영례 역(1999),『생각을 바꾸면 신나는 주일학교가 보인다』, 도서출판 디모데 ; 조종제(1999),『21세기 주일학교를 부흥시켜라』, 은혜출판사 ; 한치호(1999),『주일학교에 재미붙이는 사랑의 반목회』, 한국문서선교회 ; 김홍영(2000),『주일학교교육을 깨우리

로다』, 은혜출판사 ; 최윤식(2000), 『유년주일학교혁명』, 규장.
[학술논문] 김영규(1976), 「주일학교에 있어서의 기독교교육 방법에 관한 소고」, 『신학지남』 43권 2집, 여름호, 101～112쪽 ; 김영규(1976), 43권 3집, 가을호, 104～108쪽 ; 이영숙(1993), 「주일학교를 위한 매스 미디어교육과정 연구」, 『신학전망』 103집, 겨울호, 38～47쪽 ; 장화선(1996), 「주일학교교육의 통합적 접근에 관한 연구」, 『신학연구』 4, 안양대학교, 115～129쪽 ; 정웅섭(1985), 「교육문제사적으로 본 한국개신교 교회교육100년 : 주일학교를 중심으로」, 『한신논문집』 2, 3월호, 97～150쪽 ; 정정숙(1979), 「주일학교 노년부 교육연구」, 『신학지남』 183, 봄호, 139～149쪽 ; 정정숙(1979), 184, 여름호, 97～109쪽 ; 주선애(1981), 「한국 주일학교 교육이념의 전통과 혁신」, 『교회와 신학』 13, 201～215쪽.
[학위논문] 장병호(1982), 「초기 감리교회 교육선교 운동에 관한 연구 : 1930年～39年間의 감리교 주일학교 운동을 중심으로」, 연세대학교 교육대학원 석사학위논문 외 21개.

교회학교는 1980년대로 접어들면서 '주일학교'라는 말에 내포되어있는 보수적 색깔과 교회가 주일에만 교육한다는 좁고 폐쇄적인 의미를 극복하는 진보적이고 개방적인 의미의 개념이요 표현으로 등장하면서 기독교교육학 연구의 집중적 주제요 관심으로 확인되고 있다. 교회학교에 관한 연구는 다음과 같다.

[단행본] 김은상 편저(1986), 『예수님의 제자로서의 교회학교 교사직 : 성경에 나타난 교사와 교사의 실제』, 한솔 ; M. M. 피어스 저, 김재은 역(1985), 『교회학교 운영지침서』, 종로서적(교회교육 교사 훈련시리즈 11) ; 대한기독교교육협회 편(1978), 『교회학교 교사강좌』, 대한기독교교육협회 ; 대한기독교교육협회(1991), 『기독교교육 : 교회학교 교사와 기독교교육 전문가를 위한』, 한국기독교교육학회 ; 박연훈(2000), 『교회학교 이젠 부

홍이다』, 교회학교성장연구소 ; Arthur Flake 저, 박영록 역(1966),『모범교회
학교』, 침례회 출판사 ; 은준관(1988),『기초교육 : 주일교회학교 교사교
육과정 I』, 대한기독교서회 ; 정응섭(1988),『전문교육 : 주일교회학교 교
사교육과정 II』, 대한기독교서회 ; 정응섭·오인탁·정우현 공저(1980),
『한국교회학교 교육실태 조사연구』, 한국기독교교육연구원 ; 주선애·
은준관·손승희 공저(1980),『교회학교 교사의 모집과 훈련』, 한국기독교
교육연구원, 재판 ; 한국기독교교육 연구원 편(1982),『교회학교 교사』,
기독교문화진흥원 ; 황문찬(1985),『주일교회학교란?』, 종로서적(교회교
육교사 훈련시리즈 2).

[학술논문] 손승희(1976),「한국교회학교 성경교재 커리큘럼에 나타난
종교적 개념에 대한 연구」,『이대논총』27호, 61~78쪽 ; 윤선영(1991),
「탈 교회학교를 위한 시도 연구」,『신학과 현장』5, 233~252쪽 ; 은준관
(1980),「현대교회와 교회학교 교육, 구조적 관계의 회복을 제언하며, 한국
교회와 교회학교」,『기독교사상』268, 10월호, 10~20쪽 ; 은준관(1985),
「선교 2세기를 향한 한국교회교육의 과제 ; 주일교회학교의 르네상스를
그리며」,『기독교사상』325, 7월호, 13~22쪽 ; 은준관(1985),「주일교회학
교 교육에 관한 연구」,『연세교육과학』27, 37~70쪽 ; 이소연(1984),「아동
의 인지발달에서 본 한국어린이 교회학교 교육현황에 대한 고찰」,『신학과
선교』9집, 283~304쪽 ; 이소연(1985),『신학과 선교』10집, 179~226쪽 ;
정소영(1995),「교회학교 유치부 교육과 놀이(play)」,『서울신학대 교수논
총』6, 12월호, 187~212쪽 ; 정응섭(1982),「교회학교교사 훈련의 실태 :
기장교단을 중심으로」,『신학연구』24호, 70~109쪽 ; 정응섭(1997),「한
국교회학교 교육의 교수·학습 개선」,『한신논문집』특별호, 10월호,
105~157쪽.

[학위논문] 김광석(1969),「한국교회학교 장년부 교재에 반영된 교육목표
연구」, 연세대학교 연합신학대학원 석사학위논문 외 86개.

2) 민중, 해방, 평화, 통일

민중, 해방, 평화, 통일 같은 개념들은 비판, 이데올로기, 의식화, 탈학교 등의 개념들과 서로 깊이 연관되어 있는 개념들로, 기독교교육학에서 의식 있는, 다시 말하면 진보적이고 자유로우며 비판적인 경향에 서있는 학자들에 의하여 다양하게 연구되어졌다. 그들은 대체적으로 기장, 감리교, 예장 통합의 울타리를 벗어나지 않고 있다. 특히 민중과 해방에 관한 연구는 한신에서 문동환에 의하여 시작되었으며, 김성재와 윤응진 등으로 이어져오고 있다.

평화와 통일에 관하여는 오인탁과 윤응진이 많은 연구를 하였으며, 김형태, 김성재, 노정선, 박종화, 장종철, 정웅섭 등이 여러 편의 논문을 썼다. 이데올로기와 비판에 관하여는 강희천과 윤응진의 연구가, 의식화와 탈학교에 관하여는 김성재의 연구가 두드러져 보인다. 우리의 교계와 학계는 김대중 정권의 '햇볕정책'과 이에 따른 남북 간의 대화, 경제협력, 이산가족 상봉행사 등이 활발하게 이루어지고 있는 오늘날에도 여전히 보다 비판적이고 민중 해방적인 색깔의 연구를 의미 있게 보고 강조하는, 따라서 '자유로운' 연구의 분위기를 누리고 있는 마당과 그렇지 못하고 여전히 제한된 연구의 대상과 주제와 표현에 묶여져있는 연구의 분위기가 지배하고 있는 마당으로 나누어져 있다.

민중에 관한 연구는 다음과 같다.

[단행본] 김성재(1988), 『분단현실과 기독교 민중교육』, 한국신학연구소.

[학술논문] 문동환(1986), 「행동신학과 신학교육 ; 민중신학적 입장에서」, 『신학연구』 27호, 9월호, 54~93쪽 ; 김성재(1987), 「한국민중교육의 성격」, 『신학연구』 28호, 41~67쪽.

[학위논문] 오성광(1985), 「일제하 한국기독교교육의 성격에 대한 고찰 -1920년대와 1930년대의 민중교육운동을 중심으로-」, 고신대학교 대학원 석사학위논문 외 5개.

해방에 관한 연구는 다음과 같다.

[단행본] 문동환(1991),『인간해방과 기독교 교육』(개정판), 한신대학 출판부.

[학술논문] 문동환(1972),「인간해방과 기독교교육」,『세계와 선교』24집, 6월호, 26~30쪽 ; 문동환(1972), 26집, 10월호, 10~18쪽 ; 문동환(1972), 27집, 12월호, 14~21쪽 ; 문동환(1973), 28집, 2월호, 13~24쪽 ; 문동환(1973), 29집, 4월호, 18~27쪽 ; 문동환(1973),『세계와 선교』31집, 10월호, 22~30쪽 ; 문동환(1974), 33집, 2월호, 50~58쪽 ; 문동환(1974), 34집, 4월호, 41~46쪽 ; 문동환(1974), 36집, 8월호, 35~44쪽 ; 문동환(1974), 37집, 10월호, 30~39쪽 ; 박원호(1997),「해방과 기독교교육」,『교회와 신학』29집, 258~287쪽 ; 은준관(1979),「주변인간, 해방과 주변인간」,『기독교사상』254, 8월호, 20~26쪽 ; 이영호(1975),「교육과 인간해방, Paulo Freire의 교육론을 중심하여」, 교육과 인간 특집호,『복된말씀』163, 11월호, 8~20쪽.

[학위논문] 박신화(1974),「인간화를 위한 기독교교육의 새로운 방향모색 -흑인해방신학을 중심으로-」, 이화여자대학교 대학원 석사학위논문 외 5개.

평화는 1980년대 이후에 강조되기 시작한 기독교교육학의 큰 연구주제이다. 평화는 통일과 더불어 현실적이고 민감한 개념이요 가치로 끊임없이 연구되었으며 강조되었다. 평화에 관한 연구로 다음과 같은 문헌들이 있다.

[단행본] 대한예수교장로회총회교육부 편(1988),『성숙한 교회와 평화교육』, 대한예수교장로회 출판국 ; 대한예수교장로회총회교육부 편(1996),『그리스도께서 주신 생명과 평화』, 한국장로교 출판사 ; 윤응진(2001),『기독교 평화교육론』, 한신대학교 출판부.

[학술논문] 문익환(1984),「평화교육」,『세계와 선교』86, 6월호, 11~14쪽 ; 정웅섭(1985),「평화교육 ; 기독교교육의 시각에서」,『신학사상』48

집, 봄호, 36~51쪽 ; 강순원(1997), 「Corrymeela Community 활동을 통해서 본 북아일랜드 평화교육의 실제」,『신학연구』38, 6월호, 33~54쪽 ; 한신 대기독교교육학회(1985), 「참여·발전·평화를 위한 교육」,『세계와 선교』 92, 6월호, 4~5쪽 ; 윤응진(1990), 「서독의 평화 교육론」,『신학연구』31호, 376~397쪽 ; 윤응진(1992), 「평화통일 교육의 실마리 ; 적대자상들 (Feindbilder)의 해체」,『신학연구』33, 4월호, 113~147쪽 ; O. F. Bollnow 저, 오인탁 역(1984), 「이성과 평화」,『현대사회』15, 가을호, 183~195쪽 ; 오인탁(1987), 「평화교육과 기독인의 책임」,『基督敎思想』339, 3월호, 92~103쪽 ; 오인탁(1988), 「평화교육의 목적과 내용」,『교육교회』, 7월호, 490~501쪽 ; 오인탁(1988), 「평화교육의 근거와 조건」,『성숙한 교회와 평화교육』, 예수교장로회 출판국, 195~206쪽 ; 오인탁(1988), 「평화교육 의 이념과 내용」,『基督敎思想』357, 9월호, 100~113쪽 ; 오인탁(1991), 「평화교육의 개념과 교육의 과제」,『우리 교육』, 10월호, 38~43쪽 ; 오인 탁(1996), 「사회갈등·비평화·비인간화의 교육적 해결의 과제」,『社會科 學硏究』5, 서강대학교, 385~418쪽 ; 오충일(1986), 「평화를 위한 교육」, 『새가정』, 5월호, 48~51쪽.
[학위논문] 임상빈(1984), 「평화교육으로서의 기독교 교육」, 이화여자대학 교 대학원 석사학위논문 외 13개.

통일을 주제로 한 연구는 다음과 같다.
[학술논문] 강용원(1992), 「통일 후의 교육적 문제점과 기독교적 대응방안」, 『미스바』18, 86~92쪽 ; 김성재(1992), 「신학교육에 있어서 통일교육의 방안」,『신학연구』33, 4월호, 57~111쪽 ; 김성재(1993), 「민족통일을 위한 북한교육 이해」,『신학연구』34, 5월호, 109~137쪽 ; 김형태(1993), 「교회 와 국가의 관계 속에서 한민족의 재통일 문제」,『평화』, 봄호 ; 김형태 (1995), 「민족의 통일과 희년의 의미」,『목회교육』제10호, 봄호 ; 노정선 (1988), 「평화와 통일을 위한 학교교육」,『기독교교육』, 3월호, 30~34쪽 ;

260

배민아(1989), 「평화 통일 교육을 위한 교회교육의 방법 및 과제」, 『기독교교육』, 9월호, 27~30쪽 ; 박종화(1989), 「평화 통일교육 지향 교육에 붙여」, 『기독교교육』, 9월호, 22~26쪽 ; 신경하(1994), 「통일을 위한 기독교 평화교육 현장」, 『기독교교육』 312, 9월, 24~30쪽 ; 양금희(1998), 「통일이후 동독지역 교회의 교육」, 『교육교회』, 6월호, 13~19쪽 ; 양금희(2000), 「통일 독일의 기독교교육」, 『교육교회』, 9월호, 8~15쪽 ; 오인탁, 「독일 사례 적용을 통해 본 청소년 통일교육방안」, 『독일 경험의 적용 : 통일대비교육의 새 모델과 정책대안』 민주평화통일자문회의 정책포럼, 127~150쪽 ; 오인탁(1989), 「통일교육의 필요성」, 『교육교회』, 6월호, 573~580쪽 ; 오인탁(1993), 「통일교육에서의 교육의 역할」, 『기독교 사상』 416, 8월호, 132~138쪽 ; 오인탁(1993), 「통일 독일에서의 교육의 역할」, 『基督敎思想』 416, 8월호, 132~148쪽 ; 오인탁(1997), 「통일 교육의 방향」, 이영선 편, 『통일준비』, 오름, 129~168쪽 ; 오인탁(2000), 「통일준비, 교회는 무엇을 해야하나」, 『교육목회』, 가을호, 64~72쪽 ; 윤응진(1992), 「평화통일 교육의 실마리 : 적대사상들의 해체」, 『신학연구』 33, 한국신학대학, 4월호, 113~147쪽 ; 윤응진(1995), 「기독교 평화 통일 교육을 위한 이론 정립의 방향 모색」, 『광복 50주년과 민족희년』, 한국기독교학회, 204~244쪽 ; 윤응진(1995), 「평화통일 희년 맞이를 위한 기독교교육적 과제」, 『민족통일과 평화』, 한국신학연구소, 217~261쪽 ; 윤응진(1996), 「통일의 기독교적 접근」, 한신대학교 평화연구소 통일원후원 학술세미나, 6·5월호, 「자료집」 54~91쪽 ; 장종철(1992), 「한반도의 평화통일을 위한 기독교교육」, 『기독교교육』 288, 6월호, 32~47쪽 ; 전풍자(1988), 「평화와 통일을 위한 가정교육」, 『기독교교육』, 5월호, 21~25쪽 ; 진연섭(1988), 「평화와 통일을 위한 교회교육」, 『기독교교육』, 3월호, 25~29쪽.

[학위논문] 기길선(1998), 「북한사회의 종교와 기독교 교육」, 숭실대학교 통일정책대학원 석사학위논문 외 4개.

이데올로기는 일반적으로 인문사회과학에서 비판과 연관되어 연구되고 강조되어왔다. 기독교교육학도 예외가 아니었다. 비판과 이데올로기를 주제 또는 개념으로 한 연구는 다음과 같다.

[단행본] 강희천(1999),『기독교교육의 비판적 성찰』, 대한기독교서회 ; 윤 응진(2000),『비판적 기독교교육론』, 다산글방.

[학술논문] 박창환(1984),「신학교육과 이데올로기」,『교회와 신학』16집, 7~19쪽 ; 김성재(1981),「학교교육 제도에 대한 비판적 고찰」,『신학연구』 23호, 14~47쪽 ; 강희천(1993),「종교교육과 비판이론」,『현대와 신학』 16, 5월호, 109~123쪽 ; 윤응진(1995),「Karl Barth 신학의 기독교교육적 수용에 관한 비판적 연구」,『한신논문집』12, 11, 175~244쪽 ; 이규민 (1996),「실천신학 방법론 정립을 위한 비판적 연구」,『계명신학』11, 268~ 292쪽 ; 윤응진(1997),「비판적 교육학에 관한 연구」,『신학연구』38, 6월호, 279~318쪽 ; 강순원(1997),「한국 교육의 민영화에 관한 비판적 고찰」, 『한신논문집』14, 10월호, 129~144쪽.

[학위논문] 서정찬(1988),「이데올로기화에 따른 기독교 교육학적 접근」, 침례신학대학교 신학대학원 석사학위논문 외 21개.

의식화와 탈학교는 Freire와 Illich에 의하여 제기된 개념이요 교육적 투쟁언 어이다. Illich가 천주교 신부요 Freire가 여러 해 동안 WCC에서 일했기 때문에 기독교교육영역에서도 그들의 특수한 색깔과 더불어 학자에 따라 특별히 선호되곤 하였다.

[단행본] 엘리아스 저, 김성재 역(1984),『의식화와 탈학교』, 사계절 ; Elias, John L 저, 은준관·김태원 역(1984),『의식화와 탈학교화 : 사회개혁을 위한 프레이리와 일리히의 제언』, 대한기독교출판사.

[학술논문] 김성재(1982),「의식화와 탈학교 교육의 비교연구」,『신학연구』 24, 110~143쪽 ; 문동환(1985),「의식화 교육의 과제」,『한국민중교육론』, 한길사 ; 정웅섭(1986),「교회교육의 탈학교화 과제」, 한신대학교,「세계

와 선교」 95 ; 박문옥(1991), 「Paulo Freire의 의식화 교육의 한계」, 『순복음신학대논문집』 2, 11월호, 193~208쪽.

[학위논문] 이귀선(1991), 「의식화교육의 실천으로서의 문화써클과 기초교회공동체」, 연세대학교 연합신학대학원 석사학위논문 외 6개.

3) 교육목회

교육목회는 오늘날 대단히 익숙해진 용어이다. 그러나 1970년대까지만해도 교육목회는 무척 생소한 용어였다. 오인탁이 1980년에 『교육목회지침서』를 번역, 출판하고, 예장 총회교육부가 1985년에 그 해의 교육표어를 "성숙한 교회와 교육목회"로 정하고 교육자료를 펴내면서 교육목회는 목회전반을 교육적 관점 아래서 파악할 뿐만 아니라, 여기서 더 나아가서 목회자체를 교육으로 보는 새로운 표현이요 개념으로 점차로 확산되어 갔으며, 교육목회는 이러한 교회의 교육적 사명과 구조에 대한 이해에 기초한 전문용어로 자리잡았다.

[단행본] 미국감리교교육부 편저, 오인탁 역(1980), 『교육목회지침서』, 기독교교육연구원 ; 대한예수교장로회총회교육부 편(1985), 『성숙한 교회와 교육목회 : 새 하늘과 새 땅을 향하여』, 대한예수교장로회총회 총회교육부 ; 드 그라프, A., 신청기 역(1988), 『교육목회학』, 기독교문서선교회 ; 고용봉 역(1991), 『신앙보훈집 : 주보를 통한 교육목회 자료』, 소망사 ; 정일웅(1993), 『교육목회학』, 솔로몬말씀사 ; 로버트 R. 오스머 저, 박봉수 역(1996), 『교육목회의 회복』, 한국장로교출판사 ; 마리아 해리스 저, 고용수 역(1997), 『회중 형성과 변형을 위한 교육목회 커리큘럼』, 한국장로교출판사 ; 신동작(1997), 『21세기 교육목회 프로그램』, 글로리아 ; 신형광(1997), 『교육목회와 교회성장』, 민영사 ; 김재은(1998), 『교육목회』, 성서연구사 ; 이훈구(2000), 『예수님의 교육목회』, 은혜출판사 ; 정혜원(2000), 『21세기 목회의 새바람 교육목회』, 예루살렘.

[학술논문] 정웅섭(1983), 「청소년 교육목회」, 『기독교교육』, 대한기독교교육협회, 185~194쪽 ; 고용수(1983), 「신앙공동체 중심의 교육론 : 교육목회의 이론적 기초(I)」, 『교회와 신학』 15집, 91~120쪽 ; 정일웅(1990), 「칼빈의 교리교육과 교육목회」, 『신학지남』 223, 봄호, 63~80쪽 ; 정정숙(1990), 「성경적 상담과 교육목회」, 『신학지남』 224, 여름호, 173~206쪽 ; 박상진(1992), 「갱년기 여성의 심리와 교육목회」, 『교육교회』, 5월호, 90~115쪽 ; 황화자(1992), 「교육목회의 주제, 아동복지」, 『기독교교육』, 5월호, 21~26쪽 ; 박상진(1993), 「교육목회를 위한 교육구조 및 체제 비교분석」, 『교육교회』, 12월호, 38~55쪽 ; 박원호(1993), 「교육목회의 우선순위」, 『교육교회』, 12월호, 31~37쪽 ; 이원희(1993), 「2000년대 교육목회의 실제방안 ; 뉴 미디어화를 통한 교육방법을 중심으로」, 『서울신학대 교수논총』 4집, 12월호, 85~129쪽 ; 고용수(1993), 「교회성숙을 위한 교육목회의 과제」, 『교육교회』, 1월호, 21~30쪽 ; 정영택(1993), 「교육목회의 모델적 접근 방법들」, 『교육교회』, 12월호, 17~30쪽 ; 정웅섭(1996), 「다원화 사회에서의 종교교육과 교육목회」, 『신학연구』 37호, 8월호, 193~223쪽 ; 강용원(1996), 「교육목회의 개념과 전략에 관한 일고찰」, 『고신대논문집』 23, 12월호, 71~89쪽 ; 고용수(1997), 「교육목회와 지도력 개발」, 『교회와 신학』 31집, 30~43쪽 ; 고용수(1997), 「교육목회와 지도력 개발」, 『교회와 신학』 31집, 30~43쪽.

[학위논문] 김곤(1986), 「교회성장을 위한 평신도 교육목회 방안」, 연세대학교 교육대학원 석사학위논문 외 31개.

4) 기독교교육

"기독교교육"은 "기독교교육학"과 개념의 구별이 없이 혼용되어왔다. 그래서 대학의 전공학과의 명칭에도 '학'자가 있기도 하고 없기도 하다. '기독교교육'은 글자 그대로 기독교교육과 교육학을 연구하고 실천하는

264

모든 사람들에게 있어서 중심이 되는 개념으로, 단행본과 학술논문의 명칭으로 가장 많이 애용되었다. 그래서 그 양이 엄청나기 때문에, 이 글에서는 단행본만을 시대순으로 제시하였다.

'기독교교육'은 기독교교육과 교육학을 이론적으로 소개하고, 전반적으로 진단하며, 학자로서 자기 자신의 고유한 학문적 이해와 관심을 피력하는 명칭으로 사용되었다. 특히 1961년에 반피득과 이성화가 『기독교교육』을 펴낸 후에, 이 책은 오늘에 이르기까지 가장 많이 읽혀진 개론서요 기독교교육의 역사와 내용 전반에 관한 소개서로 기능하여왔다. 잘 알려져 있는 개론서들은 김득룡(1976), 정웅섭(1976), 오인탁(1984), 오인탁 외(1984), 강희천(1991), 한국기독교교육학회(1992), 고용수 외(1994) 등이 있다. 그리고 Wyckoff, Miller, Rood, Vieth, Le Bar, Sherill, Seymour, Harper, Little, Peterson, 파울러, 그릭스 등 숱한 외국인 학자들의 개론서들이 번역되어졌다. 이러한 저술과 번역의 열기는 아마도 기독교학계를 넘어서서 일반적 인문사회학계와 비교해보아도 손색이 없을 것이다.

또한 학자들의 개성 있는 관점과 입장에 따라 기독교교육에 관한 연구가 특색 있게 이루어졌다. 문동환의 '인간해방'(1979), 손승희의 사회적으로 넓게 이해한 기독교교육(1983), 오인탁의 개방적 기독교적 교육의 관점으로 접근한 기독교교육(1984), 은준관의 교육의 장을 중심으로 정리한 기독교교육(1988), 고용수의 '만남'을 중심개념으로 접근한 기독교교육(1994), 강희천(1999)과 윤응진(2000)의 '비판'을 중심으로 상이하게 접근한 기독교교육 등이 분야의 연구서로 돋보이는 저서들이다.

[단행본] 박신오 외(1961), 『예배와 기독교교육』, 총리원 교육국 ; 반피득 · 이성화(1961 · 1980 · 1993), 『기독교교육』, 대한기독교서회 ; P. Mildred 저, 박형규 역(1964), 『어린이와 기독교교육』, 대한기독교교육협의회 ; D. C. Wyckoff 저, 김득렬 역(1965 · 1981), 『복음과 기독교교육』, 대한기독교교육협회 ; R. C. Miller 저, 서광선 역(1965), 『어린이와 교회와 기독

교교육』, 기독교서회 ; R. C. Miller 저, 서광선 · 박형규 역(1965),『기독교교육과 교회』, 대한기독교서회 ; 김봉자(1967),『기독교교육원리』, 총리원 전도국 ; J. Gordon Chamberlin 저, 김관석 역(1970),『기독교교육서론』, 대한기독교서회 ; William Roy Niblett 저, 장병일 역(1970),『세속사회와 기독교교육』, 대한기독교서회 ; 김득룡(1971),『교사와 기독교교육』, 크리스챤 헤럴드 ; 은준관(1971),『왜? : 기독교교육 목적을 중심하여』, 감리교신학대학 기독교교육연구소 ; 버나드 앤더슨 저, 감신기독교교육연구소 역(1973),『무엇을 기독교교육내용을 중심하여』, 감리교신학대학 기독교교육연구소 ; 김득룡(1973),『기독교교육심리학』, 한국복음문서연구회 ; 김형태(1973),『기독교교육의 기초 : 기독교교육개론』, 대한예수교장로회총회교육부 ; 서울기독교통신대학(1973), 『기독교교육학』, 청해출판사 ; 버나드 앤더슨 저, 한국선교교육연구원 역(1973),『무엇을? 기독교교육 내용을 중심하여』, 성광문화사(한국 선교교육연구원 훈련재료시리즈) ; 김득용(1976 · 1982 · 1998),『기독교교육학원론』, 총신대학교 출판부 ; Wayne R. Rood 저, 손승희 역(1976),『기독교교육』, 한국과학연구소 ; 은준관(1976 · 1979 · 1989 · 1995),『교육 신학 : 기독교교육의 이론적 근거』, 대한기독교서회 ; 정웅섭(1976),『기독교교육개설』, 대한기독교교육협회 ; Jan Waterink 저,김성린 · 김성수 역(1978),『기독교교육원론』, 소망사 ; Paul H. Vieth 저, 김소영 역(1978),『기독교 교육과 예배』, 대한예수교장로회총회교육부 ; 은준관(1978),『어떻게? : 기독교교육 방법을 중심하여』, 성광문화사 ; 문동환(1979),『인간해방과 기독교교육』, 한국신학대학 출판부 ; Edward Hakes 저, 정정숙 역(1979 · 1994),『기독교교육학개론』; 강순복(1980),『피아제의 인지발달이론과 기독교교육』, 장로회신학대학 출판부(기독교교육연구원 교육총서) ; George M. Sehreyer 저, 채위 역(1976),『신학과 기독교 교육』, 대한기독교교육협회 ; John H. Westerhoff III 저, 김재은 역(1978),『기독교교육 논총』, 대한기독교 출판사 ; 김득룡(1980),『기독교교육원리』, 대한예수교장로회총회 교육부 ; 대한예수교장로회총회 교육부 편(1980), 『기독교교육의 좌표』, 대한예수교장로회총회 교육부 ; 백용회(1980), 『쉐릴의 기독교교육』, 장로회신학대학 출판부(기독교교육연구원총서) ; Joan Dean 저, 이정기 역(1980), 『아동발달과 기독교교육』, 보이스사 ; Lois E Le Bar 저, 정정숙 역(1980), 『기독교교육의 기초』, 세종문화사 ; 정정숙(1980), 『기독교교육과정론』, 대한예수교장로회총회출판부 ; Lewis Joseph Sherill 저, 김재은·장기옥 공역(1981), 『만남의 기독교교육』, 대한기독교교육협회 ; D. C. Wyckoff 저, 전택부 역(1981), 『기독교교육의 과제』, 대한기독교교육협회 ; 정웅섭(1981), 『기독교 교육의 이론과 실제』, 대한기독교출판사 ; 마빈 테일러 편저, 송광택 역(1982), 『기독교교육학』, 대한예수교장로회총회교육부(한국교회 100주년 기념 기독교교육연구시리즈 1) ; 이은숙(1982), 『영적 성장을 위한 기독교교육 원리에 관한 연구』, 대한신학교신학연구소 ; Jack L. Seymour·Donald E. Miller 공저, 임영금 외역(1982), 『오늘의 기독교 교육 연구』, 대한예수교장로회총회교육부 ; 로버트 R 보엘케 저, 김형태 역(1983), 『기독교교육의 학습이론』, 백암출판사 ; 손승희(1983), 『기독교교육학』, 기독교방송(신학총서 6) ; 루시 W. 바아버 저, 오태용 역(1983), 『유아를 위한 기독교교육』, 정경사 ; Eavey, C. B. 저, 박영호 역(1984), 『기독교교육 원리』, 기독교문서선교회 ; 월터 헨릭슨 저, 양은순 역(1984), 『자녀를 그리스도의 제자로』, 생명의 말씀사 ; 小林公一 저, 엄문용·김수훈 역(1984), 『기독교교육』, 보이스사 ; 오인탁 편저(1984), 『기독교교육론』, 대한기독교교육협회 ; 오인탁(1984·1986·1991), 『기독교 교육』, 종로서적 ; 해롤드 W. 버쥐스 저, 오태용 역(1984), 『기독교 교육론』, 정경사 ; 윤응림(1984), 『기독교 교육학』, 경향문화사 ; 웨인 R. 루드 저, 손승희 역(1986), 『기독교교육』, 한국신학연구소 ; 죠지 R. 나이트 저, 박영철 역(1987), 『철학과 기독교교육』, 침례신학대학 출판부 ; 로버트 E. 클라크 저, 윤형복 역(1987), 『교사를 위한 취학전 아동이해와 기독교교육』, 엠마오 ; Donald E. Miller 저, 고용수·장종철 역(1988), 『기독교교육 개론』, 대한예수교장로회총회 출판국 ; Norman E.

Harper 저, 이승구 역(1984), 『(제자훈련을 통한)현대기독교교육』, 정음출판사(재판 : 엠마오, 1986) ; 최성찬(1986), 『기독교와 교육』, 계명대학교출판부 ; 웨인 루드 저, 김태원 역(1987), 『기독교교육론』, 기독교대한감리회교육국 ; 김태원(1987), 『교회의 교육적 사명』, 종로서적 ; 죠지 R. 나이트 저, 박영철 역(1987), 『철학과 기독교교육』, 침례신학대학 출판부 ; Little, Sara 저, 사미자 역(1988), 『기독교교육 교수방법론』, 대한예수교장로회총회 출판국 ; 은준관(1988), 『기독교교육현장론』, 대한기독교서회 ; 은준관(1988), 『기초교육』, 대한기독교서회 ; 이경우·이혜상 저(1988·1994), 『유아를 위한 기독교 교육의 이론과 실제』, 창지사 ; 피터 P. 퍼슨 저, 이정기 역(1988), 『기독교 교육개론』, 보이스사 ; Gilbert A. Peterson 저, 이정효 역(1988), 『성인 기독교교육』, 마라나다 ; 서철석(1990), 『기독교 교육 연구』, 기독교교육연구소 ; 데이 E. 젠킨스 저, 윤형복 역(1986), 『(교사를 위한)어린이 이해와 기독교 교육』, 엠마오 ; 폴 E. 로스 저, 윤형복 역(1986), 『평신도 이해와 기독교 교육』, 엠마오 ; 대한예수교장로회총회 교육부편(1989), 『(재외 한인을 위한),기독교교육의 기초』, 대한예수교장로회총회 출판국 ; 정웅섭(1991), 『현대 기독교교육의 과와 방법』, 대한기독교서회 ; 총신대학부설 기독교교육연구소(1991), 『기독교교육연구 : 기독교와 여성』, 한국로고스연구원 ; 강희천(1991), 『기독교교육사상』, 연세대학교 출판부 ; 진닌 슈밀 저, 박종석 역(1992), 『가정에서의 몬테소리 기독교교육』, 한국교화교육협회 ; 한국기독교교육학회 편(1992·1999), 『기독교교육』, 대한기독교교육협회 ; 김국환(1993), 『기독교 교육 사역론』, 대한기독교교육협회 ; 류재하(1993), 『(성결교회)기독교교육』, 청파 ; 바이넘빌(1993), 『청소년 이해와 기독교 교육』, 엠마오 ; 임종달(1993), 『커뮤니케이션과 기독교교육』, 서울서적 ; 정웅섭(1993), 『기독교교육의 이론과 실제』, 대한기독교 출판사 ; 대한예수교장로회기독교학교협의회(1994), 『기독교 학교교육 제4집 : 신한국 창조와 기독교교육』, 세신문화사 ; 신서균(1994), 『기독교 교육의 기초』, 기독교문서선교회 ; 고용수 외(1994),

『기독교교육개론 상·하』, 한국장로교 출판사(신학연구도서 9) ; 고용수(1994), 『만남의 기독교 교육사상』, 장신대 출판부 ; Jack L. Seymour·Donald E. Miller 저, 김재은·임영택 역(1994), 『기독교 교육과 신학의 대화』, 성공문화사 ; 이종식(1994), 『기독교교육학개론』, 한글 ; 김용섭(1996), 『기독교교육철학』, 개혁주의신행협회 ; 김희자(1996), 『정보화사회와 기독교 교육』, 총신대학교 출판부 ; 제임스 W. 파울러 저, 박봉수 역(1996), 『변화하는 시대를 위한 기독교교육』, 한국장로교 출판사 ; 박원호(1996), 『신앙의 발달과 기독교교육』, 장로회신학대학교 출판부 ; 한국기독교교육학회 편(1997), 『21세기 기독교교육의 과제와 전망』, 한국장로교 출판사(기독교교육 논총 2집) ; 도날드 L. 그릭스·주디 맥케이 저, 김기영·김희정 역(1997), 『소규모 교회의 기독교교육』, 성지출판사 ; 클라우스 이슬러·로날드 하버마스 저, 김성웅 역(1997), 『복음주의 기독교 교육의 기초와 실제 : 화목을 위한 가르침』, 도서출판 디모데 ; 이영순(1998), 『기독교 학교의 21세기 기독교교육 방향연구』, 보이스사 ; 한국기독교교육학회 기획위원회 편(1998), 『한국 기독교교육학의 개척자』, 한국장로교 출판사 ; 한국기독교교육학회기획위원회 편집(1999), 『기독교교육 논총』(4), 장로교출판사 ; 강희천(1999), 『기독교교육의 비판적 성찰』, 대한기독교서회 ; 엄문용(1999), 『기독교교육과의 만남』, 도서출판 미드웨스트 ; 정의숙(1999), 『마르셀의 참여개념과 스나이더의 형상학적 접근방법 : 기독교교육을 위한 이론적 모델』, 이화여자대학교 출판부 ; 정정숙(1999), 『기독교교육』, 베다니 ; 월터 브루거만 저, 강성열·김도일 역(1999), 『창조적인 말씀을 통한 기독교교육』, 한들 ; 최성찬(1999), 『기독교교육의 이론적 근거』, 한국장로교출판사 ; 한국기독교교육학회 기획위원회 편(1999), 『한국 교단의 기독교교육사』, 장로교출판사 ; 강희천(2000), 『종교심리와 기독교교육』, 대한기독교서회 ; 윤응진(2000), 『비판적 기독교교육론』, 다산글방 ; 정소영(2000), 『상담과 기독교교육』, 한국장로교출판사 ; 한국기독교교육학회 편(2000), 『새 밀레니엄과 기독교교육의 패러다임 변화』, 장로교출판사.

5) 교육과정

교육과정은 기독교교육학자들이 가장 많이 연구한 영역들 가운데 하나일 것이다. 교육과정의 연구는 교육과정의 이론에 관한 연구, 교단의 교육과정과 교재의 개발에 관한 연구, 그리고 교리교육에 관한 연구로 크게 나눌 수 있다. 교육과정의 이론에 관한 연구는 고용수가 단연 독보적이다. 학위논문도 커리큘럼 디자인이지만, 고용수는 1984년부터 현재까지 지속적으로 교육과정에 관한 논문을 발표하고 있다. 교리교육은 기독교교육의 역사에서 큰 중심이요 기둥을 차지하고 있다. 그러나 천주교가 기독교보다 훨씬 더 중시하는 개념이 되어서 그런지, 우리의 학계에서는 교리교육에 관한 연구가 별로 없다. 그러한 가운데 유독 정일웅이 예외적으로 그리고 집중적으로 1984년부터 현재까지 교리교육에 관한 연구논문을 발표하고 있다.

교단의 교육과정과 교재 개발은 예장 통합, 예장 합동, 감리교, 기장, 고신, 침례교 등 거의 모든 교단에서 이루어지고 있다. 교재 개발은1960년대 후반부터 한국의 대표적 교단들에 있어서 자체적으로 시작되었다. 그리하여 1970년대에 통일공과의 시대를 마감하고 교단별 교재개발과 출판의 시대가 열렸다. 예장 통합 측은 1972년에 계단공과 『성서와 생활』을, 1981년에 『말씀과 삶』을 개발하였으며, 2000년에 『하나님의 나라』를 새로 개발하였다.[15] 기장은 1970년에 문동환에 의하여 5단계 교육과정이 제시되었고, 1981년에 『하나님·세계·교회』가 개발되었으며, 1989년부터 1991년까지 『함께 사는 세상』, 『함께 믿는 교회』, 『함께 세우는 나라』 등, "함께"로 시작되는 교재 시리즈가 개발되었다.[16] 고신은 1966년에 『생명의 양식』을 개발하였으며, 1987년에 이를

---

15) 고용수(1999), 「대한 예수교장로회(통합)의 기독교교육사」, 『한국교단의 기독교교육사』, 한국기독교교육학회, 100~111쪽에 자세한 교재개발의 역사가 기록되어 있다.

16) 윤응진(1999), 「한국기독교장로회의 기독교교육사」, 『한국교단의 기독교교육사』,

개편하였고, 1994년에 3차 개편작업을 하였다.[17] 예장 합동은 보수교단답게
『주일학교 계단공과』를 교재의 명칭으로 고수하고 있으며, 1967년에 교재를
개발하였고, 1998년에 새 교재를 개발하였다.[18] 기성은 1970년에『성경공부』
를 출판하였으며, 1988년에『성결한 삶』을 개발하였다.[19] 침례교는 1959년에
『주일학교 공과』를, 1990년에『예수꼴 공과』를 개발하였다.[20]

[단행본] 아이리스 V. 컬리(Cully, Iris V) 저, 고용수 역(1993),『(기독교교육
을 위한) 커리큘럼의 계획과 선택』, 한국장로교출판사 ; D. C. 와이코프
저, 김국환 역(1990),『기독교 교육과정의 이론과 설계』, 성광문화사 ; 김태
원(2000),『교회교육 커리큘럼』, 종로서적 성서출판사(교사교육시리즈
8) ; 문동환(1970),『교회교육 지침서』, 한국기독교장로회 ; 은준관(1975),
「교회교육 연구 실험 교육 종합보고서」, 감리교신학대학 기독교교육연구
소 ; 은준관(1988),『기초교육 : 주일교회학교 교사 교육과정 I』, 대한기독
교서회 ; 정웅섭(1988),『전문교육(주일교회학교 교사교육과정)』, 대한기
독교서회 ; 정웅섭(1988),『전문교육(주일교회학교 교사교육과정)』, 대한기
독교서회 ; 정정숙(1980),『기독교교육과정론』, 대한예수교장로회총회출
판부 ; 정희영 외(2000),『(주제중심의)기독교 유아교육과정』, 다음세대 ;
주선애 편찬(1971~76),「성서와 생활」, 대한예수교장로회 주일학교교재
총회교육부 ; 주선애 편찬(1980~1983),「말씀과 삶」, 대한예수교장로회
주일학교 교재, 총회교육부 ; 총신대부속유치원 편(1999),『기독교 유치원

184~187쪽.

17) 강용원(1999),「대한예수교장로회(고신)의 기독교교육사」,『한국교단의 기독교교
　　육사』, 219~229쪽.

18) 한춘기(1999),「대한예수교장로회(합동)의 기독교교육사」,『한국교단의 기독교교
　　육사』, 128쪽 이하 참조.

19) 이정효(1999),「기독교대한성결교회의 기독교교육사」,『한국교단의 기독교교육
　　사』, 247~251쪽.

20) 이석철(1999),「기독교한국침례회의 기독교교육사」,『한국 교단의 기독교교육사』,
　　291~293쪽.

교육과정 : 1학기~2학기』, 장지사 ; 정일웅 편저(1987), 『(종교개혁시대의)기독교 신앙의 가르침 : 루터, 칼빈, 하이델베르그 신앙교육서와 그 해설』, 풍만.

[학술논문] 간하배(1980), 「새로운 여교역자상 정립과 커리큘럼」, 『신학과 선교』 6집, 4월호, 215~234쪽 ; 고용수(1982), "The Church's Educational Ministry for Adults : A Framework for Curriculum Design", Columbia University ; 고용수(1984), 「교육과정 이론의 최근동향」, 『신학사상』 46집, 가을, 592~616쪽 ; 고용수(1986), 「'그리스도인의 신앙과 생활' 커리큘럼의 형성과정 분석연구」, 『장신논단』 2, 289~310쪽 ; 고용수(1986), 「만남의 기독교 교육을 위한 커리큘럼의 본 구조 : Emil Brunner의 encounter 개념을 중심으로」, 『교회와 신학』 18집, 260~295쪽 ; 고용수(1988), 「'말씀과 삶' 커리큘럼의 형성과정 및 이론분석」, 『장신논단』 4, 220~252쪽 ; 고용수(1990), 「'합동교육과정 프로젝트(C.C.P)'의 내용범위 해설」, 『교회와 신학』 22집, 336~370쪽 ; 고용수(1991), 「교회교육을 위한 커리큘럼의 기초」, 『교회와 신학』 23집, 269~299쪽 ; 고용수(1993), 「기독교 교육의 목적 해설 : '협동교육과정](C.C.P)'의 목적을 중심으로」, 『장신논단』 9, 473~499쪽 ; 고용수(1996), 「21세기를 향한 교육과정 개선 방향 : 장로회신학대학원 신학교육을 중심으로」, 『교회와 신학』 28, 4월호, 313~335쪽 ; 고용수(1991), 「교육과정 이론에서 본 교회교육의 과제」, 『장신논단』 15집, 526~559쪽 ; 김득렬(1968), 「한국교회의 평신도교육 커리큘럼 작성방향 연구」, 『연세논총』 5집, 167~212쪽 ; 김득룡(1966), 「기독교교육 커리큘럼론」, 『신학지남』 33-3집, 가을호, 28~48쪽 ; 김용섭(1987), 「일반교육과 기독교교육에 있어서의 교육과정 및 교수학습 개념에 대한 비교 연구」, 『고신대논문집』 15, 263~298쪽 ; 김희자(1993), 「기독교 교육에 있어서 교육과정의 재개념화 연구」, 『총신대논문집』 11, 8월호, 53~67쪽 ; 노윤백(1994), 「21세기 침례신학대학교 Curriculum을 위한 사회적인 기초자원 연구」, 『복음과 실천』 17집, 9월호, 106~121쪽 ; 노윤백(1995), 18집, 9월호,

97~115쪽 ; 노윤백(1996), 19집, 9월호, 130~151쪽 ; 손승희(1976), 「한국 교회학교 성경교재 커리큘럼에 나타난 종교적 개념에 대한 연구」, 『이대논총』 27호, 61~78쪽 ; 손승희(1980), 「한국 기독교교육의 가치관-현재 사용하는 커리큘럼 분석-」, 『신학사상』 28집, 봄호, 5~40쪽 ; 오인탁(1990), 「독일의 종교교육과정이론의 최근 동향」, 『교육철학』 8, 81~93쪽 ; 오춘희(2001), 「신학대학교 교양교육과정 방향에 관한 연구」, 『기독교교육정보』 2, 243~266쪽 ; 이수덕(1973), 「기독교학교의 교육과정-우리나라 기독교 대학생의 교육과정 구성동향 중심-」, 『서울여대 논문집』 3호, 78~83쪽 ; 이수덕·김신일·이광자(1973), 「한국의 현행 기독교대학 교육과정의 구성과 운영에 관한 분석 및 평가, 한국 기독교대학 교육내용의 기능과 성격에 대한 종합연구」, 『계명대학, 숭전대학, 서울여자대학 합동논문집』, 65~128쪽 ; 이영숙(1993), 「주일학교를 위한 매스 미디어교육과정 연구」, 『신학전망』 103집, 겨울호, 38~47쪽 ; 임영택(1997), 「감리교 커리큘럼을 위한 교육신학적 기초 연구 : 신학적 진술과 연령층별 교육적 의미」, 『협성 논총』 7, 10월호, 29~56쪽 ; 임창복(1989), 「성결교회, 기독교장로교회 그리고 감리교의 교육과정 분석」, 『교회와 신학』 21집, 336~368쪽 ; 주선애(1964), 「한국교회 교육과정의 성격과 한국교회 교육과정 개조에 있어서의 적용」, 『계명대학, 숭전대학, 서울여자대학 합동논문집』 1, 261~281쪽 ; 주선애(1971), 「한국교회 교육과정 목적설정에 대한 연구」, 『교회와 신학』 4, 74~108쪽.

[학위논문] 강인철(1980), 「기독교 교육과정 개발을 위한 모델정립의 한 시도」, 장로회신학대학교 석사학위논문 외 56개.

[교리교육에 관한 학술논문] 박제원(1990), 「현대교리교육의 재구성」, 『신학전망』 91집, 겨울호, 18~41쪽 ; 송순재(1993), 「루터의 교리문답과 그 교수학적 가능성」, 『신학과 세계』 31, 가을호, 264~291쪽 ; 윤주병(1982), 「청소년 교리교육의 기본방향」, 『신학전망』 59집, 가을호, 48~64쪽 ; 이원일(2000), 「기독교 교육과정론에 대한 현상학적 접근 연구」, 『신학과

목회』15집, 357~383쪽 ; 전재국(1982), 「교리교육의 과거와 현재」,『신학전망』59집, 가을호, 32~47쪽 ; 정일웅(1984), 「Katechismus 교육에 대한 연구」,『신학지남』203, 겨울호, 208~225쪽 ; 정일웅(1985),『신학지남』204, 봄호, 149~167쪽 ; 정일웅(1988), 「종교개혁시대의 Katechismus 연구」,『신학지남』217, 가을호, 20~56쪽 ; 정일웅(1988), 「칼빈의 교리교육과 제네바 신앙교육서 연구」,『신학지남』218, 겨울호, 143~160쪽 ; 정일웅(1990), 「칼빈의 교리교육과 교육목회」,『신학지남』223, 봄호, 63~80쪽 ; 정일웅(1997), 「하이델베르거 카테리스무스의 신앙교육적 의의」,『신학지남』251, 여름호, 33~47쪽.

6) 여성

기독교교육은, 교회사적으로 보면, 남성이 연구하고 여성이 실천한다. 이러한 편견이 오랫동안 교회의 역사를 통하여 흘러왔다. 특히 한국과 같은 남성중심의 가부장적 사회에서는, 여성이 교회의 교육활동에 남성보다 절대적으로 더 많이 참여하고 있음에도 불구하고, 남성과 동등한 대접을 받아오지 못하였다. 그래서 여성의 안수와 항존직 인정에 그렇게나 오랜 세월이 걸렸다. 예장 통합은 60여 년 동안이나 투쟁한 끝에 이제 겨우 쟁취하였으나, 여전히 여목사와 여장로의 설 자리는 좁다. 그리고 예장 합동은 여전히 여성의 안수를 거부하고 있다. 그래서 학계에서 '여성'을 연구의 주제로 삼고 feminism의 기치를 높이 들어올리기 시작하였을 때에, 기성 학계와 교계의 반발은 무척이나 심했다. 그런데 놀라운 것은 우리 기독교교육학계에서 여성의 문제를 연구하고 발표하기 시작한 연대가 1970년대 중반으로, 한국의 인문사회과학계와 정치계에서 여권운동이 활발하게 벌어지기 시작한 연대보다 앞서면 앞섰지 뒤쳐지지 않았다는 점이다.

이미 1978년에 주선애는『장로교 여성사』를 펴냈고, 그 후에 여러 편의 논문에서 여성의 선교, 안수, 운동, 신학 등의 문제를 다루었다. 정정숙도

1984년부터 여성을 주제로 한 연구를 지속적으로 발표하고 있다. 놀라운 것은 이 두 사람이 모두 지극히 보수적인 신앙을 가지고 있는 학자들이라는 사실이다. 두 사람 외에도 임창복, 이춘실을 비롯하여, 장종철, 강희천, 한춘기 등이 여성에 관한 연구를 발표하고 있다. 여기서 우리는 다음과 같은 사실을 확인하게 된다. 여성의 문제에 있어선 진보와 보수도, 여성과 남성도 문제가 되지 않는다. 특히 여성을 주제로 한 석사학위논문의 엄청난 양과 다양한 주제들, 그리고 연구자의 절대다수가 여성들이라는 점이 주목된다. 그리고 최근에 백은미(1999)와 윤정란(2000) 등, 여성을 주제로 한 박사학위논문도 나오기 시작하였다.

[단행본] 수잔 헌트·페기 허치슨 저, 이희영 역(2000), 『교회안에서의 여성 리더십』, 쿰란출판사 ; 주선애(1976), 『여성을 위한 설교』, 목양사 ; 주선애(1978), 『장로교 여성사』, 대한예수교장로회 여전도회전국연합회 ; 총신대학부설 기독교교육연구소(1991), 『기독교교육연구 : 기독교와 여성』, 한국로고스연구원.

[학술논문] 정세화·최숙경(1976), 「개화기 한국여성의 근대의식 형성」, 이화여자대학교 한국문화연구원 『논총』 28, 329~376쪽 ; 주선애(1977), 「한국교회 성인교육계획의 방향과 학습과정에 관한 연구」, 『교회와 신학』 8, 132~150쪽 ; 주선애(1978), 「초기 한국교회 여성운동에 관한 연구」, 『교회와 신학』 10집, 62~88쪽 ; 주선애(1979), 「한국 여성 선교전략」, 『교회와 신학』 11, 87~106쪽 ; 주선애(1983), 「한국교회사 측면에서 본 여성신학」, 『교회와 신학』 15, 19~35쪽 ; 정정숙(1984), 「조선시대의 여성교육」, 『총신대논문집』 4, 3월호, 79~105쪽 ; 주선애, 「바람직한 여교역자 상」, 『장신논단』, 175~179쪽 ; 주선애(1985), 「한국 기독교 여성운동 백년의 회고」, 『기독교사상』 318, 4월호, 53~72쪽 ; 배가례(1987), 「한국교회 2세기를 위한 교회여성의 임무」, 『신학과 선교』 12집, 3월호, 133~148쪽 ; 이춘실(1987), 「교회여성지도자 개발의 중요성과 그 활용」, 『교회와 신학』

19집, 468~489쪽 ; 이춘실(1992), 「교회 여성지도자 교육원 운영의 실패와 과제」,『교회와 신학』24집, 555~574쪽 ; 강희천(1995), 「여성과 종교교육」, 『현대와 신학』20, 6월호, 128~158쪽 ; 김종환(1995), 「취약여성의 자아실현을 위한 프로그램 연구」,『서울신학대교수논총』6집, 12월호, 213~240쪽 ; 정정숙(1996), 「한국기독교 여성교육에 관한 연구」,『신학지남』246, 봄호, 186~222쪽 ; 정정숙(1996), 「기독교의 전래와 여성의 역할」,『신학지남』249, 겨울호, 241~264쪽 ; 한춘기(1997), 「교회내에서의 여성교육 사역에 대한 고찰」,『신학지남』250, 봄호, 98~113쪽 ; 정정숙(1997), 「한국교회에서의 여교역자의 역할에 관한 연구」,『신학지남』250, 봄호, 21~50쪽 ; 정정숙(1998), 「일제전기의 기독교 여성교육 연구」,『신학지남』257, 겨울호, 71~95쪽 ; 정정숙(1999), 「일제후기의 기독교 여성교육 연구」, 『신학지남』259, 여름호, 225~254쪽 ; 정정숙(2000), 「일제하 기독교 여성교육 연구」,『신학지남』264, 가을호, 217~242쪽 ; 정정숙(2000), 「한국사회의 변화와 기독교 여성 교육의 성장」,『신학지남』265, 겨울호, 215~242쪽 ; 백은미(2001), 「교육신학 전통에 대한 여성주의적 비판과 방향모색」, 『기독교교육정보』2, 171~196쪽.

[학위논문] 김영순(1975), 「한국 천주교회의 여성교육에 관한 연구」, 경희대학교대학원 석사학위논문 ; 한은실(1978), 「여성해방신학과 기독교교육」, 이화여자대학교대학원 석사학위논문 ; 홍화자(1979), 「의식화에서 본 여성과 교회-P. Freire와 L. M. Russell을 중심으로」, 감리교신학대학교대학원 ; 김경자(1980), 「초기한국교회의 여성운동에 관한 연구(1885~1910)」, 장로회신학대학교대학원 석사학위논문 ; 윤정란(2000), 「일제시대 한국 기독교 여성운동 연구」, 숭실대학교대학원 박사학위논문 외 56개.

7) 만남

'만남'은 기독교교육의 주요개념으로 대단히 강조되어왔다. 그러나 연구의 테마로는 의외로 그렇게 많이 다루어지지 않았다. 차풍로와 이정기가 1975년도에 만남에 관한 논문을 발표한 후에, 10년을 건너뛰어 고용수, 한숭홍, 김광률 등이 논문을 발표하여왔다. 특히 고용수는 만남에 관한 지속적 연구를 하였으며, 그 결과를 1994년에 저서로 내놓았다. 만남에 관한 쉐릴의 책이 번역되었을 뿐만 아니라, 만남을 중심으로 쉐릴이 학위논문의 주제로 다양하게 다루어지고 있다.

[단행본] Sherrill, Lewis Joseph 저, 김재은·장기옥 역(1981),『만남의 기독교교육』, 대한기독교교육협회 ; L. J. Sherrill 저, 정웅섭 역(1981),『만남의 종교심리』, 전망사 ; 고용수(1994),『만남의 기독교 교육사상』, 장로회신학대학 출판부.

[학술논문] 차풍로(1975),「신경건주의 운동으로서의 현대 Encounter 문화 이해-만남의 신학의 가능성」,『신학과 세계』, 4월호, 137~148쪽 ; 이정기(1975),「O. F. Bollnow와 L. J. Sherrill의 교육론에 있어서의 만남의 이해에 대한 비교연구」,『신학과 선교』3집, 365~392쪽 ; 고용수(1985),「Emil Brunner의 만남의 개념 분석」, 장로회 신학대학『장신논단』창간호 ; 고용수(1986),「만남의 기독교 교육을 위한 커리큘럼의 본 구조 : Emil Brunner의 encounter개념을 중심으로」,『교회와 신학』18집, 260~295쪽 ; 한숭홍(1987),「옷토 프리드리히 볼노의 실존교육사상 : 그의 만남 개념을 중심으로」,『교회와 신학』19집, 446~467쪽 ; 김광률(1996),「참만남 집단(encounter group) 경험의 기독교 교육적 의미」,『한남대논문집』(인문과학) 26, 5월, 119~133쪽.

[학위논문] 정하용(1971),「만남의 본질과 교육학적 의의」, 연세대학교 교육대학원 석사학위논문 외 17개.

5. 연구관심과 제자양성

기독교교육학은 신앙과 신학, 인생관과 교육학이 함께 연합되어 이론과 실천으로 여무는 학문이기 때문에 학자마다 연구관심이 다르다. 그래서 하나의 보편타당한 기독교교육학은 없고 수많은 기독교교육학들이 있을 뿐이다. 그리고 기독교교육학은 이와 같은 논리적 다수주의의 흐름 위에서 만개하고 많은 열매를 맺는다.

한국에서 기독교교육학은 위에서 살펴본 바와 같이 엄청난 성장을 하여왔다. 이 장에서는 한국의 기독교교육학의 색깔을 만들어 가는 주역들이라고 할 수 있는 학자들을 범례적으로 선택하여, 그들의 연구관심과 업적을 개관하여 보았다. 선택은 연구자의 주관에 따른 것이므로, 아무런 객관적 구속력도 없다. 연구자는 진보적 흐름을 대표하는 한신대학교, 중도적 흐름을 대표하는 장신대학교, 그리고 보수적 흐름을 대표하는 총신대학교, 그리고 이러한 흐름을 모두 속성으로 갖고 있는 비교단적 연세대학교를 들어서, 이 학교들에서 연구하고 교수하는 학자들의 활동으로 통하여 기독교교육학의 색깔들이 그대로 드러나도록 하였다. 서술하는 형식은 각 신학대학교에서 기독교교육학을 연구하고 교수하는 전임의 순서대로, 그리고 이 순서가 자연스럽게 스승과 제자의 관계를 말해주는 것이기도 하지만, 학자의 학문과 업적을 간략히 서술하는 형식을 취하였다.

1) 한신대학교

한신대학교에서는 문동환, 정웅섭, 김성재, 윤응진, 이준모를 다루었다.

문동환은 「1세기의 그리스도와 20세기의 한국청년」(1961)이라는 당시엔 물론이고 현재에도 기독교교육학적 학위논문의 테마론 낯설고 이색적인 논문으로 학위를 받고 귀국하여 한국의 기독교교육학계에서 초창기에 자신의 연구관심을 통하여 엄청난 영향력을 발휘하면서 기독교교육학을 다만 주일학교교육학이 아니라 사회변혁의 이론학, 실천학으로 교계에 소개하였다. 그의 연구관심은 구체적 생활세계 안에서 실존하는 청년, 공동체, WCC, 해방, 세속화, 민주화, 의식화 등의 개념으로 묶여진다. 문동환은 그의 연구관

278

심을 『교회교육 지침서』(1970)로 구체화하여, 오늘날 기독교장로회와 한신 대학교가 갖고 있는 정체성의 길을 열었다. 그는 「Paulo Freire의 교육이론과 한국교회」(1971), 「선교교육과 공동체 모색」(1973), 「새 공동체 회복과 기독 교교육」(1975), 「민중교육론」(1979), 문동환(1984), 「한국의 미래공동체와 교회」, 『기독교사상』 1월호 (1984), 「의식화 교육의 과제」(1985), 「평화의 기수는 민중이다」(1985), 「행동신학과 신학교육 : 민중신학적 입장에서」 (1986), 등의 글을 발표하여, 보수적인 한국의 교계와 학계를 끊임없이 흔들어 깨웠다. 문동환의 대표적 저서는 『한국 기독교교육사』(1974), 『인간해방과 기독교교육』(1974), 『아리랑 고개의 교육』(1985), 『어둠이 빛을 이겨본 적이 없다』(1987), 『생명의 기화교육』(1997)이다. 문동환은 연구, 교수, 목회, 공동 체생활, 그리고 정치의 여정을 기독교교육적 관점에서 부활의 교육신앙으로 반성하는 글(「예수의 부활과 교육」, 1999)을 끝으로 은퇴하였다. 문동환의 제자들인 정웅섭, 김성재, 윤웅진 등에서 그의 삶과 교육이 후학들에게 확실 하게 침전되고 이어졌음을 볼 수 있다.

문동환의 첫 제자인 정웅섭은 「'하나님' 가르침에 있어서의 시청각적 교수법」(1967)으로 석사학위를 받은 후에 현재까지 모교에서 재직하면서, 뛰는 스승과 걷는 교회 사이에서 무리하지 않으며 기독교교육의 성장을 위하여 끊임없이 노력하는 모습을 보여주었다. 정웅섭의 연구관심은 미디어, 리더십, 어린이, 청소년, 신앙발달, 교회학교, 교수학습방법, 인간성 회복 등으로 묶여진다. 특히 그의 리더십에 대한 관심은 디플롬 학위논문 "The Non-Directive Approach of Training Leadership in Christian Education"(1977)과 박사학위논문 "A Search For a New Model For Church School Leadership Training"(1982)으로 열매를 맺었다. 정웅섭은 「매스미디어와 기독교교육」 (1971), 「교회교육현장에서의 팀 티칭」(1972), 「어린이의 언어특성과 도덕판 단」(1973), 「기독교교육과 신학」(1973), 「놀이와 교육의 교회교육적 의미설정」 (1974), 「부르너의 교육이론과 기독교교육」(1974), 「Theodore Brameld의 학습 론 고찰」(1975), 「그룹과정과 리더십의 심리」(1976), 「어린이의 교육신학」

(1977), 「신학과 교육 사이」(1978), 「그룹방법과 인간변용-교회교육의 한 도구로서 Group Aproach-」(1979), 「성서교육의 현대적 시점」(1979), 「'하나님'을 가르치는 과정」(1980), 「성서교육에서의 Simulation」(1981), 「교회학교 교사훈련의 실태 : 기장교단을 중심으로」(1982), "Christian Perspectives of Ideal Leadership"(1983), 「선교 100년과 기독교 학교의 과제」(1983), 「평화교육 ; 기독교교육의 시각에서」(1985), 「인간존엄과 회복의 교육」(1985), 「교육문제사적으로 본 한국개신교 교회교육 100년 ; 주일학교를 중심으로」(1985), 「가치명료화와 기독교교육」(1986), 「교회교육 교사개발에 관한 문헌 연구」(1987), 「말씀의 행동화 교육 : 사회참여와 변화 지향을 위한 AAAR 모델」(1988), 「종교적 교수와 기독교교육」(1988), 「소그룹 교육체제와 기독교교육」(1989), 「소그룹 교육체제와 기독교교육」(1989), 「정의를 위한 교회의 교육」(1990), 「기독교교육에 대한 신학적 조명 ; 교회교육의 장을 중심으로」(1991), 「신앙공동체의 간세대교육 ; 성서적 기초와 교육이론적 근거를 중심으로」(1992), 「교회의 성서공부 교수학습론」(1994), 「한국교회의 교육구조 갱신 ; 전환기 기독교교육의 한 과제」(1995), 「기독교대학의 존립근거와 존재이유 : 그 선교형성과 문화형성의 과제」(1996), 「다원화 사회에서의 종교교육과 교육목회」(1996), 「한국교회학교 교육의 교수·학습 개선」(1997), 「교회학교 교육의 교수-학습 개선」(1999), 「교회교육의 새 방향 모색 : 신앙공동체 형성을 위한 교회교육」(2000), 「기독교교육학 연구의 현황과 새 좌표」(2000) 등 엄청난 양의 글을 발표하였으며『교회 중고등부 교육지침서』(1973)으로 교단의 교회교육지침을 제시하였다. 그의 주저는『기독교교육개설』(1976/1996),『기독교문화와 교육』(1980),『기독교교육의 이론과 실제』(1981/1993),『리더십 훈련에 대한 비지시적 접근』(1981),『현대 기독교교육의 과제와 방법』(1991),『교회의 교사교육 과정』(1992),『기독교교육개설』(1996),『모의활동으로 탐구하는 성서』(1996),『현대 교육목회의 전개』(2001)이다.

김성재는 「P. Freire 교육이론에서 본 기독교교육의 새 과제」(1973)로 석사학위를 받았다. 그의 연구관심은 인간화, 해방, 의식화, 민주, 민중, 민족,

통일 등의 개념으로 묶여진다. 그는 「의식화와 탈학교 교육의 비교연구」 (1982), 「民族敎育과 民衆敎育」(1983), 「한국민중교육의 성격」(1987), 「신학 교육에 있어서 통일교육의 방안」(1992), 「민족통일을 위한 북한교육 이해」 (1993), 「한국 신학교육의 개혁원리와 과제」(1995), 「한국 신학교육의 오늘과 내일」(1995) 등의 글을 발표하였다. 김성재는 엘리아스의 『의식화와 탈학교』 (1984)를 번역하였으며, 『분단현실과 기독교 민중교육』(1988)과 『전환기에 선 한국교육 : 그 위기의 진단과 대안』(1992)을 저술하였다.

윤응진은 「R. Goldman의 기독교교육 방법론 연구, 인간의 종교의식 발달 문제를 중심으로」(1978)라는 논문으로 석사학위를 받은 후에 독일의 베를린 에서 박사학위과정을 밟았다. 윤응진의 연구관심은 평화, 통일, 사회정의, 생태 등으로 묶여진다. 그는 「기독교 교육과 정치」(1990), 「평화교육학으로서 의 기독교교육학을 위한 신학적 방향전환의 요청」(1990), 「평화수립을 위한 기독교교육적 과제」(1990), 「기독교교육과 사회변혁의 과제」(1991), 「정의를 위한 교육」(1992), 「생태학적 위기와 기독교교육적 과제」(1993), 「정의, 평화, 창조질서의 보전(JPIC)과 신학교육」(1994), 「기독교 평화 통일 교육을 위한 이론 정립의 방향 모색」(1995), 「에큐메니칼 운동과 기독교교육」(1996), 「기 독교교육의 정치적 기능과 과제, 현대 독일의 기독교교육론의 전개를 중심으 로」(1997), 「사회정의를 위한 기독교교육적 과제와 방향」(1999) 등의 논문을 발표하였다. 그는 아직 젊으나 『비판적 기독교교육론』(2000)과 『기독교 평화 교육론』(2001) 같은 역작을 출판하였다.

이준모는 비판이론의 본산으로 유명한 프랑크프르트 대학에서 「전통과 대학」이라는 논문으로 학위를 받은 후에 한신대 기독교교육학과에서 재직하 면서 양적으론 작으나, 질적으론 우수하고 고유한 연구를 보여준 독특한 학자이다. 이준모의 연구관심은 생명문화, 노동, 이데올로기, 생태학, 동학 등의 개념으로 묶여진다. 그의 대표적 저서는 『밀알의 노동과 공진화의 교육』(1994), 『노동의 철학과 인간교육』(1990), 그리고 『생태적 인간』((2000) 이다. 이준모의 연구는 그의 학사학위수준 이상의 전공영역들인 철학, 신학,

교육학 그리고 그의 독특한 연구관심이 한신대학교라는 비판적으로 열린 연구환경에서 꽃핀 것이라 하겠다.

이상에서 문동환, 정웅섭, 김성재, 윤응진, 이준모의 연구사를 간략하게 살펴보았다. 직접적인 제자가 아닌 이준모까지 포함하여 이들이 모두 크게 생명, 생태, 해방, 평화의 기독교교육학을 정립하였다. 이러한 한신의 흐름은 이미 한신학파의 성격을 띠고 있으며, 홍철화, 이금만, 이향명 등으로 이어지고 있다.

2) 장신대학교

장신대학교에서는 주선애, 오인탁, 고용수, 양금희를 다루었다.

주선애는 1958년에 New York Biblical Seminary에서 기독교교육학으로 MRE학위를 받고 1963년에 뉴욕 대학교에서 종교교육의 박사학위과정을 이수하였으며, 한국에서 최초로 독립학과로 설립된 숭실대학 기독교교육학과에서 1961년부터 전임으로 재직하면서 1989년에 장로회신학대학교를 은퇴할 때까지, 그리고 그 후에 명예교수요 은성수도원 원장으로 오늘에 이르기까지 한국 기독교교육학의 개척자로서의 길을 꾸준히 걸어왔다.[21] 주선애의 연구관심은 교육과정, 교육목적, 여성과 여교역자 등의 개념으로 묶여진다. 주선애는 다음과 같은 논문을 발표하였다 : 「한국교회 교육과정의 성격과 한국교회 교육과정 개조에 있어서의 적용」(1964), 「여교역자에 대한 소고」(1965), 「한국 기독교 중고등학교의 교육목적에 관한 연구」(1967), 「한국교회 교육과정 목적설정에 대한 연구」(1971), 「우리나라 신학교의 여학생교육에 관한 고찰」(1972), 「한국교회 여교역자 양성에 대한 연구」(1975), 「초기 한국 교회 여성운동에 관한 연구」(1978), 「한국 여성 선교전략」(1979), 「한국 주일학교 교육이념의 전통과 혁신」(1981), 「한국교회사 측면에서 본 여성신학」

---

21) 오인탁(1998), 『주선애의 생애와 사상』 ; 오인탁 · 한춘기 편(1998), 『한국 기독교교육학의 개척자』, 한국장로교출판사. 219~255쪽.

(1983), 「한국 기독교 여성운동 백년의 회고」(1985). 주선애는 한국에서 교회 학교가 통일공과의 시대를 마감하고 교단이 개발한 교재를 사용하는 시대를 여는 데에 주도적 역할을 하였다. 주선애의 편찬으로 예장 통합의 주일학교 교재인『성서와 생활』(1971~76)과『말씀과 삶』(1980~1983)이 발행되었으며, 성인용 교재인『복음의 삶-신약 편』(1991)과『복음의 삶-구약 편』(1993)이 발행되었다. 주선애의 주저는『어린이 성장의 이해』(1970)와『장로교 여성사』(1978)이다. 그는 또한 오인탁과 함께 「교사양성제도와 교회교육」(1983)을 연구하여 한국에서 처음으로 예장 합동이 교단의 차원에서 교사양성제도를 개발하고 운영하도록 결정적으로 기여하였다. 주선애는 오인탁, 사미자, 강용원, 김광률, 정영택, 권용근, 박신경, 김동호, 류영모, 전천혜, 박상진 등 많은 제자를 양성하였다.

오인탁은 주선애의 제자로, 연세대학교 대학원에서 「교육인간학의 형성 조건」(1968)으로 석사학위를, 독일 튀빙겐 대학교에서 「기초적 언어교육의 교육인간학적 연구」(1969)로 박사학위를 받은 후에 장로회신학대학교를 거쳐서 연세대학교에서 재직하고 있다. 그의 연구관심은 교육인간학, 기독교 교육철학, 해석학, 교육이념, 고대와 근세의 교육사상, 기독교교육학과 일반 교육철학의 원전연구 등으로 묶어진다. 오인탁은 기독교교육학을 일반 교육 철학과 함께 폭넓게 접근하고 있다. 그는 「교육인간학의 문제와 방법」(1970), 「슐라이에르마허의 교육철학」(1978), 「인간학적 비교, 이해지평의 정신과학적 확대」(1978), 「基督敎 敎育學 : 敎育과 경건」(1979), 「종교도덕적 측면에서 요구되는 인간과 학교교육 목표」(1979), 「J. A. Comenius의 범교육(Pampaedia) 이론」(1980), 「교육학적 딜타이와 딜타이 학파」(1980), 「기독교교육인간학 서설」(1980), 「'교육교회'라는 말의 의미」(1981), 「기독교교육학의 카테고리적 성격」(1981), 「유럽의 현대교육철학 사조」(1982), 「종교교육과 국가」(1982), 「민족교육과 종교교육의 갈등」(1983), 「신학교육의 자율성」(1983), 「한국교회 100년의 종교교육」(1984), 「기독교교육의 사회문화적 기초」(1984), 「현대 교육학 연구의 좌표-이념과 사상의 측면」(1984), 「현상학적

교육철학 : 서술, 조직, 이해」(1985), 「공학의 역사와 정신」(1987), 「평화교육과 기독인의 책임」(1987), 「기로에 선 기독교교육」(1988), 「평화교육의 목적과 내용」(1988), 「평화교육의 이념과 내용」(1988), 「한국사회상황과 기독교교육」(1988), 「독일의 종교과목 수업이론의 철학적 패러다임 변천에 관한 연구」(1990), 「반종교개혁과 예수회의 교육」(1991), 「대학과 생명교육」(1995), 「한일 기독교학교교육의 과제와 전망」(1994), 「'포스트모던'의 敎育學」(1995), 「독일 교육학계의 統一에 관한 研究와 敎育」(1995), 「문화의 개방성과 이중언어교육의 문제」(1995), 「교육 문제를 통해 본 생명 문제」(1996), 「기독교와 인격교육」(1996), 「뉴미디어 시대의 바람직한 교회교육」(1996), 「21세기 교회교육의 전망」(1997), 「'끝날'(종말)의 교육학적 의미」(1997), 「통일 교육의 방향」(1997), 「한국 고등교육사에서의 숭실대학교의 역할」(1997), 「박애주의」(1998), 「루소」(1998), 「주선애의 생애와 사상」(1998), 「종교사회와 기독교 지도자 교육」(1999), 「한국 교단의 기독교교육사」(1999), 「한국 교육정책의 현주소」(1999), 「교육철학 교육사학 50년」(2000), 「통일준비, 교회는 무엇을 해야하나」(2000) 등 많은 글을 발표하였다. 오인탁은 1980년에 미국감리교회 교육국에서 펴낸『교육 목회 지침서』를 번역하였으며, Karl Ernst Nipkow의 『기독교교육과 신앙』(1983)과 O. F. Bollnow의『교육의 인간학』(1988)을 번역하였다. 그는 학사적 서지학적 연구에 관심이 많아서,『한국 기독교교육학 문헌목록 1945~1980』(1983)와『한국 현대 교육사학과 교육철학의 전개 1945~2000』(2000)를 펴냈으며, 현재『한국 기독교교육학 문헌목록 1945~2001』을 준비하고 있다. 오인탁의 주저는『기독교교육』(1984),『현대교육철학』(1990),『파이데이아』(2000)이다. 그는 또한『기독교 교육사』(1992),『한국 기독교교육학의 개척자』,『한국 교단의 기독교교육사』,『위대한 교육사상가들』I, II, III, IV, V, VI, VII(1996, 1998, 1999, 2000, 2002) 등의 책을 펴냈다. 오인탁의 제자로는 기독교교육학 영역에서 정영택, 권용근, 박신경, 송강호, 양금희, 오춘희, 문성모 등이, 일반 교육철학 영역에서 정혜영, 이상오, 곽노의, 김창환, 고경화, 한상진, 구경선, 최재정, 박용석, 김진숙, 윤재홍, 고요한

등이 있다.

고용수는 "The Church's Educational Ministry for Adults : A Framework for Curriculum Design"(1982)으로 Columbia에서 박사학위논문을 받은 후에 지금까지 장로회신학대학교에 재직하고 있으며 현재는 총장직을 수행하고 있다. 고용수의 연구관심은 교육과정, 성인목회, 신학교육, 교육목회, 만남 등의 개념으로 묶여진다. 고용수는 「교회교육의 신학적 기초」(1985), 「인격형성과 발달에 대한 연구」(1975), 「한국 신학생들의 신학교육에 대한 태도연구」(1977), 「한국의 신학대학생 가치관 연구」(1977), 「신앙공동체 중심의 교육론 : 교육목회의 이론적 기초」(1983), 「교육과정 이론의 최근동향」(1984), 「마틴 부버의 교육사상」(1984), 「Emil Brunner의 만남의 개념 분석」(1985), 「교회교육의 신학적 기초」(1985), 「기독교교육의 사회과학이론적 접근-J. M. Lee의 이론을 중심으로-」(1985), 「'그리스도인의 신앙과 생활' 커리큘럼의 형성과정 분석연구」(1986), 「만남의 기독교 교육을 위한 커리큘럼의 본 구조 : Emil Brunner의 encounter 개념을 중심으로」(1986), 「청소년 이해와 교육적 과제」(1987), 「해석과정으로 본 기독교교육 이해」(1987), 「'말씀과 삶' 커리큘럼의 형성과정 및 이론분석」(1988), 「기독교 교육의 신학적 접근 이론 : 1950년대 Neo-orthodoxism에 기초한 교육사상을 중심으로」(1988), 「칼빈의 교육사상」(1989), 「2000년대를 향한 교회교육의 방향」(1990), 「협동교육과정 프로젝트(C.C.P)의 내용범위 해설」(1990), 「교회 교육을 위한 커리큘럼의 기초」(1991), 「교회의 사회적 관심을 위한 교육」(1991), 「성인교육을 위한 학습이론」(1992), 「신앙공동체 중심의 교육론」(1992), 「예배와 기독교 교육」(1993), 「21세기를 향한 기독교 학교의 전망과 한국교회의 과제」(1994), 「사회봉사를 위한 교회교육」(1994), 「21세기 제자화를 위한 성경공부운동을 모색한다」(1995), 「회중 중심의 신앙교육론」(1995), 「21세기를 향한 교육과정 개선 방향」(1996), 「교육목회와 지도력 개발」(1997), 「현대 기독교교육의 이론적 접근에 대한 비평적 성찰」(1997), 「목회자양성 교과과정을 분석한다」(1998), 「20세기 기독교교육학의 회고와 전망」(1999), 「교육과정 이론에서 본 교회교육의 과제」(1999), 「대한예수교장로회(통합)의 기독교교육사」(1999), 「21세기 신학교교육」(2000), 「교회를 위한 기독교 교육」(2000), 「21세기를 맞는 한국교회의 에큐메니칼 교육과 목회의 방향」(2001) 등 많은 논문을 발표하였다. 고용수는 도날드 E. 밀러의 『기독교교육 개론』(1988), Iris V. Cully의 『커리큘럼의 계획과 선택』(1993), 『기독교 교육론』고용수(1988), 『신앙공동체를 위한 교육』(1993), 랜돌프 C. 밀러의 『기독교 종교교육과 신학』(1998), 『기독교교육개론』(1999) 등을 번역하였다. 그의 주저는 『기독교교육개론』(1984), 『기독교교육개론』(1994), 『만남의 기독교 교육사상』(1994)이다. 고용수는 1981년부터 개발하여 사용하고 있는 예장 통합 교단의 교회학교 교재 『말씀과 삶』을 잇는 새로운 교재 『하나님의 나라』를 위한 새 교육과정을 987년부터 5년에 걸쳐서 개발하고 새 교재를 2000년에 편찬하였다. 고용수의 제자로는 박원호, 박봉수, 임영희, 박화경, 등이 있다.

양금희는 「교육학에 있어서의 해석학의 위치」(1985)로 연세대학교에서 석사학위를 받고, 「A. H. Francke와 Fr. D. E. Schleiermacher의 인간학과 종교교육」(1995)으로 독일의 튀빙겐 대학교에서 박사학위를 받았다. 그 후에 양금희는 영남신학대학교를 거쳐서 장로회신학대학교에서 교수로 재직하면서 왕성한 연구활동을 벌이고 있다. 양금희의 연구관심은 독일 근세 및 현대 기독교교육철학으로 집약된다. 그는 「독일의 기독교교육」(1990), 「20세기 독일의 기독교교육과 기독교교육학의 동향」(1994), 「'종교를 가르칠 수 있는가?'의 논의에 관한 문제사적 고찰」(1995), 「마틴 루터의 교육사상」(1996), 「21세기 한국교회교육의 과제로서의 기독교적 환경교육」(1997), 「종교개혁자 루터와 인문주의자 에라스무스의 인간과 교육이해 비교」(1997), 「죤 칼빈(John Calvin)의 교육사상」(1997), 「통일이후 동독지역 교회의 교육」(1998), 「슐라이어막허의 종교론에 나타난 종교와 인간과 종교교육」(1998), 「프랑케」(1998), 「기독교 교육에 있어서 이론과 실천의 문제」(1999), 「통일 독일의 기독교교육」(2000), 「실존철학의 기독교 교육인간학적 지평」(2000) 등의 논문을 발표하였다. 양금희는 Hans Ruedi Weder의 『예수님과 어린이』(2000)를 번역하였으며, 『종교개혁과 교육사상』(1999)과 『근대 기독교교육사상』(2001)을 저술하였다.

3) 총신대학교

총신대학교에서는 김득룡, 정정숙, 정일웅, 한춘기를 다루었다.

김득룡은 미국 Asbury 신학교에서 기독교교육학 석사학위를 받고 1962년에 귀국하였으며, 총신대학교에서 1987년에 은퇴할 때까지 후학을 양성하였다.[22] 그는 유학시절에 복음주의 저명한 기독교교육학자인 H. W. Byrne으로부터 많은 영향을 받았다. 김득룡의 연구관심은 복음주의, 개혁주의, 기독교교육철학, 등의 개념으로 묶어진다. 김득룡은 「기독교교육 철학의 원천」(1965), 「기독교교육 커리큘럼론」(1966), 「기독교교육의 목적원리」(1966), 「한국의 근대사회와 기독교교육의 영향」(1968), 「기독교교육측면에서 본 한국의 신흥종교운동」(1975), 「기독교계 초 중등학교 교육연구-한말부터 총독부 초기까지-」(1976), 「대학교육개혁론 소고-종교개혁시대-」(1976), 「한국장로교회 주교교육 연구」(1976), 「칼빈의 교회교육 연구」(1985), 「주일학교인가, 교회학교인가-주일학교가 올바른 명칭이다」(1988), 등의 논문을 발표하였다. 김득룡의 저서로는 『교사와 기독교교육』(1971), 『주교 교육학』(1973), 『기독교교육학원론』(1976/1982/1998), 『기독교교육사』(1980), 『기독교교육심리학』(1973), 『한국 주일학교사 연구』(1985), 등이 있다. 김득룡은 정정숙, 정일웅, 한춘기 등의 제자를 양성하였다.

정정숙은 서울여대와 총신대에서 사회학과 신학을 전공하고 1972년에 이대 교육대학원에서 「교육신학에서 본 한국교회학교 공과에 관한 연구」라는 논문으로 석사학위를 받은 후에 1973년부터 총신대에서 후학을 양성하고 있다. 정정숙은 1989년에 Westminster Theological Seminary에서 「Korean

---

22) 한춘기(1998), 『김득룡의 기독교교육관』; 오인탁 · 한춘기 편(1998), 『한국 기독교교육학의 개척자』, 한국장로교출판사, 11~25쪽.

Attitude towards Women : the Problems created by it in the Family and biblical Suggestions for Counseling」이란 논문으로 목회상담학 박사학위를 받았으며, 1998년에 남아프리카의 Stellenbosch 대학에서 「가정에서의 한국여성의 역할에 대한 신학적 전망」이란 논문으로 신학박사학위를 받았다. 정정숙의 연구 관심은 목회상담, 여성교육, 종교개혁사상 등으로 묶여진다. 정정숙은 「기독교 상담의 신학적 이해」(1992), 「한국인의 가족관계 연구, 부부관계에 대한 사적 고찰」(1979), 「성교육에 대한 기독교적 이해」(1979), 「주일학교 노년부 교육 연구」(1979), 「루터의 교육사상 연구」(1980), 「이스라엘 종교교육 연구」(1981), 「존 낙스의 교육사상 연구」(1982), 「필립 멜랑톤의 교육사상 연구」(1982), 「한국 재래 여성교육에 관한 연구」(1983), 「쯔빙글리의 교육사상 연구」(1983), 「칼빈의 교육사상 연구」(1983), 「조선시대의 여성교육」(1984), 「기독교 교육의 진흥과 영향」(1985), 「성경적 상담과 교육목회」(1990), 「기독교 상담의 신학적 이해」(1992), 「기독교상담과 인간관계」(1993), 「기독교상담과 주변 학문의 이해」(1993), 「노인을 위한 사역 연구」(1994), 「크렙의 상담이론 연구」(1994), 「독신자를 위한 사역 연구」(1994), 「사모의 使役과 訓練에 관한 연구」(1995), 「韓國 開化期 敎育에 관한 硏究」(1996), 「기독교의 전래와 여성의 역할」(1996), 「한국기독교 여성교육에 관한 연구」(1996), 「韓國敎會에서의 女敎役者의 역할에 관한 硏究」(1997), 「日帝前期의 기독교 女性敎育 연구」(1998), 「신학지남과 한국교회의 교육」(1998), 「日帝後期의 기독교 女性敎育 연구」(1999), 「치유목회의 원리와 방안 : 기독교 상담학적 접근」(1999), 「한국 신학대학원의 상담교육 연구」(1999), 「일제하 기독교 여성교육 연구」(2000), 「한국사회의 변화와 기독교 여성 교육의 성장」(2000), 「해방과 기독교 여성교육 재건에 관한 역사적 연구」(2000), 「기독교 여성교육의 다변화와 전문화」(2001), 「한국 기독교 교육의 현실과 대응방안」(2001), 「한국 여성인권 운동 역사에 대한 기독교적 접근」(2001), 등 많은 논문을 발표하였다. 정정숙은 Lois E Le Bar의 『기독교교육의 기초』(1980), Adams, Jay Edward의 『목회 상담학』(1978, 1981), J. Edward Hakes(편)의 『기독교교육학개론』(1979), Adams, Jay Edward의『상담학개론』(1992), Lois E. LeBar의 『기독교교육의 기초』(1980), Connelius Jaarsma의『헤르만 바빙크의 기독교교 육철학』(1983), Lawrence J. Crabb의『성경적 상담학』(1982), Leon Cristiani의 『어머니 모니카와 아들 어거스틴』(1995), Michael Farris의『아버지들이여, 지금 딸의 미래를 잡아줘야 합니다』(2000)를 번역하였으며,『기독교교육심 리학』(1983), 『기독교교육과정론』(1980), 『종교개혁자들의 교육사상』 (1983), Lois E. LeBar『기독교 교육의 핵심』(1993),『기독교상담학』(1994), 『성경적 가정사역』(1994), 『기독교교육사』(1999), 『기독교교육학』(1999), 『기독교 교육과정』(2000), 『한국기독교여성교육사』(2001)을 저술하였다.

정일웅은 1984년에 독일의 Bonn 대학교에서「교회성인교육을 위한 기독 교 성인교리교육의 신학적 교수학적 의미」라는 논문으로 박사학위를 받고 귀국하여 현재까지 총신대학교에서 후학을 양성하고 있다. 정일웅의 연구관 심은 교리교육, Comenius, Luther, Calvin으로 묶어진다. 그는「Katechismus 교육에 대한 연구」(1984),「유대인의 생활훈련」(1986),「종교개혁시대의 Katechismus 연구」(1988),「칼빈의 교리교육과 제네바 신앙교육서 연구」 (1988),「교회교육 목표와 기본원리」(1990),「칼빈의 교리교육과 교육목회」 (1990),「종교다원주의와 기독교교육」(1991),「종말론의 혼란과 교회의 교육 적 책임」(1991),「기독교교육의 새로운 접근」(1991),「기독교교육의 신학적 기초」(1992),「교회(주일)학교 교사 훈련과제와 방법」(1993),「코메니우스 교육 신학사상 연구」(1995),「인간의 인간성 교육」(1997),「하이델베르거 카테리스무스의 신앙교육적 의의」(1997),「역사적 카테키즘의 현대 목회적 적용에 대한 연구」(1997),「대학 신학교육의 교육방향설정에 관한 연구」 (1998) 등의 논문을 발표하였다. 정일웅은 G. Twardella의『기독교 신앙의 초석』(1995), 코메니우스의『범교육학』(1996), K. Grossmann · H. Schroeer의 『코메니우스의 발자취』(1997), J. M. van der Linde의『미래를 가진 하나님의 세계』(1999)를 번역하였으며,『종교개혁시대의 기독교 신앙의 가르침 : 루 티, 킬빈, 하이델베르그 신앙교육서와 그 해설』(1987),『한국교회의 기독교

신앙교육』(1992),『교육목회학』(1993),『21세기를 향한 한국교회와 실천신학』(1999) 등을 저술하였다.

한춘기는 서울대와 총신에서 교육학과 신학을 전공하고 1985년에 미국 Indiana 대학에서 "A Critical Examination of the Relationship between R.S.Peters' Concept of Education and his Concept of Moral Education"이란 논문으로 박사학위를 받았다. 그 후에 지금까지 총신대에서 후학을 양성하고 있다. 한춘기의 연구관심은 교육신학, 한국교회교육, 교사교육으로 묶여진다. 한춘기는 「說敎와 敎育」(1987), 「主日學校 成長論 小考」(1990), 「교사와 철학」(1991), 「교사와 기독교교육 철학」(1992), 「은유를 통한 교육개념 설정을 위한 연구」(1993), 「한국교회 교육에 대한 연구」(1994), 「한국초대교회의 교육에 대한 연구」(1994), 「교육을 통한 신앙발달의 가능성에 대한 연구」(1995), 「교사교육론」(1995), 「신앙공동체의 신앙발달에 대한 연구」(1996), 「교회 내에서의 여성교육사역에 대한 고찰」(1997), 「교회성장과 교회교육」(1998), 「성화의 교육적 가능성과 수단에 관한 연구」(1998), 「예배의 교육적 기능에 대한 연구」(1999), 「대한예수교장로회(합동)의 기독교교육사」(1999), 「예배의 교육적 기능」(2000) 등의 논문을 발표하였다. 한춘기는 John T. Sisemore의 『교회와 교육』(1993)을 번역하였으며, 『한국교회와 교육』(1990)과 『교회교육의 이해』(1996)를 저술하였다.

4) 연세대학교

연세대학교에서는 은준관과 강희천을 다루었다.

은준관은 감신대에서 신학을 전공한 후에 미국 Pacific School of Religious, Berkeley에서 1968년에 박사학위를 받았다. 그는 유학시절에 Charles S. McCoy로부터 영향을 받았다. 은준관은 귀국한 후에 감신대와 연세대에서 후학을 양성하였으며 1998년에 은퇴하였다. 은준관의 연구관심은 교육신학, 주일교회학교, 학교목회 등의 개념으로 묶여진다. 은준관은 「칼 바르트의 교회론 이해」(1970), 「교육과 인간화, 기독교교육적 입장」(1978), 「學校 宗敎 교육에 관한 小考」(1982), 「대학에서의 종교교육」(1984), 「주일교회학교 교육에 관한 연구」(1985), 「위기의 도래와 교육신학적 논쟁」(1986), 「감리교 교육신학 : 기독교교육의 본질과 실천을 중심으로」(1986), 「교회신학에서 본 한국교회 : 공동체성 회복을 위하여」(1989), 「1960년 이후의 교육신학 : 사상적 배경과 논거」(1992), "Building Solidarity : a Theological Interpretation of Christian Social Ministry ; with Reference to Life Line Ministry"(1993), "Christian Education as Historical Transformation Interpreted in the Light of Basileia Tou Theou"(1993), "Doing Theology in the Context of Korea"(1995), 「하나님 나라 잔치의 역사적 예시로서의 성례전」(1999) 등의 논문을 발표하였다. 은준관은 John L. Elias의 『의식화와 탈학교화 : 사회개혁을 위한 프레이리와 일리히의 제언』(1984)을 번역하였으며, 『왜? : 기독교교육 목적을 중심하여』(1971), 『교육신학 : 기독교교육의 이론적 근거』(1976), 『어떻게? : 기독교교육 방법을 중심하여』(1978), 『말씀의 증언』I, II, III(1979), 『敎會, 宣敎, 敎育』(1982), 『교사의 교육신학』(1988, 2000), 『기독교교육 현장론』(1988), 『기초교육 : 주일교회학교 교사 교육과정』(1988), 『TBC 성서연구』(1990 편찬), 『신학적 교회론 : Basileia와 Ecclesia의 관계를 중심으로』(1995), 『실천적 교회론』(1999)을 저술하였다.

강희천은 연대에서 신학을 전공하고 Oxford에서 1982년에 "Educational Policy and the Concept of Equality of Opportunity in England, 1900~1970"이란 논문으로 박사학위를 받고 귀국한 후에 현재까지 연세대에서 후학을 양성하고 있다. 강희천의 연구관심은 폭넓다. 그러나 과정, 언어, 도덕발달, 비판 등의 개념을 중심으로 한 현대기독교교육사상으로 묶여진다. 강희천은 「회심의 경험 : 종교심리학적 조명」(1987), 「기독교교육과 과정사상, 그 연결의 가능성과 한계」(1989), 「기독교 교육에서의 자유 ; 그 실천적 역설」(1990), 「도덕발달을 위한 종교교육」(1990), 「교회 언어와 그 교육적 기능」(1991), 「기독교 대학의 정체성 : 국제화 시대 속의 위상을 중심으로」(1992), 「종교교육과 비판이론」(1993), "Educational Policy and the Concept of Equality of Opportunity in Canada"(1994), 「교회교육의 인력수급 계획 : '자원봉사자'를 중심으로」(1994), "Changing Notions of Equality in american public Education"(1995), 「여성과 종교교육」(1995), 「프리츠 오저(Fritz Oser)의 종교적 판단 발달이론」(1996), 「아동기의 종교적 개념과 기독교 교육」(1997), "Christian Education and Morality"(1998), 「수치심의 재개념화와 기독교적 정서교육」(1998), "Religious Language and Christian Education"(1999), "Forms of Communication in Christian Education"(2001), 「기독교 대학교육의 현실과 미래」(2001) 등의 논문을 발표하였다. 강희천의 저서로는 『기독교교육사상』(1991), 『기독교교육의 비판적 성찰』(1999), 『종교심리와 기독교교육』(2000)이 있다. 강희천은 김현숙, 이필은, 손원영, 이원일, 김국환, 조은하 등의 제자를 양성하였다.

5) 교단의 색깔과 학자의 성향에 따른 학문적 다양성

앞에서 범례적으로 살펴본 바와 같이, 신학대학교마다 강조하고 추구하는 기독교교육학의 관심영역이 고유하고 상이하다. 이는 교단의 전통과 성격과 상당한 관계가 있다. 물론 이러한 추정은 무리가 있다. 그럼에도 불구하고 학문적 관심은 학자의 개성이기 때문에, 누가 연구하고 가르쳤는가에 따라서 그 때에 그에게서 배웠던 사람들의 학문적 관심도 그렇게 형성되어졌으며, 이를 우리는 경험적으로 잘 알고 있다. 그래서 학파와 집단이 형성되는 것이다. 그리고 그러한 신앙의 색깔과 관심을 강조하는 교단에서 성장한 사람이 학자가 되어 글을 쓰고 후학을 양성한 결과 어느 정도로 공동의 연구관심으로 묶어지는 기독교교육학 천착의 흐름을 만들어냈다.

한신대학교에서 기독교교육학의 길을 연 문동환은 1961년에 "First Century Christ for the Twentieth Century Korean Youth"란 논문으로 Hartford에서 박사학위를 받고 돌아온 후에 지속적으로 제1세기의 그리스도를 현대를 사는 젊은 인간들과 연결시키는 작업을 하였다.[23] 그래서 그는 중고등학생과 대학생의 생활을 연구하고(1965, 1966), WCC의 교육노선을 한국에 처음으로 소개하고 (1968), Paulo Freire(1971), 인간해방(1972), 사회공동체(1975), 인간화 교육 (1975), 민중교육(1979)을 거쳐서 문동환의 독특한 교육사상인『생명의 기화교육』(1997)에 이르고 있다. 이러한 문동환의 교육사상은 그대로 제자들에게로 이어져서, 정웅섭은 진보적 기독교교육의 이론적 틀을 논문과 저서로 제시하였으며, 김성재는 민중의 해방과 통일을 위한 기독교교육을, 윤응진은 사회정의와 평화의 기독교교육을, 이준모는 노동과 생태의 교육학을 천착하였다. 이러한 흐름은 그대로 기장 교단의 기독교교육학의 색깔이 되어 오늘에 이르고 있다.

총신대학교에서 기독교교육학의 길을 연 김득룡은 Asbury에서 수학하며, H. W. Byrne으로부터 학문적으로 많은 영향을 받았다.24) 그는 1962년에 귀국하여 기독교교육 철학의 원천(1965), 커리큘럼(1966), 목적원리(1966)를 연구하고,『주교 교육학』(1973),『기독교교육사』(1980),『기독교교육원리』 (1980),『기독교교육원론』(1982) 등, 기독교교육학에 관한 기본교재를 집필하였다. 김득룡의 제자들도 그의 관심을 '충실히' 이어갔다. 그래서 정정숙은 '성경적' 기독교교육, 기독교상담, 가정사역, 여성교육을 강조하였으며, 정일웅은 교리교육을 깊게 연구하였고, 보수적 관점에서 교육신학과 교회주일학교교육을 연구하고 있다. 이러한 성경적, 복음적 기독교교육신학은 오늘에 이르기까지 합동 교단의 기독교교육학의 색깔을 이루고 있다.

한국의 기독교 교육학계에서뿐만 아니라 기독교학계와 교계에서 진보와 보수의 흐름을 대표하고 있는 한신과 총신에서 기독교교육학의 길을 열었으며 걸어간 문동환과 김득룡의 학문적 성향을 살펴봄으로써 학자의 성향과 교단의 색깔이 밀접한 관련을 갖고 있으며, 후학으로 이어져왔음을 알 수 있다. 이러한 성격은 장로회신학대학교에서 기독교교육학의 길을 연 주선애

---

23) 이금만(1998),「문동환의 삶과 교육론」,『한국 기독교교육학의 개척자』, 한국기독교교육학회 편, 한국장로교출판사, 95쪽 이하.

24) 한춘기(1998),「김득룡의 기독교교육관」,『한국 기독교교육학의 개척자』, 한국기독교교육학회, 한국장로교출판사, 12쪽.

와 그의 제자들에게서도 확인된다. 주선애는 기독교교육목적과 교육과정에
관한 연구와 교재개발 및 기독교 여성교육운동의 역사 연구를 통하여 예장
통합 교단의 '노선'을 기독교교육학적으로 만들고 다졌다. 오인탁은 폭넓은
관심을 가지고, 비판적 수용의 걸음으로 기독교교육학의 철학과 역사를
천착하였으며, 고용수는 교단의 교육과정과 교재개발의 이론과 실천을 주도
하여왔고, 양금희는 근대 기독교교육학에 관한 무게있는 연구들을 내놓고
있다. 주선애와 고용수는 보다 미국의 기독교교육학과 교회중심으로 오리엔
테이션이 되어있는 학문적 접근의, 오인탁과 양금희는 보다 독일의 기독교교
육학과 학교중심으로 오리엔테이션이 되어있는 학문적 접근의 성향을 보이
고 있다. 이상과 같은 범례적 사례는 한국의 교계와 학계에서 넓게 확인된다.
교단의 색깔과 교수의 성향에 따른 학문적 관심의 차이는 비단 한국에서뿐만
아니라 범세계적으로 확인되는 특성이요 개성이다. 이러한 흐름들이 독특하
고 고유한 상이성을 고집스럽게 간직하고 있으면서도, 상호 대화와 이해의
분위기 안에서 한국기독교교육학회를 비롯하여 전국기독교교육학과 연합
모임 등을 통하여 인정과 존중의 걸음을 보여주고 있다. 이는 그 자체로
기독교교육학의 연구와 교수를 풍부하고 의미있게 만들어 주는 것이다.

6. 맺는말

지금까지 한국 기독교교육학의 연구현황을 개관해보았다. 1960년대부터
시작된 우리의 기독교교육학은 1970년대 후반에 두드러진 연구의 열기를
보이기 시작하였으며, 1980년대를 기점으로 현재까지 놀라운 성장의 걸음을
걷고 있다. 연구업적의 양도 너무나 엄청나다.25) 본 연구에서 단행본[저서,
역서, 편집서, 모노그라피], 학술논문, 학위논문[석사, 박사]만을 자료로 삼았

---

25) 연구자가 1945년에서 2000년까지 조사한 단행본, 학술논문, 학위논문만을 서지한
　　목록이, A4용지를 기준으로 한 장에 글자 11호와 글 37줄로 처리하여 233쪽의
　　분량에 이른다. 이 목록은 이후의 연구문헌목록을 보완하여 출판될 예정이다.

으며, 각 교단의 교회학교교재와 여름성경학교 교재를 비롯하여 교육자료해설, 동화, 예화, 교안, 시청각 및 영상매체 등, 다양한 보조 교재와 자료는 제외되었다. 그런데도 불구하고 한국기독교교육학 연구사의 기초자료로서의 가치가 있는 문헌은 이 글을 탈고하는 현재까지 계속하여 새롭게 발견되고 있다. 그리하여 문헌목록은 미완성인 채로 남겨져있다. 그럼에도 불구하고 이 연구는 상당한 수준에서 자료확보와 처리의 높은 완성도를 갖고 있다.

그리고 기독교교육학의 연구사를 제대로 쓰기 위한 전제조건들의 결핍이 있었다. 연구사는 일종의 학사(學史)로, 사적 관점과 서술의 형식, 서지(書誌)의 원칙과 형식, 문헌의 확보를 위한 시간, 인력, 능력이 전제되어야 비로소 제대로 시작될 수 있다. 그런데 이러한 전제조건들이 크게 결여된 상태였기 때문에, 최선을 다하였으나, 앞으로 완성해 나가야 할 과제로 남겨둘 수밖에 없었다. 이 점을 대단히 미안하게 생각하며, 계속하여 보완하겠다.

연구사에서 반드시 다루어야 할만한 의미있는 그러나 여기서 다루지 않은 내용들이 많다. 이들을 아래에 열거해 본다.

－현장과 연계된 연구들이 있다. 은준관은 1973∼1975에 경인지역 15개의 감리교회 교회학교를 대상으로 교회교육을 연구, 실험, 평가하고 대안을 모색하였으며, 이를 1975년에 보고서로 출판하였다. 현장과 연계한 연구로 문동환은 1970년에 교회교육지침서를, 정웅섭은 1973년에 교육지도서를 펴냈다. 주선애와 오인탁은 공동으로 을지로교회를 교회교육 모델교회로 선정하고 연구한 결과를 1983년에 교사양성제도에 관한 연구보고서로 출판하였다. 이러한 현장과 연계된 연구는 찾아보면 더 있을 것이다.

－외국의 학자들에 대한 수용사가 있다. 누구의 어떤 책과 글과 사상이 누구에 의하여 어느 정도로 소개되고 수용되었느냐 하는 문제는 연구사의 핵심에 속한다. 그런데 이 글에서 전혀 다루지 않았다.

－학자 개개인의 연구대상과 관심에 대한 연구가 있다. 학문과 학계가 성숙해지면 성숙해질수록 학자들은 각자 자기 자신의 고유한 연구관심과 방법에 따른 연구대상과 주제를 갖게된다. 예를 들면, 강용원은 종교수업,

고용수는 교육과정, 사미자는 키에르케고르, 송순재는 대안교육, 양금희는 근대기독교교육사상, 윤응진은 평화교육학, 이숙종은 코메니우스, 장종철은 기독교교육사, 장화선은 어린이, 정일웅은 카테키즘, 정정숙은 여성, 한승홍은 현대 기독교교육철학, 한춘기는 현대의 보수적 교육신학, 등으로 진단해 갈 수 있다. 그러나 한 학자를 본인이 자기자신을 이해하고 있는 것보다 더 잘 이해하기 위하여선 치밀한 해석학적 연구가 필요하고, 또 그가 아직 생존해 있는 동안엔 그러한 연구가 그를 그의 연구관심과 업적 전체에 있어서 바르게 이해하지 못하게 하는 것일 수밖에 없기 때문에, 아직 연구의 시기가 무르익지 않았다.

　-학파와 계보에 대한 연구가 있다. 아직 학파라고 할 만큼 우리 학계에서 연구와 인물의 축적이 이루어지진 않았으나, 그럼에도 불구하고 그러한 족적은 만들어지고 있으므로, 진단이 의미없지는 않을 것이다. 예를 들면 문동환은 정웅섭, 김성재, 윤응진, 이금만으로 이어지고, 주선애는 오인탁, 고용수, 사미자, 강용원, 양금희, 박상진, 오춘희로 이어지며, 김득룡은 정정숙, 정일웅, 한춘기, 한상진, 윤화석, 김성애로 이어진다. 이러한 진단도 그러나 조심스럽기는 마찬가지다. 특히 조심스러운 것은 위에서 아래로 보는 시각과 이해가 아래서 위로 보는 시각과 이해에 의하여 무참히 짓밟히는 일이 종종 일어나기 때문이다.

　-연구의 질적 관리와 평가가 있다. 연구사는 언제나 연구의 학문적 의미에 대한 물음이기 때문에, 연구의 질에 대한 분석과 평가를 포함하고 있으며, 이를 통하여 어느 정도로 질적 관리가 이루어지도록 하는 기능도 갖고 있다. 그러나 이는 대단히 민감한 문제이다. 그래서 상당한 수준의 학문적 전통이 축적되면서 서서히 그러한 접근의 권위와 형식과 이해가 축적 되간다. 필자의 생각에는 한국의 기독교교육학이 대학에서의 전공학과 설립 50주년을 기념하는 해인 2010년쯤 되면 양면적으로 이러한 시도를 해 볼 수 있을 것이다. 한편으로는 한국의 기독교교육학과들의 연합회가 추진기관이 되어서 석사학위와 박사학위의 질적 관리를 도모할 수 있을 것이며, 다른 한편으로는

한국기독교교육학회가 중심이 되어서 저서를 비롯하여 학술논문의 질을 간주관적으로 평가하는 작업을 정기적으로 수행할 수 있을 것이다.

| 참고문헌 |

오인탁(2001), 『한국 기독교교육학 문헌목록 1945~2001』(이 책은 아직 출판되지 아니한 학사적 서지학적 연구로, 기독교교육학 영역의 단행본[저서, 역서, 편집서, 모노그라피], 학위논문[석사, 박사], 학술논문, 및 주요 기독교교육전문지와 학술대회 자료집에 실린 논문의 목록을 담고 있으며, 본 연구의 기초자료로 사용되었음).

권태인(2001), 「한국 기독교교육학의 학사적 서지학적 고찰 (1945~2000)」, 연세대학교 대학원 석사학위논문.
김양선(1971), 『한국 기독교사』, 기독교문사.
대한예수교장로회 총회교육부 편(1984), 『대한예수교장로회 총회 100년사』.
마은종(2001), 「총신대학교 기독교교육학 연구동향에 대한 학사적-서지학적 연구」, 연세대학교 대학원 석사학위논문.
문동환(1974), 『한국 기독교교육사』, 대한기독교교육협회.
엄요섭(1959), 『한국 기독교교육사 소고』, 대한기독교교육협회.
오인탁(1983), 『한국 기독교교육학 문헌목록 1945~1980』, 연세대학교 출판부.
오인탁(2001), 「한국기독교교육학회 약사」, 한국기독교학회 편, 『한국기독교학회 30년사』, 대한기독교서회.
오인탁·한춘기 편(1998), 『한국 기독교교육학의 개척자들』, 한국기독교교육학회(기독교교육논총 3).
오인탁·한춘기 편(1999), 『한국 교단의 기독교교육사』, 한국기독교교육학회(기독교교육논총 5).
오인탁·김창환·윤재홍 공저(2001), 『한국 현대 교육철학과 교육사학의 전개-1945년부터 2000년까지-』, 학지사.
이영호(1992), 「한국 기독교교육의 역사」, 오인탁 외 편, 『기독교교육사』, 교육목회.
이재훈(1986), 「한국 초기 장로교회 교회교육에 관한 연구 : 1986년~1930년 간의 장로교회 주일학교 교육을 중심으로」, 연세대학교 교육대학원 석사학위논문.
이태경(1993), 「한국교회의 성장과 주일학교 운동 : 민족교회론적 고찰」, 연세대학교 연합신학대학원 석사학위논문.

한국 기독교윤리학

강원돈

1. 머리말

『한국학술사총서 : 신학』의 한 부분을 이루는 이 논문에서 필자는 한국 기독교윤리학의 연구사, 이론사, 쟁점사를 다루도록 되어 있다. 이 과제는 결코 단순하지 않고, 과제의 설정 자체가 논쟁의 대상이 될 수 있다.

우선, 기독교윤리학을 신학의 학문 체계에서 어떤 위치에 있는 것으로 보는가 하는 점이 논란거리이다. 어떤 사람들은 기독교윤리학을 독자적인 학과로 보지 않고 조직신학 혹은 교의학의 연장선상에 있는 것으로 본다. 또 다른 사람들은 기독교윤리학의 과제와 방법이 조직신학과는 구별된다고 보아 기독교윤리학의 독자성을 주장한다. 필자는 이 두 가지 주장 가운데 후자의 입장에 선다.

기독교윤리학은 그때 그때의 현실관계들 속에서 기독교인들이 개인적으로, 집단적으로 어떻게 살아야 할 것인가를 다루는 학문이다. 이 과제를 제대로 다루려면, 현실관계들이 이러저러해야 한다는 규범적 판단을 먼저 설정하고 그 규범들을 현실관계들에 덮어씌우는 식으로 논의를 전개해서는 많은 점에서 불충분하다. 기독교윤리학은 현실관계들에서 문제가 되는 것을 분석하고 판단할 뿐만 아니라 역사적인 제약조건들 아래서 현실관계들을 대안적으로 형성하는 관점과 방법을 제시하고자 한다. 현실분석을 통한 문제의 인식, 문제가 되는 현실에 대한 윤리적 판단, 문제 해결을 위한 실현

가능한 대안적 행동의 모색 등으로 이어지는 윤리적 성찰과 행동능력의 발현은 기독교윤리학의 과제와 방법이 조직신학의 그것과 확연히 구별된다는 것을 말해 준다. 설사 윤리적 판단 기준의 신학적 근거를 밝히는 과정에서 조직신학의 도움이 필요한 경우도 있지만, 그것이 기독교윤리학을 조직신학의 영역에 있는 것으로 간주할 근거가 되지는 않는다.

둘째, 신학의 학문체계에서 기독교윤리학이 갖는 위치를 성찰한 다음에 부딪치는 문제는 한국 기독교 신학사에서 기독교 윤리학이라는 전문 분야의 연구를 시도한 사람들이 별로 없다는 것이다. 기독교 신학이 이 땅에 전래되고 우리 신학자들에 의해 연구되고 발전되어 오는 과정에서 초기의 신학자들은 신학의 여러 분야들을 넘나들며 계몽교사들의 소임을 다했기 때문에, 설사 이들에게서 기독교윤리학과 관련된 주목할 만한 논의를 찾을 수 있는 경우라 해도, 이들을 전문적인 기독교윤리학자들로 규정하기 힘든 경우가 많다. 필자는 한국 기독교윤리학의 특정 계보를 형성하는 데 뚜렷한 영향을 미친 몇 사람들에 한정하여 이들을 분석 대상으로 삼는다는 잠정적인 작업 지침을 마련할 수 있다고 생각하지만, 이것은 어디까지나 편의를 위한 지침에 지나지 않을 것이다.

셋째, 이 글이 한국 기독교윤리학 분야의 연구사, 이론사, 쟁점사를 다루는 것을 과제로 삼기 때문에 "한국 기독교윤리학"을 어떻게 규정할 것인가가 문제가 된다. 한국인으로서 기독교윤리학 분야의 글을 쓰면, 그 글들은 모두 한국 기독교윤리학과 관련된 것으로 보아야 하나? 필자가 부딪치는 난제들 가운데 하나는 외국의 유수한 기독교윤리학 이론들에 대한 소개를 한국 기독교윤리학의 이론적 성과로 평가할 수 있는가를 검토하는 일이다. 외국 이론들의 소개가 한국 기독교윤리학의 형성에 이바지하지 않았다고 말할 수는 없다. 학문의 국제적 교류가 일상화되다시피 한 상황에서, 그리고 수많은 신학자들이 외국 유학의 경험을 갖고 있는 실정에서 한국 특유의 기독교윤리학을 말하기는 어렵다. 외국 이론들을 섭렵하면서 신학자들이 독특한 관점과 방법을 발전시켰다고 한다면, 그 또한 한국 기독교윤리학의 성과라고 인정하는 데 인색할 필요가 없을 것이다. 문제는 '번역 신학'을 넘어서는 일이다. 이 글에서 필자는 한국의 지정학적 상황과 역사적 발전 단계, 당대 문제들에 대한 투철한 인식으로부터 우러나오는 기독교윤리학 이론들이 다양한 이론적 여과 과정들을 거쳐 열매를 맺을 때 비로소 '한국의 기독교윤리학'의 성과로 규정할 수 있다고 전제한다.

넷째, 한국의 기독교윤리학의 발전 과정을 어떻게 구분하여 분석할 것인가도 해결하기 쉽지 않은 문제이다. 비록 한국 기독교의 시대구분이 신학자들마다 독특하게 제시되고 있기는 하지만, 나름대로 기준을 세워서 시대구분을 하고 시대별로 한국 기독교윤리학의 이론적 성과를 분석하는 방법이 있을 수 있다. 필자는 이러한 편년사적 서술이 한국 기독교윤리학의 이론적 성과들을 망라하는 장점이 있기는 하지만, 한국 기독교윤리학의 몇 가지 이론적 맥락을 또렷하게 부각시키기 어려운 한계가 있다고 본다. 오히려 당대 현실에 대한 한국 기독교윤리학자들의 인식이 반영되는 방식에 초점을 맞추면, 한국 기독교윤리학의 역사에서 나타난 몇 가지 유파들을 구별해 내고, 이 유파들의 이론적 발전 과정을 제대로 분석할 수 있지 않을까 한다.

위와 같은 네 가지 사항들을 고려하면서 필자는 이 글을 다음과 같은 체제로 전개하기로 하였다. 이 글의 제2부에서는 한국 기독교윤리학과 관련된 이제까지의 연구사를 검토한다. 제3부에서는 첫째, 한국인에 의한 자주적인 신학이 모색되기 시작한 시점부터 상당 기간에 걸쳐 전개된 한국 기독교윤리학의 태동기에 이루어진 성과를 규명한다. 둘째, 기독교윤리학을 전공한 학자들에 의해 한국 기독교윤리학이 본격적으로 발전한 기간에 이루어진 성과를 분석한다. 셋째, 한국 기독교 신학사에서 독보적인 공헌을 한 토착화 신학자들의 윤리 담론을 분석한다. 넷째, 사회참여 신학의 전통을 강력하게 이어간 민중신학자들의 윤리 담론을 분석한다. 이 글의 제4부에서는 최근 10여 년 동안 한국 기독교윤리학자들의 논의가 어떤 지형을 이루고 있는가를 아주 간략하게 소묘하고, 결론을 대신하여 필자의 연구소감을 밝힌다.

2. 한국 기독교윤리학에 대한 이제까지의 연구사

한국 기독교윤리학의 성과에 대한 본격적인 연구는, 비록 개별적인 신학자들에 대해서는 간헐적으로 이루어지고 있기는 하지만, 아직까지 매우 미흡한 실정이다. 이 분야에서 주목되는 연구는 맹용길과 손규태에 의해 이루어졌다.

1) 맹용길의 『한국 기독교 윤리사상』

맹용길은 한국 기독교 윤리사상을 연구하여 그 성과를 이제까지 두 권으로 묶어낸 바 있다.[1] 그는 자신의 연구 프로젝트를 4부작으로 펴낼 계획을 세웠다. 첫 번째 저작은 한국 기독교윤리학의 준비단계에 관한 연구이고, 두 번째 저작은 기독교윤리학의 기초가 놓여지고 정착되는 단계에서 기독교윤리학의 고유한 면을 가지고 공헌한 기독교 신학자들의 성과를 분석한 것이다. 세 번째 저작과 네 번째 저작은 아직 출판되지 않았으나, "3부는 한국에서 기독교윤리학을 학문적으로 기초를 놓기 시작한 사람들을 선택하여 정리할 것이고, 4부는 1980년대 후반에 연구를 마치고 한국에서 활동한 사람들로서 그들의 우수한 논문들을 선택하고 전반적인 해설을 붙여 편집형식으로 정리하려고 한다"[2]고 했다.

기왕에 출판된 첫 번째 책에서 맹용길은 김재준, 함석헌, 김교신, 한경직 등 네 사람들을 다루었다. 두 번째 저작에서는 홍현설, 윤성범, 서남동, 정하은 등 네 신학자들을 다루었다. 이 두 권의 책에서 맹용길은 그 나름의 독특한 연구틀을 설정하여 위의 여덟 사람들의 윤리사상을 소개하고 가급적 원문을 많이 인용하여 독자들에게 스스로 판단할 수 있도록 배려하였다.

그가 택한 연구의 틀은 다음 세 가지 요소들로 이루어져 있다. 하나는 윤리적 출발점과 관계되는 요소들을 분석하는 것이다. 여기서는 각 사상가들

---

1) 맹용길(1993), 『한국 기독교 윤리사상(I)』, 장신대 출판부 ; 맹용길(1994), 『한국 기독교 윤리사상(II)』, 장신대 출판부.
2) 맹용길(1993), 『한국 기독교 윤리사상(I)』, 3쪽.

이 설정하고 있는 윤리의 근거를 규명하고, 인간, 사회, 가치에 초점을 맞추어 각 사상가들이 구상하는 기독교윤리학의 구조를 밝힌다. 또 하나의 요소는 윤리적 규범과 주지를 밝히는 것이고, 이와 관련해서는 주로 규범 형성의 방식과 윤리학적 주제들에 대한 접근 방식을 규명한다. 나머지 요소는 개인생활, 가정생활, 일과 노동, 정치생활, 경제생활, 교회생활 등 맹용길 자신이 기독교윤리의 문제들로 여기는 주제들에 대한 견해를 소개하는 것이다.[3] 이렇게 보면, 맹용길은 한국에서 기독교윤리학을 준비하고 정착시키는 데 공헌하였다고 평가되는 사람들의 윤리사상을 분석하면서 윤리의 근거와 구조, 방법론, 기독교인들의 삶과 관련된 여러 주제들에 대한 각 사상가들의 입장을 규명한 셈이다.

필자는 맹용길이 김재준, 함석헌, 김교신, 한경직 등 기독교윤리학을 전공 분야로 삼지 않은 한국 기독교 신학의 태동기를 이끌어 간 사상가들의 저작을 섭렵하여 그들의 윤리사상을 밝혀낸 것은 우리 신학계의 빛나는 업적이라고 평가하고 싶다. 그것은 전문적인 기독교윤리학자의 창문을 통해 각 사상가들의 저작에 감추어진 윤리사상을 조명함으로써 얻어낸 성과이다. 그러나 이러한 작업 자체가 언제나 행복한 결과를 보장하는 것은 아니다. 위의 사상가들이 기독교 신앙에 터 잡아 기독교인들의 삶에 관한 교훈을 주었다는 것은 매우 분명하지만, 예컨대 정치생활이나 경제생활 등에 대한 윤리적 판단이 대체로 단편적인 성격을 띠는 경우가 많기 때문에 규범적 판단의 구성 방법을 직접 확인하거나 규범적 판단의 신학적 근거를 명료하게 밝히기는 어려울 수밖에 없다. 이 난점을 극복하기 위하여 맹용길은 각 신학자가 설정하는 윤리의 근거와 구조에 관해서는 그의 저작 전체로부터 이를 재구성

---

3) 물론 이 주제들은 각 사상가들에 따라 다소 차이가 있기는 하다. 예컨대 함석헌의 윤리사상을 다룰 때에는 가정생활과 경제생활 항목이 빠지고 혁명 항목이 들어가 있다. 윤성범을 다룰 때에는 경제생활과 교회생활 항목이 빠지고 토착화, 문화, 윤리 항목이 설정된다. 서남동의 경우에는 가정생활 항목이 빠지고 생명보전과 자연환경 보전 항목이 나온다. 정하은의 경우에는 여섯 가지 항목이 모두 망라되는 가운데 문화 및 토착화 항목이 추가되어 있다.

304

하고, 구체적인 삶의 문제에 대해서는 각 신학자의 견해를 별도로 나열하는 방식을 취한다. 앞의 분석으로부터 확인되는 것은 각 사상가가 윤리에 관심을 가지고 있다는 점이고, 뒤의 분석으로부터 밝혀지는 것은 구체적인 윤리 문제에 대해 각 사상가가 취한 견해가 이러저러했다는 점이지만, 각 신학자가 어떤 윤리적 규범 형성의 방법을 가지고 그런 견해에 도달하였는가를 논리적으로 명확히 밝히는 것은 많은 경우 오리무중에 빠지고 만다.4) 이러한 행복하지 않은 결과가 나오는 까닭은 맹용길이 다룬 신학자들의 저작이 기독교윤리학의 관점에서 볼 때 전문성을 띠지 않았기 때문이기도 하고, 이 신학자들을 다루는 맹용길의 분석틀이 너무 전문적이기 때문인지 모르겠다.

두 번째 저작에서는 이러한 작업상의 난점이 비교적 수월하게 해결된다. 그것은 두 번째 저작이 다루는 홍현설, 윤성범, 서남동, 정하은 등이 각기 다른 관점과 방법으로 기독교윤리학의 틀을 형성하는 데 공헌한 학자들이기 때문이다. 윤성범이나 서남동을 기독교윤리학에 공헌한 학자들로 볼 수 있는가와 관련해서는 여러 의견이 있을 수 있지만, 윤성범이 토착화 신학의 윤리 담론을 독특하게 발전시킨 점을 고려하면 기독교윤리학에 대한 그의 공헌을 부인할 이유는 없다. 서남동 역시 조직신학자로서 오래 활동을 한 것은 사실이지만, 민중의 현실을 발견한 이후 민중운동을 뒷받침하는 민중신학의 실천 담론을 전개하였다는 점에서 그가 한국 기독교윤리학을 발전시키는 데 독특한 업적을 쌓았다는 평가에 인색할 까닭이 없을 것이다. 홍현설과

---

4) 예를 들면, 맹용길은 김재준의 윤리적 규범 형성이 관계적 주지(relational motif)에서 이루어졌다고 말한 다음에(맹용길, 『한국 기독교 윤리사상(I)』, 49쪽), 윤리적 행위의 주지는 통합적 주지에 가깝다고 설명한다. 관계와 통합이라는 개념들이 서로 밀접한 관계를 맺고 있다는 것은 분명하지만, 이러한 주지 규정방식은 구체적 상황을 놓고 윤리적 판단을 내릴 때 이것저것 다 고려하면서 신중하게 판단하는 성향을 보인다는 정도의 뜻밖에는 전달하는 것이 없는 것 같다. "김재준 교수는 관계적 주지에서 믿음, 사랑, 소망의 삼중적 요소를 보여주고 있다. 그러나 그는 이것을 의도적으로 보이는 것은 아니고 그의 사상을 읽는 가운데 발견되는 것들이라고 하겠다"(맹용길, 『한국 기독교 윤리사상(I)』, 53쪽)는 맹용길의 지적도 기독교윤리학의 태동기에 활동한 신학자의 글을 전문적인 기독교윤리학의 방법으로 분석하는 일의 어려움을 실토하는 글귀로 읽힌다.

정하은은 기독교윤리학자로서 한국 기독교윤리학의 틀을 세우는 데 나름대로 공을 세운 사람들이다.

이 네 사람의 윤리사상을 분석하는 데 맹용길의 연구틀은 훨씬 좋은 결과를 낳는다. 각 신학자가 기독교윤리학의 근거와 구조를 어떻게 설정하고 있는가를 맹용길은 매우 꼼꼼하게 분석하고 있고, 특히 자유, 정의, 평화, 생명 등 윤리의 기본가치들이 각 신학자에게서 어떤 연관을 맺고 있는가를 매우 명료하게 밝혀낸다. 더 나아가 이러한 윤리적 기본가치들의 연관이 믿음과 사랑과 소망의 신학적 근본가치들 위에 어떻게 터 잡고 있는가를 밝혀낸다. 맹용길의 작업은 각 신학자들의 윤리적 규범 형성과 주지를 밝히는 데에도 상당한 성과를 이룬다. 예컨대 홍현설에게서 윤리적 결단을 이끌어 가는 것이 제도적 주지임을 밝힌다든지,5) 윤성범에게서 규정적 주지가 지배적임을 규명한다든지,6) 서남동과 정하은에게서 윤리적 결단의 운용적 주지가 두드러진다는 것을 드러낸 것은 이러한 엄격한 분석의 성과라 할 것이다.7) 그러나 개별적 주제들에 대한 각 신학자의 의견이 나열되어 있고, 그 윤리적 판단과정이 윤리적 규범 형성 방법 및 주지와 연관되어 규명되지 않은 것은 단점으로 남는다.

맹용길의 분석에서 다소 모호하게 남아 있는 것은 서남동의 윤리사상에 대한 분석 부분이다. 서남동의 윤리적 관심을 조직신학자 서남동이 남긴 다양한 초·중기 저작들로부터 이끌어낸 것은 좋은데, 그것이 민중신학자로서 서남동이 전개한 실천 담론의 윤리적 함의와 어떻게 연관되는가를 맹용길은 제대로 밝히지 못하고 있다. 서남동에게 관찰되는 신학적 사고의 질적인 변환 과정이 충분히 고려되었다면, 서남동의 후기 민중신학 저작에 담긴 윤리적 담론을 초·중기 저작들과 구별해서 다루는 것이 문제의 핵심에 더 접근하기 쉬운 방법이 아니었을까 생각해 본다.

---

5) 맹용길(1994), 『한국 기독교 윤리사상(II)』, 72쪽.
6) 맹용길(1994), 『한국 기독교 윤리사상(II)』, 205쪽.
7) 맹용길(1994), 『한국 기독교 윤리사상(II)』, 287·387쪽.

두 번째 저작에서 맹용길이 전개한 작업이 한국 기독교윤리학의 정립기에 활동한 학자들의 윤리사상을 밝히는 데 어느 정도 성공하고 있기는 하지만, 또 한 가지 아쉬움이 남는다. 필자는 각 신학자들이 대결한 당대의 윤리 문제를 당대 현실의 과제와 연관지어 평가하는 작업이 맹용길에 의해 충분히 시도되지 않았음을 지적하고 싶다.

2) 손규태의 『개신교 윤리사상사』

손규태는 종교개혁 이후 현대에 이르기까지 전개된 유럽과 영미의 개신교 윤리사상을 다룬 방대한 저술 『개신교 윤리사상사』에서 한국의 김재준, 서남동, 변선환의 윤리사상을 분석하였다. 서구 신학자들의 윤리사상을 역사적으로 고찰한 이 책에서 한국의 세 신학자들을 다룬 것은 매우 뜻밖이지만, 이 세 신학자들을 위르겐 몰트만이나 죤 캅과 같은 반열에 놓고 「현대신학자들의 윤리사상」이라는 제목 아래서 다룬 것은 손규태의 윤리하는 방법과 긴밀하게 관련되어 있다. 비록 길기는 하지만, 그가 이 세 신학자들의 윤리사상을 검토한 까닭을 직접 들어 보기로 하자.

"…… 그(＝김재준, 필자 삽입)는 그리스도교 사상을 한국의 역사적 (특히 정치적) 현실과 접맥시킬 뿐만 아니라 윤리적 판단 준거로 삼았던 한국이 낳은 가장 위대한 신학자라고 믿고 있다. 그의 동년배 신학자들이 대체로 서구의 그리스도교 사상, 그것도 특정한 교리의 '바벨론 포로'가 되어 헤어 나오지 못했던 것을 생각하면, 그는 걸출한 학자일 뿐만 아니라 사상 세계에서도 자유인이었다. 그 다음으로는 예리한 학문적 통찰력과 성실성으로 서구 신학 사조들을 한국에 소개했을 뿐만 아니라 말년에는 고난받는 민중의 현실을 발견하고 그들의 현실에 뛰어듦으로써, 신학자며 교수로서 가진 모든 사회적 교회적 특권을 내어던지고 '계급자살'을 감행했던 죽재 서남동 선생님을 기억한다. 그 분은 너무나 많은 시간을 서구신학 소개에 바침으로써 그리스도의 복음과 우리 민족과 역사적 현실을 매개하는 '민중신학' 연구에 많은 시간을 바치지는 못했지만 그의 학문적, 인간적 성실성은 모든 후학들에게 본이 되고 있다. 마지막으로 필자는 감리교 신학대학에서 오랫동안 후학을 가르치셨던 일아 변선환 선생님을 기억한다. 그의 글에서 우리는 루터와 같은 열정과 칸트와 같은 예리함을 발견할 수 있다. 그의 글에서는 예언자 예레미야와 같은 애증이 분출하고 있다. 그래서 그의 윤리사상도 여기에 소개했다. 이 분들이 가진 공통점은 그리스도교 복음을 우리의 역사적 정황, 민중적 현실 그리고 문화적 환경과 매개하여 이 땅에서 복음의 새로운 꽃을 피우고 열매를 맺으려고 했다는 것이다. 따라서 필자가 이 책에서 이 세 분만을 선택해서 그들의 윤리사상을 소개한 것은 바로 그러한 이유 때문이다".8)

인용문에서 보듯이, 손규태는 그리스도교 복음과 한국의 역사적 상황을 서로 매개시키는 작업을 윤리의 기본 관심사로 삼고 있다. 이와 같은 매개의 윤리학의 관점에서 그는 우선 김재준의 사회참여 신학을 고찰하고, 이어서 서남동의 민중신학에 담긴 윤리사상을 다루고, 변선환의 종교다원주의 신학과 윤리사상을 분석했다.

그의 분석을 여기서 자세하게 소개할 수는 없으나, 손규태가 각 신학자들의 전기를 한국 시대사의 전개 과정과 연결해서 살핌으로써 이 신학자들이 왜 그들 나름의 독특한 윤리 사상을 전개할 수밖에 없었는가를 밝힌 것은 "전기와 사상"의 연관을 추적한 매우 빛나는 시도였다는 점을 말하고 싶다. 특별히 전기 서남동과 후기 서남동을 구별해서 다루고, 민중신학 작업이 서남동을 서구신학의 포로상태에서 자주적이고 참여적인 신학자로 변모시킨 과정을 생생하게 재현한 것9)은 손규태가 자신의 윤리학적 관심에 충실하게 매우 치밀한 분석을 하였음을 보여 준다. 변선환이 종교다원주의 신학을 추구함으로써 "창조적 이단자"로서 교권의 추방과 박해를 감내한 과정에 대한 분석10)은 윤리학자이며 역사학자인 손규태가 이룩한 성과라고 생각한다.

---

8) 손규태(1998), 『개신교 윤리사상사』, 대한기독교서회, 8쪽 이하.
9) 손규태(1998), 앞의 글, 400쪽 이하.
10) 손규태(1998), 앞의 글, 437쪽 이하.

3. 한국 기독교윤리학의 형성 과정

1) 한국 기독교윤리학의 태동기

한국 기독교윤리학의 태동기를 어느 시점으로 잡는가 하는 문제는 논란거리가 될 수 있다. 필자는 '한국 기독교윤리학'의 성격 규정을 시도하면서 적어도 한국 신학자가 자주적인 의식을 가지고 당대의 현실과 대결하는 가운데 형성한 윤리사상을 한국 기독교윤리학의 범주에 넣는 것이 적절할 것 같다는 취지의 말을 하였으므로, 한국 기독교윤리학의 태동기는 선교사들의 신학을 앵무새처럼 외우던 시기 이후에 시작되었을 것으로 규정하는 것이 합당할 것 같다. 태동기는 한국에서 기독교윤리학을 본격적으로 전공한 학자들이 활동하기 시작한 무렵에 종료되는 것으로 볼 수 있을 것이다.

맹용길은 태동기라는 말은 하지 않고, 한국에서 기독교윤리학을 준비하던 시기라는 표현을 쓰는데, 그는 이 시기에 활동하던 신학자들 가운데 김재준, 함석헌, 김교신, 한경직 네 사람을 선택하여 이들의 윤리사상을 분석한 바 있다. 필자는 함석헌과 김교신에게도 어떻게 살 것인가와 관련된 풍부한 견해들이 많이 있음을 알고 있고, 그들의 생각을 "기독교 윤리사상"의 틀에서 논의하는 것은 있을 수 있다고 보지만, 어떤 사상가의 실천 지향적 발언이나 성향을 가지고 기독교윤리학을 구성할 수 있다고는 생각하지 않는다.

김재준과 한경직은 이 점에서 조금 다르다. 김재준은 구약학자이긴 하지만 기독교윤리학을 대학에서 직접 가르친 경험이 있고, 또 기독교윤리학과 관련된 책을 여러 권 번역하기도 하였다.[11] 한경직은 목회자로 활동한 경력이 긴 사람이긴 하지만 개인도덕을 기독교 신앙 차원에서 가르치는 데 그치지 않고 현실 문제들을 의식하면서 교회의 윤리적 입장을 세우고, 교회의 사회적 실천 형태를 확립하는 데 큰 영향을 미쳤다. 또 이 두 사람은 현실 문제에 관심을 갖는 교회의 실천과 관련하여 사회참여의 전통과 사회봉사의 전통을

---

11) 몇 가지 예를 제시하자면, Emil Brunner(1958), 『그리스도교와 문명』, 한국번역서회 ; John Coleman Bennet(1961), 『그리스도인과 국가』, 대한기독교서회 ; Georgia Elma Harkness(1963), 『기독교윤리학』, 대한기독교서회 등이다.

형성하는 데 공헌을 하기도 하였다.

1) 태동기 한국 기독교윤리학자로서의 김재준은 "우주적 사랑의 공동체"라는 매우 스케일이 큰 윤리적 구상을 제시하였지만, 이보다는 매우 적극적인 현실참여 신학과 윤리를 전개한 학자로 더 잘 알려져 있다. 우주적 사랑의 공동체라는 주제는 김재준의 신학과 사상을 꿰뚫는 주조음(cantus firmus)이라고 보는 것이 옳을 것이다. 그의 사회참여 신학과 윤리는 우주적 사랑의 공동체를 구체적인 현실 속에 구현하는 방편으로 선택되었다고 보는 것이 옳을 것이다. 1945년에 발표된 「기독교의 건국 이념」이라는 글에서 김재준은 다음과 같이 말한 바 있다.

> "기독교인의 최고 사상은 하나님 나라가 인간사회에 여실히 건설되는 것이다. 그러나 이 '하나님 나라'라는 것을 초세간적(超世間的)인 내세적인 소위 천당이라는 말로서 그 전부를 의미하는 것인 줄 알아서는 안 된다. 하나님의 뜻이 인간의 전생활에 군림하여, 성령의 감화가 생활의 전 부문을 지배하는 때, 그에게는 하나님 나라가 임한 것이며 이것이 전 사회에 삼투되며 사선(死線)을 넘어 내세에까지 생생 발전하여 우주적 대극의 대낙원의 날을 기다리는 것이 하나님 나라의 전모일 것이다".12)

이 글은 하나님 나라가 내세천당의 관념으로는 포착할 수 없고, 하나님 나라가 성령의 활동하는 임재를 통해 현세상에서 구현될 뿐만 아니라 우주 전체를 포괄하는 큰 평화로 실현될 것임을 전망하고 있다. 성서가 말하는 영원한 생명은 하나님 나라가 온전히 실현된 우주적 대극의 대낙원에 참여하는 일로 해석되고 있다. 그런데 바로 이 인용문은 "하나님의 뜻이 인간의 전 생활에 군림하여 성령의 감화가 생활의 전 부문을 지배하는 때, 그에게는 하나님의 나라가 임한 것"이라고 말함으로써 이미 하나님 나라의 구현 과정에

---

12) 김재준(1971), 「기독교의 건국이념-국가 구성의 최고 이성과 그 현실성」, 『김재준 전집』 제1권, 159쪽.

기독교인들이 참여하여 활동해야 한다는 것을 시사한다. 이와 같은 김재준의 생각은 그의 생애를 관철하고 있다.[13)]

김재준에게서 하나님 나라 운동은 "세속 역사를 하나님 나라 역사로 변질시키는 운동"이요, 바로 이 역사에 대한 관심은 교회가 현실의 문제들을 인식하고 이를 해결하여 하나님의 뜻이 이 땅 위에서 이루어지도록 현실변혁의 주역으로 등장하도록 촉구한다. 김재준은 이처럼 하나님 나라와 세상의 긴장관계를 고려하면서 현실참여의 신학과 윤리를 제시하고 있다.

김재준은 해방 후 점철된 독재와 부패에 대해 침묵하지 않고 자신의 견해를 분명히 밝혀 왔다. 이승만 정권 시절에 쓰여진 「역사참여의 문제와 우리의 실존」이라는 글에서 그는 한국교회가 "이 시대를 자기의 베개로 삼고 안면하는 수면병에 빠졌다"고 질책한 바 있다.[14)] 박정희 정권의 성립 이후 김재준은 굴욕적인 한일국교정상화 회담 반대, 독재를 합법화하기 위한 삼선 개헌 저지, 유신독재에 대한 항거, 캐나다 망명 이후 한국 민주화 지원과 통일운동 등에 참여하였고, 이 과정에서 현실참여의 신학과 윤리에 대한 많은 글들을 썼다.[15)] 박정희 정권에 의해 한국 민주주의가 죽임을 당했던 어두운 시기에 김재준은 교회의 예언자적 책임을 강조하고, 혁명을 고려하면서까지 정치참여에 나서는 것을 고려해야 한다고 주장한 바 있다.[16)]

---

13) 김재준(1985), 「교회는 선교를 위해 있다」, 『귀국 직후』, 선경출판사, 280쪽.

14) 김재준(2001), 「역사참여의 문제와 우리의 실존」, 장공김재준목사 탄신 100주년 기념사업회 편, 『장공김재준논문선집』(이하 『선집』), 한신대학교 출판부, 361쪽.

15) 『선집』에 실린 「기독교인의 정치참여」(1967년), 「역사참여의 신학」(1971년), 「한국에서 기독교의 위치와 사명」(1973년), 「제3일의 논리와 역사의 내일」(1974년), 「교회와 세상」(1976년) 등의 글들은 현실참여에 대한 김재준의 관심을 잘 드러낸다.

16) 1976년에 집필한 「교회와 세상」에서 그는 다음과 같이 말한다. "실제로 사회에 참여해야 합니다. 지금까지도 소위 사회참여, 사회개량 등등에는 많이들 참여하고 있었습니다만, 문제는 '정치참여'에 있습니다. 교회와 정치를 분리한다는 '신화' 때문에 정치불참이라는 사이비한 위장이 연출되는 것이 아닐까 합니다. 그러나 현대신학에서는 교회가 정치에 참여할 뿐 아니라, 좋은 정치의 실현에 책임져야 한다는 것입니다. 정치에 발언한나면 그 말의 책임으로 참여까지 해야 할 것은 사실입니다. 정치참여에는 정부의 정책을 개선한다는 liberalism과 정치를 바꾼다는

김재준은 이러한 기독교인들의 현실참여를 뒷받침하는 윤리학 방법론을 제시하기 위해 노력하기도 하였다. 1962년에 쓰여진 「한국교회 윤리생활의 재검토」라는 글에서 그는 윤리적 이상주의를 비판하면서 "사회를 위한 어떤 추상적, 원칙적 가치를 내세우고, 그것이 적용될 경우에 산출될 어떤 이상적 사회 형태를 상정한 다음에, 현존 사회상을 이에 맞도록 끌어올리기 위하여 노력"하는 것보다는 정황 분석을 정직하게 하는 일의 중요성을 부각시킨다. 기독교윤리학의 규준과 준칙의 형성과 관련해서 김재준은 다음과 같이 말한다.

> "그리스도의 마음이 그 도덕적 행위에 원칙을 제공하는 것은 사실입니다만, 그것은 하나님과 나, 나와 이웃의 상호관계 됨에서 보고 그 관계됨에서 진행시키는 것입니다. 정치적·사회적·경제적 사회과학의 데이터에서 그것들의 내적 역사적 의미 …… 를 포착하고 거기서 윤리적 결단을 내리는 것입니다. 내가 …… 말한 (1) 기독교적 계시와 신앙 (2) 자아의 분석 (3) 사회적 구조와 과정에 대한 이해를 기독교 윤리 결단의 삼 요소로 지적한 것은 바로 이것을 말한 것입니다".17)

이 글에서 김재준의 기독교윤리학의 전모를 상세하게 논의하지 못하는 것은 아쉬운 일이지만, 김재준이 한국 기독교윤리학의 태동기에 기독교윤리학의 현실 참여적 관심을 분명히 하고, 라인홀드 니이버, 하인리히 리처드 니이버, 죤 C. 벤네트 등과 호흡을 같이 하면서18) 기독교윤리학의 방법을

revolution과의 두 가지가 있습니다. 이런 경우에 교회가 둘 중의 하나를 택한다는 것은 때와 정황에 따라 작정될 것입니다. 교회가 liberalism에는 동조할 수 있어도 revolution은 용납할 수 없다는 것을 교조적으로 고정시킨다든지, 시끄러우니 역사 참여는 애당초부터 거부하고 교회주의에 농성한다든지 하는 것은 한 '데나리온'을 땅 속에 묻었다가 주인에게 본전만 돌리려던 '악하고 게으른 종'에 해당한다 하겠습니다. 교회가 세상 안에, 세상을 위해 있다면 그럴 수는 없을 것입니다"(『선집』, 425쪽 이하).

17) 김재준, 「전후 한국교회 20년사 비판」, 『선집』, 117쪽.

18) 그는 1962년 11월에 『사상계』에 「기독교와 정치-라인홀드 니이버의 경우」(『선집』, 262~271쪽)를 발표했고, 1963년 10월에는 『오늘의 고전』이라는 공동저작집에 「리처드 니이버의 신학과 윤리」(『선집』, 272~287쪽)라는 글을 실었다. 앞에서 인용한 「한국교회 윤리생활의 재검토」라는 글에서 그는 죤 C. 벤네트와 하인리히

312

제시하기 위해 노력하였다는 것은 한국 기독교윤리학의 역사에서 평가받을 부분이라고 생각한다.

2) 한경직은 한국 기독교윤리학의 태동기에 개인도덕과 사회봉사를 서로 연결시켜 논의한 대표적인 목회자이며, 이러한 그의 관점은 그 후 한국교회의 일각에 큰 영향을 미쳤다. 사회와 역사에 대해 관심을 두지 않고 개인구령만을 주장하는 보수적인 기독교와 거리를 두었던 그는 기독교인들의 윤리생활에 분명한 관심을 두었으나, 김재준처럼 예언자적 현실참여와 현실변혁을 옹호하지 않고, 사회봉사를 교회의 사회적 실존 형태로 규정하고자 했다.

한경직의 윤리관은 그의 독특한 기독교 개인주의를 출발점으로 삼고 있다. 기독교 개인주의는 구원에 대한 이해에 터 잡고 있다. 한경직에 따르면, "구원은 그리스도의 십자가상의 죽으심과 다시 사심을 믿는 믿음을 통하여 개인적으로 주어지는 구원을 의미한다"[19] 기독교윤리는 개인적으로 주어지는 구원의 수납자인 기독교인들이 이 세상에서 전개하는 삶과 관련된다. 기독교윤리의 출발점을 이처럼 개인에서 구하기 때문에 한경직에게는 개인의 양심과 인격이 강조되고, 겸손, 청렴, 책임, 봉사 등과 같은 개인적 덕목들이 중시된다. 오직 이러한 개인주의 도덕의 전제 아래서만 한경직은 사회 문제를 다룰 수 있다고 본다. 개인은 결코 자기 안에 유폐되어 있는 고립된 존재가 아니다. 그렇다고 해서 개인이 사회 속에 통합되어 해소되는 것도 아니다. 개개인은 서로 연대하며 사회를 이룬다. 한경직은 인간은 "사회적 동물"[20]이라는 고전적 명제를 이런 의미로 이해한다.

한경직의 기독교윤리학은 개인적으로 주어지는 구원의 수납자인 인간의 도야 과정과 그 개인 바깥에서 펼쳐지는 환경으로서의 사회를 연결시키는 접점을 기독교인들의 사회봉사에서 찾는다. 사회봉사는 개인의 자발성과

리처드 니이버를 언급하면서 자신의 윤리학 방법론을 설명하고 있다.
19) 한경직 목사 기념사업회 편(1986), 『한경직 목사 성역 50년』(이하 『성역 50년』), 영락교회, 58쪽.
20) 한경직(1971), 『한경직 목사 설교 전집』 제2권, 대한기독교서회, 204쪽.

사회적 연대의식에서 비롯되는 것이고, 개개인의 청교도적 절제와 청지기적 사명을 인식할 때 비로소 구현된다. 이러한 개개인의 헌신과 참여는 인격도야의 과정일 뿐 아니라 교회가 사회를 위해 공헌할 수 있는 최대치(optimum)이다.21) 한경직에게서 사회봉사는 개인의 인의와 성화의 연장선상에 있다.

이와 같은 관점은 라인홀드 니이버가 말하는 바와 같이 개인의 도덕적 완성이 비도덕적 사회의 병폐를 극복할 수 없고, 비도덕적 사회에 살아가는 사람들의 선하고 정의로운 삶을 저해한다는 통찰에서 비껴나 있다. 개인도덕의 연장선상에 있는 사회봉사는 구조악에 대한 인식을 촉진시킬 수 없고, 사회구조의 문제들에 대한 분석과 대안의 모색으로 이어질 수도 없다.22) 한경직이 거대교회의 지도자로서 큰 영향력을 발휘하였음을 감안할 때, 그는 한국 기독교 일각의 개인도덕적 맹목주의를 조장하였다는 비판으로부터 자유로울 수는 없을 것 같다.

또한 그는 사회봉사와 사회참여를 강조하기는 했지만, 기독교인들의 정치참여에 대해서는 단호하게 반대하였다. 그는 "(1) 교회와 정치는 반드시 분리되어야 한다. (2) 국가가 교회의 내정에 간섭할 수 없는 것처럼 교회는 정치에 직접 간섭함을 허용치 않는다"고 가르쳤다.23) 기독교인들의 정치참여 논의가 활발하게 전개되었던 민주화 인권 운동 시기에 한경직은 단호한 선을 그어 놓고, 정교분리의 아성을 굳히며 개인도덕과 사회봉사를 두 축으로 하는 기독교인들의 윤리 운동을 전개하였던 것이다. 그러나 그가 전군 복음화 운동을 주도하고, 국가 원수를 위한 조찬기도회에 참여한 것은 정교분리의 원칙을 편의적으로 해석하였다는 인상을 불러일으키기에 충분하다. 국가 원수를 위한 조찬기도회가 독재 정권을 정당화하는 종교 행위로 기독교인

---

21) 『성역 50년』, 60쪽.

22) 맹용길은 이 점에 대해 다음과 같이 말한다. "그러나 그는 사회 구조에 대한 논의나 개혁에 관한 행위에 대해서는 직접적으로 언급하고 있지 않다. 그러나 그는 기본 가치의 가르침과 방향을 좇아 행위를 하고 영향력을 미칠 때 사회의 변화를 볼 수 있다는 가능성을 충분히 밝히고 있다". 맹용길(1993), 『한국 기독교 윤리사상(I)』, 367쪽 이하).

23) 『성역 50년』, 61쪽.

대중과 일반 여론에 비칠 수 있었기에 하는 말이다.24)

한경직은 한국 역사의 매우 중요한 시기에 기독교 개인윤리를 구축하고 한국 기독교 일각에 큰 영향력을 발휘한 목회자이다. 그의 이러한 입장은 한국 기독교윤리학계에 개인도덕이냐 사회윤리냐 하는 논쟁을 불러일으키기도 하였다.25) 또한 그가 일관되게 고수한 정교분리 노선은 그 영향력의 거대함과 암울한 시대적 상황으로 인해 한국 학계에서 교회와 국가에 관한 신학적, 윤리학적, 법학적 논쟁을 불러일으키기도 했다.26) 필자는 한경직이 이와 같은 논쟁들을 불러일으킨 장본인이었다는 점에서 한국 기독교윤리학을 본격적으로 발전시키는 데 그 나름대로 이바지한 바 있다고 본다.

2) 한국 기독교윤리학의 발전기

한국 기독교윤리학의 태동기와 본격적 발전기를 구별하는 것은 그렇게 분명한 것은 아니지만, 필자는 기독교윤리학을 주 전공분야로 한 학자들이 당대의 현실과 대결하면서 기독교윤리학의 관점과 방법을 밝히기 시작한 무렵부터 본격적 발전기가 시작된다고 해석한다. 이 시기에 주목할 만한

---

24) 김용복(1982), 「해방 후 교회와 국가」, 한국기독교사회문제연구원 편, 『국가권력과 기독교』, 민중사, 234쪽 : "사실상 대통령 조찬 기도회는 박정권에 종교적 정당성을 부여하는 역할을 했다고 볼 수 있다".

25) 이 논쟁은 『신학사상』 제10집, 한국신학연구소, 1975년 가을에 실린 「심포지엄 : 교회의 사회참여에 관한 신학적 토론」에 잘 정리되어 있다. 이 심포지엄에서 김의환은 '개인변화 다음에 사회개조'를 생각할 것을 주장했고, 박봉배는 기독교인들의 사회참여와 정치참여는 '인간구원의 행위'라고 맞받았다. 개인윤리와 사회윤리를 둘러싼 논쟁과 관련해서는 고범서(1980), 『개인윤리와 사회윤리』, 한국신학연구소를 참조하라.

26) 이 논쟁과 관련해서는 전경연(1970), 「성서와 저항」, 『기독교사상』, 통권 제13권 제4호, 4월, 대한기독교서회 ; 고범서(1970), 「독재정권하의 종교 자유」, 『기독교사상』, 통권 제13권 제4호, 4월, 대한기독교서회 ; 문희석(1977), 「예언자와 권력」, 『기독교사상』, 통권 제20권 제12호, 12월, 대한기독교서회 ; 이장식(1979), 「종교와 정치」, 『기독교사상』, 통권 제22권 제10호, 10월, 대한기독교서회 ; 최종고(1981), 「한국 교회와 정교 분리」, 『기독교사상』, 통권 제24권 제8호, 8월호, 대한기독교서회를 보라. 더 나아가 김용복, 앞의 글을 참조하라.

공헌을 한 학자들은 홍현설, 정하은, 박봉배, 맹용길, 고재식, 손규태 등이다.

1) 홍현설은 한국 기독교윤리학의 태동기와 본격적 발전기에 걸치는 학자로 분류하는 것이 좋을 것 같기도 하지만, 필자는 아래에서 밝혀지는 몇 가지 이유들 때문에 그를 한국 기독교윤리학의 본격적 발전기에 해당하는 학자로 간주하고자 한다.

홍현설은 라인홀드 니이버의 기독교 현실주의와 디트리히 본훼퍼의 기독교 후기 윤리를 한국 기독교윤리학계에 소개하고, 그 나름대로 상황과 신앙을 매개하기 위해 노력한 윤리학자로서 기억되고 있다. 그는 하비 콕스의 세속화 신학, 리처드 숄과 폴 레만의 혁명의 신학을 소개하여 기독교인들의 정치참여를 이론적으로 뒷받침하기도 하였다. 그러나 그의 특색은 어느 하나의 이론에 치우치지 않고, 그 이론들을 자기 나름대로 소개하여 발전시켰다는 데서 찾을 수 있다.

그는 1960년대 이후 한국 상황에서 세속화 신학과 윤리를 전개하면서 본훼퍼가 말하는 "성숙한 세계"에서 "타자를 위한 존재"로 살아가는 것을 기독교윤리의 가능성으로 인식한다. 홍현설은 본훼퍼의 "거룩한 세속성" 개념을 설명하면서 자신의 윤리적 관점과 방법을 밝히고 있다. 그의 말을 들어 보자.

> "…… 본훼퍼의 소위 '거룩한 세속성'(holy wordliness)이란 무엇입니까? 그것은 즉 하나님께서 우리를 두시고 살게 하시는 이 세계, 이 물질적인 세계를 받아들이는 동시에 이 세계에 적극적으로 개입(involvement)하는 태도를 의미하는 것입니다. 그래서 이 세계를 무방향성(無方向性＝pointlessness)과 부조리성(不條理性＝absurdity)에서부터 구출하려는 데 그 목적이 있습니다. (……) 크리스천에게는 이 세계의 깊은 이해를 위해서 수납(accept)하기도 하고 배격(reject)하기도 하는 변증법적 태도를 가져야 한다는 사실을 항상 염두에 두어야 합니다. 교회는 이 세계에 항복하는 것으로 이 세계에 봉사하는 것이 아니라, 이 세계로 하여금 그 자체에 대한 참된 이해에로 각성을 시켜서 이 세계가 그 자체를 신화(神化)하거나 우상화하지 못하게 지켜보는 것으로써 진정한

봉사를 할 수 있습니다".27)

이 인용문에서 홍현설은 이 세계를 전적으로 부정하지 않으면서도 전적으로 긍정하지 않도록 하는 윤리적 원칙이 있음을 강력하게 시사하고 있다. 본회퍼라면 이 대목에서 궁극적인 것과 궁극 이전의 것 사이의 긴장을 말하면서, "자연적인 것"의 유예된 존속과 예수 그리스도 안에서 그것이 인의와 성화와 완성의 대상이 된다는 점을 분명히 밝혔을 테지만,28) 홍현설은 이 점에서 본회퍼의 입장을 반복하지는 않는다. 그는 다른 문맥에서 신의 명령이라는 절대적 규준이 있음을 말하기도 하고,29) "하나님 나라에서 완전히 실현될 궁극적인 절대정의"30)를 말하기도 한다. 중요한 것은 홍현설에게서 기독교 신앙에 터 잡은 규준의 절대성과 현실의 상대성을 서로 매개하는 기독교윤리학의 매우 중요한 과제가 뚜렷하게 인식되었다는 점이다.

홍현설은 기독교윤리학자로서 제도의 문제를 적극적으로 고찰한 학자이기도 하다. 그는 기독교 신학자들이 제도를 윤리적 과제로 인식하는 데 부족했음을 지적한다. 그는 말한다.

"우리는 걸핏하면 제도를 단순한 형식적인 것, 또는 객체적인 것으로 처리해 버리려는 유혹에 빠지는 때가 많다. 그러나 제도는 그렇게 쉽게 처리될 수 있는 것이 아니다. 제도는 그것을 사용하는 인간들의 생활의 깊은 영역에까지 파고 들어가는 것이기 때문이다."31)

홍현설은 제도가 이중적인 측면을 가지고 있음을 정확하게 인식하고 있다. 하나는 쉽게 바뀌어지지 않는 측면이고, 또 다른 하나는 인간의 의지에

---

27) 홍현설(1997), 『청암 홍현설 저작전집』(이하, 홍현설, 『전집』) 제4권, 성서연구사, 276쪽.
28) Dietrich Bonhoeffer, *Ethik*, neugeordnete 6. Auflage, Müenchen 1981, p.154.
29) 홍현설, 『전집』 제1권, 118쪽.
30) 홍현설, 『전집』 제4권, 106쪽.
31) 홍현설, 『전집』 제3권, 395쪽.

의해 변화될 수 있는 측면이다. 이처럼 균형이 잡힌 홍현설의 제도 인식은 제도가 인간이 만들어 낸 산물임에도 불구하고 제도가 마치 독립된 실체인 것처럼 인간의 삶을 외부로부터 송두리째 규정할 수 있는 듯이 여기는 제도 강박에 저항할 수 있도록 해 준다. 제도는 역사적으로 형성된 것이기에 그 나름대로 필요한 것이고 어느 정도 존속할 수 있는 물적 기반을 갖고 있는 것이 사실이지만, 제도 그 자체가 인간 위에 군림할 수는 없다. 제도는 언제나 개혁의 대상이다. 이 점에 대해 홍현설은 다음과 같이 말한다.

> "한 마디로 말해서 인간의 세계는 제도의 세계이며, 제도가 펼쳐나가는 세계이다. 우리가 제도를 만들고 제도에 산다는 것은 우리가 공동의 삶을 가진다든가 혹은 거기에 참여하고 그것을 계속한다는 말과 마찬가지이다. 즉 인간 존재에 있어서 제도는 사회 참여의 방식이다. 물론 제도는 그것이 오용될 때에 인간 되기를 저해하는 힘을 가지는 것도 사실이나 그러나 이 제도에 의해서 사람은 공동의 삶을 획득하며 실현하며 나아가는 것도 사실이다. 즉 제도에 있어서 우리는 자기를 표현하고 관철하여 사회적인 인간으로서의 과제를 지니고 또는 수행한다".[32]

홍현설은 제도를 형성하는 과제와 관련하여 정치의 중요성을 매우 날카롭게 인식했으며, 기독교인들의 현실참여가 예수 그리스도의 성육신에 근거하고 있음을 밝히기도 했다.[33] 그러나 그는 제도 형성과 관련된 어떤 고정된 원칙이 따로 있다고 보지는 않았다. 기독교윤리학이 사랑과 정의라는 넓은 원칙을 제공하는 것이 사실이기는 하지만, 그 원칙을 어떻게 현실에 적용하는가는 그야말로 영적인 분별력의 도움을 받아 기독교인들이 수행해야 할 창조적인 과제라는 것이다.[34] 그는 성서도 제도형성의 구체적 프로그램을

---

32) 홍현설, 『전집』, 앞의 글.
33) 홍현설, 『전집』 제1권, 249쪽 : "우리가 구원을 선포한다는 것은 죄로부터의 해방과 온전한 인간이 되는 것을 의미한다. 구원을 개인적이고 영혼적인 것에만 제한하는 사상은 신약성서의 사상이 아니다. …… 우리의 구주는 육신을 입으시고 인간의 정치, 경제, 사회의 구조 안에서의 신의 통치를 선언하셨다. 그리고 새 날과 새 인간과 새로운 피와 살로 된 피조물의 출현을 지향하셨다".

318

제시하지 못한다고 지적하면서 다음과 같이 말한다.

> "성서에는 사회 개조의 구체적인 방안이나 프로그램은 없다. 그렇다고 우리
> 는 손 싸매고 앉아서 하나님의 자녀들이 학대를 받고 착취를 당하며 도륙을
> 당하는 것을 그대로 보고 있을 수는 없는 것이다. 우리는 예수 그리스도의
> 이름으로써 우리 시대의 모든 사회악과 부정에 대해서 선전포고를 해야 할
> 것이다. 우리가 사심 없이 우리의 이웃과 형제를 위해서 하는 일에 예수
> 그리스도는 그의 영으로써 우리에게 어떻게 할 것을 가르쳐 주실 것이다.
> 그리하여 우리가 만든 제도와 질서 중에 예수 그리스도의 정신이 반영되기까
> 지 우리는 그의 정화에 노력하여야 할 것이다".35)

한국 기독교윤리학의 태동기와 본격적 발전기의 가교역할을 맡았던 홍현
설은 기독교윤리학의 방법을 모색하는 데 중요한 공헌을 하였다고 평가할
수 있다. 그는 한국 기독교의 역사에서 처음으로 절대적인 것과 상대적인
것의 매개 문제를 의식하고, 제도 형성을 기독교윤리학의 과제로 제안한
학자이다. 박봉배는 사랑과 정의를 윤리적 원칙으로 수납한 홍현설이 요셉
J. 올드햄의 중간공리론이나 라인홀드 니이버의 접근설을 가지고 "구체적인
행동의 방향"을 설정하고자 했다고 평가한다.36)

2) 정하은은 독일에서 기독교 사회윤리를 전공하고 돌아와 이 분야에서
기독교윤리학의 방법을 명확히 밝히고, 당대의 과제였던 근대화 문제를
기독교윤리학적 시각에서 다루고자 시도하였던 학자이다.

그는 기독교 사회윤리학이 성서학과 사회과학을 매개하는 중간학
(interdisciplinary science)이고, 그 목적은 기독교인들로 하여금 윤리적 결단을
하도록 돕는 것이라고 보았다. 기독교윤리학을 신의 의지에 따르는 행위라고

---

34) 홍현설, 『전집』 제3권, 491쪽 이하.
35) 홍현설, 『전집』 제1권, 174쪽.
36) 박봉배(2002), 「홍현설 박사의 신학사상」, 『천암 바봉배 바사 은퇴 기념 문집(I)』,
    성서연구사, 227쪽.

들 말하지만, 정하은은 설사 신의 의지를 안다고 해도 그것은 단순히 지식의 문제로 머물 수 있다고 본다. 윤리적 행위를 이끌어 가는 결단은 지식과는 다른 차원에 있다는 것이다. 기독교 사회윤리학을 "결단의 학"으로 보는 그의 주목할 만한 견해를 더 들어 보자.

> "우리가 성서신학이나 사회과학을 통하여 신의 의지를 규명할 수 있다고 하더라도 그러한 것은 역시 한갓 지식에 불과하기 때문에 우리에게 결단을 일으켜 주지 않는다. 그러한 지식은 신앙 결단의 자료를 제공해 줄 뿐이다. 그러므로 그것을 잘 이용하여 결단하는 데까지 이르게 지도하는 것이 기독교 사회윤리학의 과제요 사명인 것이다. 다시 말하면 오늘의 기독교 사회윤리학은 여러 상황 속에서 신의 의지를 찾고 그것에 따라 결단에 이르는 과정을 취급하는, 이른바 '결단의 학'인 것이다".37)

결단의 학으로서의 기독교 사회윤리학은 그 나름의 방법적 절차를 갖는다. 신의 의지를 인식하는 것과 현실관계들 속에서 결단하고 행동하는 것 사이에는 몇 가지 단계의 절차를 거치지 않으면 안 된다는 것이다. 그는 알베르트 라스무쎈의 사회윤리적 결단의 단계를 참고하고 본훼퍼의 이론을 원용하며 (1) 상황 관찰, (2) 상황 판단, (3) 정책 결정, (4) 행동 : 결단의 네 단계를 설정하였다. 이 네 가지 단계들을 거쳐 윤리적 결단과 행동을 하는 주체는 물론 기독교인들이다. 기독교인들의 사회윤리적 결단의 첫 단계인 상황 관찰은 "예수의 마음을 품고 사회를 보는 눈"을 필요로 한다. 이것은 기독교인들이 비기독교인들보다 "더 성실하고 정확한" 상황 관찰을 해야 한다는 뜻이다. 이데올로기나 민족 이익 혹은 자기중심성에 사로잡히지 않은 눈을 가질 때, 기독교인들은 사회학적 게토를 넘어서서 현실을 바로 볼 수 있다는 것이다. 정하은은 이를 다음과 같이 말한다.

---

37) 정하은(1968), 『한국근대화와 윤리적 결단』(이하 『결단』), 대한기독교서회, 8쪽 이하.

320

“물론 우리가 사회를 진단하는 데 사회학적인 조사를 중요시한다. 그러나 거기서 얻은 데이터들을 사회학자들처럼 하나의 통계학적인 숫자나 현미경으로 보지 않고, 그 데이터를 통하여 ‘신의 행위’, ‘신국의 현재성’을 들여다 보면서 신의 혁명적 말씀에 귀를 기울이는 것이다”.38)

정하은이 말하는 사회윤리학의 네 단계를 여기서 상술하지는 않겠지만, 그의 사회윤리학적 특징이 가장 분명하게 드러나는 대목은 정책 결정 부분이다. 그는 현실의 여러 문제들에 대한 해법이 다양한 요인들에 의해 엇갈려 있을 경우 어느 원칙을 고집하는 것보다는 “중간 공리”(middle axiom)를 활용하는 것이 적절할 것이라고 제안한다. “보다 높은 정의는 보다 평등한 정의”라는 라인홀드 니이버의 비교급의 윤리 혹은 기독교 현실주의에 따라 에큐메니칼 사회윤리의 방법론적 지침인 “중간 공리” 개념39)을 재해석하는 정하은은 자신의 입장을 다음과 같이 정리하고 있다.

“성령의 역사는 오늘도 계속해서 우리에게 한량없는 은혜를 베풀고 계시다. 그의 사랑은 한량없다. 그러나 결코 센티멘털하지 않다. 문제를 단순히 센티멘털한 감정이나 값싼 사랑의 눈물로 해결하려 하지는 않는다. 성령께서는 모든 사람이 보다 평등하게 다같이 사랑하고 공존공영하기를 원하신다. 결코 정의 없는 사랑을 말하는 것이 아니다. 이런 의미에 있어서 ‘사랑-정의’의 긴장 관계를 내용으로 한 중간 공리를 가지고 정책을 수립할 때 보다 신의 의지에 접근해 나아갈 것으로 생각한다. (……) 특히 크리스천의 정책 결정은 이상론이 아니고 성령의 말씀을 현실화하는 일이기 때문에 실현 가능성이 있어야만 한다. 여기에 기독교 현실주의의 성립 근거가 있다”.40)

위의 인용문이 잘 말해 주고 있듯이, 정하은은 기독교 현실주의에 입각하여

---

38) 『결단』, 1968, 25쪽.

39) 에큐메니칼 사회윤리의 “중간공리” 개념에 대해서는 H.-J. Kosmahl, *Ethik in Ökumene und Mission. Das Problem der “Mittleren Axiome” bei J. H. Oldham und in der christlichen Sozialethik*, Göettingen, 1970을 보라.

40) 정하은(1968), 『결단』, 31쪽 이하.

신의 의지를 현실에 구현하는 기독교 실천 이론으로서 기독교 사회윤리학의 방법을 구체적으로 밝히고자 했다. 그리고 자신의 사회윤리학적 관점과 방법을 우리나라의 근대화 과정에 적용하여 기독교인들의 결단과 행위의 내용을 밝히고자 했다. 그러나 이 분야에 관한 그의 깊이 있는 분석과 정책 제시가 글의 형태로 별로 남아 있지 않은 것은 매우 아쉬운 일이다.[41] 아마도 서구에서 발전된 현대 기독교윤리학을 소개하고, 에큐메니칼 운동 차원에서 제기되는 사회윤리적 문제들을 국내에 소개하는 것이 절실한 과제로 떠올랐기 때문에,[42] 이 중요한 주제에 대한 사회윤리학적 연구가 미완의 과제로 남게 되었는지 모른다.

3) 고재식은 아마도 기독교윤리학의 방법론을 가장 짜임새 있게 제시한 학자로 평가받을 만할 것이다. 그는 에큐메니칼 사회윤리의 중간공리론과 남미의 해방윤리를 비교하여 자신의 윤리학적 방법론을 정립하고자 하였다. 그는 자신의 이러한 작업을 규범 윤리와 구별되는 "메타 윤리" 차원의 작업으로 규정하였는데,[43] 한국 기독교윤리학의 역사에서 메타 윤리 수준에서 방법론의 문제를 의식적으로 다룬 학자는 고재식이 처음이다.

고재식은 "기독교인들의 행위에 대한 윤리적 판단기준을 이끌어 내는 방법 문제"를 다루면서 이 판단기준의 보편성 문제를 전면에 부각시켰다. 그는 이 방법 문제가 윤리적 숙고의 핵심 문제임을 의식하고, 이 숙고의

---

41) 이와 직접 관련된 정하은의 저작은 『결단』에 실린 「이데올로기와 한국의 근대화」라는 짧은 글이며, 이 가운데 한국 근대화와 관련된 부분은 「한국 경제 발전의 전제조건」(『결단』, 136~138쪽)을 다룬 세 쪽에 달하는 아주 간략한 언급에 지나지 않는다.

42) 정하은은 『결단』에서 라인홀드 니이버, 디트리히 본훼퍼, 에큐메니칼 사회윤리학, 요셉 플렛처의 상황윤리 등을 소개하고 있고, 공산주의와 대결한 에밀 브룬너, 핵 전쟁 문제를 둘러싼 라인홀드 니이버와 죤 C. 벤네트의 대결, 이 주제에 대한 헬무트 골비처의 견해를 소개하고 있다. 이러한 방대한 서구 기독교윤리학과 신학의 정리는 정하은(1973), 『현대신학자와의 대화』, 대한기독교서회 ; 정하은(1975), 『혁명기의 기독교』, 대한기독교서회에서도 시도되고 있으나, 여기서는 소개를 생략한다.

43) 고재식(1984), 『사회문제와 기독교 윤리』, 대한기독교출판사, 64쪽.

322

핵심을 역사의 현실적 실재의 특수성과 기독교적 가치의 보편성을 서로 매개시키는 방법을 만들어 내는 일로 성격화한다. 그의 말을 직접 들어 보자.

> "그리스도인들의 영적인 이상은 사랑을 실현하는 과정에서 정의로운 사회를 이룩하려고 노력한다. 정의로운 사회 건설을 위해서는 역사현실에 대한 분석적, 객관적 연구가 수반되어야 하고 따라서 법, 질서, 권력과 같은 제요소들과의 상호 관계에서 그 실현가능성을 찾아야 할 것이다. 그러므로 역사의 현실적 실재와 기독교 가치 개념을 상호 연결시켜 그리스도인의 행위를 유발시킬 때에는 어떤 성찰이 따라야 한다. 이 성찰을 우리는 윤리적 숙고라고 부른다. 윤리적 숙고는 역사 현실과 그리스도인의 가치의 상호 교호작용에서 행위의 판단기준을 창출해 내는 일이다".44)

고재식은 윤리적 판단기준을 만들어내는 작업에는 두 가지 유형이 있다고 본다. 하나는 보편적 도덕법의 체계를 전제하고서 이를 윤리적 판단의 지침으로 활용하는 입장이고, 또 다른 하나는 윤리적 판단기준은 그리스도인들의 신앙적 결단에 따른 행위를 성찰하는 과정에서 추후적으로 만들어지는 진다고 보는 입장이다. 고재식에 따르면, 전자를 대표하는 것은 에큐메니칼 사회윤리의 중간 공리인 책임사회 이념을 계승한 월터뮐더이고, 후자는 "실천이 먼저이고 성찰은 그 뒤를 따른다"고 주장하는 구스타보 구티에레즈의 실천과 성찰의 순환 방법(praxis-reflexion methode)에 입각하여 윤리를 하는 일(doing ethics)에 관심을 기울인 호세 미구에즈 보니노이다.

고재식은 이 두 상반되는 윤리학자들의 윤리 방법론을 꼼꼼하게 비교하면서 뮐더의 윤리학이 이상주의적이고 당위적인 가치 개념에 입각하여 있기 때문에 연역적인 절차에 따라 행위의 지침을 강구할 수밖에 없고, 따라서 "책임사회의 틀이 만들어지는 일이나 그 사회를 이루기 위한 행위의 지침원리는 역사 현실의 구체성과는 거리가 먼"45) 것이 된다고 분석한 것이다. 또한

---

44) 고재식(1984), 68쪽.
45) 앞의 글, 84쪽.

책임사회는 그것을 실현하고자 하는 인간의 공동체적 책임의식을 전제하기 때문에, 이처럼 규범적으로 주어져 있는 책임사회의 유기체적 틀에서는 설사 혁명적 행위가 필요한 경우라 해도 혁명적 행위가 불가능하다는 것이다. 이에 반해 보니노의 해방윤리는 혁명적인 현실에서 사회변혁을 위한 어떤 행위를 할 수 있는 가능성을 개방해 주기는 하지만, "행위의 윤리적 판단기준을 창출해 내는 윤리 이론적 측면에서는 논리의 혼돈을 야기시킬 위험성이 내포"46)되어 있다고 본다. 이러한 분석과 평가 끝에 고재식은 윤리학 방법론과 관련되는 주목할 만한 결론을 내린다.

> "잠정적인 보편성을 이루는 과정에서 우리는 규범적인 측면에 관심을 갖는 일에 소홀해서는 안 되고 규범적인 사고에는 역사적 특수성이 항상 전제되어야 한다".47)

이 인용문에서 고재식은 윤리적 규범의 선험적 완결성을 부정하고 역사적 특수성을 매개하여 윤리적 규범의 보편성이 생성되어 가는 과정에 주목하고 있으며, 상황이 요구하는 직접적인 행위가 정당한 행위에 대한 규범적 판단을 대체한다고 볼 수 없다는 점도 명확히 하고 있다.

기독교윤리학의 방법에 대한 고재식의 연구는 이데올로기와 신앙의 관계를 규명하는 작업을 통해 훨씬 진전된 모양으로 나타났다. 그는 후안 루이스 세군도의 '해석학적 순환이론'48)을 나름대로 소화하는 가운데 신앙의 절대성 요구를 해석학적으로 제한하고,49) 그 신앙이 현실을 변혁하는 힘을 갖기 위해서는 이데올로기의 형태로 상대화되어야 한다고 주장한다. 세군도는 "우리의 신앙에서 얻은 하나님 사상"과 "변화무쌍한 역사에서 우리에게 밀려드는 문제들" 사이에 가로 놓여진 "거리"를 예리하게 의식하고 이 둘을

---

46) 앞의 글, 84쪽.
47) 앞의 글, 85쪽.
48) Juan Luis Segundo, *The Liberation of Theology*, New York : Orbis Books, 1975, 8쪽.
49) 고재식(1984), 106쪽 이하.

324

연결하는 다리가 필요하다고 생각했다. 세군도는 이 다리를 "목적과 수단의 체계"로 규정했고, 바로 이 체계를 이데올로기로 명명했다. 이러한 이데올로기가 필요한 것은 목적을 이루기 위한 인간의 능력과 자원이 제한되어 있기 때문이다.[50] 고재식은 하나님의 통치를 역사현실에서 실현하고자 하는 기독교인들의 실천에서는 신앙이 이데올로기적 선택을 피할 수 없고, 따라서 "신앙의 이데올로기적 성격의 필연성"을 말할 수밖에 없다고 본다.[51]

고재식은 청년시기에 산업선교 활동에 참여하면서 기독교인들의 정당한 행위에 대한 관심을 첨예하게 가졌던 사람이고, 바로 이 실천적 관심이 정당한 행위에 대한 윤리적 판단기준에 대한 학문적 작업을 촉진시켰다고 볼 수 있다. 미국 유학을 끝내고 돌아온 1970년대 말 이후 그는 현상 유지를 타파하고 현상의 근본적인 변경을 요구하는 한국 민중운동의 현장에서 그 나름의 독특한 기독교윤리학의 관점과 방법을 가지고 매우 생산적인 학문 활동을 하였다. 그는 기독교인들의 사회참여,[52] 압제와 착취에 저항하는 세력이 취하는 대항폭력의 신학적, 윤리적 정당성 문제,[53] 교회와 국가의 관계,[54] 다국적 기업 문제,[55] 한국 경제 개발 과정에 대한 기독교 윤리적 평가 문제[56] 등 매우 다양한 주제를 다루었다. 그는 해방신학을 한국 기독교윤리학과 접목시킨 중요한 업적을 쌓았으며, 민중신학과 해방신학을 기독교윤리학의 관점에서 비교·분석하는 작업[57]을 진행한 바 있다.

---

50) J. L. Segundo(1975), 116쪽.
51) 고재식(1984), 108쪽.
52) 앞의 글, 133~141쪽.
53) 앞의 글, 142~159쪽.
54) 앞의 글, 160~178쪽.
55) 앞의 글, 179~208쪽.
56) 고재식(1991), 「한국 경제개발계획의 기독교 윤리적 평가-분배정의의 문제를 중심으로」, 『신학사상』 제72집, 봄호, 한국신학연구소.
57) 고재식(1990), 「민중신학과 해방신학」, 한국신학연구소 편, 『1980년대 한국민중신학의 전개』, 한국신학연구소, 132~154쪽.

4) 맹용길, 박봉배, 손규태 등은 한국에서 기독교윤리학이 본격적으로 발전되기 시작할 때 중요한 역할을 하였다. 이들은 모두 나름의 방법론을 갖고서 한국사회와 문화의 문제를 다루었다. 그러나 여기서 맹용길과 손규태를 더 다룰 겨를이 없다. 이들에 대한 논의는 이 글의 연구사에서 다룬 것으로 대체한다. 거기서 이들의 윤리적 관점과 방법이 어느 정도 드러났기 때문이다. 박봉배의 기독교윤리학은 토착화 신학의 윤리담론을 분석하는 다음 절에서 다루기로 한다.

3) 토착화신학의 윤리적 담론

토착화론은 한국 기독교의 초창기부터 오늘에 이르기까지 아주 긴 토론사를 남겼다.[58] 1960년대에 토착화론은 한국 기독교계의 보수주의 진영, 자유주의 진영, 진보주의 진영이 모두 참여하여 열띤 공방을 주고받은 첨예한 주제로 떠올랐다. 1960년대에 들어와 한국 학계에서 학문의 주체성을 추구하고자 하는 분위기가 조성된 데다가 1961년 뉴델리에서 모인 세계교회협의회(WCC)에서 복음과 문화의 관계에 대한 에큐메니칼 논의가 새롭게 활성화된 데 자극을 받아 한국 기독교에서도 오랫동안 잊혀져 왔던 토착화 문제가 전면에 떠오르게 된 것이다. 그것은 한국의 문화 전통에 대해 배타적이고 정복적인 태도를 취하거나, 문화와 무관하게 복음의 순수성을 고집하거나, 외국의 신학 사상을 직수입하는 일에 머물렀던 한국교회와 신학계의 상황에 대한 뼈아픈 반성의 결과이기도 했다.

토착화론은 한마디로 복음과 문화를 어떤 방식으로 매개 혹은 접맥시키는가를 둘러싼 논의라고 볼 수 있다. 하인리히 리처드 니이버가 유형화한

---

58) 토착화론의 역사에 대한 좋은 안내로는 심일섭(1972), 「한국신학형성사 서설-한국 기독교의 토착화 문제와 복음선교의 전망」, 『기독교사상』, 대한기독교서회, 통권16권 11호(1972년 11월)~통권 17권 5호(1973년 5월)를 보라. 여기서 심일섭은 초기 선교사들의 토착화 시론으로부터 1960년대의 토착화 논쟁을 거쳐 1970년대까지의 토착화론을 분석하고 있다.

326

바와 같이,[59] 복음과 문화의 관계에 대한 입장은 여러 가지가 있다. 문화
배타주의 모델, 문화개신교 모델, 문화 초월주의 모델, 복음과 문화의 병렬주
의 모델, 문화 변혁주의 모델이 그것이다. 최근에는 니이버의 유형론에 결여
되어 있는 종교다원주의 모델까지 등장하여 토착화론은 그 깊이와 넓이를
더하고 있다.[60]

한국에서 전개된 토착화론은 문화신학, 종교신학 등과 같은 조직신학
영역에서만 전개된 것이 아니고, 윤리적 담론의 형태로 전개되기도 하였다.
여기서는 윤성범, 박봉배, 박종천 등과 같은 토착화신학자들의 윤리 담론을
분석함으로써 그 특성을 밝히기로 한다.

1) 1960년대 초에 토착화론을 재점화하는 데 성공한 윤성범은 본래 칸트
철학과 바르트 신학에 정통한 학자로 알려져 있다. 그러한 그가 돌연 한국
문화와 한국학에 관심을 갖고서 토착화 신학을 전개하기 시작한 것은 퍽
아이러니컬한 일이다. 유동식은 그의 학문적 관심의 이동이 그의 개척정신과
“돈키호테” 같은 대담성에서 연유했을 것이라고 익살스럽게 표현한 바 있
다.[61]

윤성범은 마태복음 7장 6절(진주와 돼지의 비유)을 “이 귀한 복음을 인격적
주체성 없는 인간에게 주어서는 안 된다는 의미”로 해석하였다.[62] 또한
마태복음 9장 17절(새 포도주와 새 부대의 비유)에 터 잡아 토양을 개량하여
씨를 뿌리는 토착화의 은유를 마련하였다.[63] 더 나아가 요한복음 12장 24절
(썩는 밀알의 비유)을 “복음이 복음대로 있고 한국 민족이란 마음 밭에 깊숙이
떨어져 들어가서 자신은 죽고 그곳에서 새로운 싹이 나오지 아니하면 많은

---

59) 리처드 니이버 저, 김재준 역(1958),『그리스도와 문화』, 대한기독교서회.
60) 폴 니터 저, 변선환 역(1987),『오직 예수 이름으로만?』, 한국신학연구소.
61) 유동식(2000),『한국신학의 광맥』, 다산글방, 374쪽.
62) 윤성범(1967),「한국신학 형성에의 모색-조직신학에서의 가능한 길」,『현대와 신학』
    제4집, 감리교신학대학, 54쪽.
63) 윤성범(1967), 55쪽.

영혼을 구할 수 없다는 의미"64)로 해석하여 토착화가 복음의 요구임을 역설하였다. 간단히 말하자면, 윤성범은 토착화가 인격적 주체성, 문화의 개선 의지, 복음의 요구에서 비롯되는 신학의 행정(行程)임을 말하고 있는 셈이다. 윤성범은 이러한 관점에 따라 기독교 신앙과 단군신화의 접점을 찾기도 하고, 기독교와 유교의 대화를 중시하기도 하였는데, 단군신화에서 하나님의 흔적(vestigium trinitatis)을 찾는 발상이나 하나님의 성육신을 유교의 성(誠) 개념으로 해석하면서 기독교적 유교(christian confucianism)를 추구하려는 시도는 기독교 혼합주의에 빠져든 예라고 지적되기도 한다.

그의 토착화론이 조직신학적으로 어떤 평가를 받든지 간에, 윤성범은 바르트와 칸트의 영향 아래서 기독교윤리학을 전개하였다. 이 말은 그가 조직신학의 연장선상에서 기독교윤리학을 구축하였다는 뜻이고, 선험적 규범으로부터 출발하여 인간의 삶을 규율하는 방식으로 기독교윤리학의 체계를 구축하려고 하였다는 의미이다. 다만 그는 토착화 신학자답게 기독교윤리학의 출발점을 한국 유교 전통의 핵에 해당하는 효에서 찾는데, 그에게 효는 기독교 신학의 관점에서 보면 성부 하나님과 성자 하나님의 관계를 이끌어 가는 원리65)이며, 하나님의 창조질서 가운데서 가장 기본적 질서인 가정에서 구현되는 도덕 원칙66)이다. 윤성범은 이에 대해 다음과 같이 말한다.

"효는 하나의 수직적인 관계로서 천부와 천자, 성부와 성자 그리고 부자의 관계를 포괄한 동양윤리, 아니 유교 윤리와 그리스도교 윤리의 기본 원리에 대한 풀이가 행해진 것이다. 그러므로 효는 종교적 지평에서 본다면 신앙(믿음)에 해당하는 부문으로 여기에 핵심적 사실은 은혜에 대한 반응이라 할 수 있다".67)

---

64) 앞의 글, 56쪽.
65) 윤성범(1973), 『효』, 서울문화사, 28쪽.
66) 윤성범(1973), 22쪽.
67) 앞의 글, 117쪽.

윤성범은 하나님의 성육신을 유교의 성(誠) 개념에 담으려고 시도하면서 하나님의 형상론과 천명사상을 서로 접목시키고자 한다. 여기서 이른바 성의 윤리가 전개된다. 그는 인간이 하나님의 형상으로서 하나님의 명령에 책임적으로 응답하는 존재로 지음 받았음을 지적하고, 바로 이와 같은 응답적-책임적인 인간 실존은 하늘의 뜻에 순종하여 행동할 것을 가르치는 천명사상의 인간실존과 유비를 이룬다고 해석한다.

> "천과 인 사이에 어떠한 유비가 있다면, 그것은 인간이 천에 대하여 응답적-책임적 존재라는 점일 것이다. 이러한 책임관념은 인간 대 인간의 평면에서 본 관계가 아니고, 우선은 하나님과 인간과의 혹은 신학적으로는 '하나님 앞에서'(coram Deo)의 책임적-응답적 존재라는 말이다. 이로써 비로소 인간 대 인간의 관계는 질서 잡히게 된다. 그러므로 천명을 따르는 태도가 바로 성의 본질이라고 할 수 있다".68)

인용문에서 보듯이, 윤성범의 윤리 담론은 어떤 선험적 규범이 따로 있어서 인간 생활을 수직적으로 규율하도록 되어있다는 식으로 전개되는데, 이것은 앞서 지적한 바와 같이 그가 바르트의 신학윤리와 칸트의 원칙윤리의 영향을 받아 기독교윤리학을 구축한 데서 나타난 결과이다. 이러한 사고 방식은 현실관계들을 출발점으로 삼아 인간행위의 규범을 찾는 현대 기독교윤리학의 방법과는 동떨어진 것으로 보인다.

더 나아가 유교의 윤리 규범들을 토착화 신학의 틀에서 해석하여 현실에 적용하려는 윤성범의 시도가 현대 사회의 문제들을 어느 정도 해결할 수 있는가 하는 것도 의문으로 남는다. 박정희 독재 시대에 가부장적 권위주의가 강화되었음을 감안하면, 윤성범의 윤리 담론은 기존 체제에 영합하려는 시도로 오해될 소지마저 있었다.

한 마디로, 윤성범의 토착화 시론에 결여되어 있는 것은 복음의 힘에 의해 현실관계들을 변화시키려는 의지요, 바로 그것은 새 술은 새 부대에

---

68) 윤성범(1976), 『성의 신학』, 서울문화사, 134쪽.

담으라는 예수의 명법을 단지 비료를 주어 토양을 개선하는 정도로 해석한 윤성범의 보수주의에서 비롯된 결말이라고 볼 수 있겠다.

2) 윤성범의 보수주의에 대항하여 토착화 신학의 변혁주의적 입장을 들고 나온 학자는 에른스트 트뢸취와 리처드 니이버의 교회유형학을 연구한 사회 윤리학자 박봉배이다. 그는 우선 윤성범의 씨앗과 토양이라는 토착화 메타포를 누룩과 반죽의 메타포(마태 13 : 33), 소금의 메타포(마태 5 : 13), 세상의 빛의 메타포(요한 8 : 12)로 전환시켜 니이버의 입장에 선 변혁주의적 입장을 분명히 하고자 했다.69)

박봉배는 변혁주의를 내세움으로써 윤성범의 혼합주의가 빠지기 쉬운 현실 타협에 제동을 걸었다.70) 또한 그는 한국 기독교 일각을 지배했던 문화 배타주의와 문화 정복주의에 비판적 거리를 취하면서 전통 문화와 가치가 외래적인 것에 의해 대체될 수 없음을 인정하는 길을 열었다. 그러나 빛이 세상에 방향을 제시하고, 누룩이 반죽을 변화시켜 부풀어 오르게 하듯이, 복음은 전통 문화에 새로운 방향을 주거나 이를 질적으로 변화시킬 수 있는 힘을 가지고 있는 것으로 이해되어야 한다. 박봉배는 말한다.

"토착이란 복음의 빛이 토착 문화에 비치어 새로운 방향을 밝혀주고 복음의 누룩이 발효하여 토착 문화의 발전적인 자기 변화를 의미하는 것이다. 빛이 비치고 누룩이 발효한다는 것은 있는 그것을 바탕으로 해서 되는 것이지 외래적인 것을 가지고 본래적인 것과 대치하는 것이 아니다. 그러나 복음의 빛이나 누룩이 작용한다는 것은 재래적인 문화나 가치의 질적인 변화도 결과 한다는 것을 기억할 필요가 있다. 변혁주의를 말하게 될 때에 우리는 두 가지 면을 고려에 넣어야 한다. 토착문화가 가지고 있는 완성을 향한 가능성의 문제 그리고 복음이 가지고 있는 독특한 영향력이 어떠한 형식으로 재래적인

---

69) 박봉배(1971), 「한국기독교의 토착화-변혁주의 입장에서」, 『기독교사상』 제14권 제1호, 대한기독교서회, 130쪽.

70) 이에 대해서는 박봉배(1973), 「타협인가 변혁인가-토착화 과정에 대한 신학적 비판」, 『신학사상』 제1호, 한국신학연구소, 30쪽 이하를 보라.

330

문화와 상호 작용하느냐 하는 문제이다. 나는 이러한 각도에서 먼저 기독교와 재래 문화를 대립시켜 비교 연구하고 다음에 차이 있는 개념들이 한국적 상황에서 어떻게 상호 작용했는가를 논해 보려고 한다".71)

이 긴 인용문에서 박봉배의 변혁주의 입장이 갖는 특징이 드러난다. 그는 토착문화와 기독교 복음의 어설픈 절충에 단호하게 반대하고, 도리어 토착문화에 대한 비판적 거리를 취하여 그것의 적극적 변혁의 가능성을 탐색한 다음에 기독교 복음의 힘에 접목하여 그것을 적극적으로 변화시키려는 입장을 취한다. 이것은 리처드 니이버 류의 신중심적 상대주의에서 비롯되는 문화 전략이고, 기독교 복음의 초월적 보편주의와 토착문화의 내재적 특수주의의 충돌을 불가피하다고 보는 태도이다.72) 박종천은 이를 단(斷)과 접(接)의 변증법적 과정으로 해석한 바 있다.73) 바로 이러한 변증법이 박봉배의 사회윤리학적 구상의 핵을 이룬다. 그것은 변혁주의적 토착화 신학과 사회참여의 신학을 서로 연결하여 새로운 윤리 담론을 형성하려는 시도이다. 박봉배의 말을 들어 보자.

"나는 기독교의 토착화란 토착문화의 긍정적인 요소가 복음의 빛 아래서 기독교의 적극적인 요소와 상호작용하여 새로운 복음적 주체성으로 발전되어 나가는 것으로 생각한다. (……) 우리가 사회윤리적인 면에서 토착화를 말한다면 토착화란 주체성을 가진 윤리적 자아가 기독교의 사회참여의 신학에 조명되어 교회가 처해 있는 역사적 상황(context) 안에서 사회의 윤리적 요청에 응하려는 동기를 기반으로 하여 발전해 나가는 자기완성의 과정이라고 하겠다".74)

박봉배는 그의 책 『기독교 윤리와 한국 문화』에서 한국 문화의 변혁 전략을 전개함으로써 그의 문화 변혁주의적 사회윤리를 좀더 구체화하였다. 특별히

---

71) 박봉배(1973), 130쪽 이하.
72) 박봉배(1983), 『기독교 윤리와 한국문화』, 성광문화사, 289쪽 이하.
73) 박종천(1991), 『상생의 신학』, 한국신학연구소, 30쪽.
74) 박봉배(1983), 81쪽.

그가 한국 문화에 뿌리깊은 가족주의와 파벌주의를 문화변혁의 대상으로 삼고 이를 천착한 것은 매우 중요한 공적으로 평가받을 만하다.

　3) 박종천은 박봉배의 변혁주의 입장을 이어 받으면서도 박봉배의 토착화 담론이 빠져 있는 딜레머를 날카롭게 지적한 바 있다. 그는 박봉배가 혼합주의를 극복하려는 시도를 한 것은 옳았으나, 하인리히 리처드 니이버의 문화신학이 빠져 있는 제1세계의 이데올로기를 극복하지 못한 것은 미흡하다고 지적하였다. 토착화 신학 담론에서 이데올로기 비판의 문제를 본격적으로 제기한 박종천은 박봉배가 복음과 토착문화의 대립을 "기독교 서구 문화가 낳은 역동적 과학 기술 문명과 유교 동양 문화가 낳은 정태적 자연 신비주의"의 대립 도식으로 이끈 것은 박봉배가 니이버의 신중심적 문화 상대주의 도식의 이데올로기에 함몰되어 있는 증거라고 지적하였다.[75]

　바로 이 비판은 박종천의 토착화 담론에 담겨 있는 사회윤리적 관심사를 암시한다. 그는 변혁주의 전략에 충실하기 위해서는 토착문화와 기독교 복음의 혼합주의를 끊는 제1단계 단(斷)의 작업과 기독교 복음의 표현 형태를 극복하는 제2단계 단의 작업을 충실하게 전개한 다음에야 비로소 토착문화와 기독교 복음의 창조적 만남과 현실(문화)변혁의 가능성을 확보할 수 있다고 본 것이다.[76] 그는 이 야심찬 프로젝트의 해석학적 근거를 확립하기 위하여 폴 리꾀르의 "전통의 회상과 자유의 대망의 변증법"에 기대기도 했다.[77]

　박종천은 토착화 신학의 해석학적 절차를 혁신함으로써 민중신학과 토착화 신학을 창조적으로 결합시키려는 구상을 구체화했다. 그는 기독교 복음과 토착문화의 만남을 그리스도와 민중의 만남으로 재설정할 것을 주장하는데,

---

75) 박종천(1991), 33쪽.

76) 앞의 글, 33쪽.

77) 이에 대해서는 박종천, 같은 책, 82쪽 이하를 보라. 그가 한스 게오르그 가다머의 '지평융합론'을 비판하면서 '해석학의 보편성 요구의 제한'을 시도한 위르겐 하버마스로 가지 않고, 도리어 위르겐 하버마스가 요구한 전통에 대한 총체적 비판에 대해 거리를 취한 폴 리꾀르의 '전통의 회상과 자유의 대망의 변증법'에 해석학적 거점을 잡으려 한 것은 그의 토착화 신학의 위상을 암시한다.

이것은 민중신학의 성과를 토착화 신학 안으로 끌어들여 민중신학이 추구하는 실천적 당파성과 토착화 신학이 추구하는 해석학적 보편성을 창조적으로 매개하려는 새로운 시도이다.[78]

4) 토착화 신학자들 가운데 민중신학과 적극적인 대화를 시도한 학자로는 변선환이 있다. 그는 정치신학으로서의 민중신학과 문화신학으로서의 종교신학이 서로 만나 상호변혁과 상호보완의 길을 걸어야 한다고 역설했던 신학자이다.[79]

손규태가 분석하였듯이, 변선환이 정치신학적 지향을 갖는 종교신학의 틀에서 우리 문화와 사회 변화, 그리고 기독교의 개혁을 위한 실천 담론을 전개한 것은 확실하지만, 여기서는 이에 대한 분석은 생략한다. 그의 업적은 조직신학 영역에서 다루어져야 할 것으로 믿는다.

4) 민중신학의 윤리 담론

민중신학은 세계 신학계에서 독자적인 한국신학으로 인정받는 유일한 신학이다. 이 책의 다른 글에서 민중신학이 다루어지기 때문에 필자는 여기서 민중신학의 탄생과 전개과정을 상론하지 않을 것이며, 또한 민중신학이 1970년대와 1980년대, 그리고 그 이후 오늘에 이르기까지 전개한 다양한 담론들과 민중신학을 둘러싼 논쟁들을 자세하게 분석하지 않을 것이다. 그러나 민중신학의 전개과정에서 제1세대 민중신학자들과 제2세대 민중신학자들 사이에는 민중신학을 하는 방법에 차이가 있기 때문에, 아래의 서술에서 필요할 경우에 한하여 이를 언급하기로 한다.

1) 필자는 역사 현실 속에서 억압당하고 수탈 당하고 주변화되어 온 민중이

---

78) 박종천(1981), 86쪽 이하.
79) 변선환(1996), 「한국에서의 문화선교신학의 과제」, 변선환 아키브 편, 『변선환 전집』 제3권, 한국신학연구소, 58쪽 이하.

역사 형성과 현실 변혁의 주체임을 인정하고, 민중이 역사의 주체로서 새로운 세계를 형성할 수 있다는 비전을 제시한 것이 민중신학의 가장 탁월한 업적이라고 보고 있다. 제1세대 민중신학자들은 "민중의 주체성"에 대한 확신을 갖고 민중신학을 할 수 있는 가장 확실한 방법을 "민중의 사회전기"[80]에서 찾았다. 그들은 이 방법을 통해 민중의 주체성을 가장 뚜렷하게 보여 주는 "민중언어"와 "민중의 역사적 상상력"을 발견했다. 민중이 자신의 현실 경험과 꿈과 갈망을 자기의 언어로 표현하기 시작할 때, 그들은 억압과 착취와 주변화의 견고한 체제를 무너뜨리고 정의와 평화와 친교의 메시아 정치에 참여하게 될 것이다.[81]

유신체제에 의해 민주주의가 죽임을 당하고 인권 유린이 일상적으로 자행되던 깜깜한 시기에 민주화 인권 운동의 이론가로서 활동하였던 제1세대 민중신학자들은 권력과 제도에 대한 매우 부정적인 견해를 발전시켰다. 그들은 독재를 가능하게 하는 권력과 제도를 철거하지 않고서는 새로운 세계를 꿈꿀 수 없음을 뼈저리게 인식했다. 그러나 권력과 제도에 대한 부정적인 평가는 어디까지나 권력과 제도의 역사적 현상형태들에 대한 비판에서 비롯된 것이지, 권력과 제도에 대한 존재론적인 부정에 바탕을 둔 것은 아니었다. 제1세대 민중신학자들이 메시아 정치를 논하면서 스스로 낮아져서 남을 섬기는 종의 도(doularchy)를 말하고, 민중이 참여하는 정의와 평화와 친교의 공동체를 말할 때, 그들은 민중이 주체가 되는 새로운 권력과 제도에 대한 비전을 제시하였다고도 볼 수 있다.[82] 그러한 대안적인 권력 개념과 제도 개념이 구현되지 않고 역사적 권력과 제도가 민중을 죽음으로 몰고 가는 현실에서 민중신학자들은 권력과 제도를 극히 부정적으로 평가하

---

80) 민중의 사회전기에 대해서는 김용복(1982), 「민중의 사회전기와 신학」, 한국기독교 교회협의회 신학위원회 편, 『민중과 한국신학』(이하 『민중과 한국신학』), 한국신학 연구소, 372쪽을 보라.

81) 김용복(1982), 377쪽.

82) 이 견해는 김용복에 의해 탁월하게 제시된 바 있다. 이에 대해서는 강원돈(1998), 「김용복의 경제신학 구상의 의의」, 김용복박사회갑기념논문집 출판위원회 편, 『민중의 사회전기와 기독교의 미래』, 한국신학연구소, 8쪽 이하를 보라.

334

지 않을 수 없었을 것이다. 바로 이 점이 많은 오해를 불러 일으켰고, 민중신학이 정치윤리를 위시하여 그 어떤 "형성의 윤리"도 전개할 수 없다는 평가를 받게 만들었다.

한국의 민중신학과 남아프리카공화국의 정치신학을 비교하여 독일에서 교수자격취득논문(Habilitation)을 쓴 크리스티네 린네만-페린은 민중신학이 윤리적 담론을 형성하기에는 너무 유토피아적이고 묵시적이라고 비판하였다.

> "그러므로 권력을 책임있게 다루는 지평에서 사회구조의 변혁을 위한 추진력이 민중신학에서 어떻게 나오는가를 알기는 극히 어렵다. 하나님 나라의 관점에서 불완전하게 여겨지는 모든 해결책을 악의 가면으로 해석하는 한, 우리는 그러한 민중신학으로부터 근본적인 추진력을 얻을 수 있으리라고는 거의 기대할 수 없을 것이다. 민중신학적인 관점에서 볼 때, 정치적 권력집중과 민중의 적을 총괄하는 개념인 국가에 남아있는 길은 자기해체밖에 없다. 국가 없는 사회의 민중 주권이 그것이다. 경제권력에 대해서는 초국적 기업의 자기해체가 방안으로 제시된다. 원시창조의 카오스와 암흑을 다시 불러내는 종말 때의 '공룡'에게 어떤 여분의 합법화가 있을 수 있겠는가?"[83]

린네만-페린은 민중신학이 세계형성의 윤리 능력을 회복하기 위해서는 하나님 나라 희망과 세계형성을 구별하는 것이 중요하다고 보고, "어떤 사람도 세계를 건너뛴 채 세계를 하나님 나라로 만들어야 할 임무를 부여받지 않았다"는 본훼퍼의 말에 귀를 기울일 것을 권면하기까지 했다.[84]

린네만-페린의 이 지적은 권력과 제도에 대한 독일인들과 한국인들의 서로 다른 역사적 경험에서 비롯된 것이기도 하고, 유신체제와 광주학살, 그리고 계속되는 군부독재에 대한 민중신학의 타협 없는 단호한 부정이

---

83) 크리스티네 린네만-페린 저, 강원돈 역(1992), 「교회의 정치적 책임-한국 민중신학과 남아프리카 정치신학의 비교」, 안병무박사 고희기념 논문집 출판위원회 편, 『예수·민중·민족-안병무 박사 고희 기념 논문집』(이하 『안병무 기념 논문집』), 한국신학연구소, 812쪽.
84) 크리스티네 린네만-페린(1992), 818쪽.

권력과 제도 일반에 대한 무조건적인 부정으로 해석된 데서 비롯된 것이라고 볼 수 있다. 이러한 오해는 민중신학의 언어가 현실정치와 메시아 정치를 양자택일적으로 설정할 수밖에 없었던 한국 정치 상황에 의해 제약되어 있었고, 민중과 군부독재가 서로 맞서 싸우는 투쟁적 상황에서 언어의 분화를 고려할 충분한 여유가 없었다는 점을 감안한다면 충분히 해소될 수도 있었을 것이다.

2) 애초에 제1세대 민중신학자들은 민중과 더불어 메시아 정치에 대한 비전을 함께 나누기는 하였지만, 메시아 정치에 이르는 길을 프로그램으로 제시하고자 하지 않았던 것이 사실이다. 그들은 그 프로그램이 민중에 의해 구상되고 민중에 의해 실천되어야 한다고 보았다. 이러한 경향은 안병무[85]에게서 가장 두드러지게 나타났다. 그는 권력의 독점과 물질의 독점이 지양되는 공(公)의 세계를 꿈꾸었고, 민중이 권력과 물질을 돌려 받아 그 주인이 되면 그들의 삶의 문제를 민주적으로 결정할 수 있을 제도를 만들 수 있을 것이라고 보았다.[86] 안병무는 원시 이스라엘에서처럼 직접 민주주의와 생산수단의 비소유적 점유권이 실현되는 참여와 협동의 세계를 비전으로 제시했다. 그는 이러한 역사적 비전을 실현시킬 수 있는 힘이 민중에게 있음을 확신했고, 그 힘을 이루는 방도를 고안해 내는 민중의 능력을 신뢰했다. 그는 이러한 비전을 실현하는 방법과 프로그램을 지식인이 앞장서서 마련하여 민중에게 주는 일을 위험한 일로 생각했고, 지식인의 혁명적 독재를 통해 민중 권력을 찬탈할 수 있는 일로 여겨 이를 한사코 경계했다.[87] 그러나 그는 민중이

---

85) 안병무의 민중신학에 대한 분석은 강원돈(1992), 「민중현실의 발견과 우리의 것에 대한 추구」, 『物의 신학』, 도서출판 한울, 11~33쪽 ; 강원돈(1992), 「신학적 해석학의 새로운 모색-민중문화운동의 민중신학적 수용」, 『物의 신학』, 75~83쪽으로 대신한다.

86) 안병무(1987), 『민중신학 이야기』, 한국신학연구소, 202・246쪽.

87) 이러한 견해는 예수조차 그럴 의도가 없었다는 안병무의 단언에서 잘 엿볼 수 있다. 이에 대해서는 안병무(1987), 「마가복음에서 본 역사의 주체」, 『민중과 한국신학』, 183쪽.

권력과 물질의 주인이 되는 도정에서 반독재 투쟁, 반제국주의 투쟁, 반자본
주의 투쟁이 새로운 세계를 형성하는 전략적 선택이 될 수 있다는 것까지
부정한 것은 아니다.[88] 이런 점에서 안병무의 민중신학에서 세계 형성의
윤리를 기대할 수 없다고 말하는 것은 지나친 판단이다.

　3) 세계 신학 동향을 포착하는 안테나였던 성실한 학자에서 민중신학자로
전향한 서남동[89]에게서 신앙의 과제는 탈신학과 반신학 구상을 통해 예수의
십자가 처형과 부활에 대한 신학적 사변화를 단호하게 거부하고 예수 사건을
오늘의 상황에서 현재화하고 '재연'[90]하는 일이다. 그것은 기독교인들을
오늘의 가난한 사람들과 연대하여 사회적, 정치적 실천을 전개하도록 이끌어
간다. 서남동은 1980년대에 들어와서 민중과 연대하는 기독교인들의 실천이
과학적 현실분석에 의해 뒷받침되고 실천의 방법을 필요로 한다는 것을
명료하게 인식하기 시작했다.[91] 설사 민중신학이 민중과 연대하여 전개하는
정치적, 사회적 실천의 정당성을 신학적으로 뒷받침한다 할지라도, 이와
같은 신학적 정당화가 구체적인 상황에서 무엇을 어떻게 할 것인가 하는
전략·전술의 문제를 해결해 주는 것은 아니기 때문이다. 그는 "메시아 정치
의 실현"을 위해서는 "이데올로기와 프락시스를 다짐해야 할 것"[92]이라고
힘주어 말하는데, 이것은 민중신학이 행동 프로그램이나 미래 비전의 구체적
제시를 삼갔던 애초의 입장에 대해 비판적 거리를 취하기 시작했음을 암시한
다. 그는 종속이론과 주변부 사회의 계급분석 이론을 원용하면서 빈곤 문제를
분석하였는데, 이 분석의 연장선상에서 이데올로기와 프락시스를 다짐해야

---

88) 안병무(1987), 「예수 운동과 물」, 『신학사상』 제62집, 한국신학연구소, 가을, 571쪽
　　이하.
89) 서남동의 민중신학에 대한 분석으로는 손규태(1992), 앞의 글 ; 강원돈, 「죽재 신학
　　의 주제와 방법」, 『物의 신학』, 34~54쪽을 보라.
90) 서남동(1983), 「십자가-부활의 현재화」, 『민중신학의 탐구』(이하 『탐구』), 한길사,
　　324쪽.
91) 서남동(1983), 「세계의 생명과 그리스도」, 『탐구』, 357쪽.
92) 서남동(1983), 「빈곤의 사회학과 빈민의 신학」, 『탐구』, 406쪽.

한다고 강조한 것은 그가 민중신학의 윤리적 담론과 관련하여 매우 중요한 방법론적 구상을 하고 있음을 엿보게 한다. 상황분석에 입각하여 이데올로기적 선택을 하고 이에 바탕을 두고 프락시스를 전개하는 어떤 방법적 구상이 서남동에게서 나타났지만, 이 구상은 그의 사망으로 꽃피우지는 못했다.[93]

서남동은 메시아 정치에 대해 비교적 구체적인 전망을 하기도 하였다. 그는 유신독재가 막을 내린 1980년 초에 봉건주의, 식민주의, 신식민주의를 넘어서서 자유와 평등이 균형을 이루며 실현되는 "새 시대"를 염원한 바 있다. 그는 이러한 새 시대가 분단상황에 뿌리박고 있는 구조악을 극복해야만 도래한다는 것을 명료하게 인식하고 있다. 서남동의 말을 직접 들어보자.

"정상적인 인간 생존을 위한 절대적인 요건인 자유 평등의 결여는 구조적인 모순에서 오는 것이다. 최소한의 자유와 평등의 요구도 매양 안보의 이름으로 유보되곤 한다. 아니 자유와 평등의 최소한의 실질적 성취에 앞서서 무엇이 자유이며 무엇이 평등이냐를 판별하는 논의조차 안보의 이름으로 유보되곤 한다. 이러한 것은 우리 국토의 분단의 상황 그리고 그 분단상황을 이용하는 권력이라는 벽에 부딪치고 만다. (……) 부자유와 불평등은 국토분단과 함께 구조적으로 짜여진 하나의 체제이다. 분단상황을 외면하고 자유와 평등을 논할 수도 없으려니와 항차 그 실현은 더욱 불가능하다. 그런데 또 아주 미묘한 점은 자유와 평등을 실현해 가지않으면서 분단을 극복하고 통일을 이룩할 수 없다는 사실이다. (……) 우리를 속박하고 있는 봉건주의, 식민주의, 그리고 특히 신식민주의의 삼중의 질곡을 벗는다는 것은 부자유 · 불평등 · 분단이라고 하는 구조적인 모순을 극복하는 일이다".[94]

---

93) 필자는 바로 이러한 서남동의 문제의식에서 민중신학의 사회윤리적 담론이 본격화되기 시작했다고 생각한다. 제2세대 민중신학자들은 바로 이 단서를 포착하여 독특한 실천 담론을 형성하기 시작했다. 그들은 자주화와 민주화, 그리고 분단 극복과 민족 통일을 위한 한국 민중의 운동에 동참하는 기독교인들의 실천을 뒷받침하기 위해 사회과학적 현실분석과 신학적 성찰을 매개하는 실천 담론을 제시한 바 있다. 이에 대해서는 박성준(1987), 「한국 기독교의 변혁과 기독교운동의 과제」, 사계절출판사 편집부 편, 『전환』, 사계절, 375~382쪽 ; 강원돈(1992), 『물의 신학』, 도서출판 한울을 보라.

94) 서남동(1983), 「새 시대의 문턱에 서서」, 『탐구』, 156쪽.

서남동은 구조적 모순을 인식하고 이를 극복하는 과정을 통해 "장차 보여 줄 땅"에 이를 수 있다는 은유적인 이야기를 한 다음에, 그 땅의 정수는 "사랑과 친교의 공동체"에 있다고 했다. 그는 이 비전을 "자유·평등·통일(민족 주체), 참여(민중 주체), 친교의 공동체라고 좀더 구체적으로 말한다.

4) 김용복은 제1세대 민중신학자들 가운데서 신학의 학과적 경계를 자유롭게 넘나들고 인접 학문들과 협동하면서 민중신학의 윤리 담론을 다양하게 전개한 학자이다. 그는 "민중의 주체성"이라는 개념을 창안하였고, "민중의 사회전기"라는 독특한 방법론을 민중신학에 도입하였다. 그는 국내외 에큐메니칼 운동을 함께 형성하는 중요한 인물로서 활동하였고, 한국의 군부독재와 분단 상황에 맞서 싸우는 과정에서 그의 민중신학을 벼려나갔다. 그의 윤리적 담론은 초기 저작들에서도 간간이 엿보이지만, 그것이 본격적으로 전개된 것은 후기 저작들에서였다.

김용복의 사회윤리적 담론은 메시아 정치의 실현에 초점을 맞추고 있다. 그는 자기를 주장하여 남을 지배하고자 하는 권력 현상으로부터 해방되고 이를 초월하는 곳에서 비로소 친교(koinonia)와 섬김(diakonia)이 이루어지는 공활공동체가 실현될 수 있다고 본다.[95] 이 공활공동체의 형태를 보다 구체화하기 위하여 그는 "하나님의 정치경제"라는 독특한 개념을 제시한다. 이 개념은 메시아 정치를 구현하는 과정에서 고려해야 할 기본원칙과 관련되어 있다. 이 기본원칙은 하나님과 그 백성 사이의 계약의 현실성에 근거하는데, 그 계약의 핵심은 하나님의 주권이고, 이 주권이 관철되는 정치경제가 곧 하나님의 정치경제이다.[96] 중요한 것은 하나님과 민중의 계약이 하나님과 민중의 해방적 관계에 바탕을 두고 있다는 점이다. 민중이 하나님의 계약의 파트너라는 것은 민중이 억압과 착취를 일삼는 이 세상의 권세들에 영원히

---

95) 김용복(1997), 「민중신학의 자리매김-민중신학은 한국신학이다」, 우리사상연구소 편, 『한국 카톨릭 어디로 갈 것인가』, 서광사, 527쪽.
96) 김용복(1992), 「하나님의 정치경제」, 『안병무 기념 논문집』, 301쪽.

종노릇하지 않고 하나님의 주권 아래서 해방된 삶을 살도록 부름을 받았다는 것을 의미한다. 따라서 하나님과 민중의 계약에서는 지배의 일대전환이 일어난다. 이 세상 권력의 억압하고 노예화하고 죽음을 가져오는 지배로부터 자유와 형제적 결속과 생명이 보장되는 하나님의 지배로 해방되는 것이다. 김용복은 이 하나님과 민중의 해방적 관계가 실현되는 정치경제의 기본원칙을 다음과 같은 몇 가지 점으로 정리한다. 1. 가난한 사람들의 사회경제적 안정 ; 2. 소유권의 절대성 요구의 지양 ; 3. 살림을 위한 청지기직으로서의 경제의 이해 ; 4. 참여의 경제.97)

김용복은 "하나님의 정치경제"의 규준들을 밝히는 일과 병행해서 이를 현실에 적용하는 데 필요한 기독교적 실천론의 골격도 나름대로 제시하였다. 그는 디아코니아와 코이노니아의 경제윤리적 의의에 주목하고 있다. 디아코니아는 하나님의 주권 아래 있는 사람들의 삶의 방식이다. 하나님과 민중의 계약이 세계에 대한 하나님의 절대적 주권을 인정하는 것을 전제로 한다면, 이 계약의 파트너는 하나님의 종이다. 하나님의 종은 하나님을 주인으로 섬길 뿐만 아니라 하나님의 백성을 주인으로 섬긴다.98) 여기서 두 가지 준칙들이 도출된다. 하나는 하나님 앞에서 어떤 권력도 절대성을 주장할 수 없고, 권력의 위계질서를 당연시할 수 없다는 것이다. 디아코니아를 실천하기 위해서는 권력의 자기 중심성을 극복하고 권력의 추구를 포기하는 것이 전제되어야 한다. 또 다른 하나는 남을 주인으로 세움으로써만 참된 관계가 형성된다는 것이다. 김용복은 이를 가리켜 종의 도(doularchy)라고 이름하였다. "종의 도는 상대방을 영적으로, 사회경제적으로 노예된 상태에서 일으켜 세워 주인으로 삼고 주인이 되게 하는 관계를 설정하고 실천하는 것이다"99) 자신의 권력추구를 포기하고 남의 주체성을 세우는 디아코니아는

---

97) 김용복(1992), 「경제 문제에 대한 세계 교회의 논의와 그 전개-신앙고백의 과제로서의 경제 : 역사적 고찰」, 『신학사상』 제76집, 한국신학연구소, 가을호, 50쪽 이하.
98) 김용복(1998), 「21세기 지구의 상황과 한국신학의 과제」, 『지구화 시대 민중의 사회전기-하나님의 정치경제와 디아코니아 선교』(이하 『지구화 시대 민중의 사회전기』), 한국신학연구소, 82쪽.

340

바로 이러한 종의 도를 실천하는 길이다.

경제문제와 관련하여 김용복은 디아코니아 실천이 경제적 민주주의의 실현을 위한 전제임을 밝힌다. 시장경제의 세계화가 추구되는 현실에서 민중의 살림살이 공동체는 지역적, 민족적, 세계적 차원에서 자신의 주체성을 확보하여야 하는데, 이것은 오직 민중이 살림살이를 경영하는 주체로 등장할 수 있을 때 가능하다. 이 경제 민주주의가 어떤 구체적인 모습을 가지며 지역적, 민족적, 세계적 차원에서 어떤 제도적 형태들로 구현될 수 있는가에 대해 김용복은 아직 구체적인 언급을 한 바 없다. 오직 두 가지 점만큼은 분명하다. 첫째, 지역적, 국민국가적, 국제적 차원에서 경제민주주의를 실현하기 위해서는 민중이 주체성을 발휘할 수 있는 정치적 조건들이 구축되어야 하고 각급 차원의 경제운영에 대한 민중의 통제력이 조직되지 않으면 안 된다. 둘째, 이러한 경제제도는 민중이 살림의 문화를 가꾸고 사회적 안전망을 주체적으로 구축하는 일을 포함하지 않으면 안 된다. 기독교인들은 민중이 경제적 살림살이의 주인이 되도록 디아코니아의 실천에 나서도록 부름을 받고 있다.

종의 도의 실천, 곧 디아코니아는 모든 것을 나누는 일과 분리될 수 없다. 나눔(koinonia)은 종의 도를 수평적으로 실천하는 일이다. 거기서는 나누는 자와 나눔을 받는 자 사이에 "호혜적 연대의 원칙"이 수립된다. 이에 대해 김용복은 다음과 같은 명제를 제시한다. "일방적인 섬김은 진정한 정의와 참여의 실천일 수 없다. 서로가 서로를 일으켜 세우는 쌍방적 섬김이 진정한 참여의 주체를 세운다. 쌍방이 서로 주고받는 관계를 통하여 진정한 사랑과 정의의 연대를 이룩할 수 있다".100) 그리고 바로 이 연대는 물질의 나눔, 삶의 경험의 나눔, 감정의 나눔, 생명의 나눔을 포함한다.

김용복은 섬김과 나눔의 통전적 성격을 강조한다. 섬김과 나눔은 하나님의

---

99) 김용복(1998),「세계 에큐메니칼 운동과 희년의 지구적 지평」,『지구화 시대 민중의 사회전기』, 333쪽.
100) 김용복, 격변하는 지구적 상황에 대응하는 한국교회의 선교적 과제, 인터넷 홈페이지(www.ccas.peacenet.or.kr), 파일명 : Asiatheo, 9쪽.

종의 도를 실천하고자 하는 선교적 실천의 내용이지만, 이 선교적 실천은 섬김과 나눔의 공동체 안에만 머무를 수 없다. 이 세상이 그 실천의 영역이다.

5) 민중신학의 윤리 담론은 비록 전문적인 기독교윤리학자들에 의해 전개되지 않았고 많은 경우 윤리사상적 모티프들을 담고있는 데 그치고 있기는 하지만, 그 속에 방법론적 맹아들이 담겨 있다는 것을 부정할 수는 없다. 제2세대 민중신학자들은 민중현실의 계급 이론적 인식에 바탕을 두고 민중운동적 실천 담론으로 그 맹아들을 싹트게 시도한 바 있다. 그들이 강조한 민중을 편드는 실천의 당파성과 이데올로기적 선택은 1990년대에 들어와 문화이론적 분화를 거쳤다. 지구화 조건들 아래서 민중의 삶이 위기에 처한 오늘의 상황에서 민중신학은 민중 현실에 대한 매우 복합적이고 다중적인 인식을 가능하게 하고 좀더 실현 가능한 대안을 찾아 행동할 수 있는 방법을 강구해야 할 것이다.

4. 1990년대 초 이후 한국 기독교윤리학의 지형
─결론을 대신하여

1. 지면이 제한되어 있는 이 글에서 1990년대 초 이후 한국 기독교윤리학을 상세하게 소개한다는 것은 불가능한 일이다. 왜냐하면 이 시기에 외국 유학을 끝내고 돌아온 수많은 기독교윤리학자들이 매우 다양한 주제들을 가지고 활발한 저술활동을 펼쳤고, 그 활동은 현재진행형으로 계속되고 있기 때문이다.

손규태는 앞으로 한국 기독교윤리학이 천착하여야 할 과제들을 (1) 세계 에큐메니칼 사회윤리의 천착, (2) 신자유주의 세계경제체제에 대한 비판으로서의 경제윤리, (3) 탈근대주의와 탈식민주의 논리를 추구하는 문화윤리, (4) 한국교회의 사회선교를 연구하는 사회윤리를 설정하고 그 나름대로 이를 수행하였는데,[101] 필자는 이러한 노력이 바른 방향을 잡았다고 보고 싶다.

그러나 1990년대 이후 한국 신학계에서 전개된 논의는 이보다 훨씬 더 폭이 넓다. 가령 양명수는 프랑스 유학을 끝내고 돌아와 기술 신학과 윤리를 깊이있게 천착하였고,[102] 포스트모더니즘의 유행에 대해 모더니즘의 주체적 완성과 극복이라는 명제를 제시하고 있다.[103] 생명윤리도 주목받는 분야로 떠올랐다. 이 분야에서는 생명복제의 문제를 기독교윤리학의 입장에서 다룬 박충구가 중요한 공헌을 하였다.[104] 1990년대에 들어 와서는 목회윤리가 기독교윤리학의 한 분야로 새롭게 자리매김을 하였고,[105] 페미니즘 윤리가 논의되기 시작하였다.[106] 경제윤리는 IMF 경제관리 이후 주목받는 연구영역으로 떠올랐고, 이 분야에서는 매우 다양한 주제가 다루어졌다. 지구화에 대한 대응, 환경윤리, 노동윤리, 기업윤리, 시장경제의 규율 문제 등 경제윤리의 여러 주제들이 깊이 있게 논의되기 시작했다.[107] 민주주의 실현의 과제에

---

101) 손규태(1998),『개신교 윤리사상사』제8부, 대한기독교서회.

102) 양명수(1995),『호모 테크니쿠스』, 한국신학연구소.

103) 양명수(2001),『근대성과 종교』, 이화여자대학교 출판부.

104) 박충구(2001),『생명복제 생명윤리』, 가치창조. 이 분야의 선구적 연구로는 맹용길(1987),『생명의료윤리』, 장로회신학대학교 출판부를 보라.

105) 이 분야의 새로운 업적으로는 노영상(1999),「헷셀의 사회적 목회 이론에 의거한 기독교 사회윤리 방법에 대한 고찰」, 한국기독교윤리학회 편,『한국기독교윤리학논총』제1집, 한들출판사 ; 임성빈(1999),「21세기 한국사회 통합을 위한 교회의 역할」,『한국기독교윤리학논총』제1집, 한들출판사 ; 노영상(2000),「한국교회와 목회윤리의 모색」, 한국기독교윤리학회 편,『한국기독교윤리학논총』제2집, 한들출판사 ; 김준우(2000),「한국교회와 목회윤리의 모색-대멸종의 21세기에 생태대를 향한 출애굽을 위하여」, 한국기독교윤리학회 편,『한국기독교윤리학논총』제2집, 한들출판사 등을 보라.

106) 강남순(2002),『페미니스트 신학』, 한국신학연구소.

107) 지구화에 대한 기독교적 대응과 관련해서는 앞서 말한 손규태의 글 이외에 강원돈(2002),「지구화 시대의 대안적 노동세계에 대한 구상」,『신학사상』제118집, 한국신학연구소 가을, 196~221쪽 ; 조용훈(1999),『지구화시대의 기독교』, 대한기독교서회 ; 성공회대학교 신학연구소 지구화연구팀 편(2000),『지구화와 신자유주의』, 성공회대학교 출판부 ; 성공회대학교 신학연구소 지구화연구팀 편(2000),『지구화와 한국의 대응』, 성공회대학교 출판부 ; 성공회대학교 신학연구소 지구화연구팀 편(2001),『지구화 시대의 사회선교』, 성공회대학교 출판부 ; 김형민(2001),「지구회와 생명윤리」, 한국기독교윤리학회 편,『생명윤리와 생명신학』, 한들출판사, 27~54쪽 등을 보라.

관심을 집중하며 생활세계에서 나타나는 여러 가지 크고 작은 문제들, 예를 들면 정신지체인들의 강제불임수술 문제를 기독교윤리학의 관점에서 다루는 글들도 발표되기 시작했다.[108] 이러한 논의는 담론윤리를 기독교윤리학적 관점에서 소화하려는 노력이나 공적 영역의 재건에 관한 기독교윤리학적 성찰에 의해 뒷받침되고 있다.[109]

2. 이러한 작업에서 주목되는 것은 한국의 기독교윤리학자들이 다양한 주제를 다루는 데 그치지 않고 그 주제들에 접근하는 방법론을 메타윤리 수준에서 성찰하고 있다는 점이다. 이것은 한국 기독교윤리학의 발전을 위해 매우 고무적인 일이다.

기독교윤리학이 신학의 학문체계에서 독자적인 학과로 정립되기 위해서는 윤리학의 방법에 대한 학문적인 논의가 활성화되어야 하는데, 필자는

환경윤리에 관해서는 조용훈(1997),『기독교 환경윤리의 실천과제』, 대한기독교서회 ; 조용훈(2002),『동서양의 자연관과 기독교 환경윤리』, 대한기독교서회 ; 강원돈(2001),「생명과 환경윤리」, 한국기독교윤리학회 편,『생명윤리와 생명신학』, 한들출판사, 59~76쪽을 보라.

기업윤리에 대해서는 신기영(1988),『기업 윤리-언약적 해석과 계약적 해석을 중심으로』, 한들출판사 ; 강원돈(2001),「기업의 사회적 책임과 시민사회」, 한신신학연구소 편,『신학연구』제42집, 한신대학교 출판부, 275~300쪽을 보라.

그밖에 이 분야에서 발표된 저술들로는 강원돈(1999),「사회적이고 생태학적인 경제민주주의를 향하여」,『신학사상』제105집, 한국신학연구소, 가을호, 65~92쪽 ; 강원돈(1999),「노동과 자본의 공동결정 제도에 대한 교회의 관심-독일의 사회적 개신교의 논의를 중심으로」,『신학이해』제17집, 호남신학대학교 출판부, 66~95쪽 ; 강원돈(1998),「노동문제와 환경문제에 대한 경제윤리적 접근」 I~III,『기독교사상』제417~419호 10월~12월, 대한기독교서회 등을 보라.

108) 정종훈(1999), 정신지체인들의 강제불임수술에 대한 기독교윤리적인 해석의 한 시도,『한국기독교윤리학논총』제1집, 한들출판사.

109) 독일개신교교회(EKD)의 백서를 자세하게 분석한 정종훈(1997),『기독교 사회윤리와 민주주의』, 한국장로교출판사는 이 분야에서 매우 주목되는 저술이다. 이 분야의 저술로는 박종균(1999),「하버마스 담론윤리론의 기독교윤리적 고찰」, 한국기독교윤리학회 편,『한국기독교윤리학논총』제1집, 한들출판사 ; 박종균(2000),「공적 영역을 위한 담론으로서의 기독교 사회윤리 가능성 모색」, 한국기독교윤리학회 편,『한국기독교윤리학논총』제2집, 한들출판사를 보라.

이 분야에서 기독교윤리학자들이 더 많은 연구와 토론을 통해 더 큰 진전이 있기를 기대한다.

3. 1990년대 이후 한국 기독교윤리학계에서 나타나는 고무적인 현상은 과거에 보수신학 진영과 진보신학 진영 사이에 가로 놓여 있었던 담장이 낮아지고 있거나 거의 철거되었다는 것이다. 두 진영에 속한 기독교윤리학자들은 개방적 교류의 시대에 진입하고 있으며, 생활세계에서 교회의 사회적 형태와 실천을 둘러싼 대화를 통해 서로 배울 수 있는 기회를 더 많이 갖게 되었다. 한국기독교윤리학회의 연차대회에서 이루어지는 발제와 논찬은 서로 다른 신학적 지향을 가진 기독교윤리학자들이 매우 생산적으로 토론하고 서로 배우는 능력을 가지고 있음을 입증하고 있다.

4. 1990년대에 우리나라 신학계에서 전개되어 온 기독교윤리학적 논의가 서구 기독교윤리학을 소개하고 소화하는 데 치중하였다는 것은 그 논의가 외국에서 학위를 마치고 귀국한 신진 학자들에 의해 주도되었기 때문이기도 하고, 우리 사회의 문제들에 집중하면서 한국사회의 역사적 특수성과 기독교 복음의 보편성을 방법적으로 매개하려는 관심이 적어졌기 때문이기도 할 것이다. 지구화가 급진전되는 상황에서 세계의 문제가 우리의 문제로 대두되고 있는 것은 분명하지만, 지구화 과정이 한국사회에서 관철되는 방식은 다른 사회들과는 다른 점이 많이 있을 것이다. 필자는 윤리학적 성찰의 지구적 지평을 확보하되 지역에 굳게 발을 딛고 지역의 문제들을 해결하기 위해 구체적인 실천 담론을 제시하는 데서 한국 기독교윤리학의 활로가 열릴 것이라고 확신한다.

이런 점을 고려하여 필자는 토착화 신학의 윤리 담론과 민중신학의 윤리 담론을 비교적 상세하게 소개하였다. 그 담론들 속에 한국의 기독교윤리학을 우리 나름의 관점과 방법을 가지고 주체적으로 전개하는 데 참고할 만한 단서가 들어 있다고 믿기 때문이다.

글을 마치면서 필자는 이 글에서 다루어지지 않은 많은 기독교윤리학자들에게 송구스러운 마음을 갖는다. 그분들이 전개한 수많은 노작들을 모두 다루어 소개한다는 것은 지면상 불가능하였다는 점을 말하고 싶다. 필자는 이 글에서 "한국 기독교윤리학"의 내용과 형식을 어떻게 설정하여야 하는가 하는 물음을 던졌고, 이와 관련해서 향후 연구를 촉진하기 위한 계기를 마련하고자 했다는 점을 첨언해 둔다.

| 참고문헌 |

강남순(2002), 『페미니스트 신학』, 한국신학연구소.

강원돈(1992), 『物의 신학』, 도서출판 한울.

강원돈(1998), 「김용복의 경제신학 구상의 의의」, 김용복박사회갑기념논문집 출판위원회 편, 『민중의 사회전기와 기독교의 미래』, 한국신학연구소.

강원돈(1998), 「노동문제와 환경문제에 대한 경제윤리적 접근 I~III」, 『기독교사상』 제417~419호 10월~12월, 대한기독교서회.

강원돈(1999), 「노동과 자본의 공동결정 제도에 대한 교회의 관심-독일의 사회적 개신교의 논의를 중심으로」, 『신학이해』 제17집, 호남신학대학교 출판부.

강원돈(1999), 「사회적이고 생태학적인 경제민주주의를 향하여」, 『신학사상』 제105집, 한국신학연구소.

강원돈(2001), 「생명과 환경윤리」, 한국기독교윤리학회 편, 『생명윤리와 생명신학』, 한들출판사.

강원돈(2001), 「기업의 사회적 책임과 시민사회」, 한신신학연구소 편, 『신학연구』 제42집, 한신대학교 출판부.

강원돈(2000), 「지구화 시대의 대안적 노동세계에 대한 구상」, 『신학사상』, 제118집, 한국신학연구소.

고범서(1970), 「독재정권하의 종교 자유」, 『기독교사상』, 대한기독교서회.

고범서(1980), 『개인윤리와 사회윤리』, 한국신학연구소.

고재식(1984), 『사회문제와 기독교 윤리』, 대한기독교출판사.

고재식(1990), 「민중신학과 해방신학」, 한국신학연구소 편, 『1980년대 한국민중신학의 전개』, 한국신학연구소.

고재식(1991), 「한국 경제개발계획의 기독교 윤리적 평가-분배정의의 문제를 중심으로」, 『신학사상』 제72집, 한국신학연구소.

김용복(1982), 「민중의 사회전기와 신학」, 한국기독교교회협의회 신학위원회 편, 『민중과 한국신학』, 한국신학연구소.

김용복(1982),「해방 후 교회와 국가」, 한국기독교사회문제연구원 편,『국가권력과 기독교』, 민중사.

김용복(1992),「경제 문제에 대한 세계 교회의 논의와 그 전개-신앙고백의 과제로서의 경제 : 역사적 고찰」,『신학사상』제76집, 한국신학연구소.

김용복(1997),「민중신학의 자리매김-민중신학은 한국신학이다」, 우리사상연구소 편, 『한국 카톨릭 어디로 갈 것인가』, 서광사.

김용복(1992),「하나님의 정치경제」,『안병무 기념 논문집』.

김용복(1998),『지구화 시대 민중의 사회전기-하나님의 정치경제와 디아코니아 선교』, 한국신학연구소.

김용복,「격변하는 지구적 상황에 대응하는 한국교회의 선교적 과제」, 인터넷 홈페이지 (www.ccas.peacenet.or.kr), 파일명 Asiatheo.

김재준(1971),『장공 김재준 저작전집』제1권, 한국신학대학 출판부.

김재준(1985),『귀국직후』, 선경출판사.

김재준(2001), 장공 김재준 목사 탄신 100주년 기념사업회 편,『장공 김재준 논문 선집』, 한신대학교 출판부.

김준우(2000),「한국교회와 목회윤리의 모색-대멸종의 21세기에 생태계를 향한 출애굽을 위하여」, 한국기독교윤리학회 편,『한국기독교윤리학논총』제2집, 한들출판사.

김형민(2001),「지구화와 생명윤리」, 한국기독교윤리학회 편,『생명윤리와 생명신학』, 한들출판사.

노영상(1999),「헷셀의 사회적 목회 이론에 의거한 기독교 사회윤리 방법에 대한 고찰」, 한국기독교윤리학회 편,『한국기독교윤리학논총』제1집, 한들출판사.

노영상(2000),「한국교회와 목회윤리의 모색」, 한국기독교윤리학회 편,『한국기독교윤리학논총』제2집, 한들출판사.

맹용길(1987),『생명의료윤리』, 장로회신학대학교 출판부.

맹용길(1998),『한국 기독교 윤리사상(I)』, 장신대 출판부.

맹용길(1994),『한국 기독교 윤리사상(II)』, 장신대 출판부.

문희석(1977),「예언자와 권력」,『기독교사상』, 대한기독교서회.

박봉배(1971),「한국기독교의 토착화-변혁주의 입장에서」,『기독교사상』, 대한기독교서회.

박봉배(1973),「타협인가 변혁인가-토착화 과정에 대한 신학적 비판」,『신학사상』제1집, 한국신학연구소.

박봉배(1983),『기독교 윤리와 한국문화』, 성광문화사.

박봉배(2002),「홍현설 박사의 신학사상」,『천암 박봉배 박사 은퇴 기념 문집(I)』, 성서연구사.

박성준(1987),「한국 기독교의 변혁과 기독교운동의 과제」, 사계절출판사 편집부 편,

『전환』, 사계절.

박종균(1999), 「하버마스 담론윤리론의 기독교윤리적 고찰」, 한국기독교윤리학회 편, 『한국기독교윤리학논총』 제1집, 한들출판사.

박종균(2000), 「공적 영역을 위한 담론으로서의 기독교 사회윤리 가능성 모색」, 한국기독교윤리학회 편, 『한국기독교윤리학논총』 제2집, 한들출판사.

박종천(1991), 『상생의 신학』, 한국신학연구소.

박충구(2001), 『생명복제 생명윤리』, 가치창조.

변선환(1996), 『변선환 전집』 제3권, 한국신학연구소.

서남동(1983), 『민중신학의 탐구』, 한길사.

성공회대학교 신학연구소 지구화 연구팀 편(2000), 『지구화와 신자유주의』, 성공회대학교 출판부.

성공회대학교 신학연구소 지구화 연구팀 편(2000), 『지구화와 한국의 대응』, 성공회대학교 출판부.

성공회대학교 신학연구소 지구화 연구팀 편(2001), 『지구화 시대의 사회선교』, 성공회대학교 출판부.

손규태(1998), 『개신교 윤리사상사』, 대한기독교서회.

신기영(1998), 『기업 윤리-언약적 해석과 계약적 해석을 중심으로』, 한들출판사.

심일섭(1972. 11.~1973. 5), 「한국신학형성사 서설-한국기독교의 토착화 문제와 복음선교의 전망」, 『기독교사상』, 대한기독교서회.

안병무(1982), 「마가복음에서 본 역사의 주체」, NCC신학연구위원회 편, 『민중과 한국신학』, 한국신학연구소.

안병무(1987), 『민중신학 이야기』, 한국신학연구소.

안병무(1987), 「예수 운동과 물」, 『신학사상』 제62집, 한국신학연구소

양명수(1995), 『호모 테크니쿠스』, 한국신학연구소.

양명수(2001), 『근대성과 종교』, 이화여자대학교 출판부.

유동식(2000), 『한국신학의 광맥』, 다산글방.

윤성범(1967), 「한국신학 형성에의 모색-조직신학에서의 가능한 길」, 『현대와 신학』 제4집, 감리교신학대학.

윤성범(1973), 『효』, 서울문화사.

윤성범(1976), 『성의 신학』, 서울문화사.

이장식(1979), 「종교와 정치」, 『기독교사상』, 대한기독교서회.

임성빈(1999), 「21세기 한국사회 통합을 위한 교회의 역할」, 한국기독교윤리학회 편, 『한국기독교윤리학논총』 제1집, 한들출판사.

전경연(1970), 「성서와 저항」, 『기독교사상』, 대한기독교서회.

정종훈(1997), 『기독교 사회윤리와 민주주의』, 한국장로교 출판사.

정종훈(1999), 「정신지체인들의 강제불임수술에 대한 기독교윤리적인 해석의 한 시도」,

한국기독교윤리학회 편,『한국기독교윤리학논총』제1집, 한들출판사.

정하은(1968),『한국근대화와 윤리적 결단』, 대한기독교서회.

정하은(1973),『현대신학자와의 대화』, 대한기독교서회.

정하은(1975),『혁명기의 기독교』, 대한기독교서회.

조용훈(1997),『기독교 환경윤리의 실천과제』, 대한기독교서회.

조용훈(1999),『지구화시대의 기독교』, 대한기독교서회.

조용훈(2002),『동서양의 자연관과 기독교 환경윤리』, 대한기독교서회.

최종고(1981),「한국교회와 정교 분리」,『기독교사상』, 대한기독교서회.

한경직(1971),『한경직 목사 설교전집』제2권, 대한기독교서회.

한경직 목사 기념사업회 편(1986),『한경직 목사 성역 50년』, 영락교회.

한국신학연구소 편(1975),「심포지엄 : 교회의 사회참여에 관한 신학적 토론」,『신학사상』제10집, 한국신학연구소.

홍현설(1997),『청암 홍현설 저작전집』제1권, 성서연구사.

홍현설(1997),『청암 홍현설 저작전집』제3권, 성서연구사.

홍현설(1997),『청암 홍현설 저작전집』제4권, 성서연구사.

폴 니터 저, 변선환 역(1987),『오직 예수 이름으로만?』, 한국신학연구소, 1987.

리처드 니이버 저, 김재준 역(1958),『그리스도와 문화』, 대한기독교서회.

크리스티네 린네만-페린 저, 강원돈 역(1992),「교회의 정치적 책임-한국 민중신학과 남아프리카 정치신학의 비교」, 안병무 박사 고희 기념 논문집 출판위원회 편,『예수 · 민중 · 민족－안병무 박사 고희 기념 논문집』, 한국신학연구소.

Bennet, John Coleman(1961),『그리스도인과 국가』, 대한기독교서회.

Bonhoeffer, Dietrich. *Ethik*, neugeordnete 6. Auflage : München, 1981.

Brunner, Emil(1958),『그리스도교와 문명』, 한국번역서회.

Harkness, Georgia Elma(1963),『기독교윤리학』, 대한기독교서회.

Kosmahl, H.-J., *Ethik in Ökumene und Mission. Das Problem der "Mittleren Axiome", bei J. H. Oldham und in der christlichen Sozialethik*, Göttingen, 1970,

Segundo, Juan Luis, *The Liberation of Theology*, New York : Orbis Books, 1975.

민중신학의 역사와 주요 사상

권진관

민중신학은 한국의 대표적인 신학으로서 이제 국내에서보다는 전 세계에 더 많이 알려져 있다. Minjung Theology는 세계 신학계에서 고유 명사가 된 지 이미 오래되었고, Minjung이라는 말도 공인된 학술용어로 쓰여지고 있다. 이와 더불어 민중의 한(恨)을 말하는 han도 영어 단어로 사용되고 있다. 민중신학을 주제로 출판된 영문책은 1981년도에 아시아기독교협의회 (CCA)와 미국의 Orbis Books 출판사 등이 공동으로 발행한 *Minjung Theology : People as the Subjects of History* 등 여러 권이 있으며, 민중신학을 주제로 많은 외국인들과 한국인들이 박사학위논문을 써왔다. 민중신학은 1970년대에 이 땅에서 태어나 1970년대 후반에서 1980년대를 거쳐 성장 발전하였다가, 오늘의 새로운 상황 속에서 변화를 모색하고 있는 신학이다. 민중신학은 민중의 해방이라고 하는 중심과제로 삼으면서, 시대적 과제에 응답하고자 하는 역동적 해방 신학이라고 할 수 있다. 이 글의 목표는 지금까지의 민중신학의 발전과정을 살펴봄으로써 오늘의 민중신학은 어떤 것일 수 있는가를 모색해 보는 데에 있다.

1. 민중신학은 무엇인가?

민중신학이란 민중의 입장에서 신, 자연, 역사를 보며, 민중의 보다 주체적이고 해방된 삶을 추구하고자 하는 한국에서 발생한 상황적 신학이라고 할 수 있다. 그러므로 민중신학은 역지사지(易地思之)의 신학을 말한다. 즉, 신학을 하는 사람이 민중의 자리에 서서 모든 것을 보며, 생각해 본다는 것을 의미한다. 민중신학을 하는 사람은 민중의 신을 신고 걸어야 한다고도 말할 수 있다. 그래야 민중의 감정, 소망, 생각, 목적 등을 품고 신학을 할 수 있을 것이기 때문이다. 민중신학을 하는 사람은 항상 민중의 감정, 느낌, 생각을 알 수 있도록 언제나 눈과 귀와 마음을 민중을 향하여 열어 놓아야 한다. 민중신학은 민중의 가슴으로 하는 신학이다. 민중은 고난의 대양(大洋) 속에서 고난과 함께 사는 존재이다. 민중신학은 민중에 대한 부담을 안고 하는 신학이다.

민중이란 누구인가? 우리는 민중이라는 단어에 우선 주목해야 한다. 민중이란 말은 쉽게 말해서 많은 사람들을 말한다. 많은 일반 대중을 말하므로 일단 소수의 영웅이나 지도자 혹은 엘리트 계층과 반대되는 개념이다. 민중이라는 말은 피지배계층들을 의미하며, 이것은 비슷한 단어들인 백성, 시민, 민족이 의미하는 내용을 일부 포함하지만 그것들과 완전히 동일하지는 않다. 예를 들어 백성은 봉건적 제도 속에서 눌려있는 피지배계층을 의미하는 반면, 시민은 현대의 민주주의 사회 속에서 자기의 목소리를 내는 참여적 주체자를 의미한다고 한다면, 민중은 봉건사회 속에서 억압받던 백성으로부터 주체적 시민으로 변화되어 가는 도상에 있는 존재라 할 수 있다. 따라서 민중은 진정한 민주주의를 만들어 가기 위한 주체자이며 민주주의의 실질적 내용을 결정하는 지표이다. 한 나라의 민중이 시민으로, 즉 사회의 성원이자 주체자인 시민으로 진전되어 가는 과정 속에서 현재 어디에 도달해 있는가에 따라서 그 나라의 민주주의의 수준과 현주소가 결정된다. 오늘날 일부 가진 자들이 시민으로서 혹은 엘리트로서 이 사회를 이끌어 가고 있다. 소수에 의해서 운영되고 있는 사회일수록 비민중적, 비민주적인 사회이다. 결국 우리 사회는 모든 민중들이 이전의 피지배의 상태에서 벗어나 주체자인 시민 혹은 공중(the public)이 되어 사회를 이끌어 가는 민주주의 사회로 발전되어야 한다. 피지배층인 민중이 진정한 시민이 되어 주체적인 시민으로서 역사와 사회에 참여할 수 있는 기회를 많이 만들어야 하겠지만, 그것보다 더 우선적인 것은 민중을 옭아매어 놓는 구조 악들을 개혁하여 억눌려 있는 민중이 해방되어 시민, 주체자가 되는 일이다. 즉 민중이 시민이 되어야 한다. 왜냐하면 시민적 권리(즉 참여의 권리)를 소수가 독점하고 있기 때문이다. 이 과정이 우선되어야 하는 것이다.

민중은 해방의 몸부림의 과정 속에 존재하는 과정적 존재이며, 변화하는 존재이다. 민중은 지구적 시장경제의 경쟁구조 아래에서 희생당하고 있다. 민중의 자유와 해방을 향한 역사적 진행과정이 이러한 지구적 시장경제체제와 이에 동반한 신자유주의라고 하는 장애물에 의하여 방해받고 멈춰있다. 민중신학은 민중의 고난에 하나님이 참여하며, 민중의 자유와 해방을 위해 사랑으로 역사하신다는 것을 증거한다. 민중신학은 민중이 걸어가고 있는 '해방의 행진'에 참여한다.

민중신학을 민중의 눈과 민중의 가슴으로 하는 신학이라고 한다면, 민중이 신학 속에서도 주체가 된다. 좀더 정확하게 말하면, 민중과 하나님은 민중신학에서 주체이다. 민중신학에서는 민중과 하나님의 역동적인 관계를 주로 살펴본다. 하나님은 민중이 주체성(subjectivity)을 회복할 수 있도록 도와주는 동인(agency)이다. 민중과 함께 하며 그들에게 힘을 주어 주체자가 되도록 일으켜 주는 동인인 하나님은 영으로 오셔서 민중의 고난, 절망, 슬픔, 기쁨, 희망에 동참하신다. 하나님은 이들의 이러한 감정과 경험들을 스스로 느끼며, 사랑으로 동참하며 구원하신다.

민중신학은 하나님이 민중의 집단적 과거를 수용하시며, 그 과거 속에 이미 참여하셨음을 인정한다. 민중신학은 민중의 과거 역사와 전통 속에 남아있는 하나님의 사랑의 구원의 흔적들을 추적하여 발굴해 낸다. 민중의 전통 속에 있는 이 흔적들은 민중의 문화적 형식 혹은 그릇 속에 담겨 있다. 따라서 민중신학은 민중의 전통, 동양의 종교 문화적 전통을 중시한다. 그리고 그 속에 담겨있는 민중해방의 전통, 즉 하나님의 구원의 족적들을 발굴하여 새롭게 해석하고 오늘의 민중을 위해 활용될 수 있는가를 살핀다. 우리의 민중은 아시아와 한국이라고 하는 문화적 영토에서 살아왔기 때문에 그들의 경험은 기독교가 아닌 다양한 종교들의 테두리 속에서 형성되었다. 이러한 민중적 종교 전통은 민중신학에 방해가 되는 것이 아니라, 오히려 풍부한 자원이 된다.

민중신학은 민중이라는 인간들의 문제를 다루므로 인간중심의 신학이 아닌가 하는 생각이 들 수 있다. 서구전통에서는 인간중심의 신학이 지배하여 왔다. 민중이 인간이므로 민중신학이 인간중심인 것은 분명하지만, 피지배계층으로서의 인간인 민중은 억압받고 피폐해져 가고 있는 환경, 자연과 함께 해방되어야 할 존재라는 것을 알고 "생명의 신학"이라는 관점에서 환경문제를 함께 다룬다. 따라서 민중신학은 민중뿐 아니라, 자연환경도 중심적 대상으로 삼는다.

나아가서, 민중신학은 민중이 역사적 존재로서 시대 속에서 자기의 역사적 역할을 분명하게 감당하여 왔음을 본다. 역사 속에서 민중은 다양한 모습으로 나타났다. 백성, 민족, 계급, 시민, 공중 등의 모습으로 나타나서 그때마다 시대의 문제들을 감당하였다. 따라서 민중신학은 항상 역사적 변화의 상황을 중시하므로 상황신학(contextual theology)이라고 할 수 있다.

그러면, 이제 민중신학이 태동되어 발전되어 온 과정을 살펴보기로 하자.

2. 민중신학의 시작

민중신학이 시작되기 이전에 이미 민중과 함께 동고동락했던 소수의 기독교인들의 실천적 활동이 있었다. 민중신학은 그 실천을 신학적으로 그리고 신앙적으로 성찰하는 과정에서 태동된 것이다. 이 실천은 산업선교에 종사했던 목회자, 평신도, 그리고 노동자들에 의해서 이루어졌고, 여기에 더해서 기독 학생들이 동참하였다. 민중신학이 시작되던 1970년대는 한국사회 속에 큰 변화가 일어나고 있었다. 이미 2차에 걸친 경제개발 5개년 계획에 의하여 한국은 급격히 산업화되고 있었다. 농촌의 가난한 가정의 젊은이들이 대거 서울을 비롯한 대도시로 몰려들면서 값싼 노동력을 파는 노동자가 되었다. 대도시 주변에 광범위하게 빈민촌이 형성되었고, 공장지대에는 노동자들이 넘쳐났다.

산업선교는 한국에서 1960년대부터 활동을 시작하였다. 처음에는 산업전도 형식으로 노동자들에게 복음을 전달하는 전도활동이었으나, 전도자들이 노동자들의 비참한 생활과 비인간적인 노동조건을 목도하면서, 그들의 고난에 동참하기 위하여 노동현장에 들어가 노동자의 삶을 살게 된다. 일정한 기간 동안 노동현장에서 경험했던 산업선교 목사 등 실무자들은 노동자들을 위한 의식화 교육을 시작하였고, 노동조합을 만드는 데에 힘을 기울였다. 산업선교 담당자들의 현장에서의 경험담과 현장에 대한 고발은 당시의 젊은 기독교인들, 학생들에게 신선한 충격이 아닐 수 없었다. 여기에 1970년 11월 청계천 피복노동자 전태일이 노동자들의 비참한 상황을 고발하기 위하여 스스로 분신하여 죽게 된 사건이 일어났다. 이 모든 것은 기독교지식인들에게 충격적인 일이 아닐 수 없었다. 기독교대학생들은 당시의 사회적 상황에 대해 대단히 비판적이기 시작하였고, 교회와 학원에 이 사실을 고발하는 활동을 한국기독학생총연맹(KSCF)을 중심으로 적극적으로 전개하게 되었다.

1970년대는 학생운동, 노동운동와 함께, 반정부운동, 민주화운동, 인권운동도 발전했다. 당시 노동자, 농민, 도시빈민 문제들에 대해서 적극적으로 문제를 제기했던 세력은 학생운동 세력과 교회의 진보적인 그룹이었다. 여기에 목사 등 종교인, 교수 등 지식인 세력들이 참여하여 1970년대 중반부터는 상당히 큰 운동으로 성장하게 된다. 이리하여 1970년대 전반부터 시작하여, 중반 그리고 그 후반에 이르기까지 기독교인들을 비롯한 수많은 사람들이 정치범으로 몰려 감옥에 들어가고, 해직되게 된다. 이러한 상황은 군부정권이 지속되던 1980년대에 들어 광주민주화운동으로 이어지면서 더 심각하게 진전된다.

민중신학은 이러한 사건들을 직·간접적으로 경험한 신학자, 사제, 평신도들이 이 경험들을 신학적으로 성찰하고 정리하면서 시작되었다. 안병무, 서남동 등 신학자들은 이미 1970년대 중반부터 민중을 주제로 하여 중요한 글을 쓰기 시작했다. 안병무는 1975년 감옥에서 나온 동료교수들을 환영하는 자리에서 민중을 주제로 강연하였다. 여기에서 그는 민중을 민족으로부터 구분하자고 주장했다. 그리고 민족의 이름으로 민중을 희생시키고 억압하는 상황에 대해서 비판하였다. 민중은 민족보다 더 근본적인 성원이며, 민중을 보호하지 않고 민족이라는 이름으로 민중을 희생시키는 것은 악이라고 지적했다. 이러한 민중적 입장은 많은 사람들에게 공감을 불러 일으켰다. 안병무의 논지의 일부를 여기에 인용하고자 한다.

> 우리 역사에서 민족은 있어도 민중은 없었다. 다시 말하면 실재하는 것은 민중이고, 민족이란 대외관계에서 형성되는 상대적 개념인데 언제나 내세운 것은 민족이었고 민족을 형성한 민중은 민족을 위한다는 이름 밑에 시달림을 당한 채 방치되었다. …… 홍경래 사건, 동학혁명, 3·1운동, 4·19는 민중의 얼이 소생한 것이다.[1]

거의 같은 시기인 1975년 4월, 기독교사상에 서남동은 「'민중의 신학'에 대하여」라는 글을 발표하였다. 그런데 이 글에서 서남동은 1974년부터 민중을 여러 강연에서 이야기하고 다녔고 그 결과물로 기독교사상에 1974년 2월에 논문 "예수, 교회사, 한국교회"를 냈는데 이 논문에서 서남동은 "부자와 권력자는 주기도문을 드릴 자격이 없게 되어 있는 것이 기독교"라고 선언했다. 이 논문에 대하여 한 보수적인 교수가 다른 잡지에 논문을 기고하여 비판하였기 때문에 그 교수에 대한 대답이 「'민중의 신학'에 대하여」이다. 그는 이 글에서 다시금 "부자와 가난한 자, 누르는 자와 눌린 자 사이의 화해는 있을 수 없음"을 강조했다. 즉 정의의 하나님의 나라에서는 빈부가 함께 존재할 수 없고 누르는 자가 있을 수 없다는 주장이었다.[2]

---

1) 동아일보, 1975년 3월 3일자, 서남동(1983), 『민중신학의 탐구』, 한길사, 30쪽에서 재인용.

위에서 언급한 *Minjung Theology : People as the Subjects of History*가 출판될 때 우리말로도 출판되었는데 그 제목이『민중과 한국신학』(한국신학연구소, 1982)이었다. 지금까지도『민중과 한국신학』은 민중신학의 가장 대표적인 자료로 평가받고 있다. 아직까지 이 책을 능가할 민중신학 책이 나오지 않고 있다. 이 책은 여러 한국신학자들의 논문들을 모은 것으로서 이것이 출간되는 계기는 1979년 10월 22~24일 동안 "하나님의 백성과 교회의 선교"라는 주제로 서울에서 개최된 국제신학심포지움이었다.

이것은 박정희 군사정부의 삼엄한 경계 하에서 한국기독교교회협의회의 신학위원회가 주관하고, 아시아기독교협의회(CCA)가 협찬하여 개최된 것인데, 아시아 각 국의 신학자 17 명과 한국 측에서 8명 등 모두 24명이 참석하였다.[3] 이 책은 세계 교회와 신학계뿐 아니라, 한국의 신학계에 커다란 반향을 불러 일으켰다. 이 책에는 안병무, 서남동, 김용복, 서광선, 현영학 등의 논문들이 실려있다.

민중신학의 시작을 이야기할 때 빼놓을 수 없는 것이 있다. 민중신학에 영향을 준 사상적 전통이 있었다. 민중신학은 한국의 민중사상의 영향 속에서 싹텄다고 해도 과언이 아닐 것이다. 가깝게는 함석헌의 씨올 사상을 들 수 있고, 좀더 길게는 동학사상과 운동, 삼일운동, 일제하의 민족운동 등을 들 수 있을 것이다. 함석헌은 초기 민중신학자들과 동시대의 인물로서 서남동, 안병무 등과 그 후의 소장 민중신학자들에게 많은 영향을 주었다. 서남동은 함석헌이 1970년이래 씨올의 소리 등에서 민중을 주제로 외치고 있을 때 일찍 동조하지 못했던 것을 부끄러워했다. 이렇듯 함석헌 사상 등이 민중신학 이전에 민중신학을 준비하고 있었다.[4]

---

2) 서남동(1983), 35쪽.
3) *Minjung Theology : People as the Subjects of History* (London ; Maryknoll, N.Y ; Singapore : Zed/Orbis/CCA, 1983)15. 이후 *Minjung Theology*로 표시.
4) 서남동(1983), 32쪽.

3. 민중신학의 활성화 시기 (1979~1990년)

『민중과 한국신학』이 출간되기 이전인 1970년대 중·후반에 민중신학은 이미 많은 사람들의 입에 회자되고 애용되었었다. 이 시기에 민중신학자, 민중 사회과학자, 민중사학자, 민중예술가 등은 한국신학연구소, 기독교사회문제연구원, 기장 선교교육원 등에서 수시로 모여 민중을 주제로 함께 연구, 논의했다. 민중신학이 대단하게 활성화되기 시작하던 시기를 1979년 서울에서 개최된 국제신학 심포지엄의 전후로 잡는 것이 좋을 듯하다. 이 활성화의 시기는 1980년대 중반을 지나 1990년까지 이어진다. 민중신학의 주요 학자들이 이 시기동안에 중요한 저서들을 내어놓은 것으로 보아 알 수 있다. 서남동의 『민중신학의 탐구』가 1983년에 출판되었고, 안병무의 중요작품인 『민중신학 이야기』가 1987년에, 그의 『갈릴래아의 예수 : 예수의 민중운동』이 1990년도에 출판되었다. 1990년은 문민정부가 시작되는 해이기도 하다. 1980년대 후반 이후부터 한국에는 이미 민주주의의 도도한 흐름이 자리를 잡아 거스를 수 없는 물결이 되었다. 1987년에는 노동자들의 대투쟁이 있었다. 1988년도 서울올림픽은 한국의 경제성장을 세계에 널리 알리는 계기가 되었고 1990년대 들어 문민정부가 시작되자 이전의 군사독재체제는 서서히 역사의 뒤안으로 밀려났다. 민주적 정부가 들어서기 시작하면서 이전의 강압적인 철권정치는 사라졌다. 많은 사람들이 정치적 자유를 누리게 되고, 과격한 민중운동은 뒤로 물러나는 상황으로 바뀌게 되었다. 우리는 1990년도까지를 민중신학의 활성화시기 혹은 전성기라고 불러도 무방할 것이라고 본다. 그러면 이 시기동안에 주요 민중신학자들의 신학 사상을 살펴보자.

1) 민중의 책인 성서

성서학자 안병무의 가장 큰 공헌은 마가복음서가 민중의 복음서임을 오클로스의 개념으로 풀어냈던 것이다. 나아가서 그는 성서 전체가 민중의 시(書)라고 하였다. 그의 중요한 논문 "마르코 복음의 사회학적 해석"에서 그는 그리스 단어인 ochlos와 laos를 비교하였다. 이 둘은 모두 무리라는 의미를 가지고 있지만, 라오스는 민족, 백성, 하나님의 백성 즉 교회의 회원의 의미를 가지며 오클로스에 비하여 덜 민중적인 의미를 담고 있다.5) 여기에 비하여 마가복음에서 오클로스가 사용되는 컨텍스트를 살펴보면, 오클로스는 우리가 여기에서 사용하는 민중의 의미와 더 가깝다. 그런데 재미있는 것은 마가복음서에서 오클로스가 사용되는 횟수는 38번인데 라오스는 단 두 번 나온다는 것이다. 이 두 번의 경우도 마가가 이사야서를 인용할 때와 대제사장이 말할 때로서 마가의 직접적인 언급에는 라오스가 한 번도 나오지 않는다. 마태복음서에서는 오클로스가 49번, 라오스가 14번, 누가복음서에서는 오클로스가 41번, 라오스가 37번이 나온다. 라오스는 사도행전과 바울서신에서 오클로스보다 훨씬 많이 나온다. 교회가 갖추어지는 상황에서 오클로스보다 라오스가 더 애용되었을 것으로 추측된다.

마가복음의 오클로스는 사회적, 정치적, 종교적으로 소외된 사람들이다. 지배계층들은 숫자가 많은 오클로스를 두려워했다. 오클로스는 예수와 세례 요한을 보호하고 지원하였다. 그들은 소외 받던 계급들이 모여 있는 집단이라고 할 수 있다. 그들은 예수를 추종했지만, 가끔은 지배계층들의 조작에 의하여 현혹되어 예수에게 등을 돌릴 때도 있었다(막 15 : 11). 오클로스에는 항상 가난한 사람들만이 있었던 것은 아니었다. 예를 들어, 세리들도 오클로스에 속했는데, 그들은 사회적, 정치적, 종교적으로 소외되었지만, 경제적으로는 부유했다. 유대인들에게 있어서 세리들은 죄인들과 마찬가지 취급을 받았다. 따라서 누가복음서에서는 라오스라는 말을 사용하면서 라오스의 범주 속에 세리와 죄인들을 넣지 않으려고 애를 썼던 흔적이 보여진다(눅 7 : 29 참조). 즉 라오스는 순수한 백성들이었고, 이들은 기독교 교회 안에 들어갈 수 있는 백성들로 이해되었다. 이에 비해 오클로스는 그야말로 소외되고 천대받는 병든 자, 가난하여 천대받는 직업을 가진 자(요즘의 3D 업종), 세리, 죄인들의 무리들이 포함되었다. 마가는 이러한 오클로스와 예수의

---

5) 안병무 편(1983), 『사회학적성서해석』, 한국신학연구소.

관계를 가장 돈독한 것으로 그렸던 것이다.

안병무에 의하면, 예수는 오클로스을 동정하여 마치 목자 없는 길 잃은 양과 같다고 생각했다. 예수는 오클로스를 자신의 어머니와 형제로 보았다(막 3 : 34). 이들은 예수의 주위에 몰려들었고, 예수는 그들을 가르쳤다. 여기에서 안병무의 정교한 비교를 살펴보자. 마가 3 : 32에는 무리들인 오클로스가 예수 주위에 앉았는데 이들을 새로운 공동체(가족)의 성원이라고 선언한 것이다. 이러한 발상은 그 당시의 분위기에서는 받아들일 수 없었던 것이었다. 그리하여 마태복음에서는 오클로스 대신에 제자들로 대체해 버렸고, 누가는 이것을 완전 삭제하였다.6) 마가복음의 여러 곳에서 예수가 오클로스를 가르쳤다고 되어있다. 특히 10 : 1에는 "예수께서 거기에서 떠나 유대 지방으로 가셨다가, 요단 강 건너편으로 가셨다. 무리가 다시 예수께로 모여 드니, 그는 늘 하시는 대로, 다시 그들을 가르치셨다"고 하면서 마가는 "늘 하시는 대로"라는 말을 쓰면서, 오클로스를 가르치는 일이 많았음을 나타내 보였다. 그러나 안병무의 연구에 의하면, 마태와 누가에서는 이러한 일들이 제거되던가 변형되어 보도되고 있다는 것이다. 이렇게 함으로써 오클로스의 지위는 약화되고 대신 예수와 제자들과의 관계가 강화됨으로써 교회의 사도의 권위가 확장되고 있음을 볼 수 있다고 주장하였다.7)

여기에서 알 수 있는 것은 마가의 관점이 민중적이라는 것과 역사적 예수에 대한 기억이 아직도 생생한 가운데 마가복음을 기록했으므로 역사적 예수의 진실한 모습이 많이 들어 있을 것이라는 것이다. 민중신학은 고백된 그리스도 보다는 역사적 예수에 더 무게를 둔다. 왜냐하면 고백된 그리스도는 제도화된 교회의 산물일 것이고, 제도화된 교회는 그만큼 민중의 실제적인 문제에 대해 등을 돌릴 것이기 때문이다. 이렇게 안병무는 예수가 오클로스 즉 민중에게 하나님의 나라를 선포하고 그 미래를 약속하였음을 마가복음서 등에서 증언하고 있다고 하였다. 그러나 안병무를 비롯한 민중신학자들이

---

6) Ahn Byung-mu, "Jesus and the Minjung in the Gospel of Mark", *Minjung Theology* : 141.
7) 앞의 글, 142쪽.

오로지 마가복음서를 기반으로 하여 민중신학을 했던 것은 아니다.

안병무는 누가복음의 해방적인 메시지들에 관심을 가졌다. 특히 4 : 18~ 19에 있는 예수의 공생애를 시작하는 선포는 민중신학에서 가장 많이 애용되고 있다.8) 결국 민중신학자들은 성서 전체를 민중의 서(書)라고 했다. 이것은 바울을 민중적으로 보자는 것으로 연결되었다. 이것은 안병무에 의해서 적극적으로 이루어졌다. 바울 서신에 대한 민중신학적 재평가는 젊은 민중신학자들에 의해서도 이루어지고 있다. 구약의 모세 오경의 전통은 민중 해방적인 전통이었음을 민중신학자들은 발견하였다. 야훼는 약자인 이스라엘 백성들을 애굽으로부터 해방시켰고, 야훼신앙은 평등공동체를 형성하는 정신적 지주가 되어주었다. 이러한 해방의 전통의 관점에서 다윗 왕조를 비판적으로 보기도 하였다. 예언서는 민중신학에서 수없이 인용되고 있다.

2) 성서해석의 방법

안병무는 한편으로 역사의 예수를 연구하면서 동시에 역사 속에서 면면히 폭발되었고 오늘날에도 계속되고 있는 민중운동의 사건들 속에서 예수를 찾으려고 했다. 이 둘 즉 역사의 예수와 민중운동의 사건을 연결시킬 수 있는 고리를 안병무는 화산의 맥(脈)이라는 상징으로 표현한다. 그는 "오늘 한국에서 일어나는 민중사건들도 단절된 독립된 사건들이 아니라, 2천 년 전의 예수 사건과 맥을 같이 하는 사건들"이라고 하면서 이러한 사건들 속에 그리스도 예수가 나타나고 있다고 보았다.9)

이러한 사건의 해석학은 민중신학에서 공히 받아들여졌다고 생각한다. 안병무가 예수 사건과 민중운동의 상관성의 해석학을 제시했다고 한다면, 서남동은 좀더 다양한 민중전통의 흐름들의 합류 해석학을 내놓았다. 서남동은 자신의 해석학을 사회경제(사)적 방법이라고도 불렀다. 서남동은 사회과

---

8) 안병무(1987), 『민중신학이야기』, 한국신학연구소, 78쪽 이후.
9) 안병무(1987), 『민중신학이야기』, 35쪽.

학적 성서해석방법을 대거 동원하는 바, 게르트 타이쎈의 예수 운동의 사회학에서부터, 페르난도 벨로의 마가복음의 유물론적 해석, 노만 고트 발트의 야훼의 부족들, 그리고 안병무의 오클로스 연구에 이르기까지 해방신학적이며 사회과학적인 해석학의 방법론을 종합하여 자신의 해석학을 넓혀나갔다. 그는 이러한 해석학을 통하여 성서시대의 사회적, 계급적, 경제적, 종교적 문제들을 밝혀나갈 수 있다고 보았다. 이것을 통하여 십자가의 사건을 종교적인 상징이나 교리적 문제가 아니라, 정치영역에서 발생한 정치적인 사건임을 분명히 하였다.

이러한 사회과학적, 사회경제(사)적 성서해석방법은 그의 성령론적공시적 해석과 연결되는 바, 전자는 후자의 준비단계의 성격을 가진다. 서남동의 성령론적 해석학의 필요성에 대해서 본 필자는 다음과 같이 말한 적이 있다. 즉, "사회경제적 해석방법은 텍스트에 가미되어 있는 지배자의 이데올로기를 분해하고, 텍스트가 가지고 있는 사회, 정치, 역사적인 배경을 파악함으로써 텍스트가 주는 정치, 사회적인 의미를 부각시켜 준다. 그러나 그 의미는 아직도 '그때, 거기'에서의 의미이지, '지금, 여기'를 위한 의미는 아니다. 이에 성령론적-공시적 해석방법이 요청된다"10)

또한 사회과학적 혹은 사회경제사적 방법 이외에 서남동은 민중의 사회적 전기의 방법 혹은 문학사회학의 방법이 필요하다고 하였다. 사회경제사적 방법을 통하여 민중의 외적인 조건을 찾을 수 있다면, 사회 전기적 방법, 문학사회학의 방법, 혹은 이야기의 방법을 통하여 민중의 내적인 의식, 집단적 영혼, 갈망을 들여다 볼 수 있다고 하였다.11) 어쨌든 이 두 가지의 방법은 성령론적 해석학으로 수렴된다. 서남동은 비록 체계적이고 철저하지는 않지만, 다음과 같이 자신의 성령론적 해석학을 "두 이야기의 합류"라는 상징적 표현을 가지고 설명한다.

---

10) 권진관(1993), 『성령과 민중 : 실천적 신학과 신학적 실천』, 한국신학연구소, 245쪽
    이후 『성령과 민중』으로 표시됨.
11) 서남동(1983), 『민중신학의 탐구』, 48쪽.

　　한국의 민중신학의 과제는 기독교의 민중전통과 한국의 민중전통이 현재 한국교회의 ‘신의 선교’ 활동에서 합류되고 있는 것을 증언하는 것이다. 현재 눈앞에 전개되는 사실과 사건을 ‘하나님의 역사개입’ 성령의 역사, 출애굽의 사건으로 알고 거기에 동참하고 그것을 신학적으로 해석하는 일이다. 거기에 동참한다는 것은 그 전통을 이어받는다는 것이며 그것을 신학적으로 해석할 때 위에 전제한 전거들이 필요 불가결하게 된다. 이것을 필자는 성령론적·공시적 해석 (pneumatological—synchronic interpretation)이라 하고, 전통적인 기독론적, 통시적 해석(christological—diachronic interpretation)과 대조시킨다(우리는 나사렛 예수에 대해서도 성령론적 해석과 기독론적 해석을 각기 내릴 수 있다). 기독론적 해석에서는 이미 주어진 종교적인 범주에 맞기 때문에 적합성이 주어지는 것이라고 주장하고, 성령론적 해석에서는 지금 현실의 경험과 맥락에 맞기 때문에 적합성이 주어지는 것이라고 주장한다. 기독론적 해석에서는 나사렛 예수가 ‘나를 위해서’ ‘나를 대신해서’ 속죄한 것이지만 성령론적 해석에서는 내가 예수를 재연하는 것이고 지금 예수 사건이 다시 발생하는 것으로 생각한다. …… 민중신학은 현재의 성령의 역사가 문제의 핵심이고 물려받은 전통은 해석의 전거의 구실을 한다고 생각한다.[12]

　　서남동의 해석학과 안병무의 그것에 그리 큰 차이를 발견할 수 없다. 서남동도 안병무와 같이 사회학적 성서해석학을 받아들였고, 지금 우리 상황 속에서 “예수 사건이 다시 발생하는 것”으로 생각한다고 했다. 따라서 서남동의 성령론적 해석학과 안병무의 “화산맥”의 해석학은 통한다. 서남동이 첨가한 것은 전거라는 말이다. 물려받은 전통을 해석학 속으로 끌어들인 것이다. 서남동은 오늘의 상황을 해석하는 데는 전거들이 필요하다고 했다. 그는 전거들 중에서 한국 크리스천들이 수용할 수 있는 가장 뚜렷한 것들이 셋 있다고 주장했다. 그것들은 출애굽사건과 십자가형 사건, 그 전통을 이어받은 교회사, 그리고 한국사에 있어서의 민중운동의 전통이다.[13] 여기에서 전거는 계시와 다르게 자신의 내용을 절대적인 것으로 주장하는 것이 아니라, 다만 관계적인 것으로서 우리가 현실을 해석하고 판단하는 데에 참고가

---

12) 서남동(1983),『민중신학의 탐구』, 78~79쪽.
13) 앞의 글, 48쪽.

되는 성격을 가지고 있다.

서남동의 성령론적 해석방법과 이른바 "두 이야기의 합류"는 "민중신학의 대주제는 예수가 아니라 민중이어야 한다"는 그의 신념에서 비롯된다. 예수는 민중을 바르게 이해하기 위한 수단이지, 민중이 예수를 이해하기 위해 동원되는 수단은 아니라는 것이다.[14] 이리하여 서남동은 상황이 텍스트가 되고 텍스트가 콘텍스트가 된다고 본다. 즉 성령론적 해석학은 상황(민중)을 이해하고자 기존의 텍스트들을 전거(reference)로 동원한다. 여기에서 전거라는 말의 의미를 분명하게 해야 한다. 전거를 단순히 참고라는 뜻으로 이해해서는 안 된다. 사실, 오늘의 민중이 처해있는 상황에 대한 이해는 전거적인 것이 없이는 이해될 수 없다. 어떤 사물에 대한 이해는 전거적인 것들과의 관계 속에서 이루어지는 것이지, 그 사물 자체에 실체(substance)적으로 불변한 것이 있어서 그것을 알게되면 사물 전체를 알게된다는 논리는 성립되지 않는다. 모든 사물들은 전거적인 것들 속에 존재하며, 그것은 전거들과의 관계 속에서 이해된다. 어떤 것의 의미는 그것이 가지는 전거적 근거 혹은 전거적 체계(referential system)를 고려하지 않고서는 포착할 수 없다. 민중도 마찬가지이다. 민중을 둘러싼 전거적인 자료들은 그냥 참고하고 버려지는 것이 아니라, 민중을 이해하기 위해 필수적인 것이라는 것, 끊어질 수 없는 관계를 갖고 있음을 잊지 말아야 한다. 전거를 이해를 위한 필수적인 것으로 간주한다면, 서남동의 해석학을 무조건 주관적인 것이라고 간단히 비판해 버릴 수만은 없을 것이다.

안병무, 서남동 등에 의해 발전된 해석학적 방법론은 젊은 세대 민중신학자들에 의해서 보다 많이 토론되었다. 이러한 토론 속에서 보다 명확하게 되고 발전되기도 했다. 이러한 노력을 한 후배 신학자들은 박재순, 권진관, 강원돈 등이라고 생각한다.[15]

---

14) *Minjung Theology*, 160쪽.

15) 중요한 논문들 몇 가지만을 소개하면, 박재순(1988), 「1세대 민중신학에 대한 비판과 새로운 모색」 진통하는 한국교회, 기사연 무크 1호, 민중사 ; 강원돈(1990), 「신학적 해석학의 새로운 모색」, 『1980년대 한국 민중신학의 전개』, 한국신학연구

3) 민중의 사회전기

민중의 사회전기라는 개념은 김용복에 의해서 널리 보급되었다. 서남동의 두 이야기의 합류는 김용복의 민중의 사회전기 혹은 민중의 이야기의 개념을 받아들여 해석학적으로 발전시킨 것이라고 말해도 크게 틀리지는 않을 것이다. 김용복은 민중이 누구인가라는 문제에서 민중을 알기 위해서는 민중의 사회전기를 들어야 한다고 말한다. 김용복은 민중은 객관화하여 정의내릴 수 없는 존재라고 했다. 만약에 민중을 객관화하여 정의를 내린다면 이것은 민중을 억압하고 지배하는 것이 된다는 것이다. 이것은 민중은 역사 속에서 역동적으로 행동하는 존재이며 주체인 것을 망각하는 일이 된다. 민중은 역동적이고, 변하며, 복합적이다.[16] 즉, 민중은 객관화될 수 있는 고정 불변의 실체가 아니라, 살아있고 성장하며 활동하고 자신을 역사 속에서 구현하는 생명체이다. 민중은 개념에 의해서 정의되어지는 존재가 아니라, 역사라고 하는 커다란 드라마에서 자신이 누구인가를 스스로 결정하는 주체이다. 김용복은 이러한 비결정적 주체로서의 민중과 프롤레타리아를 비교한다. 마르크스주의자들이 정의내린 프롤레타리아는 경제적으로 정의되어진 존재이다. 즉, 프롤레타리아는 사회-경제적, 유물론적인 결정에 의해 가두어진 존재임에 비하여, 민중은 정치적인 존재로서 주어진 역사적 환경을 뛰어넘는 초월적 존재임을 강조했다.[17]

김용복은 민중은 역사를 만들어나가는 주체임을 거듭 강조하면서, 민중은 인간 사회를 유지시키기 위해서 역사적 짐을 지고 가는 존재라고 하였다. 그들은 고난을 통하여 역사를 만들어나간다. 역사의 유지와 변혁과 창조적인 발전은 모두 민중의 인내와 희생적 고난에 기초하고 있다. 따라서 민중의 고난은 사회를 떠받치는 지주라는 것이다.[18] 이러한 생각은 자칫 잘못하면

소 ; 권진관,『성령과 민중』3, 4장 등이다.

16) Kim Yong-bock, "Messiah and Minjung : Discerning Messianic Politics over against Political Messianism", *Minjung Theology*, 184쪽.

17) 앞의 글, 184쪽.

18) Kim Yong-bock, *Messiah and Minjung : Christ's Solidarity with the People for New*

오해받기가 쉽다. 마치 고난이 지속되어야 사회가 유지되고 역사가 발전한다는 식으로 오해한다면, 이것은 김용복의 생각을 곡해하는 것이 된다. 김용복이 의미하는 것은 이러한 역사의 짐을 지고 온 민중을 존중해야 하고, 이들이 역사의 주체가 될 수 있도록 그들을 묶어 놓는 족쇄를 풀어서 해방해야 한다는 것을 뜻한다. 지금 지배자들이 지배하고 있는 구조와 현실은 모두 허구라는 것을 고발하는 것이다. 김용복은 고난받는 민중은 역사의 주체가 될 수 있는 자격과 권한이 있다고 외치고 있는 것이다.

김용복에 의하면, 지금까지의 역사는 엘리트와 권력자들에 의해서 쓰여졌으며 인간 역사는 이들에 의하여 규정되어 왔다고 해도 과언이 아니다. 이리하여 민중은 하찮은 존재로 전락되었으며 이들의 활동은 역사 기록에서 빠지고 각주에나 겨우 자리했다. 그러나 거꾸로 보면, 민중의 이야기가 있었기 때문에 정사(正史)의 허구가 드러나게 된다. 예를 들어, 일본 제국주의에 의해 끌려간 정신대의 이야기를 통하여 일본 제국의 존재적 근거가 무너지고 말았다. 민중의 이야기는 권력자의 역사를 무너뜨리는 파괴력을 가진다. 한국인들의 고난의 이야기는 일본 역사의 잘못을 드러내는 것이다. 군사정부 하에서 투옥되고 고문당한 이야기는 군사정부의 도덕적 근거를 무너뜨리는 데에 부족함이 없다. 그러나 오늘날의 구조는 이러한 억눌린 자들의 이야기들을 무가치한 것으로 취급하고 있다. 이러한 구조에 대항하여 민중신학은 민중의 이야기를 말한다. 민중의 고난의 이야기는 잘못된 체제에 대항한 고발이다. 따라서 민중은 자기의 이야기를 함으로써 자신의 고난과 소망을 표현한다. 동시에 이러한 고난의 이야기는 잘못된 체제에 대한 준엄한 고발이 된다는 것을 김용복은 분명히 하고 있다. 나아가서, 민중 자신의 이야기와 성서의 민중의 이야기들을 연결시켜보면, 억압적인 정치 권력의 성격이 분명히 드러난다고 주장한다.[19]

Life, Hong Kong : CCA-Urban Rural Mission, 1992, 5쪽.
19) Kim Yong-bock, *Messiah and Minjung*, 72~73쪽. 여기에서 그는 성서도 민중의 사회전기라고 볼 수 있다고 주장하고 있다.

이야기의 방법, 사회전기의 방법은 민중신학이 가장 많이 사용하고 있는 방법이기도 하다. 성서도 민중의 사회전기이다. 민중신학의 기술방법도 사회전기 즉 이야기적인 방식이다. 민중신학자들 중에는 매우 관념적이고 방법론적인 방식으로 글쓰는 사람이 없지는 않으나, 일세대의 민중신학자들은 거의 한결같이 이야기의 방식으로 글을 쓰고 있다. 김용복의 저서들을 보면 이야기적 기술방식이 두드러진다. 서광선의 영문 저서 *The Korean Minjung in Christ*도 자서전적인 이야기 방식을 사용하고 있다.[20] 서남동의 신학적 기술방식도 월등하게 이야기적인 방식이다. 서남동은 한국의 재래적 민담과 소설 등 픽션을 많이 사용한 반면에, 김용복은 정신대 여성의 이야기, 원폭피해자의 이야기 등 실제인물들의 이야기를 많이 사용하고 있으며, 서광선은 자신의 전기적 이야기를 사용하여 민중신학적인 논의를 전개한다. 안병무는 자신의 어머니의 이야기를 통하여 한 여성 민중의 지혜와 용기 그리고 초월의 능력을 그리고 있다.[21]

4) 정치윤리

민중신학자들에게 정치윤리와 정치사상이 없을 수 없다. 이것은 김용복, 서남동에서 특히 잘 나타나고 있다. 안병무의 정치사상도 여기에 언급되어야 할 것이다. 우선 김용복의 정치윤리사상을 살펴보고자 한다.

김용복은 일찍부터 메시아적 정치라는 사상을 제시하였다. 그는 메시아적 정치는 정치적 메시아니즘과는 달리 고난받는 자들의 정치, 고난받는 자들이 역사의 주인으로 대접하는 정치사상이라고 했다. 이에 반해서 정치적 메시아

---

20) David Kwang-sun Suh, *The Korean Minjung in Christ*, Chiang Mai, Thailand : CCA-Commission on Theological Concerns, 1991. 이 책의 내용에 대해서는 나중에 언급할 것임.

21) 안병무(1996), 『선천댁 : 늘 살아있는 나의 어머니』, 범우사. 이 책에서 안병무는 글자를 읽을 줄 모르는 어머니가 삶의 위기와 굴곡을 겪을 때마다 지혜롭게 헤쳐나가며, 인생의 길목에서 만난 사람들과 진실되게 만나 그들과 함께 고생스러운 삶을 지혜롭게 풀었던 역정을 풍부하게 전해주고 있다.

니즘은 독재적 공산주의를 비롯하여 다양한 형태의 전체주의 즉, 독재주의, 제국주의, 그리고 현대의 테크노크라시 등에서 볼 수 있다고 한다. 김용복은 메시아 정치사상을 그의 후의 저서 *Messiah and Minjung*(1992)에서 더 발전시켰다. 메시아의 정치는 고난받는 종의 정치이며, 고난받는 종의 사명은 제국의 권력의 내적 본질을 드러내는 것이며, 하나님의 살롬을 이 땅에 건설하는 것이라고 보았다. 김용복은 이 책에서 메시아 정치의 핵심은 권력을 나눈다는 의미에서의 코이노니아, 힘없고 가난한 사람들의 보호를 의미하는 정의, 에덴 동산의 이야기와 메시아적 비전에 나타나고 있는 살롬이라고 했다.[22]

김용복은 메시아의 정치는 예수의 십자가와 부활 그리고 그의 공동체에서 극에 달한다고 말한다. 예수의 십자가 달리심은 하나님의 주권과 로마의 제국주의 사이의 정치적 투쟁을 상징하는 것이다. 그리고 예수의 정치, 즉 고난받는 종의 정치의 기본 윤리는 성서에 나와 있는 대로, "처음되는 자가 나중되고, 나중되는 자가 처음되는"(막 9 : 35) 질서를 추구한다. 이러한 정치질서는 로마의 정치질서의 정반대이다. 실제로 메시아의 부활에 의해서 메시아 정치는 부활공동체를 형성하는 것으로 귀결되었고, 이 공동체는 다스리는 자가 섬기는 살롬과 정의와 코이노니아의 질서라는 것이다.[23]

메시아의 정치에서 민중은 어떠한 역할을 담당하는가? 김용복에 의하면, 민중은 정치에서의 주체이며, 하나님과의 계약 당사자이며, 하나님의 나라를 형성하는 동반자이다. 민중은 참여의 주체이며 메시아의 정치는 참여의 정치이다. 그리고 정치적 제도는 민중을 위해 봉사해야 한다. 이러한 관점에서 모든 정치제도, 예를 들어, 권위주의, 전제주의, 전체주의, 군사주의, 자유주의적 정치체제 등이 평가되어야 한다. 메시아 정치는 나아가서 기존의 정치권력을 변혁하고 길들여서(tame) 민중을 주권자로 섬기게 만드는 일을 해야 한다. 따라서 메시아 정치는 기존의 정치를 비판하는 것에 머무는 것이 아니라, 정치를 변혁하여 주인의 위치를 종의 위치로 바꾸고, 민중의

---

22) *Minjung and Messiah*, 87쪽.
23) 앞의 글, 88~89쪽.

주권의 기초가 되는 하나님의 주권을 회복하는 일을 감당하는 것이다.24) 결국 메시아의 정치적 비전은 더 이상 민중이 고난 당하지 않는 새로운 공동체와 사회를 만드는 것이다. 이러한 이상을 위해 하나님은 민중운동의 선두에서 지휘하시고 인도하시는 지도자라고 했다.

메시아 정치가 하나님의 주권을 회복하는 것을 목표로 한다면, 메시아의 정치는 자율적이며 자기 중심적인 권위를 부정한다. 메시아 정치가 추구하는 것은 무정부주의도 아니고, 위계주의도 아니다. 이것은 민중을 섬기는 정치권력으로 만드는 새로운 지배질서 즉 섬기는 정치제도, doularchy(doulos arche)이다. 자유민주주의(liberal democracy)는 이러한 메시아 정치에 한 걸음 가까이 가기는 하지만, 그러나 정치권력의 자율이 민중의 주권을 무시한다. 마르크스주의적 권력도 마찬가지로 민중의 이름으로 민중의 주권을 무시한다. 계몽주의의 자율적 이성에 기초한 자율적 권력은 민중의 주권을 진지하게 생각하지 못 한다. 따라서 메시아의 정치는 기존 권력의 "존재론적" 지위에 대해서 문제제기 한다. 그리고 권력의 지위는 섬기는 자의 지위밖에 될 수 없다는 것을 분명하게 밝힌다. 따라서, 권력의 기능은 섬기는 것 하나뿐이다. 권력은 민중을 주권자로 섬겨야 한다.25)

김용복은 메시아의 민중주체적 정치를 부정하는 정치적 관점 중 주요한 것으로서 이른바 정치적 현실주의(political realism)를 든다. 정치적 현실주의는 정치권력을 타락과 죄의 관점에서 본다. 김용복은 이 관점은 항상 민중주체적 정치관을 배격하는데, 그 이유는 현실주의는 권력자의 입장을 대변하고 있기 때문이라고 지적한다. 현실주의의 대표자인 라인홀드 니버의 근본적인 한계는 성서와 기독교 역사 속에 나오는 메시아 정치의 비전의 상상력과 유산을 무시하고 있다는 점에 있다고 하였다. 니버의 현실주의는 메시아 정치의 평화주의적 전통을 공격한다. 동시에 김용복은 세계교회협의회(WCC) 등에서 주창했던 Responsible Society, JPSS(just, participatory, and sustainable

---

24) 앞의 글, 89~90쪽.
25) 앞의 글, 97쪽.

society), JPIC(justice, peace, and integrity of creation) 등의 정치윤리적 사상은 모두 기존의 권력구조의 문제를 심각하게 고려하지 않고 있다는 데에 문제가 있다고 보았다. 그리고 이러한 에큐메니칼 정치사상들은 민중의 직접 참여적 운동을 고려에 넣지 않고 있다고 비판하고 있다.[26]

이제 서남동의 정치윤리관을 보아야겠다. 그의 정치윤리 사상은 '메시아 왕국'이라는 개념을 중심으로 한다. 메시아 왕국의 도래는 민중이 역사의 주체가 되는 시기와 일치한다. 메시아 왕국은 신국 혹은 유토피아와 다르다. 신국(천국 혹은 천당)은 죽은 후에 들어가는 사후세계를 의미하므로 배격하고, 유토피아는 세상으로부터 등져서 외딴 섬과 같은 곳에서 건설될 수 있는 상상의 나라이므로 반대한다. 메시아 왕국은 썩은 사회가 전체적으로 새로워지는 후천개벽을 말한다. 왕국이라는 말이 봉건적 냄새를 풍기므로 서남동은 김용복에 동조하여 메시아 정치가 더 적합할 수 있다고 인정한다.[27] 그러나 서남동은 천년왕국 혹은 메시아 왕국을 천국사상에 대비하면서 그의 신학적 정치사상의 중심으로 잡았다.

서남동에게 있어서 메시아 왕국은 천년왕국이다. 천년왕국은 지배자들이 두려워했던 사상이라고 한다. 왜냐하면 천국은 사회변화를 수반하지 않는 상태에서 도래하지만, 천년왕국은 가진 자들의 소유와 지위에 대한 위협과 전복을 의미하기 때문이다. 역사적으로, 강자와 부자들은 메시아 왕국을 이단시하고 불법화했다.[28] 그는 불교의 미타신앙과 미륵신앙을 비교하기도 하면서 메시아 왕국 신앙과 미륵신앙의 공통점을 본다. 즉, 미타불은 현세 불이고 미륵불은 차세 불, 미래 불로서 미타신앙은 예념하면 사후에 서방정토 극락세계에 왕생하지만, 미륵신앙은 현세에 노력하면 미래에는 세상의 변화 즉 용화세계가 온다는 것을 믿는다. 서남동은 미륵신앙이 새로운 세계를 자력 실현하려고 하는 적극적인 신앙이었듯이 천년왕국, 메시아 왕국 신앙도

---

26) 앞의 글, 97~98쪽.
27) 서남동(1983), 『민중신학의 탐구』, 130쪽.
28) 서남동(1983), 125쪽.

현세의 변혁을 추구하였다고 보았다. 서남동은 천년왕국, 메시아 왕국을 "몸의 부활"의 사상과 연결하여 그 관계성에 주목하였다. 기독교의 가장 중요한 신앙요소인 몸의 부활을 천국으로의 왕생으로 보지말고, "이 세계의 불의와 억압에 항거하여 역사의 새 시대에 다시 부활한다는 민중의 의지이며 갈망"으로 보자고 주장한다.[29] 몸의 부활은 지금의 우리가 아직 가보지 못했고 따라서 그 내용을 상상하기도 어려운 전혀 새로운 세계에로의 전진이며 새 탄생이다. 그는 부활에 대한 전통적 카톨릭교회와 개신교회의 해석을 논의하고 나서는 민중 신학적으로 부활을 해석하였다. 즉, "갖가지 사회적 모순이 팽배한 제3세계에서 발생해야 할 십자가에 달리신 자의 사흘 후의 부활은 그의 선교의 작인(作因)이었던 눌린 민중이 도래하는 메시아 왕국의 초대에 응하는 깨어남"이라고 했다.[30] 이리하여 서남동은 부활의 관점에서 민중운동을 본다. 부활의 사건은 민중이 주체로서는 것을 포함한다. 몸의 부활은 사회적인 변혁을 말한다. 즉 부활의 몸이 이전의 썩을 몸을 버리고 새로운 몸으로 태어나는 것과 마찬가지로 부활의 의미에 포함되는 사회적인 변혁도 단순한 정권 교체적인 정치혁명의 테두리에 머무는 것이 아니라, "더 포괄적이며 더 철저한, 종말론적 형태변화(transformation)"를 가리킨다.[31]

안병무의 정치사상과 정치윤리는 아무래도 그의 "사건론"에서 찾아야 할 것 같다. 안병무는 예수 그리스도의 인격(person)은 서구교회가 추구해 온 그리스도론을 위한 가장 중요한 범주였다고 보았다. 이에 대조하여 그리스도 예수를 인격으로 보지말고 사건으로 보자는 획기적인 주장을 했다.[32] 그는 예수는 메시아적 정치를 일으킨 사건이지 인격이 중요한 것이 아니라고 말했다. 예수뿐 아니라, 성령도 하나님도 모두 사건이다. 이러한 사건적인 개념은 곧 관계적 개념으로 연결될 수 있다. 왜냐하면 사건은 관계 속에서

---

29) 앞의 글, 126~127쪽.
30) 앞의 글, 130쪽.
31) 앞의 글, 131쪽.
32) 안병무(1987), 25~26쪽.

일어나는 것이기 때문이다. 예수의 실체적인 인격에 관심을 갖기 보다 예수가 맺었던 관계에 관심을 갖게 된다. 예수는 민중 즉 오클로스와 관계를 가지고 있었고, 당시의 권력자들 즉 성전세력, 로마권력과 관계를 가지고 있었다. 이 속에서 예수의 사건이 일어난 것이다. 관계적 관점에서 볼 때, 예수를 알려면 민중을 알아야 하고, 권력자들의 성격을 알아야 한다는 결론이 나온다. 이러한 관계 속에서 예수는 민중해방의 사건을 일으켰다. 신학은 이 사건에 동참해야 한다. 예수 사건은 역사의 과정 속에서 민중의 해방사건으로 계속해서 이어져왔다. 화산맥이 흘러서 계속 폭발하듯이 민중사건은 원래의 예수 사건에 이어 지속적으로 터져 나오고 있는 것이다.

안병무는 현존의 그리스도는 오늘 여기에 민중의 사건을 통하여 나타나고 있다고 주장한다. 그는 2천 년 전의 역사적 예수를 추구하는 것이나 교리상의 그리스도를 추구하는 것은 오늘 우리에게 적절하지 않다고 말한다. 안병무는 이렇게 말한다 : "중요한 것은 오늘의 그리스도가 – 나의 언어로는 오늘의 예수 사건이 – 어디서 어떻게 일어나느냐 하는 것이다"[33] 예수의 사건은 민중이 주인이 되는 사회를 건설하는 싸움이며 이것은 지금도 줄기차게 일어나고 있다고 본다.

성서학자인 안병무는 정치윤리에 관련하여 중요한 언급을 했다. 즉 윤리적인 활동을 위한 구체적인 행동전략의 문제이다. "어떤 방법으로 싸워야 하는가? 전략전술은 어떠해야 하는가? …… 이런 것을 성서에서 찾는다면 그건 웃기는 얘기입니다. 그것은 현실 속에 있는 내가 찾아내야 하는 것입니다" 그는 이어서, "그렇게 하면 성서로부터 유리되는 것이냐? 그렇지 않습니다. 성서는 내게 계속 사랑과 정의의 행동을 하라고 요구해 오는 것입니다. 유리란 있을 수 없어요. …… 노동운동, 농민운동의 방법론을 얘기하는 데 있어서는 그리스도인이거나 아니거나 전혀 상관없이 모두 같은 인간의 자격으로서 얘기할 뿐입니다." 민중신학의 정치윤리의 가능성을 부인하는 것처럼 들리는 듯한 이 말을 안병무는 왜 했을까? 안병무는 신학 특히 성서신학만

---

33) 앞의 글, 35쪽.

으로는 세상문제를 다룰 수 있는 방안이 나올 수 없음을 인정했다. 그러나 그는 인간의 양심과 이성으로 그리고 예수의 정신으로 행동전략과 전술을 짠다면 그것은 성서적이고 신학적으로 아무 문제가 될 수 없다고 말했던 것이다. 그것은 마치 예수와 예수의 제자들이 당시의 상황 속에서 바리새인과 젤롯, 그리고 사제들의 그것과 다른 일정한 정책과 전략을 가지고 접근하였듯이 우리들도 우리의 새로운 상황 속에서 그러한 것들을 창조해내야 하는 의무를 안병무가 부인한 것은 아니었다. 다만 안병무는 성서에서 그러한 것을 찾는 것에 대해서 부인한 것이었다. 안병무는 이렇게 말한다. "우리가 '그리스도를 본받는다'('이미타치오 크리스티')고 해서 예수에게서 어떤 행동의 모델을 구한다는 건 잘못입니다. 현장이 다른데 그건 말도 안 되는 얘기지요. 우리의 삶은 우리의 삶인데, 하물며 운동의 전략까지 성서에 요구한다는 건 있을 수 없는 일입니다"34)

안병무의 이러한 입장은 예수의 민중해방의 측면을 믿기만 하면 어떠한 행동도 할 수 있다고 하는 불트만식 실존주의적 비정치적 사상의 영향에서 온 것일 수도 있다고 본다. 실제로 그는 이러한 것을 언급하는 자리에서 성서로부터 정책 프로그램을 찾아서는 안 된다는 불트만의 정언명령을 우리에게 상기시켜 주고 있다.35) 그러나 안병무는 실존주의로부터 민중의 정치로 자리를 옮겨 온 신학자이다. 그는 불트만의 실존주의를 민중신학의 언어로 뒤바꾸어 놓은 그러한 신학자는 아니었다. 그가 그렇게 말한 것은 불트만의 신학적 기본입장에 동조해서가 아니라, 그가 생각하는 성서신학의 한계에 대한 인식때문일 것이라 생각한다. 그는 이렇게 말한다. "……내가 그 문제를 멀리하려고 해서가 아니라 내겐 그걸 할 능력이 없다는 거예요. 내가 해야 한다는 주제넘는 생각을 안 하는 것뿐이지요 …… 그 일은 현장에 있는 사람들이 해야 하는데 그 분들이 그 일을 자꾸 미루고 있다는 느낌이에요. 그런 일까지 신학하는 사람이 독점해서는 안 된다고 생각해요"36)

---

34) 앞의 글, 250쪽.
35) 앞의 글, 77~78쪽.

374

안병무의 다소 미묘한 정치윤리적 관점을 길게 살펴보았다. 안병무는 김용복과 서남동에 비하여 정치권력의 성격의 문제 등에 대해서 깊이 들어가지 않았고, 특히 구체적인 행동을 위한 방안에 대한 논의를 매우 제한하였다. 신학은 원칙과 깊이의 언어를 생산해 내는 학문이기 때문에 보다 구체적인 행동 프로그램을 제공하는 일은 힘들 수 있다. 그럼에도 불구하고 실천에서 제기되는 문제들을 수렴하여 신학의 입장에서 다루어 보려는 노력은 게을리해서는 안 될 것이라고 본다. 그리고, 젊은 후배 신학자들이 정치윤리의 주제들을 발전시키려고 노력했던 것도 여기에서 지적해야겠다.[37]

5) 한(恨) 그리고 한의 극복

민중신학에서 자주 논의되고 있는 중요 사상 중에서 한(恨) 사상을 빼놓을 수 없다. 한에 대한 연구는 주로 서남동, 문동환, 서광선 등이 해왔다. 문학 쪽에서는 김지하, 서편제의 이청준 등이 한에 대한 관심을 보였다. 한은 고난 많은 한국민중의 독특한 정서로서 많은 학자들에 의해서 연구되고 있다. 신학에서 한은 무엇인가? 서남동에 의하면, 기독교의 교리적인 문제는 죄의 문제였다. 그러나 민중신학에서는 죄가 아니라 한이 문제된다고 한다. 서남동은 죄 즉 범죄는 힘있는 자가 약한 자에게 덮어씌우는 누명에 불과하며, 민중에게는 죄가 있는 것이 아니라 한이 있을 뿐이라고 주장했다.[38] 서남동은 한을 이렇게 정의했다. "한이란 눌린 자, 약한 자가 불의를 당하고 그 권리가 짓밟혀서 참으로 억울하다고 생각할 때, 그 호소를 들어주는 자도, 풀어주겠다는 자도 없는 경우에 생기는 감정상태이다. 그렇기에 한은 하늘에 호소되는 억울함의 소리, 무명의 무고(無告)의 민중의 소리 바로 그것이다" 이어서 기독교 목회자들은 민중의 한의 소리, 무언의 소리를 듣고 전달하는 매체인 한의 사제가 되어야 한다고 말한다.[39] 즉, 땅에서부터 하늘에 호소하는 아벨

---

36) 앞의 글, 78쪽.
37) 이 분야에 대해서는 권진관, 최형묵 등의 노력이 있었다.
38) 서남동(1983), 『민중신학의 탐구』, 한길사, 243쪽.

의 피 소리, "최저 생계비도 받지 못하는 근로자들의 신음소리, 무직에서 범죄로, 다시 죄수로 떨어져서 국민의 울타리 밖에 추방당한 소외계층의 신음소리", "곡식을 거둔 농민에게 지불되지 아니한 품삯의 소리" 등등 한의 소리를 전달하는 매체가 되고 "저들의 가슴속에 쌓이고 쌓인 한을 풀어주고 위로하는 '한의 사제'"가 될 것을 요구한다.[40]

서광선은 한을 개인적인 정서뿐 아니라, 고난 당해 온 한국민들의 집단적인 정서로 본다.[41] 일제시대의 나라를 잃은 한국사람들은 모두 한의 삶을 살수밖에 없었다. 독립운동은 이러한 한의 폭발이었다고 보았다. 한국민이 다른 민족으로부터 억압을 받게 되면 국민들은 심리적-정치적 분노, 좌절 그리고 극단적인 무력감에 빠지는 한의 상태에 도달하게 된다. 이 한은 개인적이고 사회적인 자각의식으로 변하여 민중운동으로 발전하게 된다.[42] 따라서 적극적인 면에서 한은 민중운동의 동력이 된다. 그러나 잘못하면 파괴적인 것이 될 수도 있다. 그러나 이재훈이 말한 대로, 민중의 부정적인 증후들은 죄이기 때문에 고쳐야 할 대상이기 이전에 우리 모두에게 주는 "의미, 목적, 미래를 위한 방향"을 담고 있는 메시지를 가지고 있다 하겠다.[43]

작가 이청준은 원한과 한을 구별하면서, 한은 긍정적인 힘을 내는 창조적 미학의 원인이라고 했다. 그는 한을 아픔이라고 말하면서 삶의 불행 속에서 많은 아픔들이 "우리 삶 속으로 융합되어 오래 삭여져 그 삶을 오히려 힘있게 지탱해 주는 귀한 생명력으로 전환될 수" 있다고 말한다. 그리고 우리 삶의 높은 성취는 그 아픔을 감내해 낸 과정 끝에 가서 성취되는 것이라고 한다.

---

39) 앞의 글, 44쪽.

40) 앞의 글, 43 · 118쪽.

41) 여기에 서광선이 정의하는 한을 원문 그대로 적는다. *"Han is a sense of unresolved resentment against injustice suffered, a sense of helpless because of overwhelming odds against, a feeling of acute pain or sorrow"* *The Korean Minjung in Christ*, CCA-Commission on Theological concerns, 1991, 195쪽.

42) 서광선(1991), 50~51쪽.

43) 이재훈, "A Study of Han of the Korean People : A Depth Psychological Contribution to the Understanding of the Concept of Han in the Korean Minjung Theology", Ph.D Dissertation for Union Theological Seminary, 1989, 167쪽.

그는 한의 본질은 그 아픔을 껴안고 초극해 넘어서는 "창조적인 생명력"을 갖는 것이라고 말한다.[44] 대자대비에서 비(悲)는 슬픔을 나타낸다. 슬픔이 없는 마음에 사랑하는 마음이 깃들 수 없다. 시인 김지하도 한의 축적이 없는 곳에 한의 극복도 없고, 깊은 한이 없이는 참된 해탈에 이르지 못한다고 했다. 그러면서 그는 이렇게 말한다. "그러나 이 역설적인 전환은 한의 반복과 복수의 악순환을 끊어 버리는 슬기로운 단(斷), 영성적이면서도 공동체적인, 즉 결단을 조건으로 해서만 가능합니다".[45]

결국 한은 우리로 하여금 그 한을 극복하게 하는 힘을 준다고 하겠다. 이 힘은 우리 안에 들어와 있는 내재하시는 하나님의 영의 선물이 아닌가 한다. 한은 주로 한을 경험하는 사람들의 외부요인으로부터 발생한다. 개인적이고 집단적인 한의 해결은 넓게 보아 한을 소화해 낼 수 있는 아름다운 마음, 지혜의 마음에서 나온다고 본다. 한은 우리로 하여금 새로운 창조적인 힘, 아름다움을 낼 수 있는 힘을 가져다 준다. 이것을 한의 미학적인 차원이라고 불러도 좋을 것이다. 실제로 우리의 구원은 아름다움에서 온다. 즉 모든 관계의 정의로운 발전과 점점 더해지는 복잡한 얽힘의 관계 속에서 한의 문제는 해결된다. 관계의 아름다움(관계 속에 들어와 있는 모든 피조물들을 사랑하는 대자대비의 마음상태, 상호존중과 상호발전으로부터 오는 창조적인 조화)은 우리를 구원한다. 서광선은 한은 푸근한 정(情)에 의해 풀어진다고 했다.[46] 푸근한 정은 관계 속에서 특히 사랑의 관계 속에서만 나올 수 있는 감정이다. 정은 관계를 위한 전제조건이며 결과이다. 따라서, 한은 푸근한 정, 관계, 정의, 대자대비, 내면의 아름다움에 의하여 풀어지고 극복되어질 수 있다.

6) 교회에 대한 이해

---

44) 이청준(1994), 「작가의 말」, 『흰옷』, 열림, 263쪽.
45) 김지하(1984), 『밥 : 김지하 이야기 모음』, 분도출판사, 12쪽.
46) 서광선(1991), *The Korean Minjung in Christ*, 50쪽.

한 마디로 민중신학자들의 교회이해는 매우 진보적이라고 말할 수 있다. 안병무는 마가복음과 마태복음을 교회론적으로 비교하면서, 마가복음서는 민중의 교회를, 마태복음서는 사도의 교회를 추구하고 있다고 말했다. 그는, 마태복음에서는 그리스도 고백을 한 베드로를 축복하면서 그에게 교회의 반석이 되는 지위를 부여하고, 또 그에게 하늘나라의 열쇠를 주겠다고 약속한 반면, 마가복음에서는 제자들 대신에 오클로스를 중심으로 하여 반제도적, 반성직주의적 입장을 보이고 있다고 했다. 안병무는 마태의 사도 우위의 제도교회의 입장은 50~60년대에 쓰여진 바울 서신의 사도권 주장에 크게 영향을 받았던 것으로 추측한다. 안병무는 마가 이후에 예수의 이름으로 모이는 공동체는 비록 단초적이지만 점점 더 성직화 되어 갔고, 제도화의 길을 걸었다고 주장한다.[47]

안병무는 교회의 본래의 자리는 예수와 민중이 삶을 가운데 놓고 만난 사건이라고 하면서 민중교회는 이 "비공식화"의 길을 걸으며 제도교회에 대항해 저항해야 하는 운동이라고 주장한다.[48] 기성제도 교회는 도그마와 교리로 무장한 교회인 반면에 민중의 교회는 예수의, 예수에 대한 위험한 이야기가 들려지는 곳이라고 한다. 안병무의 교회론은 서남동의 급진적 교회론과 상통한다.

서남동은 민중의 교회에서는 탈신학화, 탈교리화가 일어난다고 본다. 서남동은 진정한 교회는 그리스도에 대한 교리, 말씀, 신학을 듣는 곳이 아니라, 예수의 위험한 이야기가 들려지는 곳이라고 한다. 그는 대속적인 죽음이 아니라 십자가에서 살해되었고 죽임당한 자가 부활하였다는 것을 이야기하는 곳이 민중의 교회라고 한다. 서남동은 민담과 이야기가 들려지는 곳으로서 민중의 교회를 상정했다. 서남동은 민중의 교회는 기존의 교회형태처럼 건물이나 조직을 가진 것이 아니라고 주장한다. 오히려 "조직교회를 재활성화 시키는 하느님의 입김"이라고 한다.[49] 이러한 공동체는 "암 하아레츠"(땅

---

47) 안병무(1987), 158~159쪽.
48) 앞의 글, 167쪽.

의 백성)의 공동체로서 지금의 억압적인 구조가 변혁되기를 대망하는 천년왕
국적인 종말사상에 사로잡혀 있는 공동체라고 본다. 그는 1970년대 일어났던
도시산업선교회, 금요기도회, 목요기도회, 인권위원회, 한국기독학생총연맹
등도 현장교회로서 교회의 제3의 형태인 '성령의 교회' 민중의 교회라고
하였다. 그는 말하기를, 민중의 교회는 "성령의 인도에 따라 사건으로 발생하
고 일어날 때 일어나고 꺼질 때 꺼지며 보이는 형태가 없고 자발적으로
명멸하면서 이 속(續)그리스도교 시대에 '하느님의 선교'를 수행할 것이다"
고 했다.[50]

위에서 보듯이, 안병무, 서남동의 교회관은 매우 급진적이었다. 기성교회
에 대해 매우 비판적이었다. 따라서 이러한 교회론을 1990년대 이후의 민중교
회의 현장에 적용하기가 매우 어려웠다는 평가가 나오고 있다. 김용복의
교회론은 이러한 급진성을 어느 정도 극복한 것이 아닌가 생각된다. 김용복은
민중교회를 "계약공동체"라고 규정하면서, 이러한 계약공동체는 일정한
경제적 이념과 가치관을 가지고 그것들을 실현해 나가는 공동체로서 "현재
사회를 지배하고 있는 자본주의 경제체제"와는 대조하는 공동체라고 말한
다.[51] 이러한 공동체는 "탁월한 사회적, 정치적 상상력을 민중운동에 불어넣
을 수 있다"고 한다. 그리하여 그는 민중교회는 다음과 같은 요소가 있어야
한다고 한다. 첫째, 고백신앙이 공유되고, 둘째로, 새로운 삶의 양식이 창조되
고 실행되어야 하며, 셋째로, 이를 위하여 새로운 사회경제적 기반을 민중교
회 공동체 안에 구축하여 확산하여야 하며, 넷째로, 이를 위해 새로운 영성
훈련이 필요하다고 했다.[52]

7) 기독교 이외의 민중 종교와 전통

---

49) 서남동(1983), 『민중신학의 탐구』, 299~300쪽.
50) 앞의 글, 146쪽.
51) 김용복(1988), 「한국민중교회론 시론」, 『신학사상』, 한국신학연구소, 겨울호, 864
쪽.
52) 앞의 글, 860~862쪽.

민중신학자들은 서양적인 것을 극복하고 우리의 것, 즉 한국적인 것, 동양적인 것 속에서 초월과 해방의 자료를 찾고자 한다. 성서학자 안병무 자신은 박사학위 논문에 예수와 공자를 비교했고, 개인적으로 불교학자 이기영 등과 친하게 지내면서 불교경전과 성서를 함께 읽었고 노장사상에도 깊은 이해가 있었다. 그는 서양적 학문에 대해서 많은 불신을 가졌다.[53] 이러한 불신은 서남동에게서도 발견할 수 있다. 서남동은 서양신학의 내용과 방법 자체에 대해 반기를 들며 자신의 신학을 반(反)신학이라고 하였다.

민중신학자들은 민중의 종교들, 특히 불교, 동학, 도교, 무교 등을 민중신학을 위하여 전거로 사용하였다. 불교에 대한 연구는 서남동, 김용복, 서광선, 변선환 등에 의해서 이루어졌다. 민중신학자들은 특히 미륵불교에 대해서 관심을 기울였다. 김용복은 "미륵불의 메시아적 비전과 서방정토의 도래에 대한 기대는 신라 왕조 시기(B.C. 57~A.D. 935) 동안의 민중운동에 결정적인 역할을 했고, 통일신라를 위한 기초를 제공했다. 그리고 통일신라와 조선조까지 미륵불은 민중의 반란에 커다란 영향을 미쳤다. 특히 조선 말기에 민중들은 미륵불이 고난당하는 민중들을 이끌고 들어간다고 하는 서방정토 사상 속에서 그들이 그리는 유토피아적 꿈을 발견하였다"고 하였다.[54] 김용복은 동학운동과 동학종교를 민중의 사회전기 속에 편입해 넣었다. 문동환도 그의 민중신학적 교육론에서 동학 사상을 깊이 있게 이해하고 활용하였다. 서광선은 한국 불교의 민중적 성격을 긴 논문으로 해명하였다.[55] 그는 이 논문에서 불교의 다른 가르침뿐 아니라 미륵불(Maitreya)에 대해서 자세하게 논의한다. 그의 주장으로 특기할 것 중의 하나는 미륵불교는 가장 밑바닥의 민중들 사이에 널리 전파되었는데, 그 이유는 미륵불이 용화세계라고 하는 메시아적

---

53) "서남동 선생이 신학은 反신학이 되어야 한다고 갈파하셨는데, 사실은 反학문에까지 나아가야 해요. 서구적인 의미의 학문(Wissenschaft)은 깨져야 해요". 안병무 (1987), 『민중신학이야기』, 29쪽.

54) Kim Yong-bock(1992), *Messiah and Minjung*, 91쪽.

55) 서광선(1991), The Korean Minjung in Christ에 수록되어 있는 5장 "Minjung and Buddhism in Korea"를 가리킨다.

미래를 제시했을 뿐 아니라, 미륵불교의 간단한 예식방법 즉 간단한 염불을 외는 것으로 미륵불에게 예배드릴 수 있었던 것이 민중들에게 호소력을 가질 수 있었다는 것이다.[56]

또, 서광선은 민중의 관점에서 무교에 관한 연구를 함으로써 민중신학에 공헌하였다. 그는 무교 즉 샤머니즘을 "한의 종교"라고 이름하였다. 무당은 억눌린 민중의 아픔에 동참하고 그들의 한을 풀어주는 한의 사제인 것이다. 그는 굿이 공동체적인 축제요, 신들은 가정이나 공동체와 관련된 신으로 무교가 매우 공동체적이라는 점을 강조하였다. 그는 유교는 머리의 종교이고, 불교는 가슴과 느낌의 종교이며, 샤머니즘은 직관의 종교(a religion of intuition)라고 했다.[57] 그는 이어서 한국인의 기본적 종교는 샤마니즘이고 한국인의 기본적 종교 심성은 무교적이라고 보았다. 서광선은 샤마니즘을 민중의 종교라고 부른다.[58]

2세대 민중신학자 박재순은 한국 고유의 민중사상을 연구하는 데에 공헌하고 있다. 그는 동학사상, 함석헌, 류영모 사상 등에 특별한 관심을 기울이고 있다. 작고한 민중여성신학자 선순화는 샤머니즘 연구에 공헌하였다. 정현경은 불교, 샤머니즘 등 동양적 영성과 여성신학, 민중신학을 연결하는 작업을 진행하고 있다.

4. 2세대의 민중신학과 변화된 상황

2세대의 민중신학자들은 대부분 1세대 민중신학자들의 직간접적인 제자들이다. 참고로, 2세대를 다시 나누어 2세대, 3세대로 구분하는 이들이 있는데, 이 글에서는 1세대를 제외한 모든 민중 신학자들을 2세대로 부르고자 한다. 젊은 2세대 민중신학자들은 1세대 민중신학자들의 창조적인 통찰력을 그대

---

56) 서광선(1991), "The Korean Minjung in Christ", 154~155쪽.
57) 앞의 글, 107쪽.
58) 앞의 글, 108쪽.

로 수용하면서 이를 발전시켜보려고 노력하고 있다. 특히 1987년 한국의 노동자들이 민중의식을 가지고 거대한 힘으로 민중운동을 일으키고 있을 때, 젊은 민중신학자들은 민중신학적으로 민중운동에 공헌해 보려고 노력하였다. 그리하여 적극적으로 사회분석의 방법, 유물론적, 경제사적 방법을 동원하여 당시에 일어나고 있던 민중운동의 정황과 국면을 이해해 보고, 운동에 직간접으로 참여하였다. 이러한 흐름에 적극적이었던 2세대 민중신학자들은 박성준, 강원돈, 이정희, 김진호, 최형묵 등이었다.

같은 시기에 (1980년대 중반이후) 100여 민중교회가 세워졌다. 민중교회들은 각 지역 속에서 십자가를 걸고 작은 건물을 임대하여 민중들이 활동할 수 있는 장을 제공하여 주고 그들의 투쟁에 동참하였다. 그러나, 노동자운동과 학생운동이 1980년대 말을 지나면서 점점 약화되어가고, 1990년대에 들어서면서 문민정부가 들어서게 되고, 어느 정도 민주화가 진행되면서 민중교회운동은 이전의 활동을 지속할 수 있는 여건을 잃게 된다. 민중교회가 자신의 정체성을 가지고 보다 확고히 지역에 뿌리를 내리기 위해서는 대형 대중교회와 경쟁하면서 살아남아야 했다. 그리고 기본적인 교인수가 있어야 했다. 많은 사람들이 민중교회를 전략적으로 활용하기 위해서 들어왔다가 썰물이 빠져나가듯이 나갔다. 교회의 빈자리를 지키던 민중교회 목회자들은 지금까지의 민중신학과 민중운동 방식에 대해서 반성하기 시작하였다. 그들은 민중교회의 신앙 양식에 변화가 있어야 한다고 생각하고 기존의 급진적 민중신학의 주장들을 순화하여 교회의 존재에 적합할 수 있도록 재해석해야 할 필요성을 느끼기 시작하였다. 이러한 요구에 부응했던 2세대 민중신학자들은 임태수, 박재순, 서진한, 노창식 등이다.[59] 후에 민중신학계에 참여한 권진관도 대체로 민중교회의 문제에 대해서 반성하고 민중교회가 우리 사회 속에서 뿌리내려야 한다는 방향에서 민중신학을 하고 있다.

---

59) 1980년대 이후의 민중교회에 대한 설명은 노창식(1992), 「민중신학과 민중교회의 실천」, 『예수·민중·민족, 안병무박사고희기념논문집』, 한국신학연구소, 1992을 참조하시오.

　오늘날 민중신학은 쇠퇴기에 직면한 것이 아닌가 하는 생각마저 든다. 흩어져 다른 방향으로 민중신학을 하던 학자들이 한 자리에 모여 논의하고 모색하는 시기가 되었다고 본다. 현재 민중신학자들은 한국민중신학회라고 하는 코이노니아로 모이고 있다. 민중신학연구소도 있고, 민중신학연구를 진작하고 있는 한국신학연구소도 존재하고 있다. 그런데 문제는 상황의 변화이다. 상황이 민중신학의 소구력을 약화시키고 있다. 민중신학을 택하는 학생들의 수도 많이 줄고 있으며, 이러한 과목을 여는 학교도 거의 없어졌다. 확실히 민중신학의 붐은 지나간 것이 아닌가하는 생각이 든다. 그러나 아직도 상당한 수의 수준급 학자들이 민중신학을 위해 노력하고 매달리고 있다.

　변화된 상황 속에서 주목할 점은 민중운동의 퇴조와 시민운동의 급상승이다. 나라가 민주화되었고, 경제적인 여건도 예전보다 나아진 상태에서 민중운동은 자연히 약화될 수밖에 없었을 것이다. 그러나 2000년대에 들어서 시장의 지구화가 거세게 진행되면서 수많은 사람들이 실직당하여 민중으로 전락하고 있는 것을 우리는 목도하고 있다. 수많은 노동자들이 비정규직으로 전락하고 있다. 이러한 상황 속에서 민중을 살리는 일에 신학이 기여하지 않으면 안 된다고 생각한다. 민중신학이 이러한 일에 앞장서야 할 때가 왔다.

　시장의 세계화가 전 세계적으로 진행됨으로 말미암아, 아시아 각 국도 한국과 마찬가지의 상황에 놓여 있다. 이 속에서 한국민중신학자들은 아시아의 민중신학자들과 강한 연대를 맺어가고 있다. 아시아신학자대회(Congress of Asian Theologians)가 2년에 한번씩 모이고 있는데, 민중신학자들이 여기에 적극적으로 참여하고 있다. 동시에 한국민중신학자들은 이미 1997년부터 인도의 달릿 신학자들과 정기적인 대화와 세미나를 갖고 있으며 공동으로 영문출판을 하고 있다. 달릿(Dalits)은 인도의 불가촉천민(不可觸賤民)으로서 가장 천대받고 고난받는 민중으로서 인도인구의 약 10~20%를 차지하고 있다. 이들과의 긴밀한 협력은 상호간에 신선한 자극이 되고 있다.

5. 결론들 : 앞으로의 과제

1. 민중신학은 거의 10년 전부터 생명신학에 관심을 가지고 있다. 세계화 시대에 민중만이 고난당하는 것이 아니라, 환경과 모든 피조물이 고난 당하고 있고 만물의 생명이 파괴당하고 있는 현실 속에서 민중신학은 민중의 문제와 환경의 문제를 생명의 차원에서 함께 고려하고 있다. 오늘날 우리에게 주어진 과제는 민중의 해방 즉 가난한 자들의 보호와 자유 그리고 생태환경의 보호 이 두 가지를 동시에 아우르고 실천하는 일이다. 이 둘은 상통하며, 나뉠 수 없다. 민중의 해방 즉 역사와 사회의 아래로부터의 변혁과 생태환경에 대한 사랑과 보호 이 두 가지의 과제를 유기적으로 연결시킬 수 있는 통합된 사상을 견고하게 세워야 한다. 따라서 민중신학은 적어도 생명 신학적인 요소를 강하게 가져야 한다. 민중의 역사적이고 사회적인 해방이 생태계의 생명살림과 깊은 유기적인 관계가 있음을 철학적, 신학적으로 해설할 수 있어야 한다.

2. 민중교회의 발전을 위하여 민중신학은 교회론을 정립하여야 한다. 교회론은 기독교 사회운동에 관심을 가지는 사람들에게 가장 중요한 신학적 분야이다. 현실 속에 있는 기독교는 결국 교회로 표현되어야 하기 때문이다. 이 땅의 현실에서 기독교가 어떠한 역할을 담당해야 하는가는 곧 교회는 어떠해야 하는 가로 직결된다. 교회 없이 기독교가 사회 속에서 기능을 발휘할 수 없기 때문이다. 사려 깊게 생각하는 사람이라면 사회운동, 민중운동으로부터 교회를 완전히 분리하지는 않을 것이다. 그리고 현실의 한국의 제도 교회가 아무리 부패하고 무능하고 비민주적이고 비합리적이고 사회적으로 무관심하고, 교만하고, 자기 탐익적이고, 물질과 대형화를 숭배하고 있다고 할지라도, 교회의 가능성을 부인하지 않을 것이다. 교회를 무시하고 교회로부터 완전히 담을 쌓는 것은 우리가 선택할 길이 아니다.

교회는 그리스도께서 팔레스틴 지방에서 하나님 나라를 선포하고 그 실현을 위하여 활동하셨던 것을 오늘날의 역사현실의 정황 속에서 충실하게 실행하여야 한다. 오늘날 한국교회의 사회정의, 경제정의, 민주주의를 위한 참여는 너무나 미미하고, 피상적이어서 한국교회의 예수 따름의 모습은 거의 나타나지 않고 있다. 예수 따름을 영적인 것으로 만들어 전연 비역사적이고 비사회적인 개인주의적인 것으로 환원시켜 버렸다. 한국교회는 너무나 개교회주의적이고 개인 구복적 신앙구조를 가지고 있기 때문에 다른 나라에 비해 더욱 미흡하다. 그리하여 사회정의를 이루는 일에 무관심하거나 심지어 이러한 활동에 대해 적대감마저 보이고 있다. 뜻있는 사람들은 교회를 등지고, 교회 밖에서 기독교의 정신을 되찾고, 교회를 향해 일종의 공세를 벌여야 한다는 자세까지 보이고 있다. 교회를 비판하고 공세를 벌이는 것은 좋은 일이며, 거기에 동참해야 한다. 그러나 그것으로 끝나면 안 된다. 우리는 교회가 사회 참여할 수 있도록 기회를 주어야 한다. 민중신학은 교회를 등져서는 안 되고, 좋은 교회론을 가지고 지속적으로 교회를 설득해야 하는 과제를 가지고 있다.

3. 시민과 시민사회의 문제를 민중신학이 적극적으로 다루어야 한다. 오늘날 시민운동 혹은 시민사회운동이 강력하게 대두되고 있고 역사 진보적인 활동을 전개하고 있음을 목도한다. 이 논문 첫 부분에서 본 필자는 민중이 결국은 진정한 시민이 되어야 한다고 주장하였다. 그러나 오늘날의 사회체제는 민중을 억압의 상태에서 헤어 나오지 못하게 붙들어 매어 놓고 있다. 민중을 해방하여 역사와 사회의 주체로 설 수 있도록 해야 한다. 그러나 아직도 민중과 시민과의 관계를 대립적인 것으로만 보는 사람들이 있다. 이들은 민중운동과 시민사회운동 사이에 거리를 넓히려고 하는 원칙주의자들이다. 민중은 과정적인 개념이요, 시민도 마찬가지이다. 민중은 시민으로 성장할 수 있어야 한다. 민중은 나라와 사회의 주체로서 시민의 권리를 누릴 수 있어야 한다. 오늘날 한국에서 가장 고난 당하는 민중은 외국인 노동자들이다. 이들은 한국에서 시민 자격이 없기 때문에 더욱 고난받는 것이다. 시민과 민중은 현재 대립적인 것이 사실이다. 왜냐하면 시민이 이 사회의 주인이고 민중은 객으로 푸대접받고 있기 때문이다. 이러한 대립은 모든 사람들이 평등하게 대접받으며 시민적인 권리를 다 누릴 수 있는 사회를

만들면 해결될 수 있다. 시민운동의 적극적인 측면을 수용하면서, 시민운동이 자기 계급이익 추구가 될 때 이에 대해 비판할 수 있는 민중신학이 되어야 한다고 본다. 따라서 민중신학은 앞으로 시민사회에 대한 연구와 시민사회운동에 관심을 기울여야 할 것이다.

4. 글을 마치며 : 민중신학이 앞으로 다루어야 할 주제들은 수없이 많다. 그 중 하나만 말하고 끝맺으려 한다. 민중신학자와 민중 사이의 괴리를 뛰어넘어야 하는 문제는 항상 심각한 것이다. 민중신학자들은 민중의 삶 속에 참여할 수 있는 길을 모색해야 한다. 그리하여 민중의 마음과 감정을 느낄 수 있고 가질 수 있어야 한다. 이것을 위해서 감정의 동화(empathy)의 방법을 모색할 수 있을 것이다. 누군가가 감정의 동화야말로 최고의 지식이라고 했다. 그저 민중은 그러할 것이라고 투사(projection)를 해서는 안 된다. 민중신학이 민중을 위할 뿐만 아니라, 민중의 것이 되어야 한다. 민중을 위한다고 민중신학자 자신의 생각을 민중의 것으로 투영하는 우를 범하지 않아야 한다. 이것이 민중신학이 당면한 항상적이고 근본적인 문제가 아닐까 생각한다.

| 참고문헌 |

강원돈(1990), 「신학적 해석학의 새로운 모색」,『1980년대 한국 민중신학의 전개』, 한국신학연구소.
권진관(1993),『성령과 민중 : 실천적 신학과 신학적 실천』, 한국신학연구소.
권진관(1998),『우리 구원을 이야기하자』, 대한기독교서회.
권진관(2001),『성령 : 민중의 생명』, 나눔사.
김지하(1984),『밥 : 김지하 이야기 모음』, 분도출판사.
노창식(1992), 「민중신학과 민중교회의 실천」,『예수, 민중, 민족, 안병무 박사 고희 기념논문집』, 한국신학연구소.
박재순(1988), 「1세대 민중신학에 대한 비판과 새로운 모색」,『진통하는 한국교회』, 기사연 무크 1호, 민중사.
서남동(1983),『민중신학의 탐구』, 한길사.
안병무 편(1983),『사회학적 성서해석』, 한국신학연구소.
안병무(1987),『민중신학이야기』, 한국신학연구소.

안병무(1996), 『선천댁 늘 살아있는 나의 어머니』, 범우사.

이재훈, "A Study of Han of the Korean People : A Depth Psychological Contribution to the Understanding of the Concept of Han in the Korean Minjung Theology", Ph.D Dissertation for Union Theological Seminary. 1989.

이청준(1994), 「작가의 말」, 『흰옷』, 열림.

Ahn Byung-mu, "Jesus and the Minjung in the Gospel of Mark" *Minjung Theology : People as the Subjects of History,* London ; Maryknoll, N.Y ; Singapore : Zed/Orbis/CCA, 1983. Minjung Theology : 141.

David Kwang-sun Suh, *The Korean Minjung in Christ,* Chiang Mai, Thailand : CCA-Commission on Theological Concerns, 1991.

Kim Yong-bock, *Messiah and Minjung : Christ's Solidarity with the People for New Life* Hong Kong : CCA-Urban Rural Mission, 1992.

Kim Yong-bock(1988), 「한국민중교회론 시론」, 『신학사상』, 한국신학연구소.

한국 여성신학 20년

박경미

1. 들어가는 말

이 글에서는 1980년 한국여신학자협의회의 창립을 시작으로 지난 20여 년 간 한국 여성신학의 전개양상을 주요 주제 별로 기술하였다. 여성신학은 본래 신학의 어느 한 분과에 속하는 것이 아니라, 신학의 다양한 분과를 실질적으로 그 밑바닥에서부터 변형시킬 수 있는 하나의 신학적 경향으로서 존재했다. 이 글에서는 여성신학이 신학의 각 영역별로 어떻게 전개되었는지 기술하는 방식을 택하지 않고, 여성신학적 논의가 활발하게 전개되어 기존 교회와 신학의 주요 흐름들에 어떠한 변화를 가져왔는지를 중심으로 기술했다. 따라서 이 글에서는 1980년대에서 1990년대로 이어지는 시대별 변화를 염두에 두면서 한국 여성신학에서 다루어 온 주요 주제들을 구분하여 기술하는 방식을 취했다.

그 동안 나온 여성신학자들의 단행본 저서들과 한국여성신학회에서 주제별로 발행한 논문집들『신학사상』,『기독교사상』등 주요 신학잡지들에 실린 논문들을 중심자료로 선택했다. 그리고 한국여신학자협의회, 기독교여성평화 연구원 등 기관에서 발간된 논문집들이나 글들도 논의의 대상으로 삼았다. 한국 여성신학의 전개과정에서 특이한 현상은 대학을 중심으로 신학을 전공하고 가르치는 여성 신학자들과 현장에서 일하는 여성 활동가들이 서로 자극을 주고받으면서 함께 여성신학 운동을 벌였다는 점이다. 따라서 이처럼 현장을 중심으로 전개된 여성신학 기술까지도 논의의 대상에 포함시켰다. 또한 고유한 한국 여성의 문제상황과 한국적 주제를 다룬 것들을 일차적으로 논의의 대상에 포함시켰고, 서구의 여성해방이론과 여성신학 이론을 소개한 글들은 그 학술사적 의의에 근거해서 경우에 따라 포함시켰다.

여기서는 한국 여신학자협의회가 중심 축이 되어 전개된 초창기 한국 여성신학의 출발과 그 특징들을 기술하고, 여성교회론, 한국문화와 역사를 중심으로 전개된 여성신학, 여성해방적 성서해석, 한국 여성의 사회·정치적 경험을 중심으로 전개된 여성신학, 여성의 몸과 여성성을 성찰한 여성신학이라는 다섯 가지 주제별로 나누어서 기술했다.

2. 한국여신학자협의회의 설립과 1980년대 여성신학 작업

서구 기독교 신학에서 여성신학이 처음 등장한 것은 1970년대 초였다. 일반적으로 서구 여성운동의 뿌리를 19세기 유럽과 미국 전역에 걸쳐 활발하게 펼쳐졌던 여성 참정권 운동에서 찾지만,1) 그 직접적인 계기는 1960년대 후반 미국과 유럽을 중심으로 일어났던 강력한 반체제 운동의 물결 속에서 찾을 수 있다. 1960년대는 반전운동, 반문화운동 등 다양한 변혁운동과 대안사회 운동의 물결이 서구 사회를 휩쓸었고, 이러한 강력한 반체제 운동의 흐름 속에서 페미니즘의 물결도 일어났다.

서구 근대사상의 물결을 타고 있는 여성운동이 지니는 사회적 영향은 획기적인 것이었다. 특히 여성 정치참여와 교육기회의 확대, 여성 노동참여의 증대 등 여성 권리의 신장과 관련하여 얻어낸 투쟁의 성과는 실로 대단한

---

1) 근대 여성운동의 출발점은 노예폐지운동, 여성참정권 운동이었다. 여성들은 노예제 폐지운동과 같은 인종차별 반대 운동의 과정에서 여성에 대한 차별을 자각하게 되고 여성의 평등한 권리를 주장하는 운동을 하게 되었다. 이 당시 여성운동의 이론적 뒷받침은 Mary Wollstonecraft. *A Vindication of the Right of Women*, London : Penguin Books, 1992 ; Elizabeth Cady Stanton, *The Women's Bible : The Original Feminist Attack on the Bible*, Edinburgh : Polygon Books, 1985를 들 수 있다.

것이었다. 이러한 투쟁과 성과의 배경에는 강력한 여성주의 이데올로기가 있었고, 오늘날 이 이데올로기는 제3세계를 포함한 전 세계에 전파되어 지성사적으로나 실천운동 면에서나 가장 눈에 띄는 이념들 중의 하나가 되었다. 그리고 이렇게 전파되어 가는 과정에서 여성주의 이데올로기는 각 지역과 계급, 인종, 문화적 차이에 따라 그 관점과 강조점이 다양하게 변화 발전되어 갔다. 물론 이러한 다양화의 과정은 계급과 인종, 성차별에 대한 인식의 차이에 따라 여성주의 이념 안에서 긴장과 갈등을 나타내기도 했다. 그러나 이러한 다양한 입장 차이들을 포괄하여 "인간 삶의 전 영역에서 남녀간의 차별과 차이를 철폐하고 여성의 인간적 존엄성과 권리를 회복시키려는 운동과 이를 지지하는 이념"이라고 여성주의를 정의할 수 있을 것이다. 1960년대는 이러한 여성주의 이념이 북미 지역을 중심으로 급속하게 확산되어가던 시기였다.

1960년대 후반 이러한 사회적 변화의 흐름 속에 신학에서도 전통적인 하나님의 말씀의 신학, 신정통주의 신학이 설득력을 잃고 해방신학, 흑인신학, 정치신학, 세속화 신학 등 인간 삶의 구체적이고 치열한 문제들을 직접적인 신학적 주제로 삼는 새로운 신학적 조류가 생겨났다. 여성신학 역시 이러한 변화의 흐름 속에서 등장했다. 1960년대 서구 페미니즘의 부흥 그리고 인간 경험을 신학적 성찰의 주요 대상으로 삼는 새로운 경향과 더불어 여성신학도 시작된 것이다. 여성신학은 신에 대한 인간 경험의 의미와 가치를 여성의 관점에서 성찰하는 것이다.[2] 여기서 여성의 관점이란 어떤 추상적 관념을 말하는 것이 아니라, 구체적인 삶의 현장에서 차별과 주변화의 고통을 받으며 동시에 그로부터 벗어나고자 하는 여성들의 투쟁의 경험을 기반으로 한 관점이다. 여성신학은 이러한 여성들의 억압과 해방의 경험에 근거하여 전통신학과 교회에 도전하고 영향을 주면서 그 관점이나 영역과 관련해서 다양한 형태로 발전되었고, 오늘날은 특히 북미 신학계에서 신학의 전 분야에

---

2) 손승희(1997), 「여성신학과 한국 교회」, 『여성신학과 한국교회』, 한국기독교신학논총 14집, 한국신학연구소, 15쪽에서 여성신학을 이와 같이 정의하고 있다.

걸쳐 가장 활발하게 학문활동을 펼치고 있는 신학적 패러다임이라고 할 수 있다.

우리나라에서 여성신학은 1980년대부터 시작되었다고 할 수 있다. 물론 그 이전부터 초기 교회와 신학에서 여성해방적 함의를 지니는 사건들이 여럿 있었지만3) 구체적으로 여성주의적 시각이 교회와 신학의 각 분야에서 논의되고, 여성신학을 하나의 학문 영역으로 탐구하는 집단이 생겨난 것은 1980년대, 구체적으로는 1980년 4월 '한국여신학자협의회'의 창립이 그 계기였다고 말할 수 있다.4) 당시 신학을 전공한 기독교 여성 지도자들은 각자 개별적으로 교회 현장과 신학에서 여성억압의 문제를 느끼고, 교회 내 여성운동과 여성신학의 필요성을 절감하고 있었다. 이러한 교회 여성 지도자들이 아시아 교회여성연합회의 지원을 받아 아시아 16개국의 신학을 전공한 여성들을 대상으로 이루어졌던 세미나에 참여하면서 교파와 교단을 초월하여 모인 것이 계기가 되어 한국여신학자협의회를 발족시키게 되었다.5)

이 점에서 한국 여성신학의 첫 출발은 소위 주류 학계의 신학자들에 의해

---

3) 19세기 말 우리나라에 개신교가 처음 전래되었을 때, 무엇보다도 그것은 여성들로부터 가장 열렬한 환영을 받았고, 유교적 가부장주의에 억눌려 지내던 조선 여성들은 기독교 복음을 통해 여성으로서 자신들의 인간적 존엄성을 의식하게 되었다. 이러한 이들의 자각은 성서해석이나 자기고백, 교회를 통한 여성운동 등에서 자주 나타난다. 이에 대해서는 이덕주(1990), 『한국교회 처음 여성들』, 기독교문사 ; 이덕주(1991), 『한국 감리교 여선교회 역사』, 대한감리회 여선교회 전국연합회 ; 양미강(1991), 「참여와 배제의 관점에서 본 전도부인에 관한 연구」, 『한국 기독교와 역사』 제6호, 한국기독교역사연구소 ; 양현혜(1997), 「한국 교회사에 나타난 여성과 교회」, 『교회와 여성신학』, 대한기독교서회 참조.

4) 「여성신학과 한국 교회」라는 논문에서 손승희는 한국 여성신학의 발전에 대해 1970년대 말부터 서구 여성신학을 소개하는 작업에서 시작해서 1980년대부터는 아시아의 상황과 한국적 상황에 적합한 여성신학을 정립하는 작업에로 이어져 왔다고 평가했다. 손승희(1997), 35쪽. 그러나 여기서는 독자적인 한국 여성신학에 대한 자의식을 가지고 시작된 집단적인 신학작업의 시작을 한국여신학자협의회(이하 '여신협'으로 표기)의 설립으로 보았다.

5) 1979년 1월 22~23일 아카데미 하우스에서 세미나가 개최되었고, 이 모임의 결과 "한국여신학사협의회"가 발족되었으며, 이것이 1980년 4월 20일 출범한 "한국여신학자협의회"의 모체이다. 『한국여신학자협의회보』 제1호, 1981. 4. 7일자 ; 한국여신학자협의회, (1987), 『여성신학과 인간화』, 6쪽 참조.

주도되었다기보다 신학을 전공하고 목회현장에서 이름 없이 일하면서 성차별의 문제를 온몸으로 느꼈던 평신도 여성 지도자들, 여성 목회자들에 의해 주도되었다. 이 사실은 이후 한국 여성신학이 실천적이고 경험 중심적인 성격을 지니게 되는 데 결정적인 영향을 끼쳤다고 볼 수 있다. 이들은 여신협 발족을 계기로 각 신학대학, 종합대학 내 신학과, 또는 기독교학과에서 일하는 여자 신학자들을 초대하여 여성신학의 이론화와 동시에 대중화 작업을 시작했다. 이러한 초기 여신협의 여성신학 작업의 목표는 전통 신학에 대한 여성해방적 관점에서의 문제제기, 교회 내의 여성 목회자들에 대한 차별대우와 억압적 현실에 대한 도전이었다.[6] 박순경, 안상님, 정숙자, 장상, 손승희, 이우정, 주선애 등에 의해 이루어졌던 여신협의 첫 공개강좌들에서는 가부장적 남성들이 지배하는 교회와 신학의 문제들이 집중적으로 논의되었고,[7] 그 동안 억압되었던 교회 여성들의 경험들이 토로되기 시작했다. 이와 함께 서구 여성신학 서적들의 번역서들도 출간되기 시작했다.[8] 말하자면 교회와

---

6) 이 시기 여신협의 활동에 대해서는 한국여신학자협의회 편(2000),『여신협 20년 이야기』, 여성신학사 ; 김애영(1990),「80년대 한국여성신학의 평가와 전망 : 한국 여신학자협의회 창립 10주년을 기념하며」,『한국여성신학 10년, 여신협 7차 정립협의회 보고서』 여신협 창립 10주년 기념강연, 한국여신학자협의회 ; 권미경·이숙진(1990),「한국여성신학의 전개과정에 대한 일 고찰」,『여성·평화 1』, 기독교여성평화연구원 편, 평화사 참조.

7) 이 때 강연 제목들을 보면 박순경,「신학과 여성」,「여성해방의 신학과 과제」,「한국여성신학의 과제」; 이우정,「우리의 현장과 여성신학」,「평화에 대한 여성신학적 해석」; 안상님,「기독교 전통에 나타난 성차별」,「어머니 같으신 하느님」; 정숙자,「하느님이 여성에게 말씀하셨다」; 장상,「여성신학과 창조신앙의 의의」,「성서와 여성」,「성서를 바탕으로 한 여성신학」; 김옥라,「여성신학의 성서적 근거」; 주선애,「여신학사의 현장」,「한국교회사 측면에서 본 여성신학」 등이 있다.

8) 이 무렵 번역된 여성신학 서적들은 다음과 같다 : 레티 러셀 저, 안상님 역(1979),『여성해방의 신학』; 김상화 역(1980),『해방의 말씀』; 손승희 역(1982),『파트너쉽과 교육』; 김상화 역(1983),『파트너쉽의 미래』; 로즈마리 류터 저, 손승희 역(1980),『새여성 새세계』; 서남동 역(1982),『메시아 왕국』; 안상님 역(1985),『성차별과 신학』; 에디드 딘 저, 이우정·안상님 역(1981),『성서로 본 여인의 지혜』; 몰트만 벤델 저, 김희은 역(1982),『예수 주변의 여인들』; J. M. 할케스 저, 안상님·김희은 역(1983),『여성신학 입문』등이 있다.

신학 속에서 성차별에 대한 문제의식을 가지고 있던 교회 여성들에게 서구 여성신학의 등장은 자신들의 문제의식을 이념화하고 집단적으로 표명할 수 있는 적극적인 계기가 되었고, 여신협의 창설과 활동은 그러한 인식의 적극적인 표명이었다고 할 수 있다. 그래서 박순경은 비록 이론적으로는 이 때 한국 여성신학이 아직 전개되지 않았지만, 실천적으로 한국여성신학의 현실적인 맥락을 이루고 있다는 의미에서 '한국여신학자협의회'의 창립은 사실상 "한국여성신학의 시작을 공고히 한 신호"9)였다고 지적했다.

1980년대 초기 한국 여성신학은 서구 여성신학의 비판정신을 적극적으로 수용하는 한편 한국의 사회, 정치적 상황에서 제기되는 문제들을 진지하게 여성신학적 주제로 발전시켰다.10) 1983년 제1차 여성신학 정립협의회 때 제시된 한국 여성신학 정립을 위한 과제는 다음과 같다.

* 여성신학 측면에서 성서해석과 여성의 인간성 회복
* 교회공동체의 민주화의 과제
* 민족분단의 문제와 통일의 과제
* 아시아 교회여성과의 연대

이렇게 초기에 설정한 과제들은 그 후 여신협의 활동에서 계승되었다.

---

9) 박순경(2000), 「여성신학, 교회개혁, 사회개혁」, 『한국여성신학』, 한국여신학자협의회, 38~39쪽.

10) 이 초기 여성신학의 발전에 대해서 정현경과 김애영의 상이한 평가와 논쟁을 참조 : 정현경은 초기 한국 여성신학이 서구 여성신학을 소개하는 데 머물렀다고 평가한 반면, 김애영은 박순경의 작업을 예로 들면서 통일문제, 민족문제, 민중문제 등 한국의 정치적, 사회적 상황에서 제기되는 문제들을 진지하게 여성신학적 성찰의 주제로 삼았다고 주장했다. 여기에는 여성신학에 대한 상이한 전제가 깔려 있는 것 같다. 정현경은 한국 상황과 결부되어 있다 하더라도 여성과 관련된 젠더 이슈가 전면에 부각된 경우를 한국 여성신학이라고 보는 반면, 김애영은 여성신학이라 하더라도 한국의 특수한 사회적, 정치적 맥락에서 제기되는 문제들과 결부되어야만 한국 여성신학이라고 보는 입장에 서 있는 것 같다. 이 점에서 두 여성신학자들은 각기 상이한 끝에 서 있다고 할 수 있다. 정현경, 「여성신학의 유형과 한국적 수용 및 비판 I」, 『기독교사상』 1989. 11, 통권 371호 ; 김애영(1990) 참조.

여기서 눈에 띄는 것은 여신협이 아시아 여성과의 연대 속에서 한국 여성신학을 정립해야 한다는 입장을 천명하면서 동시에 민족분단의 문제와 통일의 과제를 한국 여성신학의 중요한 과제로 채택했다는 사실이다.

이 무렵 이루어진 여성신학 작업을 주제 별로 살펴보면 우선 여성해방적 성서해석과 관련해서 쓰여진 글로는 주로 장상, 정숙자, 김옥라의 글들을 들 수 있다.11) 이 글들에서는 처음으로 서구 여성신학자들의 성서해석을 소개하고 있다. 예를 들어 구약성서 창세기의 창조설화를 여성신학적으로 재해석한 자켄펠트, 트리블 등의 성서해석, 예수와 바울의 여성관 등이 재해석되었고, 여기에 비추어 한국교회의 여성 억압적 관행과 설교 등을 비판했다. 이러한 초기의 작업들은 87년부터 시작된 통신교육을 위한 여성신학교재 출간으로 이어진다.12) 이 교재는 평신도들이 사용할 수 있는 첫 여성신학 교재라는 점에서 높이 평가할 수 있다. 이 교재는 주로 서구 여성신학 성서해석 방법을 사용하여 성서에서 감추어진 위대한 여성들을 발굴해 내거나 여성억압의 사례들을 찾아내는 작업을 하고 있다. 비교적 쉬운 에세이 형태로 쓰여졌지만 해석 과정에서 한국 여성의 경험을 끌어들이려고 노력한 흔적이 많이 나타난다.

교회 민주화라는 측면에서는 주선애, 장상의 글들이 있고,13) 여신협 목회연구위원회가 지속적으로 관심을 가졌던 여성안수문제, 여교역자의 현실에 대한 조사활동이 있다.14) 이것은 주요 교단의 여성안수와 여교역자의 지위향상을 위한 활발한 실천운동을 뒷받침하는 여성신학 이론화 작업으로 이어졌고, 이런 노력이 밑받침이 되어 1989년 제1차 한국여성목회자대회가 개최되

---

11) 정숙자, 「하느님이 여성에게 말씀하셨다」 ; 장상, 「여성신학과 창조신앙의 의의」, 「성서와 여성」, 「성서를 바탕으로 한 여성신학」 ; 김옥라, 「여성신학의 성서적 근거」 강연자료들.
12) 여신협교육위원회(1988), 『통신교육을 위한 여성신학 교재』, 한국여신학자협의회.
13) 주선애, 「여신학사의 현장」, 『한국교회사 측면에서 본 여성신학』 ; 장상, 「여성신학과 세계교회 여성운동」 강연자료.
14) 한국여신학자협의회 목회위원회 편(1988), 『한국 여교역자 실태조사 보고서』, 한국 여신학자협의회 목회위원회 자료집 Ⅱ.

었고, 여교역자 연합회도 창립되었으며, 예장 통합 측에서 여성목사 안수가 통과되었다. 이는 여신협이 꾸준히 여성목회자 문제에 관심을 가지고 행해 온 이론작업이 거둔 구체적인 결실이라고 하겠다.

한국문화에 대한 여성신학적 성찰이라는 측면에서는 이우정의 글을 들 수 있다.15) 그는 우리의 전통 민중문화에서 한국 여성의 경험을 찾아내어 여성신학을 형성해가고자 시도했다. 그의 글은 여성신학 분야에서 아직 누구도 하지 않았던 내용, 즉 속담이나 민담 등 한국 민중문화에 여성의 경험이 어떻게 적극적으로 표현되었으며, 동시에 여성이 비하되었는가를 분석했다. 이우정의 이러한 작업은 민중신학에서 "두 이야기의 합류", 즉 성서의 민중전승과 한국의 민중전승의 합류라는 새로운 해석학적 통찰을 제시했던 서남동의 작업을 여성적 관점에서 포착하여 전개한 것이라고 할 수 있다. 이우정의 이러한 작업은 후일 여신협 공동작업반 활동 중 한국여신상 반에서 계승되었다. 이 점에서 비록 이우정이 지속적으로 이 주제를 발전시켜 나가지는 못했지만, 한국 여성신학의 고유한 한 분야의 가능성을 열어 보였다 고 할 수 있다.

민족분단의 문제와 통일의 과제라는 차원에서는 박순경의 작업을 대표적 으로 거론할 수 있다. 박순경은 여성신학적 입장에서 민족분단의 문제와 통일의 과제를 신학화하는 필생의 작업을 계속했다. 이러한 박순경의 작업은 단순히 개인적 연구활동으로 끝나지 않고 통일운동 단체와의 지속적인 연대 활동으로 이어졌다. 나아가서 여신협의 초대회장으로 일찍부터 통일, 민족 문제를 여성신학적 성찰의 중요한 내용으로 천명하고 발전시키는 데 결정적 으로 기여했다. 1980년대 이후 기독교의 통일논의는 일본의 도잔소 회의, 스위스의 글리온 회의를 통해 구체화되었으며, 여신협은 제4·5·6차 여성 신학 정립협의회에서 연속적으로 통일문제를 다루었다.16) 제4차 여성신학

---

15) 이우정(1982), 「한국속담과 여성의 비인간화」, 여신협 강연 제1집 ; 이우정(1983), 「한국 전통문화와 여성신학 : 서민여성(민중)의 전통문화를 중심으로」, 『한국여성 신학의 과제 : 아시아 여성신학 정립협의회 보고서』, 한국여신학자협의회.
16) 한국여신학자협의회 편(1989), 『한국여성신학과 민족통일 : 제4, 5, 6차 여성신학

정립협의회에서 박순경은 통일에 대한 기독교의 역할로서 반공이라는 유산
이 복음에 의해 극복되어야 통일의 길이 열린다고 제시했다. 그는 이를
위한 여성신학적 과제로서 분단상황에서 벌어지는 모든 비극을 민족과 함께
해결해야 한다고 주장했는데, 그 문제해결의 주체로 민족의 어머니 모델을
제시하고 있다.[17] 제4·5차 여성신학 정립협의회와 신학작업보고서에서는
남성중심적이고 여성의 경험이 배제된 통일운동을 비판하고, 여성 민중이
고난을 딛고 해방되는 주체적 통일운동에서 그 대안을 찾았다.[18] 그리고
그러한 사회의 대안으로서 평화적이며 포용적이고 희생적 생명사랑의 모성
원리가 제시되었다. 모성성은 모성 이데올로기가 되어서 남성에게 이용되고
여성을 구속할 때는 억압기제이지만 생명의 원천, 사랑의 구원적 표상으로서
공생적 사회의 대안적 원리가 된다고 보았다.

그러나 이러한 모성성의 원리는 여성신학자들 사이에서도 논쟁을 불러일
으켰다. 여성성, 또는 모성성은 그 동안 여성을 억압하는 이데올로기로 주로
사용되어왔기 때문에 새삼스럽게 이 말을 여성신학에서 사용할 때 여성의
주체성을 고양시키기 위한 의도보다는 전통적으로 여성에게 주어진 성역할
을 고정시키는 의미로 이해될 여지가 많다는 것이다. 게다가 여성의 사회적
존재는 다양한 관계 속에서 규정될 수 있고, 여성의 어머니됨이라는 것은
그 중 극히 일부에 불과하므로 이것을 한국 여성신학의 정립을 위한 중요한
은유로 사용할 경우 내용이 빈곤해진다는 것이다.

여기에 한 가지 덧붙일 수 있는 것은 여성민중에 대한 초기 한국 여성신학의
관심이다.[19] 1984년 제2차 여성신학 정립협의회는 여신협을 중심으로 한

정립협의회 보고서』, 한국여신학자협의회.

17) 박순경(1989), 「통일과 한국교회 : 통일과 여성신학의 과제」,『한국여성신학과 민
족통일』, 한국여신학자협의회, 53~70쪽.

18) 김애영(1989), 「우상들의 동요와 민족통일」,『한국여성신학과 민족통일』, 한국여
신학자협의회, 174~211쪽. 이 밖에도 위의 책에 나오는 「분단과 여성민중의 고통이
야기」, 「노동과 여성」, 257~264·296~304쪽 참조.

19) 1984년 여성 민중의 관점에서 한국 여성신학이 전개되어야 함을 천명한 후 여신협
은 교회 여성의 문제뿐 아니라 여성을 억압하는 사회문제에도 적극적으로 개입했

한국 여성신학 작업이 여성 민중의 관점을 획득하는 출발점이 되었다는
점에서 주목된다. 이 때 여성농민과 여성노동자, 도시빈민의 삶에 대한 현장
보고와 함께 이에 대한 신학화 작업까지 이루어졌다. 제2차 협의회를 거치면
서 현장의 소리를 담는 신학, 즉 여성 민중에게 복음이 되는 신학이 되도록
자기방향을 담은 결의문이 채택된다.[20] 이러한 관점에서 1986년에는 여성
민중에게 복음이 되는 신학 작업을 전개하여 "여성신학과 현장"이라는 주제
로 시론적인 작업을 하였다.[21] 이 글은 성서 속의 여성들이 당한 폭행, 희생,
비참한 이야기들과 우리의 현장에서 들려오는 억압당하는 여성의 경험을
접맥시키려는 시도였다는 점에서 의미가 깊다.

위와 같이 전개된 여신협을 중심으로 한 초기 한국 여성신학은 이후의
여성신학의 방향에 결정적 영향을 끼쳤다. 따라서 이 당시 나타난 여성신학의
특징은 이후 전개된 한국 여성신학 전반의 경향으로 지적할 수 있을 것이다.
이러한 초기 한국 여성신학의 특징을 다음과 같이 정리할 수 있을 것이다.

첫째로 이 시기의 한국 여성신학은 비판신학으로서의 성격을 지닌다.
여성신학은 여성 해방론을 그 근저에 깔고 있으며, 이 점에서 변혁적 의미를
내포한다. 여성 해방론은 단순히 남성이 지배하는 가부장적 세계 안에서
여성들의 권익을 향상하는 데서 더 나아가서 본질적으로 전혀 다른 세계관과
새로운 사회질서를 요청한다. 여성신학 역시 여성 해방론의 하나로서 혁명적
인 세계관을 요구하며, 가부장적 세계관에 근거한 전통신학에 대해 근본적인
도전을 한다. 여성신학은 새로운 교회질서를 추구하며, "탈가부장적 질서에
대한 비전과 그러한 비전에 비추어 신과 인간, 세계에 대한 성찰"을 하고자
한다.[22] 따라서 여성신학은 비판적이 될 수밖에 없다. 초창기 여신협을 통해

___

다. 가족법개정운동뿐 아니라 여성 노동자들에게 부당해고 조치를 한 성도섬유불
매운동 등에 동참하고, 25세 조기 정년 철폐운동에도 참여했다. 여성민중의 관점에
서 여신협의 초기활동을 중심으로 한국여성신학의 전개를 고찰한 논문으로 권미
경·이숙진(1990), 「한국여성신학의 전개과정에 대한 일 고찰」 참조.
20) 한국여신학자협의회보 제7호, 1985. 2. 1자 발행.
21) 여신협 현장신학화반(1987), 「여성신학과 현장-현장신학화 모임보고서」, 『여성신
학과 인간화』, 한국여신학자협의회.

전개된 여성신학은 교회와 사회, 신학에서의 성차별적 관행과 언어, 관념들을 비판하는 작업을 활발하게 전개했다. 이것은 구체적인 조사나 분석작업으로 뒷받침되었는데, 예를 들어 한국 여교역자 실태보고서, 성서와 기독교 전통에 나타난 성차별에 대한 분석23) 등을 들 수 있다. 이러한 초창기의 비판신학으로서의 성격은 그 이후에 이루어진 각 작업반들의 활동에도 나타난다.

두 번째로 들 수 있는 이 시기 여성신학의 특징은 실천 중심적이라는 점이다. 이 당시 여신협을 중심으로 한 신학 작업들을 보면, 신학교육, 목회 현장에서의 여성현실에 대한 관심, 교회변혁, 교회 안의 성폭력, 나아가서 민중, 통일 등 한국사회 전반의 큰 틀에서 제기되는 문제들에 대한 관심을 보여준다. 이것은 '여신학자'라는 개념 정의에서도 나타난다. 여신협은 이미 설립 당시 '여신학자'라는 말을 정의할 때 교수나 신학전문가가 아니라, 억압의 경험을 가지고 있는 제3세계 교회여성으로 규정하고 있다. 신학을 규정하면서도 초대 회장이었던 박순경은 이렇게 말한다. "종래의 특수층의 작업을 지양하고, 교역자, 기관실무자들이 실천적 차원에서 신학을 해야 한다고 본다. 신학의 실천적 차원이란 교회가 교회 현장만이 아니라, 사회를 위해서 행위하고 사회문제를 짊어져야 하고 사회를 변혁시켜야 하므로 사회가 곧 신학의 현장이다"24) 이것은 여성신학이 가지고 있는 이론적 개방성을 나타내는 말이면서 여성신학에서 여성의 경험이 일차적으로 중요한 해석학

---

22) 손승희(1997), 12쪽.

23) 여신협강연 제1집『신학과 여성』중 장상(1980), 「성서와 여성」; 김옥라(1981), 「여성신학의 성서적 근거」; 안상님(1981), 「기독교전통에 나타난 성차별」; 이우정(1981), 「한국속담과 여성의 비인간화」, 「한국여성신학의 과제 : 아시아 여성신학 정립협의회 보고서신학과 창조신앙의 의의」; 이우정(1983), 「한국전통문화와 여성신학 : 서민여성(민중)의 전통문화를 중심으로」 등.

24) 박순경(1982), 「신학과 여성」, 『신학과 여성, 강연 제1집』, 여신협, 6월호, 5~6쪽. 이 글에서 박순경은 여신학자라는 말을 다음과 같이 규정하고 있다. "이 단어가 문자 그대로 강단이나 연구실에서 작업하는 이들을 가리킨다고 보면 잘못이다. 신학자라는 말은 새로운 사상적 추세에 따라 재규정할 필요가 있는데, 교역자, 선교교육 프로그램에 종사하는 실무자, 가정살림에 종사하는 교회 여성까지 포함하는 말이다".

적 의미를 지닌다는 점을 시사한다. 과거에 신학이 성서나 교리와 같은 텍스트에서 해석의 출발점을 찾았다면, 여성신학은 여성의 경험을 해석학적 출발점으로 삼는다는 것이다. 따라서 실천이 해석학적으로 중요한 위치를 차지하게 되는 것이다.

세 번째 특징으로는 한국의 종교와 문화에 대한 열린 관심을 들 수 있다. 초창기에 강력하게 드러나지는 않았지만, 민중신학자 서남동의 '두 이야기의 합류'에 나타나는 해석학적 통찰의 영향을 받아 한국 민중전통과 성서와 기독교 전통의 만남을 추구하는 경향이 나타났다. 이는 이우정을 중심으로 이루어졌는데 후일 해석학적으로는 선순화,25) 이은선, 최만자, 김윤옥 등이 발전시킨다.26)

네 번째로 성서해석에 대한 관심을 들 수 있다. 여전히 교회 안에서 여성의 의식과 삶에 지대한 영향을 끼치는 것은 성서이고, 바로 이 성서에 대한 해석을 남성 신학자나 목회자들이 독점하고 남성 중심적으로 행했기 때문에, 이에 대한 비판과 함께 새로운 대안적 해석이 시도되었다. 장상, 안상님, 정숙자, 이경숙 외에도 젊은 여성신학자들이 참여하여 통신교육을 위한 여성신학 교재를 발행하였다. 이와 함께 피오렌자, 트리블 등 서구 여성신학 자의 해석학과 성서해석 등이 활발하게 소개되었다.

다섯 번째로 들 수 있는 특징은 한국 여성신학이 처음부터 아시아 여성신학 과의 연대, 내지는 아시아 신학으로서의 자기의식을 가지고 출발했다는 것이다. 앞서 지적했듯이 1·2차 여성신학정립협의회의 공식명칭은 '아시아 여성신학 정립협의회'였고, 창립 당시에 설정한 과제 중에도 아시아 교회여 성과의 연대라는 항목이 있었다. 특히 이것은 "아시아 여성신학 자료센터" 의27) 대표로 활동했던 이선애, 아시아 여성신학을 주제로 학위논문을 썼던

---

25) 선순화(1990), 「한국의 민간신앙에 나타난 여신상에 대한 여성신학적 조명」, 『여신 협 제10차 총회보고서』, 한국여신학자협의회.
26) 위의 여성신학자들의 작업에 대해서는 이 글 3장 참조.
27) Asian Women's Resource Center에서는 격월간지로 In God's Image라는 여성신학 잡지를 출간하고 있었고, 여기에는 이선애를 비롯해서 이우정, 최만자, 박경미

정현경[28) 등 아시아를 중심으로 활동했던 여성신학자의 작업을 통해 진전되었다.

마지막으로 들 수 있는 한국 여성신학의 중요한 특징은 한국의 사회정치적 상황에 대한 신학적 성찰과 신학적 개방성이다. 구체적으로 이것은 민중, 통일신학과의 연대로 나타났으며, 단순히 민중신학, 통일신학의 내용을 반복하는 것이 아니라, 여성신학적 관점에서 비판하면서 동시에 창조적으로 재구성하는 작업이 이루어졌다. 이것은 이미 1980년대부터 박순경, 김애영을 중심으로 이루어진 일련의 작업들에서 나타난다. 김애영의 말대로 여신협을 중심으로 한 한국여성신학은 여신협 창립 당시부터 한국교회의 현실과 한민족의 정치, 경제, 사회, 문화, 역사적 상황과 불가분적 관련 속에서 출발하였고 전개되었다.[29)

다음 장에서는 위에서 언급한 한국여성신학의 중요한 주제들을 중심으로 논의들이 어떻게 전개되어왔는지 살펴보겠다.

2. 여성 교회론

여성신학적 측면에서 교회론과 목회에 접근한 것으로는 여신협의『한국여교역자 실태보고서』가 그 효시라고 할 수 있을 것이다. 이를 필두로 하여 여러 여성신학자들의 논문들을 수집한 서적들이 나왔다. 예를 들어『교회와 여성신학』,[30)『한국여성과 교회론』,[31) 그리고 1997년 한국기독교학회의

등 한국 여성신학자들의 성서해석 및 여성신학 논문들이 실렸다. 또한 여기서 출간한 단행본 Women of Courage에도 한국 여성신학자들의 논문이 실렸다.

28) 아시아 여성신학을 주제로 한 정현경의 미국 유니온 신학교 박사학위논문은 박재순 역(1990),『다시 태양이 되기 위하여』, 분도출판사라는 제목으로 번역 출간되었다.

29) 김애영(1990),「80년대 한국여성신학의 평가와 전망 : 한국여신학자협의회 창립 10주년을 기념하며」,『한국여성신학 10년, 여신협 7차 정립협의회 보고서』여신협 창립 10주년 기념강연, 한국여신학자협의회, 10쪽.

30) 한국여성신학회 엮음(1997),『교회와 여성신학』, 대한기독교서회.

31) 이화여자대학교 여성신학연구소 편(1998),『한국여성과 교회론』, 여성신학논집 제2집, 대한기독교서회.

총회 주제로 채택된 『여성신학과 한국교회』를32) 중심으로 신학의 각 분야에서 쓰여진 다양한 논문수록집이 있다. 교회론과 관련하여 이루어진 여성신학적 접근의 핵심은 기존의 교회론과 교회 관행에 대한 여성신학적 비판과 여성교회 개념의 정립, 그 성서적, 신학적 근거 찾기, 그리고 새로운 여성신학적, 대안적 교회 모델 제시에 있었다.

『여성신학과 한국교회』에 수록된 「여성신학과 한국교회」라는 논문에서 손승희는 실제로 한국사회에 페미니즘을 처음 소개한 것은 교회였다고 언급하면서33) 한국교회의 뿌리깊은 가부장적 구조를 비판했다. 손승희는 교회의 결정구조와 성직 임명에서 여성을 배제해 온 장로교와 감리교의 역사를 비판하고, 한국교회의 가부장적 구조가 그처럼 지속될 수 있었던 것은 그 신학의 보수성에 있고, 또 하나는 그 속에 있는 성직자 우위 이데올로기에 있다고 보았다. 즉 전통적 교회론이나 원죄론을 그대로 믿고 있는 한국교회의 남성 성직자들에게 거룩한 설교단은 결코 여성에게 허락될 수 없는 것이었다.34) 더 나아가서 손승희는 한국교회의 가부장적 성격과 성차별적 성격을 뒷받침하는 이데올로기로서 한국 신학 속의 성차별 이데올로기를 지적한다. 이와 관련해서 축자영감론적 성서이해나 여성의 성과 관련시킨 원죄론, 그리고 한국 신학사상 성차별 이데올로기를 가장 체계적으로 도그마틱하게 포장했던 인물로 한국 장로교 보수신학의 대표자라고 할 수 있는 박형룡의 「유혹자로서의 여성론」을 언급했다.35) 손승희에 의하면 그는 근본주의 신학에서 내놓고 있는 원죄론을 바탕으로 인류의 타락을 가져오게 한 여성을

---

32) 한국기독교학회 엮음(1997), 『여성신학과 한국교회』, 한국신학연구소.

33) 손승희(1997), 「여성신학과 한국교회」, 『여성신학과 한국교회』, 한국신학연구소, 35쪽.

34) 앞의 글, 35~37쪽.

35) "여자는 교수하지도 말고 배울 것이요 공식석상에서 묻지도 말라 …… 여자 교권이 옳지 않다는 제2의 이유는 그가 솔선해서 범죄하였다는 점에 있다 …… 솔선범죄에 대한 형벌로서 여필종부의 명령이 내렸으니 교회 일에서도 그러해야 한다". 한국기독교교육연구원(1983), 『박형용저작집』, 한국기독교교육연구원, 제16권, 62~63쪽 ; 손승희(1997), 39쪽에서 재인용.

질책한다는 것이다. 여성은 본성이 사악한 까닭에 남성을 유혹하여 죄를 짓게 했는데, 그 때문에 남성들도 벌을 받게 되었으니 여성은 이에 벌을 더 받아야 된다는 논리이다. 이러한 신학적 가정을 가지고 여성들이 교회에서 남성들과 동등한 권한을 행사하려는 의도를 막는 정치적 도구로 삼았다는 것이다.

손승희는 이러한 교회의 가부장적 구조와 그것을 지탱시키는 신학을 악령이라고 지칭하고, 한국교회 여성들이 그러한 악령으로부터 벗어나야 하며, 그로 인한 상처를 치유 받아야 한다고 주장한다. 성차별적이고 여성 예속적인 악령에서 벗어나는 치료 과정에는 첫째로 여성들의 주체성을 회복시키는 일이 포함된다. 손승희는 이를 위해 여성의 주체성을 긍정하는 신학적 가정을 전통적인 가부장적 신학에서 끌어오는 것은 적절하지 않다고 본다. 여성신학적 가정은 심판을 위주로 하는 속죄론에 기초하기보다는 여성의 아픔을 치유하시는 영으로서의 하나님의 은총과 그 치유를 주체적으로 결단하게 힘을 넣어주시는 하나님의 영을 말하는 영성론에 기초하는 것이 적절하다는 것이다. 그리고 악령을 축출하고 고통의 상처를 치유하는 데 필요한 두 번째 과제는 여성들의 분노의 감정을 일깨우는 일이다. 손승희는 비버리 해리슨을 인용하면서 증오는 사랑의 반대이지만 분노는 사랑의 표현이라고 한다. 분노는 정의가 짓밟히고 불의가 횡행하고 있는 현상을 볼 때 일어난다고 한다. 여성해방의 프락시스에서 분노는 개혁의 원동력이고 창조의 힘이라고 한다. 잃어버린 분노의 능력을 다시 찾아주고 북돋아주는 것이 중요하다는 것이다. 그리고 세 번째로 한국교회여성들의 치유는 반지성주의라는 악령을 몰아내는 일을 포함한다. 그 동안 한국의 근본주의적 신앙형태에서는 신앙인의 자율성이나 합리성 같은 것은 들어가 있을 수 없었고, 오히려 따지고 의심하는 것은 하나님 앞의 교만으로 여겨졌다고 한다. 지성은 곧 교만이었다. 그리고 이러한 보수적 신앙유형이 가부장 중심주의 이데올로기를 감싸고 있다는 것이다. 한국교회가 이른바 신화적이고 인습적인 신앙발달 단계에 교회 여성들을 묶어놓고 있다고 한다. 그리고 마지막으로 손승희는 평등한

404

제자직으로서 남성 교역자와 동일한 역할과 동일한 참여를 실현시킬 제도의 변화와 그러한 제도변혁의 타당성을 뒷받침해 줄 새로운 신학의 형성을 요구했다.[36]

여성 교회론의 신학적 기초를 세우는 작업으로 박순경의 「하나님 나라와 여성교회」라는 논문을 들 수 있다.[37] 박순경은 이 논문에서 성서적 개념인 하나님 나라에 기초해서 여성교회론의 신학적 토대를 설정하고 있다. 이에 따르면 하나님 나라는 역사적 예수의 하나님나라 선교활동과 선포에 근거하고 있으며, 묵시적 종말론을 전제한다. 박순경에 의하면 이러한 묵시적 종말론이 조망하는 철저한 새로운 미래는 예언자적, 역사적 종말론을 그 바탕에 가지고 있기 때문에 언제라도 실제 역사변혁의 계기로 포착될 수 있다. 교회는 궁극적으로 도래할 하나님 나라의 비유, 혹은 표징으로서의 공동체이며,[38] 여성교회와 여성신학의 목표는 남녀평등의 새로운 교회 구조를 추구하면서 동시에 하나님 나라의 메시아의 의로운 주권을 세계와 역사에 증언하는 것이다. 따라서 하나님 나라, 새 하늘, 새 땅이 역사에 도래하는 길을 예비하는 사명이 여성교회에 주어져 있으며, 여성교회는 우선적으로 남녀평등 실현의 역사적 과제를 가진다. 또한 박순경은 교회의 본질을 성령에 힘입어 새 사람의 탄생을 매개하는 성모 마리아와 관련시킴으로써 교회를 어머니 공동체라고 묘사했다. 이 때 교회의 어머니됨은 남성과 여성을 포함해서 인간성 전체를 대표하는 여성 인간성이다. 이러한 어머니 공동체로서 여성교회는 종말적으로 성취될 하나님 나라의 비유며, 형상이라는 것이다.[39]

또한 "여성신학, 교회개혁, 사회개혁"이라는 논문에서 박순경은 "여성신학적 교회개혁의 요청과 여성해방은 계급해방과 민족, 민중의 해방을 요청하는 세계 사회의 변혁 운동들의 맥락에서 다루어져야 한다"고 말한다.[40]

---

36) 손승희(1997), 앞의 글, 42~49쪽.
37) 박순경(1993), 「하나님 나라와 여성교회」, 『기독교사상』 1993년 1월, 통권 409호, 183~196쪽.
38) 앞의 글, 193쪽.
39) 앞의 글, 196쪽.

이 글에서도 박순경은 교회 공동체의 근원으로서 구원의 어머니 성령을 언급하고, 기존의 삼위일체적 성령론을 재해석한다. 이에 따르면 성서와 삼위일체론에서의 아버지－아들 칭호들은 단순히 가부장제 남성언어인 것이 아니라, 하나님과 피조세계와의 관계와 세계 사회의 공동체적 관계, 혹은 인간의 부자관계나 모녀관계 등 인간의 원초적인 사회성의 근원으로서 해석될 수 있으며, 인격적인 자유와 사랑의 관계의 근원으로 해석될 수 있다고 한다.[41] 또한 이러한 신적 칭호들은 신의 여성적 차원을 함축하는 것으로 해석될 수 있다고 한다. 삼위일체론 중 영은 죄와 사망의 권세들에 사로잡혀 있는 인간들을 해방시키고 새 공동체를 탄생시키는 사회성의 영으로서 이는 어머니라고 일컬어져야 할 것이라고 한다. 따라서 신적인 아버지－아들 칭호들은 영의 어머니 칭호와 동일한 것으로 해석되어야 한다고 한다. 그러나 이처럼 성령론을 중심으로 삼위일체론을 여성적으로 재해석하는 데 대해서는 비판적인 견해들이 있다. 전통적인 삼위일체론의 남성중심적 언어는 어떠한 해석에 의해서도 여성해방적으로 사용될 수 없고, 그 언어 매체 자체가 가부장적이기 때문에 여성해방적인 의미를 담을 수 없다는 것이다.[42]

이밖에도 박순경은 교회 전통에서 남성 사도들에 의해 대표되는 것처럼 보이는 '사도적 교회' 개념 혹은 '사도적 전승' 개념을 여성신학적 시각에서 재해석한다. '사도적 교회'라는 전통적 교회 개념은 원시 초대교회의 근원에 비추어볼 때 평등공동체적 인간성, 따라서 남녀가 평등한 공동체의 혁명적 출현을 의미하는 개념이다. 그러므로 '사도적 교회'로서 교회 공동체는 본래부터 평등한 피조물 인간들의 평등한 사회성의 종말론적 성취의 의미를 지니는 것이며, 세계 사회의 변혁의 동력을 내포하고 있다고 한다.[43] 따라서

---

40) 박순경(2000), 「여성신학, 교회개혁, 사회변혁」, 『한국여성신학』, 한국여신학자협의회, 여성신학사, 여름, 42호, 40쪽.
41) 앞의 글, 45쪽.
42) 강남순(2000), 「'여성신학·교회개혁·사회개혁'에 대한 논찬」, 『한국여성신학』 42호, 여름호, 여성신학사, 68~79쪽.
43) 박순경(2000), 51쪽.

박순경에 의하면 교회개혁은 필연적으로 현대 세계 사회의 변혁운동들과 피억압자의 해방이라는 주제와 연결된다. 박순경은 세계사회의 문제를 자본주의 지배세력의 문제로 보고, 이와 관련하여 사회주의 혁명은 복음의 혁명적인 성격을 파악하도록 각성시킨다는 점을 강조한다. 그리하여 박순경은 서구와 우리나라 기독교 사상에서 이러한 대립을 넘어서는 기독교 사회주의 운동의 흐름을 짚고, 오늘날의 글로벌 자본주의 세계를 넘어설 민중, 여성해방의 비전을 제시한다.[44] 민중 여성해방은 그러한 완성의 척도이며, 교회여성의 해방은 세계 사회의 민중해방과 인류공동체의 종말론적 완성을 담지하는 표식이어야 한다는 것이다.[45] 박순경은 이러한 원대한 비전을 위한 구체적이고 실천적인 제안으로서 신학교육의 여성신학적 재편성, 신학과 세계 사회와의 유기적 관련성, 여성교회의 필요성을 역설했다.[46]

강남순은 위의 박순경의 주장에 대해 두 가지를 비판했다. 첫째 강남순은 하나님에 대한 남성적 상징의 문제를 지적했다. 성령을 여성적으로 언급하면서 기존의 가부장적 삼위일체론적 언어를 그대로 답습하는 것은 "보충적 성차별주의적 신학"(sexist theology of complementarity)과 다름없다는 것이다. 기독교인들이 우선적으로 기도하고 예배하는 대상은 하나님이며, 이러한 상황에서 어머니 성령의 상징은 가부장제적 문화에서처럼 아버지인 하나님을 보조하는 역할인 어머니에 지나지 않는다는 것이다. 따라서 이것은 가부장적 하나님 상징을 지지하게 되는 결과를 야기할 수 있다는 것이다.[47] 둘째로 강남순은 과연 마르크스주의 사상이 여성해방을 위한 비전을 제시해 줄 수 있느냐고 묻는다. 강남순은 박순경의 자본주의에 대한 비판과 그 자본주의가 제도교회로 영입됨으로써 복음정신을 상실하였다고 비판하는 것, 그리고 자본주의 하에서의 여성해방은 사회개혁과 연관되어 있다고 강조한 점에 대해서는 동의한다. 그러나 강남순은 마르크스적 분석이 여성 억압의 깊이와

---

44) 앞의 글, 59쪽.
45) 앞의 글, 61쪽.
46) 앞의 글, 62~67쪽.
47) 앞의 글, 70~75쪽.

범주를 인식하는 데 실패했다고 보는 페미니스트들에게 동조한다. 마르크스주의자들은 경제적 차원에서의 억압만이 아니라 다양한 차원에서 경험되는 여성들의 억압에 대해서는 아무런 분석을 제공해주고 있지 못하다는 것이다. 따라서 여성해방을 위한 비전 제시에서 마르크스주의 사상의 한계를 지적했다.48)

박순경의 논의에 대한 강남순의 비판은 실제로 더 논쟁적으로 발전될 수 있는 가능성을 지닌 것으로서 여성주의 이념과 여성신학에서의 근본적인 입장 차이에서 비롯되는 것이라고 볼 수 있다. 박순경의 경우 바르트 좌파적인 입장에서 하나님의 말씀의 신학에 근거하여 그리스도 예수의 역사적 계시뿐만 아니라 기존의 삼위일체론적 언어까지 인정한다. 따라서 여성교회론을 전개할 때도 그리스도 계시의 역사성과 종말론적 성격이 지니는 사회변혁적 성격, 불의한 기존 체제에 대한 종말론적 심판의 성격을 여성해방적 차원으로 확대, 재해석하는 방식을 취한다. 이 경우 그리스도 계시와 하나님을 서술하는 기존 언어들의 남성중심적 성격이나 계시의 변혁적, 종말론적 성격을 기술하는 술어로서 마르크시즘이 지니는 남성중심주의는 시야에 중요하게 들어오지 않게 된다. 하나님의 말씀의 계시로서의 그리스도 사건이 지니는 종말론적이고 변혁적인 차원에 대한 확고한 믿음과 긍정으로부터 출발해서 그것이 지니는 여성해방적 함의를 기술하다보니 실제 교회와 신학의 역사에서 왜곡되고 때가 많이 탄 언어들에 대한 문제의식이 부족하고, 이데올로기 비판이 철저하지 못하다는 비판을 받을 수밖에 없다. 나아가서 이렇게 계시사건을 출발점으로 하여 여성신학을 전개함으로써 여성의 경험의 풍부하고 다채로운 내용과 그것을 표현하는 새롭고도 혁신적인 언어가 여성신학의 핵심적 술어로 전면에 부각되지 않는다. 이러한 박순경의 여성신학 방법론은 경험에서 출발한다는 여성신학 전반의 암묵적인 합의와도 다른 지점에 서 있다고 할 수 있다. 경험에서 출발하는 여성신학이 전통 기독교 제도와 신학에 대한 비판에서 더 나아가서 탈기독교적 방향으로까지 치닫고 있는

---

48) 강남순(2000), 76~79쪽.

현 상황에서 박순경의 이러한 신학 방법론은 교회와 전통 기독교 신학의 테두리 안에서 교회를 근본적으로 개혁하고 본래의 성서적이고 종말론적인 신앙에 터 잡게 함으로써 여성해방, 인간해방의 목표에 다가서는 것이라고 할 수 있다.

이밖에 교회론과 관련하여 중요한 책은 1997년 여성신학회 논문집으로 나온 『교회와 여성신학』이다.[49] 이 책 서문에서 최만자는 교회론에 포함되는 내용을 교회란 무엇인가라는 '본질과 속성'에 대한 문제와 '교회와 세상과의 관계성'에 대한 문제, 그리고 교회의 운영과 공동체 내의 '상호관계의 구조와 형태'에 대한 문제 등으로 나누어서 접근했다. 이 책에 실린 논문들은 그 세 가지 영역과 관련하여 이론과 실천을 아우르며 폭넓게 여성신학적 교회론을 전개하고 있다.

최만자는 이단과의 투쟁에서 형성된 초대 교회의 호교론적이고 변증론적 경향이 세상과 교회와의 관계에 대한 문제에서 이원론적 입장을 견지하게 했으며, 후에 콘스탄틴 대제의 기독교 승인 이후에는 로마제국의 관료제와 봉건적 사회질서가 그대로 교회 안으로 유입됨으로써 지극히 권위주의적이고 위계적이며 남성 성직자 중심의 교회 구조가 생겨났다고 지적했다. 이 과정을 통해 초대 교회의 교회론적 이미지들, 즉 '교회의 머리로서의 그리스도', '몸과 지체'로서의 성도들의 관계, '하나님의 가정' '그리스도의 신부' 등과 같은 이미지들이 남성 중심적으로 해석되었으며, 가부장적 이원론에 입각한 인간학에 근거하여 남녀의 관계를 해석함으로써 여성혐오적이며 억압적인 인간학과 교회론을 이루어 놓았다고 했다.[50] 이 책에서는 위와 같이 남성중심적이고 여성혐오적인 전통 교회론의 역사적 형성과정을 서술하고 여성신학적 관점에서 비판하며, 교회의 본질과 속성을 여성해방적 관점에서 재기술한다. 동시에 대안적 교회의 모습을 제시한다.

이 때 여성신학적 교회론 형성의 근거는 구약성서의 야훼 백성으로서의

---

49) 한국여성신학회 엮음(1997), 『교회와 여성신학』, 대한기독교서회.
50) 최만자(1997), 「서문」, 『교회와 여성신학』, 6~14쪽.

이스라엘 공동체와 신약성서에 나타나는 초대 기독교 공동체의 모습으로 제시되었다. 이경숙의 "구약성서에 나타난 야훼 공동체로서의 교회 개념"은 구약성서에서 공동체를 표현하는 용어들을 수사학적으로 해석함으로써 공동체의 속성을 찾아내고 있다. 이에 따르면 구약성서의 공동체 개념에는 한편으로 남성 중심적이고 민족주의적인 성격이 강하지만, 다른 한편으로 여성, 어린이, 이방인까지 포함하는 평등하고 민주적인 공동체 개념으로 발전되었다.[51] 최영실은 "신약성서에 나타난 교회의 이해−여성신학적 관점에서"라는 논문에서 예수공동체와 바울 공동체의 성격에 근거해서 교회론의 기초를 세우고자 했다. 최영실에 의하면 예수 공동체는 가난하고 약한 자들, 여성들이 주체가 된 공동체이며, 바울의 교회 역시 종말론적 공동체로서 그리스도의 몸에 속한 평등한 지체들의 공동체라고 본다. 그러나 이러한 평등공동체는 선교의 확장과정에서 주변 세계의 가부장적 영향을 받으면서 가부장적 그리스-로마 관습법과 영지주의의 영향을 받아 본래의 성격을 잃어가게 된다.[52]

이 과정을 최만자는 종말론적 공동체로 시작된 교회가 이방 세계로 확산되면서 박해의 상황 아래 그 생존과 확산을 위하여 이방 사회의 가부장적 관습들과 조화를 이루는 과정이라고도 하고, 그 지도권이 카리스마적 초지역 지도권으로부터 지역공동체의 지도권으로 전이되면서 가부장적 가족제도와 관습, 질서에 조화되어 가는 과정이라고도 했다. 그리고 이념적으로 이 과정을 정당화시키기 위한 이미지들, 즉 '하나님의 집', '그리스도의 신부'와 같은 은유들이 가부장적 질서를 교회 안에 확립시켰고, 교회의 속성 또한 남성적인 것으로 해석하는 데 크게 기여했다고 한다.[53] 이러한 초대교회의

---

51) 이경숙(1997), 「구약성서에 나타나는 야훼공동체로서의 교회 개념」, 『교회와 여성신학』, 대한기독교서회, 19〜41쪽.
52) 최영실(1997), 「신약성서에 나타난 교회의 이해-여성신학적 관점에서」, 『교회와 여성신학』, 대한기독교서회, 42〜65.
53) 최만자(1997), 8〜9쪽. 이러한 초대 교회의 가부장주의화 과정과 관련해서는 박경미(1998), 「초대교회의 가부장주의화 과정과 가정훈령 : 목회서신을 중심으로」, 『신학사상』, 한국신학연구소, 가을, 221〜254쪽 참조.

410

가부장주의화 과정은 어거스틴의 '신의 도성'에 나타나는 하나님의 도성으로
서의 교회와 악으로 가득 찬 세상이라는 이분법적 교회 이해로 이어진다.
교회와 세상과의 관계에 대한 이러한 이분법적이고 이원론적인 이해는 1950
년대까지 로마 가톨릭 교회와 서구 개신교회의 중심적 교회론적 틀이 되었고,
위계질서적이고 가부장적 교회 구조가 이에 수반되었다.

이러한 이분법적, 가부장적 교회 이해는 최만자에 의하면 1962~1965년
로마 가톨릭 교회의 제2차 바티칸공의회와 1968년 개신교의 세계교회협의회
웁살라 대회에서 수정되기 시작한다. 이제 더 이상 세상은 타락하고 멸망할
곳이 아니라 하나님이 사랑하고 활동하시며 관심을 갖는 곳으로 새롭게
적극적으로 이해되었다. 개신교에서는 '하나님의 선교 신학'에 의해 교회가
세상의 중심인 것이 아니라 세상이 중심이며, 하나님은 세상 안에 계시고
세상을 사랑하시고 그곳에서 직접 선교하신다는 새로운 이해가 형성되었다.
이러한 맥락에서 20세기 후반에 이르러 비약적으로 확대된 제3세계 민중과
여성들의 주체의식은 교회이해에도 새로운 차원을 열었고, 교회 이해의
새로운 지평으로서 인간 실존의 사회 정치적, 경제적 상황을 고려하게 되었다.
이러한 '하나님의 선교' 개념과 제3세계 신학의 새로운 교회 이해의 지평에서
여성교회론 역시 발전되며, 이제 가부장제가 극복되는 대안적 공간으로서
교회 개념을 제시하게 되었다는 것이다.[54]

강남순은 이러한 관점에서 여성 교회론의 다양한 형태들을 정리하고,
평등공동체로서의 여성교회를 실현하기 위한 다양한 실천 전략들을 제시했
다.[55] 양현혜는 초기 기독교 전래시 여성들에게 해방적이었던 한국교회가
조직화 과정에서 어떻게 성차별적이며 남성중심적인 교회로 변질되었는지
밝히고 있다.[56]

---

54) 최만자(1997), 9~10쪽.
55) 강남순(1997), 「여성신학적 교회론-이론과 실천」, 『교회와 여성신학』, 대한기독교
   서회, 102~135쪽.
56) 양현혜(1997), 「한국교회사에 나타난 여성과 교회」, 『교회와 여성신학』, 대한기독
   교서회, 136~168쪽.

노치준은 성차별적인 교회의 제도와 현실을 분석했다. 그는 설문자료과 객관적인 분석을 토대로 성직자와 평신도의 위계적 구조가 교회 내에서 여성의 지위를 약화시킨다고 지적했다.[57] 선순화는 여성의 몸의 경험을 중심으로 한 새로운 성례전 형성에 관심을 기울였다. 성례전이라는 것 자체가 구체적인 물질과 경험을 통해 하나님을 체험하는 것인 만큼 예배의 주체로서 여성들 자신의 몸의 경험의 특성에 근거한 새로운 예배와 성례전의 가능성을 모색하고 있다.[58] 다음에 김윤옥은 설교에 나타난 성차별적 언어와 이미지, 논리들을 분석하고 있다. 여성의 삶과 유리되어 있을 뿐만 아니라 여성비하적인 설교 언어들을 구체적으로 비판하고, 새로운 설교 언어와 기독교 이미지를 재구성 할 필요성을 제기했다.[59] 정숙자는 당시 여성교회 목사로서 목회하면서 경험한 일들을 정리하였다. 그는 사랑으로 하나되는 공동체, 경험을 함께 하는 공동체, 불의에 항거하는 공동체, 배움으로 성장하는 공동체, 인간해방을 추구하는 공동체, 여성목회를 지지하는 공동체, 여성 예배의식을 창조하는 공동체, 이주 여성 노동자와 함께 하는 공동체, 이 땅의 평화를 지키는 공동체로 한국 여성교회의 지향성을 담고자 했다.[60]

이외에 여성 교회론을 다룬 책으로서는 이화여자대학교 여성신학연구소에서 편집한 『한국여성과 교회론』이 있다.[61] 이 책 역시 성서와 교회사, 조직신학, 한국교회사 등 다양한 분야에서 교회 개념의 형성과 그 변화과정을 연구한 글들을 모아놓았다. 정용석은 「어머니 교회-초대 교부들의 교회론에 대한 여성신학적 재조명」[62]에서 초대 교부들의 어머니 교회론을 제시했다.

---

57) 노치준(1997), 「교회제도와 여성-한국교회 조직의 특성을 중심으로-」, 『교회와 여성신학』, 대한기독교서회, 169~198쪽.
58) 선순화(1997), 「몸과 관련하여 본 여성해방적 예배의식과 성례전」, 『교회와 여성신학』, 대한기독교서회, 199~229쪽.
59) 김윤옥(1997), 「한국교회 설교에 대한 여성신학적 문제제기」, 『교회와 여성신학』, 대한기독교서회, 230~247쪽.
60) 정숙자(1997), 「한국의 여성교회 현장과 그 신학」, 『교회와 여성신학』, 대한기독교서회, 248~263쪽.
61) 이화여자대학교 여성신학연구소 편(1998), 『한국여성과 교회론』 여성신학논집 제2집, 대한기독교서회.

그에 따르면 전통적인 교부들의 교회론은 교회의 통일성과 거룩성, 보편성, 사도성을 강조하는데, 이는 기독교 발전 초기에 유대교의 방해와 이단, 분파의 난립 등 어려운 여건 속에서 형성된 것들로서 교회가 지니고 지켜야 할 중요한 요소들이었으나, 이 특징들은 교회의 가부장적 체제를 더욱 강화시키는 부정적 요인으로 작용하게 되었다고 한다. 이에 반해서 초대 교회의 교회론 중 보다 평등하고 포용적이며 여성의 역할을 신장시키는 것으로 "어머니 교회" 개념을 들 수 있다고 한다. 2세기 그리스 변증가들의 글에서는 교회를 어머니로 일컫는데, 가령 이레니우스는 교회는 어머니로서 교인들을 가슴에 품어 보호하고 양육한다고 진술하고 있다. 정용석은 이러한 어머니로서의 교회의 특징을 신분고하나 빈부격차, 남녀차별 없이 모든 사람들을 받아들이고 끌어안는 포용성, 모든 기독교인은 하나님 앞에서 평등하며 모두가 사제라는 평등성, 가난한 자를 돌보는 사랑의 돌봄, 성령이 역사하는 생동적인 공동체의 장이라고 했다. 그리고 이러한 어머니 교회의 상징으로서 마리아를 교회와 동일시하는 신학적 진술이 초대 교부들에게서 나타난다고 한다.

정미현은 「종교개혁 시대의 여성과 여성신학적 교회론」[63]에서 종교개혁 시대 여성들의 모습을 살펴보고, 루터와 칼뱅의 종교개혁을 중심으로 그들의 교회론을 여성신학적 입장에서 수용하고자 했다. 이에 따르면 종교개혁의 영향으로 많은 수녀원들이 해체되었는데, 종교개혁 이전에 여성들은 비교적 구속 없이 살았다고 한다면, 종교개혁 이후에는 주로 주부와 어머니의 역할에 국한된 삶을 살았다고 한다.[64] 이러한 상황에서 전통적인 가톨릭 교회를 옹호하는 쪽에서 투쟁한 여성들이 있는가 하면, 종교개혁의 흐름을 따라서 종교개혁론을 지지하고 그 진행을 도운 여성들이 있었다고 한다. 정미현은

---

62) 정용석(1998), 「어머니 교회-초대 교부들의 교회론에 대한 여성신학적 재조명」, 『한국여성과 교회론』 여성신학논집 제2집, 대한기독교서회, 83~118쪽.

63) 정미현(1998), 「종교개혁 시대의 여성과 여성신학적 교회론」, 『한국여성과 교회론』, 여성신학논집 제2집, 대한기독교서회, 119~162쪽.

64) 앞의 글, 122~123쪽.

이 두 범주에 따라서 당시 주도적인 여성들을 소개하고, 다음에는 루터와 칼뱅의 교회론을 여성신학적으로 검토했다. 정미현은 가톨릭 교회의 어머니로서의 교회, 모성상으로서의 교회의 모습이 루터에 의해 파괴되었다고 보는 일반적인 견해에 반대한다. 정미현은 결혼과 가정에 대한 루터와 칼뱅의 적극적인 이해를 여성 옹호적인 것으로 평가하며, 만인사제설의 여성해방적 함의를 확대해석 한다. 그리고 칼뱅의 어머니 교회론의 여성신학적 함의를 발견하고자 한다. 종교개혁가들의 교회론 자체가 여성비하적, 여성배제적 원리로 쓰여진 것이 아니라, 오히려 그 가운데 교회 내에서 여성의 역할과 지위를 보호할 수 있는 내용들을 끌어낼 수 있다는 것이다.[65] 그러나 이렇게 주장하기 위해서는 종교개혁가들의 신학과 작업에 대한 포괄적인 논의뿐만 아니라 이에 대한 이데올로기 비판이 보다 충실히 이루어져야 할 것이다.[66]

이덕주는 「휘장 가운데 뚫린 구멍－초기 한국 그리스도교 여성사 이해」[67]에서 한말과 일제시대 초기 기독교 복음의 전래 과정에서 한국 여성 사회와 문화에 어떤 변화가 일어났는지 살펴보고자 했다. 그는 이 논문에서 기독교 복음 전래 이전에 한국 여성이 처한 삶의 정황을 살펴보고, 한국 여성들이 기독교 복음을 받아들인 과정을 규명하고자 했다. 그리고 교회 여성들의 단체 조직화 과정을 살펴봄으로써 교회 여성들의 사회참여운동을 밝혔다. 이 글에서 이덕주는 "19세기 말 봉건적 사회 체제 속에서 민중 가운데 민중이었던 한국 여성들이 복음을 받아들인 것은 해방의 체험이었다. 여성들에게 복음은 종교적 구원의 의미와 함께 봉건적 남성 본위의 차별구조로부터 평등한 인권을 회복하는 해방의 의미를 가져다주었다. 이를 상징적으로 보여주는 것이 여성 세례와 함께 나타난 '구멍 뚫린 휘장'과 이름을 지어

---

65) 앞의 글, 153쪽.
66) 이 논문 외에 한국 여성신학에서 등장한 다양한 대안적 교회론을 분석한 정미현 (2001), 「여성신학적 대안교회론」, 『한국여성신학』 46호, 여름호, 한국여신학자협의회 참조.
67) 이덕주(1998), 「휘장 가운데 뚫린 구멍-초기 한국 그리스도교 여성사 이해」, 『한국여성과 교회론』, 여성신학논집 제2집, 대한기독교서회, 165~208쪽.

받는 사건이었다고 한다"68)라고 말한다. 이같이 해방을 체험한 기독교 여성들이 공동체를 조직하고, 복음선교와 여성계몽을 통해 그 해방의 체험을 교회 공동체와 한국사회에 확장시키려 했다고 한다. 그렇게 해서 설립된 것으로 조이스회, 십일조회 같은 것들을 소개하고 있다. 이 교회 여성단체들은 여성교육과 계몽, 자발적 선교운동을 전개하여 한국교회에 여성에 의한 선교 전통을 수립하였다는 것이다. 그리고 이러한 해방 체험은 외세 침략과 지배의 현실 속에서 민족의 해방을 추구하는 민족운동으로 연결되었다고 한다. 한말 구국기독회로부터 국채보상운동, 송죽형제회, 그리고 3·1운동 이후 조직된 애국부인회에 이르기까지 한국 기독교 여성들은 민족의 수난 현실을 외면하지 않고 그 현장에 적극 참여하는 모습을 보여주었다는 것이다. 결국 한국 여성들에게 기독교 복음은 해방이었고, 교회는 그 해방의 훈련장이었으며, 민족과 사회는 해방의 실천 영역이었다고 한다. 그러한 면에서 초기 한국 기독교 여성들은 복음을 본질에 가장 가깝게 체험한 주인공들이었다는 것이다.

반면 양현혜는 「한국 개신교의 성차별구조와 여성운동」69)에서 한국 개신교가 초기 선교과정에서 근대화와 결합되어 해방적 역할을 한 것이 사실이지만, 제도화 과정에서 가부장적인 틀이 구조적으로 형성됨으로써 교회 내부에서 여성의 통전적 인간성이 현저하게 억압, 왜곡되어온 사실을 밝히고 있다. 그에 따르면 한국 여성들은 기독교를 통해 모든 인간적 권위를 상대화하는 절대자를 만나고 신과의 직접적인 관계 속에서 자신들을 재정립하게 되었다. 남성과 동등하게 신의 형상대로 지음 받은 자신들의 인간적인 권위와 자율성을 회복했다는 것이다. 그러나 한국 개신교사에서 이러한 지향성은 교회의 남성우월적 제도화라는 내재적인 요인과 일제의 기독교 탄압, 해방 이후 기독교와 세계 냉전체제의 유착 등 외부적인 요인들에 의해 크게 영향 받으며

---

68) 앞의 글, 202쪽.
69) 양현혜(1998), 「한국 개신교의 성차별구조와 여성운동」, 『한국여성과 교회론』, 여성신학논집 제2집, 대한기독교서회, 209~248쪽.

적지 않은 왜곡과 변용을 거쳤다는 것이다. 양현혜는 1970년대 이후 한국 개신교 여성운동은 기생관광 반대운동, 원폭피해자 돕기 운동, 생태운동, 통일운동, 민주화 운동 등을 전개하면서 "한국 기독교 여성의 주체성" 모색을 자각적으로 추구하는 다양한 실험적 시도를 통해 크게 비약하고 있다고 한다. 그리고 두 가지 과제를 제시하는데, 하나는 초기 한국교회 여성들의 보편적 지향성을 한국 기독교 여성의 주체성이라는 문제의식을 통해 어떻게 창조적으로 계승, 발전시켜 나갈 것인가 하는 점이고, 또 하나는 한국 기독교 여성의 주체성 모색이라는 급진적인 시도의 질을 유지하면서도 이것을 주부적인 자아상에 안주하고 있는 많은 기성 교회의 여성들을 대상으로 어떻게 확대 대중화해 갈 것인가 하는 점이라고 한다.

위에서 제시한 논의들은 이론적으로 성서와 교회사에서 여성 교회론의 근거를 찾고, 대안적인 교회론으로서 여성교회론을 제시할 뿐만 아니라, 여성신학적 관점에서 한국교회의 제도와 관행 등을 분석하고 있다. 한국에서 전개된 여성 교회론의 일반적인 경향은 서구에서와는 달리 기존 교회로부터 이탈하는 분리주의적 형태로 전개되기보다는 기존 교회 형태를 인정하면서 그것이 지닌 가부장적이고 여성억압적인 제도와 관행에 대한 비판, 개혁을 촉구하고 있다. 이점에서 그 동안 한국 여성교회론은 탈기독교적 이념적 과격성보다는 성서적이고 실천적인 대안을 추구하는 경향을 보여왔다고 할 수 있다. 그러나 그간 여신협에서 조사한 여교역자 실태보고서 외에는 한국교회 여성의 신앙구조와 교회 관행 등에 대한 경험적이고 귀납적인 조사와 분석 작업은 거의 이루어지지 않고 있다. 교회사적으로도 한국교회사의 잊혀진 위대한 여성들을 개별적으로 발굴한 경우들은 있지만, 이를 한국 근대사와 관련하여 한국교회여성사로 체계적으로 기술한 저서는 아직 나오지 않았다. 아마도 앞으로의 한국 여성교회론의 전개는 여성교회론에 대한 성서신학적 근거, 교회의 가부장주의화 과정에 대한 교회사적 기술로부터 더 나아가서 구체적인 한국교회의 역사와 상황을 토대로 한 보다 체계적이고 실증적인 교회사적, 실천신학적 연구가 많이 이루어져야 할 것이다.

4. 한국의 전통 문화와 여성신학적 해석

여신협 창립 초기부터 박순경과 이우정은 한국의 역사와 사회, 문화에 뿌리를 두고, 그로부터 제기되는 문제들을 성찰하는 한국 여성신학을 전개할 것을 강조했다. 박순경의 경우 전자에 강조점을 두었다면, 이우정은 많지는 않지만 후자와 관련하여 선구적인 글들을 썼다고 할 수 있다.

박순경은 우리 민족의 역사 속에서 감추어지고 왜곡된 여성해방의 역사를 발굴해 내고, 이를 여성신학적으로 재해석하는 작업을 했다. 박순경은 그 동안 이루어진 근대 민족사 연구의 성과들을 활용하고, 나아가서 묻혀 있던 역사적 자료와 아직 살아 있는 여성들의 증언들을 토대로 삼국시대부터 통일신라, 고려, 조선, 개화기, 일제 시대 여성들의 현실을 밝혔다. 박순경은 특별히 근대 개화기의 동학과 실학사상, 일제시대 독립운동에서 민중, 민족 해방 사상의 단초를 발견하고, 이를 여성해방적으로 확대해석 하고자 한다. 이러한 작업을 통해 박순경은 한국 역사에는 여성의 억압과 고난에 관한 이야기들과 함께 그러한 고난의 현실을 넘어서려는 여성해방의 적극적인 표징들이 있다는 점을 사료와 증언들을 통해 제시한다.[70] 일찍이 함석헌이 한국 민족사를 성서적 관점에서 재기술 하여 『뜻으로 본 한국 역사』를 기술했다면, 박순경은 여성해방적, 민중해방적 관점에서 한국 민족사를 재기술 하고자 했다. 사실 이 작업은 방대한 역사 연구와 해석작업을 필요로 하지만, 박순경은 부분적으로나마 이 작업을 시작했고, 그 가능성 역시 보여주었다. 그는 이 작업을 통해 우리민족의 역사 속에는 위기 때마다 이름 없이 고통당하고 죽어간 수많은 민중 여성들이 있었고, 사실 이들이야말로 민족을 지키고 이끌어 온 한국 역사의 주체라고 주장했다. 따라서 이러한 민중 여성들의 경험과 사건들을 발굴하여 민중 여성의 관점에서 기록된 여성사를 기술할 필요성을 강조했다.

---

70) 박순경(1983), 「한국여성신학의 과제」, 『한국여성신학의 과제-아시아 여성신학 정립협의회 보고서』, 한국여신학자협의회, 9~42쪽 ; 『한국민족과 여성신학의 과제』.

박순경의 이러한 노력을 출발점으로 하여 한국여성의 경험과 역사를 다양한 방식으로 기술하려는 노력이 이루어졌다. 여성신학회에서는 한국 민중여성의 역사뿐만 아니라, 구비문학과 한국 전통 종교들에 나타나는 여성들의 경험과 내면세계를 발굴해 내는 작업을 했으며,[71] 여신협에서는 오늘날 우리 사회 구석구석에서 여성해방과 민중해방을 위해 땀흘리고 있는 알려지지 않은 사람들의 진솔한 삶의 기록인 『나의 이야기』를[72] 출간했다. 이 책들은 기록된 역사뿐만 아니라 구비문학, 인터뷰, 개인적인 삶의 고백 등 다양한 방식으로 과거와 현재 여성들의 삶의 이야기를 발굴하여 되살려놓고 있다. 이 기록들은 개인적인 고백과 회고의 형태로 이루어졌지만, 험난했던 한국 현대사를 온 몸으로 부딪히며 살아온 여성들의 삶의 이야기가 녹아들어서 단순히 개인의 이야기에 머무르지 않는다. 따라서 이 삶의 이야기들은 단순히 개인의 일상적인 삶에 대한 기술을 넘어서서 한국 근현대 민중여성의 사회전기라고 할만하다.

앞서 지적했듯이 이우정은 한국문화에 나타난 여성과 민중의 모습을 중심으로 여성과 민중의 지혜를 발굴하고 이들을 역사의 주체로 해석했으며, 여성신학적으로 재해석하고자 했다. 「한국 전통문화와 여성신학」이라는 논문에서 이우정은 민중여성의 전통문화에 나타난 그들의 고난과 항거의 역사를 밝히고, 한국 민중여성이야말로 역사의 주체라고 말했다.[73] 이우정은 이 논문에서 한국민담과 전설의 단골 주제인 권선징악을 새롭게 해석하고 있다. 한국민담에서는 권력자, 지배자는 항상 악하고 어리석은 자로 묘사되는 반면, 피지배자는 겉으로 약하고 미련해 보이지만, 사실은 선하고 지혜로우며, 결국에는 권력의 횡포를 기발한 지혜로 막고 승리하게 된다고 지적했다. 그리고 이우정은 이와 같이 오랫동안 고난을 견디어 온 한국 민중 여성들의 삶의 지혜가 오늘날 지배적인 죽음의 세력, 군국주의, 군사주의, 환경파괴

---

71) 한국여성신학회 편(1994), 『한국 여성의 경험』, 대한기독교서회.
72) 김옥라 외(1995), 『나의 이야기』, 한국여신학자협의회 편, 여성신학사.
73) 이우정(1983), 「한국전통문화와 여성신학」, 『한국 여성신학의 과제』, 한국여신학자협의회.

등 지배자들의 미련함으로 인해 생겨난 문제들을 극복하고 생명의 길로 인도할 수 있을 것이라고 말한다.[74] 또한 이우정은 한국의 무가, 신화, 전설 등을 통해 본 한국의 여신상을 언급하며, 한국에는 남신들보다 여신들이 훨씬 많이 있었으며, 남신은 대식가이며 육식을 하고 남의 것도 분수 없이 먹어버리는 미련한 침략자의 모습인 반면, 여신은 땀흘려 농사를 짓고 그 노동의 대가로 열매를 거두며 침략을 모르는 신으로 묘사된다고 말한다.[75]

이처럼 한국 민중 여성 문화의 살아 있는 산물인 무가, 신화, 전설 등에 나타난 여성의 지혜와 끈기, 해학에 대한 이우정의 연구는 비록 여성신학적으로 충분히 해석되거나 발전되지 못했고, 우선 발굴하고 여성들의 지혜에 감탄하고 탄복하며, 찬양하는 단계에 머무르기는 했어도 한국 여성신학의 중요한 소재와 성찰의 지점을 선구적으로 드러낸 것이었다. 이러한 이우정의 작업은 선순화의 한국 무속에 대한 여성신학적 연구, 1997년 여신협 한국여신상연구반에 의해 연구된 「한국 민간신앙에 나타난 여신상에 대한 여성신학적 조명」에서 계승되었다고 할 수 있다. 여기서는 민간신앙에 나타난 여신들이 어떻게 섭리를 주관하며 인간 생명창조를 주관하는 신으로 부각되는지를 밝히고 있다.[76] 앞으로 이 분야는 한국 구비문학과 민담, 전설 등에 나타난 여성상에 대한 국문학계의 연구의 도움을 받으면서 신학적 해석학을 적용하여 해석학적으로 보다 더 깊이 성찰되고 발전되어야 할 것이다.

이러한 해석학적 작업과 관련해서는 민중신학자 서남동의 작업이 많은 통찰을 줄 수 있으며, 실제로 영향을 끼쳤다. 서남동은 기존 신학적 해석학의 텍스트와 콘텍스트에 대한 개념을 물구나무 세워서 오늘의 한국역사에서 일어나고 있는 민중사건이 텍스트이고, 성서나 교리, 기존의 신앙고백은 콘텍스트로서 한국민중의 사건 속에서 이루어 가는 하나님의 해방 역사를

---

74) 앞의 글, 71쪽.
75) 앞의 글, 72~74쪽. 이우정에 대한 평가는 최영실(1998), 「한의 질곡에서 생명으로 피어나는 한국 여성신학」,『신학사상』 100호, 126~127쪽 참조.
76) 한국여신학자협의회 한국여신상연구반 편(1992),『한국 민간신앙에 나타난 여신상에 대한 여성신학적 조명』, 여성신학사 ; 최영실(1998), 127쪽 참조.

증언하기 위한 한 전거일 뿐이라고 말했다.[77] 여기서 유명한 그의 '두 이야기의 합류' 방법론이 나오게 되는데, 이는 한국 민중전통에 나타나는 민중의 사회전기와 성서 전통에 나타나는 민중의 해방사건이 오늘 민중의 삶에서 만나고 있다는 것이다. 신학이 할 일은 성서 밖의 한국 역사와 종교 문화 전통에 나타난 민중의 사회전기를 기술하고, 성서의 민중 해방사건을 전거로 삼아 오늘의 민중사건 속에서 이루어지고 있는 하나님의 해방 역사를 증언하는 것이라고 했다. 이렇게 고난받는 민중의 눈으로 성서를 보면 성서의 이야기들도 민중의 사회전기로 읽힐 수 있으며, 당시 서구에서 다 양하게 발전되었던 사회경제사적, 사회학적 성서해석 방법을 통해 그것을 이론적으로 객관적으로 뒷받침할 수 있다고 보았다. 이러한 「두 이야기의 합류」 방법은 특별히 최만자에 의해 여성신학적 해석학으로 중요하게 받아들여졌으며, 한국 문화와 역사에 나타난 여성들의 고난과 해방의 경험들을 재기술하고, 해석하는 데 중요한 해석학적 틀로 사용될 수 있을 것이다.

한편 한국과 동아시아의 사상적 전통에 근거하여 전통적인 기독교 교리들을 비판적으로 재해석, 재구성하려는 시도들이 있었다. 이은선은 1997년에 나온 『포스트모던 시대의 한국 여성신학』에서 그리스도론을 유교 사상에 근거하여 재구성하고자 했다. 이은선은 우선 그리스도론에 대한 다양한 새로운 논의의 선상에서 예수에 대한 전통 신학적 이해를 부정하는 데서 시작한다.[78] 그는 유교적 그리스도론의 탐색은 유교적 에토스의 현실을 인정하고, 또한 그것을 가치 있는 것으로 여기면서, 그러나 어떻게 그 에토스가 방향지어질 수 있을까를 탐구하는 것이라고 했다.[79] 이은선은 이전에 이루어진 유교적 개념의 신학화 작업으로 윤성범의 예를 든다. 윤성범은 유교적 '효' 개념을 예수에게 적용하여 "예수는 모름지기 효자다"라고 말했다. 하늘의 도인 성(誠)에 대하여 인간의 도리인 성지자(誠之者, 성을 행하는

---

77) 서남동(1982), 「두 이야기의 합류」, 『민중신학과 한국신학』, 한국신학연구소, 271~272쪽.

78) 이은선(1997), 『포스트모던 시대의 한국여성신학』, 분도출판사, 51쪽.

79) 앞의 글, 53쪽.

것)로서, 또는 맹자의 표현대로 사성자(思誠者, 성을 생각하는 것)로서 '효'를 생각해 보았을 때, 그 '효'란 바로 그리스도교적으로 보면 하늘의 어버이에 대한 신앙(믿음)이 되는 것이고, 특히 그 은혜에 대한 반응이라고 할 수 있다는 점에서 오로지 하늘의 아버지에 대한 사랑과 믿음 속에서 살았던 예수는 "모름지기 효자"라는 것이다.[80]

이밖에 이은선은 유교적 원리로서 적극적으로 여성신학에서 발전시킬 수 있는 것들을 제시했다. 그 중 첫 번째로 유교가 중시하는 관계성의 원리가 남녀간의 대립이 아니라 "여성과 남성, 동양과 서양, 자연과 인간, 인간과 신 등이 관계성 속에서 상대적으로 존재하며 그것들이 서로 어우러져 하나 되는 것"을[81] 꿈꾸는 여성신학적 비전을 위해 중요한 자원이 될 수 있으리라고 지적한다. 그밖에 유교 전통과의 대화를 시도하는 관점에서 의미있는 것으로 '예(禮)의 실행을 통한 단련과 성숙의 의미', 공동체주의를 들고 있다.[82]

이은선은 오늘날 파편화되고 분절화된 삶과 윤리에서 나타나는 무의미와 혼돈은 근대 자유주의 윤리의 결과물이라고 보고, 이를 극복하기 위한 대안으로 유교적인 공동체주의 윤리를 제시했다. 그리고 이제까지 여성해방에 대한 방해물로만 생각되어 왔던 가정과 가족의 의미가 여성주의적 관점에서 재검토되고 보살핌과 배려, 주변에 대한 책임감 등을 특성으로 가지는 여성주의 윤리학이 활발히 제기되는 것 역시 이러한 공동체주의 윤리의 맥락에서 해석했다.[83] 즉 "여성학적 윤리의 특성으로 다시 부각시키고자 하는 '관계의 중시'와 '보살핌과 배려의 미덕', 인간적 삶에서의 '가정적인 요소의 중시' 등은 모두 …… 유교 전통의 공동체주의가 중요시하는 미덕들이며", "이제까지 굴종의 도덕으로 치부되면서 거부되던 그와 같은 전통적 여성의 역할에서 나오는 가치들이 다시 삶의 근원적인 가치가 됨이 인정되면서 이제는 사회적

---

80) 앞의 글, 73쪽.
81) 앞의 글, 102쪽.
82) 앞의 글, 205~211쪽.
83) 앞의 글, 212쪽.

인 영역에로의 확대 적용이 탐색되고 있다"고 했다.[84]

이처럼 이은선이 유교의 '효' 개념에 근거하여 전통 그리스도론을 여성주의적으로 재구성하고 유교 윤리의 주요 개념들을 여성윤리적으로 수용하고자 하는 데 반해, 강남순은 기독교와 유교의 구원교리에 나타난 가부장적 이데올로기를 비판하며, 도교를 통해 가부장적 이데올로기를 넘어선 여성신학의 평등주의적 유토피아를 모색하고자 한다.[85] 강남순은 『현대여성신학』에 실린 논문 「기독교와 유교 그리고 도교와 여성신학에 대한 여성학적 고찰」에서[86] 기독교와 유교에 가부장적/계급주의적인 이데올로기의 요소가 있음을 밝히고, 이러한 이데올로기를 극복하고 새로운 현실을 창출하고자 하는 유토피아로서 유교에 대해서는 도교를, 그리고 기독교에 대해서는 여성신학의 시도를 분석한다.[87] 이에 따르면 가부장적이고 계급주의적 구조를 가진 유교와는 대조적으로, 도교는 창조적 힘을 표현하는 데 여성적인 상징을 사용할 뿐 아니라, 남성과 여성을 포함한 모든 대립물의 평등과 조화를 주장한다. 이러한 의미에서 기독교와 유교를 검증하고, 이 두 종교가 가지고 있는 가부장적 이데올로기를 극복하기 위한 하나의 시도로서, 도교와 현대 여성신학자들의 유토피아적인 이상을 발굴해서 여성신학의 이론적인 토대를 형성하려고 한다.[88] 강남순에 따르면 남성 우월적인 유교와는 달리 도교의 가르침은 여성의 위치를 고양시키는 역할을 한다. 노자의 『도덕경』에 근거해서 보면, 도교는 창조적인 힘으로 여성적인 상징들을 사용할 뿐 아니라, 모든 존재의 존재론적인 평등의 근거를 제공한다. 이런 점에서 볼 때, 도교는

---

84) 이은선(1997), 49~82쪽.

85) 강남순(1994), 『현대여성신학』, 대한기독교서회, 258~281쪽. 최영실도 이러한 이은선과 강남순의 입장차이에 대해 지적하고 있다. "유교적 윤리 전통적인 그리스도론과 구원론에 대하여 이은선은 유교의 공자와 예수를 비교하고, 유교의 격물사상과 기독교의 사랑을 비교함으로써 구원에 이르는 길을 모색한다". 최영실(1998), 143쪽.

86) 강남순(1994), 258쪽.

87) 앞의 글, 260쪽.

88) 앞의 글, 262쪽.

계급주의적이며 가부장적인 유교적 가치관을 넘어서서 다른 현실을 추구한
다는 의미에서 유토피아적이라고 볼 수 있다는 것이다.[89]

위의 이은선과 강남순의 시도는 한국 문화의 특정한 외적 표현을 문제삼기
보다 그 근저에 깔려 있는 세계관과 형이상학적 근거들을 문제삼았다는
점에서 한 단계 진전된 논의라고 볼 수 있다. 여성신학이 근본적으로 놓칠
수 없는 이데올로기 비판과 새로운 유토피아적 논의 형성이라는 점에서
동아시아의 전통사상은 새로운 통찰을 위한 샘솟는 자원이 될 수 있을 것이다.
그러나 그러한 동아시아의 전통 사상이라는 것들은 역사적으로 보면 정치와
무관한 형이상학적 논의에 머물렀던 것이 아니라, 통치 이데올로기로 사용되
었고, 지배이념으로 민중과 여성의 삶을 통제해왔으며, 동아시아인들의 삶
속에서 그들의 윤리적 관념과 가치관으로 내면화되었다. 이 점에서, 유교건
도교건, 그리고 서구 여성신학자들이 이러한 사상으로부터 어떠한 여성신학
적 통찰을 얻건 간에 한국인, 아시아인으로서는 현실적 영향력을 지녔었고,
지금도 지니고 있는 사상들이다. 따라서 여성신학적으로 이러한 사상들을
재구성하고, 이로부터 통찰을 얻기 위해서는 이 사상들의 영향사와 그에
대한 이데올로기 비판이 보다 철저히 수행되어야 할 것으로 본다. 그렇지
않을 경우 여성신학의 실천적 지향성과는 거리가 먼 막연한 논의가 될 우려가
있다.

5. 성서와 여성신학

성서학적 측면에서 이루어진 여성신학 작업은 크게 여성신학적 성서해석
방법론에 대한 논의와 신구약성서의 여성 인물들, 여성과 관련된 본문들을
해석하는 작업으로 나뉘어질 수 있다. 지금까지 나온 중요한 업적으로는
한국여성신학회에서는 나온 논문모음집 『성서와 여성신학』,[90] 이경숙의

---

89) 앞의 글, 264쪽.
90) 한국여성신학회 편(1995), 『성서와 여성신학』, 대한기독교서회.

『구약성서의 여성들』,[91] 최영실의『신약성서의 여성들』,[92] 최만자, 박경미의『새하늘, 새땅, 새여성』,[93] 그 외에 편역서로 김윤옥의『여성해방을 위한 성서연구』가[94] 있다. 여기서는 위의 저서들과『신학사상』,『기독교사상』에 실린 논문들을 중심으로 위의 두 가지 논의, 즉 해석학적 작업과 구체적인 본문 읽기 작업으로 나누어서 살펴보겠다.

1) 여성해방적 성서해석 방법에 대한 논의들

한국의 여성신학자들은 일반적으로 성서가 역사적인 문헌으로서 남성들에 의해 쓰여졌으며, 가부장적 시대와 사회의 산물이고, 따라서 남성중심적 성격을 반영하며, 남성중심적으로 왜곡되고 편집되었다고 생각한다. 성서 해석 방법론 모색에서는 역시 피오렌자의 해석학적 원리들, 즉 "의심의 해석학", "여성해방적 선포의 해석학", "회상의 해석학", "창조적 재현의 해석학"이라는 네 가지 원리가 중요하게 작용했다.[95] 한국의 여성신학자들은 여성해방적 성서해석에 대한 피오렌자의 분류 방법에 대체로 의존했으며, 해석학적 원리, 해석 내용에서도 많은 영향을 받았다. 그러나 신학적 측면에서 경험을 중시하는 피오렌자의 해방신학적 성서해석 모델을 따를 경우 성서의 경전성과 여성해방적 원리 사이의 관계를 어떻게 확보하느냐가 여전히 문제가 되기 때문에 이에 대한 비판이 있었다.

여성해방적 성서해석을 시도할 경우 가장 일차적으로 문제시되는 것이 경전성에 대한 문제이다. 한국의 여성신학자들은 성서를 문자적인 사실로 보고 성서 그 자체를 있는 그대로 경전으로 받아들이는 데는 동의하지 않았다. 최영실은 "성서의 보도는 결코 실증적 의미에서의 일회적인 역사적 사실을

---

91) 이경숙(1994),『구약성서의 여성들』, 대한기독교서회.

92) 최영실(1995),『신약성서의 여성들』, 대한기독교서회.

93) 최만자·박경미(1994),『새하늘, 새땅, 새여성』, 생활성서사.

94) 김윤옥 편(1988),『여성해방을 위한 성서연구』, 한국신학연구소.

95) 이에 대해서는 이우정 편(1985),『여성들을 위한 신학』, 한국신학연구소, 91~118쪽에 나오는 피오렌자의 논문「여성해방을 위한 성서해석 방법」참조.

424

보도하고 있는 것이 아니라, 독특한 시대적 정황 아래에서 저자의 신학적 의도에 의해 새롭게 진술되고 있다. 그렇기 때문에 우리가 성서를 이해하려고 하면 …… 역사비판적 연구와 사회사적 연구를 병행하여 성서본문이 말하고 있는 핵심을 올바로 파악해야만 한다"라고[96] 말했다. 나아가서 최영실은 한국의 역사현장에서 억압받고 있는 여성들의 문제에 답변하면서 성서를 오늘의 정황에서 새롭게 선포해야 할 과제를 중요시했다.[97]

이경숙은 「여성해방과 성서해석」에서 여성해방과 성서해석의 관계를 주로 구약학 분야와 관련해서 몇 가지 범주로 나누어 정리했다.[98] 이 분류는 여성신학적 성서해석의 전반적인 지형도를 그려주므로 언급하고 넘어갈 필요가 있다. 이경숙은 주로 서구 여성 구약학자들이 내놓은 모델에 근거해서 설명하고 있다. 이 분류방법에 의하면 제일 먼저 성서가 여성해방에 걸림돌이 되므로 성서 자체를 포기할 것을 주장하는 입장으로 데일리(M. Daly), 골든버그(N. Goldenberg), 크리스트(C. Christ), 플라스코(J. Plaskow) 등을 꼽을 수 있다. 이들은 성서가 여성 해방에 걸림돌이 되므로 성서 자체를 포기할 것을 주장한다.[99] 두 번째 유형에 속하는 여성신학자들은 성서 본문 자체는 여성 억압적이 아닌데, 남성들에 의해 잘못 해석되었으며, 성서의 하나님은 여성적 이미지도 많이 가지고 있으나, 전통적인 남성 해석자들이 이 점을 묵과했다고 주장한다.[100] 이경숙의 지적대로 이러한 유형의 성서해석 방법은 교회를 포기하지 않은 여성신학을 위해 가장 효과적인 방법이 될 것이다. 그러나 이 유형은 성서의 권위를 전적으로 승인하기 때문에 성서에 나타나는 여성들의 희생, 인내, 사랑을 아무런 비판적 시각 없이 그대로 미화하게 되는 약점이 있다. 그리고 이들이 말하는 남녀 평등이나 여성에 대한 관심이

---

96) 최영실(1997), 308쪽.
97) 최영실(1997), 312~313쪽.
98) 이경숙(1996), 「여성해방과 성서해석」, 『신학하며 사랑하며-한국기독교의 거듭남을 위하여』, 장상·소홍렬 편, 문학과 지성사.
99) 앞의 글, 68~70쪽.
100) 앞의 글, 71~72쪽.

참된 남녀 평등이 아니라, 성서의 가부장적 구조를 그대로 받아들이면서 말하는 허위 남녀 평등이 될 가능성도 배제할 수 없다고 한다.[101] 이 유형에 속하는 한국의 학자들로 장상, 최영실, 이경숙, 여신협의 성서 연구팀 등을 지적하고 있다.

이에 반해 세 번째 유형에서는 성서에 나타난 훌륭한 여성들을 발굴하려고 노력하면서 남성적인 시각에서 종속적이고 나쁘게 평가된 여성상을 버리고 훌륭한 여성 지도자를 발굴하여 이들을 중심으로 성서를 읽고자 한다. 이러한 해석학적 모델의 장점으로 성서 속에 이미 여성 억압의 흔적이 담겨져 있다는 중요한 사실을 정면으로 직시하게 한다는 점을 지적할 수 있다.[102] 네 번째 성서해석 유형은 '갈등 모델'이라고 지칭되는데, 이 유형에서는 철저히 착취당하고 억압당한 성서의 여성들을 밝혀내는 작업을 한다. 이들은 성서에 나타난 여성 억압의 상황을 기억해내고 고발함으로써 여성들을 '갈등' 속으로 초대하여 결국 오늘날의 여성 문제 해결에 동참하게 한다는 목표를 가지고 있다. 아마도 이 작업을 해낸 여성 신학자로는 피오렌자와 트리블을 가장 쉽게 떠올릴 수 있을 것이다. 이 네 번째 해석유형에 의하면 성서는 여성들의 억압당한 경험이 생생하게 들어 있는 책이다.[103] 다섯 번째 유형으로 여성성, 혹은 여신의 위치를 가장 고귀한 것으로 보며 이 가치를 다시 회복하는 것을 목표로 삼는 여성신학자들을 들 수 있다. 이들은 대부분 여신 상징을 즐겨 이용하고 여성의 몸을 긍정적으로 평가하면서, 여성의 몸의 변화와 우주의 주기로 진행되는 달의 차고 기울어지는 원리가 맞물려 있다고 본다. 성서 속에서 여신 숭배의 흔적을 찾아보려는 여성신학자들도 이 유형에 속한다고 볼 수 있다. 이들에 의하면 성서는 남성 신 야훼와 아스다롯, 아세라, 아낫 등 여신들 사이의 투쟁에 대한 흔적을 가지고 있으며, 이들을 분석해 보면 고대 이스라엘 대중들 사이에 여신 숭배가 만연해있었음을 알 수 있다고

---

101) 앞의 글, 72~73쪽.
102) 앞의 글, 72~75쪽.
103) 앞의 글, 76쪽.

본다. 이들은 주로 성서 안에 들어있는 이스라엘 고대의 여성 중심적, 이상적 상황으로 되돌아가기를 희망한다.[104] 이경숙은 이 다섯 번째 유형에 대해 비판적인 태도를 취하는데, 우선 이들의 경전에 대한 태도와 관련하여 기독교 신학 안에 머무는지 의문을 제기하고, 성서의 일부에 근거해서 여신숭배론을 재구성하고 찬양하는 것이 가능한지 묻는다. 그리고 그러한 시도를 여성 우월주의라 하며 남성우월주의보다 나을 것이 없는 이원론적 극단주의에 지나지 않는다고 한다.[105]

그러나 이러한 입장의 여성신학이나 성서해석 역시 묻혀있던 여성들의 경험과 전통을 다시 살려내는 작업이면서 동시에 여성주의적 문제의식을 가장 도전적인 방식으로 표현해내는 것이라는 점에서 경청할 만하다. 또한 과거 전통신학이나 신정통주의 신학에서처럼 고정된 틀에 맞추어서 기독교 적인가, 비기독교적인가 여부를 판단하고, 여기에 근거하여 특정한 입장이나 방법론을 제외시키는 것은 실천과 경험을 중시하는 여성신학의 기본 모토와 부합되지 않는다. 오히려 거듭 확인하게 되는 것은 여성신학과 성서해석의 분야에서야말로 이것 아니면 저것이라는 양자택일적 입장보다는 이것도 저것도 받아들일 수 있는 방법론적 개방성이 중요하다는 사실이다.

이경숙은 피오렌자의 입장에 동의하면서 주디스 플라스코의 말대로 "여성의 역사는 곧 여성의 힘"이기 때문에 성서를 폐기할 수 없고, 또 성서를 연구해야 한다고 주장한다.[106] 그러나 이경숙은 단순히 현실적이고 전략적인 측면에서 성서를 포기할 수 없다는 피오렌자의 입장은 성서로부터 새로운 해방의 바람이 불어오는 것을 경험한 아시아나 제3세계의 여성으로서는 받아들이기 어렵다고 본다. 제3세계 여성들은 전통적으로 당해온 여성 억압의 현실이 너무나 심각하여 이로부터 벗어나기 위해 기독교 및 성서의 전통을 찾은 경우가 많기 때문에, 단순히 전략적으로 성서를 폐기할 수 없다는

---

104) 앞의 글, 78~79쪽.
105) 앞의 글, 80쪽.
106) 앞의 글, 82쪽.

논리는 그다지 설득력이 없다고 한다. 성서 안에 들어 있는 귀중한 경험적 유산과 함께 해방적, 비판적 힘을 강조할 때에만 제3세계 기독교 여성들에게는 성서가 그 의미를 지니게 된다는 것이다. 성서 본문의 반여성적, 남성중심적 성격에 대한 일반적 가정은 서구 여성신학자들과 함께 할 수 있지만, 아시아의 여성 기독교인들은 "아시아의 전통과 문화를 배경으로 성서를 새롭게 읽어 아시아 여성을 위한 메시지를 성서로부터 읽어내어야 한다"고[107] 주장한다.

최만자는 『성서와 여성신학』에 실린 논문 「한국 그리스도교 여성의 경험에서 본 성서해석」에서 한국 여성신학이 여성해방적 관점을 가지고 성서와 교회 전통에 대한 비판적 태도를 가지면서 전개되어 왔으나, 여성해방적 성서해석 방법론에 대한 명확한 태도를 제시하지는 못했다고 지적했다.[108] 한국 여성신학은 한편으로는 여성억압의 사회정치적 기본 구조에 대한 인식의 차이를 보임으로써, 다른 한편으로는 한국의 전통종교와 문화적 특수성을 찾아내고 그 자료들을 통하여 여성신학을 형성해 나감으로써, 서구 여성신학과의 차이를 추구해왔지만, 성서가 여성해방적 전거가 되는가라는 여성신학적 해석학의 문제에 대해서는 심층적 논의를 이루어 내지 못했다고 비판했다. 이러한 문제의식에서 최만자는 한국 여성의 기독교 경험을 근거로 성서해석의 문제에 접근한다. 한국 여성들은 성서를 해방의 동력으로도, 그리고 억압의 원천으로도 경험했기 때문에 그 양면에서 성서해석의 과정을 드러낼 수 있고 성서와 여성해방과의 관계를 실제적 경험에서 확인할 수 있다고 한다. 따라서 최만자는 한국 여성의 구체적이고 역사적인 기독교 경험에서 출발하여 성서해석의 경향들을 분석하고 있다.[109]

최만자는 먼저 우리나라에 기독교가 들어왔을 때 여성들에게 어떠한 해방의 소식이었는지 언급했다. 기독교는 유교의 가부장적 여성관과 남녀관에

---

107) 앞의 글, 86쪽.
108) 최만자(1995), 105쪽.
109) 앞의 글, 106쪽.

변화를 가져왔으며, 남녀가 모두 하나님 앞에 동등하게 영혼을 소유한 존재라고 말함으로써 여성이 하나님의 의지에 따라 창조된 인격적 존재임을 강조하였다. 또한 기독교는 여성들의 성과 결혼관에 혁명적 변화를 가져왔고, 여성의 생활공간을 가정을 넘어 사회의 공적 영역으로 확대시켰다.[110]

그러나 이처럼 성서의 만인평등사상에 근거하여 한국 여성들에게 해방의 경험을 가져다주었던 성서가 교회의 가부장주의화 과정과 더불어 억압의 도구로 사용되기 시작한다. 최만자는 이 과정에 대해서도 구체적으로 기술하고 있다. 1907년 조직교회가 시작되면서 여성들은 성직에서 철저히 배제되었고, 공적 결의기구에서 조직적으로 소외되었다. 이와 함께 유교적 가부장주의와 서구 근본주의 신학의 영향으로 기독교는 점차 그 해방적 성격을 상실해갔다고 지적했다. 근본주의 신학이 지닌 획일주의, 진리의 절대성에 대한 주장, 가부장적 가족상의 고착, 통제적 구조와 가치 등이 구체적인 문제라고 지적했다. 다음으로 한국교회사에서 여성해방적 성서해석에 결정적인 걸림돌이 된 것으로 최만자는 여성안수 논쟁에서 분명히 드러나듯이 교권을 둘러싼 정치적 갈등을 들고 있다.[111]

이처럼 성서가 가부장적으로 왜곡되어 여성억압적으로 해석되는 데 반해 성서가 그러한 여성억압에 저항하는 근거로 사용된 경험도 있다. 무엇보다도 창세기 1 : 26~27 본문은 한국 여성들을 위한 해방의 전거가 되었으며, 이 본문을 근거로 여성해방을 지향하는 운동들도 있었다.[112] 최만자는 양미강의 연구를 인용하여 성서가 해방의 근거로 사용된 예들을 구체적으로 제시한다.[113] 가령 함남노회 회장 최영혜는 총회가 여자는 안수 받을 수 없다는 것이 성서의 진리라고 한 것에 대항하여, "성경을 문자적으로 따르자면 거룩한 입맞춤으로 문안하라는 구절까지 따라야 할 것이다"라고 맞섰

---

110) 앞의 글, 109~112쪽.
111) 앞의 글, 118~126쪽.
112) 앞의 글, 128쪽.
113) 양미강(1993), 「한국교회 여성사 서술을 위한 가능성 모색, 『여성 평화 생명』, 이우정선생 고희기념논문집 편찬위원회 편.

다.114) 또한 여선교사들에 의해서도 여권주의 관점에서의 성서 해석이 진행되었다. 이들은 첫째, 예수와 여성의 관계를 부각시켜 예수가 결코 여성을 차별하지 않은 사실에서 기독교의 참 복음은 성차별적이 아님을 주장했다. 둘째로, 예수는 여성의 역할을 전통적인 것과 다르게 해석하였다고 주장했다. 셋째로, 선교사였던 채부인은 사마리아 여인을 탁월한 진리를 파악할 수 있는 능력의 소유자로 부각시켰다.115)

최만자는 한국 기독교 여성의 성서에 대한 경험을 고찰함으로써 한국 기독교 여성들에게 성서는 기존 사회의 모순을 극복할 수 있는 대안적 가치로 제시되었다고 결론짓는다. 그리고 한국 여성의 경험에서 출발하는 성서해석의 원리로서 서남동에 근거하여 '성령론적－공시적 해석'과 '살림의 해석학', '여성 문화 유산의 발굴'을 제안한다. '성령론적－공시적 해석'은 서남동의 '두 이야기의 합류' 방법론에 근거한 것으로서 성서가 어떤 규범적인 것으로 정언되어서 그것을 읽는 사람의 행위를 결정하는 것이 아니라, 변화 혹은 해방, 살림을 필요로 하는 지금의 상황에서 성서를 만남으로써 발생하는 사건의 해석학을 말한다.116) 그리고 최만자에 의하면 이러한 '성령론적－공시적 해석'은 살림을 권위로 한다. 지금 현재 한국 여성의 정치 사회 종교 문화적 억압 상황으로부터 그들의 한을 풀어내고 살림을 줄 수 있을 때 "신학"이라고 할 수 있으므로, "살림"이냐 "죽임"이냐를 여성 신학의 규범(norm)으로 삼아야 한다는 것이다. 마지막으로 가부장적 산물인 성서의 경전성을 옹호하는 데 정력을 소모하기보다는, 성서가 가진 문화적 유산으로서의 힘을 살려내야 한다고 제안했다.117) 이 마지막 제안은 성서의 정경성에 대한 일반 교회의 인식을 넘어서는 것으로서 여성해방을 위한 문화적 자산으

---

114) 앞의 글, 129쪽.

115) 앞의 글, 129~130쪽. 양미강은 채핀(Chaffin, 한국명 채부인)과 반 버스커스(Van Burskik, 한국명 반부인)라는 두 여선교사가 『신학세계』에 1927~1932년 동안 기고한 글을 중심으로 위와 같은 내용을 밝혀주었다.

116) 최만자(1995), 142~143쪽.

117) 앞의 글, 143~145쪽.

430

로 성서가 영향력을 발휘할 수 있기를 기대하는 것이다.

위에서 주로 이경숙과 최만자, 최영실에 근거해서 여성해방적 성서해석 방법에 대한 그간의 논의들을 살펴보았다.[118] 일반적으로 전반적인 해석의 원리들이나 범주화의 틀은 서구 여성신학자들의 모델을 그대로 사용하는 경향이 있다. 특별히 여성해방적 성서해석의 비판적 성격과 관련해서는 서구 여성신학자들의 이데올로기 비판이나 성서학계에 기왕에 사용되었던 성서해석 방법들, 즉 역사비판, 사회학적, 문학비판적 방법들이 유효한 도구로 사용된 것을 알 수 있다. 아마도 이것은 한국교회에서 여전히 맹위를 떨치고 있는 근본주의적, 문자주의적 성서해석의 망령을 몰아내는 데 그러한 방법론들이 효과적인 도구가 되기 때문일 것이다. 그러나 최만자는 여기서 더 나아가서 한국 여성의 성서해석의 경험을 역사적으로 성찰하고, 한국 여성의 해방경험과 관련하여 성서해석의 새로운 원리들을 발견하려고 했다는 점에서 '한국 여성신학'이라는 주제에 좀더 다가갔다고 말할 수 있을 것이다. 이와 관련하여 역사비판과 서구 여성해방적 성서해석의 이데올로기 비판을 넘어서서 '신뢰의 해석학'이라는 모델을 동양적 글읽기의 경험으로부터 끌어내고자 한 시도로 이루어졌다.[119] 앞으로 이러한 아시아적 글읽기의 경험을 강조하고, 성서를 통해 얻는 근원적인 존재의 일치, 신비의 체험과 여성해방 경험이 만나는 지점을 발견할 수 있는 성서해석 방법론의 수립이 필요할 것이다.

2) 여성해방적 성서 읽기 작업

여성해방적 성서 읽기 작업은 신구약성서의 여성 관련 본문들에 대한

---

118) 이밖에 성서해석 방법과 관련하여 김정수(1993), 「한국 여성신학의 성서 읽기에 대한 고찰과 전망」, 『여성, 평화, 생명』, 이우정선생고희기념논문집 편찬회, 경세 원 ; 김순영(1995), 「여성신학적 성서해석 방법론」, 『성서와 여성신학』, 여성신학사 상 제2집, 한국여성신학회 편, 대한기독교서회 참조.
119) 박경미(1998), 「오소서, 창조자의 영이여!-한국교회와 여성주의적 성서해석」, 『기독교사상』 통권 470호, 10~28쪽.

남성 학자들의 왜곡된 해석을 비판하는 작업과 함께 성서 본문 자체 안에 들어와 있는 가부장적 성격 비판, 그리고 나아가서 구체적인 한국 여성의 삶에 비추어 본문을 해석하는 상황적 해석 작업까지 포함한다. 신약성서 분야에서는 무엇보다도 예수의 여성에 대한 태도가 당시 가부장적 유대교의 일반적 관행에 비추어 얼마나 파격적이고 여성옹호적이었는지를 밝히는 작업이 일차적이었다. 그리고 예수 주변에 있던 여성들과 그들의 적극적인 선교활동을 밝히는 작업이 이루어졌다. 이들은 예수의 하나님나라 선교운동의 조역이 아니라 주역이었음에도 불구하고 남성 성서기자와 남성 해석자들에 의해 철저하게 가려졌으며, 침묵 당해왔다는 것이다. 다음에 바울과 관련해서는 흔히 바울이 반여성적이었다고 비판받는 주요 구절들을 재해석함으로써 바울을 여성의 편으로 끌어들이는 연구가 많이 이루어졌다. 오늘날 한국교회에서 여성들을 침묵시키고 성직으로부터 배제하는 중요한 근거 중 하나가 바울이 쓴 편지이므로 바울 당시의 시대사적 상황과 관련하여 이 본문들을 재해석함으로써 바울에게 씌워졌던 여성억압의 혐의를 벗기고, 바울을 여성의 편으로 끌어들이고자 했다. 더 나아가서 특정 본문들은 편집비평을 통해 바울 자신이 쓴 글이 아니라 가부장주의적이고 교회주의적인 편집자의 글로 배제하기도 했다. 그리고 바울 교회에서 활발하게 활동했던 여성 예언자들, 선교자들의 모습을 발굴하고 되살려놓는 연구들도 많이 이루어졌다.

구약성서의 경우는 주로 구약성서에 등장하는 많은 여성 지도자들, 가령 드보라를 위시하여 한나, 미리암 등을 여성 주체적인 관점에서 되살렸으며, 더 나아가서 기왕의 남성중심적인 시각에서 부정적인 인물로 치부되었던 여성들, 가령 와스디나 하갈 같은 인물들을 성서의 구원사적 맥락이 아니라, 여성해방사적인 관점에서 재해석했다.

이러한 해석작업 전반에서 나타나는 특징은 분단과 계급차별, 성차별의 질곡 속에서 고통 당해온 한국 현대사 속의 여성의 경험과 관련하여 성서의 여성들을 해석하고자 했다는 것이다. 이러한 특징은 학계의 여성 신학자들을

432

중심으로 이루어진 작업들뿐만 아니라, 대학 밖에 여성교회나 여신협, 기독교 여성단체들에서 현장의 요구에 의해 이루어진 성서해석 작업에서 보다 두드러지게 나타난다.[120] 여성신학이라는 학문이 실천에 정향되어 있는 학문이라는 점을 감안할 때, 오히려 이처럼 현장에서 분출되어 나온 통찰이 해석학적 우선성을 갖는다고 말할 수 있을 것이다.

예를 들어 최영실은 『신약성서의 여성들』에서 마태, 누가복음의 예수 탄생 이야기를 해석하면서 엘리사벳과 마리아의 만남에 대해 이렇게 말한다 : "오늘 한반도의 현실에서도, 분단된 민족이 통일과 평화를 수립하는 새 역사를 이루기 위해서는 모든 적대관계를 넘어서서 남과 북에서 고통당하는 여인들이 만나는 역사가 일어나야 한다. 그리고 엘리사벳처럼 우리 자신이 먼저, 적대시하며 멸시하던 지역의 비천한 여인들에게 복을 빌어주고, 서로 함께 연대하며 평화통일을 위한 해산의 산고를 치러야 한다"[121] 최영실은 한국 여성의 경험과 삶에 근거한 여성해방적 성서해석의 필요성을 주장하며, 구체적으로 이는 민중적, 통일지향적 관점의 견지로 나타난다. 그래서 그는 성서 본문에 나타나는 많은 여성들을 이러한 경험에 비추어서 해석한다.

최영실은 계속해서 예수 주변에서 예수를 섬겼던 여인들, 향유를 부은 여인 등을 단순히 복음선포의 조역이 아니라 주역으로 되살려내려는 노력을 한다. 그리고 이러한 작업에 대해 "케리그마로 채색된 진술들 배후에 분명하게 서 있는 역사적 예수를 추구하는 일을 포기할 수 없듯이, 가부장적 교권에 의해 은폐되고 왜곡되며 말살된 초대교회 여인들의 역사를 찾아 올바로 규명하지 않을 수 없다 …… 공관복음서 기자들은 예수의 수난과 부활에 관련된 여인들의 역사에 관한 초기의 전승들을 전하면서도, 자신들이 처한 시대적 정황과 저술 의도에 의해 그것을 변형시켰다. 따라서 복음서 기자들이

---

120) 정숙자 외(1999),『생존과 해방을 위한 여정』, 대한기독교서회 ; 안상님(1992), 『여성신학 이야기』, 대한기독교서회 ; 한국여신학자협의회편(1991),『함께 참여하는 여성신학』, 대한기독교서회 ; 기독여민회 신학위원회(1994),『성서가 보는 여성 여성이 보는 성서』, 녹두 등.

121) 최영실(1997), 37쪽.

변형시킨 예수의 수난과 부활 전승의 배후에 확고하게 서 있는 갈릴리 여인들의 진실한 역사를 밝혀야 한다"라고[122] 말한다. 말하자면 신약성서 학계에서 일반적으로 진행되고 있는 역사적 예수 연구가 남성들만의 불완전하고 편파적인 역사기술이 아니라, 온전하고 정당한 역사기술이 되기 위해서는 감추어진 갈릴리 여성들의 역사를 밝혀야 한다는 것이다. 여기서 여성들의 따름과 섬김이 참된 제자직의 모범으로 중요하게 부각된다.

여기서 더 나아가서 최영실은 지금까지 신학자들과 교회 지배 세력에 의해 왜곡된 성서 해석으로 억울하게 누명을 쓴 헤로디아를 재해석하고, 빌라도의 아내 프로클라 클라우디아와 구사의 아내 요안나의 행위와 역할을 왜곡하고 은폐시킨 남성 신학자들의 신학적 해석의 굴레를 깨뜨리고, 그들을 복음과 교회의 중심에, 역사의 전면에 세우는 일도 해야 한다고 주장했다.[123] 바울공동체와 관련해서는 가정교회에서 여성들의 주도적인 역할을 강조하고, 브리스가나 뵈뵈 같은 바울의 동역자들의 활발한 선교활동을 부각시켰다. 그리하여 초대 기독교의 형성에 베드로와 바울이라는 두 남자만이 아니라 이름이 밝혀지지 않은 많은 여성 복음사역자들의 공헌이 있었음을 지적했다.[124] 여성들은 바울을 재해석해서 올바로 이해해야 할 뿐 아니라, 더 나아가서 바울까지도 넘어서서 모든 사람을 억압과 편견과 차별로부터 해방시키는 예수 그리스도의 복음을 다시 살려내야 한다고 주장했다.[125]

최영실은 바울뿐 아니라 목회서신까지도 당시 상황과 관련하여 여자들이 방종한 행동을 하며 남자를 지배하고 가르치려고 함으로써 그 사회에서 비방을 받는 일은 제한시키지만, 결코 여성들에게 침묵과 복종만을 강요하고 있는 것은 아니라고 말한다.[126] 그러나 목회서신에 대한 이러한 평가는 바울에게서 간신히 견지되었던 예수의 여성해방적 복음의 에토스가 에베소

---

122) 앞의 글, 79쪽.
123) 앞의 글, 182쪽.
124) 앞의 글, 215~217쪽.
125) 앞의 글, 238쪽.
126) 앞의 글, 254쪽.

서, 골로새서, 목회서신에 이르면서 전반적으로 퇴색하고, 교회가 가부장주의화 되며, 그 서신들은 그러한 과정을 이념적으로 정당화하고 있다는 초대 교회사 전반과 성서 본문 자체의 증거들에 비추어 볼 때 지나치게 호교론적 입장이 아닌가 생각된다.[127)

이경숙은 『구약성서의 여성들』에서 "구약시대에 우리가 아는 것보다 훨씬 많은 여성 지도자들이 정치, 제의, 군사적으로 활약"했고, 이 여성 지도자들이 성서 속에서 축소되거나 왜곡되어 전해진 경우가 많으며, 이런 왜곡과 축소 현상은 성서 해석사에서 더욱 심하게 진행되어 왔다고 지적했다.[128) 그리고 이 책에서는 구약성서의 여러 여성들을 발굴하며, 그들의 역할을 재해석하고 있다. 가령 사라 설화의 경우 사라야말로 아브라함 언약의 실제적인 수령자였다고 주장하며(창12 : 1~3, 15 : 1~6, 18 : 18),[129) 출애급기에 나오는 미리암의 노래에 근거해서 출애굽 당시의 여선지자 미리암은 전쟁과 제의에서 이스라엘을 구원하고, 이스라엘로 하여금 야훼를 찬양하도록 격려한 영적 은사를 지닌 민족의 지도자였다고 결론내린다.[130) 그럼에도 불구하고 남성 저자들에 의해 미리암은 침묵당했을 뿐만 아니라, 반역자로 낙인찍히고, 그와 관련된 긍정적 설화들은 그 본래 모습을 상실한 채 단편적으로만 남아 우리에게 전해지고 있다고 한다.[131) 이러한 방식으로 이경숙은 드보라, 입다의 딸 설화, 룻과 나오미, 바쎄바 등 구약성서의 여성들을 여성신학적 관점에서 다시 살려낸다.

위의 최영실, 이경숙의 성서해석작업과 함께 최만자, 박경미의 『새 하늘, 새 땅, 새 여성』에서도 창세기의 창조설화에서부터 여 예언자들, 예수와 바울의 여성관, 예수를 따르던 여성들, 초대 교회의 여성들을 기술하고 있

---

127) 박경미(1998), 「초대교회의 가부장주의화 과정과 가정훈령」, 『신학사상』 100호, 221~254쪽 참조.
128) 이경숙(1994), 5~6쪽.
129) 앞의 글, 17쪽.
130) 앞의 글, 37쪽.
131) 앞의 글, 41쪽.

다.132) 이 책 역시 성서 자체를 여성억압적인 본문으로 여겨 거부하고 포기하는 것이 아니라, 비판적으로 재해석하여 성서를 여성들을 위한 본문으로 만들고자 하는 온건한 해석학적 입장에 서 있다. 따라서 성서본문 자체 안에서, 그리고 해석작업에서 나타난 남성중심적 왜곡의 과정을 밝히고, 여성해방적, 역사적 상상력을 발휘하여 신구약성서의 여성들의 역사를 다시 살려내고, 그것을 오늘의 여성들의 삶과 만나게 하고자 한다. 그리고 문학비판, 역사비판, 상황적 해석이라는 한국의 여성신학적 성서해석의 일반적인 방법들을 수용하고 있다. 이러한 해석학적 입장과 방법론에 근거하여 이 책의 저자들은 성서의 여성들의 삶의 상황과 오늘의 민중 여성들의 삶의 상황을 만나게 하고자 했으며, 창세기의 창조설화에서부터 구약성서의 여예언자들, 예수와 바울 시대의 여성들에 이르기까지 신구약성서 여성들의 삶의 역사를 그림으로써 성서의 구원사에 상응하는 여성교회의 역사를 그리고 있다.

한국 여성신학 20년사에 걸쳐 사실 초창기부터 많은 여성신학자들이 관심을 기울여온 분야가 여성해방적 성서해석이었다. 한국 기독교 여성의 삶을 긍정적으로든 부정적으로든 결정적으로 지배해 온 것이 성서에 대한 이해였기 때문이다. 교회 생활 전반에 걸쳐 여성억압적인 성서의 메시지가 아무렇지도 않게 선포되어 왔고, 교회에서 중요한 역할을 담당하는 여성들은 자신들의 여성됨을 수치스럽게 여기도록 만드는 말씀선포를 아무 저항도 하지 못한 채 들어왔다. 이러한 문제 의식에서 일찍부터 창조설화와 출애굽 사건, 예수의 하나님 나라 운동에 이르기까지 중요한 구원사건들에서 여성의 역할을 발견하려는 노력이 이루어져왔다. 그리고 앞서 언급했듯이 이를 위한 해석학적 관점과 구체적인 방법론은 피오렌자를 위시한 서구 여성신학자들의 범주들을 크게 벗어나지 않았다. 그 중에서도 문학비판이나 수사학비판보다는 역사비판, 이데올로기 비판을 철저하게 수행한 여성신학자들의 작업이 영향을 끼쳤다. 신학적으로는 메리 데일리나 케롤 크리스트 류의 탈기독교적,

---

132) 최만자 · 박경미(1994), 『새하늘 새땅 새여성』, 생활성서사.

여신숭배적 관점에서 성서 본문을 보다 급진적이고 비판적으로 분석하기보다는 류터나 러셀, 트리블 등의 해방신학적, 신정통주의적 입장에서 성서해석을 하고 있는 경우가 많았다. 성서 본문을 '신화적 원형'이 아니라 '역사적 모범'으로 보아야 한다는 피오렌자의 주장은 성서 본문에 대한 혁명적이고도 비판적인 관점을 내포하고 있었으나, 실제로 한국의 여성해방적 성서해석에서는 성서 본문의 남성중심성을 밝혀내는 작업 정도로 구체화되는 데 머물렀고, 성서의 경전성과 관련하여 그 선언이 지니는 해석학적 함의가 충분히 발전되지는 못했다. 만일 피오렌자의 그러한 해석학적 선언이 한국의 여성해방적 성서해석에서 더욱 발전되었다면, 아마도 한국 문화 전통 속에 나타나는 여성들의 이야기들과 성서 본문에 나타나는 여성들의 이야기를 '여성교회'의 발굴과 형성이라는 측면에서 보다 적극적으로 관련시키고, 한국과 동아시아의 독서방식에서 나오는 책읽기의 원칙들을 여성해방적 성서 해석의 원리로 보다 적극적으로 활용할 수 있었을 것이다.

또한 그 동안 한국 여성신학의 성서해석 작업을 추동시킨 현실적 관심사는 여성성직, 안수 문제 같은 교회 내의 여성문제에서부터 구체적인 오늘의 여성들의 복잡한 삶의 차원들에 이르기까지 다양하다. 예를 들어 정신대 여성, 분단 시대를 살아가는 여성의 고통, 생존의 위협을 느끼는 민중 여성의 문제, 성폭력의 위협에 노출되어 있는 여성들, 그리고 일제시대에서 6·25, 군사정권, 광주민중항쟁, 오늘의 지구화 시대에 이르기까지 한국 현대사 속에서 삶의 가장 밑바닥에서 고통을 받으면서도 역사를 추동하는 끈질긴 생명력이 되어온 한국 여성들의 삶 그 자체가 성서해석 작업을 가능하게 한 내적 동력이자 성서 본문을 상황화 시키는 동기들이었다고 할 수 있다. 이것은 처음부터 실천적 학문으로 출발한 한국 여성신학의 당연한 귀결이라고 할 수 있다.

그러나 이제는 그 동안의 축적물 위에서 보다 한국적인 해석학적 모델의 발굴작업이 이루어져야 하리라고 본다. 한국 여성신학의 성서해석 작업은 역사비판과 이데올로기 비판이라는 서구 여성신학자들의 해석학적 작업에 기대어 이루어져왔다. 이 원리에 한국 여성의 삶이라는 소재를 적용하여 해석의 내용을 채워왔다고 할 수 있다. 문제는 이러한 작업이 실천적으로 여성들의 삶의 변화, 내면의 격변을 겨냥하고 있음에도 불구하고, 한국교회와 한국교회 여성들의 삶을 변화시키는 데로 나아가지 못하고 있다는 점이다. 역사비판적 방법과 이데올로기 비판의 깃발을 전면에 세우고 나갔을 때 한국교회와 교회 여성들 앞에서 매우 강경한 벽같은 것을 만나게 되는데, 여성신학자들은 그 동안 이 벽 앞에서 좌절하고, 이 벽을 무너뜨려야 한다고만 생각해왔다. 그러나 이제 시선을 우리 자신에게로 돌려서 우리가 서구로부터 배워온 이 해석학적 모델이 구체적인 한국교회와 교회 여성들의 인식방식에 적합하지 않을 수 있다는 점을 반성해 볼 때가 되었다. 한국인들, 아시아인들이 어떤 방식으로 사물을 이해하고 받아들이는지, 그리고 어떠한 방식으로 쉽게 설득 당하는지에 대한 진지한 고민이 이루어져야 하고, 동시에 과거 우리 조상들이 어떻게 설득의 기술, 이해의 기술을 발전시켜왔는지 발견해야 할 때가 되었다. 이러한 방향의 연구가 이루어지고 그 결과가 진지하게 성서해석학에 끌어들여지지 않는 한, 실천적 학문으로서 한국 여성신학은 아이러니칼하게도 소수의 의식 있는 엘리트 여성들의 지적 작업에 머무르고 말 것이다. 이제 이러한 방향의 연구가 상대적으로 막혀 있는 것 같았던 성서해석 분야에 하나의 돌파구가 될 수 있을 것이라고 본다.

6. 한국 여성의 경험과 여성신학 : 통일, 민중과 여성신학

1985년 발간된『한국기독교여성백년사』와[124] 이우정의『한국기독교여성백년의 발자취』,[125] 그리고 양미강의 지속적인 한국교회사 속의 여성 발견 작업은 남성들이 기록한 한국교회의 역사 속에서 감추어져왔던 초기

---

124) 한국기독교 100주년 기념 사업회 여성분과위원회 편(1985),『여성! 깰지어다 일어날지어다 노래할지어다-한국기독교여성백년사』, 대한기독교출판사.
125) 이우정(1985),『한국기독교여성 백년의 발자취』, 민중사.

한국교회 여성들의 삶의 모습을 재현해 놓았다. 이러한 일련의 작업들을 통해서 한국에 기독교가 처음 들어왔을 때부터 독립운동, 군사정권 시절의 민주화 운동에 이르기까지 성서에 나오는 초대 교회 여성들의 모습에 견줄 만큼 적극적이고 활발했던 초기 한국교회 여성들의 삶의 모습이 다시 생명력을 얻게 되었다. 한국의 초기 기독교 여성들은 복음을 받아들임으로써 자주적인 한 인간으로 서게 되었을 뿐만 아니라, 복음전도자와 교회의 설립자로서 한국교회를 세우는 주역들이 되었고, 나라의 독립을 위해 자신을 바치기도 했다. 해방 이후 6·25와 남북분단으로 인한 이념적 갈등, 군사독재 정권 아래서의 폭압적인 통치를 겪는 동안에도 한국 기독교 여성들은 민주화 운동, 통일 운동, 생명 운동을 통해 해방을 위한 실천에 앞장섰다. 위의 책들은 여성들의 이러한 활동과 아직 살아 있는 초기 기독교 여성들의 증언을 채록하고 있다. 또한 한국 여성신학은 한국 여성들의 경험에서 출발해야 한다는 생각에서 삼국시대로부터 고려, 조선, 일제시대, 분단이후로부터 현재에 이르기까지 한국 여성들의 경험을 기술하고 신학화하는 작업이 이루어졌다. 1994년 여성신학회에서는 『한국 여성의 경험』이라는 논문집을 발간하였고, 여기에는 여성의 경험에 관한 해석학적 이해를 비롯하여 각 시대별로 한국 여성들의 경험을 다루는 논문들, 그리고 한국 여성의 종교 경험과 한국 여성의 경험에 대한 여성사회학적 이해에 이르기까지 여러 편의 논문들이 실려서 한국 여성들의 경험의 보편적인 특징을 발견하고자 했다.126)

이 책의 편집자들은 한국 역사 속에 나타난 한국 여성의 경험은 민족 모순, 계급 모순, 성 모순이라는 삼중적 모순의 경험을 갖고 있다고 보았고, 일제 하 정신대 여성의 문제야말로 이런 삼중적 억압을 받아온 대표적인 한국 여성의 경험이라고 했다.127) 이러한 인식은 1980년대 사회과학 연구에서의 사회구성체 논쟁과 여성학 분야에서 마르스크주의 여성해방론과 사회주의 여성해방론의 결론들을 별다른 이론적 반성없이 그대로 수용한 측면이

---

126) 한국여성신학회 편(1994), 『한국여성의 경험』, 대한기독교서회.
127) 한국여성신학회 편(1994), 220·234쪽.

있다. 다시 말해 한국사회와 그 속에서의 여성들의 삶을 기술하고 억압의 원인을 분석하는 데는 세 가지 모순을 그냥 그대로 나열할 수 있는 것이 아니라, 그 상호 간의 우선관계 규명이 필요했고, 1980년대 사회과학 이론과 여성학 이론은 사회구성체 논쟁과 여성해방 이론 투쟁을 통해 이 부분에 많은 관심을 기울였다. 그리고 그러한 이론적 논쟁의 과정에서 계급모순, 민족모순, 성모순이라는 추상적인 용어가 사용되었다. 그러나 종국에는 이 이론투쟁이 한국사회를 이해하고 분석하는 데 현실적인 도움이 되지 않는 관념적인 이론투쟁으로 흐른 측면이 있고, 한국사회의 다양한 갈등과 긴장들의 원인으로 민족모순, 또는 계급모순을 지시하는 것은 지나치게 환원주의적인 태도라는 비판을 면치 못했다. 그런데 한국 여성신학계에서는 이러한 논쟁들에 적극적으로 개입하지도 않았고, 구체적으로 어느 한 입장에 서지도 않았으면서 별다른 이론적 성찰 없이 그 논쟁에서 사용되었던 '모순'이라는 추상적 용어를 그대로 받아들여서 한국 여성의 경험을 서술할 이유는 없었다고 생각된다. 더욱이 그 논쟁 자체가 별다른 이론적 성과가 없었다는 반성이 있었던 바에야 구태여 그 말을 쓸 필요가 있었나 생각된다. 오히려 구체적인 경험에서 출발한 여성들의 이야기, 그리고 민중신학의 용어를 사용하자면 민중, 혹은 여성들의 '사회전기'라는 말이 그 책에 실린 내용과 그 내용을 분석하는 방법에 더 맞지 않았나 생각된다.[128]

실제로 한국 여성신학자들은 한국 여성들의 억압과 해방의 경험에 대한 이야기들을 앞서 언급한 『한국 여성의 경험』뿐만 아니라 『한국기독교여성백년사』, 『한국기독교 여성백년의 발자취』, 각 교단에서 발간한 한국교회 여성운동사,[129] 그리고 정신대 할머니들의 증언과 여성들 자신이 쓴 『나의 이야

---

128) 통일 문제에 대한 보다 실천신학적인 접근으로는 정희성(2001), 「남북한 여성의 치유적 선교를 위한 소고」, 『한국기독교신학논총』 21집.
129) 이덕주(1991), 『한국감리교 여선교회의 역사』, 기독교대한감리회 여선교회 전국연합회 ; 이우정 · 이현숙 공저(1991), 『여신도회 60년사』, 한국기독교장로회 여신도회 전국연합회 ; 주선애(1978), 『장로교여성사』, 대한예수교장로회 여전도회 전국연합회.

440

기』,130) 분단으로 말미암은 고통을 증언한 여성들의 이야기131)들을 통해 다양한 형태로 기술해왔다.

이러한 여성신학자들의 작업은 신학적으로는 민중신학자들의 작업과 비교할 수 있다. 따라서 이론적 차원에서 민중신학과 여성신학의 관계에 대한 고찰, 그리고 대화를 위한 모색이 이루어졌다. 손승희, 김애영, 김희은, 박경미 등이 이 작업을 해왔다. 손승희는 "여성신학과 민중신학"이라는 논문에서 여성신학이 인간해방을 지향하는 운동을 대변하는 신학이라는 점에서 해방신학과 필연적으로 관련되어 있다고 보았다.132) 그리고 "여성해방신학의 독특성은 국외화와 억압의 구조를 성차별이라는 특정한 형태에서 보고 있다는 점"133)이라고 했다. 민중신학과 여성신학 역시 두 신학이 다 모든 억압세력에 대한 항거를 신학하는 일의 기본 목적으로 한다는 점에서 공통의 기반을 가진다. 손승희는 여성신학과 민중신학이 상호 호혜적인 관점에서 서로 도움을 줄 수 있다는 입장에서 특별히 자신의 지속적인 관심 주제였던 '몸'이라는 개념을 통해 여성신학을 이해하고, 민중신학과의 대화를 시도한다.

이에 따르면 민중신학과 여성신학이 함께 발견하고 사용하는 '몸의 언어'는 통전적이고 총체적인 언어로서 머리의 언어가 분석적이고 분해적인 데 반해 구체적이고 실질적인 언어이다.134) 민중신학에서 말하는 몸의 언어인 유언비어, 탈춤, 해학, 상소리 등은 모두 몸에서 나오고 몸의 움직임으로 나타내는 감정의 표현이지만, 그런 몸짓 안에는 민중을 지배하고 억압하는 체제와 계층에 대한 고발, 폭로, 비판, 그리고 그러한 비판의 과정을 통해서 민중 자신도 비판적으로 성찰하게 하는 메세지가 들어 있다.135) 그러나

---

130) 한국여신학자협의회 편/김옥라 외 지음(1995), 『나의 이야기』, 여성신학사.
131) 한국여신학자협의회(1989), 『한국여신학자협의회 제4·5·6차 여성신학정립협의회 보고서』, 여신학자협의회.
132) 손승희(1989), 「여성신학과 민중신학-몸을 긍정하는 여성신학의 입장에서」, 『여성신학의 이해』 제5장, 한국신학연구소.
133) 앞의 글, 112쪽.
134) 앞의 글, 127쪽.
135) 앞의 글, 128쪽.

손승희는 아직 한국 여성신학에서는 이러한 몸의 언어가 구체적으로 사용되고 있지 않다고 보고, 그것을 서구 여성신학자들의 작업에서 발견하려고 한다. 특별히 여성의 몸이 지닌 특성을 긍정함으로써 여성으로 하여금 자기정체성을 발견케 하고 여성해방의 길을 발견케 하는 여성신학 이론에서 그러한 몸의 언어를 발견했다. 구체적으로 손승희가 말하는 여성신학의 몸의 언어란 "여성의 몸이 지니고 있는 감각성(sensuality)"에 기초한 몸의 언어를 말한다. 여성들은 이러한 몸의 감각과 접촉을 통해 다른 사람들, 자연과의 소통뿐만 아니라 초월과의 소통까지 이룬다고 한다. 이러한 여성신학의 몸의 언어는 신비주의적인 방향으로 이끄는 측면이 있고, 따라서 현실비판 의식이 결여되어 있을 수도 있으나 체제초월적 경향이나 하나의 힘을 향한 연대적 결속을 가지고 있다는 점에서 여성해방운동에 중요한 의미를 가질 수 있다고 한다.136)

손승희의 지적대로 여성신학과 민중신학이 발견한 '몸의 언어'가 추상적이고 관념적인 언어가 아니라, 구체적이고 경험적인 언어라는 점에서 공통성과 대화의 근거를 가진다고 할 수 있으나, 민중신학에서 사용하는 사회정치적 해방의 의미가 강한 몸의 언어와 손승희가 예로 든 서구 여성신학에서 사용되는 여성의 성과 감각을 강조하는 몸의 언어 사이에는 여전히 거리가 있다. 감각적이고 구체적인 언어를 쓴다는 점에서는 공통적이지만, 각기 언어가 뿌리박고 있는 사회정치적 경험의 현실은 한국의 밑바닥 민중 여성과 제1세계 백인 여성의 경험만큼이나 거리가 멀다. 그리고 이러한 거리는 간단히 무시할 수 있는 것이 아니다. 만일 손승희가 서구 여성신학 이론보다 한국 여성의 경험에 대한 이야기 신학적 기술들, 한국 민담과 속담에 나타난 여성들의 모습에 대한 기술을 몸의 언어를 발견하기 위한 소재로 삼았다면, 오히려 민중신학과 여성신학의 대화를 위한 보다 적절한 근거를 발견할 수 있지 않았나 생각된다.

이밖에 박경미는 서남동, 안병무를 중심으로 한 민중신학 초기 이론들에

---

136) 앞의 글, 128쪽.

442

나타나는 여성신학적 단초들을 발견하고자 했으며,[137) 김애영은 비판적인 관점에서 민중신학이 지닌 가부장적이고 남성중심적인 한계를 지적했다.[138) 이러한 논의들은 민중신학 자체 안에 있는 여성신학적 동기를 발견하고, 민중신학이 지니기 쉬운 가부장적 독단주의의 위험으로부터 벗어나기 위해, 그리고 여성신학이 견지해야 할 해방적, 민중적 관점의 심화를 위해 상호 발전적으로, 보다 다양하게 전개되어야 할 것이다.

한국 여성의 근현대사 경험과 관련한 신학적 작업으로 보다 주목해야 할 것은 앞에서 언급했던 민족의 통일과 관련하여 전개된 여성신학 작업이다. 이 부분에서는 누구보다도 박순경과 김애영의[139) 논문들이 두드러진다. 박순경은 일찍부터 동학, 실학 사상 등 근대 민족의 위기극복과 관련하여 등장한 주체적 한국 종교, 철학 사상과 그 의의에 주목하였을 뿐만 아니라, 일제시대 민족해방을 위한 담론으로서 기독교와 사회주의 운동의 대화, 접목 가능성에 대해서도 성찰했다. 이러한 이론작업은 현재 한국이 처한 민족분단의 위기 속에서 통일을 민족사적 절대절명의 과제로 파악하고, 분단으로 인한 좌우 이념갈등을 극복하고 민족해방으로 인도할 제3의 길을 모색하는 사상적 탐색의 과정에서 이루어진 일관된 노력이었다.[140) 이러한 맥락에서 민족통일의 미래를 향하여 민족을 이끌고, 이를 위한 산고의 노력을 하는 새로운 여성상으로 민족의 어머니라는 모델을 제시했다. 박순경과 김애영의 여성신학 작업은 무엇보다도 한국 여성신학의 맥락으로서 민족과 민중을 발견했다는 점이라고 할 수 있다. 나아가서 이들이 발견한 민족과 민중은 추상적인 민족과 민중이 아니라, 실제로 근현대사 속에서 정치적,

---

137) 박경미(1993), 「민중신학과 여성신학」, 『여성 평화 생명』, 이우정선생 고희기념 논문집 편찬위원회, 경세원.

138) 김애영(1995), 「여성신학과 민중신학」, 『한국여성신학의 지평』, 한울, 200~223 쪽.

139) 김애영(1995), 『한국여성신학의 지평』, 한울.

140) 박순경(1983), 『한국민족과 여성신학의 과제』, 대한기독교서회 ; 『하나님나라와 민족의 미래』, 대한기독교서회(1984) ; 『민족통일과 기독교』, 한길사(1986) ; 『민 족통일과 여성의 과제』, 대한기독교서회(1988) ; 『통일신학의 미래』, 사계절(1997).

사상적으로 해방을 위해 피땀 흘리며 투쟁해온 집단으로서 신학적으로는 종말론적 미래의 완성을 향한 하나님의 부름에 응하는 영적인 실체이기도 하다. '민족의 어머니'로서의 여성은 반동적인 모성 이데올로기를 반복하는 것이 아니라, 이렇게 하나님 나라의 미래를 향해 책임적이고 주체적으로 응답하는 인간의 전형이자 상징이라고 할 수 있다. 이들의 신학적 작업에서는 여성들의 경험의 다채롭고도 생동적인 차원들이 다른 여성신학자들의 경우처럼 신학적 체계 안에서 그 자체로서 적극적으로 해명되거나 찬미되지 못하고, 그보다는 이념적 편향성이 두드러진다. 이 점에서 이들의 여성신학 작업은 포스트 모더니즘적 다양성의 찬미를 추구하는 여성신학자들과 거리를 드러내기도 한다. 그러나 지구화라는 장밋빛 슬로건 아래 소수민족, 민중, 여성에 대한 야만적인 착취와 수탈이 더욱 심하게 자행되고 있는 세계사적 현실 속에서 이러한 이론적 틀은 여전히 신학적 설득력을 지닐 수 있다.

이밖에 김윤옥은 기독교 여성평화 연구원을 설립하고 기독교 여성 평화운동, 환경운동의 현황을 보고하고 이를 신학화하는 무크지 『여성 평화』를 발간했으며, 풍부한 여성평화운동, 교회 여성운동, 정신대 운동 경험에 근거하여 기독교여성운동과 여성신학을 관련시키는 여러 편의 논문들을 썼다.[141] 여성교회 목사로서 묻혀져 있던 여성들의 다양한 이야기들을 발굴하고 이를 신학화하며, 현장에서 여성주의적 성서해석 작업을 펼쳤던 정숙자와[142] 안상님의[143] 작업 또한 한국 여성의 경험을 신학화한 작업으로 꼽을 수 있을 것이다. 또한 기독교 여성운동의 현장에서 일하면서 자신들의 여성해

---

141) 김윤옥(1991), 「1970년대 이후의 한국교회 여성운동」, 『생존과 해방을 향한 여정』 아시아기독교여성문화연구원 편, 대한기독교서회 ; 「서남동의 생태학적 신학과 생태학적 여성신학」, 『전환기의 민중신학』, 죽제 서남동목사 기념논문집 편집위원회 편, 한국신학연구소(1992) ; 「한국 여성신학의 해석학 : 신앙, 경험, 실천과 신학」, 『신학하며 사랑하며-한국 기독교의 거듭남을 위하여』, 문학과 지성사(1996).
142) 정숙자(1999), 「해방공동체와 이스라엘 왕국에서의 파트너쉽-아시아 여성의 눈으로 보는 구약성서 해석의 모델」·「여성목회와 여성교회」, 『생존과 해방을 향한 여정』 ; 정숙자(1993), 「교회와 코이노니아-여성신학적 입장에서」, 『교회와 코이노니아』, 한국기독교신학논총10, 한국기독교학회 편, 대한기독교서회.
143) 안상님(1992), 『여성신학 이야기』, 대한기독교서회.

방운동의 경험들을 보고하고 이를 신학화하고 있는 이현숙,[144] 김정수,[145] 임희숙,[146] 유춘자,[147] 한국염,[148] 그리고 여신협 현장신학화 작업반의 작업들을 이 방면의 중요한 연구로 언급할 수 있을 것이다.

7. 여성성, 여성의 몸의 경험을 중심으로 한 여성신학

여성성, 여성의 몸의 경험의 특성을 규명하고, 이를 강조하는 여성신학자로는 누구보다도 손승희를 들 수 있다. 손승희는 기독교교육학자로서 인간의 인지적, 도덕적, 종교적 발달단계에 대한 연구들과 관련하여 여성의 경험과 발달단계가 남성 학자들이 세워놓은 발달단계의 틀과 맞지 않으며, 여성 나름의 고유한 발달의 과정이 있다는 깨달음과 함께 여성 고유의 인식론적, 윤리적, 종교적 발달의 특성을 발견하려고 했다.

서구여성학자들의 최근 연구에 의하면 사실을 인식하는 방식이나 가치를 선택하는 방식에서 남성과 여성에 차이가 있다. 손승희는 "여성의 인식방식과 선택방식"이라는[149] 논문에서 인간발달에 관한 중요한 이론은 모두가 남성학자들에 의해서 이루어진 것이고, 또한 그것을 위해 행해진 실증적 연구의 조사표본도 주로 남성이었다고 지적한다. 그렇기 때문에 지금까지의

---

144) 이현숙(1992), 「분단 후 민중여성의 고난과 한국 교회 여성운동」, 『전환기의 민중신학』, 죽제 서남동 목사 기념논문집 편집위원회, 한국신학연구소, 116~138쪽 ; 이현숙(1999), 「아시아 여성, 우리는 누구인가?」, 『생존과 해방을 향한 여정』, 대한기독교서회.

145) 김정수(2000), 「평화와 통일에 대한 한 신학적 성찰-다름과 차이의 긍정과 화해에 대하여」, 5월 한국여성신학회 제9회 심포지엄 발제 자료집.

146) 임희숙(1993), 「평화통일과 희년에 대한 여성신학적 반성과 전망」, 『여성 평화 생명』, 경세원.

147) 유춘자(2000), 「지금도 계속되고 있는 여성해방의 영성」, 『여신협 20년 이야기』, 한국여신학자협의회 편, 여성신학사.

148) 한국염(1991), 「한국 역사에 나타난 여성차별」, 『기독교사상』 1991년 5월, 대한기독교서회 ; 한국염(1999), 「아시아 여성과 마리아」, 『생존과 해방을 향한 여정』, 대한기독교서회.

149) 손승희(1988), 「여성의 인식방식과 선택방식」, 『신학사상』, 한국신학연구소.

발달이론은 주로 남성의 경험과 능력을 기초로 한 것이고, 여성의 지적 발달이나 도덕 발달에 과한 이론을 사실상 발달이론으로부터 제외되어 왔다는 것이다.[150] 손승희는 이러한 인식에서 출발하여 이루어진 일련의 여성학자들의 작업들, 예를 들어 캐롤 길리건의 "여성의 도덕비판의 발달에 대한 조사연구"(1982), 노라 리용의 "여성의 정체성 발달에 관한 연구"(1983), 메리 블렝키를 비롯한 몇몇 여성심리학자들의 "여성의 인식방식에 관한 조사연구"들은 심리학과 인간발달에 관한 지금까지의 이해와 연구에 변화를 가져왔다고 한다. 인간발달에 관한 이론체계나 이에 관한 기본가정을 형성하는 일에 여성의 소리를 반영하게 되었다는 것이다.

지금까지 이루어져 온 대부분의 인지발달, 도덕발달, 인식발달 신앙발달 등에 관한 실증연구는 근대서양의 합리주의 정신을 기반으로 한 기준을 성숙이나 완성이라는 개념을 규명하는 전제로 삼고 있다. 이러한 합리주의적 인식 발달관으로부터 이끌어낼 수 있는 윤리관은 결국 보편원칙을 기반으로 하는 의무론적 도덕이론일 수밖에 없다. 합리주의적 인식발달이론이나 보편적 원칙 윤리에 기초한 도덕발달이론은 여성을 억압하는 남성들의 성차별주의적 이데올로기를 정당화시키는 데 이용되어왔다고 주장한다. 이러한 맥락에서 손승희는 가령 장 삐아제, 로렌스 콜버그, 윌리엄 페리 등의 연구에 전제되어 있는 기본가정을 비판하고, 남성중심적, 우월주의적 이론에 대칭되는 새로운 이론을 위한 기반으로서, 지금까지 발달의 요인으로 규정되어왔던 합리성 자율성, 독립성, 객관성을 넘어서서 직관 상상력, 경험 상호의존성, 상황적 고려 등의 요인을 포함시켜야 한다고 주장했다.[151] 가치선택의 기준에 있어서도 위 남성학자들이 원칙윤리나 분리─자율의식을 택했다면 길리간, 리용, 블렝키 등은 상황윤리나 관련의식을 택했다. 발달의 구조와 관련해서도 합리적인 것보다는 통합적 방식, 원칙적이고 분리적이기보다는 상황적이고 관계적인 방식으로 이루어진다고 본 것이 페미니스트 발달론자들의

---

150) 앞의 글, 468쪽.
151) 앞의 글, 470쪽.

입장이라고 한다. 그리고 이러한 원리들에 근거하여 손승희는 여성들의 고유한 인식론적 특징, 도덕발달, 윤리 발달의 특징들을 규명하는 논문들을 썼다.

예를 들어 여성의 도덕성의 원리로서 관계에 기초한 도덕성, 몸으로 실천하는 도덕성, 과정을 중시하는 도덕적 주체성이라는 세 가지 원리를 제시했다.[152] 또한 여성적 윤리로서 캐롤 길리건의 돌봄의 윤리를 제시했으며,[153] 여성적 인식방법과 선택방식의 특성을 연구하기도 했다. 여성성의 구체적인 내용을 규명하는 이러한 손승희의 연구는 백은미에 의해 특히 여성의 몸과 여성의 몸을 통한 인식에 대한 연구로 이어졌다.[154] 이 방향의 연구에 대해 여성의 정치 사회적 맥락을 고려하지 못한 탈역사적이고 여성신비주의적인 이론이라는 비판도 있지만, 오늘날 점점 더 관심의 대상이 될 수밖에 없는 여성의 몸과 성에 대한 연구의 이론적이고 객관적인 토대를 놓는 연구로 중요한 작업이라고 생각된다.

정현경은 논문뿐만이 아니라 공연 형태로 했던 캔버라 WCC 총회에서의 강연과[155] 최근에 나온 자서전을 통해 독특한 방식으로 이 방향의 여성신학을 전개하고 있다.[156] 박사학위 논문이었던 『다시 태양이 되기 위하여』에서[157] 아시아 여성신학의 다양한 전개양상을 분석했던 정현경은 여성신학자로서 자신의 지난했던 인생 여정을 회고하면서 해방되고 생명력으로 충일한 구원의 여성상을 여신의 모습으로 그리고 있다. 이 여신은 내 밖에서 나를

---

152) 손승희(1997), 「여성의 도덕성」, 『기독교사상』 462호, 대한기독교서회.

153) 손승희(1997), 「돌봄과 길리건의 여성윤리」, 『기독교사상』 462호, 대한기독교서회.

154) 백은미(2000), 「여성주의적 관점에서 본 인격적 성숙과 영적 성숙」, 『한국기독교신학논총』 19집, 대한기독교서회 ; *Women's Embodies Spiritual Growth : Learning Through Narrative research, Teaching Through Narrative Education,* A Dissertation to the Claremont School of Theology, 1999.

155) 정현경(1991), 「오소서, 성령이여. 만물을 새롭게 하소서-WCC 캔버라 제7차 총회 강연」, 『기독교사상』 388호, 대한기독교서회.

156) 정현경(2002), 『결국 아름다움이 우리를 구원할 거야 1~3』, 열림원.

157) 정현경/박재순 역(1994), 『다시 태양이 되기 위하여』, 분도출판사.

이끌고 내게 힘을 주는 객관화되고 외화된 존재이면서 동시에 나의 내면 깊숙이 감추어진 진정한 자아의 모습이기도 하며, 억압당했던 성적 자율성과 생명력, 사랑의 능력을 구현하고 분출시킴으로써 에로스에 충일해 있는 나의 모습이기도 하다. 이 여신의 모습은 생명 에너지로 충만한 나 자신일 뿐 아니라 바로 여성성 그 자체의 구현이기도 하다. 이러한 정현경의 신학 작업은 무엇보다도 신학적 진술의 방법 면에서 커다란 변화를 가져왔다는 점을 높이 평가할 수 있다. 내용적으로도 이러한 신학작업은 신과 인간, 주관과 객관의 이원론적 경계를 넘어설 뿐만 아니라 기독교라는 종교의 전통적 경계를 넘어서는 신학적 상상력을 보여주고 있다. 정현경은 이러한 주제들에 대한 도발적인 주장들을 학술적이고 난해한 신학적 언어를 통해 논쟁을 건 것이 아니라, 문학적이고 예술적인 형태로 펼쳐 보이고 있다. 어쩌면 대중문화와 몸의 언어가 지배하는 오늘의 시대에 여성신학이 실천적 지향성을 포기하지 않으려면, 이러한 방식의 신학적 자기표현을 진지하게 받아들여야 하리라고 생각된다.

마지막으로 여성성을 탐구한 여성신학 작업으로 한국 여성신학회에서 발간한 논문집 『성과 여성신학』을 들 수 있다.[158] 이 책에서는 신구약성서에 나타나는 여성의 성에 대한 언급들에 대한 연구를 비롯하여 성과 관련한 여성상담,[159] 사이버 시대의 여성의 성,[160] 성폭력 문제,[161] 성에 대한 생태신학적 접근[162] 등 오늘날 여성의 성의 경험과 관련된 다양한 주제들을 신학화하고 있다. 그리고 죽음을 앞두고 암세포가 잠식해 들어가는 자신의 몸을 통해 생명의 소생을 느껴가는 과정을 서술한 선순화의 감동적인 신학적

---

158) 한국여성신학회 편(2001), 『성과 여성신학』, 여성신학사상논집 5권, 대한기독교
    서회.
159) 정희성(2001), 「혼외 성관계와 여성주의 목회상담의 실제」, 『성과 여성신학』,
    여성신학사상논집 5권, 대한기독교서회.
160) 백은미(2001), 「사이버 공간에서의 성에 대한 여성신학적 성찰」, 『성과 여성신학』.
161) 한국염(2001), 「교회내 성폭력의 실태와 과제」, 『성과 여성신학』.
162) 구미정(2001), 「사이버 공간에서의 성에 대한 여성신학적 성찰」, 『성과 여성신학』,
    여성신학사상논집 5권, 대한기독교서회.

성찰 역시 이 주제와 관련하여 빼놓을 수 없다.163)

여성의 성, 그리고 여성성이라는 주제는 여성신학이 다루어야 할 고유한 영역임에도 불구하고 한국 여성신학에서는 이 분야에 대한 연구가 상대적으로 적게 이루어졌다. 그것은 한국의 정치 사회적 상황에서 민족, 민중, 여성의 삶의 현실을 여성신학의 콘텍스트로 삼아야 한다는 당위적 명제가 너무나 강력하게 힘을 발휘했던 탓으로 보인다. 그래서 한국사회와 역사의 발전을 위한 여성의 역할을 강조하는 여성신학적 논의가 활발하게 이루어진 반면 성적 존재로서, 그리고 몸을 가진 존재로서 여성 스스로의 성적 자기인식, 자기발현에 대해 진지하게 성찰하는 신학적 작업은 별로 이루어지지 못했다. 아마도 그것은 여성의 성에 대해 노골적으로 드러내놓고 논의하고 이를 학문적 토론의 주제로 삼기 꺼려하는 유교적 잔재가 한국 여성신학자들 자신 안에도 남아 있었기 때문이었는지도 모른다. 그러나 이제 생물학적 성으로서, 사회적 성으로서 여성됨의 본질적 내용을 구성하는 것이 무엇인지, 그리고 그러한 여성성의 경험과 관련하여 이를 긍정하고 축하하는 여성신학적 작업 또한 특히 새롭게 등장하는 젊은 여성들의 요구와 관련하여 진지하게 모색되어야 하리라고 본다.

8. 맺는말 : 한국 여성신학의 새로운 지평을 기대하며

앞에서 구체적으로 한 주제에 한정하여 다루지 못한 중요한 여성신학자로 강남순, 이선애를 언급해야 할 것이다. 강남순의 경우 여성신학의 발생과 신학적 정의에 대한 원론적인 서술에서 시작하여 포스트 모더니즘, 생태주의, 여성윤리, 한국교회 현실에 대한 탐구에 이르기까지 어느 한 주제에 한정되지 않고 가장 왕성하고 다양하게 신학활동을 벌이고 있는 여성신학자라고 할 수 있다. 특히 강남순의 저서들,『현대여성신학』164)과『페미니즘과 기독교』

---

163) 선순화(1999),『공명하는 생명신학』, 선순화신학문집출판위원회 편, 다산글방.
164) 강남순(1994),『현대여성신학』, 대한기독교서회.

는 서구 여성신학자들의 이론과 한국 여성신학의 주요 주제들을 다양하게 다루고 있어서 여성신학 연구서로 중요한 저서들이라고 할 수 있다. 강남순은 한국 여성신학의 맥락으로서 한국 민중 민족사적 현실을 이념적으로 강조함으로써 상대적으로 여성 자신의 경험에 대한 적극적 성찰이 퇴색하게 되는 박순경의 경우와 달리 여성성이라는 주제를 여성신학의 가장 일차적인 전략적 거점으로 선명하게 내세우고자 한다. 따라서 이러한 입장에서 여타 신학담론들, 가령 민중신학이나 통일신학 등에 대한 비판 또한 거침없다. 여성신학의 폭넓은 지평에 대한 다양한 이론적 탐색이 한국 여성의 삶과 경험, 그리고 그로부터 나온 종교적 표현들에 대한 보다 심도 있고 지속적인 관심으로 이어져서 실로 한국 여성신학의 토양을 풍성할 수 있게 하기를 기대한다.

이선애의 경우 정현경과 함께 한국의 여성신학자로서 아시아와 세계 여성신학 무대에서 독자적인 자기 위치를 확보한 여성신학자라고 할 수 있다. 이선애는 Asian Women's Resource Center for Culture and Theology를 설립하고 *In God's Image*를 발간하여 아시아 여성들의 다양한 종교, 문화 경험을 표현한 그림들, 노래, 춤 등을 수집하였을 뿐 아니라 아시아 여성신학자들의 신학적인 글들을 지속적으로 발표할 수 있는 장을 마련하였다. 또한 이선애는 시인으로서 여성의 한과 희망을 노래하는 시들을 여성신학 잡지들에 발표하였고, AWRC와 제3세계 여성신학자들의 모임을 네트워크화하여 젊은 한국 여성신학자들의 아시아무대, 세계무대 진출을 후원하기도 했다. 그러나 무엇보다도 이선애의 공헌은 한국와 아시아의 다양한 여성 종교 문화 전통들을 발굴하고 보존, 해석해 낸 점이라고 할 수 있다.[165]

앞에서는 1980년 여신협 창립을 출발점으로 약 20년에 걸친 한국 여성신학의 다양한 전개양상을 기술했다. 무엇보다도 한국 여성신학의 전반적인 특징으로는 식민지 경험과 이념갈등, 분단, 독재정권의 억압으로 이어져 온 한국 근현대사 속에서 여성들의 경험을 신학적 성찰의 출발점으로 삼았다

---

165) 이선애(1995),『하나님의 형상대로』, 대한기독교서회 ;『아시아 종교 속의 여성-아시아 여성의 현실과 신학』, 아시아 여성신학 자료센터.

450

는 점을 들 수 있을 것이다. 그 결과 민중신학, 통일신학의 신학적 모티브는 한국 여성신학 안에서도 중요하게 전개되었다. 둘째로 지적할 수 있는 것은 전반적으로 급진적이고 탈기독교적 여성신학을 전개한 경우는 예외적이고, 대개는 교회와 기독교 신학이라는 틀을 벗어나지 않는 한계 안에서 여성신학을 전개했다는 점이다. 이러한 맥락에서 학술적인 형태로든 대중적인 형태로든 여성해방적 성서해석과 여성해방적 교회론은 한국 여성신학의 중요한 관심사 중 하나였다. 셋째로 한국 여성신학에서는 대학을 중심으로 한 강단 신학자와 현장을 중심으로 한 현장 여성신학자들 사이에 신학적 관심의 공유, 그리고 대화와 협동 작업이 이루어졌다는 것이다. 구체적으로 이것은 여신협과 여성신학회, 기독교여성평화 연구원 등과 같은 여성신학 유관 단체들을 장으로 해서 이루어졌으며, 한국 여성신학이 실천적인 관심을 놓치지 않는 계기가 되었다. 넷째로 서구 여성신학 이론의 소개와 적용이 상당히 활발히 이루어졌다. 비교적 길지 않은 여성신학의 역사와 관련해서 볼 때 서구 여성신학의 다양한 이론들이 거의 대부분 소개되었으며, 실험되었다. 특히 여성해방적 성서해석, 여성생태주의, 여성윤리 등과 관련해서는 구미에 알려진 대부분의 중요한 여성신학자들의 이론들이 받아들여졌다. 다섯째로 한국의 문화 전통과 기독교 전통을 매개시키려는 해석학적 노력이 이루어졌다. 이것은 특히 성서해석과 관련하여, 그리고 한국의 전통 종교에 대한 여성신학적 접근과 관련하여 이루어졌다.166)

위에서 서술한 한국 여성신학의 전개양상은 불과 20년이라는 짧은 기간에 걸친 신학작업으로서 매우 활발하게 전개되어왔다고 할 수 있다. 1980년대에서 1990년대, 2000년대로 이어지는 여성신학의 전개과정은 그 주제의 넓이 면에서 다양하게 전개되어왔다. 1990년대에 이르면 여성신학의 일차적인 장이 한국교회와 사회라는 인식, 그리고 여성신학의 사회적 책무의식에서

---

166) 후자와 관련해서 한국 무속에 관한 선순화의 연구작업을 빼놓을 수 없을 것이다. 선순화(1999),『공명하는 생명신학』제3부 무속, 종교, 신학, 선순화 신학문집 출판 위원회, 다산글방.

어느 정도 자유로워져서 여성들 자신의 내면과 몸을 성찰하는 경향이 보다 두드러지고, 전통적인 기독교 신학의 틀에서 벗어나 종교신학을 추구하는 경향도 나타났다. 이것은 한편으로 보면 이 시기 한국사회에서 민중운동, 통일운동 등 기층 사회운동이 전반적으로 퇴조한 결과라고 할 수도 있으나, 한국 여성신학 자체의 전개과정에서 보면 한국 여성신학이 스스로의 고유한 영역을 돌아보고, 전열재정비를 하며 다양해지고 성숙해지는 과정으로 이해할 수도 있을 것이다.

그러나 여전히 한국의 신학교육에서 여성신학이 차지하는 위치나 교회현장에서 여성해방적 의식의 확대라는 여성신학의 대중화 측면에서 보면 아직도 갈 길이 멀다. 특히 여성신학이 신학의 어느 한 분야에 한정되지 않고 신학의 전 분야에 걸쳐 해석학적 전환을 요청하는 새로운 패러다임이라는 사실에 비추어볼 때 성서신학, 조직신학, 실천신학 등 기존 신학의 전통적인 각 분야들마다 여성신학적 작업들이 각개 약진할 수 있어야 할 것이다. 물론 그 일이 이루어지기까지 하나의 분야로서 독립된 '여성신학'을 고수하는 것이 전략적인 교두보로서 필요하겠으나, 궁극적으로는 신학의 각 분야에서 여성신학적 통찰이 인식론적 전환과 지적인 회심의 경험을 일으키는 자극으로서 기능할 수 있기를 기대한다. 또한 첨단 지식산업과 영상매체 대중문화가 지배하는 오늘의 세계에서 기존의 문자언어 매체와는 다른 새로운 신학적 표현 방식이 요청된다는 점 역시 여성신학이 진지하게 고려해야 할 부분이다. 이와 관련해서는 정현경의 새로운 시도들이 우리에게 낯선 만큼이나 징후적 의미가 크다고 할 수 있다. 나아가서 우리가 속해 있는 한국 여성의 삶의 현장에서 보다 구체적이고 지속적인 신학적 성찰의 주제를 발견하고, 그것을 신학화 할 수 있는 언어와 자원을 한국의 종교와 사상 전통에서 발견함으로써 경험과 실천을 중시하는 여성신학의 원리가 단순한 원칙이 아니라 구체적으로 피와 살을 지닌 모습으로 다가올 수 있기를 기대하며, 동시에 한국 여성신학이 주체적인 한국신학으로 설 수 있기를 기대한다.

| 참고문헌 |

강남순(1994), 『현대여성신학』, 대한기독교서회.

강남순(1998), 『페미니즘과 기독교』, 대한기독교서회.

강남순(2000), 「여성신학·교회개혁·사회개혁에 대한 논찬」, 『한국여성신학』, 여성신학사 42호, 한국여신학자협의회.

권미경·이숙진(1990), 「한국여성신학의 전개과정에 대한 일고찰」, 『여성·평화 1』, 기독교여성평화연구원편, 평화사.

기독여민회 신학위원회(1994), 『성서가 보는 여성 여성이 보는 성서』, 녹두.

김애영(1995), 『한국여성신학의 지평』, 한울.

김옥라 외(1995), 『나의 이야기』, 한국여신학자협의회 엮음, 여성신학사.

김윤옥 편(1988), 『여성해방을 위한 성서연구』, 한국신학연구소.

김윤옥(1992), 「서남동의 생태학적 신학과 생태학적 여성신학」, 『전환기의 민중신학』, 죽제 서남동목사 기념논문집 편집위원회 편, 한국신학연구소.

김윤옥(1996), 「한국 여성신학의 해석학 : 신앙, 경험, 실천과 신학」, 『신학하며 사랑하며-한국 기독교의 거듭남을 위하여』, 문학과 지성사.

김정수(2000), 「평화와 통일에 대한 한 신학적 성찰-다름과 차이의 긍정과 화해에 대하여」, 5월 한국여성신학회 제9회 심포지엄 발제 자료집.

박경미(1988), 「오소서, 창조자의 영이여!-한국교회와 여성주의적 성서해석」, 『기독교사상』 470호, 대한기독교서회.

박경미(1993), 「민중신학과 여성신학」, 『여성 평화 생명』, 이우정선생 고희기념 논문집 편찬위원회, 경세원.

박경미(1998), 「초대교회의 가부장주의화 과정과 가정훈령 : 목회서신을 중심으로」, 『신학사상』 102호, 한국신학연구소.

박순경(1983), 『한국 민족과 여성신학의 과제』, 대한기독교서회.

박순경(1984), 『하나님나라와 民族의 未來』, 대한기독교출판부.

박순경(1986), 『민족통일과 기독교』, 한길사.

박순경(1987), 『제3세계의 상황신학』, 민중사.

박순경(1988), 『민족통일과 여성의 과제』, 대한기독교서회.

박순경(1992), 『통일신학의 고통과 승리』, 한울.

박순경(1992), 『통일신학의 여정』, 한울.

박순경(1993), 「하나님 나라와 여성교회」, 『기독교사상』 409호, 대한기독교서회.

박순경(1997), 『통일신학의 미래』, 사계절.

박순경(2000), 「여성신학, 교회개혁, 사회개혁」, 『한국여성신학』 42호, 여신학자협의회.

백은미, *Women's Embodies Spiritual Growth : Learning Through Narrative research, Teaching Through Narrative Education*, A Dissertation to the Claremont School of Theology, 1999.

백은미(2000), 「여성주의적 관점에서 본 인격적 성숙과 영적 성숙」, 『한국기독교신학논총』 19집, 대한기독교서회.

서남동(1982), 「두 이야기의 합류」, 『민중신학과 한국신학』, 한국신학연구소.

선순화(1989), 「한국의 민간신앙에 나타난 여신상에 대한 여성신학적 조명」, 『여신협 제10차 총회보고서』, 한국여신학자협의회.

선순화(1999), 『공명하는 생명신학』, 선순화 신학문집 출판위원회 편, 다산글방.

손승희(1988), 「여성의 인식방식과 선택방식」, 『신학사상』 61호, 한국신학연구소, 한국신학연구소.

손승희(1989), 『여성신학의 이해』, 한국신학연구소.

손승희(1997), 「돌봄과 길리건의 여성윤리」, 『기독교사상』 462호, 대한기독교서회.

손승희(1997), 「여성의 도덕성」, 『기독교사상』 461호, 대한기독교서회.

안상님(1992), 『여성신학 이야기』, 대한기독교서회.

양미강(1993), 「한국교회 여성사 서술을 위한 가능성 모색」, 『여성 평화 생명』, 이우정선생 고희기념논문집 편찬위원회 편.

양미강(1997), 「참여와 배제의 관점에서 본 전도부인에 관한 연구」, 『한국 기독교와 역사』 제6호, 한국기독교역사연구소.

여신협교육위원회(1988), 『통신교육을 위한 여성신학 교재』, 한국여신학자협의회.

이경숙(1994), 『구약성서의 여성들』, 대한기독교서회.

이경숙(1996), 「여성해방과 성서해석」, 『신학하며 사랑하며-한국기독교의 거듭남을 위하여』, 장상, 소흥렬(편), 문학과 지성사.

이경숙(2000), 『구약성서의 하나님 · 역사 · 여성』, 대한기독교서회.

이덕주(1990), 『한국교회 처음 여성들』, 기독교문사.

이덕주(1991), 『한국감리교 여선교회의 역사』, 기독교대한감리회 여선교회 전국연합회.

이선애(1995), 『아시아 종교 속의 여성-아시아 여성의 현실과 신학』, 아시아 여성신학 자료센터.

이선애(1995), 『하나님의 형상대로』, 대한기독교서회.

이우정 편(1985), 『여성들을 위한 신학』, 한국신학연구소.

이우정(1982), 「한국속담과 여성의 비인간화」, 여신협 강연 제1집.

이우정(1983), 「한국 전통문화와 여성신학 : 서민여성(민중)의 전통문화를 중심으로」, 『한국여성신학의 과제 : 아시아 여성신학 정립협의회 보고서』, 한국여신학자협의회.

이우정(1985), 『한국기독교여성 백년의 발자취』, 민중사.

이우정 · 이현숙 공저(1991), 『여신도회 60년사』, 한국기독교장로회 여신도회 전국연합회.

이은선(1997), 『포스트모던 시대의 한국여성신학』, 분도출판사.

이현숙(19920, 「분단 후 민중여성의 고난과 한국교회 여성운동」, 『전환기의 민중신학』,

죽제 서남동 목사 기념논문집 편집위원회, 한국신학연구소.

이현숙(1999), 「아시아 여성, 우리는 누구인가?」, 『생존과 해방을 향한 여정』, 대한기독교
서회.

이화여자대학교 여성신학연구소 편(1998), 『한국여성과 교회론』, 여성신학논집 제2집,
대한기독교서회.

임희숙(1993), 「평화통일과 희년에 대한 여성신학적 반성과 전망」, 『여성 평화 생명』,
경세원.

정미현(2001), 「여성신학적 대안교회론」, 『한국여성신학』 46호, 한국여신학자협의회.

정숙자 외(1999), 『생존과 해방을 위한 여정』, 대한기독교서회.

정숙자(1993), 「교회와 코이노니아-여성신학적 입장에서」, 『교회와 코이노니아』, 한국기
독교신학논총10, 한국기독교학회 편, 대한기독교서회.

정현경(1989), 「여성신학의 유형과 한국적 수용 및 비판 I」, 『기독교사상』 371호, 대한기
독교서회.

정현경·박재순 역(1990), 『다시 태양이 되기 위하여』, 분도출판사.

정현경(1991), 「오소서, 성령이여. 만물을 새롭게 하소서-WCC 캔버라 제7차 총회 강연」,
『기독교사상』 338호, 대한기독교서회.

정현경(2002), 『결국 아름다움이 우리를 구원할 거야1~3』, 열림원.

정희성(2001), 「남북한 여성의 치유적 선교를 위한 소고」, 『한국기독교신학논총』 21집,
대한기독교서회.

주선애(1978), 『장로교여성사』, 대한예수교 장로회여전도회 전국엽합회.

최만자·박경미(1993), 『새하늘, 새땅, 새여성』, 생활성서사.

최영실(1995), 『신약성서의 여성들』, 대한기독교서회.

최영실(1998), 「한의 질곡에서 생명으로 피어나는 한국 여성신학」, 『신학사상』 100호,
한국신학연구소.

한국기독교 100주년 기념 사업회 여성분과위원회 편(1985), 『여성! 깰지어다 일어날지어
다 노래할지어다-한국기독교여성백년사』, 대한기독교출판사.

한국기독교학회 엮음(1997), 『여성신학과 한국교회』, 한국기독교신학논총 14집, 한국신
학연구소.

한국여성신학회 엮음(1994), 『한국 여성의 경험』, 대한기독교서회.

한국여성신학회 엮음(1997), 『교회와 여성신학』, 대한기독교서회.

한국여성신학회 편(1994), 『한국여성의 경험』, 대한기독교서회.

한국여성신학회 편(1995), 『성서와 여성신학』, 대한기독교서회.

한국여성신학회 편(2001), 『성과 여성신학』, 여성신학사상논집 5권, 대한기독교서회.

한국여신학자협의회 목회위원회 편(1988), 『한국 여교역자 실태조사 보고서』, 한국여신
학자협의회 목회위원회 자료집 II, 한국여신학자협의회.

한국여신학자협의회 편(1983), 『한국여성신학의 과제-아시아 여성신학 정립협의회 보고

서』, 한국기독교가정생활협회.
한국여신학자협의회 편(1989), 『한국여성신학과 민족통일 : 제4, 5, 6차 여성신학정립협
　　　의회 보고서』, 한국여신학자협의회.
한국여신학자협의회 편(1991), 『함께 참여하는 여성신학』, 대한기독교서회.
한국여신학자협의회 편(2000), 『여신협 20년 이야기』, 여성신학사.
한국여신학자협의회 한국여신상연구반 편(1992), 『한국 민간신앙에 나타난 여신상에
　　　대한 여성신학적 조명』, 여성신학사.
한국여신학자협의회(1987), 『여성신학과 인간화』, 한국여신학자협의회.
한국여신학자협의회(1990), 『한국여성신학 10년, 여신협 7차 정립협의회 보고서』, 여신
　　　협 창립 10주년 기념강연, 한국여신학자협의회.
한국염(1991), 「한국 역사에 나타난 여성차별」, 『기독교사상』, 대한기독교서회.
한국염(1999), 「아시아 여성과 마리아」, 『생존과 해방을 향한 여정』, 대한기독교서회.
Deen, Edith 저, 이우정·안상님 역(1981), 『성서로 본 여인의 지혜』, 종로서적.
Halkes, Catharina J. M. 저, 안상님·김희은 역(1983), 『여성신학 입문』, 대한기독교서회.
Moltmann-Wendel, Elisabeth 저, 김희은 역(1982), 『예수 주변의 여인들』, 대한기독교출판
　　　사.
Ruether, Rosemary, R. 저, 손승희 역(1980), 『새여성 새세계』, 현대사상사.
Ruether, Rosemary, R. 저, 서남동 역(1982), 『메시아 왕국』, 한국신학연구소.
Ruether, Rosemary, R. 저, 안상님 역(1985), 『성차별과 신학』, 대한기독교출판사.
Russell, Letty, M. 저, 안상님 역(1979), 『여성해방의 신학』, 대한기독교출판사.
Russell, Letty, M. 저, 김상화 역(1980), 『해방의 말씀』, 대한기독교출판사.
Russell, Letty, M. 저, 손승희 역(1982), 『파트너쉽과 교육』, 현대사상사.
Russell, Letty, M. 저, 김상화 역(1983), 『파트너쉽의 미래』, 대한기독교출판사.
Stanton, Elizabeth Cady, *The Women's Bible : The Original Feminist Attack on the
　　　Bible*(Edinburgh : Polygon Books), 1985.
Wollstonecraft, Mary, *A Vindication of the Right of Women*(London : Penguin Books),
　　　1992.

신학 관련 학회 현황

한국기독교학회

영   문   Korean Association of Christian Studies

설립일자   1973. 8. 22

설립목적   한국기독교학회는 신학의 연구와 발전을 지향하고 국내 각 신학
회간의 협동 사업을 통하여 학문의 공동이해와 공동연구를 촉진
하며 회원간의 유대를 강화하고 나아가 외국학회와 국제적 관련
을 맺어 신학의 교류를 도모한다.

주요사업   1 공동학회
2 학술강연회
3 학술지 발간
4 공동 연구회
5 국제 교류

산하학회   한국구약학회, 한국신약학회, 한국교회사학회, 한국조직신학회,
한국실천신학회, 한국기독교교육학회, 한국기독교윤리학회, 한
국목회상담학회, 한국교회음악학회, 한국선교신학회, 한국여성
신학회, 한국문화신학회.

한국 구약학회

영   문   Korean Old Testament Society

설립일자   1961. 6. 12

설립목적   한국구약학회는 한국의 구약연구의 발전을 위해서 서로 협조함으
로써, 교회에 봉사하며 신학교육의 향상에 기여함을 목적으로
한다.

주요사업   1 학술강연
2 학술지『구약논단』간행 및 출판

한국기독교교육학회

영   문   The Korean Society of Christian Religious Education

설립일자	1961. 3. 31

설립목적　한국기독교교육학회는 기독교교육학을 연구하여 한국에 있어서 기독교 교육의 학문적 발전과 그 실천적 발전에 이바지하고 아울러 회원간의 친목을 도모할 것을 목적으로 한다.

주요사업　1 연구발표
2 국제적인 학술 교류
3 연구지 『기독교교육논총』 간행
4 기타 필요한 제반 사업

한국교회사학회

영　　문　The Church History Society in Korea

설립일자　1966. 2. 8

설립목적　한국교회사학회는 한국의 교회사학의 연구와 그 발표 및 회원간의 친목을 그 목적으로 한다.

주요사업　1 『한국교회사학회지』 발행
2 『조선예수교장로회사기』, 『한국기독교 100년사』 등 편찬사업

한국기독교역사학회

영　　문　The Institute for Korean Church History

설립일자　1982. 9. 27

설립목적　한국기독교역사학회는 한국교회 및 기독교 선교와 관련된 역사를 연구하고, 그 성과를 널리 보급하여, 기독교문화의 창달과 선교에 기여함을 목적으로 한다.

주요사업　1 한국교회사 자료를 조사 및 수집, 정리, 연구 및 보관
2 연구활동 및 연구발표회, 세미나 개최, 공개강연회, 학술 심포지엄 개최
3 연구성과물 및 자료집 출판 및 보급
4 한국기독교사 연구자 양성

한국기독교윤리학회

영 문 The Korean Association for Christian Ethics

설립일자 1973. 3

설립목적 기독교윤리학의 연구와 발전을 지향하고 기독교 윤리학자간의 협동사업을 통해 학문의 공동이해와 공동연구를 촉진하며 회원간의 유대를 강화한다.

주요사업 1 정기적 학술발표회
2 정기학회지『한국기독교윤리학논총』발간
3 기타 사업

한국목회상담학회

설립일자 1997. 10. 18

설립목적 한국목회상담학회는 목회상담에 관심이 있는 자들이 함께 모여 연구, 친교 및 학술 정보의 교류를 통하여 이 분야의 학문적 발전에 기여함을 목적으로 한다.

주요사업 1 학술연구 발표-연2회의 학술연구 발표회
2 학술연구지 출판-1) 연1회 순수 학술연구지『목회와 상담』출판
3 목회(기독교) 상담사 자격시험 시행-1) 한국 목회상담협회와 협력하여 연1회 목회(기독교)상담사 자격시험을 시행

한국문화신학회

영 문 The Society for Korean Cultural Theology

설립일자 1994. 6. 4

설립목적 한국문화신학회는 회원 상호간의 학문적 교류와 공동 연구를 통하여 한국 문화 신학을 정립하고 확산시킴으로써 한국교회와 문화에 공헌함을 목적으로 한다.

주요사업 1 한국 문화 신학과 관련된 학술, 출판
2 교육사업

3 문화 및 기타 사업

한국선교신학회

영　문　The Korean Society for Mission Studies
설립일자　1992. 10. 24
설립목적　한국선교신학회는 선교에 대한 연구를 통하여 선교신학 발전에
　　　　　기여하고 회원 상호간의 연구교류를 도모함을 목적으로 한다.
주요사업　1 정기 연구 발표
　　　　　2 연구발표 된 논문들의 출판 및 연구회지『선교신학』의 발간
　　　　　3 국내외 여타 연구기관과의 협력

한국신약학회

영　문　The New Testament Society of Korea
설립일자　1961. 5. 29
설립목적　한국신약학회는 한국에 있어서 신약성서학의 분야의 철저한 연구
　　　　　를 조장하여 한국교회에 기여하는 것을 목적으로 한다.
주요사업　1 연구지『신약논단』발행
　　　　　2 연구발표회(신약학회학술대회) 개최

한국실천신학회

설립일자　1972년
설립목적　한국실천신학회는 전국 각 신학대학 및 각 신학교 실천신학 교수
　　　　　및 실천신학을 전공한 목회자들이 함께 모여 순수한 학문적인
　　　　　연구와 인격적인 친교를 도모하며, 실천 신학의 학술 정보를 교류
　　　　　함과 동시에 교회와 지역사회 및 국내외 신학교육 발전에 이바지
　　　　　함을 목적으로 한다.
주요사업　1 학회지『신학과 실천』발간
　　　　　2 학술 발표회

한국여성신학회

영　　문	Korean Association of Feminist Theology
설립일자	1985. 3. 29
설립목적	한국여성신학회는 여성해방과 인간화의 실현에 기여함을 목적으로 한다.
주요사업	1 연구논문발표
	2 여성신학회 학술지『여성신학사상』을 위시한 교재 및 소식지
	3 전국 규모의 연구회, 강연회, 협의회 개최

한국조직신학회

영　　문	The Korean Society of Systematic Theology
설립일자	1964. 9. 12
설립목적	회원 상호간의 학문적 교류와 공동연구를 통 하여 우리의 조직신학을 정립, 발전시킴으로써 한국과 세계의 교회와 신학계에 공헌함을 목적으로 한다.
주요사업	1 연구발표 및 학술 대회개최
	2 학회지『조직신학논총』출판 및 기타 사업

기독교장로회 신학연구소

영　　문	Theology Institute of Presbyterian Church in the Republic of Korea
설립일자	1992. 9
설립목적	개혁교회의 전통을 이어받아 변하는 시대 속에서 신학을 연구하고 발전시켜 한국교회, 사회, 역사를 변혁하는 역할을 담당하고 미래의 선교적 지평을 열기 위해 설립되었다.
주요사업	1 개혁 신학 연구 및 기장 신학 연구
	2 에큐메니칼 신학 연구
	3『말씀과 교회』신학 강좌 및 신학연구지 발간

한국성서학연구소

영　문　Korea Institute of Biblical Studies

설립목적　한국성서학연구소는 종교개혁자들의 신학전통을 이어받아 성경
　　　　적, 복음적 신학을 위한 신·구약 성경 및 성서학 연구를 수행하고
　　　　자 한다. 이를 위해 성서해석학적인 재검토와 성서학 연구, 그리고
　　　　설교를 위한 성경주석과 교재 연구 개발을 목표로 한다. 또한
　　　　참된 기독교적 사고와 문화를 형성, 창달하는 사명을 수행하고자
　　　　하며 세계 속의 한국교회와 세계를 향한 한국교회를 위하여 세계
　　　　교회와 신학과의 대화와 교류를 도모한다.

주요사업　1 신·구약 성경 및 성서학 연구와 이를 통한 연구 잡지의 발간
　　　　2 21세기를 향한 성서사전과 성경 주석 및 성경공부 교재의 연구
　　　　　개발
　　　　3 성서학 연구와 관련된 제 신학 분야와의 협력 연구
　　　　4 성서학 연구 모임 및 발표회(연구발표 결과에 따른 간행물
　　　　　출간 및 기획 연구물(번역 포함) 출판)
　　　　5 신·구약 성경 및 성서학(신·구약)에 관한 도서와 자료의 관리
　　　　　운영과 번역 출판. 해외신학자 초청 및 국제적인 심포지엄 개최

한국신학연구소

영　문　Korea Theology Studies Institute

설립일자　1973. 2

설립목적　한국신학연구소는 제3세계 신학을 비롯한 세계 신학계의 신학적
　　　　성과를 한국의 상황에서 재조명함과 아울러 세계의 신학 동향과
　　　　호흡을 같이 하는 데 이바지한다. 또한, 자주적인 신학적 사고와
　　　　표현을 위해 노력하며 이를 통해 세계 교회와 대화를 나눔과
　　　　동시에 주체적인 한국신학을 정립하는 기틀을 마련한다. 나아가
　　　　한국사회의 정치, 경제, 이데올로기 구조에 대한 연구, 특히 민족의
　　　　지상과제인 통일을 전망하는 신학적 연구를 중심 과제로 삼는다.

주요사업　1 학술/교육/훈련-(1) 평신도 신학 강좌 (2) 지방 강연회 (3) 신학

공개강좌 (4) 외국 학자 초청 강연 (5) 신학 공개토론회 (6) 한일신학협의회 (7) 동아시아역사 연구모임 (8) 신학논문 현상모집 (9) 공동 연구

2 출판사업-(1) 신학 전문 계간지『신학사상』발간 (2) 평신도용 월간지『살림』발간 (3)『국제성서주석』발간 (4) 단행본 발간

3 기념 사업

이화여성신학연구소

설립일자   1993. 3. 4

설립목적   이화여성신학연구소는 이화여자대학교 부설 연구기관으로서 현대 사회와 교회의 다양하고 복잡한 과제들을 수행할 수 있는 '전문적' 여성 신학자 및 목회자를 양성하고, 한국여성신학운동에 실천적, 학문적 기반을 제공하며 나아가 활발한 국제교류를 통해 한국여성신학의 세계적 위상에 일익을 담당하는 것을 목적으로 한다.

주요사업   1 여성 평신도와 여성 목회자들을 위한 신학교육

2 국제여성신학교육

3 여성신학세미나

4 국제학술대회

5 여성신학적 연구 및 출판, 저널(EJFT) 발간

민중신학연구소

영   문   Institute of MinJung Theology

설립일자   1993. 5. 24

설립목적   민중신학연구소는 민중의 현실에 대한 신학적 성찰을 통해 민중신학을 창조적으로 발전시킨다. 또한, 교회 현장과 연대하여 교회가 나아가야 할 올바른 방향을 제시하며, 오늘의 역사적 상황과 교회현실에 대한 건실한 비판작업을 통해 하나님의 정의가 한국 사회 속에 구현되도록 노력한다. 나아가, 우리의 '민중신학'을

세계교회에 더욱 알리고 세계 교회와의 민중적 연대성을 확보하
고자 한다.

주요사업   1 민중운동 및 민중신학에 관한 제반 자료 조사, 수집, 정리, 보관
2 지속적 연구 활동 및 각종 연구 세미나 개최
3 평신도 신학 강좌 및 공개 강연회, 국내외 학술 심포지움 개최
4 제반 연구 성과 및 신학정보 출판 보급
5 민중신학을 보다 창조적으로 계승, 발전시킬 연구자 발굴, 양성
6 교회 혁신을 위한 제반 목회정보 및 대안자료 제시
7 민중신학의 실천성 확보를 위한 활동과 현장 참여

우리신학연구소

영   문   Woori Theology Institute
설립일자   1994. 1. 17
설립목적   우리신학연구소는 그리스도의 복음 정신 구현과 실천 방안을
연구하여 그 성과를 널리 보급함으로써 '우리 신학'을 형성 발전시
켜 나가며 이를 통해 과학적 사목연구의 진작을 도모하고 한국
천주 교회의 성숙과 한국 종교문화 발전에 이바지 하고자함을
그 목적으로 한다.

주요사업   1 '우리신학' 형성을 위한 제반 연구사업
2 과학적 사목 정책과 실천 지침을 수립하기 위한 연구, 지원사업
3 평신도 사도직 활성화를 위한 교육사업
4 연구성과의 보급을 위한 출판 및 학술행사
5 그밖에 본회 설립 목적을 실현하기 위한 사업

신학 관련 홈페이지

1. 신학 정기간행물 & 신학 자료 관련 홈페이지

www.gisang.net	기독교 사상
www.bskorea.or.kr	대한성서공회
www.tmag.co.kr/moksin	목회와 신학
www.ktsi.or.kr	월간 살림, 신학사상
www.cukpress.com	카톨릭 신학과 사상
www.daemuna.or.kr	크리스찬아카데미
www.ktla.or.kr	한국신학도서관협의회
www.iktinos.org	한국신학정보연구원

2. 전국 신학 대학교 및 종교학과 관련 학과 (신학과 및 신학관련 학과 소재 대학교)

www.mts.ac.kr	감리교신학대학교
www.kangnam.ac.kr	강남대학교
www.kyungsung.ac.kr	경성대학교
www.kmtheology.or.kr	계명대학교
www.kosin.ac.kr	고신대학교
www.kjcatholic.ac.kr	광주카톨릭대학교
www.kcu.ac.kr	그리스도신학대학교
dove.nazarene.ac.kr	나사렛대학교
cuth.cataegu.ac.kr	대구카톨릭대학교
www.djsdw.or.kr	대전신학대학교 신대원
www.ltu.ac.kr	루터신학대학
www.mokwon.ac.kr	목원대학교
www.pcu.ac.kr	배제대학교
www.gts.ac.kr	복음신학대학원대학교
www.semi.cup.ac.kr	부산카톨릭대학교
www.peniel21c.net	브니엘신학교
www.syu.ac.kr	삼육대학교
www.sogang.ac.kr/~sreligio	서강대 종교학과
www.scu.ac.kr	서울기독대학교
www.stu.ac.kr	서울신학대학교
www.swu.ac.kr	서울여자대학교
www.seouljangsin.ac.kr	서울장신대학교

www.sungkul.ac.kr	성결대학교
www.skhu.ac.kr	성공회대학교
www.cbts.ac.kr	수도침례신학교
www.soongsil.ac.kr	숭실대학교
www.acts.ac.kr	아세아연합신학대학교
www.yonsei.ac.kr	연세대학교
www.yonsei.ac.kr/~ysugst	연세대학교 연합신학대학원
www.yntcs.ac.kr	영남신학대학교
www.ewha.ac.kr	이화여자대학교
http://home.ewha.ac.kr/~thewha	이화여자대학교 신학대학원
www.iccu.ac.kr	인천카톨릭대학교
www.pcts.ac.kr	장로회신학대학교
www.kaats.org	전국신학대학협의회
www.chongshin.ac.kr	총신대학교
www.kbtus.ac.kr	침례신학대학교
www.catholic.ac.kr	카톨릭대학교
www.pierson.co.kr	평택대학교
www.hanmin.ac.kr	한민대학교
www.hanshin.ac.kr	한신대학교
www.htus.ac.kr	호남신학대학교
www.hoseo.ac.kr	호서대학교

3. 신학관련학회, 연구소 홈페이지

www.21t-lab.org	21세기 신학연구소
www.cerc.or.kr	감리교신학대학교 기독교교육연구소
www.crifis.org	감리교신학대학교 기독교통합학문연구소
www.mts.ac.kr./~counseling	감리교신학대학교 목회임상연구소
missiology.or.kr	감리교신학대학교 선교학 연구소
www.mts.ac.kr.	감리교신학대학교 성서학연구소
user.chollian.net/~metapho01	감리교신학대학교 현대기독교윤리문제 연구소
www.reformtheology.org	개혁신학연구소
www.worlduniv.com	국제목회신학연구원
www.kccs.pe.kr	그리스도의 교회연구소
www.crifis.org	기독교 통합학문연구소

www.theology.or.kr	기장신학연구소
www.daehan777.co.kr	대한신학연구소
www.cpes.or.kr	목회교육연구원
minjungtheology.org	민중신학연구소
www.cup.ac.kr/kigwan/hr-study	부산카톨릭대학 부산교회사연구소
www.cup.ac.kr/kigwan/hr-study/youngsung	부산카톨릭대학 영성심리상담연구소
interreligio.com	서강대 종교학연구소
www.cerc.or.kr	서울신학대학교 기독교교육연구소
www.stu.ac.kr/~csw	서울신학대학교 기독교사회복지연구소
www.stu.ac.kr/~mrc	서울신학대학교 선교문제연구소
kehchrc.kehc.org	서울신학대학교 성결교회역사연구소
http://www.stu.ac.kr/~hdmrc	서울신학대학교 현대목회연구소
sgti.kehc.org	성결대학교 성결신학연구소
www.bible114.net	성서신학연구소
fullgospel.dbbank.co.kr	순복음신학연구
www.yntcs.ac.kr/cedu	영남신학대학교 기독교교육연구소
wti.or.kr	우리신학연구소
www.krtheology.org	유럽개혁신학연구소
ewhawoman.or.kr/eiwts	이화여자대학교 여성신학연구소
www.ceri.co.kr	장로회신학대학교 기독교교육연구소
www.minjungtheology.net	제3시대 그리스도교연구소
www.religionstheology.org	종교신학연구소
www.chongshin.ac.kr	총신대학교 기독교교육연구소
www.icmission.org	총신대학교 선교연구소
ikbt.kbtus.ac.kr	침례신학대학교 신학연구소
www.kbtus.ac.kr/history	침례신학대학교 역사자료실
catholic2.paolo.net/~samto	카톨릭대학교 삼토신학회
members.tripod.co.kr/jcalvin	칼빈신학연구소
www.kerygma.or.kr	케리그마신학연구원
www.malsm.net	한국개혁신학연구소
members.tripod.lycos.co.kr/krti	한국개혁신학연구회
www.history.re.kr	한국교회사연구소
www.kots.or.kr	한국구약학회
www.ksceit.org	한국기독교교육정보학회
www.jpic.org	한국기독교사회문제연구원
www.chollian.net/~ikch0102	한국기독교역사연구소

www.instit.ac/main.html	한국기독교학술원
www.bibleforum.org	한국성서학연구소
www.ntsk.org	한국신약학회
www.ktsi.or.kr	한국신학연구소
www.johncalvin.co.kr	한국칼빈주의 연구원
www.itsh.org	한신신학연구소
jjangjdh.hihome.com	한울신학연구소
user.chollian.net/~kwangjc	호서조직신학회

4. 신학자 개인 홈페이지

socialethics.org	강원돈(한국생명학연구원 기독교윤리)
www.soombat.org	김경재(한신대 조직신학)
suny.yonsei.ac.kr/~theology	김균진(연세대 조직신학)
my.dreamwiz.com/dsgim	김달수(강남대 신약학)
jce.or.kr	김도일(장신대 기독교교육)
www.ks.ac.kr/~kmsi/kmsi.html	김명수(경성대 신약학)
kst.netian.com	김승태(한국기독교역사연구소 교회사)
www.kangnam.ac.kr/prof/yikim	김영일(강남대 기독교윤리)
hometown.weppy.com/~yik1117/	김영일(협성대 기독교윤리)
www.kimos.pe.kr	김외식(감신대 실천신학)
www.edu.co.kr/baptistlove	김용복(침례신대 조직신학)
www.eekon.org	김이곤(한신대 구약학)
www.mindlle.com	김재성(한국신학연구소 신약학)
www.kerygma.or.kr	김재진(사이버신학원 조직신학)
www.tanak.net	김지찬(총신대 구약학)
www.jcsoon.pe.kr	김지철(장신대 신약학)
theology.co.kr/jinho	김진(제3시대그리스도교연구소 신약학)
www.theology-ethics.net	노영상(장신대 기독교윤리)
www.sungkyul.ac.kr/~ynoh	노윤식(성결대 선교신학)
www.calvin.ac.kr/cal21	노재관(칼빈대 신약학)
www.bibleclinic.net	민영진(대한성서공회 구약학)
ot.re.kr	박경철(전주대 구약학)
home.mokwon.ac.kr/~p1316	박노권(목원대 실천신학)
www.dhpark.net	박동현(장신대 구약학)
sheep.kangnam.ac.kr/~jspark45	박종수(강남대 구약학)

www.mts.ac.kr/~iti	박종천(감신대 조직학)
www.sungkyul.edu/~pcy3927	박창영(성결대 신약학)
www.youngpark.net	박형용(협성대 신약학)
my.netian.com/~drpang	방석종(감신대 구약학)
user.chollian.net/~fampae	배경식(한일장신대 조직신학)
user.chollian.net/~bbc1224	배본철(성결대 교회사)
www.sungkyul.ac.kr/~saw	서인선(성결대 신약학)
www.edu.co.kr/kychunso	소기천(장신대 신약학)
www.sungkyul.ac.kr/~swsohn	손석원(성결대 선교학)
www.sohnwo.pe.kr	손원영(서울기독대 기독교교육)
my.dreamwiz.com/qhj99	신현우(웨스트민스터신학대 신약학)
www.ebible.or.kr	심상법(총신대 신약학)
theologia.co.kr	안명준(평택대 조직신학)
www.christianethics.pe.kr	양명수이화여대 윤리·조직신학)
www.goodwinners.org	오덕호(호남신대 신약학)
mts.ac.kr/~oldtestament	왕대일(감신대 구약학)
www.sungkyul.ac.kr/~dyoon	윤동철(성결대 조직신학)
itsh.org/yunej	윤응진(한신대 기독교교육)
www.grnt.org	윤철원(서울신대 신약학)
kslee.cwmpcts.org	이광순(장신대 선교신학)
sheep.kangnam.ac.kr/~sjl	이숙종(강남대 기독교교육)
my.netian.com/~wminb	이승구(국제신학대학원대학교 조직신학)
www.wonlee.pe.kr	이원규(감신대 종교사회학)
jsrhee.hihome.com	이정석(풀러신학대 조직신학)
www.ebiblecafe.com	이종록(한일장신대 구약학)
my.dreamwiz.com/heaven21	이필찬(웨스터민스터신대 신약학)
mishpat.woorizip.com	임상국(감신대 구약학)
mail.swu.ac.kr/~kcjang	장경철(서울여대 조직신학)
hkchang.woorizip.com	장흥길(장신대 신약학)
www.sungkyul.ac.kr/~joseph	전요섭(성결대 목회상담학)
my.dreamwiz.com/revjeong	정경호(영남신대 기독교윤리)
credo.or.kr	정미현(제3세계 신학자 협의회 조직신학)
www.sungkyul.ac.kr/~jsushalom	정상운(성결대 교회사)
suny.yonsei.ac.kr/~chjeong	정종훈(연세대기독교윤리)
bible.kmu.ac.kr	정중호(계명대 구약학)
gensdei.org	조병수(합동신대 신약학)

chajs2000.hihome.com	차정식(한일장신대 신약학)
jhcha.hansei.ac.kr	차준희(한세대 구약학)
www.missiodei.org	채수일(한신대 선교학)
my.netian.com/~cks8162	최기수(성결대 구약학)
mail.swu.ac.kr/~jdchoi	최재덕(서울여대 신약학)
chtyng.wo.to	최태영(영남신대 조직신학)
godislove.net/ot	한동구(평택대 구약학)
www.newce.pe.kr	한미라(호서대 기독교교육)
www.theologia.pe.kr	허호익(대전신대 조직신학)
my.netian.com/~ykbh	황금봉(영남신대 실천신학)
henryw.com.ne.kr	황헌영(나사렛대 목회상담학)

5. 기 타

newsprout.org	공동체 성서 연구원『햇순』
www.febc.or.kr	극동방송
www.gigayon.or.kr	기독교 가정사역 연구소
www.cebs.tv	기독교 교육방송
christ.hannam.ac.kr	기독교 문화연구원
www.stu.ac.kr/~csw	기독교 사회복지연구소
ccas.peacenet.or.kr	기독교 아시아연구원
www.cemk.org	기독교 윤리실천운동단체
www.kcsi.or.kr	기독교 학문연구소
cctn.tv	기독교 TV
www.esf21.com	기독대학인회
urm.or.kr/kcao	기독사회연대
www.kidok.co.kr	기독신문
religion21.org	김항섭의 종교와 경제 이야기
www.ywca.or.kr	대한YWCA연합회
www.mission.or.kr	미래사회교회연구소
www.seoulywca.or.kr	서울 YWCA
www.hope-ind.com/Elpis/Elpis_home.htm	엘피스학당
www.shalomisrael.com	이스라엘문화연구소
www.nbible.tv	인터넷 성경 읽기
www.pbc.co.kr	평화방송 PBC
kscf.peacenet.or.kr	한국기독학생회총연맹

www.oikozoe.or.kr	한국생명학연구원
ww.feminist-theo.or.kr	한국여신학자협의회
www.ymcakorea.org	한국YMCA전국연맹
www.kirc.or.kr	한국종교문화연구소
www.c3tv.co.kr	C3TV (한국 기독교 인터넷방송)
www.cbs.co.kr	CBS

지은이 소개 논문 게재순

양명수 | 1955년 출생, 이화여자대학교 기독교학과 교수(기독교윤리전공)

왕대일 | 1954년 출생, 감리교신학대학교 신학과 교수(구약학전공)

유승원 | 1959년 출생, 전나사렛신학대학교 신학과 교수(신약학전공)
현 미국훼잇빌 한인 장로교회 목사

김흡영 | 1949년 출생, 강남대학교 신학대학 교수(조직신학전공)

김흥수 | 1951년 출생, 목원대학교 신학대학 교수(교회사전공)

오인탁 | 1941년 출생, 연세대학교 교육학과 교수(교육학전공)

강원돈 | 1955년 출생, 아시아 경제 윤리연구소 소장(기독교윤리전공)

권진관 | 1952년 출생, 성공회대학교 신학과 교수(조직신학전공)

박경미 | 1959년 출생, 이화여자대학교 기독교학과 교수(신약학전공)

한국학술사총서 · 3   2003년 9월 5일 초판 인쇄
신학 연구 50년   2003년 9월 9일 초판 발행

한국문화연구원 편   펴낸이 오일주
펴낸곳 도서출판 혜안
등 록 1993.7.30 제22-471호
주 소 121-836 서울시 마포구 서교동
326-26번지 102호
전 화 3141-3711~3712
팩 스 3141-3710

값 25,000 원   ISBN 89-8494-195-6 93230